国家社会科学基金项目
项目号：16BZS063

近代天津租界档案史料选编

德日俄意奥比租界卷

（天津市地方志编修委员会办公室）

天津市档案馆

◎编

天津出版传媒集团

天津人民出版社

图书在版编目(CIP)数据

　近代天津租界档案史料选编.德日俄意奥比租界卷 /
天津市档案馆(天津市地方志编修委员会办公室)编 . --
天津 : 天津人民出版社, 2023.4
　ISBN 978-7-201-18384-8

　Ⅰ.①近… Ⅱ.①天… Ⅲ.①租界—地方史—史料—
天津 Ⅳ.①D829.12②K292.1

　中国版本图书馆CIP数据核字(2022)第132131号

近代天津租界档案史料选编（德日俄意奥比租界卷）

JINDAI TIANJIN ZUJIE DANG'AN SHILIAO XUANBIAN DE RI E YI AO BI ZUJIE JUAN

出　　版	天津人民出版社
出 版 人	刘　庆
地　　址	天津市和平区西康路35号康岳大厦
邮政编码	300051
邮购电话	(022)23332469
电子信箱	reader@tjrmcbs.com

策划编辑	韩玉霞
责任编辑	杨　轶
装帧设计	卢炀炀

印　　刷	北京虎彩文化传播有限公司
经　　销	新华书店
开　　本	880毫米×1230毫米　1/16
印　　张	47.75
插　　页	4
字　　数	1210千字
版次印次	2023年4月第1版　2023年4月第1次印刷
定　　价	1080.00元

前　言

　　近代中国租界，是西方列强通过军事侵略、签订不平等条约等手段，在通商口岸城市建立的拥有行政自治权和治外法权的特殊区域。租界被称为"国中之国"，是近代中国半殖民地社会的重要标志之一。

　　自1845年11月上海地方政府发布《上海土地章程》设立第一个租界，到1902年12月《天津奥国租界章程合同》订立，近代中国总计有9个国家在10个通商口岸城市建立了25个专管租界，其中天津辟有英、法、美、德、俄、日、比、意、奥9国专管租界，总面积相当于天津老城区的8倍，划设租界的国家之多、地域面积之大，是近代中国设有租界的典型城市，是近代城市研究不可替代的标本。

　　天津租界肇始于第二次鸦片战争结束之际，1860年《北京条约》订立，英国驻华公使迫使清政府"永租"天津城东南沿河一带紫竹林为英租界。美国亦胁迫清政府划分了美租界。法国于翌年也以战胜者的身份划定法租界。此后直到20世纪初，天津又经历了两次强划租界的高潮。中日甲午战争后，德、日在津强划租界，英国乘机扩张租界面积。1900年八国联军占领天津，俄、意、奥三国强占土地划为各自的租界。没有参加八国联军的比利时要求利益均沾，划定比租界。英、法、德、日诸国则强行扩张租界。可以说，天津租界是近代强权政治和侵略战争的产物。

　　天津租界是西方列强对中国进行武装侵略、政治干涉和经济掠夺的重要基地，也成为中国各种政治势力角逐的场所和各种政治阴谋策划的巢穴，乃至有"北京是前台，天津是幕后"之说。同时，各种进步力量也依托租界的特殊环境发展壮大，特别是在抗战时期，天津租界内的抗日活动不断，给日本侵略者以很大的打击。租界对天津经济的影响是深远的，沿海河两岸设立的租界，依托内河港的优势，成为北方的贸易中心。外国资本源源不断地输入，房地产业兴起，洋行、外资银行、商场、店肆，各色西式建筑林立，租界成为城市新的中心。

　　租界的建设发展是天津城市近代化过程的重要组成部分。来新夏先生在《天津租界谈往》一书的序言里指出："'租界'是一个既令人憎恨、又让人向往的地方。憎恨它在我们神圣国土上划出了一块块国中之国，藏污纳垢，为非作歹，扰我社会，害我生民；向往他们出于其生活需求所建设的公共设施，客观上为我们提供了近代都市的一种模式。"租界将西方近代文明带到天津，从电灯、电车、自来水，到房屋营建、街道规划、城市布局等等，改变了天津城市的风貌。近代教育、报纸媒体、风俗娱乐、体育运动、医疗卫生传入，成为近代天津城市多元文化的重要组成部分。

　　天津租界的典型性及其对城市功能的影响，使得天津租界历史的系统研究具有现实价值。作为学术研究的基石，史料整理工作尤为重要，是开展学术研究的前提条件。其中，档案作为具有存凭、留史、资政、育人作用的第一手史料，其价值和作用不言而喻。

天津市档案馆高度重视近代租界档案的整理出版。2012年3月,近代天津历史研究中心在市档案馆挂牌,租界研究成为研究中心首批研究方向之一。近年来,研究中心点校出版了《天津英租界工部局史料选编》,影印出版了《天津租界档案第一辑·英租界档案》和《天津租界档案》。这些编研成果已经成为租界史学研究的权威资料。2016年,为推动租界档案史料开发工作向纵深发展,"近代天津租界档案史料选编"项目积极申请国家社科基金项目并成功入选。同年,该项目列入国家档案局重点开发项目,为项目开展提供了坚实保障。

"近代天津租界档案史料选编"按租界所属国别分类整理,以丛书方式出版发行。《近代天津租界档案史料选编(德日俄意奥比租界卷)》是系列丛书的第三卷,共涉及六国租界。馆藏六国租界档案的体量、内容、价值各异。尤其是德、奥、比三国租界存续时间短、面积小,档案资料数量不多,故本卷在编排上分为德、日、俄、意、奥、比六个部分,其下不再划分类别,而按时间排序。

本卷依托天津市档案馆得天独厚的馆藏资源,系统开发了天津特别市政府、天津海关、天津同业公会、国民政府外交部特派河北交涉公署、金城银行天津分行等机构的档案,时间起始为1900年至1948年,包括政令公文、条约公告、制度规章、契约合同、统计报表、会议记录、情报电文、司法判决等,共计收录档案1042件。

德租界部分收录了从1901年5月至1921年12月的档案90件。主要选取因德国拓展租界面积与英国利益抵触、因征地费用谈判僵持清政府官员与德国领事间的来往文书,第一次世界大战期间和战后北洋政府处理对德关系政策档案。

日租界部分收录了从1902年3月至1948年7月的档案258件。日租界存续时间长,相关档案保存较为系统。主要收录了租界设立及扩张、地亩租契、组织机构、章程条例、市政营造、工商贸易管理等档案;日伪政府"接管""收回""统一管理"天津各国租界的档案,反映了二战期间租界问题的复杂性及国际纠纷。收录了日租界扩张和收买开发老西开地区的日文资料,并进行了翻译整理。

俄租界部分收录了从1900年12月至1916年6月的档案239件。主要选取英、俄之间划界争议,中国旗、民地主之间土地赔偿金分配纠纷,天津商民与清朝官吏、俄国领事之间土地权益调整等档案。还选入了俄租界内商业纠纷档案。

意租界部分收录了从1901年6月至1948年9月的档案356件。意租界存续时间较长,所选内容在本书中所占篇幅最大、内容最全面。侧重选择意租界内工商贸易管理、市政建设、行政管理、日伪政府"接管"和抗战胜利后国民政府收回英法意租界等档案,其中不少翔实的档案资料展示了历史细节。

奥租界部分收录了从1901年6月至1915年4月的档案29件。奥租界面积较小,存续时间非常短,主要收录划界征地纠纷、租界内商贸往来和民间水会等相关档案。

比租界部分收录了从1901年12月至1931年12月的档案70件,内容包括开设租界、征用土地的档案,还着重整理了天津收回比租界筹措、偿还市债款项等档案。

本卷在编纂出版过程中,租界研究专家刘海岩先生担任顾问对全书审读把关。天津人民出版社文史编辑室资深编审韩玉霞做了大量认真细致的审读编校工作。本卷录入工作由李静怡、黄语桐、张鑫雅、陈笛笛、吴双、武雪、李晗昕、王欣、吴美佳、王亚静、王小宁、李佳威、苗雨绿、吴静泽等同志承担,在此一并表示衷心感谢。

由于馆藏租界档案体量大,内容庞杂,语种多样,系统开发的难度很大,由于时间紧迫和水平局限,编纂不当或疏漏之处在所难免,敬请读者批评指正。

凡　例

　　本书由天津市档案馆（天津市地方志编修委员会办公室）编纂，收录的档案全部选自天津市档案馆馆藏。现将档案整理事宜说明如下：

　　一、本书所辑档案时间，自1900年12月31日始，至1948年9月25日止，包含政令公文、条约公告、制度规章、地契合同、统计报表、会议记录、电文情报等，共收录档案1042件。

　　二、本书所辑档案按租界所属国别分类，国别之下按档案形成时间先后排列。有年份、月份无日期的，列于当月末；只有年份的列于当年末。尽量将涉及多个租界的综合性档案按事件归于一卷之中，以体现历史和档案的完整性。

　　三、档案标题为编者撰拟，包括发文者、事由、收文者、文种、时间等要素。标示的时间以具文或发文时间为准，无具文和发文时间的以收文时间为准；一般采用公元纪年，清代历史纪年则在其后括注公元纪年。发文者、收文者名称一般以档案原件为准。

　　四、所辑档案的批文、复函、复电、报表等附件和批注，内容确有收录必要的，附于正文之后。附件的标题、时间均保持档案原貌。

　　五、本书所辑档案原件均无标点、段落，编者遵照现代汉语使用规范添加了标点并划分了段落。档案原文标明层级结构的数字序号，层级清晰者保持原貌，层级混乱者重新编排。

　　六、档案中的统计数字一般保持原貌，以苏州码计数的均加以识读换算。对档案内容的疑义和说明均进行了注释。

　　七、档案中的外国人、货币、国家、政权名称的翻译与现行标准多有不同，但均保留原貌，必要时以脚注加以说明。

　　八、本书所辑档案，均录为规范简体字。档案原件中的错字，以正字注于其后，用（）表示；漏字或酌情补注的字，均用[ ]表示；残缺、污损字句不能辨识的，用口表示；大段残缺用<上残>、<下残>表示；衍文用【 】表示。

　　九、本书所辑档案均注明出处，包括全宗号、分类号、案卷号等信息，置于文末。本书选录已出版的相关史料，均注明编者、书名、出版社、版本及页码等信息，便于读者检索。

目　录

德租界

日租界

俄租界

意租界

奥租界

比租界

1.北洋大臣李鸿章为德国推广租界事给候补道钱镠札文

光绪二十七年三月二十四日(1901年5月12日)

　　为照会事。现准德国钦差穆照会内开:盖造津镇铁路在天津设立铁路栈一节,前已经贵中堂允准,将德界推广办理。本大臣当于三月初五日照会贵中堂,并提及已札饬天津领事官将德界南及西南毗连一带地方,令其点收在案。现在英国欲推广天津英国租界,贵中堂已向英国钦差萨大臣允准于英新租界后,堪以推广占取。查德北边界至马厂路中间一段地方,亦系贵中堂允准萨大臣者。兹本大臣附送地图,亦将该地用红线画出,其地系三角形式。今萨大臣已向本大臣提明此地愿让与德国,归在德界,因此地于英界推广无甚出入,且此地入在德界后,于英德边界更觉有条不紊。据萨大臣又云,其地英国不收,若不入德界,则此三角地应归中国管辖,但三角地四面俱系各国边界,诚恐中国管理不易,转生枝节,若将此地加入德租界内,实与各国租界易于管理,并派巡捕看守一面,于中国并无关系,此地或归英国,或归德国,均与中国无涉。因此各层,谅贵中堂必可应允,本大臣按照萨大臣之意将此三角地一段加入德界,以便本大臣一并饬令天津领事,将此地归入德租界内点收。相应照会查照。等因。准此,查向来各通商口办理租界,均由本国派员会勘乃可定议,前准穆大臣照称,推广德界未经声请勘议,遽已札饬天津领事官点收,本与向办章程不甚符合,虽联军在境,情事稍有不同,但和议已开,交地即在旦夕,不能无主客之分,则勘议一层自不可少。且此地前准萨钦差照称,有应请之二端:其一,现在英界以南土城外荒低之地,不得租与他国,兹特绘图粘送,图中绿色者即定其界,由土城厚德门至宝士德路,越土城处为北界,再由此处至马场第二桥画一直线作为西界,再由马场第二桥循马场路至厚德门为三角之形。其二,倘日后有应再行扩充英界之处,本国有将此地约二千四百亩归入界内之权,并非目下有意取用,不过预为地步立案存查,贵国必须明认英国有取用此地之权,无所疑义,免日后或遇应用之时有所为难。等因。业经本阁爵大臣会同庆亲王照复,认明此义,不让别国租用,并声明该地是否可允归入英国租界仍须派员勘定,再行商议,亦在案。今准穆大臣文称,萨大臣已提明此地愿让与德国,归在德界等语。惟此地是否可归英界,本阁爵大臣尚未委勘定界,似萨大臣未便遽云愿让。兹准前因,姑候札行天津勘界道员钱镠会同天津张道查照,抄发图件,知会英、德领事就近先行会勘会议,揆度有无关系,应否划为租界?如可划为租界,究以何国为宜,抑或姑存其地仍归中国自辖,以免英、德两国各存意见。除照会英、德钦差查照外,合行抄图札发,札到该道即便查照办理。此札。

　　计抄图一件。

(W0001-A-0002-004-001191)

2.候补道钱镠为约定面谈扩界事致德驻津领事秦莫漫函

光绪二十七年四月初五日(1901年5月22日)

　　径启者:敝道前奉北洋大臣李札饬准贵国穆大臣照会,以贵国租界意欲扩充其界址,另有图说载明。饬令钱鑅就近查勘有无关碍。等因。今钱鑅拟礼拜四三点钟时,前赴贵处面商一切事。届时务乞相候为要。此至(致)。顺请台安。

(W0001-A-0002-004-001191)

3.德驻津领事秦莫漫为将按时恭候事复候补道钱鑅函

光绪二十七年四月初五日(1901年5月22日)

复者:接到来函。欣悉贵道拟于礼拜四三点钟过署面商一切,本领事自应如时恭候。此复。顺颂升祺。

(W0001-A-0002-004-001191)

4.北洋大臣李鸿章为天津地方现归都统衙门事给天津道张莲芬札文

光绪二十七年四月初九日(1901年5月26日)

为札饬事。四月初三日准德国驻京全权大臣穆照会内开:查天津租界一事,本大臣先于三月二十七日接准照称,天津道张莲芬堪以派往,会同前派勘界之候补道钱鑅妥商办理。等因前来。本大臣当即行知天津德国领事官,并饬其如张道来署时从优接待,并将德国租界悬而未结事宜和衷办结,俾两面均无欠缺也。至来文又称,请传知天津都统衙门及各国带兵官一体保护接待,以便办公之处先行商定等因一节,查本大臣应引来文首起之言云:天津地方现有各国联军驻扎,本不必更派华官前往。等因。是凡平日归张道及其属员各权,现今均系转归都统衙门管辖办理。故此,统俟日后都统衙门撤销后,中国官员始可于该地职任。相应照商,请即传知张道莲芬及他项在此事内之华官,一并饬其在都统衙门管辖之地,切勿干预地面之事,以期慎重,而彼此交谊亦笃矣。相应照复贵中堂查照。等因,到本阁爵大臣。准此,除分行外,合行札饬,札到该道即便查照。此札。

(W0001-A-0002-004-001191)

5.天津道张莲芬为德国推广租界、租界预留之地不准卖给外国人执业事呈北洋大臣李鸿章禀文及李鸿章批

光绪二十七年四月十二日(1901年5月29日)

敬禀者:窃职道等前奉宪札,准德国钦差穆照会内开:有德界北首三角形空地一段,英国萨大臣允让归入德界,饬令查勘议复。等因。奉此,职道鑅昨向德国驻津领事秦莫漫会商此事,当时交出地图,

于其旧界之外，接连向西南占地一段，内染绿色，指云：此地中堂前经允许，穆大臣来文饬令，领事已经点收。接连向北，又有地一段，北至围墙，西至跑马厂大路，东至迎晖门，内染红色，指云：此即萨大臣允让之地，请为查勘。等语。职道当云：此地应归何国，固应查勘，即贵领事所云前所点收之地，亦须一并复勘会议，方能定局。随即同往地所，按图周历查勘。其绿色之地，在德界之南，东以海大道为界，西至跑马场大路，南至天主教崇德堂砖窑，内惟有津绅李氏花园，约地百数十亩，此外无所关碍。红色之地，其北面即在英国租界之后，其西即与英国此次预留之地相连，然北以土围墙为界，西以跑马场大路为界，界限甚属分明。职道复检宪台札发英国萨大臣所送地图，其红色之地，已在英国预留地界之外，如萨大臣愿以此地归入德界，亦可允许。此界内有中国所建俄文学堂，已与德领事说明存留，为教育人才之所。惟此地既归德界，亦应预订合同，庶将来开办，不致有所争执。容俟职道等与德领事妥商条款，禀请宪台核示。所有德国拟拓租界勘办大概情形，理合先行禀请宪台察核训示，肃禀。敬颂钧祺，伏乞垂鉴。职道莲芬、鏁谨禀。一禀北洋大臣李。

敬再禀者：天津英、法租界均在海大道以东，后英人在海大道以西买地数百亩，经前海关李道岷琛加订合同，作为英国新地，余地仍为民产。此次英国萨大臣欲留土围子以外之地，一时并不待用。昨与驻津英领事金璋会晤，俟西国赛马期过，约同兵官再往踩勘。职道查此刻英德两国所要推广之地，亦不过欲为将来地步。职道愚见，能与订立合同，日后用地多少，即购用多少，其不用者仍为民产，但不得卖与他国洋人执业。一则地方易于兴旺，二则该国不必多筹款项，似为两益。此层俟勘过英界后，再与两国领事熟商办理。如便中中堂会晤英德两国驻京大臣，可以此意晓之。附肃，载颂钧祺，伏乞垂鉴。职道莲芬、鏁谨又禀。

北洋大臣李鸿章批

光绪二十七年四月二十日（1901年6月6日）

禀及再禀均悉。现勘德图红色之地，既不与英留之地相妨，自可照划。特惜会勘之际未与英员同往，尚须将勘过情形向英员金璋告知，三面会议彼此允洽更觉周密。至所陈两国预留之地，先立合同，俟用时再为购买一节，事属可行，但不令先为购存，恐将来用地之时，或谓已订合同在先，掯不给价，转使民间失业，亦不可不防其渐。仰即妥细筹商，酌量办理。缴。

（W0001-A-0002-004-001191）

6.德驻津领事秦莫漫为约定面商事致候补道钱鏁函

光绪二十七年四月二十日（1901年6月6日）

启者：前订酌开新租界合同一节，未审已缮就否。本领事尚有一事必须晤商，拟赴尊处一叙，何时得暇，即希贵道函知，以便往谒。此致。顺颂升祺。

（W0001-A-0002-004-001191）

7.候补道钱镠为约定面商时间事复德驻津领事秦莫漫函

光绪二十七年四月二十日(1901年6月6日)

接奉惠示祗悉,合同日内即可拟出。敝道定于礼拜五三下半钟到尊处会商一切。奉此。复颂升安。

(W0001-A-0002-004-001191)

8.天津道张莲芬、候补道钱镠为德国租界拟占浙江漕粮官栈等处事呈北洋大臣李鸿章禀文

光绪二十七年四月二十四日(1901年6月10日)

敬禀者:窃职道镠昨准德领事秦莫漫函约会晤,述及前数年德国所辟租界,内有浙江漕粮官栈、浙江义园、博文书院,均存留未与德国。今此三处皆为德国兵丁占用,请代禀中堂允许即为德国产业,即德国亦万不能再行退让,等语。职道当答:此官栈系存储浙江漕米之所,此中国国家事,可以禀请中堂示复。所难者,浙漕到津若无此官栈作为停顿,存舱则商船受累,露积则霉变堪虞,事有关系,恐非一时所能定准。浙江义园则系商产,且为善举,两国用兵,公例不占商产。博文书院上年海关黄道台已立约卖与丁家立执业,其权已不在中国。该领事云:现此三处德国一定留用,或应如何津贴,中国须设法办理。职道以其言词决绝,亦非三言两语所能争执,当偕副领事古朋阿前往查看。浙江义园驻兵多名;官栈有仓廒三进,存储器物粮石甚多;博文书院即北洋学堂,现作德兵养病之所。职道揣度情势,纵有情理可以辨论,其地已为所据,欲其退让实难。刻与丁家立会商,大学堂房地计值银十三万两,此事已申明美国政府,断不能凭空占去。浙江义园即日当告知浙商会议办法。惟浙江漕粮官栈,既系公中之产,深恐索回匪易。职道愚见,或暂作推宕,俟中堂回津再行商办。是否如此,恳乞酌示遵行。肃禀。敬颂钧祺,伏乞垂鉴。职道莲芬、镠谨禀。

一禀北洋大臣李。

(W0001-A-0002-004-001191)

9.天津道张莲芬、候补道钱镠为呈送德国推广租界合同草底等事呈北洋大臣李鸿章禀文

光绪二十七年四月二十五日(1901年6月11日)

敬禀者:窃职道等前奉宪札准德国穆大臣照会,欲于德租界相连之处预留一地,又准英国萨大臣允许,以三角形空地让归德界,饬令职道等勘议禀复。等因。奉此,当经职道等将勘议大概情形禀陈,

荷蒙宪批：现勘德国红色之地，既不与英留之地相妨，自可照划，特惜会勘之际未与英员同往，尚须将勘过情形向英员金璋告知，三面会议彼此允洽更觉周密。至所陈两国预留之地，先立合同，俟用时再为购买一节，事属可行，但不令先为购存，恐将来用地之时，或谓已订合同在先，措不给价，转使民间失业，亦不可不防其渐。仰即妥细筹商，酌量办理。等因。奉此，仰见宪虑周详，不胜钦佩。职道等查此次英、德预留之地，各有二三千亩，不过预留地步，并非急于待用，未肯用价购买。从前英国新界购地，皆系自向民间议值，并无抑勒情事，即德国辟界，每亩亦出银七十五两，如以现时德国预留之地照时合价，亦属上下无几。今职道等议拟章程数条，送交德领事秦莫漫，约其会议。该领事云，须先禀明驻京穆大臣然后酌办。谨将合同草底缮呈

察阅，恳乞指示遵行。再，日昨与英总领事金璋会晤，述及萨大臣以三角形空地归入德界一节，金领事云：此事业奉萨大臣饬知，可以归入德界，合并声明。肃禀，敬颂钧祺，伏祈垂鉴，职道莲芬、鑅谨禀。

计呈合同草底一份，图说一份。

一禀北洋大臣李。

（W0001-A-0002-004-001191）

10.德驻津领事为送德推广租界合同底稿事致候补道钱鑅函

光绪二十七年四月二十七日（1901年6月13日）

启者：前接到草合同底稿一本，本领事奉阅之下有未相合之处。兹另拟就底稿一件送请贵道查照，俟本日下午再行会商一切。此致。即颂升祺。

计送底稿一件。

（W0001-A-0002-004-001191）

11.德国推广租界合同底稿

光绪二十七年四月二十七日（1901年6月13日）

今因大德国欲在天津旧有租界后身预留地段，以为日后展拓租界之用。是以大德国驻京钦差大臣穆委派驻津领事官秦，大清国钦差北洋大臣李委派天津河间道张、直隶候补道钱会同踩勘地界四至，商订合同，所议条款列后：

一、德国预留之地南首一段，东自旧界西首梁家园门起，顺海大道过三义庄、东楼庄向南至海河坐湾处，道东有日本界牌，折向正西，过崇德堂砖窑以西，又折向西北，过西楼庄、三义庙、李家花园西墙外，再向西北至跑马场路边，路西有仁记洋行、公善堂，界牌处为止。图中染有绿色可以作为德国预留之地。接连向北有地一段，东自梁家园门起，西至厚德门为止，顺跑马场大路向西南约有一里之遥，其

地为三角形。图中染有红色,此地一段,北与英国新界相接,以土围墙为界,西与英国预留之地相接,以跑马场大路为界,系英国萨大臣与德国穆大臣在北京商定,亦作为德国预留之地。

二、天津南门外有大路一条,远通海上,名曰海大道,英、法两国租界皆在大道以东。此道不入租界,中国自行修筑以为民间行走大车之路。是以德国前设租界西面亦以海大道为限。数年前,英国在土围子内海大道以西陆续买地数百亩,因须修筑马路,特与前任海关道李珉琛订立合同作为英国新界,其洋商已买之地为洋商执业,未买之地仍为民间执业。此次德国预留之地已在海大道以西,除海大道不入租界,中国仍留自用外,道西之地如德国需用,可指出片段向民间购买,其不用之地亦照英国新界章程仍听民间执业,但民间不得私自卖给他国洋人,致德国日后用地时有所窒碍。

三、红色界内有中国俄文学堂一所。此为教育人才之地,中国存留自用,德国不得购取。又浙江义园一处,系属善举,一并存留。

四、德国如在预留界内购用地亩,亦照从前德国租界章程,每亩按给地价银两。如地内有房屋坟茔,亦照旧章给付房价及迁柩之费。

五、德国购用地亩时如有青苗菜蔬在地,须酌量贴补钱文以示体恤。

六、此合同不过述其大略,俟用地时由领事官知会地方官,再行详细会议章程办理。

七、以上所议合同,先留华洋文各两份作为草约,由领事官、租界委员画押,各自申送上宪,俟批定后,再缮华洋文各四分(份),盖用印信,交换分执为凭。

大德国一千九百零一年六月　号　驻津领事官秦莫漫
大清国光绪二十七年四月　日　天津河间道张莲芬
直隶候补道钱镍

(W0001-A-0002-004-001191)

12.德国推广租界合同底稿(修改稿)

光绪二十七年四月二十九日(1901年6月13日)

今因大德国已于天津旧租界外续添新租界一段,中国国家照准。是以大德国驻京钦差大臣穆委派驻津领事官秦,大清国钦差北洋大臣李委派天津河间道张、直隶候补道栈,会同办理。业将合同订妥,所议条款开列于左:

一、中国国家将地一段永租与德国,以便展拓旧租界。

二、新租地界从梁园门起,顺海大道过三义庄、东楼庄向南至海河坐湾处,道东有日本界牌,折向正西,过崇德堂砖窑以西,又折向西北,过西楼庄、三义庙、李家花园西墙外,再向西北至跑马场路,路西有仁记洋行、公善堂,界牌处为止,顺跑马场路到厚德门,从厚德门顺土围墙到梁园门。

三、新租地界中国官管辖之时,归中国官征收钱粮。俟德国买地之后,应将所买之地完纳钱粮,按英国新界章程完纳数目办法一律。

四、新租界内有中国国家俄文学堂一所,留归中国自用。但中国允准该堂须遵守新租界内章程。如中国国家欲将该堂售买,须先问德国政府。

五、新租界内房地一切,中国允准德国有购买之权。如地主有不愿之处,由中国地方官迅速饬令卖与德国。买地时德国、中国派员会同踩勘。至于兴筑铁路及车站所用之地,如可以提水灌溉之园地及有房之地,每亩给价应不过七十五两,无水之园地及好熟地,每亩不过五十两,不好之熟地,每亩不过二十五两。其余应用之地,俟应用时,由德国官公平议价。买房价值按都统衙门章程给价,其章程内注:此房将来饬拆之时,所有砖瓦木料归卖主留下。给房价,头等者每间五十两、二等者四十两、三等三十两、四等二十两、五等十两。迁棺费,按二十一年九月十三日画押旧租界合同第十三款,每棺给银一两。从示知后限于八个礼拜内,均须一律迁去。现在所有破房,如有欲加修理及添盖新房者,务先禀知领事官,候示遵办。其德国不用之地,亦照英国新界章程听民间执业,但民间不得私自卖给他国洋人,致德国日后用地时有所窒碍。

六、德国购用地亩时,如有青苗菜蔬在地,须酌量贴补钱文。

七、英法旧界边有中国自修大路一条,名曰海大道,以便海下民人往来行走大车之用。德国界边之海大道亦与英法界边一律,届时约同英、法、日本四国一同商议办理。

八、以上所议合同,先写华洋文各两份,作为草约,由领事官、租界委员画押,各自申送上宪,俟批定后再缮华洋文各四份,盖用印信交换分执为凭。

大德国一千九百零一年六月　号　驻津领事官秦莫漫

大清国光绪二十七年四月　日　天津河间道张莲芬

直隶候补道钱镤

德国租界合同（老租界）

光绪二十一年九月十三日（1895年10月30日）

德国驻京大臣为德国国家与总理各国事务衙门订立天津德国租界咨,由北洋大臣特派官员记名道黄、津关道盛、天津道李、候选道伍,会同德国领事官司,议订详细条款开列于左:

第一款

今中国准德国永远在天津设立租界。北界:沿闽粤会馆义地北边之道路起,此路从海河西边直通海大道东边止;东界:河边;南界:由小刘庄之北庄外起,迤顺小路之边,直至海大道东边止;西界:海大道东边止。合同画押之后,中国官会同德国领事官即将界限石柱速为树立。至可租界内之土围墙,德国如欲拆除,可否仍须先问中国,如中国不允,即不拆除仍许开门。

第二款

英国租界南界仁记洋行之南,中间有地址一段,已盖招商局、矿务局、仁记洋行等房,如中国不将此地给他国作租界,仍归中国管辖,河边道路理宜修好,与英租界河边码头道路一样。嗣后如有损坏,仍须随时修筑。海大道亦照此一律。河边道路地方官不准盖买卖小房。将来德国领事函请修此道路,如逾一年尚未修妥,可由德国代修,其工料由中国工程局给还。

第三款

博文书院及博文书院所有之地,现在中国官改为大学堂,德国不移动此地,亦不抽收捐税等项。惟日后德国修筑码头及码头外之道路,地不敷用,中国允将博文书院院墙略为向内移动,以敷所用。

所让之地亦无庸德国给钱。惟此河边不准盖造栈房、棚厂、遮掩学堂之前面。

第四款

围墙内之官栈,德国现在不要,亦不抽收捐税各等项。官栈与码头生意,德国亦不拦阻,惟日后德国工部局所出章程,亦须一律遵守。此处码头,中国大小粮船运米入栈出栈,不给码头捐费。

第五款

官栈旁有一义园寄存灵柩之所,德国应允永不要让,不必移动,并永不抽收捐税各等项。每逢节令祭扫之事,德国亦不禁阻。惟德国工部局所出章程亦须遵守。

第六款

浙江闽粤[会馆]有坟墓义地,德国不要,亦不移动,不收取捐税各项,亦不强伊售卖。祭扫之事,亦不禁阻。惟会馆应允义地东边修墙一段,须令开一大门,准其出入。

第七款

租界内围墙外有南洼减河一道,议明仍归中国官管辖,自行随时疏浚。其往来船只上下货物,德国不收费用。

第八款

租界内准中国人买地居住,惟须遵日后德国工部局所出买地章程。

第九款

租界内各房地系德国国家向中国国家租定。所有售卖房地各事,如有不愿售卖者,中国官须劝令售卖。

第十款

租界内各地不论坐落何处,德国领事每亩均按七十五两给银,由中国官发给收单。惟闽粤浙会馆、义园、官栈东边道路及从博文书院东边至小刘庄河边之道路,此二道路东边皆有淤地,系中国国家之地,丈量多寡,中国允将此地让与德国租界,无庸给银以外,工程局之地亦均让与德国,无庸给地界[价]。惟德国须另让还地基一段,归工程局之用,亦无庸给价。

第十一款

租界内各房售卖价值,中国官与德国官各派委员会同商办。惟拟定价值照从前给法租界当时所定房屋之章程办法一律。旧有存案,自可查照办理。其有房屋较好者,应另行会估,公平定价,不得听从房主要价。

第十二款

租界内地亩自付价之日起,限令三个月交割。至居住中国人之房屋,因天寒不便拆盖,商明自明春开冻交价之日起,限令三个月迁移他处,德国须给搬家之费,每户银十两。

第十三款

德国可租地界内若有坟墓,德国不得自己移动,应照旧存留。但该坟如有子孙情愿自己起迁改葬者,德国应给葬费银,每棺一两。

第十四款

地价付清后,应由地主各按租出地亩写立永租与德国地契,载明四至、亩数、长短、宽窄,呈由中国地方官盖印,汇送德国领事官收存,以昭信守。

第十五款

租界之地,德国领事按年每亩向中国国家完纳钱粮制钱一千文,照法国租界条款于每年十二月十五日,将来年应付租钱由领事官照数送交天津县衙门收解。自立契交地之后,即行完纳。未立契交地者,不能先完。

第十六款

自合同画押之后,当由北洋大臣迅速出示晓谕,此处已给德国作为租界。

第十七款

此合同中国缮写五份,德国缮写五份,由北洋大臣特派官员与德国领事画押盖印。以一份存总理各国事务衙门,一分存北洋大臣公署,一份存德国驻京大臣公署,一份存津海关道衙门,一份存德国驻天津领事官署。

续议第一款

由闽粤会馆义地北边之道路起,至仁记洋行地之南界,中间之地,现因美国驻京大臣照会总理衙门,请中国不准将此地让与德国。如美国国家应允不要此地,德国租界北界即作为从仁记洋行南边之道路外起。所有民地价值仍照合同内第九款所定之价,惟仁记洋行之南、闽粤义塚之北,向有兵船码头,以后中国兵船照旧停泊,德国不收码头等费。

续议第十三款

将来德国官拟在租界内作马路,如有坟墓于作马路有碍,德国领事官须请中国官令有坟墓者,使其迁移。如有绅士坟墓实在不愿迁移者,马路亦应设法稍让。

附图。存留德国原图式,原图已缴。

(W0001-A-0002-004-001191)

13.德驻津领事秦莫漫为送德拓界合同清稿等事致候补道钱镠函

光绪二十七年四月二十九日(1901年6月15日)

启者:日前会商合同各款,现按彼此议准。添改之处另缮清本送请阅核,能可照订。希即见复。惟房价一节,贵道欲照旧租界章程办理,本领事捡查底卷,城(减)河北所有各房,前关道黄共拟价八万两,嗣经前领事艾给价银六万两,并未分每间给价若干。今都统衙门定章,头等房每间五十两,实属不少,应请照办。且拆房砖瓦木料均归卖主,旧租界章程系归德国,此次较前亦多加体恤。此致。顺颂升祺。

计送合同清稿一本,并祈速赐回玉。

(W0001-A-0002-004-001191)

14.被拆房屋列表

光绪二十七年四月二十九日（1901年6月15日）

计开被拆房间　花户列后：

西段

李二	二间	黄二	三间
卞有金	二间	李长贵	十六间
何二	二间	王双全	七间
汪贵	十间	张五	四间
王腾海	六间	徐起龙	二间

共计五十四间

中段

李德发	四间	陈永发	六间
刘姓	五间	魏鸿宾	二十间
于二	十一间	李六	十二间
陈二	五间	刘万春	六间
卞荣	七间	张保有	九间
陈永发	十间		

共计九十五间

东段

万财	十三间	张起凤	九间
蒋有	九间	张有	九间
张春元	十三间		
孙恩第	十九间		
张起祥	四间		

共计七十八间

三段共计被拆二百二十七间

东段存留未拆者

庄文盛	十间	沈长安	十四间
刘凤来	十八间(已拆者三间在内)	郭凤池	十二间
王双福	十八间	刘姓	七间
张二	五间	王起麟	十一间

内拆者三间,共计存留未拆者九十五间

汪子植十五间在外,共存留未拆一百十间

叩乞电阅。

15.德驻津领事呈送前拟定日本租界房地价目清折致候补道钱镕函

光绪二十七年四月二十九日（1901年6月15日）

谨将经前关道宪李于光绪二十五年六月间拟定日本租界价目照录清折恭呈宪鉴。计开：

该界由河沿至围墙,共深四百丈,以一百丈为一等,每等中以三十三丈三尺为一段。

一等第一段

高地每亩七百两,平地每亩三百七十两,洼地每亩二百五十两,坑地每亩一百五十两。

第二段

高地每亩三百七十两,平地每亩三百三十两,洼地每亩二百十两,坑地每亩一百二十两。

第三段

高地每亩三百三十两,平地每亩三百两,洼地每亩一百七十两,坑地每亩一百两。

二等第一段

高地每亩三百两,平地每亩二百五十两,洼地每亩一百三十两,坑地每亩八十两。

第二段

高地每亩二百五十两,平地每亩二百十两,洼地每亩一百二十两,坑地每亩七十两。

第三段

高地每亩二百十两,平地每亩一百八十两,洼地每亩一百两,坑地每亩六十两

三等第一段

高地每亩二百两,平地每亩一百五十两,洼地每亩八十两,坑地每亩五十两。

第二段

高地每亩一百五十两,平地每亩一百十两,洼地每亩六十两,坑地每亩四十两。

第三段

高地每亩一百十两,平地每亩七十两,洼地每亩五十,坑地每亩三十两。

四等第一段

高地每亩八十两,平地每亩六十两,洼地每亩四十两,坑地每亩二十两

第二段

高地每亩七十两,平地每亩五十两,洼地每亩三十五两,坑地每亩十五两。

第三段

高地每亩六十两,平地每亩四十两,洼地每亩三十两,坑地每亩十一两。

界内房价

砖房:头等每间一百三十二两,二等每间一百零八两,三等每间九十两。

灰房:头等每间九十两,二等每间七十八两,三等每间六十六两。

草房:头等每间六十六两,二等每间五十四两,三等每间四十二两。

推广租界拆房发价章程

砖房:头等每间六十七两,二等每间五十四两,三等每间四十五两。

灰房:头等每间四十五两,二等每间三十九两,三等每间三十三两。

草房:头等每间三十三两,二等每间二十七两,三等每间二十一两。

奥国租界照日本减一成拆房发价章程

砖房:头等每间六十两零三钱,二等每间四十八两六钱,三等每间四十两零五钱。

灰房:头等每间四十二两零五钱,二等每间三十五两一钱,三等每间二十九两七钱。

草房:头等每间二十九两七钱,二等每间二十四两三钱,三等每间十八两九钱。

该界由河沿向里一百英尺为头等地,每亩六百三十两;再进三百英尺为二等地,每亩三百三十两;再进三百英尺为三等地,每亩二百七十两;再进三百英尺为四等地,每亩二百二十五两;再进三百英尺为五等地,每亩一百八十九两;再进三百英尺为六等地,每亩一百六十二两。

(W0001-A-0002-004-001191)

16.北洋大臣李鸿章为不允德国租界拟占浙江漕粮官栈等处给天津道张莲芬、候补道钱鏮批文

光绪二十七年五月初三日(1901年6月18日)

据禀德领事秦莫漫欲以浙江漕粮官栈留用不还。昨德使来商,已坚执不允。该道等当竭力辩论,不可以禀商请示等词,措语太弱。盖赔款还地事本相因,即不明揭其非,亦当暗相针对,则事或渐解矣。缴。

(W0001-A-0002-004-001191)

17.北洋大臣李鸿章拒绝与德驻津领事商办德兵驻博文书院事给候补道钱鏮札文

光绪二十七年五月初六日(1901年6月21日)

为札饬事。五月初二日准德国全权大臣穆函开:数日前贵中堂来馆,彼此就便论及德兵所驻天津博文书院一节。依本大臣之见,不如贵中堂予钱道鏮以办事之权,会同天津德领事将此节妥商办理,似较便协。即希贵中堂见复为荷。等因。到本阁爵大臣。准此,除函复外,合将复函照抄札饬。札到该道即便查核办理具报。此札。

计抄复函。

径复者：顷接来函所商博文书院一节，查该书院本系绅商捐资建造，闻有美国人丁家立转购，似钱道等未便主持。既承尊属，容饬该道等查核。此复。即颂日祉。

五月初二日

（W0001-A-0002-004-001191）

18.天津道张莲芬、候补道钱鑅为请批示德国扩充租界
合同事呈北洋大臣李鸿章禀文

光绪二十七年五月初七日（1901年6月22日）

敬禀者：窃职道等前将德国扩充租界勘议情形并绘呈图说禀呈宪鉴在案。职道等连日与德领事秦莫漫会晤，将合同逐条详议，内地价一层，从前德旧界无论地之高下，每亩价银七十五两，由海关道设法筹款加给，多者二百两，少者四十两。此刻中国库帑空虚，无款可以津贴，职道等欲其多加银两，彼云至多者不能过七十五两，如果加增，则后任领事不如前任，于颜面攸关，因与筹商至再。此刻扩充之界，原为修筑铁路起见，如果铁路车站用地，则于国家有益之事，可以照该领事所拟之价，上等七十五两、中等五十两、下等二十五两计算，核与京津卢汉购地章程，有多无少，只可应允办理。此外如有别项用地，则需公平议价，不能以此为例。又从前德国开界房价，共付银六万两，并未分晰每间给银多少，但房归德国，原主不得拆动，案卷存海关道署，此刻无从查悉。今合同拟照都统衙门拆屋之价，分为五等，上等者五十两，末等者十两，比旧界数目减少，惟屋料仍归卖主拆用，此则比前为优。又旧合同所载迁棺费，每具给银一两，此皆不能再与争论。职道等已与订定，华洋文单合同各两份，彼此画押，理合具文申请中堂察核。如无所更改，再与缮具正合同，盖印交换分执。是否有当，伏乞批示遵行。肃禀。敬颂勋祺，伏乞垂鉴。职道莲芬、鑅谨禀。

计呈草合同一份。

一禀北洋大臣李。

（W0001-A-0002-004-001191）

19.德驻津领事秦莫漫为请速定合同事致候补道钱鑅函

光绪二十七年五月十一日（1901年6月26日）

启者：前函请订画押日期及约在何处一节，至今尚未奉复，为此特询。希即示知，当即照办，务望以速为妙。此致。祗颂台祺。

（W0001-A-0002-004-001191）

20.候补道钱镠为德国扩充租界事拜访致美驻津领事函

光绪二十七年五月十二日(1901年6月27日)

径启者:兹敝道有事与贵领事面商,定于午后三下钟时到尊处奉访。敬乞台驾稍候为荷。顺颂升祺。

(W0001-A-0002-004-001191)

21.天津道张莲芬为天津地方归都统衙门管辖事致候补道钱镠移

光绪二十七年五月初十二日到(1901年6月27日)

为移会事。光绪二十七年四月初六日奉督宪李札开:为札饬事。四月初三日准德国驻京全权大臣穆照会内开:查天津租界一事本大臣先于三月二十七日接准照称,天津道张莲芬堪以派往,会同前派勘界之候补道钱镠妥商办理。等因前来。本大臣当即行知天津德国领事官,并饬其如张道来署时从优接待,并将德国租界悬而未结事宜和衷办结,俾两面均无欠缺也。至来文又称,请传知天津都统衙门及各国带兵官一体保护接待,以便办公之处先行商定等因一节。查本大臣应引来文首起之言云:"天津地方现有各国联军驻扎,本不必更派华官前往。"等因。是凡平日归张道及其属员各权,现今均系转归都统衙门管辖办理,故此统俟日后都统衙门撤销后,中国官员始可于该地职任。相应照商,请即传知张道莲芬及他项在此事内之华官,一并饬其都统衙门管辖之地,切勿干预地面之事,以期慎重,而彼此交谊益笃矣。相应照复贵中堂查照。等因,到本阁爵大臣。准此,除分行外,合行札饬。札到该道即便查照。此札。等因奉此,除分别移行外,相应移会贵道。希即查照施行。须至移者。

右移天津勘界候补道钱。

(W0001-A-0002-004-001191)

22.德驻津领事秦莫漫为钱镠会同张莲芬下午到访事致候补道钱镠函

光绪二十七年五月十三日(1901年6月28日)

复者,现悉函开:今午后三下半钟约同张大人来署,本领事如时拱候。此复。祗颂台祺。

(W0001-A-0002-004-001191)

23.北洋大臣李鸿章为德国扩充租界合同事
给天津道张莲芬、候补道钱鎓批文

光绪二十七年五月十四日（1901年6月29日）

批：据禀已悉。所呈合同底稿大致可允，惟迁棺之费仅银一两，为数过少。八礼拜之期为限甚促，恐贫民一时无力遵迁，或致延宕，转遭发掘暴露。虽据称旧合同所载止(只)有此数，但数目甚微，即酌议加增，专为恤贫起见，想德领事亦所乐从。现在俄国合同草稿亦令加为四两，如能两国所办一律，尤免藉口。仰即遵照。如此款照增，即订期签押盖印交换，仍声明统俟奏明奉旨，方为定准可也。缴。

（W0001-A-0002-004-001191）

24.候补道钱鎓为增加迁棺费等事致德驻津领事秦莫漫函

光绪二十七年五月十七日（1901年7月2日）

径启者：前日将所订合同草约寄呈北洋大臣李查核，刻奉批示以迁坟费每棺一两太少，八礼拜为期太促。本道查贵国推广界内坟茔无多，拟请每棺加为四两，八礼拜改作十三礼拜。此为恤贫起见，想贵领事仁爱为怀，当可相商办理。如蒙允许，即可缮具正合同，盖印交换。仍俟禀请北洋大臣李奏明中国大皇帝，即可作为定准。统祈察核见复为要。顺颂升祺。

（W0001-A-0002-004-001191）

25.北洋大臣李鸿章为准签订德租界合同事
给天津道张莲芬、候补道钱鎓批文

光绪二十七年五月十八日（1901年7月3日）

所议德租界合同尚属妥协，应准照此签字。图存。缴。

（W0001-A-0002-004-001191）

26.德驻津领事秦莫漫为回复迁棺费及时间诉求等事复候补道钱鎓函

光绪二十七年五月十八日（1901年7月3日）

启者：接到来函已悉。贵道欲将迁棺日期八礼拜改为十三礼拜，此事本领事虽不甚愿，尚可勉允。

至于以每棺一两太少,拟加为四两,云及界内坟茔无多,想系贵道未经细阅,查东楼庄外距海大道不远,即有坟茔一处,其棺木当以数千计。旧租界迁棺费既系一两,拟加之处,本领事实难具详上宪。再,日前贵道过署时,本领事业经言及德国政府定要博文书院,不给价值。德政府并想中国国家必在他处划地一段赔还丁先生,另给银两建盖新书院。贵道云,当将此事禀知李中堂。未审现已禀否,本领事甚欲得悉此事如何。此致。祗颂台祺。

(W0001-A-0002-004-001191)

27.候补道钱鏴为复难准迁棺费及博文书院事致德驻津领事秦莫漫函

光绪二十七年五月二十日(1901年7月5日)

径复者:昨日接来函具悉。上项旧租界迁棺费虽止一两,中国尚有贴补,此刻中国库帑支绌,无款可筹。故想贵国多为发给,或不能四两,再减少若干亦可。博文书院一层,现既归丁家立执业,请尊处仍向丁家立商办。来函谓由中国筹款付给,此刻力量实有不及,还祈贵领事原谅为要。此颂升祺。

(W0001-A-0002-004-001191)

28.德驻津领事秦莫漫为不允加增迁棺费等事致候补道钱鏴函

光绪二十七年五月二十八日(1901年7月13日)

复者:本月二十日接到来函,当将迁棺费拟加若干一节禀知驻京钦差,现在果奉到回示,未便照准。本领事想,若无二十一年九月十三日合同第十三款,每棺一两之案尽可商办。然较之订立旧租界合同,此系小事,前已会商允准,仍请即缮正本为要。本领事业经请假,即拟暂行回国,甚愿将此合同办完再行起身。敢祈鼎力以速为妙。再,旧租界内中国之地欲再会商,未审贵道有此权力否,特询。此复。祗颂台祺。

(W0001-A-0002-004-001191)

29.候补道钱鏴为迁棺费及签订合同等事复德驻津领事秦莫漫函

光绪二十七年五月三十日(1901年7月15日)

径启者:前日接读来函,迁棺费一节既贵国钦差不允加增,则亦不能相强。即日当缮具正合同,约期会画交换,洋文合同写好请先交下一阅。至旧租界内地亩有何可商之事,尽可见示。敝道如能办理,无不可以相商也。复顺升祺。

（W0001-A-0002-004-001191）

30.德驻津领事秦莫漫为约定缮改并签订正式合同事致候补道钱镠函

光绪二十七年六月初二日（1901年7月17日）

复者:接到来函已悉。费心之处曷胜感谢。约期交换一节,如有公暇,拟于本月初五日礼拜六下午最好。兹将洋文合同送阅,希从速发还以便照缮。该合同除第五款内八个礼拜改为十三个礼拜,余皆仍旧。合同尾亦请照添第八款。西历六月二十八号之合同,业经上宪批准,兹谨缮华洋文各四份,盖用印信交换分执为凭。等语。并华洋年月日。再,华文合同缮好,请先赐一份,阅后当即奉还。此致。祗颂台祺。

计送洋文合同一件。

（W0001-A-0002-004-001191）

31.候补道钱镠为合同须奏明奉旨后方可签订事致德驻津领事秦莫漫函

光绪二十七年六月初三日（1901年7月18日）

径启者:昨接来函具悉。华文合同第五款八个礼拜已改为十三个礼拜,第八款亦已改为正。惟按上宪批示,须俟奏明奉旨后作为准定。兹将合同缮正送阅,希即交下以便照缮。至交换之期,如能赶齐,即于初五日午后五下钟时到尊处交换洋文合同一份附还。复颂升祺。

（W0001-A-0002-004-001191）

32.天津道张莲芬、候补道钱镠为交换德推广租界合同事
呈北洋大臣李鸿章电文

光绪二十七年六月初三日（1901年7月18日）

北京李中堂鉴:德界合同宪批有俟奏明定准之语,今德领事即日回国,定初五交换。意欲于合同不提此层,似可允行。乞电示。莲芬、镠。六月初三日发。

（W0001-A-0002-004-001191）

33. 北洋大臣李鸿章为德推广租界合同无须具奏事
给天津道张莲芬、候补道钱镕电文

光绪二十七年六月初三日（1901年7月18日）

张道台、钱道台：德界系推广，可无须具奏，合同自不必提。北洋支。

（W0001-A-0002-004-001191）

34. 天津道张莲芬、候补道钱镕为呈送德推广租界合同及地图事
呈北洋大臣李鸿章禀文

光绪二十七年六月初五日（1901年7月20日）

敬禀者：本年三月二十七日接奉宪札，准德国钦差穆照会内开：盖造津镇铁路在天津设立铁路站一节，前已经贵中堂允准，将德界推广办理。又查德北边界至马厂路中间一段地方，亦系贵中堂允准英国萨大臣者。兹本大臣附送地图，亦将该地用红色画出，其地系三角形式。今萨大臣已向本大臣提明，此地愿让与德国，归在租界内。等因。准此，查向来各通商口岸办理租界，均由本国派员会勘，乃可定议。此地是否可归英界，本爵阁大臣尚未委勘定界，似萨大臣未便遽云愿让。姑候札行天津勘界道员钱镕会同天津张道，查照抄发图件，知会英、德领事，就近先行会勘会议，揆度有无关系。等因。奉此，职道镕当于四月初六日约同德国驻津领事官秦莫漫，携带地图，前往地所查验。内绿色者一块，系德国所要展拓，以备修造津镇铁路在天津设立铁路站之用。其红色三角形一块，即英国萨大臣愿让与德国之地。其所云愿让者，此三角形地实在英国新租界后身，德国未敢先占，必俟英国愿让，方可占用。其地与英界北以土围墙为界，西以跑马场大路为界，若拨归德国，实无所关碍。询之英国驻津总领事官金璋，亦云萨大臣曾有知会，此地可以让归德国。职道等曾将图内红绿二色之地可以作为德国扩充租界，并将如何办理情形，屡经绘图贴说，并议拟草约禀请中堂核示。蒙批：所呈合同底稿，大致可允，惟迁棺之费，仅银一两，为数过少；八礼拜之期，为限甚促。现俄国合同草稿亦令加为四两，如此款照遵，即订期签押盖印交换。等因。奉此，职道等当与驻津领事秦莫漫会商，八礼拜之期准改为十三礼拜，迁柩费须俟禀明驻京大臣，再行答复。昨准该领事函称，已接穆大臣回信，迁棺费因旧租界合同载明每棺一两，未便再加等语。职道等揆度情形，旧合同既已载明每棺给银一两，彼既有词可措，若欲加增实非易事。该领事业经请假，即日回国，函请交换合同，然后起身。职道等已于初五日将合同盖印交换。兹将华、洋文合同及地图各二份，禀呈宪台察核，并请咨送总理衙门一份存案备查。肃禀。敬颂爵绥，伏祈垂鉴。职道莲芬、镕谨禀。

计呈华、洋文合同地图各二份。

一禀北洋大臣李。

（W0001-A-0002-004-001191）

35.德驻津领事秦莫漫为约定会晤时间事致直隶候补道钱鎤函

光绪二十七年六月初五日（1901年7月20日）

复者:接到来片已悉,心感谢谢。本日下午五下钟,本领事在署恭候同临为荷。此复。祗颂勋祺。

（W0001-A-0002-004-001191）

36.候补道钱鎤为增加一份华洋文合同事致德驻津领事秦莫漫函

光绪二十七年六月初七日（1901年7月22日）

启者:前日与贵领事所商拟于四份合同之外再添一份,承荷允许。兹将华文合同一份盖印送上。敬祈贵领事签字后,并洋文合同一份一并交下为叩。顺颂升祺。

（W0001-A-0002-004-001191）

37.德驻津领事秦莫漫为将华洋文合同签字盖印送署事致候补道钱鎤函

光绪二十七年六月初七日（1901年7月22日）

复者:接到来件均悉。当将华文合同盖印签字并洋文合同二份,共三份奉上。希即捡收。祗颂台祺。

（W0001-A-0002-004-001191）

38.候补道钱鎤为移送德推广租界合同及地图事致天津道张莲芬移文

光绪二十七年六月十三日（1901年7月28日）

为移送事。案照敝道与贵道会同办理天津各国租界之事,今德国在旧租界后身扩充新租界地一段,已于本月初五日将北洋大臣李批准合同,会同贵道与德领事秦莫漫交换分执,并将正合同、地图各二份联衔汇禀北洋大臣李,并请分咨总理衙门存案备查亦在案。理合将华洋文草合同一份及地图一张移咨贵衙门存案。须至移者。

一移天津道张。

（W0001-A-0002-004-001191）

39.北洋大臣李鸿章为准照德推广租界合同及地图事
给天津道张莲芬、候补道钱镮批文

光绪二十七年六月十七日(1901年8月1日)

禀、图、合同均悉,姑照所议签押。缴。

(W0001-A-0002-004-001191)

40.德驻津领事秦莫漫为道别回国事致直隶候补道钱镮函

光绪二十七年六月十八日(1901年8月2日)

启者:本领事即于今日上午起身,先赴塘沽附轮回国,谨留函恭代亲到辞行。倏忽明春当即回华,再行畅聆雅教。回忆贵道办公迅速,实深钦佩。此后遇再共事定能和衷共济。惟愿贵道指日荣升,凡百增绥,允如臆祝。此致。不胜驰恋,恭颂勋祺。

(W0001-A-0002-004-001191)

41.直隶候补道钱镮为约定周二去署议事致德驻津领事贾联函

光绪二十七年八月二十四日(1901年10月6日)

径启者:前台驾莅津,适敝道进京有事,未及趋贺鸿禧。兹敝道定于礼拜二午后三下钟到尊处奉候,并有公事面商。务乞执事稍候为要。敬颂升祺。

(W0001-A-0002-004-001191)

42.德驻津领事贾联为将于周二按时恭候复候补道钱镮函

光绪二十七年八月二十五日(1901年10月7日)

敬复者:接到来函已悉。本领事即于礼拜二午后三下钟在署拱候面商一切。此复。恭颂升祺。

(W0001-A-0002-004-001191)

43.德驻津领事贾联为约定下周一赴署拜访事致候补道钱鑅函及回复

光绪二十七年八月二十九日（1901年10月11日）

敬启者：本领事拟于下礼拜一即华九月初三日下午三点偕同翻译官贝赴尊处答拜，届时希稍候为祷。此致。祗颂勋祺。

（W0001-A-0002-004-001191）

44.候补道钱鑅为周一恭候事复德驻津领事贾联函

光绪二十七年九月初一日（1901年10月12日）

径启者：日昨接诵来函藉悉。贵领事定于礼拜一下午三点钟偕同翻译官贝光降敝寓，届时自应拱候畅谈。复颂升祺。

（W0001-A-0002-004-001191）

45.德驻津领事贾联为改订拜访时间事致直隶候补道钱鑅函

光绪二十七年九月初三日（1901年10月14日）

敬启者：驻京奥国钦差本日由京来津，本领事理宜往迓。下半天未便趋赴尊处。拟改于礼拜三午后三点钟前往，即祈贵道示复为盼。此致。祗颂台祺。

（W0001-A-0002-004-001191）

46.候补道钱鑅为周三届时恭候复致德驻津领事贾联函

光绪二十七年九月初三日（1901年10月14日）

径启者：顷接来示具悉。敝道准于礼拜三下午三点钟时拱候台驾藉谈一切。复此。敬颂升祺。

（W0001-A-0002-004-001191）

47.张福达等为求赏还原房事呈直隶候补道钱鎝禀文

光绪二十七年九月初十日（1901年10月21日）

具禀：天津大营门外三义庄民人张福达、张敬、萧长德、李得龙、刘钰斌、孙魁元等，为天气寒冷求还原房以免冻死事。

窃去岁拳匪倡乱，远逃他方，后蒙宪恩安民，始得回家。但房宅已为洋兵占据，民等只得权投亲友园田穴居。前者叩诉都统大人，蒙恩批赴领事署禀办（办）。奉谕：稍候。查近日洋兵皆退，民宅尽空，民等仰望赏还，以免饥寒。且民等久居此庄，皆系本地工商，他方难谋生路。又因户口太众，他处房稀难觅，不得不据情禀诉总办（办）租界大人恩准，转函领事，求其赏还原房，以安蚁命。实为德便施行。

（W0001-A-0002-004-001191）

48.德驻津领事贾联为大土地庙村民求赏发房地价银事致候补道钱鎝函

光绪二十七年九月初十日（1901年10月21日）

敬启者：大土地庙乡民人等禀请赏发房地价银一事，本领事当将该民人原禀转达本国驻津提台查核去后，兹接准回文内开：查大土地庙庄系因去年乱时被德军照军律占据，所以不便赏发价银。等情前来。合行仍将原禀奉还。即希贵道察收为荷。此致。祗颂台祺。

计送原禀一件。

（W0001-A-0002-004-001191）

49.大土地庙村民汪贵等为请赏发房地价银事呈候补道钱鎝禀文

光绪二十七年九月初十日（1901年10月21日）

具禀：大王地庙村乡民汪贵、孙恩第、李德发、王长安、万财、张春元、王恩贵、王双福、徐起龙、李长贵、陈永庆、张起祥等，为请赏房地价银，以备另置房间栖身，叩恩作主，以恤乡民事。

窃身等祖居营门内大土地庙村，历有年所，俱耕种莱园糊口养生。突于光绪二十三年间被德国驻津领事官永租，赏发地价，并会同办（办）理租界候补府李宪在梁园营门外择地一段，准身等置买建造房间居住，地名仍大土地庙村。突于上年夏令间，拳匪肇衅，酿成大变。身等俱逃避他乡数月之久，迁东移西，百般之苦不能细禀。今此村驻扎德国军兵，已起地名新兴租界。身等住房被拆者二百余间，尚存留未拆者八十余间，大土地庙内房间不在此数。今天气渐冷，冻饿饥寒，困苦难挨，一贫如洗。无奈因此叩乞道宪大人格外施恩，转致德国上官大人，赏发房地价银，以救民命。身等得以安居另谋生路,则感天恩无既矣。伏乞恩准施行。

（W0001-A-0002-004-001191）

50.候补道钱镠为大土地庙村民房地事复德驻津领事贾联函

光绪二十七年九月初十日（1901年10月21日）

径启者:刻奉来信。以大土地庙房屋为贵国军队照军律所占,不能给与价值。查大土庙房屋皆系民人产业,两国用兵,公例不占民产。如此时军队占用未能让还,不妨稍缓。但现存房屋不可再有拆动,仍祈费神转达贵国提台查照为荷。此颂升祺。

（W0001-A-0002-004-001191）

51.德驻津领事贾联为约定会同立新租界界石事致候补道钱镠函

光绪二十七年九月十七日（1901年10月28日）

敬启者:本领事谨拟会同贵道立新租界界石,祈于礼拜六即本月二十二日前半天十点钟在厚德门驾临为荷。可否之处,希即示知。此致。祇颂台祺。

（W0001-A-0002-004-001191）

52.候补道钱镠为会同立新租界界石事复德驻津领事贾联函

光绪二十七年九月十八日（1901年10月29日）

径启者:刻奉来函具悉。准于礼拜六前半日十下钟到厚德门会齐,共立贵界界石。复颂台祺。

（W0001-A-0002-004-001191）

53.候补道钱镠为订立德国推广租界界桩事
呈北洋大臣周馥禀文及周馥批

光绪二十七年九月二十二日（1901年11月2日）

敬禀者:窃职道前奉宪札,推广德国租界,以备日后津镇车站之用,业经查勘界址,订立合同,交换分执在案。本月二十二日,职道会同德国领事官贾联、翻译官贝慈到地边分界,查照合同,将第一志桩在跑马场大路仁记洋行、公善堂地对过路边钉立,第二志桩应在厚德门外钉立。职道之意,拟立桩在墙濠以外,争论多时,该领事等不允,擅将志桩在围子门旁钉立。职道向说:"此桩靠路太近,拔桩向东移挪,让出跑马场线路。"该翻译不允,即饬工人在门垛墙边钉立。职道当云:"凡事总须彼此商定乃为定准,似此偏执己见,此事实不能相从办理。即已钉之桩,亦不足为准。"该翻译即云:"贵道不办此事,即须照会中堂办理。"职道当即答云:"正应如此。"职道伏思,此刻中国势力不能与他国相抗,祇此情理二字尚可据以争论辩驳,稍存体面。天津交涉之事甚多,若如此挟制藐视,即情理亦不能再讲,以后办事更属无从措手。职道登车竟去,即开罪领事亦所不顾。职道并查英、法租界毗连之处,在新关以南汇丰洋行以北有路一条,作为公路两无所属。跑马场大路虽左为德国推广之界,右为英国推广之界,中间大路亦应两无所属,在我宽留道路,亦属情理之正。日内该领事必然申请德国公使照会中堂,辩论此事。理合据实陈明,恳祈察核训示遵行。肃禀,敬颂爵绥,伏乞垂鉴。职道鏐谨禀。

北洋大臣周馥批

光绪二十七年十月初七日(1901年11月17日)

禀悉。俟德国使臣照会到日再行酌核办理。缴。

(W0001-A-0002-004-001191)

54. 宋作舟、黄季才为德商礼和洋行偿还欠款事呈天津总商会请议书

1919年2月18日

请议书

请议人

姓氏:宋作舟、黄季才

籍贯:直隶天津人、广东番禺人

住所:南头窑大街、南关下头福庆里

年龄:五十九岁、四十八岁

职业:

今将请议理由具列于左:

为德商欠款遵令详报,恳请转呈管理敌国人民财产事务局存案办理事。

窃英租界领事道德商礼和洋行,前聘商作舟为进口货买办,聘商季才为出口货买办,订有合同并付现款担保。以周息七厘核计,结至一千九百一十九年三月十六日止,该行欠商作舟连息共计行平化宝银二万一千零三十八两二钱六分;结至一千九百一十八年十二月三十一日止,该行欠商季才连息共

计行平化宝银八千六百六十九两五钱九分。今谨照录该行开具洋文清单各一份,呈请转详存案。应如何饬令该行偿还之处,伏祈俯赐施行,实为德便。此请天津总商会公鉴。

附呈洋文清单二纸。

【原档批】仰候函致附件并抄转。

二月廿日

（J0128-3-004940）

55.黄季才为呈报房产公司股票事呈天津商务总会文

1919年2月18日

商人黄季才,广东番禺人,住南关下头福庆里,现年四十八岁。为与德商合股创办兴基房产公司,遵会详报,恳请转呈管理敌国人民财产事务局存案事。

窃于西历一千八百九十九年间由德商补海斯德等招集华洋股款,在英法及旧德租界内置买地亩建造房屋,名曰兴基房产公司。共集股本行平化宝银十二万一千两正,分为二百四十二股,每股银五百两,原在德国领事署注册,作为华洋合组公司。商以碧山堂名义共占二股,计交行平化宝银一千两正。即于一千八百九十九年八月廿五日由该公司发给第五十五号股票一纸,计股号由一百七十五号至一百七十六号,交商收执为据。今谨照录该公司发给洋文股票一纸,呈请转详存案。伏乞查照办理,实为德便。此请天津商务总会公鉴。

随附照录洋文股票一纸。

（J0128-3-004940）

56.张云卿为德商泰来洋行以房契作抵保证金事呈天津总商会说帖

1919年2月19日

具说帖:张云卿,年四十岁,住堤头万字胡同。

为呈报事,商于西历一千九百十三年六月十九日,承德商泰来洋行经理人肃茂约充该行买办,立有合同并交该行押款现银五千两,立有存据,每月按七厘取息,另有房契一纸,一并交与肃茂收执以为保证。嗣因欧战发生,该行停止营业,商即向肃茂索取保证,肃茂随将房契退还。彼时,肃茂手无现款,情愿将在北戴河自置地一段并有建筑楼房计二十余亩之印契交商收执,以备抵还保证之五千两,并有肃茂亲笔签字信函一件为凭。现值我国政府定有章程,登载公报,理合将始末情节声明。伏乞贵会查核,俯准维持,转报管理敌国人民财产事务局备案。该款应如何发还之处,候示祗遵。实为公便。此上天津总商会。

【原档批】仰候函致附件并转,俟复另达。

二月廿日

(J0128-3-004940)

57.天津商务总会为德商欠宋作舟等人债款事致天津管理敌国人民财产事务局函

1919年2月20日

径启者:兹据宋作舟、黄季才投帖内称,窃英租界云云,德便。附件。又据泰来洋行张云卿投帖内称,窃商云云,公便。又据黄季才帖称,云云,德便。各等情。复查无异,相应并为函致。即希贵局查照核复。至纫公谊。此致天津管理敌国人民财产事务局。

附洋文清单三纸。

总理天津商务总会 叶

协理天津商务总会 卞

(J0128-3-004940)

58.克立洋行买办陈冕南为诉德商克利文欠款事呈天津总商会文

1919年2月22日

呈为报告债权请求备案事。窃商向充克立洋行(现在旧德界中街洋东克利文)买办,所有与该行保证金另借及来往帐,共欠商本银一万六千九百一十九两六钱。谨依管理敌国人民财产条例第六条之规定,携同凭证业于二月二十一号具呈,请求管理敌侨事务局查核清理。谨将款目及凭证详列如左,计开:

一、一千九百十一年三月三十号交付该行保证金行平化宝银一万两,年息七厘(利息每月付来往帐),有条为证。

一、一千九百十四年份该行另借款行平化宝银三千五百两,月息九厘(利息按年付来往账),有条为证。

一、一千九百十九年该行来往帐欠款行平化宝银三千四百一十九两六钱,月息九厘,有账簿为证。

以上三笔利息均算至本年二月二十八号。以后利息应以三月一号起,至清理完了之日为止。刻已与该行核对清楚,业经签字。除呈请管理敌侨事务局外,相应恳求贵会存案备查。谨呈天津总商会公鉴。

其说帖人陈冕南,广东人,现住英界西开忠信里旁门牌第二号,克立洋行买办。

【原档批】仰候函转,俟复另达。

二月二十三日
（J0128-3-004940）

59.天津商务总会为陈冕南诉德商克利文欠款事致天津管理敌国财产事务局函

1919年2月24日

径启者:兹据陈冕南投帖,窃云云,备查。等情。相应函转。即希查照并望惠复为荷。此致天津管理敌国财产事务局。

总理天津商务总会 叶
协理天津商务总会 卞
（J0128-3-004940）

60.直隶管理敌国人民财产事务局分局为宋作舟等人诉德商欠款及黄季才持德商股票事致天津商务总会函

1919年2月24日

径启者:案准函开:兹据宋作舟、黄季才投帖,内称:窃英租界领事道德商礼和洋行,前聘商作舟为进口货买办,聘黄季才为出口货买办,订有合同并付现款担保。以周息七厘核计,结至一千九百一十九年三月十六日止,该行欠商作舟连息共计行平化宝银二万一千零三十八两二钱六分;结至一千九百一十八年十二月三十一日止,该行欠黄季才连息共计行平化宝银八千六百六十九两五钱九分,今谨照录,该行开具洋文清单各一份,呈请转详存案。应如何饬令该行偿还之处,伏祈俯赐施行,实为德便。附件。

又据泰来洋行张云卿投帖,内称:窃商于西历一千九百十三年六月十九日,承德商泰来洋行经理人肃茂约充该行买办,立有合同,并交该行押款现银五千两,立有存据,每月按七厘取息。另有房契一纸,一并交与肃茂收执,以为保证。嗣因欧战发生,该行停止营业,商即向肃茂索取保证,肃茂随将房契退还。彼时肃茂手无现款,情愿将在北戴河自置地一段并有建筑楼房计二十余亩之印契交商收执,以备抵还保证之五千两,并有肃茂亲笔签字信函一件为凭。现值我国政府定有章程,登载公报,理合将始末情节声明,伏乞贵会查核,俯准维持。转报管理敌国人民财产事务局备案。该款应如何发还之处,候示祗遵。实为公便。

又据黄季才帖称:为与德商合股创办兴基房产公司,遵令详报,恳请转呈管理敌国人民财产事务

29

局存案事。窃于西历一千八百九十九年间,由德商补海斯德等招集华洋股款,在英法及旧德租界内置买地亩建造房屋,名曰兴基房产公司。共集股本行平化宝银十二万一千两正,分为二百四十二股,每股银五百两,原在德国领事署注册,作为华洋合组公司。商以碧山堂名义共占二股,计交行平化宝银一千两正。即于一千八百九十九年八月二十五日由该公司发给第五十五号股票一纸,计股号由一百七十五号至一百七十六号,交商收执为据。今谨照录该公司发给洋文股票一纸,呈请转详存案。伏乞查照办理,实为德便。各等情。复查无异,相应并为函致。即希贵局查照核复。等因。准此,并附洋文清单三纸前来。

查管理敌国人民财产条例施行细则载,敌国人民所负之债务须清偿者,应由司法官厅裁判将敌国人民财产之全部或一部变价清偿之。等语。此案黄季才、宋作舟、张云卿等对于礼和、泰来两行债权,除业由本分局登记备案外,应仍由该黄季才等检同确实凭证,径赴天津地方审判厅起诉。俟判决确定后,行知到局,以凭核办。又碧山堂兴基公司股分票一事,前据兴基公司华人股东吴调卿等呈请各节,现本分局正与法领事署磋商办法,尚未解决。

以上,统希贵总会查照转致宋作舟、黄季才、张云卿等知照是荷。此致天津商务总会。

黄荣良

（J0128-3-004940）

61. 天津地方审判厅戴仲球诉韦尔德债务纠葛案判决书抄件

1919年5月30日

天津地方审判厅民事判决　　　　　八年民字第八八号

判决:

原告人:戴仲球,年五十二岁,广东南海县人,住针市街肉市口,生记号铺东。

右代理人:范阔律师

被告人:韦尔德,德国人,顺威洋行行东,已遣。

右代理人:天津警察厅长

复代理人:唐演律师

右列当事人间,因债务纠葛案件,本厅审理判决如左。

主文:

韦尔德应偿还戴仲球银五百两,利息按年息七厘计算,其中一百五十两自民国二年二月一日起;一百五十两自同年三月一日起;二百两自同年四月一日起,俱计至清偿之日止。

诉讼费用归韦尔德担负。

事实:

缘本年二月二十七日,据原告人戴仲球诉称,伊向在天津开设生记号,于民国元年阴历十月初四日卖与德商顺威洋行大黄一百篓,计净重二万两千九百十八斤,每百斤价银三两五钱,合银八百十二两一钱三分,除九八扣现及九五一扣行平计,实行平银七百四十七两五钱六分。当交货时,曾经该行给回收货执据。嗣于同年旧历十一月初一日,由该行买办王香辰交给支票一纸,载明向义成银号支银七百四十七两五钱六分,并即向伊将收获执据索还。迨伊派人持票赴义成银号支取,竟被该号拒绝。据称,顺威洋行并无存款,不能应付等语。伊仍找向顺威洋行账房索讨,讵意该账房买办王香辰亦称行东无款,不肯支付。经伊屡次催讨,该行行东韦尔德始于是年年底将该行所欠华商店号各款列一洋文清单,承认分期清偿。将欠伊银七百四十七两五钱六分分为四期,第一期于西历一千九百十三年一月四日还银二百四十七两五钱六分,第二期于同年二月一日还银一百五十两,第三期于同年三月一日还银一百五十两,第四期于同年四月一日还银二百两。除第一期应还之款该行已经照付外,其余三期款项均未依期支付。今该行已经闭歇,该行行东另行在津开设华茂洋行,应请将该行东韦尔德传案,判令将欠款如数清偿,等情到厅。当经饬吏票传,据复该被告已被遣送回国,随即函知天津警察厅查照,依例派员代理应诉,并即定期传集两造开庭审理。据原告人戴仲球供同前情,并呈验义成银号支票一纸、分期付款清单一纸、账簿五本,以为立证。嗣又补呈利息清单一纸,请求照年息一分计算,由民国二年二月一日起,按年银五百两,逐年滚息为本递加利息。本厅以该行买办王香辰实为本案重要证人,当即饬吏票传去后,旋据复称,王香辰已赴哈尔滨,迭传无着等语。嗣传义成银号铺伙尚雅亭到案,据供该号系二三年前承顶前手营业,所有顺威、生记款项往来情节并不知晓。因复按照韦尔德所开分期偿还清单,将各华商店户分别查传质证。除大通栈系日商经理未曾遵传投案,春记栈已经另易号东不知本案情节外,据瑞丰栈经理赵兰田供称,伊号与顺威洋行素有交易,按照向来惯例,该行于收货时必给回收货执据,付货价时即将该执据索回。至所付货价常有不给现款,只付义成银号支票。该号曾因顺威账房存款告罄,拒绝支付。至民国元年旧历年底,该行因无力支付,曾将所欠各号账款列单分期支给,乃付过第一期之后,其余又不能按期照付。伊号时常派人往该行坐索,该行买办王香辰迫不得已,始由陆续私囊垫付五元十元不等,至今仍然拖欠数尾十余元。至于该行与生记交易有无拖欠,则不得而知。本厅当即饬其将账簿呈验,其中所载截至民国元年旧历年底,余欠数目核与顺威洋行所开分期偿款清单殊不相符。诘据赵兰田供称,伊号与该行交易系由买办王香辰经手,伊之账簿记载只记载伊号与王香辰间之账目,至王香辰与该行东之间自必另有账簿,其中账目是否相同,实与伊号无涉等语。质诸被告代理人则称:本案原告代理人既未呈验收货回执,此项债务是否系由双方买卖而生,无从证实,若谓该收货回执,已于该行交付支票之时返还,则商场惯例,凡是交付支票,必先向该银号询明有无存款,然后始可将收获回执缴还。原告经商多年,何至轻率乃尔,而且该分期清单并未经韦尔德签名,究竟有无其事,已属无从证明。就令属实,而该清单原系韦尔德开给王香辰之物,何以竟在原告手中。况据证人赵兰田供称,瑞丰帐项只余数尾十余元,而生记账项除付第一期之外,竟未丝毫还过,于理亦属不合。即就本案证据而言,原告所呈账簿五本,其中竟无流水账簿,已是立证中之一大缺点,而所登记顺威洋行来往账目,又系在该账簿末后一篇。照分期清单所开,顺威洋行第一期付款既系在壬子十二月初二日,而原告人账簿上乃登记壬[子]十月初四日,顺威王香辰大黄欠银五百两字样,如以原告该账簿登记之期目为确实,则壬子十二月初二日付过第一期银二百四十七两五钱六分,余欠不应尚有五百两之多。且查证人赵兰田所呈瑞丰栈之账簿,其中所载只欠银一百五十余两,而韦尔德所开之分期清单上,则系二百二十三两零二分,两相比较已差三分之一。今原告人据此分期清单数目以为主张,殊难认为确实。至于利息一层,原告与被告既无预约,按诸商场惯例,自不能仅听原告一方面之主张,所称年息一分,尤属毫无根据,应请将原告之请求驳回。等语。再讯之,原告代理人则称所呈证据已足证明,被告代理人既不能提出于被告有利益之反证,徒然空言争执,实属毫无理由，云云。案经讯明应即判结。

理由：

本厅查此案顺威洋行与华商各铺户买卖惯例，凡付货价时即缴回收货执据，暨原告所开生记与该行素有生意各节，既经证人赵兰田证明，而被告韦尔德又将原告店号书于分期清单之上，与素与该行向有买卖关系之各店号同行并列，则此项债权系从贸易而生，实已毫无疑义。被告代理人所称，卖主收受支票之时，应先赴银号询明买主有无存款一节，为办事谨慎起见，容或有之，究非法定之义务。分期清单虽未经被告韦尔德签名，惟查该被告与义品公司为债务涉讼，于本年一月一日及同月九日在直隶高等审判厅所具洋文收据，其笔迹正与该清单相符，又岂能因无该被告签名，遂谓该清单为无效。且此项书状并非双方之契约，更无签名之必要。况证人赵兰田既经证明该行实有分期偿款之事，益足以见该单之真实，至该单如何落在原告人之手，殊与本案无关。就使原告所得额数与瑞丰栈有多寡之不同，然彼此既系各别营业，又何能平均比较，一概同论。且账簿之登记，法律上既无规定何种方式，则流水账簿之有无、登记篇数之前后并无一定之限制。被告对之既不能提出何种反证，固不能以此吹求。至原告所呈账簿，其中所载日期既称系以交货之日为标准，交货既壬子十月初四日，则同年十二月初二日虽收过价银二百四十七两五钱六分，而所余尾数仍载系十月初四日所欠，是亦理之常。果如被告代理人所称，截至壬子十月初四日欠银五百两，则同年十一月初一日，顺威洋行账房何以竟给原告人以七百四十七两五钱六分之支票。至于瑞丰栈账目与清单不符，则系瑞丰栈与顺威洋行之事。本案所呈账簿与清单既无不符，又有支票为证，何能以彼例此。查买卖法则，买主既完全领受货物而于约定期间犹不清偿价金者，应负支付价金之义务。原告因此请求利息，依法尚无不合。惟原告人既默认被告人分期清偿办法，其利息自应各就约定日期起算，何得以第三、第四期之款，提在第二期并行计息。且此项利息虽迟延一年以上，该原告人并未向被告人催告，则滚息为本于法亦属不合。至关于利率一节，该当事人间既无约定，自应以当地商场通行之利率为准。查德国商人在津买卖往来如无约定，按年取息七厘，原告请求按年计息一分，未免过苛。诉讼费用应归理曲者负担，本案被告负债不还，委系理曲，特为判决如主文。

天津地方审判厅民庭

推事　林彪

书记官　赵金声

本件证明与原本无异。

书记官　　赵金声

中华民国八年六月十一日

（J0128-3-004940）

62. 天津县行政公署为凡欠付德商债款应开单呈报事致天津商务总会函

1920年3月13日

　　径启者:案奉津海道道尹训令内开:为训令事。案奉省长第一零六二号训令内开:案准管理特种财产事务局公函(内)开:案查管理特种财产条例第三条内称,凡有应付与德奥人民之款项物件,均应送交该管地方官厅。等语。现在关于德奥侨民财产之事,业经次第办理。凡有欠付德奥侨商债款者,自应先行开单呈报,以凭查核。相应函请查照。希即布告各属商民,如有欠付德奥侨商货款或他种款项者,限期开单呈报该管官厅,以凭核办。倘或意存观望,隐匿不报,一经查出,应即按照条例办理。即希查照施行并希见复。等因。准此,除分行外,合行令仰饬属查照一体遵办具复,以凭转咨,毋稍稽延。此令,等因。奉此,除分令外,合行令仰该县知事遵照。即便布告商民,如有欠付德奥侨商货款或他种款项者,限期开单报由该知事分呈省长暨本公署查核。该县商民如无欠付德奥侨商货款等项,亦即具复。此令。等因。奉此,除由县布告外,相应函请贵会查照办理。克日见复,以便转呈。此致天津商务总会会长。

（J0128-3-004940）

63. 郭继堂为因德商停止营业要求赔偿损失事呈天津总商会文

1920年4月15日

总商会诸位先生台鉴:

　　径启者:顷阅报载,接农商部电云:查我国对德要求赔偿一案,近准外交部转法京顾专使来电,以苦乏证据为词,请主管各机关设法征集,从速汇寄,等因到部云云。此项赔偿若债权系中国人,债务者德国人,如能要求德国赔偿目的已达,是项赔偿归国所得,抑或归债权人所得。

　　又者,鄙人前作德商洋行华账房,批卖与洋东之货,批单已立,互相交换,交货交银,订有期限。华帐房既将货批卖与洋东,即遣人四出采买,以备届期交货。及至将货买齐而德商又停止营业,货不能收,银亦未付。华账房亦无可如何,只得将货另行卖给别行。是时又逢价值跌落,因而赔累甚伙,此项损失,能否要求赔偿。为此叩恳贵会一一指示明白。仰乞赐复,则感德无极矣。肃此,敬请诸位先生公安。

　　回示赐交英租界福安里九号即妥。

郭绳先即郭继堂

（J0128-3-004940）

64. 天津总商会为德商欠债速报证据转呈照数索赔事的布告

1920年4月19日

为布告事。案奉农商部电开云云,等因。奉此,合行通告各行商一体周知:如有上项所开德商欠款及应索赔偿等项,迅即检同证据来会报告,以便转呈,照数索偿。事关华人权利,幸勿观望自误,切切。此布。

天津总商会会长卞

(J0128-3-004940)

65. 黄季才为遵农商部令将德商欠款开列证据事呈天津商务总会请议书

1920年4月30日

请议书

请议人

姓氏:黄季才

籍贯:广东番禺县

住所:英租界电灯房东

年龄:四十九岁

职业:商人

今将请议理由具列于左:

具说帖:商人黄季才,现年四十九岁,住英租界电灯房东。为德商欠款,敬遵部令,开列理由,恳请转详要求赔偿事。

窃商于民国六年即西历一千九百十七年六月廿七日与德国租界地产公司经理德人劳路斯即德华银行总理订立合同,购买该公司地一段,计德国亩四亩九分四厘八毫,坐落特别第一区即旧德租界内,该旧租界局注册D字第十四号即在井陉矿务局对过之地段。当经先交订银三分之一,计行平化宝银二千九百六十八两八钱,执有该德人劳路斯洋文收单为据。该合同曾经代理德国事务委员注册盖印签准在案,亦于民国八年二月七日照录该洋文合同、付银收据、地图各一份,呈请管理敌国人民财产事务局存案。嗣于同年八月二十三日再录该洋文合同、付银收据各一份呈请管理敌国人民财产清理局办理各在案。今奉农商部电令再行呈报,用是再录该洋文收据一纸,送呈贵总会,请烦查照转详,要求赔偿该欠款,从速发还,实为德便。此致天津商务总会台鉴。

随附照录洋文收据一纸。

【原档批】候汇案核办。

五月二日

(J0128-3-004940)

66.宋作舟、黄季才为上报德商欠款清单事呈天津商务总会请议书

1920年4月30日

请议书

请议人

姓氏:宋作舟、黄季才

籍贯:天津县、广东番禺县

住所:西头南头窑大街 英租界电灯房东

年龄:六十岁、四十九岁

职业:商人

今将请议理由具列于左:

具说帖:商人宋作舟,现年六十岁,住西头南头窑大街;黄季才,现年四十九岁,住英租界电灯房东。为德商欠款,敬遵部令,开列清帐,恳请转详要求赔偿事。

窃德商礼和洋行前聘商作舟为进口货买办,聘商季才为出口买办,订有合同并付现款担保。以周息七厘核计付息,结至一千九百十九年三月十六日止,该行欠商作舟共计行平化宝银二万一千零三十八两二钱六分,结至一千九百十八年十二月三十一日止,该行欠商季才共计行平化宝银八千六百六十九两五钱九分。均执有该行东开具欠款洋文清单为据。当于民国八年二月七日照录该行欠款洋文清单,呈请贵总会转详管理敌国人民财产事务局办理。又于同年八月二十三日再录该行欠款洋文清单,呈请管理敌国人民财产清理局办理各在案。今奉农商部电令再行呈报,用是再录该行欠款洋文清单二纸,送呈贵总会查照。伏祈转详,要求赔偿该欠款,并按照该清单结算以后之利息以周息七厘核计一并追偿,早日发还,以恤商艰,实为德便。此请天津商务总会台鉴。

随附照录该行欠款洋文清单二纸。

【原档批】候汇案核办。

五月二日

(J0128-3-004940)

67.张云卿为遵农商部令开列德商欠款证据事呈天津总商会说帖

1920年5月5日

具说帖:张云卿,年四十一岁,系天津县人,住堤头村万字胡同。为据情恳乞转呈农商部向德商索还欠款事。

窃商前于中华民国八年二月间,曾经呈恳贵会,以商于西历一千九百十三年六月十九日,承德商

泰来洋行经理人肃茂约充该行买办,立有合同并交该行押款现银五千两,立有存据,每月按七厘取息。另有房契一纸,一并交与肃茂收执,以为保证。嗣因欧战发生,该行停止营业,商即向肃茂索取保证之款,肃茂随将房契退还。彼时肃茂手无现款,情愿将北戴河自置地一段,该地内并有建筑楼房,计二十余亩之印契交商收执,以备抵还保证之五千两,并有肃茂亲笔签字信函一件为凭。等情。呈由贵会转请直隶管理敌国人民财产事务局查照备案在案。商又依照前由径禀该局,嗣于本年六月间蒙该局宪黄函知,商携带该印契并肃茂亲笔信件来局查验。商遵照赴该局验明确实无讹,谕令听候核办,并奉到该局批示:姑准登记,俟清理该行财产时再行核办。等因,各在案。迄今静候年余,并无如何消息。现闻农商部电咨贵会,查我国对德要求赔偿一案,近准外交部转德京顾专使来电,以苦乏证据为词,请主管各机关设法搜集,从早汇寄。等因到部。各该地商民如有对于德商应行索取之各项债权,如定货未交款已列付,或货已取去款未清交,以及合股资本、行号存款、私人贷借,一切本金利息之数,凡属德侨负欠之款,应由该会迅即查取所有两当事人之姓名、商号、合同、帐据、进出口货种类、件数、货价或经手费等未付数额及其年月等项,逐一详列呈送,以凭审核,随时汇寄。仰即迅遵办理可也。等因。奉此,商对于德商泰来洋行充当买办,统系经理售货,因是以现银五千两作保证,确与存款相同。该行停止营业,该经理肃茂一时手无现款,情愿将北戴河地契交商收执,以备抵还。商之保证款项,嗣经先后禀呈贵会暨直隶管理敌国人民财产事务局查验,证据确实无讹。计本银五千两,每月息银三十五两,由旧历己未年正月未取息银,至庚申年三月止,共欠息银五百六十两,共合本利银五千五百六十两,至还银之时再欠息银,临时再算,合并声明。兹奉前因,理合将始末缘由呈恳贵会转呈农商部,俯念商艰,从速索还,俾得另谋生业,实为公德两便。此上天津总商会。

【原档批】候汇案办理。

五月十七日

(J0128-3-004940)

68.戴仲球为索德商韦尔德欠款事呈天津总商会请议书

1920年5月6日

请议书

请议人:天津生记号

姓氏:戴仲球

籍贯:广东南海县

住所:针市街肉市口北头

年龄:五十三岁

职业:商界

今将请议理由具列于左:

为报告事。案准贵会公布以我国对德要求赔偿一案,如有德商欠款及应索赔偿等项,迅即检同证据来会报告,以便转呈照数索偿。等因。兹查德商顺威洋行行东韦尔德所欠敝号生记货银五百两,另年息按七厘计算,其中一百五十两自民国二年二月一日起,一百五十两自同年三月一日起,二百两自同年四月一日起,俱计至清偿之日止。合将照抄天津地方审判厅八年民字第八八号判决书一纸,报请查核。希即转呈,照数索偿,无任感激之至。此陈天津总商会会长。

粘件计照抄判决书一纸。

【原档批】仰候汇案办理。

五月十三日

（J0128-3-004940）

69.天津总商会为遵令呈报华商对德要求赔偿事呈农商部的文

1920年6月10日

呈农商部,遵令呈报商界因德侨损失索取赔偿由。

呈为遵令呈报事。窃查中华民国九年四月十七日,奉钧部麻电内开云云,等因。奉此,仰见钧部注重民权体恤商情之至意,钦佩莫名,当即印发布告,以示各行商等一体周知,切实呈报在案。兹据商人宋作舟、黄季才、张云卿、戴仲球、郭绳先等先后检同证据,声报损失等情前来。敝会复核无异,除将各该案等事实并两当事人等姓名等项列表附呈,及以后查取所得再行续报外,理合遵令先行呈复。伏乞钧部鉴核,汇转施行,实为公便,谨呈农商总长。

附呈简明表六张、洋文清单三纸、判决书一份。

天津总商会会长卞

（J0128-3-004940）

70.北洋保商银行为呈报德商欠款证据事致天津总商会函

1920年7月15日

敬启者:前准贵会四月十九日公布内开:案奉农商部电开:查我国对德要求赔偿一案,近准外交部转法京顾专使来电,以苦乏证据为词,请主管各机关设法搜集,从早汇寄,等因到部。各该地商民如有对于德商应行索取之各项债权,如定货未交款已列付,或货已取去款未清交,以及合股资本、行号存款、私人贷借,一切本金利息之类,凡属德侨负欠之款,应由该会迅即查取所有两当事人之姓名、商号、合同、帐据、进出口货种类、件数、货价或经手费等未付数额及其年月等项,逐一详列呈送,以凭审核,随时汇寄。仰即迅遵办理。等因。奉此,合行通告各行商一体周知,如有上项所开德商欠款及应索赔偿等项,迅即检同证据来会报告,以便转呈,照数索偿。等因。准此,兹查敝行来往帐内有德商 Adolf *Bleichert & Co. Leipzig Jolli* (译音)毕切特洋行于一千九百十四年六月三十日欠到敝行原本行化银七百二十八两二钱八分一款,例应呈报。惟该项欠款当日系登记敝行来往账,其正式证据应以敝行账单为凭。兹除遵案函报外,理合缮具洋文账单一纸,附呈察鉴。即希贵会汇案转呈,以便照数索偿,是为至荷。此上天津总商会。

附洋文账单一纸。

(J0128-3-004940)

71.商人秦文起为德租界盖房索赔事呈天津总商会文

1920年10月2日

具禀商人秦文起,天津人,年五十八岁。现寓英国租界小白楼路西。

为陈请事。前见贵会四月十九日公布内开:案奉农商部电开:查我国对德要求赔偿一案,近准外交部转法京顾专使来电,以苦乏证据为词,请主管各机关设法搜集,从早汇寄。等因到部。各该地商民如有对于德商应行索取之各项债权,如定货未交款已列付,或货已取去款未清交,以及合股资本、行号存款、私人贷借,一切本金利息之类,凡属德侨负欠之款,应由该会迅即查取所有两当事人之姓名、商号、合同帐据、进出口货种类、件数、货价或经手续费等未付数额及其年月等项,逐一详列呈送,以凭审核,随时汇寄。仰即迅遵办理。等因。奉此,合行通告各行商一体周知,如有上项所开德商欠款及应索赔偿等项,迅即检同证据来会报告,以便转呈,照数索偿。等因。

准此,兹查民国二年即一千九百十三年五月二十七日,驻津前德国领事将坐落前德国新租界所有公地两段租与商人建筑房屋,立有合同,各执一份为凭。嗣于民国六年秋间洪水为患,由该管官为有关大局,饬令商人将房拆毁,以便起筑防水之土堤,该地二段亦令交出,迨水退后迄未将地发还。查合同内载第一条有:如因关于新租界大局,以该地为别项急需之用,须将承租所造之房拆开,如此办理,承租人所建房屋以及该地改良如垫平等事所有费用,出租人照数赔还,云云。按此合同,商人虽有要求赔偿之权,然对于保护德国之和国委员,虽曾请求,亦归无效。伏思自中德宣战,前德国租界行政权均归中国接管以后,该管官以该地系中国官地由,租界行政机关不许租出,遂令商人将房屋拆去,并将地段腾还。商人无由得知该地两段为前德国新租界之所有或为中国官地,并前德国领事是否有租出之权。此项问题乃系中德国际交涉,商人只因德国领事为德国政府之代表,与商人立有合同,自应向德国政府索取赔偿。盖以如有出租之权,应按照合同第一款有赔偿之责,否则地非所有而误租与人,依照法律通行之宗旨,亦应担负商人服从合同致被损失赔偿之责任。计所损失列下:由民国二年起盖,楼房下房六十七间,砖房门面九十三间,二共一百六十间;(一)盖房工料洋二万四千元,(一)垫楼房地基用土工料洋二千一百七十六元三角二分二厘,(一)修理河坝工料洋六百十三元零一分,以上三笔通共合工料洋二万六千七百八十九元三角三分二厘。理合将洋文并译汉合同一份、地图一纸、又洋文合同一份、地图纸一份附呈察鉴。即希贵会汇案转呈,以便照数索偿,是为公便。此呈天津总商会。

附抄洋文并译汉合同一份、地图一纸,又洋文合同一份、地图一纸。

【原档批】仰候呈部汇咨办理。仍俟指令到会再行另达。

十月廿日
(J0128-3-004940)

72.天津总商会为询问华商对德商索赔进展事呈农商部文

1920年10月16日

呈为呈请事。窃查我国对德要求赔偿一案,前奉钧部麻电嘱:搜集商民对于德侨各项债权,开列证据呈送,以凭审核,汇寄办理。等因。当将宋作舟等六起列表呈送钧部在案。兹据宋作舟、黄季才迭次来会探询办理情形,恳请呈催等因。究竟此案已否办理,及应如何赔偿之处,理合呈请钧部鉴核训示,以便转知祗遵,实为公便。谨呈农商部。

天津总商会会长卞
(J0128-3-004940)

73.天津总商会为呈报华商对德商索赔相关证据事呈农商部文

1920年10月20日

呈为呈请事。窃查华商因德侨损失要求赔偿一案,前奉钧部麻电,曾将查取宋作舟等各件汇报钧部察核,转咨办理在案。兹据商人秦文起投帖陈称,为陈情事,云云。实为公便。附钞洋文并译汉合同一份、地图一纸,又洋文合同一份、地图一纸。等情。据此,自应据情转呈。除答复并将该项事实填表附报外,理合具文呈请。伏乞钧部鉴核转咨施行,实为公便。谨呈农商部。

附表一份并原呈证据   件。

天津总商会会长卞
(J0128-3-004940)

74.农商部为宋作舟等对德商索赔，依式填表再行呈报事
给天津总商会指令

1920年11月8日

农商部指令第二五三九号

呈一件。据宋作舟等探询对德要求赔偿办理情形，请核示转知由。

呈悉战时损失各款，前准财政部咨，再行确切调查，业经颁发表式训令，遵照在案。所有宋作舟等六起所报损失，仰遵前令，转饬依式填齐，再行呈部候核。原送简明表六张、洋文清单三纸、判决书一份，一并发还。此令。

附十件。

署农商总长王廼斌

（J0128-3-004940）

75.农商部为商民宋作舟等要求德商赔偿填调查表事
给天津总商会训令

1920年11月8日

农商部训令第一一〇号

准财政部密咨开：查欧战以来，我国以各种关系对于德、奥所支费用及所受损失，前经本部分为中立、绝交、宣战三时期，通行京内外各机关分别调查，嗣准各部局处及各省区陆续造报送部登录。业经本部重加审核汇编表册，先后咨送外交部转寄巴黎参与和会全权委员各在案。现据本部派赴巴黎襄办德奥赔偿事宜委员佥事郭则范呈称：各国向德、奥索偿各类，均经本国特设机关审查核定后方行提出，以昭慎重。我国已提及应提各类，或证据不齐，或要求过当，将来或应听候损失赔偿审查股审查，或应由我国与德、奥会同组织之混合仲裁裁判所裁判，虽视受害时间及损失性质而异，但经过审查后恐不能一一如愿。与其求而不遂，徒留痕迹，不如先行清理，将绝对无希望索回之类自为删去，账目既可整齐不紊，实际亦无所吃亏。又我国提出要求之类，应有手续既不完备，应行注载情节复多遗漏，于办理赔偿事宜诸多妨碍，急应详细调查。各等情。并据拟定调查表式到部。

查前项费用及损失各款，从前所送表册既不适用，自当重复审查，以昭核实。兹由本部拟定表式七种，咨请贵部分行所属各机关，将自中立日起至宣战前一日止，又自宣战日起至现在止，分为宣战以前及宣战以后二时期，将对于德、奥所支费用及所受损失，分别德、奥国籍暨各种事实，无论从前已否报部各款，一并按照表式详细调查分别开报。总期我国要求赔偿各款事实确当，证据完全，以便提出。再此事关系对外，应请贵部督饬承办人员妥速进行，表中应列人名、地名、船名，须以洋文注名者务希一并注明，其各项日期尤应详确，并连同各项应附证据，早日送部，以凭办理。相应咨行贵部查照办理，并希迅复。等因。查前因欧战损失费用，送经各处报告由部汇编清册，先后咨送财政部核办各在

案。兹准前因,合亟刷印表式发交该会,切实调查,依式填齐,迅速报部,以凭核转。此令。

附表式一件。

署农商总长王𬮿斌

例 言

一、本调查表须分别德、奥国籍开列。

一、费用表所填数目应分宣战以前(自中立日起至宣战前一日止)及宣战以后(自宣战日起至现在止)造报。

一、每一调查表所填数目系以一机关或一私人及一科目为限,勿含混汇填。

一、本调查表所填数目均按国币计算至厘为止,如有中外货币者应将原数及折算方法附记栏内。

一、各种调查表每种均填三份送部,以便分别提交赔偿审查股暨留本部财政部备案。

(J0128-3-004940)

76. 天津总商会为详述商人秦文起为德租界盖房索赔事呈农商部的文

1920年11月

为呈请事。窃查华商因德侨损失要求赔偿一案,前奉钧部麻电,曾将查取宋作舟等各件汇报钧部察核,转咨办理在案。

兹据商人秦文起投帖陈称:为陈请事。前见贵会四月十九日公布内开:案奉农商部电开:查我国对德要求赔偿一案,近准外交部转法京顾专使来电,以苦乏证据为词,请主管各机关设法撄集,从早汇寄。等因到部。各该地商民如有对于德商应行索取之各项债权,如定货未交款已列付,或货已取去款未清交,以及合股资本、行号存款、私人贷借,一切本金利息之类,凡属德侨负欠之款,应由该会迅即查取所有两当事人之姓名、商号、合同帐据、进出口货种类、件数、货价或经手续费等未付数额及其年月等项,逐一详列呈送,以凭审核,随时汇寄。仰即迅遵办理。等因。奉此,合行通告各行商一体周知,如有上项所开德商欠款及应索赔偿等项,迅即检同证据来会报告,以便转呈,照数索偿。等因。

准此,兹查民国二年即一千九百十三年五月二十七日,驻津前德国领事将坐落前德国新租界所有公地两段租与商人建筑房屋,立有合同,各执一份为凭。嗣于民国六年秋间洪水为患,由该管官为有关大局,饬令商人将房拆毁,以便起筑防水之土堤,该地二段亦令交出,迨水退后迄未将地发还。查合同内载第一条有:如因关于新租界大局,以该地为别项急需之用,须将承租所造之房拆开,如此办理,承租人所建房屋以及该地改良如垫平等事所有费用,出租人照数赔还,云云。按此合同,商人虽有要求赔偿之权,然对于保护德国之和国委员,虽曾请求,亦归无效。伏思自中德宣战,前德国租界行政权均归中国接管以后,该管官以该地系中国官地由,租界行政机关不许租出,遂令商人将房屋拆去,并将地段腾还。商人无由得知该地两段为前德国新租界之所有或为中国官地,并前德国领事是否有租出之权。此项问题乃系中德国际交涉,商人只因德国领事为德国政府之代表,与商人立有合同,自应向

41

德国政府索取赔偿。盖以如有出租之权,应按照合同第一款有赔偿之责,否则地非所有而误租与人,依照法律通行之宗旨,亦应担负商人服从合同致被损失赔偿之责任。计所损失列下:由民国二年起盖,楼房下房六十七间,砖房门面九十三间,二共一百六十间;(一)盖房工料洋二万四千元,(一)垫楼房地基用土工料洋二千一百七十六元三角二分二厘,(一)修理河坝工料洋六百十三元零一分,以上三笔通共合工料洋二万六千七百八十九元三角三分二厘。理合将洋文并译汉合同一份、地图一纸、又洋文合同一份、地图纸一份附呈察鉴。即希贵会汇案转呈,以便照数索偿。是为公便。附钞洋文并译汉合同一份、地图一纸,又洋文合同一份、地图一纸。等情。

据此,自应据情转呈,除答复并将该项事实填表附报外,理合具文呈请。伏乞钧部鉴核,转咨施行。实为公便,谨呈农商部。

附表一份并原呈证据。

会长卞荫昌

(J0128-3-004940)

77.国民政府农商部为因欧战商民宋作舟等所受直接损失如何填报事给天津总商会指令

1920年12月2日

农商部训令第一二〇〇号

准财政部咨开:查我国因欧战所支费用及所受损失,业经本部重订表式咨行查照在案。此项费用损失关于对奥方面应将收容及救济敌侨费、遣送敌侨及俘虏费等,凡属直接用于奥人之费用并政府及人民之财产因奥国战争侵夺、毁坏、没收或其他行为,以及因契约关系所受之直接损失,暨人民之生命损害索偿各款,先行按表填报并查照奥约赔偿条款,以免遗漏。至对德方面所有填报用费暨损失办法,除按照上开对奥各项费用损失性质及参照奥约赔偿条款办理外,并应将收容德国俘虏费用一并按表填报。此外一切间接费用及间接损失均暂缓开送。除密电各省省长,热河、察哈尔、绥远都统、库乌科唐镇抚使,各省区财政厅并分咨各部及京兆尹外,相应密咨贵部查照办理,并饬所属各机关一体遵办。等因。合亟令仰遵照。此令。

署农商总长王廼斌

(J0128-3-004940)

78.农商部为对德奥战争索赔截止日期事给天津总商会训令

1920年12月17日

农商部训令第一二八二号

准财政部密咨:查我国因欧战所支费用及所受损失,业经本部重订表式咨请调查。至现在止并经咨请将对德、奥直接费用损失先行按表填报在案。兹准奉天张兼省长电称:准咨。改编对德、奥宣战时损失各表所称扣至现在止,是否对德则至现在截止,对奥则至签约公布之前一日止,此项表册究限何日送部。等因。此项截止之期,除对德直接费用损失应照本部前咨调查至现在截止外,对奥方面现经本部咨准外交部复称,对奥损失应截至一九一八年十一月三日停战条件批准之日为止。等因。应请即将此项直接损失调查至民国七年十一月三日截止,但对奥直接费用仍以所办事务终结为限。前项表册应随造随送,限本年底报齐。至所附各项证据,务求确实,如实在无法搜得确据者,亦应附以相当之证明文件,并由主管官厅加盖印信,以昭郑重。除电复张兼省长,密电各省省长,热河、察哈尔、绥远都统、库乌科唐镇抚使,各省区财政厅并分咨各部及京兆尹外;相应密咨贵部查照办理,并分饬所属各机关一体遵办。等因。合亟令仰遵照。此令。

署农商总长　王廼斌

(J0128-3-004940)

79.天津总商会为报北洋保商银行对德商索赔事呈农商部文

1921年5月31日

呈为呈报事。窃查华商因德侨损失要求赔偿一案,前奉钧部麻电,曾将查取宋作舟、秦文起等各案列表汇报钧部察核,转咨办理在案。兹据北洋保商银行函开,云云。是为至荷。附洋文帐单一纸。等情前来。敝会复查无异,除答复并将该项事实例表附报外,理合具文呈请,伏乞钧部鉴核,转咨施行,实为公便。谨呈农商部。

附表式一册、各种证据六件。

天津总商会会长卞

(J0128-3-004940)

80.因德国战事商民损失调查表

1921年5月

天津总商会呈送中德战事商民损失清册

中华民国因德国战事结果对于订购货物契约未能履行所受损失调查表	
订约机关	戴仲球 住天津针市街肉市口北头
承购货物洋行	德商顺威洋行行东韦尔德
订约日期	西一千九百十三年一月
购物种类	大黄一百篓
货物价值	行平银七百四十七两五钱六分
已付货价	二百四十七两五钱六分
短收货物种类	
损失货物价值	行平银五百两
物价外应索赔偿	
索偿根据	
证据号数	天津地方审判厅判决书 随表附呈
附注	债权人戴仲球曾于西一千九百十三年售与德商韦尔德大黄一百篓,计价行平银七百四十七两五钱六分,交货后无款支给,言定分为四期付款。第一期一月四日,应还银二百四十七两五钱六分,第二期同年二月一日应还银一百五十两,第三期同年三月一日应还银一百五十两,第四期同年四月一日应还银二百两。规定后债务人只第一期履行还银二百四十七两五钱六分,其余到期均未支付,债务人即已被遣,故核欠款计为上数。

中华民国对德国宣战以前因交易所支费用调查表	
机关	天津北洋保商银行
款目	德商毕切特洋行欠款
金额	行平银七百二十八两二钱八分
支用日期	西一千九百十四年六月三十日
证据号数	洋文账单 随表附呈
附注	此款系德商毕切特洋行与保商银行来往透支之项,未及办理,该商被遣。特此附记。

中华民国对德国宣战以前因寄库保证所支费用调查表	
机关	宋作舟,德商礼和洋行进口货买办,住天津南头窑大街
款目	礼和洋行寄库保证金
金额	二万一千零三十八两二钱六分
支用日期	一千九百十九年三月十六日
证据号数	礼和洋行行东自开清单 随表附呈
附注	此表欠款数额二万一千零三十八两二钱六分,乃系截至一千九百十九年三月十六日为止,以后之利息照约仍应以周息七厘核算。

中华民国对德国宣战以前因寄库保证所支费用调查表	
机关	黄季才,德商礼和洋行出口货买办,住天津英界电灯房东
款目	礼和洋行寄库保证金
金额	八千六百六十九两五钱九分
支用日期	一千九百十八年十二月三十一日
证据号数	礼和洋行行东自开清单随表附呈
附注	此表欠款数额八千六百六十九两五钱九分,乃系截至一千九百十八年十二月三十一日为止,以后之利息照约仍应以周息七厘核算。

中华民国对德国宣战以前因购地所支费用调查表	
机关	黄季才,礼和洋行出口货买办,住天津英界电灯房东
款目	德商德华银行地产公司经理劳路斯售地欠款
金额	二千九百六十八两八钱
支用日期	一千九百十七年六月二十七日
证据号数	德商劳路斯收款单 随表附呈
附注	债权人黄季才曾向德商地产公司购妥该界内地一段,计德国亩四亩九分四厘八毫,坐落井陉矿务局对过,当于西一千九百十七年六月二十七日交付三分之一定银,计为上数。

中华民国对德国宣战以前因寄库保证所支费用调查表	
机关	张云卿,德商泰来洋行买办,住天津堤头村
款目	泰来洋行寄库保证金
金额	五千两
支用日期	一千九百十三年
证据号数	
附注	债权人张云卿原充该行买办,此款系债权人任事时所交该行之寄库保证金,计为上数。惟息银截至一千九百二十年三月止,该银五百六十两。此外至清偿之日应付利息,再由是年三月份接续核计。再,泰来洋行行东肃茂被遣时因张云卿向索押款,该行行东肃茂曾将自置北戴河地一段并建筑楼房计二十余亩之印契一张交出,现经张云卿收执。

中华民国因德国战事结果对于订购货物契约未能履行所受损调查表	
订约机关	郭继堂,住天津英界福安里
承购货物洋行	德商福山洋行行东佛克司白哥
订约日期	中华民国六年八月
购物种类	羊毛五万担
货物价值	行平银四十三万两
已付定银	一万五千两
短收货物种类	
损失货物价值	行平银四十一万五千两
物价外应索赔偿	
索价根据	
证据号数	福山洋行行东所立洋文契约、批单,并对于各外庄羊毛商赔偿之字据等。因太繁复,未便呈送,俟必要时再当呈验。
附注	债权人郭继堂于民国二年九月与德商福山洋行洋东佛克司白哥订立合同,充当该行华账房,为该行采买一切出口货物。在民国六年阳历一月,债权人曾批卖于该洋东羊毛五万担,立有交换批票三纸,两方各存为据,并在批票载明交货之日期,由是年四月至十二月交齐。当时该行洋东曾交定银一万五千两,将批票订立后,债权人即派华伙外出购买齐备。讵意此时中德绝交,洋东被遣,债权人只可将购妥之货退归各商。适值行市大落,每担赔银八九两不等,合计羊毛五万担,共赔银四十三万两,除先收过定银一万五千两外,核计净赔如上数。

中华民国对德国宣战以前因租地照约所支费用调查表	
机关	秦文起,住天津英租界小白楼路西
款目	德领事署占用地基拆房损失
金额	二万六千七百八十九元三角三分二厘
支用日期	西一千九百十三年五月
证据号数	洋文译汉合同地图等件 随表附呈
附注	西一千九百十三年五月二十七日,驻津前德国领事曾将新租界公地两段租与秦文起建筑房屋,立有合同,载明如该地为别项急需之用时,将承担此所造之房间拆开出租,皆照数赔偿价值等语。该地于民国六年因筑土堤,曾令秦文起将房拆去,适此时中德绝交,德领回国未及办理,故核拆房价值计为以上欠数。

(J0128-3-004940)

81.农商部为对德奥战争索赔商民损失调查表需更正补送证据并重新列表事给天津总商会训令

1921年9月2日

农商部训令第一〇一二号

准财政部咨开:准贵部咨称:据天津总商会呈称,战时损失我国应对德奥要求赔偿一案,前奉钧部麻电,搜集商民各项债权,开送证据,以凭审核。等因。当将查取宋作舟等六案列表汇呈。旋奉指令内开:战时损失各款,前准财政部咨再行确切调查,业经颁发表式,训令遵照。所有宋作舟等六起所报损失,仰遵前令转饬依式填齐,再行呈部候核。原送简明表六张、洋文清单三纸、判决书一份,一并发还。等因。除将各商损失按表填明随文附送外，呈报鉴核。等情。检同原呈清册一本、证据六件，咨部查核办理。等因到部。查该商会原送商民损失清册内有应行补注、更正及补送证据，并应重行列表各款，相应开列清单并另印表式一件，咨送贵部查照，转令该商会遵照办理。等因。并清单表式各一件到部。合亟钞录清单表式发交该商会遵照。此令。

农商总长王廼斌

兹将农商部咨送天津总商会对德战事商民损失调查表内列各案应由该商会补注、更正、补送证据及应重行列表各款开列于后。计开：

一、德商顺威洋行行东韦尔德欠付戴仲球货价行平银五百两一案。查此案德商顺威洋行文名称及该行行东韦尔德洋文姓名原表均未注明，应由该商会查明补注。

一、德商毕切特洋行欠付天津北洋保商银行行平银七百二十八两二钱八分一案。查此案原表金额栏内列行平银七百二十八两二钱八分，惟查原送洋文账单内系列行平银七百二十六两二钱八分，核与原表所列相差二两，究系如何错误，应查明更正。

一、德国德华银行地产公司经理劳路斯欠付黄季才定银二千九百六十八两八钱一案。查此案系订购货物契约未能履行所受之损失，该商会列入费用调查表内，自不适用，应照本部前颁订购货物契约未能履行所受损失调查表表式重行列报。

一、德商泰来洋行欠付买办张云卿寄库保证金五千两及利息一案。查此案证据未据附送，应由该商会将张云卿任事时所交该行保证金之证据等件补送到部，以凭核办。

一、德商福山洋行行东佛克司白哥欠付郭继堂货价行平银四十一万五千两一案。查此案据原表声称洋文契约批单字据等，因太繁复未便呈送等语。惟证据为索偿之要件，应仍由该商会汇齐补送。

再原送调查表内所列德商毕切特洋行欠付天津北洋保商银行银款，暨宋作舟交付礼和洋行寄库保证金，黄季才交付礼和洋行寄库保证金，张云卿交付泰来洋行寄库保证金，德领事署占用地基、拆开房屋，应付秦文起赔偿金等五案，均系对于金钱契约未能履行所受损失，该商会原表册均列入费用表内，自不适用。兹由本部另行印发战事结果对于金钱契约未能履行所受损失调查表表式一纸，应由该商会将以上五案按照表式重行列报。又所送各表内除德领事署占用地基、拆开房屋，应付秦文起赔偿金一案外，其余各案金额栏内所注银两均未折成国币，应由该商会折成国币一并呈报。

中华民国因____国战事结果对于金钱契约未能履行所受损失调查表	
被损失者	
欠款者	
订约日期	
被损失情形	
欠款数目	
应索赔偿	
索偿根据	
证据号数	
附注	

82.天津总商会为遵农商部令更正补送德商欠款证据事
致戴仲球等商人函

1921年9月21日

致戴仲球、张云卿、郭继堂先生、保商银行：

为通知事。案查战时商民损失，我国应对德、奥要求赔偿一案，前经本会查取宋作舟等六案列表汇报去后，兹奉农商部第一零一二号训令内开：准财政部咨开，云云，此令。等因。奉此，除分函外，合行通知贵行 贵执事查照，各就本项事实内遵照部示更正，检同证据，克日复会，以凭办理。此致戴仲球先生、保商银行、张云卿先生、郭继堂先生。

计附钞件。

天津总商会会长卞
（J0128-3-004940）

83.马玉亭为郭继堂将尽快回津呈交应赔款证据事复天津商务总会函

1921年10月17日

敬复者：本月十五日接到贵会与敝东郭君继堂来函，使其呈交福山洋行应行赔款之各项证据，但敝东郭君于十五日早车因事回家，遂急速与伊去信使其来津办理，大约四日内定行回津，呈交各项证据不误。特此函复。顺颂公祺。谨呈商务总会公鉴。

（J0128-3-004940）

84.北洋保商银行为对德商要求赔偿欠款账单有笔误事致天津总商会函

1921年10月17日

敬复者：案奉贵会十月七日通知内开：查战时商民损失，我国应对德、奥要求赔偿一案，兹经本会查取宋作舟等六案列表汇报去后，兹奉农商部第一零一二号训令内开：准财政部咨，云云各等因。附印抄件二纸。合行通知查照，各就本项事实内遵照部示更正，检同证据，克日复会，以凭办理。等因。奉此，查案内有德商毕切特洋行欠付敝行行平银七百二十八两二钱八分一款，其原表金额核与原送洋文帐单所列数目计相差二两，兹查得错误之点系由敝行当日函报贵会时，将原数六字误写作八，自是一时笔误。所有该商欠款确数，仍应以洋文账单为准，相应函复。即希贵会查照，更正填报为荷。此上天津总商会。

（J0128-3-004940）

85.郭继堂为撤销向德商请求赔偿案呈天津商务总会的文

1921年10月22日

敬启者:前者继堂对于德商福山洋行请求赔款一节,业蒙贵会详部核办在案。兹于十月十五日接准贵会来函内载:财政部饬缴关于请求赔款之各项证据以便核办。各等语。继堂祗应谨遵办理。惟福山洋行行东于本年旧历八月已来天津与继堂晤面,声言凡福山洋行从前之一切事项情愿自行清理,并委任继堂仍为其经理商业之事务。各等情。福山洋行从前之事项,该行东既情愿自己直接清理,则继堂当然不能再向德国请求赔偿,对于从前在贵会所呈之请求赔款声请书情愿撤销。为此请求贵会准予转呈撤销原案,实为公便。谨呈商务总会公鉴。

【原档批】准予撤销。

十月三十一日

（J0128-3-004940）

86.张云卿为德商欠款证据事呈天津总商会的文

1921年10月29日

请议书

请议人

姓氏：张云卿

今将请议理由具列于左：

为陈请事。窃商于西历一千九百十三年六月十九日与德商泰来洋行经理人肃茂缔结合同充当该行买办,交付押款现银五千两,立有存据,每月按七厘取息。另有房契一纸,一并交与肃茂收执,以为保证。嗣因欧战事起,中德失和,该行停止营业。商依照前约与肃茂清理手续,当将所交收执之保证契纸取回,对于五千两押金,当时因肃茂手无现款不能交付,情愿将坐落北戴河自置地一段并有建筑楼房计二十余亩印契交商收执,以备抵还押金之保证,并有肃茂亲笔信一件为凭,于八年二月十九日曾经具帖呈请贵会准予转函管理敌国事务局查照核办。又蒙贵会依照部令填具表式呈送各在案。兹奉贵会通知,令商将泰来洋行与商关系之各种证据呈验转部核办。商以此项证据系商与肃茂发生债权之最要凭证并肃茂抵归商之契据等件,价值在五千两以上,商只有优先取得债权,对于交付之凭证,实负保存义务,公文往返深恐万一遗失,不但对肃茂无以取偿,肃茂反将主张权利。左右思维,诸多未便,故用摄影方法将所有凭据照成影片,呈请贵会验明与原据无异,加盖关防以资佐证。谅贵会以便商为怀,当必俯允所请者。伏以肃茂欠商之款,惟以北戴河房地作为抵押,自与其分手之后,商株守家居苦无职业,故生活日艰,迫促万分。欠外之款相逼而来,经理人肃茂既有此抵押,商不能坐受困苦,自应请求处分,以清债累。为此具帖附呈照片,恳请贵会俯准所请,验明加盖关防,并请转详准予自行清理肃茂债款,以舒商累而维债权,利息清算应结至清还原本之日为止,合并陈明。谨呈天津总商会。

附呈照片二份。

【原档批】仰候据情转呈,俟批另达。

十一月一日

(J0128-3-004940)

87. 天津总商会为张云卿呈送证据照片事呈农商部文

1921年11月1日

为呈请事。窃据商人张云卿投帖内称:窃商于西历,云云。合并陈明。附呈照片二份。等情。当经检验照片与原件无异,即行盖用关防。查该商因德人肃茂欠款被累不堪,既有抵押似应清理,以偿所欠。理合呈请大部俯准所请,以恤商困,实为公便。谨呈农商部。

附呈照片一份计五张。

天津总商会会长卞

(J0128-3-004940)

88. 天津总商会为郭继堂撤销对德商索赔事呈农商部文

1921年11月18日

呈为呈复事。中华民国十年九月四日奉钧部训令内开云云。此令。等因。奉此,遵即分别转行查照办理去后,兹据郭继堂呈复内称:前者继堂对于德商福山洋行请求,云云。公便。等情。据此,除答复准予撤销,仍候呈部核示外,理合据情呈转。伏乞钧部鉴核,准予撤销施行。谨呈农商部。

天津总商会会长卞

(J0128-3-004940)

89. 天津总商会为呈送宋作舟等更正补充各表事呈农商部文

1921年11月18日

呈为呈复事。中华民国十年九月四日奉钧部训令内开:准财政部咨开云云。此令。等因。奉此,遵即分别转行查照办理去后,兹据宋作周(舟)等呈复,业已遵照更正。等情前来。除郭继堂因福山洋行批货请求赔偿一案声请撤销,并张云卿补呈保证金证据一案业已另行呈复外,理合检同更正各表呈复钧部鉴核。伏乞转咨施行。谨呈农商部。

    计送调查表六张。

天津总商会会长卞
(J0128-3-004940)

90.农商部为准予张云卿自行清理德商债款事给天津总商会批文

1921年12月7日

农商部批第一七六○号

原具呈人:天津总商会

呈一件。商人张云卿请准予自行清理肃茂债款由。

呈暨附件均悉。查该商与肃茂债务如无别项纠葛,自应准就抵押品清理债欠。合行批示,仰即转知遵照。此批。

农商总长王
(J0128-3-004940)

日租界

91. 日驻津总领事伊集院彦吉为义地改葬事致候补道钱镠函

日历①三月二十二日（1902年3月22日）

敬启者：本日据本馆高尾翻译官回馆面称，已向贵道述明，出示晓谕日本租界内有坟各主知悉，贵道以租界内无"可"字义地云云。惟本租界公署所查，乃凭该义地内石柱刊刻"可"字字样，用凭开列兹开。贵道所云只好暂行空写此二字出示，即请贵道先将此故传示广仁堂绅士，俾使往认。至于限期一节，原拟以出示之日为始予限二十天内报明，今应将此日期暂行空写，俟何日出示，即便标写日期。又"设法改葬"一语甚属妥当，即照贵道所改缮写。兹将示稿录呈查阅，此外尚有无更正之处，即希查照见复为荷。至贵道所订十五日午后二时来馆面谈，本总领事即于是日在敝馆拱候惠临是盼。此布。即颂升祺。

（W0001-A-0002-005-001192）

92. 候补道钱镠为暂缓张贴告示事致日驻津总领事伊集院函

光绪二十八年二月十四日（1902年3月23日）

径复者：日昨接诵来信并示稿一纸均悉。所有贵界内溜米厂一带地方有碍工作者应迁坟冢，如查明实系义地，可以代迁，如系民人坟墓，每棺即领贴银四两，令其自迁，照此更正，方与原议相合。本道已知会广仁堂善会派人前来会同查看，方能知其根柢，此告示可先发缮，俟查明如何，再行张贴可也。贵领事以为何如，尚希酌夺见复为幸。专复。敬颂升祺。

（W0001-A-0002-005-001192）

93. 候补道钱镠为要求派人经理迁坟事致天津府正堂凌福彭函

光绪二十八年二月二十五日（1902年3月24日）

润苔②仁兄大人阁下：昨接日本总领事伊集院彦吉函，会拟于租界购买地亩内有应迁义地五块，弟派人详查，两块为义阡局南字、洼字之地，三块系无主义坟，亦由义阡局带管。查南、洼义阡局义地有二十余块，在日租界者约三分之一。今日租界用地甚急，弟以事关善举，必须妥筹办法。义阡局事向归案下主政，用特专函奉商，即祈查照妥为一筹，或任听日人代迁，或将其地照常领价，以地价作为购

---

① 日本自明治维新之后开始使用公元纪年，"日历"即公元纪年。
② 凌福彭，字仲桓，号润苔，1901年任天津知府。

地迁坟之费,统乞从速酌夺示悉。能由尊处派委一人来此经理,其事尤为妥当。泐此敬祺勋安,拱候回音不既。

(W0001-A-0002-005-001192)

94.直隶候补道钱镳为已函知天津府迁坟事致日驻津总领事官函

光绪二十八年二月二十五日(1902年3月24日)

径启者:日前会衔出示应迁义地五块,本道已派人查过,内李云章坟南、坟东南两块系义阡局南字、洼字两地,有界石为凭,其余三块系无主义坟,归义阡局带管。查从前有义阡局系天津府经管,有义地二十五号编,化俗原非易,为民教以方,块崮师古意,行善有余祥。南洼义地名此二十五号义地,年年派员修理。此刻天津府凌福彭尚住北京,未曾来津,故无人经理。现在既愿将此坟迁徙,事关善举,本道理应函知天津府,与为一商,再作如何办理,特此布达,即请台安。

(W0001-A-0002-005-001192)

95.候补道钱镳为李云章迁坟垫款事致日驻津总领事伊集院函

光绪二十八年二月十六日(1902年3月25日)

径启者:刻有溜米厂后身李云章来言,彼有坟地名李家大坟,连房基地共有三十多亩,在第二段界内。前有工程局阿布利平传谕饬令,限于本月二十日将坟迁往他处,已经具结愿迁。但此坟已葬有三百余年,共有二十余家,自经兵燹,家业荡然,买地备棺非数百金不能办理,恳求本道代为预支地价数百金,以作迁坟费用等情。本道查李云章共有高下地数十亩,以地段核计,应领地价银数千两,此刻因迁坟需款,先行预支数百金。本道之意,可以先发银三百两,本道为之作保,将来即于地价内扣除。稍一通融,俾可及早办理,不误要工。祈贵总领事察核允准办理,实为至要。此颂台祺。

(W0001-A-0002-005-001192)

96.日驻津总领事伊集院彦吉为李云章暂缓迁坟及会衔告示事 致候补道钱镳函

原档未记录明确时间

敬复者:昨接来函,述及李云章迁坟为难情形,俱已备悉。本总领事既知李云章有此为难,不得不格外谅加体恤。现在迁坟一节,准其暂且从缓,一俟本总领事另为设法续行奉告,将来必不致令其受难也。会衔告示已经缮就,即请贵道加盖印信,交原价持回,以便张贴为荷。此布。即颂升祺。

附送告示六张。

（W0001-A-0002-005-001192）

97.候补道钱镠为迁坟需待天津知府派人经理事
致日驻津总领事伊集院函

光绪二十八年二月二十九日（1902年3月28日）

敬启者:义阡局坟地向归天津府经管,前出示所迁义地五块,昨已函致天津守凌福彭约与会商办理。惟闻凌君已赴沧州考试文童,得其回书尚需时日。贵国租界紧要,未便久待,本道现在拟一办法,请将义阡局坟地按照地段亩数议定价值,即以所得价银另行购地,每冢请给银一两以作买棺拾骨及迁葬之需,尊意如以为可,即请示复。此事作为定准,议定后再由本道函会天津府查照,并拟专派一人经理其事,以期迅速。地价迁费如有盈余,仍交义阡局存留生息,庶垂永久。此等善举泽及枯骨,想亦贵国所乐从也。手此奉商。敬请台安,并候复音不既。

（W0001-A-0002-005-001192）

98.天津府凌福彭为领价迁坟事致义阡局函

光绪二十八年二月二十九日（1902年3月28日）

敬肃者:接奉钧函,以日本国租界内有义阡局南字、洼字并带管义地共二十余块,现在日界用地甚急,饬即筹复。等因。查义阡局之设,本为掩埋露骨,历由卑府衙门办理,地段甚多。自洋人占据衙署,案卷烧毁,现在无从查考。至领价迁坟一节,津地尚未收回,由官办理,种种棘手,此种情形想在洞鉴之中。可否由尊处酌核,应如何之处,随时赐示。卑府即日赴沧开考府试,约月底方能回津。合并禀陈,肃此敬复。即请钧安。伏祈垂照不既。

（W0001-A-0002-005-001192）

99.候补道钱镠为迁坟需加费并定期开工事致日驻津总领事伊集院函

光绪二十八年三月初六日（1902年4月13日）

径启者:日前与贵总领事商办迁移义冢之事,昨与工头商议,如迁至西楚门外旺庄子,离租界有二十余里之远,每棺一两之外复加费用四钱,此事请贵领事从速核复。此刻天津府不在天津,此事另可从权办理,本道已饬工头定于礼拜一开工,另派何绍绪、陈得胜照料办理,特此布颂升祺。

（W0001-A-0002-005-001192）

100.候补道钱鑅为李云章迁坟事致日驻津总领事伊集院函

光绪二十八年三月初八日(1902年4月15日)

径启者:前日所商迁移义冢之内,刻据李云章禀称,内有两块系其本身为人占葬之地,将来此地彼须照旧领价,并云已在贵国工程局屡次具禀呈明等语。本道之意,地既有主,自应照付地价,祈饬工程局传同李云章会同本道派出之员将地指明,以便查核办理。原禀一件,附请台阅,随后仍望掷还。顺颂升祺。

（W0001-A-0002-005-001192）

101.候补道钱鑅为迁坟运棺使用旗子给发护照事致日驻津总领事函

光绪二十八年三月初八日(1902年4月15日)

再启者:送上旗子二面,此系工头李春搬运义棺之用,祈费神签字,并望另给护照一张为要,准于下礼拜一动工。此颂台祺。

（W0001-A-0002-005-001192）

102.日驻津总领事伊集院彦吉为邀请面谈迁坟费用事致候补道钱鑅函

1902年4月24日

敬启者:昨日本馆高尾翻译官前赴贵道公馆,谈及义地迁葬一事,拟先支三百元云云。本总领事因思此项固属应用之款,即请贵道遇便过馆面商一切,藉以交附可耳。此布。即颂升祺。

明治三十五年四月二十四日在天津

天津租界局收地价款收据

兹代大日本国在西门外旺儿庄购地八亩,作为迁移义冢棺柩之用,计收到地价洋三百元正。特立收条为据。

大清光绪二十八年三月二十二日天津租界局钱鑅经收。

（W0001-A-0002-005-001192）

103.司事陈德胜、何绍绪将迁葬义地墓葬数及所用葬具数目呈报候补道钱镕文

光绪二十八年三月二十三日（1902年4月30日）

谨将大日本租界公署两次所收迁葬义地乱坟口数及用新旧材匣数目开呈宪鉴。计开：

一、由胡家场北义地共起五十具，原起材四具，新材匣四十六具。

一、由恤字一号义地共起五十二具，原起材三十二具，新材匣二十具。

一、由吴家坟地下坡共起十六具，原起材二具，新材匣十四具。

一、由可字二号义地共起二十四具，原起材三具，新材匣二十一具。

一、由可字三号义地共起一百四十五具，原起材十三具，新材匣一百三十二具。

以上共起义地五块计二百八十七具，共计原起材五十四具，共计新材匣二百三十三具。

（W0001-A-0002-005-001192）

104.候补道钱镕为支付迁葬费用事致日驻津总领事伊集院函

光绪二十八年三月二十七日（1902年5月4日）

径启者：兹据司事何绍绪等报称，于贵国租界内，在义阡局恤字一号内起出义棺五十一具，胡家场北义地内起出义棺五十具，义阡局可字二号义地内起出义棺二十四具，吴家坟地下坡起出义棺十六具，李家坟地东可字三号义地内起出义棺一百四十五具，又李云章地内起出义坟一百九十五具，又金富有坟地内起出义棺九具，共计起棺四百九十一具，业已分别迁葬，计每棺迁费银一两，共银四百九十一两，即请照数付出，交下经领为要。顺颂台安。

计呈工程司签字票三张。

租界局收据

今收到：大日本国发交坟费银四百九十一两正，特立收条为据。

光绪二十八年三月二十八日租界局具

监工收据

今收到：大日本租界公署迁葬界内义地乱坟共二百八十七具，每具按工价材匣银一两合算，共计银二百八十七两整。此照。

监工司事陈得胜　谨具
何绍绪
光绪二十八年三月

迁葬数目清单

谨将迁葬大日本租界内义地乱坟口数及新旧材匣数目开呈宪鉴:

一、由以字号义地(原系洼字号)共起四百七十八具,计用新材匣二百六十一具,计原起材二百十七具。

四月初四付洋七十元,初七付洋一百元,十二付洋一百元,廿付洋二百元、付洋三元二〇。结讫。

光绪二十八年四月二十日司事陈得胜　谨具

何绍绪

(W0001-A-0002-005-001192)

105.济生社董事为迁坟事致直隶候补道钱镙禀文

光绪二十八年四月初九日(1902年5月16日)

具禀:济生社董事李长清、顾文瀚、王道精等禀为据实陈明,恳恩作主核办事。

窃董事等前置空地一段,坐落卢家庄南,计地二十三亩九分五厘六毫,作为义冢,历有多年,至今寄埋棺木估计八百余口。现在大日本开办租界,该地隶在界内,不得不择地迁挪。今闻有裁买之信,所遗之地,仍准寄埋棺木。伏思该地既全在界内,将来自必开办,与其日后多一番计量,何若此时即为开办? 且无茔地之家,见义冢犹存,照旧寄埋棺木,日积月累,甚形不净,即开道路筑居室,诸多不便之处。为此叩恳租界总办大人作主核办,俾将该义地一律发价,实为德便。上禀。

【原档批】候据情函总日本署领事商议办理。

四月初十日

(W0001-A-0002-005-001192)

106.候补道钱镙为济生社义地迁坟发价及迁棺津贴事
致日本领事官矢田函

光绪二十八年四月二十一日(1902年5月28日)

径启者:昨据溜米厂济生社善会董事李幼泉等禀称,社中有义地一块,坐落租界三等第一段、第二段。前准工程师长崎嘱令将第一段内义冢迁移他所,自应遵办,但其地虽跨在两段,而事同一律,可否一并迁移,为一劳永逸之计。地内约有义棺八百多具之谱,系大棺为多,抬往别处须多用人工,并求酌加津贴等语。本道之意,此义地虽跨在两段,而其义冢早晚必须迁移,该董事等既愿一并就此迁去,可以照准。其地价在三等一段者可以先发,在三等二段者可俟随后购地时再发。迁移大棺自须多用人工,鄙意每棺作银一两五钱,其用木匣检骨者,仍照前每具一两。并乞酌夺示复为要。顺颂台安。

(W0001-A-0002-005-001192)

107.候补道钱镟为日租界义地第二次迁坟费用事致日本领事官矢田函

光绪二十八年四月二十四日(1902年6月4日)

径启者:前议贵国租界内义地迁移坟冢,每棺给银一两。兹第二次迁出四百七十八棺,已由贵国工程所验过,迁葬应领费银四百七十八两,即祈照数给发归垫。附呈验单二纸,并望查核。此颂升安。

(W0001-A-0002-005-001192)

108.司事陈得胜、何绍绪为日租界迁葬无主乱坟数及葬具数呈候补道钱镟文

光绪二十八年四月二十九日(1902年6月9日)

谨将大日本租界内迁葬界内无主乱坟口数及新旧材匣数目开呈宪鉴,计开:一、由紫竹林海大道南通海光寺大道东边共起九具,新材匣五具,原起材四具。

【原档批】此银九两,七月廿五日付。何绍绪收讫。

109.候补道钱镟为要求拨付迁坟费用致日驻津总领事伊集院函

光绪二十八年六月初八日(1902年7月12日)

径启者:所有贵国租界内迁移坟冢,每棺给银一两。今有济生社迁出三百二十九具,又义阡局迁出九具。今将阿布利平签字原单送呈,即希查核照数发给,银条两张,交下为要,顺颂台安。

(W0001-A-0002-005-001192)

110.司事陈得胜、何绍绪为签收日租界公署迁葬界内义地无主乱坟工价、材匣款收据

光绪二十八年六月初十日(1902年7月14日)

今收到大日本租界公署发给迁葬界内义地无主乱坟工价、材匣银四百七十八两整。

(W0001-A-0002-005-001192)

111.日界内义坟迁葬酬劳单

光绪二十八年六月十一日(1902年7月15日)

迁日本界内义坟酬劳单

司事何绍绪	廿四元
陈德胜	廿四元
马庆云	十六元
刘小岑	十六元
沈万青	十六元
李景山	十六元
工头李　春	十二元

共一百廿四元

六月十一日付讫

(W0001-A-0002-005-001192)

112.马庆春为请照会日本领事归还房契、土地并发给拆用房地价款事呈候补道钱鑅禀文

光绪二十八年六月(1902年7月—8月)

具禀:商民马庆春,年四十岁,住南门外大街,为再陈下情,恳恩格外矜怜,俯准照会日本领事赏还前呈契纸及马路所剩原地,并发给拆用房地价银,免归善后办理事。

窃身前与邻居刘润培等公同禀恳照会日本领事给还马路所剩原地,以便盖房栖身等情一案。蒙批:候照会日本领事查取契据,归入善后办理等因。本应静候核办,何敢复行禀渎。惟身有苦衷,下情不得不向宪台缕陈。缘身向在南门外开设万庆东及分股庆记字号米面铺生意,前岁遭逢拳乱,铺房被炮击中,铺内银钱货物一切以及家存财物同时被抢一空,仅能空身携眷逃避。乱定归里,家业皆失,众口嗷嗷,活生无计。所幸原有房屋四十八间尚未焚毁,既可栖身,且能匀租与人,稍资糊口。讵于前岁冬令,又被日本军队悉行拆去。所拆他姓民房,无论多寡均按户赏给米石,独身未蒙发给,身亦未肯禀求。惟身生业既亡,居巢复失,合家老幼势将流转沟壑。苟延至今,仍复无地栖身,流离颠沛,呼吁无门。今幸我宪台办理租界,身久企宪台素性仁慈,爱民如子,惟有不避嗔责,细陈苦衷,再乞办理租界道宪大人恩准照会日本领事查明赏还,免归善后办理。实为德便。

抄呈日本公署发给收存房契执照一纸。

(W0001-A-0002-005-001197)

113. 刘益亭为日租界阻修业产仗势欺良事呈候补道钱鎏禀文

光绪二十八年七月初六日（1902年8月9日）

具禀：民人刘益亭，年四十三岁，寄住闸口邹家坑，为阻修业产仗势欺良叩求道宪大人作主恩准备案事。

窃身有祖遗房产一处，坐落闸口大街，计门面铺房共二十二间，前大日本开修马路，尽皆拆去。近见该处占用一半，下余弃置空闲，并邻近赵翰卿、邱仲魁、张子明等皆已禀明都署重造，是身于本年五月二十日亦领有都署造房执照。方欲工作，邻近万聚栈尚二将老沟侵占数尺，并将伊之山墙改作铺面，有图附禀呈鉴。兹见身之地基在伊房前，竟不容身修盖房铺。六月初七日，有工程司杨翻译被伊贿买传身，竟云不准起盖房间。初六日，身禀都署传究，虽蒙批准，身未能到案。伏思身既有印契并闸口西、上、下三处绅董可证，第恐尚二手眼通天，现与日本大仓组伙作生意，而各洋员翻译日通往来，实难当此势利，然又不忍弃祖产于不顾，再四思维，惟有叩求恩准备案，容俟天津府县到任，身再伸此不白之冤，伏乞大人电鉴施行，上禀。

【原档批】候移交善后局酌夺办理。

（W0001-A-0002-005-001197）

114. 三宫庙住持为寺庙被拆请领地价事呈候补道钱鎏禀文

光绪二十八年七月（1902年8月—9月）

具禀：天津县道会司前南门外三官庙住持道衲刘希彭为庙被拆毁，困苦无依，恳恩俯赐矜怜俾得活生事。

窃道衲向在南门外三官庙充当住持，兼领天津县道会司，每遇祈祷雨雪、日月二食，皆道衲派诸道众伺候差使官署，既无例赏，亦更别无进项，所有修理庙房以及香火一切挑费，惟仗本庙房间藉资用度。讵前岁日本开修马路，竟将道衲庙宇以及相连民房遭其军队悉与拆去，所拆木料、砖瓦伊等亦均运去。僧道以庙为家，道衲自庙被拆，生计顿失，流离艰苦，叩吁无门。兹幸仁宪来津办理租界，所有被拆民房，各民以拆空地基除修用马路外，原地尚有余剩，业经联名禀恳照会日本领事，请将所剩原地按契赏还，其马路占用地基亦望赏发地价在案。道衲名虽方外，亦属大人子民。庙已被拆，地基均被马路占用，即同民间失业无异。各户既已禀恳恩施，道衲事同一律，惟有不揣冒昧叩乞办理租界道宪大人格外施恩，不加歧视，准将占用道衲庙地随同民地一体发给地价，俾道衲藉图生计，则感大德无既矣。

（W0001-A-0002-005-001197）

115.北洋善后总局为南门外民众联名禀请所盖房屋为日军拆毁事
致天津租界总局咨文

光绪二十八年八月初九日（1902年9月10日）

为咨查事。案据天津县南门外民人黄四桥、杨立成、刘万和、翟万成、张培增、崔永祥、马小沧、李彦亭、张启发等联名禀称，窃身等在南门外迤东，循濠沟旧址以南至大悲庵后一带各有房间，于庚子年乱际被日本军队拟修军道，将房拆去。嗣因拆城修道，该地距南城马路仅十丈有余。传闻身等房基之地业经作废，不修军道，身等前禀请日本领事仍旧盖房，经日本领事面示以允准盖房，但须俟地面交还之后。身等因未给凭据，又赴日本本部禀请，经本部在原禀盖印批准建筑。今幸地面收还，不啻婴儿之得依父母。身等昨已禀明总办各国租界局宪，今复来辕禀请盖房。伏思身等自遭兵燹，已受尽千辛万苦，又被拆房，流离失所，苦不可言，从此盖房，庶可安居乐业矣。叩乞善后局宪大人恩准作主，实为德便等情。并据呈验日本巡捕批准建筑原禀一纸。据此，除批，据称该民人等旧基于日本租界无所窒碍，是否属实，候咨租界局查复核夺。此批。等因榜示外，相应抄录送到，原禀备文咨查贵局，请烦查明究竟该民人房基于日本租界有无窒碍。即行见复，望速施行。

计粘抄原禀一件。

右咨办理天津租界总局。

（W0001-A-0002-005-001197）

116.江苏漕运京局为收回天津各局房屋事致天津租界总局咨文

光绪二十八年八月十四日（1902年9月15日）

江苏漕运京局为咨请事。照得江苏海运天津总分各局二处，前经庚子兵燹，所有总局临河一带房屋，当被洋人拆开马路。现在天津地面既已交还，则前项局屋自应由江苏海运局查点收回管理，即据江苏天津驻局夏委员将所存总外各局房屋间数开折函送前来。查该局所住日人尚未迁让，苏省办公待用孔亟，除咨明天津道、津海关道查照外，合就开单咨会。为此合呈贵道，请烦查照，希即转商日人迁让交屋以为江苏办公之所，其余外局分局各屋，并希一并令日人让出，交给江苏委员管理。统望示复施行。须至咨呈者。

右咨呈督办天津租界局直隶候补道钱。

（W0001-A-0002-005-001197）

117.江苏漕运京局开列天津海运各局坐落地段房屋间数清单致天津租界事务总局咨文

光绪二十八年八月十六日（1902年9月17日）

今将江苏海运天津总分各局坐落地段、房屋间数开送查核。计开：

前粮道宪英于同治十一年购陈宅民房，创建海运公所于天津东门外闸口上。总局临街，行辕临河，前后房屋共一百三十余间，立有碑记。现存总局面南正房三间、东西厢房六间、对照三间、过道一间、耳房两间，槐树院面西上房三间、对照四间、南厢房三间，另有小院内一间、北厢两小间连过道，面西大门一间、门房两间，面东下房三间、柴房一间，面南厨房两大间，内罩棚一座，一统十二间，正厅三间，对照楼房上下六间，后院内上房五开间，东西厢房六间，罩棚向东开六角门以通行辕，六角门以北通后院，面南下房三间，六角门以南科房三间，卧房两间，马号三间，以上共计尚存局房八十间。

前年冬开辟马路，所有行辕五开间五进并临河一带楼房及外局临河大门前进六间一并拆去。

闸口下建悯忠祠并添置海运外局，系购朱宅民房一所。计建悯忠祠面西大殿三大间，南厢房三间，北厢房三小间，大门门楼一间，两边角门后通外局正房面东三间，前后南北厢房十二间，耳房两间，北院烂米厂三大间，面东边房三间，面南已拆，前进临河六间不计外，大门后院，面北厨房两间，下房两间。以上尚存前后房屋三十七间。

江苏海运分局向设闸口土地祠内，由前粮道宪英添购北院房十间，亦立有碑记。

（W0001-A-0002-005-001197）

118.候补道钱鑅为江苏漕运京局天津海运各局房屋事致日驻津总领事伊集院照会

光绪二十八年八月二十三日（1902年9月24日）

为照会事。窃敝道接准江苏漕运京局开单咨称，以天津海运总局分局二处，兹因庚子兵燹，临河一带房屋已经拆开马路，现在天津地面业已交还，所有海运局房屋自应查点收回，以便办公等因。准此，查江苏海运总局房屋尚为贵国兵官占住，分局外局亦为贵国人所占。现在江苏漕粮陆续由津经过，起运进京，在事人员无处可以办公。为此开单照会贵总领事，请烦查照分别查明，早日交送，以符约款。须至照会者。

计粘单一纸。

右照会日本总领事伊。

（W0001-A-0002-005-001197）

119.津海关道唐绍仪为请与日本交涉收回天津海运各局房屋事
致候补道钱镠咨文

光绪二十八年八月二十五日(1902年9月26日)

为咨会事。现准江苏漕运京局咨开:窃照江苏海运天津总分各局二处前经庚子兵燹,所有总局临河一带房屋当被洋人拆开马路。现在天津地面既已交还,则前项局屋自应由江苏海运局查点收回管理,即据江苏天津驻局夏委员将所存总外各局房屋间数开折函送前来。查该局所住日人尚未迁让,苏省办公待用孔亟,除咨请督办天津租界局钱道转商日人迁让交屋归还江苏外,合就开单咨明。为此合呈贵道,请烦查照施行。计开单。等因。准此,相应抄单咨会贵道,请烦查照施行。须至咨者。

计粘抄单。

右咨办理天津各国租界事务直隶候补道钱。

(W0001-A-0002-005-001197)

120.日驻津总领事伊集院为江苏漕运京局要求归还房屋事
致候补道钱镠照会

光绪二十八年八月二十九日(1902年9月30日)

为照复事。前接来文内开:江苏漕运局咨称,现在漕粮起运,在事人员无处办公,请将江苏海运局二处早日交还,以符约款。等因前来。本总领事当即向在津司令官商订,据谓,现在驻津多员,兵房实不敷用,一俟将来但能早为腾挪,即便函告交还也。据此照复,即希贵道查照。须至照会者。

右照会大清办理天津租界事务直隶补用道钱。

明治三十五年九月三十日

(W0001-A-0002-005-001197)

121.候补道钱镠为南门外民人房屋被日军拆毁事
致工程局咨文暨北洋善后总局咨文

光绪二十八年八月三十日(1902年10月1日)

为(咨复/咨会)事。光绪二十八年八月初九日准(贵局/北洋善后总局)咨开,案据天津县南门外民人黄四桥、杨立成等联名禀称,窃身等在南门外迤东循濠沟旧址以南至大悲庵后一带各有房间云云。即行见复。等因。准此,查此事先据南门外迤东民人张培增、黄四桥等,又据南门外向南新开马路东西居民刘润培、王长清等先后禀称到局。敝道昨往该处屡勘以上各地,初为日本军队划入日本推广租界之内,现由敝道等与日本总领事伊集院彦吉熟商,日本租界推广之地从闸口水沟迤还至东南城基水沟边为止,又顺水沟向西,以新修芦庄大马路外十八丈为止。查勘地势,张培增等房屋被拆,已成马路,以后可以兴旺市面,似不能再准盖屋,只可移会(工程局/贵局)早为勘定,将街道留出,钉橛为识。其余路旁之地,准令原业主修盖房屋,以兴市面。为此绘具图说,(并检送原禀咨复/咨请)贵局,请烦查照酌量办理。至马路所占之地应否补给地价以示体恤之处,并希察夺施行。须至咨者。

计咨送(原禀三扣、图说一张/图说一张)。

一咨(善后总局/工程局)。

(W0001-A-0002-005-001197)

122.候补道钱镮为移复江苏海运天津各局房屋被日本占用事致江苏漕运京局移文

光绪二十八年九月初一日(1902年10月2日)

为移复事。光绪二十八年八月十六日准贵局咨,以天津办理江苏海运总分各局均被日人占住,嘱即转商迁让交屋等因。准此,当将海运局房屋待用缘由备文照会去后,兹接驻津日本总领事官伊集院复称,前接来文,内开云云,即希查照。等因。除俟日兵腾挪即行移会外,缘准前因,相应先行移复。为此合移贵局,请烦查照施行。须至移者。

右移江苏漕运京局。

(W0001-A-0002-005-001197)

123.司事何绍绪开列西旺庄义地加土坟墓数目及支销各项清单呈候补道钱镮文

光绪二十八年九月初二日(1902年10月3日)

谨将西旺庄义地加土坟墓数目及支销各项开呈宪鉴。计开:

一、由日本租界内迁葬西旺庄义地阴阳材匣共五百八十七具。每坟一座加土高三尺半、底长五尺、顶长三尺。

一、由日本租界内迁葬有主大材及材匣无力葬埋,寄埋西营门外义地共一百四十一具。每坟一座加土高三尺半、底长六尺、顶长四尺五寸。

一、西旺庄义地老坟应加土者五百四十九具。

共计加土坟一千二百七十七具。

支销列后:

一、加坟担土夫子共四百五十名,每名每天洋三角,计洋一百三十五元。

一、司事督工来往车船脚力共二十二次,计洋五元六角。

一、司事人等伙食饭钱共二十二天,计洋六元五角。

一、刻石碑三块,连石碑抬工运力石价不计,计洋三元。

共计用洋一百五十元一角。照发。

(W0001-A-0002-005-001192)

124. 日租界以字号义地迁西旺庄义地费用清单

光绪二十八年九月初二日(1902年10月3日)

日本正租界内有以字号义地,应行迁移,日本每棺给迁费银一两,又付地价洋三百元,因与司事何绍绪、陈得胜商定将义枢迁于西关外旺儿庄旧义地,每棺价银一两办事,地价洋三百元,以一百五十元为培添旺庄旧有坟冢之费,以一百五十元为司事何绍绪、陈得胜等薪水之用。前已付过酬劳一百廿四元,余洋廿六元当付何绍绪手领讫。

(W0001-A-0002-005-001192)

125. 南门外居民为房间被拆要求归还房契发给地价事呈候补道钱镕禀文

光绪二十八年九月(1902年10月)

具禀:南门外南马路东西居民刘润培、马庆春、孙起元、王长清、郑德春、孙庆等为再陈下情,恳恩照会赏还原地事。

窃民等前递一禀,惟因久居南门外一带,各有房间,于庚子年被日本军拆去,除开作马路占用外,尚有余地可能盖房栖身,所有契纸均令呈交日本公署,刻因流离失所,度日维艰。前奉批示,仰候善后工程局查办。等因。迨今数月之久,指日天寒,苦无栖身之所,而况时际米珠薪桂,不堪设想,兹不得已,仍乞仁宪俯念民等前遭兵燹,家业尽失之苦,允准照会日本领事将原契缴还,并请赏发马路占用地价,以便盖房栖身。为此叩乞办理租界道宪大人恩准慈施,俾民等可免流落,则感大德无既矣。上禀。

谨将南门外南马路东西被拆民房户数间数造册恭呈钧鉴。计间:

徐三,房三间;孟洛,房四间;宋朝玉,房四间;郑德春,房八间;梁治和,房五间;孙庆,房七间;侯斌,房六间;王长清,房五间;孙德成,房一间;杨三,房三间;黄二,房一间;孙二,房三间;郭二,房一间;孙起元,房五间;于二,房一间;李苠臣,房一间;孙玉廷,房一间;陈永昌,房五间;刘二,房四间;刘润培,房十一间;杨恩圃,房三间;傅景新,房五间;刘希彭,地一段;马庆春,房三十五间;毕元庆,房四间;王希福,房九间;史得魁,房六间。

以上二十七户,共房一百四十一间。此外尚有搬赴他处之家,无从开录。

(W0001-A-0002-005-001197)

126.候补道钱镕为与日驻津总领事议定拓展租界事
呈北洋大臣袁世凯禀文

光绪二十八年(1902年)

禀北洋大臣袁宫保钧座。敬禀者:窃职道于光绪二十七年蒙前全权大臣李札委办理天津日本国租界事务。遵查日本租界于光绪二十四年经升任海关李道岷琛与日本驻津领事郑永昌订立合同十四条,又续立款目九条。未及开办,即遭拳匪之乱,联军到津,日本武官将租界接连之地迤北占至南门城濠,西至南门外大道之西十八丈,南至海光寺边门,即将海光寺旧基占为陆军驻扎之地。日本武官正欲乘天津未曾交还,藉兵力以多占地亩,且其所占沿河之地正在马家口繁盛之区,旧订合同沿河头等之地每亩租价银七百两,是时外人意气方盛,职道以只身周旋其间。自念不能抗者势,有可凭者理,乃于会晤日本领事伊集院彦吉之始,首论文明之国以信义为先,并说以续占之地太多,市面过宽,气势散漫,于商务未为有益。该领事深明大义,即允开办租界准照原订合同给发地价,续占之地亦允让还十之六七,但不得将让还之地日后租与他国。议定展拓之地作为推广租界,推广界内除开马路用地外,准居民照常执业,不得无故侵占,均于续立合同载明。前与升任海关唐道绍仪联衔禀陈在案。

正租界内原有居民二百余户,安土重迁,初尚迟回观望,经委员等再三开导,随即陆续领价迁让。正租界共地一千余亩,先租用近河一半之地计四百九十二亩有零,发租价银八万三千余两,后路之地用时再行查丈给价。推广界内只租用马路三条,内靠北顺水沟,马路为居民用水车路必经,因商定中日共出地价修费作为公共马路,综计租用马路地二十九亩四分零,发租价银九千九百九十八两零。兵燹后,地户间有外出未归者,可发地价于今春始一律完竣。职道又调奉当差,理合将经办日本正、续租界绘具图说并分晰,造具地亩价银细数总数清册,具禀呈送宪台察核,并请分咨外务部、军机处、商部分别存案,实为公便。肃禀,敬请钧安,伏乞垂鉴。职道谨禀。

计禀送地亩细数清册二本、总数清册二本,图说一张,又呈分咨地亩总数清册六本、图说三张。

(W0001-A-0002-005-001197)

127.候补道钱镕、日驻津总领事伊集院为迁葬登记事会衔告示

光绪二十八年(1902年)

大清委办租界事宜二品衔天津兵备道张、津海关道唐、直隶候补道钱,大日本钦命驻札天津办理通商事务总领事官伊集院,为会衔出示晓谕事。

照得天津设立日本租界以来,已经举办,现在正值开工兴作,所有界内溜米厂一带,浮厝丛葬,坟墓累累莫辨,有碍工作。兹由日本租界公署查明应行迁移坟墓数处开列于后,前由大日本总领事馆置定海光门外空地一段,见方五亩,作为改葬界内坟墓之需。自示之后,仰该数处各葬主人等知悉,务于光绪二十八年 月 日内速赴闸口下日本租界公署报明,其有坟地者即自行迁回,无坟地者亦准改葬海光门外之地,均听自便。如逾期不报,即属无主旧坟,应由本道、总领事会同查明,一律设法改葬。为此出示晓谕,各该葬主合亟遵照办理,毋得自误。切切。特示。

计开:

一义地 溜米厂李云章坟地南

一义地 溜米厂李云章坟地东南

一义地 溜米厂南吴姓坟地南

一义地 溜米厂南靠马家口

一义地 溜米厂靠王家坟地

右谕通知

光绪二十八年 月 日

明治三十五年 月 日

(W0001-A-0002-005-001192)

128.南门外商民为请准贫民按旧址起盖房屋事呈日本本部禀文

光绪二十八年(1902年)

具禀:南门外董事崔永祥、张培增等,民人黄四桥、李彦廷等,为贫民房间被拆,恳恩将无用之废地,暂准按原址起盖,以便栖身事。

窃于前年由南门外迤东,城濠以南至药王庙后一带,拆去民房,本拟开修马路,复经拆城修路,该处距城南马路仅十丈有余,传闻因地面辽阔,濠南之地已不修筑马路。董见被拆房间之贫民无处栖身,流离失所,苦不可言,况人家既稀,地面亦觉萧索,恳恩将拆去房间之地,仍按旧址起盖,不特贫民可以安身,市面亦觉兴旺。可否有当,叩乞大日本本部大人核夺施行。上禀。

(W0001-A-0002-005-001197)

129.候补道钱镠为日本租界地亩清册地图事致天津海关道梁如浩咨

光绪三十一年九月十三日(1905年10月11日)

前办天津日本租界直隶候补道钱为咨送事。案照敝道前于光绪二十七年蒙前北洋大臣李委派办理天津日本国租界,计租用天津海河西岸马家口靠河一半地四百九十二亩一分九厘二毫,后路一半之地用时再租；又租用迤北推广租界马路地二十九亩四分八厘八毫，已经先后发给价值，填立租契，盖印送交日本领事官署收存。除禀请北洋大臣袁咨部立案外，理合抄粘禀稿，将地亩清册四本、地图一张咨送永案存查。须至咨者。

计咨送地亩清册四本、地图一张，并粘抄禀稿一纸。

右咨天津海关道梁。

（W0001-A-0002-005-001197）

130.鞋商姚鸿锦为商号亏累恳求变卖货产以偿外债事呈天津商务总会请议书

1915年2月27日

请议书

请议人：

姓氏：姚鸿锦

住所：天津日本菜市对过

职业：一升斋鞋铺

今将请议理由具列于左：

禀为亏累积钜，实难支持，恳求请变货产以偿外债事。窃商号前于宣统二年，因亏累不支，禀明商会，并经商号请出行董，央恳债主将所欠交易票项分作十五年归还，业经各债主承认在案。该年十一月二十日为分条首次到期之日，当经商号照付清楚，绝未拖欠。迨宣统三年与商号川换，各家有照常交往者，亦有停止交往者。复遇武昌起义，金融不通，不但该年十一月二十日第二次分条到期未能一律付齐，复又拉进当年新交易洋二千三百余元，亦全未付清。至民国元年正月，因新旧欠外未付，又难于筹备开工之款。本拟呈报歇业，适值十四夜间津门之变，连号兴隆斋因设在日本租界，得以每日多卖一百数十元，商号藉此不幸之幸，赖以稍缓。

民国二年，商号迁至日租界，拘谨小作，不料每日卖项仅数元，日日亏耗，累及连号兴隆斋亦无法支持。至正月间，新旧欠外交迫，无法应付，故借舍侄每月辛俸借款接济，所借之款均以五个月为期，按月均分拨还，盖商人期望生意如稍有起色，或可将外债逐渐清还。由此勉力支持，先后共借五千元之多。不料欧战以来借贷颇行困难，生意日加萧条，新欠逼要甚紧，旧欠逼索尤急，债主动辄起诉，致于无力再可支持。自念商号年年亏耗，日日搪债，再借再亏，无期了还，加以一家四十余口食用浩繁，欠外愈积愈重，不堪生活。惟有伏恳贵商会派员清查，即将货物家具以及自住房产变价偿还外债，则商人感大德无既矣。为此据实上禀天津商务总会总董先生钧鉴。

谨将商号及连号兴隆斋欠外并货物开具清单，另纸附呈。

（J0128-3-003942）

131.天津鞋商研究所为姚鸿锦请议书事复天津商务总会函

1915年3月18日

　　敬肃者:接准贵会来函内开,据鞋商一升斋姚鸿锦投具说贴呈称,窃商号于宣统二年因亏累不支,禀明商会,并经商号请出行董,央恳债主将所欠交易票项分作十五年归还,经各债户承认在案云云。至不堪生活,惟有伏恳贵商会派员清查,即将货物家具以及自住房产变价偿还外债等情。查一升斋因债迫无力营业,所有货物家具房产拟变价偿还外债,陈述是否属实,想贵所谊属同业,自必洞悉其情,特请大力维持,清查所有,通筹全局,依法办理,仍将办理情形随时赐复,等因。奉此,足征贵会维持商业起生救活之至意,敝所莫名钦佩。惟按该号账簿之调查及面询姚鸿锦所言之情形以及敝所素所闻知,并行参考,该号委实不可救药,确无再行营业之能力。谨将该号不可救药及调查得实别无私产原因一一为我会详细陈之。

　　该号由宣统二年因亏累二万余两,分期十五年偿还各债,由分年复理后,不但未获赢(赢)余,反行时时亏累,方未将分期之款偿还十无一二,反又拉进欠外洋银五千余元,虽有移新土而填旧坑之意,然该号生意又未得利,旧债还未及半,新债又无正当款项抵还,且无私产之可变。该号若再照旧营业,新旧各债主谁能容之,莫论该号现下景况告贷无门,即可借假些须置于号中,何异大海沉一珠,太仓添一粒乎,是该号实无可救药,非破产抵债,别无第二法门之实在情形也。惟该号别无私产,虽除去货物家具约可值银四千余两,仅有住房二十六间。虽有此项住房尚可变价,而询之姚鸿锦云,该房红契尚在一千七百两银之债主中裕厚之手,若行破产抵债,似须将该债主中裕厚所执之该房红契纸索回,以便一同变卖抵偿分配,不止各债户多分配一分即多获一分利益,且亦可折服各债户之心。然约集各债主及向中裕厚索讨红契,以及变价后分配各债户,在在均关紧要重大,敝所能力鲜薄,且又有同业之关系,言语之间难免不启债权人之疑忌,必且掣肘,敝所碍难筹措。惟有仍请贵会依破产法将该号物货、家具、房产二十六间一同变价,分配各债办理可也。专此布复,并请公安。

　　计发还一升斋欠外并货物、家具、房产清账二本。

(J0128-3-003942)

132.姚鸿锦为再行陈请迅照前禀清查财产变价还债事
呈天津商务总会辩诉书

1915年3月19日

辩诉书

　　辩诉人:姚鸿锦

　　姓氏:一升斋

　　籍贯:天津

住所:日租界鸿宾楼对过

职业:鞋商

今将辩诉理由具列于左:

为再行陈请,迅照前禀清查货物、家具、房产变价分配偿还各债,以免消耗而恤商艰事。

窃商因债迫,无力偿还,不能再行营业,曾递说贴禀请派员清查,将商号货物、家具、住房变价分配偿还各债在案。至今未见施行,理宜静候勿渎,但商号由呈请派员清查后,虽未售货,而尚未闭门,惟两号人位、食用以及门面、杂项消费亦甚浩繁,若再旷日时久,则折耗亏费势必又多一层,为此仍恳俯念商艰,迅赐清查,以免再行消耗。

商更有请者,商所报住房二十六间,此房红契尚在债主中裕厚之手所执,再恳由贵会先将该中裕厚约集到会,代商晓以破产情形,令该中裕厚先将该房契纸二张提出,以便变价。惟该中裕厚之债主既有契纸在手,似拟作为优先,将该住房变价后,即以分配尽先偿还中裕厚之款。叩请商务总会总、协理先生大人恩准迅赐施行。须至请议者。

计先约集搓商提取住房红契二张人中裕厚。

中裕厚寓东南城角当铺对面胡同第二大门。

【原档批】候开议核夺。

(J0128-3-003942)

133.姚鸿锦为容缓补捐事呈天津总商会请议书

1915年12月4日

请议书

请议人:

姓氏:姚鸿锦

住所:宫北章家胡同东口

职业:先开一升斋鞋铺

今将请议理由具列于左:

为陈明容缓补捐事。窃民于本年正月间因日界一升斋、兴隆斋歇业,并将日界寿街自住之房遵限呈交本会抵偿外债等因,业经在案后,有日租界局征收修理寿街捐项一节,民已在日租界局禀明理由,恳请容日补捐等情。刻又届期,民仍无力交纳,惟有伏恳本会担任,并具情函达日租界局,容缓将房卖出,情甘如数补纳,绝无推委等情。特此禀明天津总商会总董先生钧鉴允准。实为德便。

【原档批】候函商日本租界局核复。俟发到另达。

十二月六号

(J0128-3-003942)

134.天津商务总会为姚鸿锦事致日本租界局函

1915年12月8日

敬启者：现据商人姚鸿锦帖称，窃民云云。实为公便等情。查姚鸿锦寿街住房已由敝会议决变价抵偿，刻间尚未出售，所有应纳房捐无力完纳，系属实情，可否缓俟将房卖出交纳房捐之处，相应函致贵局查照核复，以便饬遵为荷。专此奉达，并颂公祺。

总理天津商务总会叶

协理天津商务总会卞

（J0128-3-003942）

135.姚鸿锦为债主控告恳求设法维持事呈天津商务总会请议书

1915年12月11日

请议书

请议人：

姓氏：姚鸿锦

住所：玉皇阁前

职业：一升斋鞋铺

今将请议理由具列于左：

禀为债主控告，恳求设法维持事。窃商号因亏累积钜，不能支持，已于本年正月十四日递禀请议，旋蒙贵会批交鞋商研究所查账，设法维持，后因众行董查核账目，因亏累太重，实难维持，据实回复。嗣蒙贵会招集各债主开过五次会议，公同议决，承认将货按扣分领，又将家具、存洋均经领讫，商号遵限又将自住之房在会交给债主代表变卖抵偿在案。现有胶隐堂在厅控告追索欠款，伏念商号货物财产全数交出，业经债主八十余家按扣承认领讫。现在身家失所，糊口无方，而胶隐堂一家在厅控诉，商号不但毫无寸力偿还，且恐原议尽破，则已经承认八十余家有所借口，为此恳求贵会体念商艰，按照原议维持辨[办]理，则商号诚感大德无既矣。上禀天津商务总会钧鉴。

【原档批】候查案函厅核判，该商仍赴厅备质可也。

十二月十三日

（J0128-3-003942）

136.天津地方审判厅姚鸿藻债务案判决书

1916年1月25日

元年控字第二二号

判　决

控诉人:姚鸿藻,年五十八岁,天津县人,住宫北章家胡同,前开一升斋鞋铺。

被控诉人:周暤,未到案。

右代理人:李思逊律师。

右列控诉人为债务案件不服本厅简易庭民国四年十二月四日第一审之判决,声明控诉本厅审理判决如左:

主　文

原判变更:

一升斋欠周暤贷金原本洋六百元,又利息洋七十五元,应依天津商会评议办法,就姚鸿藻等现有财产按成平均配分。

诉讼费用两造分担。

事　实

缘姚鸿藻与其弟鸿彬、鸿锦前开一升斋鞋铺,于民国二年旧历五月凭方佐臣作中,借用胶隐堂周暤银洋六百元,月利二分五厘,立有借据。民国四年二月,一升斋因生意赔累荒闭,当经报由天津商会,就一升斋号内存余货物并姚鸿藻等家存财产悉数查明,依破产办法招集各债权人到会评议,按成平均配分,业经分别提供在案。周暤因不能受完全办济,遂依据借约提起诉讼案,经本厅简易庭判令,照额清偿。姚鸿藻不服,提起控诉。

理　由

本案据控诉人控诉意旨略称,该商号亏累积钜,生意歇业,呈报商会,批交鞋商研究所查核账目,设法维持。众行董因查知多年亏累,不能维持,据实回复。蒙商会招集众债主会议五次,债主八十余一律承认,由债主举出代表,并由商事派出司事二人,将存货按扣均分,家具变价,分领商民,并将住房二十六间交归商会,经各代表变卖抵偿各在案。周暤于八月间由北京商会函致天津商会,询问办法,津会据实答覆。一切情形,伊已尽知,伊应分货洋均存商会。今伊独自呈诉,恐八十余家债主群起控争,推翻原议,商民将有性命之虞,实难甘服各等语。当庭供述意旨略同,并讯明实无别项存余财产,复经本厅函询商会,并检调该会原卷,核与控诉人所供无异。据此,则控诉人因商业亏累,陷于破产,非有心倒骗者,比[此]已可概见。商会评议,按成平均配分,尚属允当,且拾(舍)此亦别无妥善办法。盖既经破产,则债务完全办偿,已为不可能之事,控诉人因恐破坏成议,致滋后累,自系实在情形。本件控告应认为有理由爰为变更原判,由本厅依据商会评议办法更为判决。诉讼费用令两造平均分担。

特为判决如主文。

洪宪①元年一月二十五日

天津地方审判厅民庭

审判长推事:赵毓桂

推事:胡善备

推事:吴宝桢

书记官:姚赓寿

此系副本,证明与原本无讹。

书记官:姚赓寿

洪宪元年三月十一日

(J0128-3-003942)

137.直隶高等审判厅姚鸿藻债务上诉案判决书

1916年4月19日

判　决

上告人:周暾,年六十八岁,滦县人。未到案。

代理人:刘醒亚,年二十九岁,保定人,初级师范毕业生。

被上告人:姚鸿藻,年五十八岁,天津人,住宫北章家胡同,前开一升斋鞋铺。未到案。

代理人:姚鸿宾,年五十岁,同上。

右列上告人对于洪宪元年一月二十五日天津地方审判厅就上告人与姚鸿藻因债务纠葛一案所为第二审之判决声明上告,经本厅审理,判决如左:

主　文

本件上告驳回。

诉讼费用归上告人负担。

理　由

查本案据原审认定事实略谓,被上告人前开一升斋鞋铺,曾于民国二年旧历五月,借用上告人银洋六百元加利息七十五元,计共欠洋六百七十五元。嗣因一升斋生意赔累,欠外太钜,乃于四年二月

---

①洪宪年号,存在时间为1916年1月1日—3月22日。

报由天津商会,就该号存余货物并被上告人家存财产,悉数查明,系照破产办法,将各债权人招集到会,评议按成平均分配,业经分别提供在案。原审据此事实,因将上告人之债权,判照商会评议办法,就被上告人等现有财产,按成平均分配,而上告人不服,来厅上告。其对于被上告人欠款额数并无争执,所争执者,即在请求判令被上告人照数清偿,不能照商会评议办法办理是也。而约计上告论旨:

(一)谓商会评议按成摊还,上告人当时并未到场,加入评议,当然不受评议办法之拘束云云。查商会评议时,上告人虽未到席,然所有议决办法本极公允,上告人早已知其梗概。况被上告人之营业既至破产,是除由商会查明之财产拟皆按成分还外,已别无财产可为上告人添价之项,而上告人犹请求判令被上告人如数清偿,实同虚语。原审判照商会评议办法,与上告人并无不利,否则上告人之债权势将落空,此上告第一论旨未能认为正当也。

(二)谓被上告人之侄姚仲林现在北京中法银行当买办,每月有三百余元之收入,尤不能不到会清还债款云云。查上告人此种主张,微论姚鸿宾谓伊等(即姚仲林)系在银行充当翻译,月薪只有二百元,尚须寄家一百二十元养家,并伊自己家口在京亦全恃此养赡,不认月有三百余元之收入,即使上告人所言属实,而被上告人一家四十余口,破产后生计艰窘,姚鸿宾谓赖伊子收入以资生活,已属可信。且按破产法理言,本限于现有财产,由各债权人平均分配,若个人劳力所得未来之财产亦即预拟为还债之资,不但有伤苛刻,而破产债务人亦将难为生计。此上告第二论旨亦未能认为正当也。

依上述论结,认定原判并无不合,本件上告应予驳回,诉讼费用例归败诉人负担。特为判决如主文。

直隶高等审判厅民事第二庭
审判长推事:孙观圻
推事:孙佐廷
推事:高梦熊
书记官:杨恩培
右判决正本证明与原本无异
书记官:杨恩培

中华民国五年四月二十八日
(J0128-3-003942)

138.姚鸿锦为请催中裕厚速交红契早清各债事呈天津商务总会请议书

1916年4月26日

请议书

请议人:一升斋鞋铺
姓氏:姚鸿锦

住所:宫北章家胡同东口

今将请议理由具列于左:

为请催速交卖款早清各债事。窃商民自去岁业将住房在会呈交各债主代表变卖抵偿各在案。等因。至今本月初间有庆祥号买妥,大契已经成立,惟原红契在中裕厚执押,复蒙贵商会协定拨款赎契,毫无疑意,商民实感激非浅。奈现今各债主皆知卖出房子,契已成毕,多有向商催索领款之势。伏思大契既立,应将卖价全数交清,所碍者红契未到,难以完全,然中裕厚立有凭信存会,岂有意外之变。惟每日债主往商民催办,实在空口难答,不得不仍乞贵商会总会电鉴,或可从权如数催交,早为清结,实为公德两便。商民诚感大德无既矣。为此上禀。

【原档批】此件已面催王少山办理,毋庸去函。候函催中裕厚速交红契,以便核办。

四月廿七日

(J0128-3-003942)

139. 日本租界局为中交两行钞票不兑现事致天津金融维持会函

1916年5月22日

敬启者:津地自中交两行不兑现以来,本局所收该行钞票已为正金银行退还,长此停滞诸多不便,本局捐下仍拟收受该行钞票,知贵会为维持金融起见,日后本局倘有兑现之处,未识会中能担承否?专此函询,即祈示知。此致天津金融维持会公鉴。

(J0128-2-000006)

140. 天津县行政公署姒锡章为房契抵押事致天津商务总会咨复

1916年7月26日

天字第二百六十四号

天津县行政公署为咨复事。案准贵会来函内开:敬启者:案查天津一升斋鞋铺姚鸿锦债务,迭经敝会约集各债权人开场评议,决定以存货、家具并该铺掌坐落日租界住房一所变价抵偿众债权,均各认可,执行在案。现在姚鸿锦住房觅定买主,议定价额四千六百元,惟此房红契从前曾抵押于中裕厚,而中裕厚又转押于关道署,一时不能赎出,各债权势难久待,自应先行立契交价,各债权分配具领,以完此案。中裕厚刻间由给买主写立字据,一俟红契赎出,再行交给买主呈验税契收执。如此变通办理,两有裨益,相应函致贵公署查照办理,并希赐复等因。准此,查民事法例,抵押权有优于普通债权先受清偿之权利,一升斋鞋铺铺掌姚鸿锦之坐落日本租界住房红契,前既抵押于中裕厚,由中裕厚转押于关道署,现在未将该契赎出。关于税契事宜,敝署未便照办。兹准前因,相应咨复贵会查照。此咨天津商务总会。

（J0128-3-003942）

141.天津胶皮车同业公会为日租界陡增车捐事致天津总商会说帖

1921年4月11日

具说帖：天津胶皮车同业公会理事李筱瀛、刘秉纯等为日租界陡增车捐，沥陈苦况，恳请转呈交涉司照会日领事，收回成命，以维营业而拯贫民事。

窃据日本租界局传单公布第一项，营业人力车鉴扎，每月按一元核收。查旧章人力车月捐大洋五角，今因该租界局修改章程，竟将车捐骤加一倍，凡有车百辆者，每年加增六百元之担负。当此金融停滞，市面恐荒[慌]，百物昂贵，民不聊生，商等收入之铜子较去年已作八五折。值此荒旱奇灾，无告苦民来津谋食，依拉车养生者实占多数，现车多坐少，供过于求，终日奔疲，难获温饱，各国善士设施拯救之不暇，商等焉能加增租价益其担负？但此种营业因种种关系倒闭歇业者日有所闻，若再加捐，是置此无数车夫与车商于死地，倘若干贫民绝其生路，恐非地方之福。况人力车辆于路政无甚妨害，又属贫苦生涯，似与他种车辆不能一概而论。商等再四维思，故于四月七日招集同业开会讨论，经众议决，要求日领事收回成命，暂缓实行，为此缮具说帖，沥陈苦况，恳请贵会转呈交涉司照会日领事官，准予查核，收回成命，以维商业而拯贫民生命，实为德便。此致天津总商会电鉴施行。

【原档批】仰候函转交涉司照会办理，仍俟复到再行知照。

四月十八日

（J0128-2-001128）

142.天津总商会为日租界陡增车捐事致直隶交涉公署函

1921年4月18日

敬启者：案据天津胶皮车同业公会理事李筱瀛、刘秉纯等具帖陈称，为日租界陡增车捐云云。实为德便等情。据此，查人力车捐与贫民生计关系至为密切，今骤增加一倍之多，苦于担负，自系实情。准陈前因，除答复外，相应据情函转贵公署查照，即希照会日领，俯予收回成命，以维民生。至纫公谊。此致直隶交涉公署。

天津总商会会长卞

（J0128-2-001128）

143.外交部特派直隶交涉员祝惺元为日租界陡增车捐事
致天津总商会函

1921年4月28日

派字第二百三十七号

径复者：案准贵会公函，以据天津胶皮车同业公会陈为日租界陡增车捐，苦于担负，请照会日领，收回成命，暂缓实行等因。当查人力车捐关系贫民生活，若按月骤加一倍，实属担负为难，经函请日领迅饬租界局将人力车月捐一项暂仍照旧章核收，俾纾民困去后，兹准日领函开，准函经转致租界局，兹据复称，本年度租界预算异常增加，因将各项税率均行增加，即该车捐亦增加其额一元，则准与英、法、义各租界所征车捐同等查定，现已公布实行等情。据此，相应函复贵交涉员，请烦查照饬遵为荷，等因前来。相应函复贵会查照，希即饬遵为荷。此致天津总商会。

（J0128-2-001128）

144.天津总商会为日租界陡增车捐事致天津胶皮车同业公会函

1921年4月30日

径启者：前据陈请转行交涉公署与日领事交涉停止胶皮车加捐一事，兹准直隶交涉公署函复，案准云云。为荷。等因，相应转达，即望查照。此致胶皮车同业公会。

天津总商会会长卞

（J0128-2-001128）

145.天津胶皮车同业公会为维持日租界车捐不再增加事
致天津总商会说帖

1921年5月5日

具说帖：天津胶皮车商同业公会理事李筱瀛、刘秉纯为日界人力车捐再恳设法维持，以保商业而救贫民事。窃查人力车营业关系贫民生计，自日界有加捐之议，即有多数车夫要求车商不可再纳日捐，缘加捐势必加租，当此荒旱成灾，米珠薪桂，铜元价贱，终日奔波，难获一饱，再加增租价，更无存活希望。车商困难，前曾缕陈，谅在洞鉴。在开捐期前，未见租界局布告，亦未见回文，车商多有观望。本会再三劝导，因车夫不认加租，车商自力实难担负，欲暂不上，以免赔累。经本会再三劝导，照旧输纳，俟得日领事函复后再决办法，因而相率上捐，但经多数议决，无论如何难苦，维持现状一个月，决不增加车租。诚恐值此荒年，饿殍载道，此项捐款纯为贫苦车夫之担负，一旦增加，恐与治安不无妨碍。

此未接贵会函复以前之经过。

今接贵会函复内开,据日本租界局声称,与英、法、义捐价相等,现已实行等语。查英捐先年系英、美、德三国合收洋一元,后德国自立,只收铜子二十五枚,该界扩充若大,不过收洋五角。法国加捐正在车业发达之时,余如俄、义、奥等捐,皆五角、七角五不等。如日界之捐,在年景丰收、商业发达时,商等自可代其担负,今实力所难能,但该租界筹款添警保护商民,富商巨绅大有人在,若聚敛车夫之钱而为保护租界之用,恐该界未得安宁,而各界将受其扰矣。为此公同讨论,为贫民生活计,为地方治安计,为维持营业计,不得不恳请大会设法维持,倘一月内恳请无效,或增加车租,其无力纳捐者或停止营业,任各该车商自为,本会碍难负责。为此具帖呈请天津总商会鉴核施行。实纫公谊。须至说帖者。

【原档批】仰候据情转函,俟复另达。

五月十二日

（J0128-2-001128）

146.天津总商会为人力车捐事再致直隶交涉公署函

1921年5月13日

敬启者:案据天津胶皮车同业公会李筱瀛、刘秉纯等投帖,内称窃查人力车云云。实纫公谊等情。查来帖所陈确系关乎贫民生计,至为重要,相应再行据情转函,即希贵公署查照转行交涉,以维民生。至纫公谊。此致直隶交涉公署。

天津总商会会长卞

（J0128-2-001128）

147.民人王玉昆为请转咨日驻津总领事发还地契准予注册事
呈直隶交涉公署禀文

1922年2月3日

具禀:天津县民人王玉昆,年三十六岁,住南门东四条胡同。禀为转咨天津日本总领事发还地契准予注册事。

窃民原有祖遗空地一段,坐落日本租界松岛街南首,计有五亩,于民国元、二年间曾经日本租界局出示饬令各地户注册纳捐。民因出外贸易,已于宣统二年间赴山东登州府作事,未曾阅见告示,故未投报。至民国七年,民请假回津,始悉其情,当即赴日本租界局投禀遵章注册,该局须候总领事署核示。民因依人作嫁,赶回山东,临行托人打听消息,迄未接得报告。民国十年,民又请假回津,仍继续办理此事,曾在日本租界局投禀,并将印契呈验,已蒙转呈总领事核办在案。查该地为民所有,有印契为凭,并有证人作证,该租界局均已查明有案,本当静候核示,乃民请假来津,不能多延时日,以误生计。诚恐日本总领事署公务繁要,对于民案无暇核办,应请贵署查照向来案件,咨请日本总领事署证明该地为民所有,准予注册,照章纳捐,并将印契发还,实为德便。谨呈直隶交涉使署。

(J0011-1-000023)

148.直隶交涉公署为王玉昆祖遗地准予注册事致日驻津总领事函

1922年2月21日

敬启者:现据天津县民人王玉昆禀称,为请转函日本总领事官验明地契准予注册事。窃民原有祖遗空地一段,坐落日本租界松岛街南首,计有五亩,前于民国元、二年间曾经日本租界局出示饬令各地户注册纳捐。民因出外贸易,未曾阅见告示,故未投报。至民国十年,民回津始悉其情,曾在日本租界局投报,并将印契呈验,已蒙转呈总领事核办。且该地为民所有,不特有印契为凭,并有证人作证,均经租界局查明有案。惟民在外就事,此次请假来津,不能多延时日,为此据情禀请转函日本总领事,迅饬租界局准予注册,并呈印契一纸,请注毕发还,呈请核转等情前来。查该民人印契既经租界局查验明确,并有证人作证,如果契地相符,别无纠葛,应即准予注册。相应将印契一纸函送贵总领事,请烦查照,转饬租界局迅予注册发还为荷。顺颂时祉。

附印契一纸。

(J0011-1-000023)

149.日驻津总领事吉田茂为王玉昆祖遗地注册事复直隶交涉公署函

1922年7月7日

敬复者:案查民人王玉昆祖遗地基禀请注册一事,前准二月廿一日来函嘱迅办。等因。准此,兹据租界局复称,该地基一案业经查明,请为转饬该呈请人来局请示遵章具禀可也。该印契一纸在局暂存等语。据此,相应函复贵交涉员,请烦查照转饬为荷。顺颂台祺。

(J0011-1-000023)

150.直隶交涉公署为通知王玉昆赴日本租界局办理注册的牌告

1922年7月18日

牌告第十三号

告民人王玉昆知悉:前据该民人禀恳将祖遗地基转请注册一事,当将所呈印契一纸,函送日本总领事转饬租界局准予注册函还在案。兹准日领函称,现据租界局复称,该地基一案业经查明,请为转饬该呈请人来局请示,遵章具禀,该印契一纸在局暂存等语。复请查照转饬前来。合行牌示该民人仰即迅赴日本租界局遵章禀请办理可也。此告。

(J0011-1-000023)

151.王玉昆为祖遗地纳捐事呈日本租界局禀文

1922年7月[①]

具禀:民人王玉昆,住府署西轧家胡同。禀为情甘认捐事。

窃身在贵界有祖遗地一段,计五亩地,坐落卢家庄南。前因作事外出,未得据情备案,今始归来,该地之捐项由开捐之期至今若干季,祈为按等发给捐票,以便交纳。为此叩乞大日本租界局大人核准施行,实为公便。上禀。

(J0011-1-000023)

152.商人邢哲臣日租界内地亩日本租界局不许注册事
呈直隶交涉公署禀文

1924年4月14日

具禀:商人邢哲臣,吉林矿务局总理,天津县人,住东门内大街。禀为购买地亩,日本租界局不允注册,恳请转函交涉事。

窃商于去年一月间价买信义堂陈地基两段,计四亩五分有零,坐落日界福岛街。该地内有日本兵官坟墓,占用一隅,乃信义堂陈在该地划归日本租界时,照章应持契赴日本租界局注册,彼时家中无人,仅有居孀妇女,难以办理,故托永永堂戎姓代办。该戎姓即注己之堂姓,将契交付信义堂陈收存。事隔多年,该地荒废无人照顾,遂自去年即将该地全数售与商为业,商即遵章派人到日本租界局注册,竟被拒绝。当时询问因何理由,该局亦无正当言词,答复不过狡赖,再三争辩,始允另觅他地赔补等

---

① 此件未标明时间。据内容推断当在1922年7月。

语。商想该地契既有日本官府关防，并有注册号数，当然认为正式契纸，不能作为无效，理合将信义堂陈注册契纸摄影一张附呈，禀请钧宪大人恩准，转函日领严重交涉，饬知该管租界局允许注册，并将该地浮埋坟墓速行迁移，以保血产，实为德便。

再，信义堂陈契纸暨商白契现押借款项，未曾在手，俟日领函复准予注册时再行呈送，合并陈明。谨禀直隶交涉公署。

附呈影照一张，俟办毕请发还。

【原档批】即转日领。

（J0011-1-000023）

153. 直隶交涉公署为邢哲臣在日租界内地亩不许注册事致日驻津总领事函

1924年4月15日

敬启者：案据商人邢哲臣禀称，为购买地亩，日本租界局不允注册，恳请转函交涉事云云。以保血产，实为德便等情。据此，相应将该契影照一纸函送贵总领事，请烦查照，转饬查明允予注册，并希先行见复，以便饬呈原契为荷。顺颂日祉。

附送影照一张，办毕函还。

（J0011-1-000023）

154. 邢哲臣为请函催日本领事饬知日本租界局尽快注册事呈直隶交涉公署禀文

1924年5月20日

具禀人邢哲臣，禀为恳请函催日领饬知租界局迅予注册事。

窃商前经价买信义堂陈坐落福岛街地亩，随即持契赴租界局注册被拒情形，并附同注册契纸影照一张，业于四月十四日禀请转函日领饬注在案。现经一月，办理如何，尚未得蒙钧谕，故不揣冒昧理合禀请钧宪大人鉴核，恩准俯赐函催日领饬知租界局迅予注册，实为德便。谨禀直隶交涉公署。

【原档批】即催询。

（J0011-1-000023）

155. 直隶交涉公署为邢哲臣在日租界购买地亩不许注册事致日驻津总领事函及批

1924年5月23日

　　敬启者：案据商人邢哲臣禀称，商前经价买信义堂陈，坐落福岛街地亩云云。迅予注册，实为德便等情。据此，查此案前据该邢哲臣来禀，当经于本年四月十五日，函请贵总领事转饬查明允予注册在案。迄今月余，尚未准复到。兹据禀催前来，相应再行函达贵总领事，请烦查照饬租界局前今去函迅予饬查明确，准予注册，从速见复，以便饬遵为荷。顺颂日祉。

批文

批第十八号

具禀商人邢哲臣

　　据禀已悉。当经据情转催日领饬知租界局迅速查明，准予注册矣，仰俟复到再行饬遵可也，此批。

五月二十一日核

（J0011-1-000023）

156. 日驻津总领事吉田茂为邢哲臣所购日租界地亩不许注册事复特派直隶交涉员祝惺元函

1924年6月16日①

　　敬复者：关于邢哲臣购买地亩，日本租界局不允注册一事，接准四月十五日来函，具悉一是。当即转饬该租界局调查去后，兹据该局复称，该地划归日本租界时，未曾有以永永堂戎姓名下注册之事，关于该项地亩，于去年间曾有人到局再三查问有无注册暨该项地亩之坐落何处等事，当经本局从详调查，结果于本局地亩底册无有注明该项地亩，并不明该项地亩之坐落。此事业由本局答复该来局人，然亦未曾有邢姓派人到局注册，故自无拒绝注册之事。至于本局再三争辩，始允另觅他地赔补等语，系属毫无影响之谈。要之该项地亩因不明坐落，本局无法调查，该邢姓私自认为日本兵官坟墓地点亦并无所凭。等情。据此，相应函达贵交涉员，请烦查照办理为荷。顺颂台祺。

　　附还送影照一张。

（J0011-1-000023）

---

　　① 此件为日文翻译件，发文时间乃依据日文原件所注"大正十三年六月十六日"。

157.直隶交涉公署为邢哲臣购买日租界地亩不许注册事
复日驻津总领事函

1924年6月20日

敬复者:接准六月十六日来函,关于邢哲臣购地注册一事具悉。查该项地亩契纸影照,永永堂戎姓系在明治三十四年间,经贵前任领事官郑注册第一百五十二号,并有贵领事官关防及租界局图记。据此凭证,该地究在何处,租界局似难能诿为不知,该局何得谓该地划归日本租界时,未曾有以永永堂戎姓名下注册之事?本特派员难碍牌示。相应将影照一张再行函送贵总领事,请烦查照转饬详细查明见复,以凭饬遵为荷。顺颂日祉。

附影照一张,办毕缴送。

(J0011-1-000023)

158.邢哲臣为再次催请日本领事转饬日本租界局尽快注册事
呈直隶交涉公署禀文

1924年7月24日

具禀:商人邢哲臣禀为再恳催请日领转饬租界局迅予注册事。

窃商价买信义堂陈坐落日界福岛街地亩,业于五月间禀请转催在案。当于是月二十三日奉钧署批示内开:据禀已悉,当经据情转催日领,饬知日租界局迅速查明准予注册矣,仰俟复到再行饬遵可也。等因。奉此,商本当遵示静候,现又已隔月余,故不揣冒昧具禀恳请钧署鉴核,俯赐再行据理催办,实为德便。谨禀直隶交涉公署。

(J0011-1-000023)

159.直隶交涉公署为邢哲臣购买日租界地亩不许注册事
再三致日驻津总领事函

1924年7月26日

敬启者:案查华商邢哲臣购地注册一事,业于六月二十日据凭该商呈送契纸影照上之印信及注册号数,复请详细查明见复在案,迄今月余,办理如何,未准函复。兹又据该商邢哲臣禀催前来,相应函催贵总领事,请烦查照先今去函,转饬迅速详细查明见复,以凭饬遵为荷。顺颂日祉。

(J0011-1-00024)

160.日驻津总领事吉田茂为邢哲臣购买日租界地亩不许注册事
致特派直隶交涉员祝惺元函

1924年8月13日

敬启者:关于邢哲臣购地注册一事,接准八月十二日来函,以该项地契有日本领事官关防及租界局图记,据此凭证,该地究在何处,租界局难诿为不知。等因。准此,当经转饬租界局查明去后,顷据该局复称,所有本租界内地亩现皆确定业户,并在土地台账即地亩底册内明白注明存案统查,该台账并无有永永堂戎之注册等语。查此事因与本馆案册暨个人权利所关不浅,曾经本领事切实查究,据查原函所附影照虽为系属前任敝国领事官所发,乃该照末尾"明治"二字以下所注"三十四"之三字,以及"永永堂戎"之四字尚属明了,然至于月日栏所注果属何字极为含糊,如此前后不符之事,敝国官厅断无此事。且关于发给该项照件之凭据不存在于本馆案册之内,则该项照件是否真物,难免有可疑之点。假令该项照件系属真物,取该原契所注南门外大道东海光寺后之十字而论之,该项地亩可认为曾于明治三十六年由贵我两国委员签订之天津日本居留地扩张取极书(即《天津日本租界推广条约》)第三条所载由敝国退还于贵国部分地段之内,又由该条约第一条观之,此节愈觉明显。

至于本租界内地亩注册事宜,自开设租界至今,经整理后,为完全整备起见,曾于大正二年十二月五日以告示第一九号公布,以凡在本租界内所有土地,须将姓名、坐落面积、价值、该土地收为己有之时日、前业户姓名等各节明白缮具,于大正三年二月末日以前呈报本馆在案。租界局乃本于该项具呈切实查核,当经查明系属正当所有,然后始准注册于土地台账,乃该台账自初至今未曾有永永堂戎名下注册之事。综观以上各节,该项地亩似不存在于本租界内也。相应函达贵交涉员,请烦查照为荷。顺颂台祺。

附影照一张。

(J0011-1-000023)

161.直隶交涉公署为购买日租界地亩不许注册事给商民邢哲臣牌告

1924年8月20日

牌告第二十六号

告商民邢哲臣知悉:案准驻津日本总领事函称,关于邢哲臣购地注册一事,接准八月十二日来函,以该项地契有日本领事官关防及租界局图记,据此凭证,该地究在何处租界局难诿为不知等因。准此,当经转饬租界局查明去后,顷据该局复称,所有本租界内地亩现皆确定业户,并在土地台账即地亩底册内明白注明存案云云。相应函达查照为荷。附影照一张。等因。准此,合亟牌告该邢哲臣即便知照,并备具墨领来署领取影照可也。此告。

(J0011-1-000023)

162.日驻津总领事有田八郎为野馆吉次盖房被阻事
复特派直隶交涉员熊少豪函

1925年8月25日

敬复者：关于本邦人野馆吉次在南墙外盖房被阻一事，前准八月十五日来函，并附还永永堂戳印契一纸，等因。准此，当经转饬本租界局办理去后，兹据该局禀请发给联单前来，据此相应函达贵交涉员，请烦查办理为荷。顺颂台祺。

（J0011-1-000351）

163.日驻津总领事有田八郎为日本租界局发给地亩联契事
致外交部特派直隶交涉员熊少豪函

1925年9月1日

敬启者：关于南墙子外日本租界局所有地发给联契一事，曾于本月廿四日函达在案。查该案曾准来函予以通融办理，但至今未见解决，相应再行函达贵交涉员，请烦查照转行迅予给发建房执照为荷。顺颂台祺。

（J0011-1-000351）

164.特派直隶交涉员熊少豪为日本人在南墙外盖房被阻事
致日驻津总领事有田八郎函及给天津县知事训令

1925年9月3日

致日本总领事有田八郎函

敬复者：接准来函，以日人野馆吉次在南墙外盖房被阻，现据租界局禀请发给联单，请办理等因，兹订于九月十一日即星期五下午三钟赴地勘丈，除派本署夏主任孙榆、陆委员鸿遵届时同往，并令天津县会勘外，相应函复贵总领事，请烦查照，转饬该租界局届时派员到地指勘为荷。顺颂日祉。

令天津县知事

训令第三百十九号

案查前准驻津日本总领事函称：兹据金牛斋牛奶房主野馆吉次禀称，商租借日本租界局所有地坐落本埠南墙子外,南六区界内地六亩一段,营业有年。兹拟盖房,前经禀请天津警察厅工程科,于四月十四日领有盖房执照,嗣于起工之后,未悉何故,忽令停工,请为转询。等情。据此,查该地段既系租界局所有地,且与路线无碍,似无不可盖房之理,相应函达查照,转行开工为荷。等因。准此,当经转函警厅饬查核办见复去后,旋准函称,经令饬工程科会同南六分驻所查案具后,据称遵即会同查勘,该日商拟盖房间地点,在南墙子外牛奶房旁边,坐落中国界内。惟此案前据该日商请领建房执照,并即照章纳费,当经前任德科长核收浮存,先行出给交费收条,嗣经往勘建房地址,既无印契,又无交涉公署允准证据,随即驳饬不准,迨后该日商竟自动工修盖,又经转令停止工作。至日商所称四月十四日所领执照一层,详查并无其事,或系即以纳费收条作为正式建照亦未可知。如果属实,未免误会,呈复鉴察核办。等情。函请查照转致。复经转准日领函称,查本总领事馆前于光绪二十七年十一月十八日,为日侨坟地之用,买自永永堂戎即戎恩辅地段五亩正;嗣于光绪二十八年八月十二日,为火葬场之用,买自裕安堂戎即戎吉顺地段一亩正。其后明治四十年,将该二段地亩全部让与于租界局。嗣于大正十二年六月一日,该日商向租界局租用,将该地址开设牛奶房。兹为证明本总领事馆已买之事实起见,将该永永堂戎印契一纸函送查照,转行警察厅给发建房执照为荷。又经转准警察厅函称,当经令饬工程科查核,据称查日本总领事所送关于是案之印契,原系永永堂戎之老根契,不过契内注有"光绪二十七年十一月十八日批卖与日本领事馆地五亩,作为改葬义地,又裕安堂戎于光绪二十八年八月十二日批卖与日本领事馆地段一亩,作为火葬地之用"等字样而已。究竟此项地亩已在交涉公署声明注册,换发永租执照与否,来文未经叙及,职科无案可稽,难以悬拟,仍请函复交涉公署查案核办,呈复鉴察核办,等情。函请查核办理。各等因。

本署当查各国洋商永租地亩,照章均应先与原业主立有永租契纸,呈由该管领事,送请本署查勘相符,而后发给联契,方准执业。今该日本租界局既拟租用该地,而始终并未来署请领联契,实与向章不合。兹准日领函请发给联契前来,现订于九月十一日,即星期五下午三钟赴地勘丈,除派本署夏主任孙榆、陆委员鸿遵届时同往,并函日领饬知指勘外,合就将红契令发该县,即便遵照,届时派员会同查勘,并将查勘情形据实呈复,以凭核转勿延。切切。此令。

计发红契一纸。

(J0011-1-000351)

165. 署理天津县知事张仁乐为日本租界局租用地亩会勘事呈特派直隶交涉员文

1925年10月5日

呈为日本租界局租用地亩请给发联契等情一案,遵令会勘情形,请鉴核事。

本年九月三日奉钧署第三百十九号训令内开:案查前准驻津日本总领事函称,兹据金牛斋牛奶房主野馆吉次禀称,商租借日本租界局所有地坐落本埠南墙子外南六区界内地六亩一段,营业有年,兹拟盖房,前经禀请天津警察厅工程科,于四月十四日领有盖房执照,嗣于起工之后,未悉何故忽令停工,请为转询。等情。据此查该地段,既系租界局所有地,且与路线无碍,似无不可盖房之理,相应函达查照转行开工为荷。等因。准此,当经转函警察厅饬查核办见复去后,旋准函称,经令饬工程科会同南六分驻所查案具复,据称遵即会同查勘,该日商拟盖房间地点在南墙子外牛奶房旁边,坐落中国界内,惟此案前据该日商请领建房执照,并即照章纳费,当经前任德科长核收浮存,先行出给交费收条。嗣经往勘建房地址,既无印契,又无交涉公署允准证据,随即驳饬不准,迨后该日商竟自动工修盖,又经转令停止工作。至日商所称四月十四日所领执照一层,详查并无其事,或系即以纳费收条,作为正式建照,亦未可知,如果属实,未免误会,呈复鉴察核办。等情。函请查照转致。复经转准日领函称,查本总领事馆前于光绪二十七年十一月十八日,为日侨坟地之用,买自永永堂戎即戎恩辅地段五亩正,嗣于光绪二十八年八月十二日,为火葬场之用,买自裕安堂戎即戎吉顺地段一亩正,其后明治四十年,将该二段地亩全都让与于租界局。嗣于大正十二年六月一日,该日商向租界局租用,将该地址开设牛奶房。兹为证明本总领事馆已买之事实起见,将该永永堂戎印契一纸函送查照,转行警察厅给发建房执照为荷。又经转准警察厅函称,当经令饬工程科查核,据称查日本总领事所送关于是案之印契原系永永堂戎之老根契,不过契内注有"光绪二十七年十一月十八日批卖与日本领事馆地五亩,作为改葬义地。又裕安堂戎于光绪二十八年八月十二日,批卖与日本领事馆地一亩,作为火葬地之用"等字样而已。究竟此项地亩已在交涉公署声明注册换发永租执照与否,来文未经叙及,职科无案可稽,难以悬拟,仍请函复交涉公署,查案核办,呈复鉴察核办。等情。函请查核办理。各等因。

本署当查各国洋商永租地亩照章均应先与原业主立有永租契纸,呈由该管领事,送请本署查勘相符,而后发给联契,方准执业。今该日本租界局既拟租用该地,而始终并未来署请领联契,实与向章不合,兹准日领函请,发给联契前来,现订于九月十一日即星期五下午三钟赴地勘丈,除派本署夏主任孙榆、陆委员鸿遵届时同往,并函日领饬知指勘外,合就将红契令发该县,即便遵照,届时派员会同查勘,并将查勘情形据实呈复,以凭核转勿延。切切。此令。计发红契一纸。等因。奉此,当经派员届期前往会勘去后,兹据复称,以遵即于九月十一日即星期五下午三钟,会同交涉公署夏、陆两委员及日本租界局洋员吉川慎一郎齐到地所。据该洋员指领地二段计六亩,其弓口亩数核与奉发红契批载均尚符合。该地确系日本租界局之产,至此案亦应如何验发联契之处,理合将当日会勘情形呈请鉴核,等情。据此,除批示外,拟合检同奉发红契具文呈请钧署鉴核。谨呈外交部特派直隶交涉员。

计呈送奉发红契一纸。

(J0011-1-000351)

166.特派直隶交涉员熊少豪为日本租界局租用地亩事致日驻津总领事函

1925年10月15日

敬启者:案查日本租界局转租坐落南墙子外地亩一事,业经订期派员会同天津县人员查勘在案,兹据该县复称,当经派员前往会勘。据称,遵即于九月十一日即星期五下午三钟,会同交涉公署夏、陆两委员及日本租界局代表吉川慎一郎齐到地所,据该代表指领地二段计六亩云云,呈请鉴核,等情前来。查此项地亩系于前清光绪二十七年间,由贵署永租华人永永堂戎姓等,历经管业二十五年之久,未曾缴纳地租,今既转租与租界局为业,应将历欠地租制钱七十四千五百文,合大洋六十元正,如数补缴,方能发给新契。相应函达贵总领事请烦查照如数补缴,函送本署为荷。顺颂日祉。

(J0011-1-000351)

167.日驻津总领事有田八郎为日本租界局补缴地租事复特派直隶交涉员熊少豪函(译文)

1925年10月28日

敬复者:关于日本租界局转租坐落南墙子外地亩一事,接准十月十五日来函,应将历欠地租,如数补缴。等因。据此,当即转达该租界局照办。兹据该局呈称,遵将该款呈送请转交纳等情,相应备函附送贵交涉员查收,即希转饬遵照发给新契为荷。顺颂台祺。

计附大洋陆拾元正。

(J0011-1-000351)

168.特派直隶交涉员熊少豪为日本租界局租用地亩照章发契事给天津县知事指令

1925年11月3日

指令第七十九号

呈一件。日本租界局租用地亩遵令查勘情形请鉴核由。呈契均悉。查此项地亩既经查勘清楚,别无纠葛,应即照章填发联契。除将联契编列第一千三百十三四等号外,合就令发该县即便遵照盖印呈缴,以便转送勿延。切切。此令。

计发空白联契二份。

(J0011-1-000351)

169.署理天津县知事张仁乐为日本租界局租用地亩联契盖印事呈外交部特派直隶交涉员文

1925年11月11日

呈为遵将日本租界局租用地亩联契盖印送请查核事。案奉钧署指令第七十九号内开,职署呈日本租界局租用地亩,遵令查勘情形请鉴核由。奉令:呈契均悉。查此项地亩,既经查勘清楚,别无纠葛,应即照章填发联契。除将联契编列第一千三百十三四等号外,合就令发该县即便遵照盖印呈缴,以便转送勿延。切切。此令。计发空白联契二份。等因。奉此,兹已遵令将联契盖印讫。除抄契底备案外,拟合具文呈送钧署查核。谨呈外交部特派直隶交涉员。

计呈送联契二份。

(J0011-1-000351)

170.特派直隶交涉员熊少豪为日本租界局租用地亩联契盖印事致日驻津总领事函

1925年11月19日

敬复者:接准来函,以日本租界局转租坐落南墙子外地亩,将历欠地租如数补缴,送请查收,饬发新契,等因。当将地租洋六十元如数照收,并将联契编列第一千三百十三四等号,令发天津县盖印在案。兹据该县呈送前来,除由本署加盖印信留存中契二份备案外,相应将其余契图各件函送贵总领事,请烦查收,分别存给。再该租界局应缴印费洋十元,勘丈费洋二十四元,希饬一并照缴,函送本署为荷。顺颂日祉。

计送联契四纸、红契一纸、图说二纸。

(J0011-1-000351)

171.日驻津总领事有田八郎为日本租界局支付印刷勘丈等费用事致特派直隶交涉员熊少豪函

1925年12月4日

敬复者:关于日本租界局转租坐落南墙子外地亩一事,接准十一月十九日来函,以将印费并勘丈费等共洋三十四元,饬该租界局照缴等因,并附送新契第一三一三号、第一三一四号各上下契两份、图说二份、老红契一份前来。准此,当将该新契、上契二份转饬租界局去后,兹据该租界局呈到印费、勘丈费等洋共计三十四元前来。据此,相应将上开费洋及暂存老红契收条一纸一并函送,请烦贵署查收为荷。顺颂台祺。

附送现洋三十四元并收条一纸。

(J0011-1-000351)

172.特派直隶交涉员熊少豪为日本租界局应缴印刷勘丈费用事
复日驻津总领事函

1925年12月9日

　　敬复者:接准函送日本租界局应缴印勘各费,共计洋三十四元,业经照数收讫。相应饬缮收据一纸,函送贵总领事,请烦查收转给为荷。顺颂日祉。

　　附送收据一纸。

(J0011-1-000351)

173.伪胶皮车同业公会为请日租界局免收洋车捐牌费
致伪天津总商会函

1938年3月14日

津字第十三号

　　敬启者:顷据全体会员声称,近闻本市日租界局拟于本年四月初间更换洋车捐牌,并拟每捐牌一个收价一元。查此项捐牌,在初起时车商曾已缴价一元,前此每届更换之时,向例均未收费。在兹车商营业不振之际,实属无力再行负担此万余元之损失(共有捐牌约一万号),拟恳转请俯念资本薄弱、营业困难之车商,免再征收牌费等情到会。查该会员等所陈均属实情,拟恳大会转请日租界局格外体恤商艰,准予此次更换捐牌免收费用。但为顾及公家耗费起见,拟由各车商照缴新牌之制价,以轻负担而维营业。再换牌时日已近,并恳速转,免误时机。相应函请查照俯允办理赐复为祷。此致天津市商会。

主席李凤舞

(J0128-3-008277)

174.天津政经记者俱乐部为成立事致伪天津特别市公署函

1938年3月24日

　　径启者:为适应现有之新事态,天津日本人新闻通信记者担当政治经济工作,于是遂依附件所列之规则,结设"天津政经记者俱乐部"。敬希今后多为指导,请此奉达,即希查照为荷。此致天津特别市公署。

天津政经记者俱乐部名簿

社名按照伊吕波顺序①,昭和十三年二月

社名	所在地	电话	会员名
报知新闻社	明石街二九—六	二一二	藤田辰雄
同盟通信社	须磨街福缘里六	二五八	山内令三郎、友松敏夫
大阪每日新闻社	浪速街五	二一一	古市美津雄、橘善守
大阪朝日新闻社	花园街九	六四四	高桥顺一郎、大岛昭
庸报社	法界二六号路	三.二六四四	河上俊雄、中村光俊
(公馆)	伏见街二五	七三一	宅井肇
读卖新闻社	芙蓉街一一七	二五六	斋藤恒之助
九洲日报社	荣街二九	一三四三	崛良藏
满洲日日新闻社	须磨街七一二	二一三	春日义信
京津日日新闻社	旭街一九	二一五	藤江辉雄、崛切秀夫
福冈日日新闻社	芙蓉街一一七	二五六	冈田全弘、星野力
天津日报社	福岛街二四	二一六	黑田幸一、村上不二美
新民报社	秋山街洪德里五	一四二八	神田喜三郎

天津政经记者俱乐部会则(矫润玉译)

第一条　本会订名为天津政经记者俱乐部。

第二条　本会以在天津之日本人新闻通信记者担当政治、经济部份工作者组成之。

第三条　本会以联络会员间之感情及敦睦各方面关系为目的。

第四条　本会会员须大日本国民,但在海外之日本人通信记者,自觉有前述任务者,亦得加入本会。

第五条　本会会员以每一新闻社一名为原则,但因采访通讯关系,必须二名以上加入时,得由总会决议许可之。

第六条　本会会员以本俱乐部之名义举行,共同会见时,应拒绝会外者列席,但由会员或同社员之介绍,经月值班干事许可,不在此限。

第七条　新加入本会之新闻社,由二社会员之介绍,并须得全会一致之赞成。

第八条　新规定加入本会之新闻社,每社须缴纳入会费十元,拟加入新会者,其入会费不关其已否加入本会,每名须缴纳五元。

第九条　本会经费以入会费、月纳会费额及临时会费充当之,月纳会费定为每月一元,其一、四、七、十各月,分三个月继续征收,但临时会费于必要时,得全部征收之。

第十条　本会会员有违反本会主旨之行动时,得总会三分之二以上之入会各社之赞成,应予除名处分。

第十一条　本会设值班干事,每月值班干事代表处理本会会务会计等事项,每月值班干事者,于

---

① 档案原文为"イロへ顺",乃历史上日语假名排列常用的一种顺序。

每年十二月抽签订定翌年各月值班月份。

第十二条　本会定于每年之六月、十二月各开总会一次,必要时得召集临时总会,但须有过半数之入会各社出席,其投票权一社以一票为限,其决议得有出席各社过半数之赞成方能成立。

第十三条　本会则须总会决议及入会各社之赞成得修改之。

(J0001-3-010245)

175.伪天津总商会为更换洋车捐牌免予收费事致日本租界局函

1938年3月25日

径启者:案准本市胶皮车业同业公会函称,顷据全体会员声称,近闻本市日租界局拟于本年四月初间更换洋车捐牌云云,俯允办理赐复为祷,等语前来。查该公会所称各节俱系实情,据情相应函达,可否之处,尚希贵局查核见复为荷。此致大日本租界局。

(J0128-3-008277)

176.伪天津商会为旧历年关请暂行解除租界检问办法事
呈伪天津特别市公署文

1939年1月11日

呈为呈请事。案据本市各业商人纷纷来会声称,查目前旧历年关在即,各业商号收取欠款清算账目,通过租界检问綦严,不但租界内之欠款无法催收,而整个市面繁荣亦受重大影响。为此吁恳转呈俯念商艰,在此旧历年关期间,将通过租界检问办法俯准暂赐解除,以利各商收账而便民间度岁等情。本会复查所称各节确系实情,理合据情呈请鉴核施行。谨呈天津特别市公署。

【原档批】指令听候办理。

元月十二
(J0001-3-011284)

177.伪天津特别市公署为检送领用租界通行证职员名册事
致日本宪兵队本部函

1939年6月13日

公函第191号

径启者：关于领用租界通行证一案，业经本署将必须通行租界人员加以慎重审核并极力减少人数，分别列单送请查核照数发给通行证，俟本署粘贴像片填写后再将存根检送贵队备查。以后本署职员如必须增加领用时再与函照办理，相应检同领用租界通行证职员衔名册一份，即希查核照发为荷。此致大日本宪兵队本部。

附领用租界通行证职员衔名册一份。

（J0001-3-011284）

178.伪天津特别市公署为请续领职员租界通行证事
致日本宪兵队本部函

1939年6月27日

公函建第232号

径启者：查英法租界各路口自实施检查以来，本署必须通过租界之各级职员，曾经函准贵队填发通行证执用在案。兹查本署所属各级职员，如有因公须有续领之必要，拟烦贵队再为填发备用，以资便利。相应检同领用租界通行证职员名册一份送请查核照发。至纫公谊。此致大日本宪兵队本部。

附领用租界通行证职员名册一份。

（J0001-3-011284）

179.伪天津特别市为租界内华人房产转租者一律停止续约事
致日驻津总领事函

1939年12月19日

市第825号

径启者：查华人于贵租界内置有房产者，往往于第一次出租后，即由二房东辗转租赁，牵延无期，直与原房东不生关系，因而缪辕发生，诉讼不已，似此情形殊有未宜。拟自二十八年一月一日起，所有贵租界内之华人房产，如由二房东转租者，到期后须一律停止续约，由住房人与原房东直接接洽，赓续手续，二房东不得再有从中包租转租情事，以维产权而免中日商民情感上之冲突。为此函请贵总领事,对于上开办法是否同意,希即见复为荷。此致驻天津大日本帝国总领事馆。

(J0001-3-002205)

180.伪天津特别市公署警察局局长郑遐济为汽车车牌及汽车车捐办法应予改善事呈伪市长温世珍文

1939年12月30日

保字第2310号

　　为呈请事。查本市汽车车牌之发给及汽车车捐之征收向系由英法租界为主干之交通委员会主持办理。依照该委员会规定办法,关于汽车车牌手续费及汽车车捐均由英法租界局征收,而将所征收之捐费按成分配于各租界局及各特区之间。此种办法殊欠允当,亟应加以改善,以杜流弊而挽主权。兹将应行改善之理由略述如次:

　　一、津市系我国领土,关于在领土内施行之各项捐税,系属我国主权范围以内之事,应由我国办理乃系当然之事实。今本市汽车车牌之发给及汽车车捐之征收,乃由于英法为主干之租界交通委员会办理,事事仰其鼻息,喧宾夺主,损失国权,莫此为甚,此应亟行改善者一。

　　二、汽车捐款关系市库收入,今完全委诸租界交通委员会征收,听其支配,分其余滴,其于市库之损失实属甚巨,此应亟行改善者二。

　　三、汽车车牌之发给,原为便于管理稽考起见,系属警察范围以内之事,今汽车车牌由租界交通委员会发给,一遇交通事故或其他案件发生,往往须辗转调查以致事前防范事后处置均感困难,影响治安交通甚巨,此应亟行改善者三。

　　四、汽车车牌及车捐既由租界交通委员会主持办理,本市为挽回权利起见,复由财政局捐务征收所另行发给车牌并征收车捐,于是本市同时乃有两种以上汽车车牌及两重以上汽车车捐,不但事权不一,亦且有捐税重复之嫌,此应亟行改善者四。

　　基于以上理由,拟请钧署派员协同日领事馆转向租界交通委员会交涉,将此项汽车车牌及车捐办法予改善以完主权而重捐收。是否有当,理合具文呈请鉴核示遵。谨呈天津特别市市长温。

(J0001-3-004554)

181.调查日本居留民团情况纪要及系列附表

1939年

　　一、成立年月:明治十四年八月一日,与上海、汉口、牛庄、安东各居留民团同时成立,采用民团长制。

　　二、全租界面积:如附图第一。

97

三、户口数目:计八万三千七百三十五人,系去年三月底调查。(内计:日本人五一,二九二人,朝鲜人九,八三六人,台湾人三八六人,中国人二二,二二一人。)

四、各种章则:已收集之各种章则如左:

1.天津居留民团例规类集全册。(内含各种章程及规则,并各部办事细则。)

2.居留民团税规则。

3.特别税条例,附工巡费条例。

4.天津居留民团赋税课条例。

5.天津居留民团普通税税率条例。

6.各种车辆征捐暂行规则。

五、行政组织:居留民团之新旧组织系统,如附表第二第三。

六、财政

1.办理财政机构之组织章程及办事细则详例规类集。

2.财政机构系统,如附表二三。

3.概算已【收】蒐集两册,一系廿九年,一系三十一年,并将其纲目简列一比较表及简明概算书,如附表四、五。

4.借债。因建筑公立病院所借之团债,如附表第六。

5.公产。如团营住宅、神社、西宫屿街之地皮等,如附表第六。

6.公共设施之收入。如公立病院、综合运动厂、游泳池、公会堂等之各项收费,如附表第五之简明概算书内所载。

7.课税种类及税率。课税分普通税与特别税及营业税等,如附表第七。

8.杂捐及手续费。即杂种课金,如附表八。

七、警察:1.组织系统,如附表第九全年经费计。

八、教育:1.官公私立各级学校,如附表第十全年经费。

九、卫生:1.公立医院传染病院等,如附表第十一经费计。

十、工程:

1.马路工程每年。

2.设施如材料置场、园艺处、火葬场,各部修理。

十一、公用:

1.自来水厂。

2.电灯厂。

3.公营市场。

4.团营住宅等,如附表十二。

附表第一:日租界街衢地图<略>

附表第二:天津日本居留民团组织系统

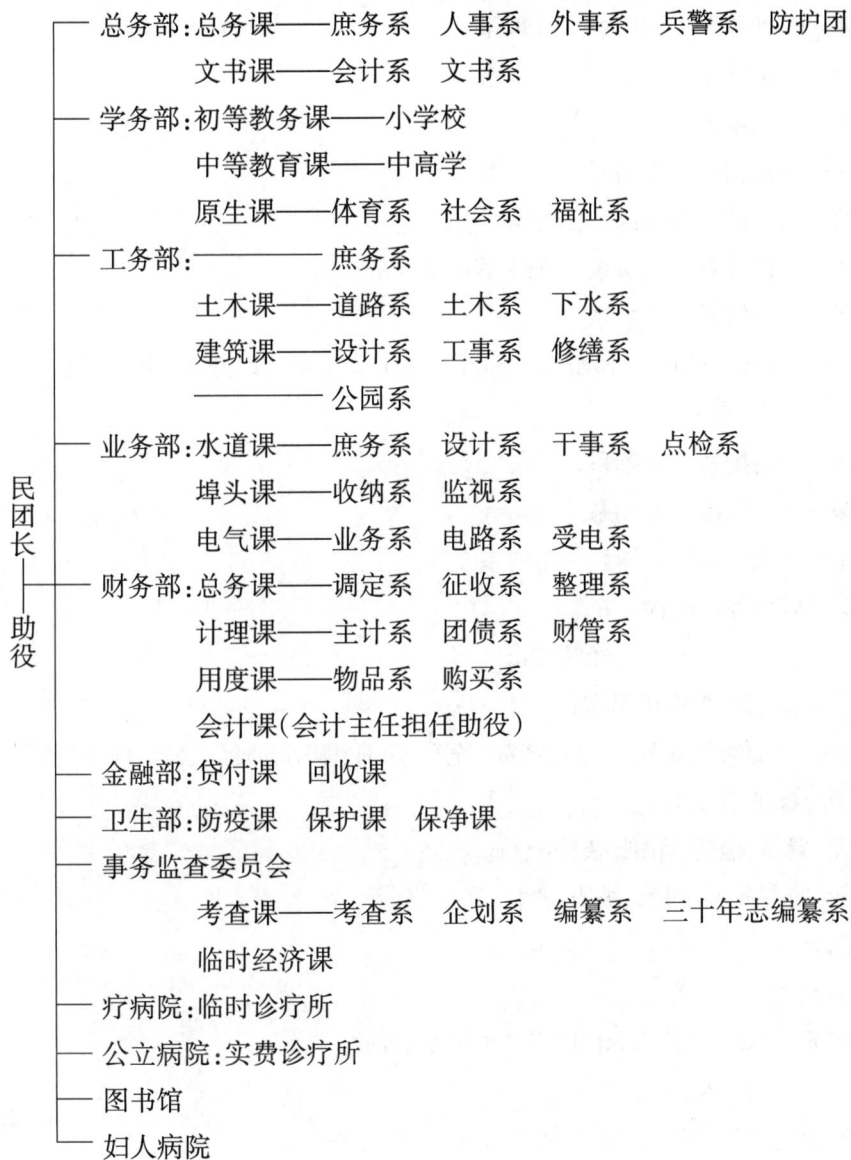

民团长——助役

总务部:总务课——庶务系　人事系　外事系　兵警系　防护团
　　　　文书课——会计系　文书系

学务部:初等教务课——小学校
　　　　中等教育课——中高学
　　　　原生课——体育系　社会系　福祉系

工务部:————庶务系
　　　　土木课——道路系　土木系　下水系
　　　　建筑课——设计系　工事系　修缮系
　　　　————公园系

业务部:水道课——庶务系　设计系　干事系　点检系
　　　　埠头课——收纳系　监视系
　　　　电气课——业务系　电路系　受电系

财务部:总务课——调定系　征收系　整理系
　　　　计理课——主计系　团债系　财管系
　　　　用度课——物品系　购买系
　　　　会计课(会计主任担任助役)

金融部:贷付课　回收课

卫生部:防疫课　保护课　保净课

事务监查委员会
　　　　考查课——考查系　企划系　编纂系　三十年志编纂系
　　　　临时经济课

疗病院:临时诊疗所

公立病院:实费诊疗所

图书馆

妇人病院

附表第三：天津日本居留民团组织系统新订

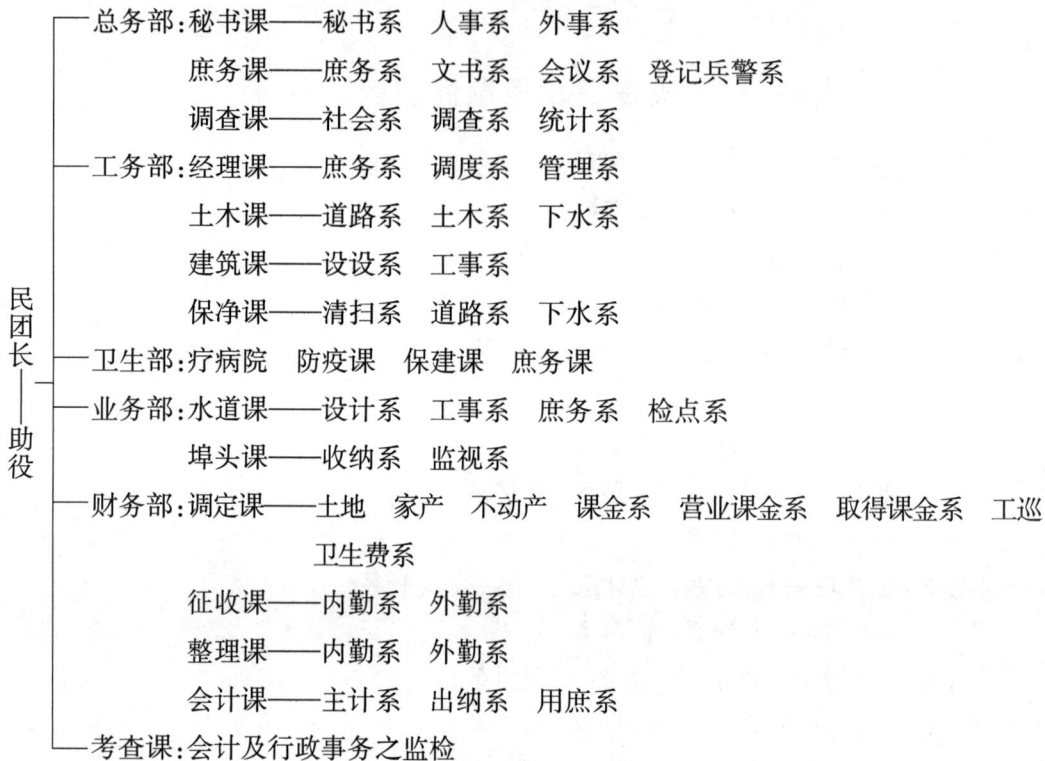

```
                ┌ 总务部：秘书课——秘书系   人事系   外事系
                │        庶务课——庶务系   文书系   会议系   登记兵警系
                │        调查课——社会系   调查系   统计系
                ├ 工务部：经理课——庶务系   调度系   管理系
                │        土木课——道路系   土木系   下水系
                │        建筑课——设设系   工事系
                │        保净课——清扫系   道路系   下水系
 民              ├ 卫生部：疗病院   防疫课   保建课   庶务课
 团              ├ 业务部：水道课——设计系   工事系   庶务系   检点系
 长              │        埠头课——收纳系   监视系
 │              └ 财务部：调定课——土地   家产   不动产   课金系   营业课金系   取得课金系   工巡
 助                              卫生费系
 役                      征收课——内勤系   外勤系
                        整理课——内勤系   外勤系
                        会计课——主计系   出纳系   用庶系
                └ 考查课：会计及行政事务之监检
```

经常支出

天津神社：三〇，五二〇元，供款、神馔币帛费；

事务所费：七二二，五〇三元，俸给、金贴、佣给、旅费、备置、耗消、印刷、通信、公告、保险、被服、宿舍、值宿、电灯、自来水、暖房、修理、杂支。

会议费：六一，五三五元，置品、消耗、印刷、杂费。

警防费：二一，八七〇元，防空演习、训练、被服、资材、印刷、旅费、杂支。

警备费：四一六，〇一四元。

消防队费：六二，九八一元。

翼赞费：一二三，七〇四元，指导、行事、乐团、日华语传习所、区政。

区政费：一四八，九八二元，会议、补助、选举。

图书馆费：一一五，二四七元，图书、整理、展览、巡回文库、童图书馆。

教育博物馆费：四二，五六二元，标本、展览。

厚生费：一四三，七三六元，体育奖励、运动场维持、儿童表彰、社会教化、冰泳场维持。

卫生费：一五一，五七三元，药品、宣传。

疗病院费：二一九，七一六元。

保养院费：五七，〇六五元。

实费诊疗所：九一，八八四元。

妇人病院费：一一六，七一七元。

清扫费：一八六，四八二元。

工务费：三二三,一〇五元。

公园费：二八,六六五元。

火葬场：二一,七九一元。

北戴河产：六,四四二元。

河北出账所：三四,〇四〇元。

诸税征收用费：七一,二〇〇元。

诸税及负担：五〇〇元。

诸牌子番号费：五,三六一元,车牌、街巷牌、号牌、捐牌。

杂支出：一一四,八〇〇元,祝祭仪式、团长交际、议长交际、杂支。

特别会计：五,〇五〇,〇〇〇元,教育费,退职金。

豫备费：一九七,一二八元。

临时支出

事务所费：六六〇,一八〇元,增建房屋、地基整理、用度仓库、私消火栓设备费。

图书馆费：设置书库、消毒室。

选举费：执行费。

防疫费：药品、津贴、消耗、收容、消毒所、杂支。

疗病院费：新药、消毒装置、特别病室、置品。

特别病室费：收容、药品、消耗、杂支。

实费诊疗所费。

妇人病院费。

土木费：道路筑造、下水暗渠、埋垫、护岸、西宫岛街、常工收容所。

道路扩张费：堤岸种树、宿舍植树、公园改修、苗圃、街树。

公园费。

记念事业费：综合运动场、教育博物馆。

火葬场费：供养塔、设备。

街灯费：三,六一五元,新设。

公共厕所费：九,七六六元,新设。

北戴河财产费：四,一〇〇元,修理。

团债偿还金：六四,九八四元,东亚兴业国债、满铁团债、利息。

补助及捐款：一五三,八八七元,军祺奉赞会、乡军人会、武德会、华语专校、青少年团、共立体协、同光会、协励会、神社祭典、区义勇少年团。

时局对策费：五〇,〇〇〇元。

特别会计：一,一五一,〇〇〇元,房租经费、公立病院经费、教育费。

消防队费：水龙修理费、汽车修理费。

厚生费：一一八,七一〇元,米仓修理、简易食堂建设。

防水驻堤费：三二,五〇〇元。

特别津贴：三四三,二九八元。

公立医院团债偿金:九三,九六四元。

附表第四:预算简明表

预算总额:一千八百七十三万三千二百三十八元正。

收入方面

一般会计:一千二百四十四万五千三百十元,普通税九,七三四,六〇〇元,特别税四一〇,〇〇〇元,工巡费二〇〇,〇〇〇元,使用料手续费六四二,一〇〇元,其他三四七,四五〇元,临时收入一,一一一,一六〇元。

教育费:一百七十六万二千〇五十三元,国库补助费八四六,一〇〇元,学费三〇八,二五三元,团债一〇五,〇〇〇元,其他五〇二,七〇〇元。

电气:二百一十八万六千元。

水道:六十万三千元。

码头:十三万三千三百六十元。

公立病院:一百〇〇四千五百二十元。

贷家(房租):十八万四千五百七十二元。

其他:四十一万四千四百二十三元。

支出方面

一般会计:经常三百六十一万七千三百九十四元,临时三百九十二万九千〇八十六元,合计七五四六四八〇元。

教育费:六百七十六万二千〇五十三元,内计口俱及团债利息四六四六一〇元,新筑宿舍三〇三三八〇元,国民学校经费八二七三一六元,中学八〇三三三四八元,青年六三六一四九,新筑校舍三七二七二五〇元。

电气:九十八万六千元。

水道:五十万三千元。

码头:五十三万三千六百元。

病院:一百万四千五百二十元。

房屋:一百三十三万五千五百七十二元。

特别会计其他:五十四万二千二百五十三元。

附表第五:天津收支概算择要

经常收入

普通税:九,七三四,六〇〇元,个人所得、法人所得、营业税、游兴饮食税、特殊营业者捐酒税等。

特别税:四一〇,〇〇〇元,土地税、家屋税、不动产税。

工巡费:二〇〇,〇〇〇元。

使用料:一八〇,一八〇元,公会堂、土地、道路、墓地、火葬场、租房。

手续费：四六一,九二〇元,营业洋车、马车、自用洋车、汽车及电滚车、自行车、大中小车、行商、饲犬、公共车。

卫生费：八〇,〇〇〇元。

卫生部收入：一,三八〇元,试验费、汽车租价。

医院收入：二一,九〇〇元,住院费、汽车租。

实费诊疗所收入：六九,八〇〇元,入院费、药费、试验费。

妇人病院收入：七一,八八〇元,检霉巡回治疗、外来治疗、入院、处置。

财产收入：四〇,八〇〇元,自来水、利息、制冰会社。

特别会记结余：一,三〇〇,〇〇〇元,电气结余、水道结余。

杂收入：撒水费、请愿警、电车公司、车辆注册及车牌费、自来水、去年收入转账、冰泳场入场费、图书馆收入、房租、杂收入计六一六〇元。

临时收入

去年转账：一,一〇〇,〇〇〇元,延长工事费。

特别会计结余：二,一七〇元,实业复兴结余。

物资统制手续费：一一,一六〇元,翼赞运动、统制手续费。

特别会记收入与支出相同

教育费：六,七六二,〇五三元,团税、国库补助、考试费、一般补助、捐款、团债。

电气事业：二,一八六,〇〇〇元,电户费、设备费、杂收。

水道事业：六〇三,〇〇〇元。

埠头事业：一三三,三六〇元。

公立病院：一,〇〇四,五二〇元。

团营住宅：一,三三五,五七二元。

退职金基金：九五,〇〇〇元。

奖学资金：一五,〇〇〇元。

实业复兴费：二,二四〇元。

复兴费：七四,〇三〇元。

水灾复兴费：一一七八三元。

业务复兴费：二六六,三七〇元。

埠头筑造费：一,六四二,三〇〇元。

日本公立病院新筑费：二,三〇〇,〇〇〇元。

附表第六：天津日本居留民团负债及公产表（十四年度）

团营住宅住吉街：A三户,B二〇户,C二四户,D三五户,计收租六二,五六〇元。

营外住宅（即西宫岛街）：A六〇户,B一二户,收租五五,四四〇元。

年收房租十一万八千元正。

团债：一四五,一七五元,利息三五,一七五元。内计二万五千元8%半年息一千元,二万五千元8%

一年息二千元,三万元5%半年九七五元,三万元6.5%一年一,九五〇元,四五万元6.5%一年二九,二五〇元。

码头事业费:岁入六七,一四〇元,岁出经常四二,二四五元,临时二四,八九五元。

水道事业:岁入三九八,七一〇元,岁出经常三五三,二一〇元,临时四五,五〇〇元。

电气事业:岁入一,一一一,六〇〇元,岁出经常一,〇三七,七一〇元,临时七三,八九〇元。

附表第七:居留民团税如左

普通税:个人所得、法人所得、营业税、游兴饮食税、观览税、特殊营业者税、酒税。

特别税:土地税、家屋税、不动产取得税、临时贩卖税、工巡费、礼券发行税、门户税、船舶税、车辆税。

营业税:物品贩卖、制造、矿业、银行、保险、无尽、金钱贷付、物品贷付、运送、取扱、仓库、印刷、出版、演剧兴行、寄席、料理、旅馆、汤屋、美容、游技场、游览所、写真、席贷、艺技置屋、贷座敷、请身、两替、问屋、代理、仲立业、周旋、信托、领事馆指定之营业。

附表第八:天津日本居留民团所收杂课金种类表(十四年)

一、游兴娱乐捐方面:

(一)日本艺妓;(二)中国妓;(三)酌妇;(四)女给;(五)常设兴行;(六)临时兴行;(七)舞女;(八)游戏场,收四一,四〇〇元。

二、工巡费,收四二,四二〇元。

三、使用费:

(一)公会堂使用费;(二)土地使用费;(三)道路使用费;(四)墓地使用费;(五)火葬场。

四、手续费:

(一)营业洋车;月捐一元,一万辆;(二)马车;月二元,25辆;(三)自用洋车;年十四元,一千一百辆;(四)汽车汽自行车;汽八〇元,二千辆;(五)公共汽车;(六)自行车;年一元,八千辆;(七)大车;月三元,750辆;(八)中车;月五毛,700辆;(九)小车;月三毛,600辆;(十)行商;一等一元120名,二等五毛330名,三等三毛450名;(十一)饲犬;年三元,三二〇头。

计收入二〇七,九六〇元。

附表第九:天津日本租界警察组织系统表<佚>

【原档注】日租界警察系归领事馆管辖,其组织系统及警察人数已托该馆之人代为调查,一俟得有参考资料,再行呈阅。

职岳文诰谨签

104

附表第十：天津日本租界官公私立各级学校表（昭和十四年度）

中学校费：五三，二○七元，临时费：二○○，○○○元。

商业学校：九四，一四八元，临时费：三二三，四五九元。

女学校费：一○六，一八三元，临时费：三五八，一一○元。

第一小学校：一一六，八五五元。

第二小学校：一五六，六一○元，临时费：一○五，○○○元。

第三小学校：五四，五六○元，临时费：四二一，九○○元。

青年学校：四三，七○四元。

幼稚园费：一四，四六一元，临时费：七，八五四元。

图书馆费：二四，六七四元。

临海学校：一，一○○元，临时费：七，七○○元。

附表十一：天津日本租界公私立医院表

公立医院收入三五八，八○○元，岁出三五八，八○○元，经常三四八，七○○元，临时一○，一○○元。

附表十二：天津日本租界公用事业表

如附表第六。

(J0055-1-002828)

182.伪天津特别市公署外事室主任刘孟勋为与日驻津总领事接洽变更英法租界汽车牌照颁发及汽车捐事呈伪市长温世珍文

1940年1月19日

为签报事。关于警察局呈请协同日总领事馆向租界交通委员会改订汽车车捐及车牌办法一案，奉批交外事室交涉等因。遵派本室专员程家驹与日总领事馆西田领事接洽。顷据该员报称，据西田领事称，此案系由日本警察署保安科鬼塚部长主办。缘津市警察局村野大佐与田中准尉，因津市发给汽车牌照及征收汽车捐费，向由英法租界之交通委员会办理，此种办法对税收方面既欠允当，且对于车辆调查管理尤感困难，遂提议将该交通委员会设法收回，由津市警察局自办，如不能达到收回目的，则与日租界取一种行动，退出该委员会，另谋完善办法，仍由警察局办理。现此案正由田中准尉与市公署及财政局接洽中，一俟有回信赞同，并征得特务机关同意后，即由本总领事馆开始向交通委员会进行交涉。依本人意见（西田领事称），如采取第二种办法，即退出该委员会，最好由中日两方另行组织一交通委员会,将来汽车捐收入之支配方法,可将中国方面之汽车捐拨规市库,日方之汽车捐解交日租界主管机关,似较便利允当等语。谨将奉派接洽经过签报。等情。理合签请鉴核。谨呈秘书长陈转呈市长温。

【原档批】俟征得特务机关意见后核办。

元月二十

（J0001-3-004554）

183.伪天津特别市公署为将英法租界交通委员会汽车车牌及车捐收归管理事致日本驻津总领事馆公函

1940年3月9日

建字秘外第50号

　　径启者:查本市汽车车牌之发给及汽车车捐之征收,向系由英法租界为主干之交通委员会主持办理。依照该委员会规定办法,关于汽车车牌手续费及汽车车捐均由英法租界当局征收,而将所征收之捐费,按成分配于各租界局及各特别区,此种办法殊碍中国主权及交通管理,拟即向英法租界之交通委员会提出交涉收归市办,以后统一管理,尚希贵总领事予以赞同及协助,相应函请查照见复为荷。此致大日本帝国驻津总领事武藤义雄殿。

（J0001-3-004554）

184.日驻津总领事武藤义雄为组织中日调查委员会事致伪市长温世珍函

1940年5月10日

　　径启者:三月九日接准建字秘外第五〇号函开,关于收回租界交通委员会所管理之汽车车捐以维主权一案,贵市长所提之条件,本领事认为适切需要。兹值改组交通委员会拟具具体方案之际,拟组织中日调查委员会,特函请贵市长派员参加,至希查照见复为荷。此致天津特别市长。

（J0001-3-004554）

185.伪天津特别市公署为派员参加伪中日调查委员会事
给伪警察局及伪财政局训令

1940年5月14日

建字秘外第1197号

为训令事。案查关于收回英法租界交通委员会所管理之汽车车捐以维主权一案,顷准天津日本总领事武藤义雄机密第二九号函开,贵市长所提收回英法租界交通委员会所管理之汽车车捐一事,本领事认为适切需要。兹值改组交通委员会拟具体方案之际,拟组织中日调查委员会,特函请贵市长派员参加,至希查照见复为荷,等因。准此,事关维护主权,着派警察局长郑遐济、财政局长李鹏图参加办理。除函复并分行外,合亟令仰该局长前往参加,会同办理具报为要。此令。

（J0001-3-004554）

186.伪天津特别市公署为已派员参加伪中日调查委员会事
致日驻津总领事武藤义雄函

1940年5月14日

建字秘外第112号

径启者:案准机密第二九号大函略开,关于收回英法租界交通委员会所管理之汽车车捐以维主权一案,贵总领事予以赞同,并组织中日调查委员会嘱派员参加等因。准此,除分令警察局长郑遐济、财政局长李鹏图参加会同办理外,相应函复,即希查照为荷。此致天津日本总领事武藤义雄殿。

（J0001-3-004554）

187.日驻津总领事武藤义雄为伪中日调查委员会召开事
致伪天津特别市市长温世珍函

1940年5月22日

敬启者:民国二十九年五月十四日接准建字秘外第一一二号公函,拜悉种切。本馆方面拟派汤谷副领事、田岛署长、古川警部各委员,定于五月廿四日午后三时起,在本领事馆会议室,召开中日调查委员会。特此函达,即希查照见复为荷。此致天津特别市长。

【原档批】通知财、警两局长签函复。

（J0001-3-004554）

188.伪天津特别市公署为伪中日调查委员会召开时间
复日驻津总领事公函

1940年5月23日

建字秘外122号

径复者:案准贵总领事机密第三二号译函略开,以关于英法租界交通委员会事,本馆方面拟派汤谷副领事、田岛署长、古川警部各委员,定于五月二十四日午后三时起,在本领馆会议室召开中日调查委员会,即希见复等因。准此,除饬警察局长郑遐济、财政局长李鹏图,遵照届时出席,相应函复,即希查照为荷。此致大日本驻津总领事武藤义雄殿。

(J0001-3-004554)

189.伪天津商会整理委员会为请准予发给租界检问许可书事
呈伪天津特别市公署文

1940年5月25日

呈为呈请事。案准本市各业商人纷纷来会声称,刻届旧历端阳节各业商号收取欠款清算账目,通过租界检问綦严,殊感困难,为此吁恳转呈。俯念商艰,在此旧历端阳节期间准予发给通过租界检问许可书,以利各商收账而便民间度节等情。前来本会复查,所称各节确系实情,理合据情呈请钧署鉴核施行,谨呈天津特别市公署。

(J0001-3-011284)

190.伪天津特别市公署为端阳节请准发临时租界通行证事
致日本陆军特务机关长浅海函暨给伪天津商会整理委员会指令

1940年5月29日

致日本陆军特务机关长浅海函

建字秘外第125号

径启者:案据本市商会呈称,案准本市各业商人纷纷来会声称,刻届旧历端阳节,各业商号收取欠款清算账目,通过租界检问綦严,云云。(以下至呈请钧署鉴核施行)等情。据此,相应函请贵机关长查核,应否发给之处,便中见复为荷。此致天津陆军特务机关浅海机关长殿。

给天津商会整理委员会指令

建字秘外第3046号

呈一件。为准本市各业商人来会声称刻届旧历端阳节,各商通过租界收款清算账目,请转饬请发给租界检问许可证由。呈悉,仰候据情转商天津陆军特务机关。此令。

(J0001-3-011284)

191.伪天津商会整理委员会为伪药业同业公会各号请发运往英法租界货物通行证事呈伪天津特别市公署文

1940年6月6日

呈为呈请事。案准本市药业同业公会函称,兹据敝会同业隆顺榕、万全堂、乐仁堂、同仁堂、达仁堂、大仁堂、松茂堂、宏仁堂、真一堂、鸿济堂、惠安堂各药店联名函称,敝号等在本市英法租界均设有分号,固为扩充门市,而实其质半属救济市民之疾病及健康实有重大之意义。近因租界隔绝关系,所存货物每日销售时感花色不全之憾,以致疾病之家纷来责难。富有者可以延西医服西药,而中下阶级之平民,病则必请中医,斯中药即成为必需之品,存货无几,愈卖愈少,终有罄尽之一日。似此居于租界之病民将不堪其苦,于天有好生之念实相背驰。为此,拟请转请市商会代恳友邦当局发给运货通行证书,藉以救济而彰慈惠等情。据此,查该隆顺榕等所称各节确系实在情形,理合备函恳请贵会转为呈请,实感公便。附各号月需运货斤数单一纸。等情前来。理合检同清单一纸,据情呈请钧署鉴核施行。谨呈天津特别市公署。

附呈各家月须运往租界货物斤数清单一纸。

各家月须运往租界货物斤数清单

计开:

隆顺榕一万斤

万全堂六千斤

乐仁堂一千五百斤

同仁堂三千斤

达仁堂六千斤

大仁堂三千斤

松茂堂二千斤

宏仁堂八百斤

真一堂五百斤

鸿济堂三百斤

惠安堂二百斤

(J0001-3-011284)

192.伪天津特别市公署为请发给隆顺榕等运货通行执照事致天津日本陆军特务机关长浅海函

1940年6月14日

建字秘外第142号

径启者:案据天津市商会整理委员会呈送药业同业公会抄具隆顺榕等各药店运往英法租界货物斤数清单,恳予转请发给运货通行证书以资接济等情,相应抄同原呈及清单各一件,函请贵机关长查照,应否发给通行执照,并希见复为荷。此致天津陆军特务机关浅海机关长殿。

附抄天津市商会原呈一件、药业公会隆顺榕等运货清单一件。

(J0001-3-011284)

193.伪天津特别市公署警察局局长郑遐济为日本租界局购买吉祥里等处房地等事呈伪天市长温世珍文

1940年6月14日

保字第939号

呈为呈报事。案据第二分局呈称:为呈请事。案据通成里派出所警长贺连元呈称:窃查管界吉祥里、承恩里、树记西里、瑞庆里、聚合里、泰恒里等处均由日本租界局购买作为修筑马路之用,现已将聚合里、泰恒里拆除完竣,并限一星期将吉祥里、承恩里、树记西里、瑞庆里拆除。兹查本所现住之房系属承恩里正在所修马路中间。现经警长在吉祥南里看妥八号院内计房六间尚合本所居住,并与房主牛兰轩言明每月租金十五元,仍与每月请领房租相同,并未增减,可否之处,理合缮单呈请鉴核。等情。据此,查该警长所呈将派出所迁移吉祥南里,尚属适当。惟该处房主等将该处房地售与日本租界局改修马路之用,事先并未接得该局及该房主等通知,事关外交,究应如何办理之处,理合备文呈请鉴核示遵。等情。正拟办间,复据该分局呈称,据该通成里派出所呈报本所现住之房定于五月二十六日拆除,经警长与拆除者联络,允予展期至二十九日。又管界内比商电灯公司所设之电杆电表等一律经该公司起去,本所燃用电表亦于二十二日由该公司起去。除届时迁移吉祥南里八号办公及晚间暂燃用煤油灯外,理合缮单报请鉴核等情。据此,经派驻段局员张振起复查属实,理合据情备文呈报等情前来。当以该分局界内吉祥里房地,由日本租界局购买修路,事涉外交未据先期呈报,饬将经过情形声述候核,去后旋据呈称,为呈报事,案查本属通成里派出所管内吉祥里等房地被日本租界局收买拆改马路一案,该所警长贺连元于四月二十四日呈单报称,为呈报事,窃于本月二十四日据职所房东承恩里张文芝报称,现因日本租界局修筑马路需要用地基,请另赁房舍居住,约于旬日内即行拆用等情。据此理合缮单呈报鉴核。谨呈。等情。据此查核,警长所报仅系该所房东通知所址卖于租界局公用,并未报告拆除某巷某里,更未说明买卖一切手续过嫌简略,当经批饬该管局员详查报夺,并立将驻段局员井元善、巡官董岳镇等面示切实详查迅报在案。嗣因局员井元善、巡官董岳镇因事撤差,迄未报告到局,而该警长于五月十三日已经拆竣聚合里泰恒里二里后始行单报,业经据情呈请钧局核示在案。

惟查此案事关外交,亟应彻查以明真象。复经派员前往详查去后,兹据报称,遵往调查,现被拆竣者计有吉祥里、承恩里、树记西里、瑞庆里、聚合里、泰恒里等六个里,计地约有三十亩,房主为董长清、马姓、王振海、徐文轩、张姓等六家,并有空地地主胡姓一家。以上各房地主等多在英法租界居住,地址不详,惟有董长清现移万德庄居住。当经职等前往查询,据董长清声称,约去年腊月间有包工华人景姓对氏声言,有人要买此间房地,民因无心售卖,未予理会。迨至今年四月间,奉日本居留民团团长为购买房地事,传唤王、张、徐姓三家问话,民因血产关系,亦经自投,同时前往。经该团团长一面责斥民等抗不售卖,一面订定价额,当时无甚结果,均蒙饬回复。蒙日本租界局局长传局,当场有日本律师大木先生共同议定价额,房屋较优者每间给价一百七十元,次者给价一百三十二元,地每亩给价四千五百元。随于五月十一二日由天津银行将款拨给。按民所有房屋二十三间、地皮一亩零七厘,共给价洋一万零一百元,此其经过情形也。等语。询据该警长贺连元报称,事先租界局并无通知等语。复经职等访询,此间房地经租界局买妥后只要空地,将地面房屋标卖于叫卖行(有张连贵)等数家派人来拆,至拆剩地皮之用途,闻系建筑日本女子中学校址及花园、球场,并开修由宫岛街通新兴路马路之用。等情前来。经复查属实。

查本分局对于各派出所办公手续,无论任何事故,均须以电话报告后再行书面呈报,历经办理有案。而该警长对于拆除里巷事前既未电话报告,事后虽有单报,然并未提及拆里及买卖详情,实属不合。复据该警长声称,已于事前面报井局员、董巡官多次,等语。除仍饬属随时查报外,理合先将通成里派出所管界拆房修路经过情形备文报请鉴核。等情。据此,除指令外理合据情呈报鉴核。谨呈天津特别市市长温。

(J0001-3-004549)

194.伪天津特别市公署财政局局长李鹏图为三井洋行运输包米退还税款事呈伪市长温世珍文

1940年6月22日

呈为呈请事。案据三井洋行呈称,敝行由满洲国运来包米九百吨,业经付讫牙税,但该货属于军用,请参照后附军需品证明单暨缴纳牙税收据退回税款等情,并附送天津陆军特务机关证明书一纸、纳税收据十纸。据此,当经交由本局牙行税稽征所查复去后,兹据该所以遵即询,据天津站分所大王庄分卡声称,三井洋行于四五两月份来津食粮,当时并未声明系属军用物品,皆遵章起给税单等情签复前来。查日军运送军需物品或交托商人代运军用物品免税一案,曾于二十六年九月间准驻津日本领事馆及于同年十月经天津陆军机关长先后函知,凡持有军部发给商人一种证明文件,上盖"驻华日本军司令部印"一颗,又副"河田""佐佐木""今村"三印任何一印者,以及西尾部队经理部长证明书方准放行等因,并附印鉴及证明书式样各一纸。当经分别抄发式样通饬所属一体遵照办理在案。此次该三井洋行呈请退还运输玉米税款一节,按照牙行税所查复,当该行运米入市之际,既未持有免税证明文件,亦未声明系属军用物品自行遵章纳税掣给税单收执。现在为日已久,所收税款早经报解市库,本难再予退回,致多牵动。惟该行附送证明书系经特务机关发给,拟请予以照准退还原纳税。款,除俟奉准再行通知三井洋行,并饬嗣后遇有代运日军军需物品务须依照以前运输军用品免税办法领取正式证明书随时呈验以免周折外,所拟是否有当,理合照抄证明书一纸具文呈请鉴核示遵。谨呈天津特别市市长温。

计抄呈天津陆军特务机关证明书一纸。(略)

(J0001-3-003806)

195.伪天津特别市市长温为收到吉祥里房地呈报给伪警察局指令

1940年6月29日

建字秘外3604号

呈一件。为呈报日本租界局购买吉祥里等处房地及通成里派出所迁移情形请予鉴核由。呈悉。此令。

(J0001-3-004549)

196.伪天津特别市公署为准退还三井洋行运输包米税款案给伪财政局指令

1940年6月29日

建字秘贰第3643号

呈一件。为据三井洋行呈送特务机关证明书请退还本年四五月间运输包米税款一案,拟请予以照准。除俟奉准再行通知该行,并饬嗣后依照运输军用品免税办法办理外,所拟是否有当,请核示由。呈件均悉。查核所拟尚属妥适,应准照办,仰即叩遵照。附件存。此令。

(J0001-3-003806)

197.关于天津日本租界警备防空事项及警防团规定(草稿)

1940年8月13日^①

关于规定天津日本租界(天津特别市)警备防空事项。北支派遣军鉴于将来之极东情势制定华北防空规程,以期华北防空之完整。本天津市特因其重要性,亦当树立防空体制。兹依左开制定警防计划,于警防方面期无遗憾。专此通达,即希查照。此致天津特别市长温世珍。

本间部队参谋长太田公秀

一、为彻底传达防空之宣告及警报所必要之计划。

二、关于防空监视、通信、警报、灯火管制,以及有所必要之警戒、消火、防毒、避难、救护等防止危害减轻被害之计划。

三、关于掩护、警戒交通线及其他重要设施及资源之计划。

四、关于训练或检阅防空及警备计划。

再者,关于右记之实施依照附件。

天津日本租界(天津特别市)警防团规定案及细则案,至九月中旬结成警防团。

天津日本租界(天津特别市)警防团规定

第一条　本规定依照警防计划策定之天津防卫司令官指示规定天津日本租界(天津特别市)警防团事项。

第二条　天津日本租界(天津特别市)警防团于天津防卫司令官之统制下与天津特别市警防团(日本租界警防团)协力掌理天津市之防空、非常灾害及其他警防。

第三条　警防团以团本部、分团及所需要之班组立,并以团长、副团长、分团长、班长、副班长及警防员组成之。

第四条　警防团长由日本居民团长(天津特别市长)就之,副团长以下之团员由团长命充之。

第五条　团长统帅团员掌理团务,副团长辅佐团长,如有事故时代理团长执务。分团长、副分团长、班长、副班长承长官之命指导团员掌理业务。

第六条　领事馆、警察署长指挥监督日本租界警防团。

第七条　警防团于必要时虽警备区域外亦应援助。

第八条　警防团长实施警防团之训练。

第九条　关于警防团员之服装、规律及惩戒规定另定之。

第十条　警防团员之定员另定之。

第十一条　警防团员之给与并必要之资材咨问居留民团(特别市公署)整备之。

第十二条　警防团所需经费得由居留民团(特别市公署)负担。

第十三条　关于警防团之业务,应将其计划及实施事项报告天津防卫司令部。

---

① 按档案原件时间记录,系伪天津特别市公署秘书处8月13日翻译。

第十四条　对于警防团之特别团体、工场等于必要时根据本警防分团规则组织特设警防分团。

附则

本规定由昭和十五年八月一日实施之。

天津日本租界（特别市）警防团规定细则案

第一章　总则

第一条　本细则依照天津日本租界（特别市）警防团规定所定规定其细部事项。

第二条　日本租界警防团之警备区域概指日本租界内（天津特别市）言之。

第三条　警防团本部设于居留民团本部（特别市公署），分团本部按其警备区域之情形设于适当之地点。

第二章　组织及编成

第四条　警防团本部下置部，其掌理事务如左：

庶务部

一、关于警防团员事项

二、关于传达命令事项

三、关于文书、账簿之整备保存事项

四、关于情报蒐集报告通报事项

五、关于不属其他部分之庶务事项

警防部

一、警防事项

二、指导并联络警防团业务事项

经理部

一、管理房屋及物品事项

二、会计、经理事项

第六条①　警防团于必要时得设置分团。

第七条　分团本部下置部，其掌理事务如左：

庶务部

一、命令之传达事项

二、文书、账簿之整理保存事项

三、情报之搜集、报告、通报事项

四、不属其他部分之庶务事项

警防部

一、指导并联络警防业务事项

二、统制联络警防业务事项

---

① 原档序号如此，无第五条。

三、监视警防事项

第八条 分团置左记各班,其掌理业务如左:

一、警护班:警戒、警护、防谍及不属其他部分之一般警防事项。

二、交通整理班:整理交通、限制交通、指导避难等事项。

三、灯火管制班:警防之传达并灯火管制之指导监督事项。

四、消防班:消防水火事项。

五、防毒班:防毒、消毒、检查毒瓦斯事项。

六、救护班:救护伤病者事项。

七、工作配给班:关于电灯、瓦斯、水道、通信、建筑、交通等应急工作并掌理物资之搜集调达配给等事项。

第九条 第七条之班得分为相当人数设立组,其名称一号码称之,但有特别时不在此限。

第十条 警防团之定员概依左记定之:

团长一名,副团长一名,分团长一名,副分团长一名,班长一名,副班长二名,组长(设有组之分团)一名,副组长(设有组之分团)一名,警防员若干名。

前项之外,警防团本部及分团本部应置部长。

第十一条 警防团得置顾问若干名。

第三章 服务及规律

第十二条 警防团员依召集之命令出勤服务,在无召集命令之时,如确知有非常警防事件发生时,遵守事先之指定应即出勤服务。

第十三条 警防团长于必要时得使警防团员不拘担任职务服务其他之职。

第十四条 出勤之警防团员非受长官所派人员点验携带器具以后不得解散。

第十五条 警防团员欲离居住地址三十日以上时,团长应呈请防卫司令官、其他之团员应呈请团长核准。

第十六条 警防团长应与警察署长(警察局长)协议规定关于警防团员之服务及规律所必要之事项。

第四章 设备资材及文书账簿

第十七条 警防团所必要之设备资材概如左记:

咨问居留民团后由警防团长整备之。

一、警防团旗

二、警防团本部及分团本部之设备

三、警防团集合所之设备

四、信号所

五、机械器具之存放处

六、提灯及信号旗

七、通信设施

八、传声器

九、气笛

十、照度器

十一、警钟

十二、消防用料

十三、救助用料

十四、防毒用料

十五、救护用料

十六、天幕

十七、工作器材

十八、其他警防上必要物品

第十八条　警防团概备左记文书账簿,每经异动须随时整理之。

一、警防团员名簿(附件格式第一号)

二、沿革志(附件格式第二号)

三、日志(附件格式第三号)

四、设备资材底账(附件格式第四号)

五、区域内全图

六、地理水利要览(附件格式第五号)

七、全钱出纳簿(附件格式第六号)

八、津贴出纳簿(附件格式第七号)

九、给与品借与品底账(附件格式第八号)

十、命令传知簿

十一、警防团所必要之法规及侧规簿

十二、杂件簿

第十九条　警防团员由警防团长承防卫司令官之命召集之,但举行检阅及训练时警防团长亲自召集之。

第二十条　警防团一年举行一次警防团检阅。

第二十一条　检阅附举行左记事项:

一、人员、服装、姿势及动作之整否

二、规律、训练之成果

三、关于警防技能之良否

四、设备资材之整备及管理之良否

五、文书账簿之整否

六、其他警防任务推行上之必要事项

第二十二条　关于警防团之训练另定之。

第六章①　赏罚

第二十三条　警防分团如该当左记第一号时,警防团长得以呈请防卫司令官授与别记第九号其

---

① 原档序号如此,无第五章

一感谢及警防团旗杆头绶(甲);该当第二号时,依照别记格式第九号其二之表彰状及警防团旗竿绶(乙)授与之:

一、防空、水火灾害及关于其他警防功绩超群可作一般之模范者;

二、纪律、训练及其他状况优秀可作一般之模范者。

第二十四条　警防团员有该当左记第一号时,得授与别记格式第九号其三之感状;该当第二号时,得授与别记格式第九号其四之表彰状:

一、防空水火灾害及关于其他警防功绩超群可作一般之模范者;

二、规律严正勉励职务关于警防技能熟练可作一般之模范者。

第二十五条　警防团员有该当左记时惩戒之:

一、违背职务上之义务,懒怠职务时;

二、不拘职务之内外,有损害警防团员体面之行为时。

第二十六条　前条之惩戒依照左记之区别办理:

日本人

一、革除

二、警戒

华人

一、另定之

附则

本规定自昭和十五年八月一日起施行之。

(J0001-2-000454)

198.伪天津特别市公署为警备防空计划事给伪警察局密令及复日军参谋长密函

1940年8月20日

给警察局密令

秘叁第18号

为密令事。案准本间部队参谋长太田公秀来函译开:关于天津日本租界(天津特别市)警备防空事项,北支派遣军鉴于将来之极东情势,制定华北防空规程,以致华北防空之完整。本天津市特因其重要性,亦当接立防空体制。兹依左开制定警防计划,于警防方面期无遗憾。专此通达,即希查照。等因。附开警防计划条文。准此,合亟抄译原条文,令仰该局即便遵照分别联络,妥速洽办具报为要。此令。

计抄发译文警防计划细则全份。

复日军参谋长密函

径复者:接准贵部奉叁密第四三三号大函,关于警备防空事项制定警防计划期无遗憾,通达查照等因。准此,除令警察局分别商洽,妥速办理外,相应函复,即希查照为荷。此致,本间部队参谋长太田公秀。

(J0001-2-000454)

199.伪天津特别市公署警察局局长郑遹济为呈送警防团规则等文件呈伪市长温世珍文

1940年9月21日

密字第1488号

呈为呈请事。案奉钧署建字秘叁第一八号密令内开:案准本间部队参谋长太田公秀来函译开:关于天津日本租界(天津特别市)警备防空事项,北支派遣军鉴于将来之极东情势,制定华北防空规程,以期华北防空之完整。本天津市特因其重要性,亦当树立防空体制。兹依左开制定警防计划,于警防方面期无遗憾。专此通达,即希查照,等因。附开警防计划条文。准此,合亟抄译原条文,令仰该局即便遵照,分别联络,妥速洽办具报为要。此令。等因。计抄发译文警防计划细则全份。奉此,遵即与关系方面联络,依照警防计划拟定警防团规则及施行细则并组织系统表、组织人名清册各一份。惟兹事体大,自非本局一方面所能主持确定,拟请钧署召集关系各局共同开会缜密讨论,并规定担任职务及编组人员,以策万全而便施行。所拟是否有当,理合检同警防团规则及施行细则并组织系统表、组织人名清册各一份,具文呈请伏祈鉴核,训示施行。谨呈天津特别市市长温。

　　附呈警防团规则及施行细则各一份

　　警防团组织系统表一份

　　警防团组织人名清册一份

天津特别市警防团规则

第一条　本规则依照警防计划策定之天津防卫司令官指示规定天津特别市警防团事项。

第二条　天津特别市警防团受天津防卫司令官之指挥,与天津日租界警防团协力掌理天津市之防空、非常灾害及其他警防。

第三条　警防团以团本部、分团部及所需要各部、课、股、班、组并警防员组成之。

第四条　警防团长由天津特别市长任之,副团长以下之团员由团长委充之。

第五条　团长统帅团员掌理团务,副团长辅佐团长执行职务,各部长、课长、股长、分团长、副分团长、班长、副班长、组长、副组长各承长官命令执行事务。

第六条　警防团于必要时虽警备区域外亦应援助。

第七条　警防团长实施警防团之训练。

第八条　关于警防团员之服装、规律及赏罚规定另定之。

第九条　警防团员之员额另定之。

第十条　警防团员之给与及必要之器物由天津特别市公署整备之。

第十一条　警防团所需经费由市公署负担。

第十二条　关于警防团之业务,应将规定计划及实施事项报告天津防卫司令部。

第十三条　对于警防团域内之特别团体、工场等于必要时根据警防分团之规定组织特设警防分团。

第十四条　本规则由二十九年九月＿＿＿日实施之。

天津特别市警防团施行细则

第一章 总则

第一条　本细则依照天津特别市警防团规则规定其细目事项。

第二条　天津特别市警防团之警备区域概指本特别市区内言之。

第三条　警防团本部设于特别市公署内,分团部设于警察局各分局内。

第二章　组织及编成

第四条　警防团本部设置各部、课、股及掌理事物如左:

甲、总务部,掌理文书账簿及经费物资之整备保存事项,分设三课:

一、文书课:关于警防一切文书簿册事项,分设＿＿股

1.＿＿股 关于＿＿＿＿＿＿事项

二、经理课:关于经费之出入会计事项,分设＿＿股

1.＿＿股 关于＿＿＿＿＿＿事项

三、庶务课:关于一切物品器具之整备事项,分设＿＿股

1.＿＿股 关于＿＿＿＿＿＿事项

乙、警防部,掌理实施警防及指导、统制、联络、监视等事项,分设三课:

一、警防课:关于联络、指导及交通、灯火、消防之管理事项,分设四股:

1.联络指导股:关于与各关系方面联络及指导各分团事项

2.交通整理股:关于整理及限制交通、指导避难事项

3.灯火管制股:关于灯火管制之指导监督事项

4.消防股:关于消防水火之指挥调遣事项

二、情报课:关于情报之搜集、报告、通报及防空警报防谍事项,分设二股:

1.警报股:关于防空警报事项

2.防谍股:关于防范间谍事项

三、监察课:关于传达命令及监视、警戒、警备事项,分设二股:

1.传令股:关于传达警防一切命令事项

2.警戒股:关于计划实施警戒、警备事项

丙、防毒救护部,掌理防毒、消毒、检查毒瓦斯及救护事项,分设二课:

一、防毒课:关于实施防毒工作之计划指导事项,分设 股

1.__股 关于_____事项

二、救护课:关于施行救护难民事项,分设__股

1.__股 关于_____事项

丁、工作部 掌理电灯、瓦斯、水道、通信、建筑、交通等应急工作事项,分设二课:

一、__课 关于_____事项,分设__股

1.__股 关于_____事项

二、__课 关于_____事项,分设__股

1.__股 关于_____事项

戊、配给部,掌理一切物资整备配给及衣食救恤品之搜集、分配事项,分设二课:

一、__课 关于_____事项,分设__股

1.__股 关于_____事项

二、__课关于_____事项,分设__股

1.__股 关于_____事项

已、宣传部,掌理实施警防对于民众之宣传警告事项,分设二课:

一、__课 关于_____事项,分设__股

1.__股 关于_____事项

二、__课关于_____事项,分设__股

1.__股 关于_____事项

第五条　分团部设置各班组,其执行业务如左:

1.交通整理班　执行整理及限制交通、指导避难事项。

2.灯火管制班　执行灯火管制之实施及监督事项。

3.消防班　执行消防水火事项。

4.警报班　传达防空警报及情报事项

5.防谍班　防范间谍事项

6.传令班　传达一切命令事项

7.警戒班　实施警戒警备事项

8.防毒班　执行防毒消毒及检毒事项

9.救护班　执行救济收容事项

10.工作班　执行土木工作之应急处置及援助电气、自来水、交通等之特殊应急处置。

11.配给班　执行防护资料及衣食救恤品之配给工作。

12.宣传班　执行警防宣传散放传单布告事项。

第六条　前条设立之班得分为相当人数设立各组,其名称以号码定之。

第七条　警防团之团员人数依左列定之:

团长一人,副团长一人,部长六人,课长一人,股长一人,分团长一人,副分团长__人,班长__人,副班长____人,组长__人,副组长____人,警防员__人。

第八条　警防团聘最高顾问二人、顾问若干人指导一切。

第三章　服务及规律

第九条　警察团员(自部长以下均包括之)依召集之命令出勤服务,在无召集命令之时,确知有非常警防事件发生时,遵守事先之规定,应即出勤服务。

第十条　警防团长于必要时得使警防团员不拘本职务担任其他职务。

第十一条　出勤之警防团员非受长官所派人员点验携带器具以后,不得解散。

第十二条　警防团员欲离居住地址三十日以上时,应呈请团长核准。

第四章　设备材料及文书账簿

第十三条　警防团应设备左列各材料及处所:

咨问居留民团后由警防团长整备之

一、警防团旗

二、警防团本部及分团部办公处所

三、警防团集合所

四、信号所

五、机械器具之存放处

六、提灯及信号旗

七、通信设施

八、传声器

九、汽笛

十、照度器

十一、警钟

十二、消防用料

十三、救助用料

十四、防毒用料

十五、救护用料

十六、天幕

十七、工作器具

十八、其他警防上必要物品

第十四条　警防团应备左列文书图簿,每经异动须随时整理之。

一、警防团员人名清册

二、沿革志

三、日志

四、设备器具底账

五、区域内全图

六、地理水利要览

七、金钱出纳簿

八、津贴出纳簿

九、给与品借与品底账

十、命令传知簿

十一、警防团所必要之法规及关系法令簿

十二、杂件簿

第十五条　警防团员由警防团长承防卫司令官之命召集之,但举行检阅及训练时警防团长亲自召集之。

第十六条　警防团一年举行检阅一次。

第十七条　检阅时举行左列事项:

一、人员、服装、姿势及动作之整否

二、规律、训练之成果

三、关于警防技能之良否

四、设备器具之整备及管理之良否

五、文书账簿之整否

六、其他警防任务推行上之必要事项

第十八条　关于警防团之训练办法另定之。

<h3 style="text-align:center">第五章　赏罚</h3>

第十九条　警防各分团如有左列第一项情形时,警防团长得呈请防卫司令官奖与感状(格式另定之)及警防团旗(甲种);如有左列第二项情形时,给与表彰状(格式另定之)及警防团旗(乙种):

一、防空水火灾害及关于其他警防功绩超群可作一般之模范者。二、纪律、训练及其他状况优秀可作一般模范者。

第二十条　警防团员有左列第一项时,得授与感状(格式另定之);如有第二项时,得授与表彰状(格式另定之):

一、防空水火灾害及关于其他警防功绩超群可作一般之模范者。

二、规律严正,勉励职务,关于警防熟练可作一般之模范者。

第二十一条　警防团员如有左列情形时惩戒之:

一、违背职务上之义务,贻误事机时。

二、不拘职务之内外,有损害警防团员体面之行为时。

第二十二条　本细则自二十九年八月十五日公布施行。

天津特别市警防团组织系统表

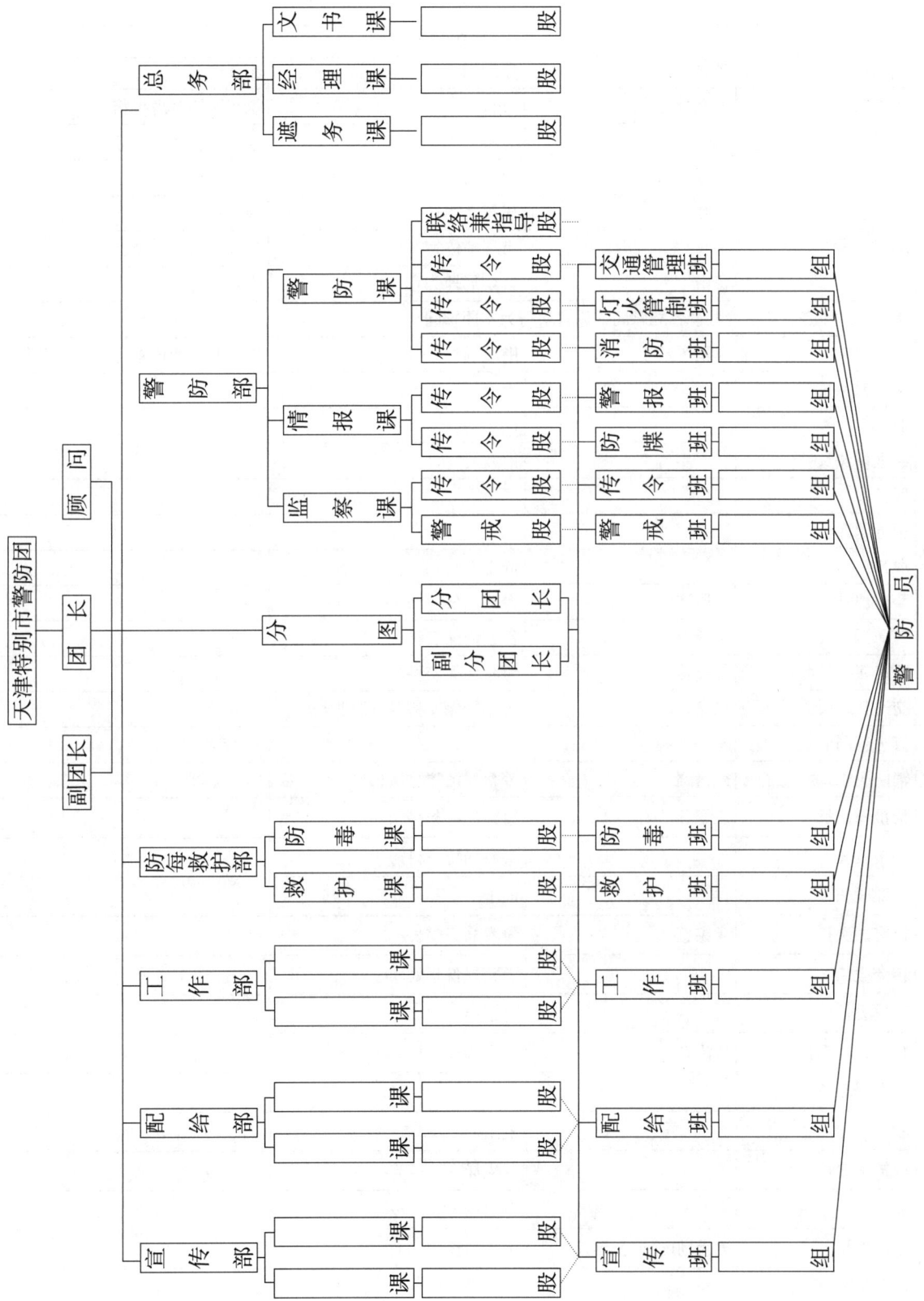

警防团组织人名清册一份

天津特别市警防团编组人名表

警防团本部			
职别	姓名	原职别	担任职务
团长	温世珍	市长	统率全团掌理事物
副团长	郑遐济	警察局长	辅佐团长执行职务
最高顾问	村野直弘	警察局顾问	指导一切
	四井	居留民团长	指导一切
顾问	加藤	市署辅佐官	指导一切
	田中	警察局辅佐官	指导一切
本市财政工务卫生教育社会各局顾问辅佐官均聘为本团顾问			
总务部长	李鹏图	财政局长	以下职务均依施行细则之规定
文书课课长		市署	
股长		同上	
经理课课长		财政局	
股长		同上	
庶务课课长		同上	
股长		同上	
警防部长	郑遐济	警察局长	
警防课课长	邹景炎	警察局保安科长	
联络兼指导股长	郭茂林	警察局保安科员	
交通整理股股长	朱嘉芳	警察局保安科第二股股长	
灯火管制股长			
消防股长	张襦瀛	警察局消防总队长	
情报课课长	王德春	警察局特务科长	
警报股长		警察局特务科	
防谍股长		同上	
监察课课长	孟宪惠	警察局督察长	
传令股长		警察局督察处	
警戒股长		警察局	
防毒救护部长	傅汝勤	卫生局长	
防毒课课长		卫生局	
股长		卫生局	
救护课课长		卫生局	
股长		卫生局	
工作部长	刘孟勋（会同公用处）	工务局长	
课课长		工务局	
股长		工务局	

警防团本部			
职别	姓名	原职别	担任职务
课课长		工务局	
股长		工务局	
配给部长	蓝振德	社会局长	
课课长		社会局	
股长		社会局	
课课长		社会局	
股长		社会局	
宣传部长	何庆元	教育局长	
课课长		教育局	
股长		教育局	
课课长		教育局	
股长		教育局	

天津特别市警防分团编组人名表

警防分团			
职别	姓名	原职别	担任职务
第一分团长	吴剑华	警察局第一分局长	统率本团各班组执行事务
副分团长		联保主任	辅佐分团长执行事务
交通整理班班长		第一分局局员	以下职务均依施行细则之规定
副班长		第一分局	
组长		第一分局	
副组长		第一分局	
灯火管制班班长		第一分局	
副班长		第一分局	
组长		第一分局	
副组长		第一分局	
消防班班长		第一分局	
副班长		第一分局	
组长		第一分局	
副组长		第一分局	
警报班班长		第一分局	
副班长		第一分局	
组长		第一分局	
副组长		第一分局	
防谍班班长		第一分局	
副班长		第一分局	
组长		第一分局	
副组长		第一分局	
传令班班长		第一分局	

警防分团			
职别	姓名	原职别	担任职务
副班长		第一分局	
组长		第一分局	
副组长		第一分局	
警戒班班长		第一分局	
副班长		第一分局	
组长		第一分局	
副组长		第一分局	
防毒班班长		第一分局	
副班长		第一分局	
组长		第一分局	
副组长		第一分局	
救护班班长		第一分局	
副班长		第一分局	
组长		第一分局	
副组长		第一分局	
工作班班长		第一分局	
副班长		第一分局	
组长		第一分局	
副组长		第一分局	
配给班班长		第一分局	
副班长		第一分局	
组长		第一分局	
副组长		第一分局	
宣传班班长		第一分局	
副班长		第一分局	
组长		第一分局	
副组长		第一分局	
警防员		第一分局	
警防员		第一分局	
各分团依分局类推			

(J0001-2-000454)

200.伪天津特别市公署警防团会议记录

1940年9月25日

时间:二十九年九月二十五日上午十一时

地点:市署会议厅

出席人员:市长、陈秘书长、蓝局长、郑局长(邹景炎代)、何局长、刘局长、李局长、傅局长、卢处长、

田中专员辅佐官(警察局)

　　主席:市长

　　记录:刘树声、王逸樵

　　壹、开会

　　贰、报告事项

　　邹科长报告关于警防团一案,本局奉到市署令后,即按照本市情形并依据天津防卫司令官指示计划着手拟订警防规则施行细则暨组织人名表等草案。请公阅。

　　叁、讨论事项

　　一、经费问题。拟先由各局长携回章则详加审核后再行拟定。如需用浩繁,除由财政局设法筹办外,并责成市商会协同筹措之。议决通过。

　　二、人事问题。应俟各局长详细审核后再行派定。议决通过。

　　三、为强化警防团务计,拟增置副团长一员,并拟聘陈秘书长担任之(田中提议)。议决通过。

　　四、本署拟派加藤辅佐官赴特务机关联络。议决通过。

　　五、宣传事项应由教育局详细策划并与新民会联络进行之。议决通过。

　　六、订于九月二十六日下午三时(新)由各局派员赴警察局召开小组会议,积极研讨一切进行事项,以期迅即成立。议决通过。

　　肆、闭会。十二时三十分。

(J0001-2-000454)

201.伪天津特别市公署警察局局长郑遐济为汇总呈报警防团规则等文件事呈伪代理市长方若文

1940年11月2日

保字第1665号

　　呈为呈请事。案查奉令组织本市警防团一案,曾经职局将编组警防团规则及施行细则组织系统表、人名清册具文呈请钧署鉴核在案。嗣奉钧署召开市政会议,决定由各局缜密研讨后交职局汇编呈核等因。奉此,遵即邀集各局干部人员迭次会商,依照警防计划,另为分别编订各部、课办事细则、人员清册、系统表等送由职局汇总,拟定天津特别市警防团施行规则及施行细则暨本部编组人员清册、分团部编组人员清册、组织系统表。复经开会公同讨论,众议金同,理合检同警防团施行规则、细则、表册及各部系统表册、办事细则等件具文呈请鉴核训示施行,谨呈天津特别市暂行代理市长方。

　　附呈警防团施行规则及施行细则各一份

　　警防团本部编组人员清册一份

　　警防团分团部编组人员清册一份

　　警防团组织系统表一份

　　各部系统表、办事细则、人员清册各六份

(J0001-2-000454)

202.伪天津特别市公署警察局第三科科长宗讱安为印信事
呈伪天津特别市公署文

1940年11月4日

为签呈事。查关于警防团案,前准本间部队来函嘱办当时抄译原制定警防计划条文,令饬警察局分别联络洽办具报在案。嗣据呈复,遵与关系方面联络,依照警防计划拟订警防团规则及施行细则组织系统表等件,呈请核示等情。当即召集各局处长等会议议决,由警察局召集小组会议研讨呈核。兹据该局呈报迳经邀集各局干部人员会商,另行编订各部、课办事细则等件,由该警局汇总拟订天津特别市警防团施行规则及施行细则、编组人员清册、系统表一并呈请核示,等情。据此详经复核,与本间部队原件大致尚属相合。案关军事设施,可否由外事室先与特务机关联络,并将所拟办法函报本间部队后再为施行。再查所拟施行规则及施行细则,对于印信如何制备并无明文规定。警防团成立后,如有公文需用印信,是否借用本署印信,抑另刊警防团关防,理合一并签请鉴核示遵。

【原档批】团长系市长兼任,可盖用市印。

(J0001-2-000454)

203.伪天津特别市公署为呈送警防团规则等文件事
致日军本间部队参谋长函及给伪警察局密指令

1940年11月7日

致日军本间部队参谋长函

密函第289号

径启者:案查前准贵部本参密第四三三号大函,略以北支派遣军鉴于将来之极东情势,制定华北防空规程,以期华北防空之完整。本天津市特因其重要性,亦当树立防空体制。兹特制定警防计划,于警防方面期无遗憾,专此通达查照。等因。准此,当将原定计划及细则案令发警察局,饬即分别商洽,妥速办理具报去后。兹据该局呈称,遵经与关系方面联络,依照警防计划拟订警防团施行规则、细则、表册等件呈报前来,经核大致尚属可行。除指令外,相应抄检所拟规则、表册等件,函请查照为荷。此致本间部队参谋长太田公秀殿。

附抄警防团施行规则一份
警防团施行细则一份
警防团本部编组人员清册一份
警防团分团部编组人员清册一份
警防团组织系统表一份

给警察局密指令

密指令第 30 号

密呈一件。为遵令会同讨论拟订警防团施行规则细则编组人员清册等件,呈请鉴核由。

密呈暨附件均悉。查所拟各件大致均属可行,已抄检各原件函送本间部队查照矣。仰即知照,此令。

（J0001-2-000454）

204.伪天津特别市公署为呈送警防团规则等文件事致天津陆军特务机关长山下函

1940年11月7日

密函第 290 号

径启者:案查前准本间部队参密第四三三号密函,略以北支派遣军鉴于将来之极东情势,制定华北防空规程,以期华北防空之完整。本天津市特因其重要性,亦当树立防空体制。兹特制定警防计划,于警防方面期无遗憾,专此通达查照。等因。准此,当将原定计划及细则案令发警察局,饬即分别商洽,妥速办理具报去后,兹据该局呈称,遵经与关系方面联络,依照警防计划拟定警防团施行规则、细则、表册等件呈报前来,经核大致尚属可行,除指令并分函本间部队查照外,相应抄检所拟规则、表册等件,函请查照为荷。此致天津陆军特务机关山下机关长殿。

附抄警防团施行规则一份

警防团施行细则一份

警防团本部编组人员清册一份

警防团分团部编组人员清册一份

警防团组织系统表一份

（J0001-2-000454）

205.伪天津特别市公署财政局局长李鹏图为伪日租界警察署协助征收各租界汽车捐事呈伪市长温世珍文

1941年3月1日

为呈请事。据本局捐务征收所签称,关于日租界警察署协助征收各租界汽车捐一案,遵谕于本月二十二日下午三时赴警察局开会。兹将开会情形暨议决事项谨分别胪陈于左:

列席人员:警察局田中辅佐官、朱股长、郭主任、日本警察署外务省巡查部长鬼塚肇、天津自动车协会理事栗原治平、田村。

议决事项:

一、自本年三月一日起,由日租界警察署协助征收各租界汽车捐,凡各租界汽车向未完纳警区车捐而行驶华界者,均需照章补捐,所有经收捐款,专案存储银行,以便易于结算。

二、援照日租界查捐办法,每月十一日至十三日由捐务所派员会同本市警察局指派之长警,在东马路一带稽查汽车,如有未悬挂警区车牌汽车,询明确系向未纳者,即予扣留勒令补纳捐款。

三、由财政局分别通知建设总署、天津交通公司、本市各机关以及各华军部队(如李部队、吴部队等),如有已领免捐执照尚未购领车牌之汽车,务于三月十一日以前一律补购悬挂车端,以免临时误会拦阻扣留。

四、应用捐照须较原样加以改善,总以纸质坚固耐久者为宜。

五、汽车捐定为全年、半年两种征收,如车户纳捐后有中途转让或停止乘用者,于呈报后准予分别登记或按月退还捐款。

按以上议决各项仅查捐日期一条,与本所之每月十六日查捐办法稍有抵触,但此系就各租界不纳捐汽车而定,至向纳警区车捐者,自应仍照本市向章办理。盖本市商民习惯已久,若骤然变更,难免滋生扰累,应否由钧局布告,以免误会之处,并乞鉴核示遵,等情。据此查所议各款,系为整理汽车捐收并厉维持治安之意,自当即日实施。惟查原议决事项第一款,自本年三月一日起由日租界警察署协助征收各租界汽车捐等语,现已过期,依期实施为时不及,兹改为自本年三月三日起为协助征收之期。又第五款后半段,各车户纳捐后有中途转让或停止乘用者于呈报后准予分别登记或按月退还捐款一节,查警区汽车年捐,无论何月停驶,各月捐款照章概不退还,自应仍照向章办理,以符通案。其余各款似可准予照办。除由职局分函已领免捐汽车执照,未购号牌之建设总署、天津工程局等,依期购领号牌并函达日本警察署查照外,理合具文呈请鉴核。谨呈天津特别市市长温。

(J0001-3-004807)

206.伪天津特别市公署为收悉伪日租界警察署征收各租界汽车捐呈文给伪财政局指令

1941年3月6日

建荣字秘贰第1250号

呈一件。为据捐务征收所签报赴警察局会议,关于日租界警察署协助征收各租界汽车捐一案,情形请鉴核由。

呈悉,此令。

(J0001-3-004807)

207.伪河北邮政管理局为查明天津市日租界内中国人口数致伪天津特别市公署函

1941年3月20日

第七二号

径启者:本局因公务需要,亟待查明本市日租界内中国人(日鲜侨民除外)人口数目,相应函达,即请贵署将去年十二月份或最近调查所得该项人口数目示知,俾作参考,至纫公感。此致天津特别市公署。

(J0001-3-005428)

208.伪天津特别市公署为准伪河北邮政管理局查明天津市日租界内中国人口数事给伪警察局令

1941年3月25日

第814号

为训令事。案准河北邮政管理局公函内开:本局因公务需要,亟待查明本市日租界内中国人(日鲜侨民除外)人口数目,相应函达贵署,将去年十二月份或最近调查所得该项人口数目示知,俾作参考等因。准此,合行令仰该局遵照查明呈复,以凭转复。此令。

(J0001-3-005428)

209.伪天津特别市公署警察局局长郑遐济为查明日租界内中国人口数事呈伪天津特别市公署文

1941年4月9日

呈字第1136号

为呈复事。案奉钧署本年三月二十五日建荣字秘叁第八一四号训令内开:为训令事。案准河北邮政管理局公函内开:本局因公务需要,亟待查明本市日租界内中国人(日鲜侨民除外)人口数目,相应函达贵署,将去年十二月份或最近调查所得该项人口数目示知,俾作参考等因。准此,合行令仰该局遵照查明呈复,以凭转复。此令。等因。奉此,遵查本局原有租界户口数目并无中外之分,无从查办。当经函达日警署详查去后,兹准电话声称,按二十九年十二月调查结果,界内现住华人共二二七七户,男一一九九四丁,女三九九零口,总计男女共一五九八四丁口等语。理合据实呈复。伏乞鉴核函转,实为公便。谨呈天津特别市市长温。

(J0001-3-005428)

210.伪天津特别市公署为查明日租界内中国人口数事给伪警察局指令及复伪河北邮政管理局函

1941年4月

给警察局指令

指令第1939号

呈一件。为奉令以准河北邮政管理局函请调查日租界中国人数目一案,经函日警署查后情形,请鉴核函转由。

呈悉。已据呈函复河北邮政管理局矣。仰即知照。此令。

复河北邮政管理局函

公函第94号

径复者:案准贵局公函略开:因公务需要,亟待查明本市日租界内中国人人口数目,请将去年十二月份或最近调查所得该项人口数目示知,俾便参考。等因。准此,业经令据警察局转准日警察署复称,按二十九年十二月调查结果,界内现住华人共二二七七户,男一一九九四丁,女三九九零口,总计男女共一五九八四丁口等情。据此相应函达,即希查照为荷。此致河北邮政管理局。

(J0001-3-005428)

211.伪天津特别市公署财政局局长李鹏图为报告伪日租界汽车协会征收各租界汽车捐事呈伪市长温世珍文

1941年5月21日

案查前据捐务征收所签呈,为赴警察局会议,关于日租界警察署协助征收各租界汽车捐一案,经本局呈奉钧署建荣字秘贰第一二五零号指令内开:呈悉。此令。等因在案。兹据捐务征收所签称:案据本所书记耿秉钧签呈称,窃职于五月五日赴日界汽车协会征收各租界汽车捐,据该会声称,现奉日领事馆令,以借用该会办公地址协助征收汽车捐。原系临时性质,现已实施两月有余,各汽车捐户均经认纳,应于即日回所办公,如有车户来会纳捐者,自当仍为协助,饬令赴所完纳等语。理合签报,伏乞鉴核。等情。并附呈三月三日至五月三日车捐报告表一份。据此,查本所借用日租界汽车协会办公地址征收各租界汽车捐,原以此案系属初创,为求临时协助之计,现既实施两月,各车户认纳不拒,而该协会又复声称奉令停止借用会址办公,自应移回所内继续办理。惟查表列自三月三日开征截至五月三日,共计征解正捐洋一万六千零零六元八角,似此进行顺利,征有成数,所赖于该协会各职员努力协助之处,实属颇多。兹以此案在创征之初始,曾经各关系机关在警察局会议提案各项有拨给汽车协会办公费用一节,并将会议情形签报及面陈钧座各在案。所有在该会征收两月期间一切垫支费用,固未便请其列报,但各职员热心协助创举完成,不无辛劳足录,且此后移回本所办公,是该协会协助情形之中已暂告一段落,似应依照前提议拨办公费用,迅即办理,俾资结案。除已饬书记耿秉钧即日回所办公外,拟于征收正捐项下提拨一成款洋一千六百元零零六角八分作为该协会办公费用,以符前议。所有日租界汽车协会停止借用办公地址及拟议提拨办公费数目各缘由是否有当,理合检同原表具文签请鉴核示遵。附呈各租界汽车捐报告表一份。等情。

据此,查本市借用日租界汽车协会地址征收各租界汽车捐款,现在该协会既已奉令停止借用该会址,自应移回该所继续办理。查阅所送报告表,自本年三月三日起至五月三日止,共征汽车捐洋一万六千零零六元八角,核数尚属相符。查前据该所报称,经警察局、日租界警察署、汽车协会共同讨论办法之际,原有在日警察署售卖之车牌车捐各款专案合计,于每月收入正捐款项下提拨若干成数,交由日租界汽车协会支配办公费用之议,嗣经本局村主辅佐官商洽联络,俟本案结束时,再行察酌情形呈请核示。兹据前情,是此案业已告一段落,所拟将征收正捐项下提拨成国币一千六百元零零六角八分,发交该所转交日租界汽车协会支配办公各费以酬劳勩一节,核与前议办法尚无不合,惟事关动支库款可否准予照办之处,理合照缮报告表,具文呈请鉴核示遵。谨呈天津特别市市长温。

计抄呈 报告表一份。

日租界汽车协会出张所征收车捐报表

中华民国30年3月3日至5月3日

类别	全年			半年			备考
	辆数	款数	加二成款数	辆数	款数	加二成款数	
自用汽车	129	3,127.50	625.50	27	267.50	53.50	
营业汽车	127	7,500.00	1,500.00	88	2,700.00	420.00	
三轮汽车	16	344.00	68.80				
合计	272	10,971	2,149.30	115	2,367.50	473.50	
附记	车牌价款共 $16,006.80						
	主任□ 组长□ 制造员□						

(J0001-3-004807)

212.伪天津特别市公署为准拨给伪日租界汽车协会办公费给伪财政局指令

1941年5月28日

建荣字秘贰第2883号

三十年五月二十一日呈件,为关于日租界警察署协助征收各租界汽车捐一案,现已接回捐务征收所继续办理,可否由征收正捐项下提出一成计国币一千六百零零六角八分,拨充日租界汽车协会办公费以酬劳勋,请核示由。

呈悉。查此案当初开会讨论时,既有于收入正捐项下提拨若干成数交日租界汽车协会支配办公费用之议。所请提给一成办公费一节,尚属可行,应准照办,仰予遵照。此令。

(J0001-3-004807)

213.伪河北邮政局为查明天津市华人户口数查事致伪天津特别市公署函

1942年3月9日

第九五号

径启者:兹为调查起见,即请贵署将截至本年二月底止天津全市之华人户口数目,计户数若干户及人口若干名,迅予查明示复。至纫公感。此致天津特别市公署。

(J0001-3-005428)

214.伪天津特别市公署为准河北邮政管理局查明全市华人户口数事给伪警察局训令

1942年3月13日

建亚字秘叁第689号

为训令事。案准河北邮政管理局第九五号公函内开:径启者,兹为调查起见,即请贵署将截至本年二月底止天津全市之华人户口数目,计户口若干户及人口若干名,迅予查明示复。等因。准此,合行令仰该局迅速查明呈复,以凭转复。此令。

(J0001-3-005428)

215.伪天津特别市公署警察局局长阎家琦为奉令呈送天津市华人户口数事致伪天津特别市市长文

1942年3月23日

为呈复事。案奉钧署本年三月十四日建亚字秘叁第六八九号训令内开:为训令事。案准河北邮政管理局第九五号公函内开:径启者,兹为调查起见,即请贵署将截至本年二月底止,天津全市之华人

134

户口数目,计户口若干户及人口若干名,迅予查明示复等因。准此,合行令仰该局迅速查明呈复,以凭转复。此令。等因。奉此,除该局视察员王金钺径由本局索去户口表一份外,理合填具华人户口表一份,备文送请鉴核转复。谨呈天津特别市市长温。

附户口表一份。

(J0001-3-005428)

216.伪天津特别市公署为收悉二月份全市华人户口统计表事给伪警察局指令及复伪河北邮政管理局函

1942年3月27日

给警察局指令

建荣字秘叁第1522号

三十一年三月廿三日呈一件。为奉令以准河北邮政管理局函请调查二月份全市华人户口数目,经查明列表请鉴核转附由。

呈表均悉。已据呈函复河北邮政管理局矣。仰即知照。此令。

复河北邮政管理局函

建亚秘叁字第57号

径复者:案准贵局第九五号公函略开:兹为调查起见,即请贵署将本年二月份全市华人户口数目示知。等因。准此,兹据警察局列表呈报来署,相应检同原表,函达即希查照为荷。此致河北邮政管理局。

附送本年二月份全市华人户口统计表一份。

(J0001-3-005428)

217.伪天津特别市公署关于租界筹备委员会副委员长、专门委员等职的委任令及聘函

1943年2月

任用令

令秘书长陈啸戡。

兹派该员为本署接受租界筹备委员会副委员长。此令。

令参事赵聘卿、张同亮、王敬公,社会局局长蓝振德,工务局局长刘孟勋,教育局局长何庆元,宣传处处长陈啸戡,警察局局长阎家琦,财政局局长李鹏图。

兹派该员为本署接受租界筹备委员会委员。此令。

聘函

建成字秘壹第3号

径启者:兹聘请台端为本署接受租界筹备委员会专门委员。此致夏目辅佐官、饭野辅佐官、大城户辅佐官、村主辅佐官、山田专员、柳田专员、松冈专员、中原专员、土井专员、冈专员、麻生专员辅佐官、田中专员辅佐官、新谷专员辅佐官。

任用令

令秘书处主任秘书薛撼岳、外事室主任王翰宸。

兹派该员为本署接受租界筹备委员会干事,并指定为正、副干事长。此令。

令秘书处第一科长赵世泽,第二科长黄荣第,第三科长宗礽安,第四科长蔡振声,外事处专员程家驹、张敏、宫清泉、尹世铎、洪蔚初。

兹派该员为本署接受租界筹备委员会干事。此令。

令社会局秘书主任左愚,第一科长高天佑,第二科长杨福保,第三科长朱厚叔,第四科长涂廷杰,教育局第一科长李从云,第二科长朱庚亚,第三科长陈葆光,督学蒋子绳、何恩福、傅镜如、郑镜沧。

兹派该员为本署接受租界筹备委员会干事。此令。

令工务局主任秘书刘保鸿、第一科长李鸿藻、第二科长邱殿卿、第三科长别之伟,宣传处第一科长王文光、第二科长鞠和旃。

兹派该员为本署接受租界筹备委员会干事。此令。

令警察局秘书主任李焕庭、警务科科长高竹亭、保安科科长庆超、警法科科长翟梦熊、特务科科长刘宝璋、家畜防疫科科长焦锡经、督察处督察长周锟,财政局秘书主任陈任民、总务科科长孙善昌、征收科科长贾宗献、地政科科长宋毓琪、审核科科长刘闻久。

兹派该员为本署接受租界筹备委员会干事。此令。

(J0001-3-010815)

218.伪天津特别市公署接受租界筹备委员会组织规则草案

1943年2月10日

第一条　天津特别市公署为筹备接受当地各国租界,特设委员会,负责办理关于调查、研究、编译及企画等一切事宜,定名曰"接受租界筹备委员会"。

第二条　本委员会以市长为委员会长,秘书长为副委员会长,各局处长参事为委员。

第三条　本委员会设顾问一人,聘请本公署顾问充任之。

第四条　本委员会设经济、财政、警务、教育、工务、卫生、公用、宣传、专门委员若干人,聘请本公署各辅佐官及各专员分别充任,以便随时咨询。

第五条　本委员会设干事若干人,秉承委员长、副委员长处理日常事务,以本公署主任秘书、秘书处外事室主任、秘书处各科长、外事室各专员、各局处主任秘书及各科长派充之,并指定本公署主任秘书及外事室主任为正副干事长。

第六条　本委员会会议由委员长或副委员长随时召集之。

第七条　关于调查、研究、编译、企画等工作,必要时乃由各干事会同各专门委员,就主管事项分组进行,并由各干事指挥各局处所属人员随时协助之。

第八条　本委员会于本公署将各国租界接受完了时,宣告结束。

第九条　本规则如有未尽事宜,得随时修正之。

第十条　本规则自公布之日施行。

（J0001-3-010815）

219.伪天津特别市公署警察局为派局长任本署接受租界
筹备委员会委员事呈伪市长温世珍文

1943年2月23日

为呈报事。窃奉钧署建成字秘壹第二五号任用令,以派局长为本署接受租界筹备委员会委员。等因。奉此,遵即敬谨祇领遵照。除饬属知照外,理合备文报请鉴核备案。谨呈天津特别市市长温。

代理天津特别市公署警察局局长阎家琦

（J0001-3-010815）

220.伪天津特别市政府财政局局长张仁蠡为遵令解款事
呈伪市政府文并附解款回照表

1943年3月14日

兹于三十二年十二月三十日呈解钧府令解追加接收日本返还天津专管租界纪念摄影费金额二千六百二十一元五角。以上共解二千六百二十一元五角,业经解赴钧府兑收,并祈将上项回照印发备案。谨呈天津特别市政府^①。

天津特别市公署财政局遵令解款表							字第206号	
	科目	年度月份	经常临时门	款别	金额		附呈文件	备考
	临时费	三十二年八月	临时	钧署追加接收日本返还天津专管租界纪念摄影费	二,六二一	五〇	解款联单一纸	
合计					二,六二一	五〇		
财政局局长张仁蠡								

署解字第二三号

天津特别市政府印发解款回照表存稿										协甲字秘贰第1614号	
解款机关	科目	年度月份	经常临时门	款别	金额		解款日期	收到日期	指示	附发文件	备考
财政局	临时费	三十二年八月	临时	本府追加接收日本返还天津专管租界纪念摄影费	二,六二一	五〇	三十二、十二、三十	三十二、十二、三十	准予印发回照	回照一联	
合计					二,六二一	五〇					
市长 秘书长 主任秘书 秘书											
科长 主任 拟办者											

(J0001-2-000560-018-00142~00144)

221.伪华北政务委员会委员长朱深为奉准备接收天津日本专管租界典礼事给伪天津特别市公署指令

1943年3月19日

华外字第1954号

为令遵事。案奉国民政府主席铣电内开:接收天津日本专管租界定于本月三十日举行,政府特派建设部长陈君慧前赴天津,会同天津市长举行接收典礼,盼急饬知天津市长准备一切,并与天津日本总领事接洽办理为要等因。合亟令仰该市署遵照迅速准备一切,并接洽办理,随时具报,此令。

(J0001-2-000560)

---

① 1943年11月,天津特别市公署改为天津特别市政府。此档案原文如此。

222.伪华北政务委员会秘书厅为函送国府还都纪念庆典实施计划等文件致伪天津特别市公署函

1943年3月20日

径启者:本月三十日为国民政府还都暨本会三周年纪念,本京暨省市各机关、各团体、各学校均应于是日举行庆祝典礼。关于庆祝宣传之实施计划及宣传纲要务必分别施行,相应函请查照办理并转饬所属各机关一体遵办为荷。此致天津特别市公署。

附实施计划宣传纲要各一纸。

华北政务委员会秘书厅启

国民政府还都、华北政务委员会成立三周年纪念宣传纲要

一、方针

本次宣传方针,有三大重点:

其一,为启发国民从新认识国府还都及政委会成立意义起见,得展开强力而广泛之宣传,以确立中国独立自主的参战体制。

其二,为诱导国民理解日本撤废治外法权,交还租界之真意及揭发国民责任心的自觉起见,得展开热烈而具渗透性的宣传,以确立中日协力击灭英美之共同目标。

其三,为昂扬国民击灭英美之情绪,得实施具体而彻底之宣传,以完成大东亚战争。

二、宣传要点

于本宣传期间,对下列各项须彻底把握并活用之:

1.强调国府还都、政会成立及中国参战之意义。

甲,孙总理遗嘱之真意。

乙,还都之正统的性格。

丙,由还都到参战之必然性。

2.述明三年来施政状况,并强调国民击灭英美之决意。

3.彻底强调参战之目的。

甲,参战是为中国之独立自主。

乙,参战是为大东亚共荣圈之完成。

丙,国府参战政策之解说。

丁,战时下国民之任务。

戊,揭穿重庆抗日救国政策之矛盾。

己,暴露国共倾轧之真相。

庚,说明匪区穷乏情况。

4.阐明日本撤废治外法权交还租界之真意。

甲,解说中日基本条约第三条及第七条。

乙,尊重国府之独立自主。

丙,日本对中国援助之强化。

丁,说明日本驻兵为完成大东亚战争之必要事实。

戊,说明日本依于道义精神及建设新东亚之崇高理念,毅然实行新方针,俾加强中日紧密提携关系之真意。

5.揭发国民从新发出自我责任的自觉。

6.强调华北必胜体制及中日协力必胜体制之信念。

7.昂扬国民对日本协力气运,并指明中日协力击灭美英的共同目标。

8.依据华北必胜体制及本年度施政要纲,阐明以自给自足为目标的政策,并指明国防重要资源之增产增运为当前之急务。

9.诱导国民重视节约物资,励行增产,勤劳储蓄等事项之实施。

10.指示革新生活之方向,强调国民心、物双方之建设工作。

11.揭穿国民错误心理,粉碎国民的错觉,以激发中日彻底亲善协力之诚意。

12.要积极强调中国独立自主的活动,宜避免使用"日本不干涉中国内政"等消极文字。

13.宜多引证事实,捣毁"日本将退出华北"等空虚的错觉。

14.强调大东亚战争必胜信念并说明世界新情形。

三、实施期间

1.由三月二十七日起至四月二日止之一周间为宣传期间。

2.三月三十日为本次宣传之重心,宜全面展开热烈之宣传工作。

3.三十日以后为事后宣传期,宜着重本次宣传之综合的成果。

四、注意事项

1.本次宣传以政委会情报局为中心,制定纲要,于三月二十日以前分发各宣传机关。

2.情报局得与各省市公署宣传处、华北宣传联盟、华北新闻协会、新民会及其他宣传机关取紧密之联络,作具体之协力,以求各项工作之顺利推行。

3.上列各事,各地方可斟酌当地情形,或增或减,或依照施行,均无不可。

4.宣传文字务须简单明了,以切合实际为宜。

5.于战时下,各种宣传行事,以节约为第一条件,宜避免空虚无谓或过度华豪之举动。

6.本要纲第二节所指示之要点,务须一体施行,以企本次宣传内容之划一。

附注:

1.庆祝事项详另表

2.附庆祝宣传实施计划一份,以备参考

国民政府还都、华北政务委员会成立三周年庆祝宣传实施计划

事项	担任机关
一、悬挂国旗 于三月三十日各机关,各团体,各学校,各商号,各住户,须一律悬挂国旗。	
二、政委会庆祝式 三十日商务十一时华北政务委员会柬请中日满各界要人及德义代表等,于怀仁堂隆重举行庆祝典礼。	华北政务委员会
三、致中央贺电 由华北政务委员会拍电致贺。	华北政务委员会
四、委员长广播 三十日下午 时 委员长举行广播。	华北政务委员会
五、感谢电文 于纪念当日,华北政务委员会委员长对日满洲国政府,及日本关系方面谷长官发感谢电文。	华北政务委员会
六、感谢访问 于纪念当日,华北政务委员会委员长访问日本关系机关,表示谢意。	华北政务委员会
七、民众电致中央祝贺 三十日民众庆祝大会致电中央敬申贺意	
八、各机关团体庆祝式 本月三十日上午,各机关,团体,学校,均各分别举行庆祝典礼,同时并由各该机关有力人员实施训话讲演。(训话内容,可参照三周年纪念宣传要纲拟定之。)	各机关,各团体
九、散放击灭英美宣传单 散放击灭英美之传单,于庆祝当日以飞机或汽车散放之。	市公署,航空公司
十、民众庆祝日本交还租界大会 于二十七日,在长安戏院,庆乐医院,分别举行之。节目为演剧、讲演等项。	市公署,新民会
十一、文化界讲演会 三十日下午八时起,于北京饭店举行之,并举行演艺讲演等。	北京新同协会
十二、市民运动大会 于庆祝当日,举行庆祝国府还都政会成立市民运动大会。(但此次运动会,宜置重点于全体市民及中小学校学生,应打破向来以运动家为主体之惯例。)	市公署,华北体育协会
十三、民众庆祝大会 三十日上午十一时起,在中央公园音乐堂举行民众庆祝讲演大会,演唱庆祝戏及音乐,并于中国派员作短篇之讲演。(注重日本交还租界各节)	市公署,新民会,演艺协会
十四、击灭英美露天电影大会 三十日、三十一日各公园一律开放,市民可免费游览,同时并举行击灭英美露天电影大会。	市公署,新民会,华北电影公司,华北演艺协会
十五、庆祝日本交还租界电影大会 二十八日在中央,真光举行之,并有讲演及电影等项。	市公署,新民会
十六、友邦撤废治外法权交还租界讲演大会二十九日下午二时于新新戏院举行之,请政务委员会外务局局长北大法学院院长主讲,并映演大东亚战争战事影片。	新民会,华北电影公司
十七、花电车、花汽车 于庆祝期间,装扎花电车及花汽车若干辆。	市公署,电车公司
十八、印制标语 印制标语数种,分发各地张贴。	华北政务委员会
十九、布制标语 印制红地黄字布标语数十幅,悬挂各冲要地点。	市公署
二十、庆祝足球大会 庆祝期间举行之。	华北新闻协会
二十一、增产模范人员表彰大会 选拔增产模范人员,于庆祝当日正午在中央公园新民堂。举行表彰大会,请委员长发给奖金或奖品,并聘产业部门之专家或名流举行讲演。(各省市均各分别举行之。)	市公署

事项	担任机关
二十二、宣传讲习会 于庆祝期间,举办宣传讲习会。	华北政务委员会
二十三、施诊施药 在庆祝期间,于市内选择适当处所实施之。	市公署
二十四、播送庆祝特辑 于庆祝期间,编排庆祝特辑由电台播送之。	华北广播协会
二十五、庆祝特辑影片 庆祝期间之各项重要行事,择要拍摄,制成庆祝特辑新图片,以志纪念。	华北电影公司
二十六、派遣记者视查团 于庆祝期间,派遣记者视查团,赴南京旅行,并代表华北民众,向国府表示祝贺及拥戴之赤诚。	华北新闻协会
二十七、慰问中日陆军病院 逐派代表分赴中日陆军病院慰问。	华北政务委员会
二十八、庆祝特刊 各报社,杂志社于三十日或适当日期,发行庆祝特刊。	华北新闻协会 华北宣传联盟
二十九、庆祝牌坊 二十九日至三十一日在北京冲要地点树立。	市公署
三十、宣传画 二十九日起印制宣传画二种,在市内各地张贴。	市公署
三十一、击灭英美广告牌 二十九日起在市内树立。	市公署
三十二、击灭英美灯塔 二十七日起实施。	市公署
三十三、儿童健美比赛会 三十日实施。	市公署
三十四、巡回照像展览会 在庆祝期间,每日于市内举行三次。	华北宣传联盟
三十五、画剧 二十日起一周关于北京市内小学校作巡回表演,三十日,三十一日,四月一日,三日间,编成二班,于室(市)内要冲演出之。	华北宣传联盟
三十六、壁报 印制壁报二种计二万四千张贴北京及其余各地。	华北宣传联盟
三十七、宣传画 印制宣传画二种,其内容为:一,《革新战时生活强调节约消费》,二,《奖励食粮增产》。	华北宣传联盟
三十八、纪念丛书 编印国府还都政府成立三周年特刊。	华北政务委员会
三十九、施政纪要	华北政务委员会
四十、编印日本交还租界小册	华北政务委员会
四十一、《决战之吼声》歌集	华北政务委员会
四十二、宣传画 宣传画张贴华北各地。	华北政务委员会
四十三、宣传汽球 二十七日至三十日实行之。	华北政务委员会

(J0001-3-006914)

223.伪天津特别市新民青少年团为举行三重纪念日庆祝典礼 及青年团大游行事给市立二中分团长训令

1943年3月24日

津青本指发第23号

为令遵事。查本月三十日为国府还都、华北政务委员会成立四周年及盟邦交还在华专管租界等三重纪念日,团本部为表示庆祝起见,暨向天津市政府连络举行庆祝典礼,仰该分团长务于该日下午二时率领全体团员,服装齐整,在市政府广场前集合参加典礼。会后出发游行,由市政府出发,经东马路,至兴亚一区大和公园解散。除分行外,合行令仰遵照。切切。此令。

团长张仁蠡
副团长兼本部长张世炎
（J0252-1-000619）

224.伪天津特别市公署教育局为各校应于三重纪念日举行庆祝 仪式事致市立第二中学校函

1943年3月24日

教展字第68号

为通知事。查本月三十日为国民政府还都四周年、华北政务委员会成立四周年、盟邦交还在华专管租界周年纪念日,各学校、各社教机关应于该日分别举行庆祝仪式,以资纪念。除分行外,合亟通知该校遵照办理为要。特此通知。

右通知市立第二中学校
天津特别市政府教育局
（J0252-1-000619）

225.伪天津特别市市长王绪高为筹备日租界接收事宜等事 致伪南京外交部长褚民谊电

1943年3月25日

建国字秘壹第3号

南京外交部褚部长勋鉴:佩珊①市长转示手书。敬悉日租界接受事宜,本署遵会令与关系方面连

---

① 温世珍,字佩珊。

络,筹备妥帖。陈部长俭日何时抵津,尚希电示,以便接待为幸。天津特别市市长王○○叩。有。

(J0001-3-010903)

226.伪南京建设部部长陈君慧为赴津接收天津租界事致伪天津特别市市长王绪高函

1943年3月25日

绪高先生市长勋鉴:比闻新命荣膺,宏猷丕焕,欣颂莫名。弟此次奉派接收天津租界,稍事部署即当前来。兹派本部路政署张处长銮先行莅前,趋诣左右,尚祈赐见指示为祷。专此即颂勋安。

(J0001-3-010903)

227.伪华北政务委员会委员长朱深为准备接收日本专管租界事给伪天津特别市公署训令

1943年3月26日

华外字第2219号

为令遵事。案准行政院政字第一五三号咨开:现准国民政府文官处三十二年三月十八日文字第五○一号公函开:奉国民政府三十二年三月十八日令开:特派陈君慧为接收天津日本专管租界委员,吴颂皋为接收汉口日本专管租界委员,陈群为接收厦门日本专管租界委员,傅式说为接收杭州日本专管租界委员,李士群为接收苏州日本专管租界委员。此令。等因。除由府另颁特派状外,相应录令函达,请烦查照饬知等由。准此,除分行外,相应抄同专管租界交还实施细目条款一份,咨请查照转饬天津特别市政府遵照,与中央特派大员洽商,迅即准备,于本月三十日接收天津日本专管租界事宜为荷,等由。附抄专管租界交还实施细目条款一份。准此,合亟抄发实施细目条款,令仰该公署遵照,与中央特派大员洽商,迅即准备接收事宜,并将办理情形随时具报。此令。计抄发专管租界交还实施细目条款一份。

抄件:专管租界交还实施细目条款

根据中华民国三十二年一月九日,即昭和十八年一月九日在南京签字之中华民国、日本国间关于交还租界及撤废治外法权等之协定,为协议决定关于实施交还在中华民国国内之日本专管租界之细目。

中华民国政府任命:外交部部长褚民谊、特命全权大使李圣五、特命全权大使吴颂皋、外交部次长周隆庠。日本国政府任命:特命全权公使堀内干城、大使馆参事官中村丰一、特命全权公使田尻爱义、特命全权公使盐泽清宣,为该协定第二条所定之委员。

以上两国委员在南京会同议定条款如左:

第一条 在杭州、苏州、汉口、沙市、天津、福州、厦门及重庆之日本专管租界行政权,定于中华民国三十二年三月三十日,即昭和十八年三月三十日实施交还。

第二条 专管租界内之道路、桥梁、阴沟、沟渠及堤防等诸设施,应无偿移让与中国方面。

第三条 中华民国政府应按照现状,尊重并确认日本国政府及臣民在专管租界地域内所有关于不动产及其他之权利利益,并应对此取必要之措置。

以上条款用中日两国文字各缮二份,由两国委员签字盖印,双方保存中日文各一部为证。

中华民国三十二年三月　日

昭和十八年三月　日

褚民谊　李圣五　吴颂皋　周隆庠

堀内干城　中村丰一　田尻爱义　盐泽清宣

了解事项

一、专管租界地域行政实施上所必要之文书记录等,应尽速移交中华民国当地地方官宪。

二、中华民国当地地方官宪应接用从来日本方面为实施专管租界行政而雇佣之中国籍巡警及为管理维持道路、阴沟等而雇佣之中国籍从业员。

三、根据细目条款第二条,所应移让之公共设施,包含附属于该公共设施之固定诸设备。

四、关于细目条款第三条之具体的事项,应由中日两国当地地方官宪间协议之。

中华民国三十二年三月　日

昭和十八年三月　日

褚民谊　李圣五　吴颂皋　周隆庠

堀内干城　中村丰一　田尻爱义　盐泽清宣

天津日本专管租界交还时由天津居留民团所有诸般设施并物件以无偿移让天津特别市之关系文件目录

一、道路关系

第一号 天津日本租界各街道路面延长幅宽面积书一份

第二号 天津日本租界沿路公设胡同调查书一份

第三号 天津日本租界沿路公设胡同平面图一张

第四号 天津日本租界各街路车道构造调查书一份

第五号 天津日本租界各街路车道构造标准图六张

第六号 天津日本租界各街路步道构造调查书一份

第七号 天津日本租界各街路步道构造标准图一张

第八号 天津日本租界各街路幅宽扩张计划书一份

第九号 天津日本租界各街路反水井调查书（附构造标准图）一份

第十号 道路补修用之汽碾调查书一份

二、路灯并信号灯

第十一号 天津日本租界路灯并信号灯调查书一份

第十二号 天津日本租界路灯并信号灯配置图一张

三、街路树关系

第十三号 天津日本租界各街道之各种树木调查书一份

四、下水道关系

第十四号 天津日本租界各街道下水道调查书

第十五号 天津日本租界下水道延长调查书一份

第十六号 天津日本租界下水道配置图一张

第十七号 天津日本租界下水道构造标准图六张

第十八号 天津日本租界各街道下水道卧泥井调查书（附构造标准图）一份

第十九号 天津日本租界下水道关系备品调查书一份

第二十号 天津日本租界住吉街抽水房及净化池之固定设施调查书一份

第廿一号 天津日本租界桥立街抽水房之固定设施调查书一份

第廿二号 天津日本租界住吉街、桥立街抽水房备品调查书一份

第廿三号 天津日本租界住吉街、桥立街抽水房及净化池详细图（自第一号至第四号）四张

第廿四号 天津日本租界桥立街抽水房详细图（自第一号至第四号）四张

五、桥梁关系

第廿五号 天津日本租界宫岛桥详细图（自第一号至第三号）三张

第廿六号 天津日本租界伏见桥详细图一张

第廿七号 天津日本租界松岛桥详细图一张

六、护岸关系

第廿八号 天津日本租界墙子河护岸调查书

第廿九号 天津日本租界墙子河护岸详细图

七、清扫关系

第三十条天津居留民团卫生费征收条例（抄件）

第卅一条天津居留民团清扫课事务办理细则

第卅二号 天津日本租界清扫事业概况调查书

第卅三号 天津日本租界淘取厕所所在地调查书

第卅四号 天津日本租界各街路卫生费月额课赋调查书一份

第卅五号 天津日本租界各负担者卫生费月额课赋调查书（日本人者）一份

第卅六号 天津日本租界各负担者卫生费月额课赋调查书（华人者）一份

第卅七号 天津日本租界清扫关系器具备品调查书一份

八、警备、消防关系

第卅八号 天津日本租界警备及消防巡捕被服调查书一份

第卅九号 天津日本租界消防器具及备品调查书一份

第四十号 天津日本租界消火调查书（附配置图）一份

九、天津日本租界邻接地域之设施关系

第四十一号 天津日本租界交界天津居留民团所有地各道路、街路调查书一份

第四十二号 天津日本租界交界天津居留民团所有地道路平面图一份

第四十三号 天津日本租界交界天津居留民团所有各街路车道构造调查书一份

第四十四号 天津日本租界交界天津居留民团所有地车道构造标准图一份

第四十五号 天津日本租界交界天津居留民团所有地各街路步道构造调查书一份

第四十六号 天津日本租界交界天津居留民团所有地步道构造标准图一份

第四十七号 天津日本租界交界天津居留民团所有反水井调查书（附构造标准图）一份

第四十八号 天津日本租界交界天津居留民团所有地路灯调查书（附配置图）一份

第四十九号 天津日本租界交界天津居留民团所有地路树调查书一份

第五十号 天津日本租界交界天津居留民团所有地各下水道街路调查书（附配置图）一份

第五十一号 天津日本租界交界天津居留民团所有地下水道延长调查书一份

第五十二号 天津日本租界交界天津居留民团所有地下水道构造标准图一份

第五十三号 天津日本租界交界天津居留民团所有地下水道卧泥井调查书（附构造标准图）一份

第五十四号 天津日本租界交界天津居留民团所有地下水道计划平面图一份

第五十五号 天津日本租界交界天津居留民团所有地墙子河堤岸调查书（附详细图）一份

第五十六号 天津日本租界交界天津居留民团所有地卫生费月额课赋调查书一份

第五十七号 天津日本租界邻接天津居留民团所有地卫生费各负担者月额图,附课赋调查书一份

第五十八号 天津日本租界邻接天津居留民团所有地消火调查书（配置所第三十九号调查书内）一份

十、继续任用从事人员关系

第五十九号 天津日本租界道路关系日华人继续任命调查书一份

第六十号 天津日本租界下水道关系日华人继续任命调查书一份

第六十一号 天津日本租界清扫关系日华人继续任用调查书一份

（J0001-3-010903）

228.伪天津特别市公署教育局为三重纪念日应悬挂中日两国国旗并举行庆祝式事致市立第二中学校函

1943年3月26日

教猷字第62号

为通知事。查本月三十日为国府还都及华北政务委员会成立三周年纪念日，又为友邦日本交还专管租界日，自应扩大庆祝宣传，及使一般民众彻底认明友邦返还租界之善意。兹经规定,全市各级学

校、各社教机关于是日应一律悬挂中日两国国旗一天，并分别召集教职员、学生、民众举行庆祝式。另于四月一日指定市立师范、市一中、二中、三中、女一中、市一小学、市二十六小学、市师附小、市模范小学及私立耀华小学等十校，分别举行学艺会，藉以昂扬学生层意识。除分行外，合亟通知该校遵办。此知。

右通知市立第二中学校。

天津特别市公署教育局

（J0252-1-000619）

229.伪天津特别市市长王绪高为来津办理接收日租界事
致伪南京建设部长陈君慧电文

1943年3月27日

建国字秘壹第3号

急。南京建设部陈部长鉴：张处长来禀示敬悉，一切筹备就绪，谨阅。王绪高叩。感。

（J0001-3-010903）

230.伪南京外交部长褚民谊为派员赴津参加接收租界事
致伪市长王绪高函

1943年3月27日

绪高仁兄市长勋鉴：北电传来，敬悉阁下荣长津沽，引领星辉，何胜欣贺。启者接收天津日租界，国府特派建设部陈部长北来参与，本部并派欧美司帮办司长范拂公、专员林文秀随同办理。范、林两君到津之日，敬祈□情照拂，并予一切便利及协助，是为至幸。劳神之处，心感不宣，祗颂勋安。诸维爱照，并贺履新之喜。褚民谊谨启。

（J0001-3-010903）

231.伪天津特别市公署宣传处第一科为刊登庆祝交还日租界
广告费用呈伪市长王绪高文

1943年3月27日

据新民报天津总支社、内外公论中国总支社及蒙疆新闻社天津支局先后函，为于三月三十日国府还都纪念刊登庆祝广告,请予赞助等情。经查,新民报天津总支社去岁请求刊登此项庆祝广告,曾由署给予广告费四百元,内外公论社中国总支社请求刊登此项庆祝广告,由署给予广告费二十元。惟蒙疆新闻社天津支局并无前例可援。兹据各该社等先后函请各节,可否援照去岁成案,该新民报天津总支社由署酌给广告费四百元,内外公论社中国总支社由署酌给二十元,蒙疆新闻社由署酌给五十元之处,理合检同广告式样一纸,汇案签请钧裁。

附呈广告式样一纸。

宣传处第一科科长王文光谨签

(J0001-3-006914)

232.伪天津特别市市长王绪高为伪特别行政区一切政务照规章调整事给伪财政局训令

1943年3月27日

建国字秘壹第6号

令遵事。兹经本署规定由三月二十八日十一时起,关于本市特别行政区一切政务均照本市现行章制实施调整。除分令外,合亟令仰该局遵照办理,此令。

(J0055-1-002832)

233.伪南京外交部长褚民谊为告伪建设部长陈君慧到津时间事致伪天津特别市市长王绪高电

1943年3月28日到

天津特别市公函。王市长绪高勋鉴:陈部长准于俭日下午二时到津,望接待为荷。褚谊民。感。

(J0001-3-010903)

234.伪天津特别市公署为函送交还日租界庆祝典礼入场证致天津各伪机关公函

1943年3月28日

建国字秘壹第4号

径启者:查本月三十日为国民政府还都及华北政务委员会成立三周年纪念日,同时并为友邦日本

交还专管租界之期,兹定于是日正午一时在本署大礼堂举行庆祝典礼,相应检同入场证一份,函请贵
○○查照,届时莅临参加为荷。此致同城各机关(另单)。

附入场证一份。

津海关监督公署	(监督)
长芦盐务管理局	(局长)
天津商品检验局	(局长)
天津统税局	(局长)
建设总署天津工程局	(局长)
河北高等法院天津分院	(院长)
河北高等法院天津分院检察处	(首席检察官)
河北天津地方法院	(院长)
河北天津地方法院检察处	(首席检察官)
邮政总局	(局长)
天津铁路局	(局长)
中国联合准备银行天津分行	(经理)
新民会天津特别市总会	(部长)
津海道公署	(道尹)
天津县公署	(县长)
南北运河河务局	(局长)
子牙河河务局	(局长)
河北银行	(经理)
天津禁烟分局	(局长)

(J0001-3-006914)

235.伪天津特别市公署为邀请参加交还日租界庆祝典礼致日德意等驻津机关公函

1943年3月28日

敬启者:兹订于本月三十日正午一时在本署大礼堂举行庆祝友邦日本专管租界交受暨国民政府还都、华北政务委员会成立三周年纪念典礼,相应检送入场证,函请届时拨冗惠临参加,并予指导为荷。此致竹下司令官阁下、雨宫机关长阁下、太田总领事阁下、池上宪兵队长殿、臼井民团长殿、大德国驻津总领事、大义国驻津领事、大满洲国驻津总领事代理。

附入场证一枚。

(J0001-3-006914)

236.伪天津特别市公署为通知参加国府还都庆典事
给各伪机关训令

1943年3月28日

建国字秘壹第8号

令警察局、社会局、教育局、工务局、财政局、救济院、宣传处、警察教练所、各区公所、市立第一医院、市立第二医院、传染病医院

为令行事。案准华北政务委员会秘书厅函,以本月三十日为国民政府还都暨本会三周年纪念,应于是日举行庆祝典礼,检送实施计划及宣传纲要,请查照办理等因,自当照办。复查同时并为友邦日本交还专管租界之期,应即合并庆祝,用志盛典。除由本署秘书处召集各关系局处及新民会天津特别市总会参照原送计划、纲要拟订庆祝宣传周间行事,分别负责办理外,兹定于本月三十日正午一时在本署大礼堂举行庆祝典礼,所有本署及合署各局处全体职员并所属各机关主任以上人员届时均须来署参加,不得规避或迟到。仍先派员到本署第一科领取入场证分发佩用。再,全市各机关学校、团体、商店、住宅及船户等,均应于是日悬挂中日两国国旗一天,以资庆祝。除分行外,合行令仰遵照,并转饬一体遵照。此令。

(J0001-3-006914)

237.伪天津特别市市长王绪高为告接收租界典礼举行时间
致伪南京外交部长褚民谊电

1943年3月29日

建国字秘壹第8号

急。南京外交部褚部长勋鉴:感电奉悉。陈部长一行昨抵津,一切已面洽。典礼于明日十时举行。谨复。天津特别市市长王绪高叩。艳。

(J0001-3-010903)

238.伪天津特别市市长王绪高为伪南京政府还都三周年纪念
致汪精卫及朱深贺电

1943年3月29日

建国字秘壹第10号

电汪主席(贺还都三周年)

南京国民政府主席汪钧鉴:九鼎还定,三年有成,感过去缔造之艰辛,审未来国运之发皇,北辰居拱,东亚复兴,引企阆谟,莫名忭祝,谨电肃贺,伏维崇察。天津特别市市长王绪高敬叩。卅。印。

建国字秘壹第11号

电政委会朱委员长(贺政委会三周年)

北京华北政务委员会委员长朱钧鉴:屏藩邦国,锁钥北方,钦三年之有成,感百废之俱举,艰难宏济,勋业聿隆,引企鸿猷,莫名忭祝,谨电申贺,伏祈崇察。天津特别市市长王绪高叩。卅。印。

(J0001-3-006914)

239.伪华北政务委员会为动员群众举行接管日租界庆典致伪天津特别市公署电

1943年3月29日

三月二十九日夜一时三十分收到华北政务委员会电报一份,谨呈主任秘书转呈市长。

值日员赵荣廷译呈

发报局:北京

收报人住址姓名:天津特别市公署鉴

顷奉汪主席沁(二十七)电开:还都纪念典礼中枢定卅日晨九时举行,所有各地接收日本专管租界及北平东交民巷使馆区域,均应于是日上午十时接收。窃念废除不平等条约为国父临终谆谆告诫国人无一刻或忘者。现承友邦厚意,先将各地专管租界交还,复将北平使馆区域移管。国父遗言一旦实现,诚足以上慰国父在津之灵,下副群众喁喁之望。平津各地应于是日动员当地民众,热烈举行庆典,用以纪念我历史无上光荣,及感谢友邦亲善好意。并即希转北平、天津两市长依照办理等因。合亟电谕遵照。华北政务委员会。艳。印。二十九日。

(J0001-3-010903)

240.伪天津特别市市长兼新民会天津市总会长王绪高为日本交还租界致日本天津防卫司令官等谢函

1943年3月30日

感谢状

国字秘壹第1号

中华民国国民政府还都及华北政务委员会成立瞬届三载,政治日见清明,民生益趋安定,执果求因,胥受贵国精诚支援之所赐。国民政府于本年一月九日毅然宣告参战,击灭英美,与贵国协力一体,誓同生死,咂承贵国发挥真正道义外交之精神,首先声明废除治外法权,交还租界,津市官民对于贵国之诚意,一致表示热烈之感激,此后益当□励努力于后方兵站基地之责任,而期大东亚战争早日完遂。兹值我国民政府还都暨华北政务委员会成立三周年及交还租界之三重纪念之期,谨代表全市一百七十余万官民敬申诚悃,尚蕲鉴察。

谨致

大日本帝国天津防卫司令官竹下中将阁下

大日本帝国天津陆军特务机关长雨宫少将阁下

大日本帝国天津宪兵队池上队长殿

大日本帝国驻津海军武官远藤大佐殿

大日本帝国驻津总领事太田知庸阁下

(J0001-3-006914)

241.伪天津特别市市长王绪高为接收日租界典礼顺利举行致伪华北政务委员会委员长、伪外交部部长电

1943年3月30日

建国字秘壹第13号

北京华北政务委员会委员长朱钧鉴、南京外交部褚部长勋鉴:并祈转呈国民政府主席汪。接受津日租界式典,今晨十时在日公会堂举行,建设部陈部长、内务总署孙署长、日本监泽公使莅临参加。首由驻津总领事、居留民团长及市长将移让公文目录及接受书等分别交接,次由总领事、居留民团长相继致词,市长致谢词。总领事与市长当场发表共同声明,并于另室举行干杯式,由盐泽公使三呼大中华民国万岁,陈部长三呼大日本帝国万岁。仪式庄严隆重,舆情欢悦。除另文呈报、分电外,谨先特此电请钧察、鉴察。天津特别市市长王绪高叩。卅。

(J0001-3-010903)

242.伪天津特别市市长王绪高为接收日租界典礼顺利举行致日本驻华大使等谢电稿

1943年3月30日

建国字秘壹第12号

日本租界交还典礼谢电稿

(四项官衔另填)阁下勋鉴:关于贵国在津租界之交还典礼,已于本日十一时在日华双方长官监临

153

之下,盛大举行终了。绪〇谨代表天津市民对贵国交还租界之友好情谊表达最深之感谢,谨电奉达,敬希鉴察为祷。天津特别市市长王绪高叩。卅。

南京大日本帝国驻华重光大使阁下、南京派遣军畑司令官阁下、北京方面军冈村司令官阁下、北京驻华大使馆盐泽公使阁下。

(J0001-3-010903)

243.伪天津特别市市长王绪高为接收日租界典礼举行完毕致伪华北政务委员会委员长朱淀密电

1943年3月30日

(北京)华北政务委员会委员长朱钧鉴:天津日本专管租界业于本日由国府代表陈部长君慧与日本驻津总领事太田知庸交接完竣。除详情另行呈报外,谨先电闻代理天津特别市市长王绪高叩。卅。秘。外。

(J0001-3-010903)

244.伪天津特别市市长王绪高为收到日本租界移交文件等致日居留民团长臼井忠三函

1943年3月30日

敬复者:本日接奉贵翰内称,本日天津日本专管租界交还实施之际,所有贵租界内及租界邻接地域内天津居留民团左开各项设施及物件并所需文件以及图面等项,按照附属目录以无价移让天津特别市,并关于右项天津居留民团从事人员,已按我方希望如贵翰附属名簿,决定拨交,本市长确已接受完讫,谨对贵民团之厚意,本市长表示深甚之谢意。

计开:

移让诸设施并物件:

属于租界内者:

一、道路及道路补修用汽碾一架

一、路灯

一、街路树

一、下水道并下水道关系固定设施及备品

一、桥梁

一、护岸

一、清扫用器具及备品

一、关于警备消防之固定设施器具及备品

属于租界邻接地域内者：

一、道路

一、路灯

一、街路树

一、下水道

一、护岸

一、关于消防之固定设施

从事人员：

一、道路关系从事人员

一、下水道关系从事人员

一、清扫关系从事人员

市长谢词

际兹瑞云薄天、欢声满地之佳日，本市长与在天津日本总领事阁下间关于接受天津日本专管租界刻已完全终结，同时并由臼井天津居留民团长阁下将民团所有之道路、桥梁、下水道等诸般设施及其他物件全部作无价之移让，并将民团从事人员之一部拨交市署，本市长以及全天津市民实不胜感谢之至。似此对我中华民国之独立自主冀求与助成之道义精神与盟主国家所有伟大之襟度，本市长实由衷心表示最大之敬意。今后为酬报此种厚意，努力尊重租界所有之规定固不待论，并绝对尊重、拥护在天津日本居留民团各位于前租界地内所有之不动产及其他一切权益，一面对全体市民为酬答日本之欢欣，自当以诚心诚意实现中日亲善之成效，以期万无遗憾。并基于中日一体之强力团结达成为完遂大东亚战争后方兵站基地之任务上，誓以全力与友邦日本真实表现同生共死之精神，向完遂共同战争目的上迈进，以副期待。尚望贵国朝野各位不吝指导，时赐鞭挞，是所切盼。谨代表全天津市民敬表感谢之至意。

市长训词（对全体巡捕）

此次我国承友邦大日本帝国发挥道义外交之大乘精神，首先将专管租界自动交还，以今日接受天津日本租界改称兴亚第一区，并将日本租界警察署全体巡捕编入本区警察分局服务。

诸位在日本租界警察署服务多年，对于清查户口、缉捕不良分子、指挥马路交通、维持公共卫生等事物均有优美之成绩，此固各级日籍警官训练得法、指导有方所致，而诸位服从纪律、勤劳奉公之精神腾声遐迩，确能式符模范之誉，乃本市长素所深悉而嘉慰不置者。今后诸位既编入兴亚第一区警察分局照常任事，第一务须努力工作保持良好之声誉于弗坠，第二务须认清时代及立场，加强中日精诚团结及圣战必胜之信念，第三对长官务须绝对服从命令，对市民务须亲爱仁慈，毋得稍存畛域之见。

今日为时间所限，不克详谈，爰举上述三点以当训词，望诸位善自体行为幸。

市长播音词

今日天津市在举国腾欢万民共庆之热烈情绪下,业于天津日本总领事官阁下与本市长间,将天津友邦日本专管租界之交还典礼敬谨举行终结,同时并由臼井天津居留民团长阁下将民团所有之道路、桥梁、下水道诸般设施及其他物件全部作无偿之移让,并将民团从事人员之一部拨交市署,此种信义友好之重大措置及对我中华民国之独立自主冀求与助成之道义精神,与盟主国家所有伟大之襟度,彻底宣示于全世界,本市长及全市民众实由衷心表示甚深之感谢和最大之敬意。从来英美对于我国收回租界之宿愿每作诡诈空言之支吾,此与友邦日本不惜牺牲一切毅然自动返还租界之诚信实施两相比较,益使吾人坚定对友邦之亲善与信赖,同时对反道败德之英美,更巩固其同仇敌忾灭此朝食之决心。溯自国府参战以来,朝野一致努力,谋自力之发挥,经友邦此番道义措置之激励,其于戮力圣战、兴亚建国之完遂上更当加强贯彻击灭英美之目的,以资达成吾人最高之使命。本市民众对于友邦日本租界返还盛典身亲目击,认识特别真切,感激出于肺腑,今后中日市民精诚亲睦之协力,将与日月而并进。至于尊重租界规定,拥护居留民各位之权益,乃本市长职责分内必然遵守之事,以期答谢友邦于万一者也。誓以所有之全力,谋万无遗憾之发展,惟望中日朝野人士及友好各位不吝指教,时赐鞭挞为幸。

市长向南京重光大使、派遣军司令官、北京方面军司令官、盐泽公使拍发谢电文:关于贵国在津租界之交还典礼,已于本日十一时在日华双方长官监临之下盛大举行终了。绪高谨代表天津市民对贵国交还租界之友好情谊表达最深之感谢,谨电奉达,敬希鉴察为祷。天津特别市市长王绪高叩。卅。

(J0001-3-010904)

245.日本租界处理要纲案

1943年3月

一、该租界之名称定为兴亚第一区,并改为市之普通区。

一、该区内设置区公所及警察分局。

一、警察分局之编制,饬由警察局另行拟订办法。

一、该区之会计事宜,由市财政局直接办理,但于市之总预算中,另设特别项目处理之。

一、征税事务亦由财政局直接办理之,并与民团组织共同委员会,以便审议决定种目及一切税率。

一、所有移让之电气及水道仍按现状改由市方直营,但应委托电业公司及自来水公司营之。

一、关于暗沟事宜由市方工务局与民团协议处理之。

一、区公所之组织按普通区之区公所暂行组织规则规定之。

一、其分课组织附表列明。

(J0055-1-002832-00011)

246.伪《新民报》社为开纪念专栏征稿启示

1943年

敬启者：国府还都乃为奠定中国复兴之基础，于东亚新秩序，世界真正和平，在在皆有长足迈进之关系，以故每逢三月三十日之期，凡我东亚各界人士，理应鼓舞欢腾，衷心快乐。本报为华北唯一宣传机关，对于民众庆祝之忱，自应极尽扩大鼓吹提倡之责。兹定是日始，特开专栏，以备各界登载是项庆祝之广告，本报表示欢忭之微忱，当为各界之所同情也。贵处如欲刊登此项庆祝广告，即请早日赐函，以便排版，是为切祷。此颂春禧。

社团法人《新民报》社启

（J0252-1-000619）

247.伪天津特别市公署为接收日驻津总领事交付表册给伪警察局训令

1943年4月1日

奉谕接受日总领事交付名册三种，发交警察局转发该管分局抄存备用，原册仍缴。即办。

四月一日在天津日本总领事馆

建国字秘壹第39号

为令行事。关于接受友邦日本交还专管租界案内经日总领事交付表册三种，合行检发原件，令仰该局查收，转发该管分局抄存备用，原件仍缴。此令。

附发巡捕名簿、中国人户口表、第三国人户口表各一册。（略）

（J0001-3-010903）

248.伪天津特别市公署为接收日驻津总领事交付名册事给伪财政局训令

1943年4月1日

建国字秘壹第42号

为令行事。关于接受友邦日本交还专管租界案内，经日总领事交付名册二种，合行检发原件，令仰该局抄存备用，原件仍缴，此令。

附发中国人营业种别簿、华人妓女名簿各一册。

（J0001-3-010903）

249.伪华北政务委员会政务厅外务局为索要接收日租界典礼
照片事致伪天津特别市公署秘书处函

1943年4月1日

□字第五一四号

径启者,查三月三十日接收天津日本专管租界时所摄之各种照片,相应函请查照,即希赐寄全份,以便存卷备查,藉作永久纪念,是为至荷。此致天津特别市公署秘书处。

(J0001-3-010904)

250.伪天津市商会为希派员参加日本交还专管租界日华艺能
感谢会事致伪教育文具业同业公会函

1943年4月2日

总字第461号

径启者:案准天津特别市公署社会局四月一日通知内开,为通知事,兹定于四月二日下午二时,在法租界中国大戏院举办友邦日本交还专管租界日华艺能感谢大会。除分别通知外,合亟核发入场券贰百枚,通知该会仰即派定人员贰百名准时前往参加,切毋托故不到为要。特此通知。等因。附发入场券式贰百枚。准此。除分函外,相应检同入场券二枚函送贵会查收,务希派员准时前往参加,勿误为要。此致。并颂公祺。

附入场券二枚。

天津市商会启

(J0129-3-002479)

251.伪天津特别市公署为日居留民团移交关系文件事
给伪兴亚一区公所等训令

1943年4月3日

建国字秘壹第52号

令工务局、警察局,令兴亚第一区公所

为训令事。关于天津日本专管租界交还时由天津居留民团移交所有诸般设施并物件,以无偿移让天津特别市之关系文件目录一册及关系文件十册,从业员各簿一册。兹将目录一册随令抄发。如有参阅文件,必要时并仰随时派员来。该局、区公所着即留存备用。借去抄录,用毕缴还。除分令外,合行令仰遵照办理为要。此令。

附发目录一册。

移交原目录（存卷）

天津日本专管租界交还时，由天津居留民团所有诸般设施并物件以无偿移让天津特别市之关系文件目录

一、道路关系

第一号　　天津日本租界各街道路面延长幅宽面积书一份

第二号　　天津日本租界沿路公设胡同调查书一份

第三号　　天津日本租界沿路公设胡同平面图一张

第四号　天津日本租界各街路车道构造调查书一份

第五号　天津日本租界各街路车道构造标准图六张

第六号　天津日本租界各街路步道构造调查书一份

第七号　天津日本租界各街路步道构造标准图一张

第八号　天津日本租界各街路幅宽扩张计划书一份

第九号　天津日本租界各街路反水井调查书（附构造标准图）一份

第十号　道路补修用之汽碾调查书一份

二、路灯并信号灯

第十一号　天津日本租界路灯并信号灯调查书一份

第十二号　天津日本租界路灯并信号灯配置图一张

三、街路树关系

第十三号　天津日本租界各街道之各种树木调查书一份

四、下水道关系

第十四号　天津日本租界各街道下水道调查书

第十五号　天津日本租界下水道延长调查书一份

第十六号　天津日本租界下水道配置图一张

第十七号　天津日本租界下水道构造标准图六张

第十八号　天津日本租界各街道下水道卧泥井调查书（附构造标准图）一份

第十九号　天津日本租界下水道关系备品调查书一份

第二十号　天津日本租界住吉街抽水房及净化池之固定设施调查书一份

第廿一号　天津日本租界桥立街抽水房之固定设施调查书一份

第廿二号　天津日本租界住吉街、桥立街抽水房备品调查书一份

第廿三号　天津日本租界住吉街、桥立街抽水房及净化池详细图（自第一号至第四号）四张

第廿四号　天津日本租界桥立街抽水房详细图（自第一号至第四号）四张

五、桥梁关系

第廿五号　天津日本租界宫岛桥详细图（自第一号至第三号）三张

第廿六号　天津日本租界伏见桥详细图一张

第廿七号　天津日本租界松岛桥详细图一张

六、护岸关系

第廿八号　天津日本租界墙子河护岸调查书

第廿九号　天津日本租界墙子河护岸详细图

七、清扫关系

第三十条　天津居留民团卫生费征收条例(抄件)

第卅一条　天津居留民团清扫课事务办理细则

第卅二号　天津日本租界清扫事业概况调查书

第卅三号　天津日本租界淘取厕所所在地调查书

第卅四号　天津日本租界各街路卫生费月额课赋调查书一份

第卅五号　天津日本租界各负担者卫生费月额课赋调查书(日本人者)一份

第卅六号　天津日本租界各负担者卫生费月额课赋调查书(华人者)一份

第卅七号　天津日本租界清扫关系器具备品调查书一份

八、警备、消防关系

第卅八号　天津日本租界警备及消防巡捕被服调查书一份

第卅九号　天津日本租界消防器具及备品调查书一份

第四十号　天津日本租界消火调查书(附配置图)一份

九、天津日本租界邻接地域之设施关系

第四十一号　天津日本租界交界天津居留民团所有地各道路、街路调查书一份

第四十二号　天津日本租界交界天津居留民团所有地道路平面图一份

第四十三号　天津日本租界交界天津居留民团所有各街路车道构造调查书一份

第四十四号　天津日本租界交界天津居留民团所有地车道构造标准图一份

第四十五号　　天津日本租界交界天津居留民团所有地各街路步道构造调查书一份

第四十六号　天津日本租界交界天津居留民团所有地步道构造标准图一份

第四十七号　天津日本租界交界天津居留民团所有反水井调查书(附构造标准图)一份

第四十八号　天津日本租界交界天津居留民团所有地路灯调查书(附配置图)一份

第四十九号　天津日本租界交界天津居留民团所有地路树调查书一份

第五十号　天津日本租界交界天津居留民团所有地各下水道街路调查书(附配置图)一份

第五十一号　天津日本租界交界天津居留民团所有地下水道延长调查书一份

第五十二号　天津日本租界交界天津居留民团所有地下水道构造标准图一份

第五十三号　天津日本租界交界天津居留民团所有地下水道卧泥井调查书(附构造标准图)一份

第五十四号　天津日本租界交界天津居留民团所有地下水道计划平面图一份

第五十五号　天津日本租界交界天津居留民团所有地墙子河堤岸调查书(附详细图)一份

第五十六号　天津日本租界交界天津居留民团所有地卫生费月额课赋调查书一份

第五十七号　　天津日本租界邻接天津居留民团所有地卫生费各负担者月额图,附课赋调查书
一份

第五十八号　天津日本租界邻接天津居留民团所有地消火调查书(配置所第三十九号调查书内)一份

十、继续任用从事人员关系

第五十九号　天津日本租界道路关系日华人继续任命调查书一份

第六十号　　天津日本租界下水道关系日华人继续任命调查书一份

第六十一号　天津日本租界清扫关系日华人继续任用调查书一份

（J0001-3-010903）

252.伪华北政务委员会为饬商民周知废除治外法权意义、严惩流言事给伪天津特别市公署训令

1943年4月3日

为训令事。查友邦日本为对应我国府参战,实行撤废治外法权,交还各地租界及北京使馆区域,业于日前分别举行。还我独立主权,增我国际地位,其在华日籍职员亦经量予撤退,凡此正大之举措,实皆道义之提携,属在国人当所共鉴。乃近来道路传言,对于此项划期义举竟至有妄加揣测者,实属荒谬绝伦。诚恐街谈巷议真相不明,影响所及,未容忽视。查此次友邦举动纯以大东亚共荣之心,为我国家自强之本,吾人惟有痛自奋发,抱必胜之信念,谋总力之协成,讵可妄造謇言,大背善意。为此通令饬知,仰即剀切晓谕商民人等一体周知,必须坚持信心,团结众力,信赖政府,亲敬友邦,万勿轻信流言,自相纷扰。一面督饬主管官厅严密察查,如有造言生事者,立即严予惩处,以资警戒而息浮言,仍将办理情形具报备查。切切。此令。

（J0001-2-000582）

253.伪天津特别市公署宣传处为请拨发国府还都三周年纪念用款呈市长王绪高文

1943年4月7日

为签请事。查本市国民政府还都、华北政务委员会成立三周年纪念日、感谢友邦日本交还专管租界庆祝宣传周间行事之规定,所需布幕共十三面,计工料费一千三百九十三元九角,印标语传单一万张,工料费四百元,又本署会同新民会主办之电影讲演大会三月二十八日、二十九日、四月一日共三日,所需布幕、出差员役照料车饭等费及使用各影院电流费共二百七十一元,以上总计二千零六十四元九角。该款业由本处垫付,拟请钧座饬科拨发,俾资归垫。可否之处,理合分别开列清单连同标语样式、单据一并签请鉴核示遵。谨呈市长王。

附呈清单二纸、标语样式二份、单据三十九纸。

兼代宣传处处长陈啸哉

庆祝国府还都三周年纪念日、感谢友邦日本交还专管租界、庆祝华北政务委员会三周年纪念日用款清单

计开：

布幕十二面	一千元
购布等车费	九元六角
写布幕用墨汁一打半	二十一元六角
写布幕加班饭费	二十三元
挂布幕工资	三十一元八角
做布幕代绳子工资	二百十一元五角
又布幕一面	六十元
写布幕加班饭费	四元
做布幕代绳子	十六元五角
挂布幕工资	五元三角
落各处布幕工资	十元零六角
以上共一千三百九十三元九角	单据十一纸

（J0001-3-006914）

254.伪天津特别市公署为日驻津总领事馆移交户口簿册等给伪社会局、伪警察局、伪兴亚第一区公所训令

1943年4月7日

建国字秘外第80号

为训令事。案准天津日本总领事馆移交户口查察簿五十九册，及台账一册到署。除将户口查察簿、台账检发警察局、社会局留存备用外，合行令仰该局、所知照。如有必要时，连络办理为要。此令。

附发台账一册、户口查察簿五十九册。

（J0001-3-010903）

255.伪天津特别市公署宣传处为请拨发印制交还日租界壁画用款
呈伪市长王绪高文

1943年4月7日

为签请事。由中原专员招商印制"感谢友邦日本交还专管租界"壁画一千张,每张工料费一元二角九分,共计一千二百九十元。该款业由本处垫付,拟请钧座饬科拨发,俾资归垫。是否可行,理合检同单据三纸、壁画样式一张签请鉴核示遵。谨呈市长王。

附呈单据三纸、壁画样式一张。

兼代宣传处处长陈啸戢

(J0001-3-006914)

256.伪华北政务委员会政务厅外务局为索要接收日租界文件事
致伪天津特别市公署秘书处函

1943年4月8日

径启者:此次接收租界,想见樽俎折冲,贤劳备著,钦佩莫名。关于此项一切文件或目录及照片,相应函请查照,务希钞掷全份,俾资存查,至纫公谊。此致天津特别市公署秘书处。

【原档注】关于接收租界一切文件及目录并举行典礼各项纪念照片,业于四月二十一日及五月八日先后呈送华北政务委员会在案。

第一科文书股

五月十四日

(J0001-3-010904)

257.伪天津特别市公署为日本租界改称伪兴亚第一区事
发布训令及呈伪华北政务委员会文及给内务、治安总署咨文

1943年4月8日

训 令

署令 建国字秘壹第6号

查本市日本专管租界,业于三月三十日奉令由本署接管,经即规定,该租界改称为兴亚第一区,依照

区公所暂行组织规则,即日组设区公所,直隶本署管辖。关于警察部分,在该区设置警察分局,隶属于本署警察局。所有该区会计、征税、电气、水道、暗沟等事项,由本署及所属主管机关分别办理。此令。

呈伪华北政务委员会文及给内务、治安总署咨文

呈/咨 建国字秘壹第17号

为(呈报/咨请)事,窃查本市日本专管租界(之移让接受式典业于三月三十日隆重举行,并经电陈在案/业于三月三十日奉令由本署接管)。兹参照该租界实际情形,拟定处理要纲,将该租界改称为兴亚第一区,依照本市区公所暂行组织规则,即日组设区公所,直隶本署管辖,并派本署参事张同亮暂兼该区区长,派鞠和旅充该区副区长。关于警察部分,在该区设置警察分局,隶属于本署警察局,所有分局长一职,调委本署警察局保安科长庆超充任。至处理该区其他事项,均经依照要纲分别办理。除呈报及咨请治安、内务总署备案外,(理合/相应)检同原处理要纲,(具文呈报,敬祈鉴核备案。实为公便。谨呈华北政务委员会委员长朱/咨请查核备案为荷。此咨内务、治安总署)。

附(呈/送)日本租界处理要纲一份。

代理天津特别市市长王绪高

(J0001-3-010948)

258.伪天津特别市公署为伪特别行政区改组为伪兴亚第二区事发布训令及呈伪华北政务委员会文及给内务、治安总署咨文

1943年4月8日

训 令

署令 建国字秘壹第7号

本署特别行政区公署,现已奉令撤销,着将该区暂称为兴亚第二区,依照区公所暂行组织规则组设区公所,直隶本署管辖,并设置警察分局,隶属于本署警察局。关于该区征收捐税、道路、公园、电气、水道、教育、文化以及其他公共及福利各项设施,统由本署及所属主管机关分别办理。至原特别行政区公署所有职员,一律以区公署裁撤退职,并按旧工部局之退职金支给规定,由该区积立金项下分别给予退职慰劳金,以示体恤。此令。

呈伪华北政务委员会文及给内务、治安总署咨文

呈/咨 建国字秘壹第10、18号

为(呈报/咨请)事。案奉(钧会/华北政务委员会)华人字第二二六一号训令内开:天津特别行政区公署应即撤销,代理该署署长方若,仰即来会供职,令仰知照等因。并准天津陆军特务机关函达基据

军命令,于三月二十八日午前十一时,将特别行政区特殊指导废止。等因到署。当经先后令饬该署遵照在案。并参照该区实际情形,拟定处理要纲,将该区改组,暂称为兴亚第二区,依照本市区公所暂行组织规则,组设区公所,直隶本署管辖,并派财政局长李鹏图暂兼该区区长。关于警察部分,在该区设置警察分局,隶属于本署警察局,所有分局长一职,暂派原特别行政区警务处长刘鲲充任。至处理该区其他事项均经依照要纲,分别办理,于三月二十八日开始改组,至三十日改组竣事,除(咨请内务、治安两总署/呈报并咨请治安、内务总署)备案外,(理合/相应)检同原处理要纲,(具文呈报,敬祈鉴核备案。实为公便。谨呈华北政务委员会委员长朱/咨请查核备案为荷。此咨内务、治安总署)。

附(呈/送)特别行政区处理要纲一份。

代理天津特别市市长王绪高

特别行政区处理要纲

一、特政区公署奉令撤销,应改组为市方之普通区。

一、该区暂称兴亚第二区。

一、特别行政区公署所有职员,应一律以区公署撤废退职,按旧工部局之退职金支给规定,由该区之积立金项下发给退职慰劳金。

一、该区之组织虽按市方各普通区之区公所暂行组织规则规定,但必要时得增加机构及人员。

一、该区之征税事宜由市财政局派员直接办理之,但一切征税课目及税率,应由财政局另定办法,逐次按市方现行之税目及税率改订。

一、该区之会计事宜暂由市财政局另设特别项目处理之,但一俟税法调定完竣后,由市方直接统收统支之。

一、该区内之道路及公园等营造物,由工务局直接管理运营之。

一、该区内设置警察分局,饬由警察局另行拟定办法。

一、该区之电气、水道二项事业,改由市方直营,至过去所有人员由市署继续任用之,但一切运营不妨交由电业公司及自来水公司代营之。

一、该区之运动场由市教育局管理之,应承认日方随时使用。

一、该区之各学校及文化设施(如图书馆)仍行照旧支与补助金并监督之。

一、该区内为技术方面之支援计得采用日人职员。

一、该区改组后立即实施保甲制度。

一、该区之分课组织附表列明

一、关于其他该区内所有之园艺处、火葬场、墓地、游泳池等设施由区公所直接管理运营之。

(J0001-3-010948)

259.伪天津特别市公署为伪特别行政区改组为伪兴亚第二区给所属各伪机关训令及致同城各伪机关、日军天津陆军联络部公函

1943年4月9日

训 令

建国字秘壹第89号

令警察局、社会局、教育局、工务局、财政局、救济院、宣传处、警察教练所、各区公所、兴亚第二区公所、市立第一/二医院、传染病医院

为训令事。案查本署特别行政区公署业经奉令撤销,业经通令知照在案。兹规定该区应暂称为兴亚第二区,依照区公所暂行组织规则,组设区公所直隶本署管辖,并设置警察分局隶属于本署警察局,所有该区征收捐税、道路、公园、电气、水道、教育、文化以及其他公共及福利各项设施,统由本署暨所属主管机关分别办理,除呈报并分行外,合行令仰知照,并饬属知照。此令。

公 函

建国字秘壹第18号

径启者:查本署特别行政区公署现已奉令撤销,兹经规定该区应暂称为兴亚第二区,依照区公所暂行组织规则组设区公所,直隶本署管辖,并设置警察分局,隶属于本署警察局。所有该区征收捐税、道路、公园、电气、水道、教育、文化以及其他公共及福利各项设施,统由本署及所属主管机关分别办理。除呈报并分行外,相应函达查照为荷。此致同城各机关(另单)。

公 函

径启者:案准前天津陆军特务机关天机政三第五号公函略。以今次基据军命令,于三月二十八日午前十一时将特别行政区特殊指导废止等因。并奉华北政务委员会华人字第二二六一号训令内开:天津特别行政区公署应即撤销,代理该署署长方若仰即来会供职,令仰知照等因。当经先后令饬该署遵照在案。兹经本署参照该区实际情形,拟定处理要纲,将该区改组,暂称为兴亚第二区,依照本市区公所暂行组织规则组设区公所,直隶本署管辖,并派财政局长李鹏图暂兼该区区长。关于警察部分,在该区设置警察分局,隶属于本署警察局,所有分局长一职,暂派原特别行政区警务处长刘锟充任。至处理该区其他事项,均经依照要纲分别办理,业于三月三十日改组竣事。除呈报并分行外,相应检同原处理要纲函请查照为荷。此致天津陆军联络部雨宫部长阁下。附送特别行政区处理要纲一份。

中央及省属各机关一览表

中央及省属各机关一览表　民国三十一年五月			
机关名称	主官职衔姓名	次章	备考
津海关监督公署	监督部立志	子心	
长芦盐务管理局	局长姚国桢	次之	
天津商品检验局	局长李瀛洲	仙槎	
天津税务局	局长梁凯铭		
建设总署天津工程局	局长沈瓒、副局长本庄秀一	圭臣	
河北高等法院天津分院	院长孔嘉璋	章明	
河北高等法院天津分院检察处	首席	瑞璞	袁佩瑾
河北天津地方法院	院长		陈元魁
河北天津地方法院检察处	首席		袁佩瑾兼代
河北天津地方法院看守所	所长钱树桂		
河北邮政管理局	邮务长克立德		
天津铁路局	局长周庆满	子成	
中国联合准备银行天津分行	经理唐卜年		
新民会天津特别市总会	会长温世珍	佩珊	
津海道公署	道尹王绪高		
天津县公署	县长王景山		
南北运河河务局	局长王鸿业		
子牙河河务局	局长沈洤		
河北银行	总经理张君度		
天津禁烟分局	局长范金城		

（J0001-3-010948）

260.伪天津特别市公署为日租界改组为伪兴亚第一区给所属各伪机关训令及致同城各机关、日军天津陆军联络部公函

1943年4月9日

训　令

建国字秘壹第88号

令社会局、工务局、第一至三区公所、警察局宣传处、救济院、财政局、警察教练所、市立第一、二医院、教育局、兴亚第一、二区公所、传染病医院

为训令事。查本市日本专管租界，业于三月三十日奉令由本署接管，经即规定该租界改称为兴亚第一区，依照区公所暂行组织规则，即日组设区公所，直隶本署管辖。关于警察部分在该区设置警察分局，隶属于本署警察局。所有该区会计、征税、电气、水道、暗沟等事项，统由本署及所属主管机关分别办理。除呈报并分行外，合行令仰知照并饬属知照。此令。

公 函

建国字秘壹第17号

径启者:查本市日本专管租界业于三月三十日奉令由本署接管,经即规定该租界改称为兴亚第一区,依照本市区公所暂行组织规则,即日组设区公所,直隶本署管辖,并设置警察分局,隶属于本署警察局。所有该区会计、征税、电气、水道、暗沟等事项,统由本署及所属主管机关分别办理。除呈报并分行外,相应函达查照为荷。此致同城各机关(另单)。

公 函

径启者:查本年三月三十日接受贵国移让本市专管租界,业经参照实际情形拟定处理要纲,将原租界改称为兴亚第一区,依照本市区公所暂行组织规则,即日组设区公所,直隶本署管辖,并派本署参事张同亮暂兼该区区长,派鞠和旂充该区副区长。关于警察部分,设置警察分局,隶属于本署警察局,所有分局长一职,调委警察局保安科长庆超充任。至处理该区其他事项,均经依照要纲分别办理。除呈报并分行外,相应检同原要纲,函请查照为荷。此致天津陆军联络部雨宫部长阁下。

(J0001-3-010948)

261.伪天津特别市公署外事室为报告不动产权处理要纲事呈伪市长王绪高文

1943年4月9日

为签请事。查随同日本专管租界交还不动产权处理要纲,业经职与日本总领事方面联络。据云该项要纲现在尚在秘密期间,于四月十二日起始行解禁,但其内容仍不得以公告方式或新闻稿发表,惟嗣后关系人员询问时得按照要纲告知。等语。理合备文报请鉴核。谨呈王市长王。

外事室主任王翰宸谨呈

(J0001-3-010948)

262.伪天津特别市公署财政局营业税征收处为呈交中国人营业种别簿等呈伪市长王绪高文

1943年4月9日

案奉钧署建国字秘壹第四二号训令内开:为令行事。关于接受友邦日本交还专管租界案内经日总领事交付名册二种,合行检发原件,令仰该局抄存备用,原件仍缴。此令。等因。附发中国人营业种别簿、华人妓女名簿各一册。奉此,自应遵照办理,除照抄前项名册,分别存局并转发兴亚第一区稽征处备用外,理合检同奉发前项名册二种,具文呈缴钧署核收。谨呈天津特别市王市长。

计呈缴中国人营业种别簿、华人妓女名簿各一册。

全衔局长李鹏图

（J0055-1-002098）

263.伪天津特别市公署财政局营业税征收处为抄发中国人营业种别簿等给伪兴亚一区稽征处训令

1943年4月9日

案奉市公署建国字秘壹第四二号训令内开:为令行事。关于接受友邦日本交还专管租界案内,经日总领事馆交付名册二种,合行检发原件,令仰该局抄存备用,原件仍缴。此令。等因。附发中国人营业种别簿、华人妓女名簿各一册。奉此,除将原件照抄存局备用并呈缴外,合行抄发前项名簿二种,令仰该处查收备用。此令。

附抄发中国人营业种别簿、华人妓女名簿各一册。

（J0055-1-002098）

264.伪天津特别市兴亚第一区公所为张同亮等就任事致伪银行业公会函

1943年4月11日

兴一总文字第五号

径启者:案于本年三月二十九日奉天津特别市公署建国字第九号任用令内开:兹派参事张同亮兼代本市兴亚第一区区长。同日又奉建国字第十号任用令内开:调派鞠和旃为副区长。各等因。奉此,同亮等遵于三十日先行就任视事。除呈报暨分函外,相应函达,即希查照为荷。此致天津市银行公会。

区长张同亮
副区长鞠和旃

（J0129-3-004972）

265.伪天津特别市兴亚第一区公所为函告启用钤记
致伪银行业公会函

1943年4月11日

兴一总文字第六号

径启者:案奉天津特别市公署建国字秘壹第三七号任用令内开:为训令事查该公所,现已组织成立,兹刊发钤记一颗,文曰"天津特别市兴亚第一区公所钤记",仰即遵照祗领启用,并将启用日期连同印模二份具报备查此令等因。附发钤记一颗。奉此,遵于四月三日敬谨启用。除呈报暨分函外,相应函达,即希查照为荷。此致天津市银行公会。

区长张同亮

副区长鞠和旆

(J0129-3-004972)

266.伪天津特别市公署为饬商民知晓日本撤废治外法权事
给伪警察局等密令

1943年4月12日

建国字秘壹第137号

为训令事。案奉华北政务委员会华文字第二四零三号密令内开:为训令事。查友邦日本为对应我国府参战,实行撤废治外法权。云云。仍将办理情形具报备查。切切。此令。等因奉此,除分行外,合行令仰该局遵照并转饬所属一体遵照办理,局遵照转饬各工商局团体一体知照,局遵照转饬各级学校一体知照,区遵照晓谕全区民众一体周知。此令。

(J0001-2-000582)

267.伪天津特别市公署为晓谕商民日本撤废治外法权事
呈伪华北政务委员会文

1943年4月12日

建国字秘壹第19号

为呈报事。案奉钧会华文字第二四零三号密令内开:为训令事。查友邦日本为对应我国府参战,实行撤废治外法权。云云。仍将办理情形具报备查。切切。此令。等因。奉此,自应遵照。除密令所属晓谕商民人等一体周知,并督饬警察局随时认真严密察查外,理合具文呈报。敬祈鉴核。谨呈华北政务委员会委员长朱。

代理天津特别市市长王

（J0001-2-000582）

268.伪天津特别市公署宣传处为请拨发交还日租界宣传牌楼制作费呈伪市长王绪高文

1943年4月13日

为签请事。查感谢友邦日本交还专管租界庆祝宣传周间，由中原专员招商制做宣传牌楼两座，设立日租界旭街，计工料费八百九十八元五角。该款业由本处垫付，拟请钧座饬科拨发俾资归垫。可否之处，理合检同单据签请鉴核示遵。谨呈市长王。

附呈单据一纸。

兼代宣传处处长陈啸戡

（J0001-3-006914）

269.伪天津特别市公署宣传处为请拨发日华艺能感谢大会等费用呈伪市长王绪高文

1943年4月13日

为签请事。本署根据友邦日本交还专管租界，举办日华艺能感谢大会，所需招待兴亚奉公会晚餐、日方艺人烟茶点心及汽车费、华方杂耍艺人车费及用布幕、出差员役照料车饭等杂费，共计六百八十八元五角。该款业由本处垫付，拟请钧座饬科拨发，俾资归垫。可否之处，理合开列清单及单据签请鉴核示遵。谨呈市长王。

附呈清单一纸，单据三十四纸

兼代宣传处处长陈啸戡

友邦日本交还专管租界感谢日华艺能大会用款清单

计开：

布幕一面	六十元
做布幕代绳子工资	十六元五角
写布幕加班费	四元
蛋糕二斤半	十二元

京八件二斤四两	九元九角
饼干五斤	二十八元
茶叶半斤	三元二角
香烟一条	十元零九角
橘子水二瓶	一元八角
出差员役照料车饭费	四十二元一角
赏中国戏院及招待小费	三十二元
送演杂耍艺人车费	九十元
印入场券用报纸图钉费	二十五元
宴请奉公会餐费	一百五十八元六角
送兴亚奉公会车费	一百九十四元五角

以上共计六百八十八元五角,单据三十四纸

庆祝国府还都三周年纪念、感谢友邦日本交还专管租界、
庆祝华北政务委员会成立三周年纪念电影讲演大会用款清单

计开:

布幕一面	六十元
写布幕加班饭费	四元
做布幕代绳子	十六元五角
出差员役照料车饭费	四十元零五角
大光明影院小费	五十元
明星影院小费	五十元
河北影院小费	五十元

以上共二百七十一元,单据二十七纸

（J0001-3-006914）

270.伪天津特别市公署为抄发不动产权处理要纲给伪兴亚第一区
区长张同亮、财政局局长李鹏图密令

1943年4月13日

建国字秘壹第138号

为密令事。查友邦日本交还本市专管租界案内,曾经协定随同交还不动产权处理要纲。惟此项要纲尚在秘密期间,虽已定于四月十二日起解禁,但其内容仍不得以公告方式或于新闻稿发表,嗣后遇有关系人员询问时,得按照要纲告知。除密令财政局长、兴亚第一区区长外,合行抄发原要纲,令仰

该区长、局长知照。

附抄发随同日本专管租界交还不动产权处理要纲一份、附表式二种。

（J0001-3-010948）

271.伪天津特别市长王绪高为不动产权处理要纲事给伪财政局长李鹏图密令

1943年4月13日

建国字秘壹第138号

为密令事。查友邦日本交还本市专管租界案内，曾经协定随同交还不动产权处理要纲。惟此项要纲尚在秘密期间，虽已定于四月十二日起解禁，但其内容仍不得以公告方式或于新闻纸发表，嗣后遇有关系人员询问时，得按照要纲告知。除密令兴亚第一区区长外，合行抄发原要纲，令仰该局长知照。此令。

附抄发随同日本专管租界交还不动产权处理要纲一份，附表式二种。

随同日本专管租界交还不动产权处理要纲

一、中国地方官宪于日本领事官所发给之土地永租权利证外，另行添发永租权证书一纸，作为新地照。

二、该项永租权证书应饬令权利者经由日本领事官向中国地方官宪检同日本领事官所发给之土地永租权利证呈请发给，日本领事官应将必要事项调查后一并汇案送交中国地方官宪，中国地方官宪不必施行验地等事，即于登记后发给之。再新地照中国地方官宪应经由日本领事官发给权利者。

三、建筑物所有权利证亦按上开办法措置之。

四、前项登记以及新地照（契照）发给并其他一切手续一概免费。

五、中国地方官宪之登记新地照（契照）之发给，应于日本领事官一并汇案送交中国地方官宪时起最迟须于一个月内完了之。

六、过去日本方面所施行之不动产权利确认方法等与中国方面记载之格式及其他各项均属不同，以此等不动产权惯行应予以保护尊重之，故中国官宪得于通晓期间内，暂定于中国地方官厅内设置日文秘书室，聘请熟习登记事务之日本人饬令专任处理该项事务。日本方面关于不动产权所编造之一切账簿、地籍、图表等项，必要时应借与中国方面。

七、日本专管租界交还后，关于不动产权利之得失变更，应饬令当事者经由日本领事官向中国地方官宪提出呈请中国地方官宪，再按所定之登记及其他手续办理完竣后，将地照（契照）经由日本领事官发交当事者。

格式(一)

登记及新地照(契照)发给呈请书

一、不动产所在地 市 区 街 号

一、不动产种别(土地建筑物之构造)

一、不动产面积: 坪 合 勺 才

　　　　　市亩: 亩 分 厘 毫

　　　　　原亩: 亩 分 厘 毫

　　　　　间数: 间

　　　　　四邻: 东 西 南 北

此次随同天津日本专管租界交还,根据日华当该地方官宪间协议决定之条款,合将不动产开明声请登记,并请准以发给新地照(契照)实为公便。谨呈天津特别市财政局长

　　　　　　　　　　　　　　　昭和 年 月 日

　　　　　　　　　　　　　　　住所

　　　　　　　　　　　　　　　权利者 氏名 印

格式(二)

天津特别市财政局长 发给新地照(契照)事。

按准 国人 在本市 区 街 号,置有

一、种别(土地建筑物之构造)

一、面积: 坪 合 勺 才

　　　　市亩: 亩 分 厘 毫

　　　　原亩: 亩 分 厘 毫

　　　　间数: 间

　　　　四邻: 东 西 南 北

请领发给新地照(契照)一事。

呈悉。根据随同天津日本专管租界交还当该日华官宪间协议决定之条款发给新地照,兹按呈另将抄件保存四邻开清,以本权利证作为新地照(契照)。

右交○○○○局长○○○。

　　　　　　　　　　　(中华民国 年 月 日)日字 第 号

　　　　　　　　　　　　　　　(J0055-1-002162)

272.伪华北政委会内务总署为伪天津特别行政区公署撤销改为伪兴亚第二区公所给伪天津特别市公署咨文

1943年4月15日

民癸字第799号

案准贵公署建国字秘壹第一八号咨,以奉华北政务委员会令开天津特别行政区公署应即撤销。等因。遵将该区改称兴亚第二区,组设区公所警察分局,现已改组竣事。除呈报并咨治安总署备案外,检同处理要纲一份,嘱备案等因。除备查外,相应咨复查照。此咨天津特别市公署。

督办齐燮元

(J0001-3-010948)

273.伪天津特别市公署教育局为各校应一律添设返还租界讲座事致市立第二中学校函

1943年4月15日

为通知事。兹为使全市学生彻底理解友邦日本返还租界之诚意,规定自即日起,各校应一律添设返还租界讲座,每周每班最少一小时,由校长或教员担任讲授。并应依照纲要及按照学生程度,分别编成讲稿以利进行。除分行外,合亟检发纲要一份,通知该校遵照办理,毋忽为要。此知。

附发纲要一份。

右通知市立第二中学校。

天津特别市公署教育局

友邦返还租界宣传纲要

一、方针

1.阐明友邦交还租界意义及其性格,务使国人彻底理解日本之诚意;

2.指正国人一切不正确之观念与空虚之错觉;

3.揭穿反宣传之无谓策动,指示今后之正确路线;

4.使民众彻底认识由于中国之参战,日本对中国之具体的措施及真意,以促进国民奋起击灭重庆、中共及英美之决心;

5.强调日本之实力及最近之战果。

二、要点

1.说明自爱其国,互爱其邻及共爱东亚之真意者;

2.阐述唯有日本国力始能保住东亚之实情;

3.指示国人除与友邦同生共死外,便没有第二条路可走;

4.说明总力战下国民应尽之责任;

5.介绍友邦对中国新措施之文献;

6.贯彻有日本方有中国,有中国方有日本,日本亡中国不能独存,中国亡日本亦不能独存之主张;

7.比较日本交还租界与英美交还租界之差异,以证明英美交还租界之虚伪。

三、注意

1.本宣传自四月九日起至五月九日止为宣传期间;

2.自五月九日起为事后宣传;

3.各省市道县可依据本宣传纲要,适应当地情形,酌量施行并得与新民会各级总会协力进行之;

4.本宣传之名称不得对外发表;

5.本宣传纲要及实施计划未经许可以前均不得发表。

注意:此纲要不准对外发表。

(J0252-1-000619)

274.伪天津市商会为包货纸上应加盖感谢友邦返还租界蓝色戳记事致各业同业公会函

1943年4月15日

调字第504号

径启者:案准天津特别市公署社会局四月十日俭字第五二号通告内开,兹规定自本月九日起至五月九日止,所有本市各商号于包货纸上均应加盖"感谢友邦返还租界"蓝色戳记,以资纪念。除分别通告外,合行通告该会转饬各业公会一体照办为要,等因。准此,除分函外,相应函达查照,即希转知所属会员商号一体遵办为要。此颂公祺。

天津市商会启

(J0129-3-002479)

275.伪华北政委会内务总署为接收日本租界改组为伪兴亚第一区致伪天津特别市公署咨文

1943年4月16日

民癸字第800号

案准贵公署建国字秘壹第一七号咨,以本市日本专管租界奉令接管,拟定处理要纲,改称兴亚第一区,组设区公所、警察分局,至处理事项均依照要纲办理。除呈报并咨治安总署备案外,检同处理要纲,嘱备案等因。除备查外,相应咨复查照。此咨天津特别市公署。

督办齐燮元

（J0001-3-010948）

276.伪华北政务委员会为具报将日租界改为伪兴亚一区事给伪天津特别市公署指令

1943年4月17日

华外字第2905号

三十二年四月八日呈一件。为本市日本租界改称为兴亚第一区,分别设置区公所及警察分局呈报备案由。

呈件均悉。据送处理要纲业已转咨行政院,仰速补呈一份,以备存查。并遵照另令,迅将接收详细情形录同有关文件及目录等项各两份,克日具报为要。此令。

华北政务委员会委员长朱深

（J0001-3-010948）

277.伪华北政务委员会为呈报接收日租界详细情形事给伪天津特别市公署训令

1943年4月17日

华外字第2895号

为令行事。案准行政院四月九日政字第二〇三号咨略开:以接收专管租界事宜关系重要,已逾接收之期多日,相应咨请转饬天津特别市公署,迅将办理情形呈转见复,以便转报等因。查前据市署于三月三十日及四月八日先后电呈接收情形,节经本会分别电咨在案。准咨前因,合行令仰该市署迅将接收详细情形录同有关文件及目录等项各两份,尅日具报,以凭咨转。此令。

华北政务委员会委员长朱深

（J0001-3-010903）

278.伪天津特别市公署为收悉中国人营业种别簿事给伪财政局指令

1943年4月19日

建国字秘壹第364号

三十二年四月十三日呈一件。呈缴中国人营业种别簿及华人妓女名簿各一册,请核收由。呈悉。已将原件令发警察局查收保管,仰即知照。此令。

王绪高

(J0055-1-002098)

279.伪天津特别市公署为附发中国人营业种别簿册等件给伪警察局、伪财政局训令

1943年4月19日

建国字秘壹第201号

令警察局

为令行事。查接受友邦日本交还专管租界案内,经日总领事交付表簿五种,业经检发巡捕名簿等三册,令饬抄存备用存案。兹将案内接受之中国人营业种别簿及华人妓女名簿各一册,随令附发。仰即查收保管。此令。

附发中国人营业种别簿及华人妓女名簿各一册。

建国字秘壹第364号

令财政局

三十二年四月十三日呈一件。呈缴中国人营业种别簿及华人妓女名簿各一册,请□收由。呈悉。已转原件令发警察局查收保管,仰即起照。此令。

(J0001-3-010903)

280.伪天津特别市公署警察局代理局长阎家琦为呈送伪兴亚第一区分局组织大纲呈伪市长王绪高文

1943年4月20日

为呈送事。案奉钧署令颁日本租界处理要纲案,遵经积极筹划组设兴亚第一区分局继续接掌警

政。经查该区现居住之中国人约三千四百二十二户计一万六千五百八十三名口,按照日本警察署原有之官警人数,依据市区分局之组织,拟将该分局酌设警务、保安、警法、侦察、外勤等五组,并设分所二处、派出所若干处,计官员五十二员,长警三百九十名,夫役三十名,并酌拟兴亚第一区分局组织大纲以资遵循。除人事部分另案铨衡呈请加委并经费草案及接收消防、清洁两队情形另文分报外,理合检同所拟兴亚第一区分局组织大纲并人员配置清单备文呈送钧署鉴核,俯赐备案,实为公便。谨呈天津特别市王市长。

附呈兴亚第一区分局组织大纲一份,附人员配置清单。

天津特别市公署警察局兴亚第一区分局组织大纲

一、本分局定名为天津特别市公署警察局兴亚第一区分局,受本市公署警察局长监督指挥处理管辖区一切警察事务。本分局隶属天津特别市公署警察局,与其他分局同。除法令另有规定外,关于天津特别市市公署警察局及所属各分局之章则均适用之。

二、本分局设左列各组章理主管事务:

1.警务组:掌理编练区划、教养、文书、人事、会计、庶务、统计、公物、枪械之保管收发,外事联络及其他特交或不属于各组之事项。

2.保安组:掌理保安、正俗、救灾、消防、交通、户籍、居住证、清洁、营业或建筑,并经济之取缔及其他有关市政之推进事项。

3.警法组:掌理违警、临检、拘留、指纹、赃证,处理流离遗失人物,处置死伤之救护,或检验罚款之收缴、华洋讼诉、引渡人犯及其他司法警察事项。

4.侦察组:掌理侦察、情报、灭共、外事护照、思想之取缔及特交密查或其他特别高等警察事项。

5.外勤组:掌理督察勤务、纠正风纪、警卫警备弹压、街衢要口检查及临时派遣或其他外勤事项。

三、本分局设分所二处,所内各设内勤、外勤两系,其职掌如次:

1.内勤系:掌理传达命令、训练长警、督饬推行并整理具报各项警务及其他内勤有关事项。

2.外勤系:掌理督察各派出所勤务、纠正风纪、指挥交通、警卫戒备、整饬清洁、取缔违警及其他临时派遣等事项。

四、本分局设派出所 处,分别办理管内主管事务。

五、本分局设分局长一员,荐任。承本市公署警察局长之命令综理全分局警察事务,并指挥监督其所属。

六、本分局警务、保安、警法、外勤各组各设组长一人,均由一等局员充任之;设一等局员十一员,委任,除充任组长之四员准带本市公署警察局一等科员阶级外,其余七员佩带阶级与市区同;设侦察组长一人,委任,并准带本市公署警察局一等科员阶级;设二等局员九人,委任,佩带阶级与市区同。充任组长之一等局员及侦察组长承分局长之命,督率所属办理各组主管事务,其余一、二等局员承主管长官之命,督率员警办理主管事务。

七、本分局设分所长二员,委任,其佩带阶级与本市公署警察局一等科员同,承分局长之命办理分所主管事务。

八、本分局设一等警官四员、二等警官五员、三等警官四员、一等侦察员五员、二等侦察员四员、三等侦察员四员、户籍员一员,均委任待遇,并雇用绘图生一员,承主管长官之命督率长警分掌主管或指派事务。

九、本分局设置户籍生六名、一等警长二十三名、二等警长九名、三等警长八名、一等警士一百六十五名、二等警士九十一名、三等警士一百九十名。

十、本分局雇佣夫役三十名。

十一、本区清洁队之清洁夫名额另订之。

十二、原消防队改为本市公署警察局消防队之分队,受本市公署警察局消防队之监督指导。

十三、本分局经费预约草案另订定之。

十四、本大纲如有未尽之处得随时呈请修正之。

人员配置清单

一、分局长一员

一、警务组

组长一员、一等局员二员、二等局一员、一等警官一员、二等警官一员、绘图生一员、一等警长三名、二等警长一名、三等警长一名、一等警士五名、二等警士一名、三等警士二名,合计二十员名。

一、保安组

组长一员、一等局员一员、二等局员二员、一等警官一员、二等警官一员、户籍员一员、户籍生六名、一等警长二名、二等警长一名、三等警长一名、一等警士七名、二等警士一名、三等警士二名,计二十七员名。

一、警法组

组长一员、一等局员一员、二等局员一员、一等警官一员、二等警官一员、一等侦察员二员、二等侦察员二员、三等侦察员三员、一等警长六名、二等警长三名、三等警长三名、一等警士二名、二等警士二名、三等警士三名,计三十一员名。

一、侦察组

组长一员、一等局员一员、二等局员一员、三等警官一员、一等侦察员三员、二等侦察员二员、三等侦察员一员、一等警长五名、二等警长二名、三等警长一名、一等警士四名,计二十二员名。

一、外勤组

组长一员、一等局员二员、二等局员二员、一等警官一员,计六员。

一、第一分所

分所长一员、二等局员一员、二等警官一员、三等警官二员、一等警长三名、二等警长一名、三等警长一名、一等警士七十二名,二等警士四十六名、三等警士四十六名,计一百七十四员名。

一、第二分所

分所长一员、二等局员一员、二等警官一员、三等警官一员、一等警长四名、二等警长一名、三等警长一名、一等警士七十三名、二等警士四十一名、三等警士三十七名,计一百六十一员名。

计官员五十二员、长警三百九十名,总共官长警四百四十二员名。

(J0001-3-010948)

281.伪天津特别市公署警察局代理局长阎家琦为呈送
伪兴亚第二区分局组织大纲呈伪市长王绪高文

1943年4月20日

为呈送事。案奉钧署令颁特别行政区处理要纲案,遵经积极筹划组设兴亚第二区分局,继续接掌警政。经查该区人口约计七万六千八百五十名口,依据特政区原设警务处官警人数暨市区分局组织,拟将该分局酌设警务、保安、警法、外事、侦察等五组,并设分所二处,派出所若干处,计官员六十八员、长警六百零七名、司机十二名、卫生司机二名、夫役二十六名、伙夫二十八名、卫生夫役六名。并酌拟兴亚第二区分局组织大纲,以资遵循。再,该区事务较他区繁重,拟增设副分局长一员以为辅佐,并遴派本局干练股长担任各组组长。拟准仍带原阶级服务,加强人事机构,以增工作效率。除人事部分另案铨衡呈请加委,并经费草案及接收消防队情形另文分报外,理合检同所拟兴亚第二区分局组织大纲备文呈送钧署鉴核,俯赐备案,实为公便。谨呈天津特别市王市长。

附呈兴亚第二区分局组织大纲一份。

天津特别市公署警察局兴亚第二区分局组织大纲

一、本分局定名为天津特别市公署警察局兴亚第二区分局,受本市公署警察局长之指挥监督处理管区内之一切警察事务。本分局隶属天津特别市公署警察局,与他分局同。除法令另有规定外,关于天津特别市公署警察局及所属各分局之章则均适用之。

二、本分局设左列各组掌理主管事务:

1.警务组:掌理关于编制训练区划、监印收发文书、档案、人事、会计、庶务、统计、保管整理公有物品及其他特交或不属于各组之事项。

2.保安组:掌理关于保安、救灾、营业或建筑取缔、防空、交通、户籍、居住证、卫生清洁、医务及其他有关市政之推进并交办各事项。

3.警法组:掌理违警、临检、侦查、临时拘留、赃证处理、指纹、死伤之救护或检验、华洋诉讼及引渡、流难遗失人物之处理、罚款之收缴及其他关于警法或司法警察事项。

4.外事组:掌理关于外事之联络、译述、调查及其他涉外事项。

5.侦察组:掌理关于特务警察上之侦查及奉令办理或特交密查、情报、灭共各事项。

三、本分局设分所二处,并于所内各设内勤、外勤两系,其职掌如次:

1.内勤系:掌理关于传达命令、训练长警、督饬推行并整理具报各事项。

2.外勤系:掌理关于督察各派出所官、长警勤务、指挥交通、警卫戒备、临时派遣、纠察风纪、整饬清洁并取缔各项违警等事务。

四、本分局设派出所六处,分别执行管界勤务。

五、本分局设分局长一员,荐任,承本市公署警察局长之命,综理全分局事务并指挥监督其所属。设副分局长一员,荐任,承本市公署警察局长之命,辅佐分局长综理全分局事务,并指挥监督其所属分局长,如有事故时并代理其职务。

六、本分局警务、保安、警法、外事各组组长均以一等局员充任之。一等局员共设八员，均委任，其充任组长之四员，准带本市公署警察局股长阶级，其余四员佩带阶级与市区同。设侦察组长一员，委任，准带一等科员阶级；设二等局员十员，委任，佩带阶级与市区同。担任组长各一等局员、侦察组长均承分局长、副分局长之命，督率所属办理各该组主管事务，其余一、二等局员承主管长官之命，督率员警办理主管事务。

七、本分局设分所长二员，委任，其阶级与本市公署警察局股长同，承分局长、副分局长之命，办理分所主管事务。

八、本分局设一等警官六员、二等警官六员、三等警官八员、一等侦察员三员、二等侦察员三员、三等侦察员二员、户籍员二员，均委任待遇，并雇用绘图生二人、书记八人、卫生书记二人、电话员三人承主管长官之命督率长警分掌主办或指派各事务。

九、本分局设置女检查员三名、户籍生四名、一等警长十二名、二等警长十六名、三等警长二十名、一等警士一百名、二等警士二百名、三等警士二百四十八名、卫生警士四名，共六百零七名。

十、司机十二名、卫生司机二名、夫役二十六名、伙夫二十八名、卫生夫役六名。

十一、择管界要冲，由本市公署警察局所属警察队派遣一小队驻守，归本分局长、副分局长指挥监督之。

十二、本区警察事务因行政问题及保管敌性物产关系，暂设分局一处，视事务之繁简，统辖上设有画分区域之必要时，得为增设之申请。

十三、本区清洁队归属本分局管辖，员额另订之。

十四、消防队改为市公署警察局消防队之分队，教练所改归本市甲种警察教练所接管，均依原发编成要领案办理。

十五、经费约计草案另订之。

十六、本大纲如有未尽事宜得随时呈请修正之。

（J0001-3-010948）

282.伪天津特别市代理市长王绪高为呈送接收日本租界有关文件及目录呈伪华北政务委员会文

1943年4月21日

建国字秘壹第31号

为呈复事。案奉钧会华外字第二八九五号训令，以准行政院咨转饬迅将接收本市日本专管租界详细情形录同有关文件及目录各两份赴日具报，以凭咨转等因。遵查，本年三月三十日上午十时，在本市日公会会堂举行接收日本专管租界式典，关于移让之公文及目录并接受书等，均由驻津总领事、居留民团长及市长分别交接完了。当将该租界改称为兴亚第一区，设置区公所及警察分局，所有接受及处理情形，业经分别电呈在案。奉令前因，除陈部长对于日界交还之感想录音词稿未交本署无从抄送，暨总领事引渡文书六十三册卷帙浩繁，现正分别赶抄，一俟汇齐另文呈送外，理合将接收有关文件及目录各缮具二份备文呈送,敬祈鉴核咨转,实为公便。谨呈华北政务委员会委员长朱。

附呈:接收日本租界有关文件及目录清单二份

接收日本租界式典次序二份

总领事移让公文函二份

不动产处理要纲二份

市长复总领事接受公文函二份

居留民团长移让公文函二份

居留民团移让之文件目录二份

市长复居留民团长接受公文函二份

接收式典席上总领事致词二份

接收式典席上居留民团长致词二份

接收式典席上市长致谢词二份

总领事检阅巡捕训词二份

市长检阅巡捕训词二份

市长对于日界交还之感想录音词二份

市长向南京重光大使、派遣军司令官、北京方面军司令官、盐泽公使拍发谢电文二份。

(J0001-3-010903)

283.伪天津特别市代理市长王绪高为补送日租界要纲事呈伪华北政委会文

1943年4月21日

建国字秘壹第32号

为呈送事。窃查本署呈报接收本市日本租界,改称为兴亚第一区一案,呈奉钧会华外字第二九〇五号指令,饬将处理要纲补呈一份存查,并遵照另令,将接受详细情形录同有关文件及目录具报等因,除接收情形及抄录有关文件及目录另文呈报外,谨将日本租界处理要纲补呈一份,敬祈鉴核备查。谨呈华北政务委员会委员长朱。

附呈日本租界处理要纲一份。

(J0001-3-010948)

284.伪天津特别市公署警察局局长为呈报伪兴亚一区清洁、消防两队情形呈伪市长王绪高文及各附件

1943年4月24日

呈警一字第563号

为呈报事。案查兴亚第一区分局前遵奉颁日本租界处理要纲案,组织成立开始办公并已呈报有案。兹查该区原设清洁、消防各队,亟应分别接收以便管理,当经遴派主管保安科长张纯一偕同股长鲍景惠等前往接收清洁队部,其原有职员、伕役及各种马匹、车辆、器具等项均经照册点收清楚。除该队原有日系职员六员奉令调为钧署嘱托不计外,计清洁队长以次共二百零六员名,继复由张科长率同消防总队张队长寓瀛接收该区消防队部,计该队现有官长警共三十六员名,大小救火汽车四辆,并消防用器、家具等项亦经分别接点清楚。除仍饬各该队主管人员继续负责保管并即日接管办理外,理合将接收清洁、消防两队情形并抄同清洁队器具备品调书、从业员引继名簿暨消防官警花名清册、消防用器调查表并家具调查表各一份具文呈报钧署鉴核备案。谨呈天津特别市市长王。

附呈:清洁队器具备品调书一份、从业员引继名簿一本、消防队官警花名清册一本、消防用器调查表一份、家具调查表一份。

天津特别市公署警察局兴亚第一区分局消防队救火物品数目调查表

品名 单位 项别		数目	备考
大梯子汽车	辆	一	
汽车	辆	三	
带子	盘	一〇〇	
汽车上梯子	架	三	
救助袋	个	一	
救助兜	个	一	
压力试验表	个	三	
消防器	个	一	
蓄电瓶	个	二	
充电机	个	二	
铜帽	顶	三一	
皮帽	顶	一三	
皮衣	件	三五	
咪度表	个	一	电瓶用
消防雨衣	件	二	
修理衣	件	三	
长靴	双	三九	
信号旗	面	二	
脚踏汽管子	棵	一	
手电	个	二	
洗带子木槽	个	一	

品名 单位 项别		数目	备考
木槽橙子	把	二	
汽车皮外套	个	二	
木榔头	把	一	
铁锹	把	二	
铁锤	把	一	
锯条	条	一	
铜管子	棵	四	
大绳	条	一	
案上钳子	把	一	
钻头	个	五	
铜榔头	把	一	
钳子	把	三	
铁冰镩	把	一	

天津特别市公署警察局兴亚第一区分局消防队家具调查表

品名 单位 项别		数目	备考
铁床	架	二三	
小铁床	架	一	
衣服箱	个	二五	
黑板	块	二	
人名牌	块	一	
专用电话	架	二	
电表	个	三	
挂表	个	二	
平台大表	个	一	
咪度表	个	一	
皮尺	条	一	
电铃	个	一	
椅子	把	六	
布面椅子	把	二	
圆椅	把	一	
书橱	个	四	
衣橱	个	一	
茶几	个	一	
防空罩	个	七	
锅炉	具	一	
窗帘	个	一三	
被褥	套	三	
小桌	张	一	
写字台	张	四	

品名 单位 项别		数目	备考
桌子	张	一	
椅子套	个	一	
冰箱	个	一	
毯子	块	一	

天津特别市公署警察局兴亚第一区分局清洁队器具及备品调查表

品名	数量	备考	品名	数量	备考
车辆类			电压表、伏特计	一	
自动洒水车	一		修理工具类		
马车	一九		捻回シ	二	
垃圾车	三七	三十三完好,九不堪用	钳子、镊子	三	
污水车	五		金切锯	一	
自动车附属品			榔头、铁锤	二	
手动泵	一		扳手	二	
改锥	一		活动扳手		
铲子	一		书架		
金挺	二		黑板	一	
灯泡折合器	一		算盘		
管道扳手	一		杂品		
马			铁板水桶	六二	
骡马	一九	死一个	污水搅拌器	一〇	
办公用品类			橡胶软管	一	
桌子	九		鹤嘴	一〇	
椅子	一一		铁锨、铁锹	一二〇	
文件箱	八		三齿钉耙	二八	
木棒	四三		外套	七	
雪笼	一〇		雨衣	三七	
水釜	一		铜锣	四四	
锅	一		马车罩	一五	
筛子	二		手推车罩	一〇	
汤沸	二		车辆内胎	二〇	
食槽	一	实有四个	长椅	二	
押切	一		褥子	一	
杓子	一		被子		
炉子	二		床单	一	

品名	数量	备考	品名	数量	备考
电表	一		毛毯	一	
温度计	一		看板	一	
帽架	一				
橡胶长靴	三八		合计	六二七	

此外有套包子七个、车带二十三条、条帚二百五十把

天津特别市公署警察局兴亚第一区分局清洁队从业员引继名簿

职别	姓名	备考
清洁队长	王庆祥	
一等队员	靳恩奎	
	孟慧圣	
	郭锡臣	
	章世元	
	杨贵华	
	冯献魁	
二等队员	苏树芳	
	闫锡九	
	张明生	
	孙治山	
	吴械桐	
	姜换章	
三等队员	葛树荣	
	王连陛	
	石春祥	
	纪书元	
一等夫役	张文波	
	郭凤林	
	万善昌	
	宋宝林	
	李布袋	
	李文秀	
	刘德盛	
	曲兴奎	
	苏树泰	
	苏立荣	
	张国发	
	周月亮	
	李玉芳	
	靳洪仁	
	孙今永	
	王万障	
	李本堂	

职别	姓名	备考
	石宝堂	
清洁夫	宋宝祥	
	吴俊喜	
	蒋胜全	
	宋清堂	
	张贵顺	
	信德盛	
	信庆华	
	王衍平	
	王绪曾	
	傅振林	
	周俊田	
	刘金玉	
	马学齐	
	贾忠起	
	王宪堂	
	田富荣	
	张永泰	
	李连起	
	孟广明	
	高春秋	
	常习文	
	高凤新	
	信德才	
	魏连子	
	王化成	
	张玉山	
	刘子科	
	常德和	
	杨玉章	
	张德起	
	靳宝常	
	王金庆	
	张先明	
	高进康	
	王　顺	
	高进兴	
	张瑞祯	
	张华堂	
	郝国瑞	
	鞠先明	
	邵玉岭	
	刘少科	
	田富义	

职别	姓名	备考
	陈世昌	
	傅洪发	
	邵泽兴	
	崔德成	
	及如波	
	张兆魁	
	马立云	
	张振兴	
	刘恩波	
	苏立森	
	马振元	
	章世文	
	邵玉章	
	李金才	
	崔玉棋	
	邵德檀	
	邵玉奎	
	李仲明	
	王发旺	
	张兆瑞	
	马沼奎	
	苏书栋	
	纪铸臣	
	张德成	
	石如柯	
	张德庄	
	吕　大	
	吕奇云	
	邵振发	
	刘戴阳	
	韩得胜	
	刘宝金	
	吴品和	
	冯满堂	
	田治香	
	李立冬	
	刘翠峰	
	刘洪保	
	福永海	
	赵傅玉	
	刘金庆	
	庞　三	
	刘加喜	
	杨建功	

职别	姓名	备考
	郭宗太	
	邵庆和	
	董殿尧	
	王长昆	
	李玉贵	
	巩春成	
	王凤龙	
	苏存有	
	王凤岗	
	傅振梅	
	刘金昇	
	郭宗哲	
	王金福	
	解长玉	
	王金殿	
	崔鸿宾	
	宿长文	
	鞠先臣	
	解其华	
	徐文柯	
	孙庆起	
	刘树田	
	鞠连仲	
	赵传德	
	邵庆栋	
	李仲伏	
	苏锡坤	
	李书普	
	宋国珍	
	王凤池	
	王云章	
	张如春	
	王华甫	
	王朝发	
	靳国田	
	薛　林	
	高新治	
	姜宝玉	
	孙振海	
	田玉吉	
	刁同喜	
	高新长	
	宋庆祥	
	李宝珍	

职别	姓名	备考
	王学礼	
	吴品海	
	邵庆注	
	邵庆海	
	刘起祥	
	王玉亭	
	孙广银	
	刘金发	
	冯鸿宾	
	李双林	
	王好兴	
	孙书林	
	魏金声	
	王风臣	
	孟庆亭	
	程贵才	
	邵庆汉	
	刘德春	
	吴焕文	
	王殿池	
	及锡臣	
	蒋汉明	
	张学珍	
	马文祥	
	苏宝瀛	
	王明祥	
	王彦合	
	石春生	
	章世华	
	鲁宝荣	
	魏汝玉	
	李风台	
	张延庆	
	姜宝印	
	刘恩波	
	李成芳	
	石春荣	
	刘国春	
	暴万祥	
	葛茂俊	

天津特别市公署警察局兴亚第一区分局消防队官警花名清册

队别	职衔	姓名	备考
消防队	队长	孙兆彦	
	三等警官	孙子勤	
	一等警长	萧世安	
	二等警长	于连勋	
	三等警长	刘丙午	
		王兴有	
	一等警士	吴海元	
		邵子良	
		王志绪	
		李秉田	
		周广铭	
		倪贵斌	
		吴锡桐	
		刘培绪	
		朱庆麟	
		胡金锜	
		韩家祺	
	二等警士	王树兴	
		沙崇明	
		高文煜	
		刘有钊	
		贾文斌	
		白庆林	
		贾祥起	
		罗文藻	
		李国平	
	三等警士	徐连甲	
		訾宝铎	
		王福馨	
		杨锦升	
		吕振山	
		阎增翰	
		王辅臣	
		王文耀	
		赵廷瑞	
		徐振辰	

（J0001-3-010904）

285. 伪天津市商会为各商号在包货纸上加盖感谢友邦返还租界蓝色戳记事致各业同业公会函

1943年4月24日

调字第567号

径启者：案准天津特别市公署社会局四月十七日产字第四号通告内开，案查本局前规定自本月九日起至五月九日止，所有本市各商号于包货纸上均应加盖"感谢友邦返还租界"字样蓝色戳记，以资纪念一事，业经通告该会遵办在案。兹准市公署宣传处交来华北政务委员会政务厅函送情报局印制之标语四种，请转饬各商号应于包货纸上自动印盖标语戳记前来，除分别通告外，合行抄发原送标语，通告该会转饬各业公会商号一体遵办为要。再，政委会情报局既已印制标语，所有本局前规定各商号于包货纸上加盖"感谢友邦返还租界"字样戳记一节，应即取消并仰知照，等因。附抄发情报局制定"友邦返还租界宣传标语"一纸。准此。查此案前准社会局俭字第五二号通告，当经本会于四月十五日以调字第五零四号函达查照在案。兹准前因，除分函外，相应抄发原附件一纸函达查照。即希转知所属会员商号一体切实遵办为要。此颂公祺。

附抄发"友邦返还租界宣传标语"一纸。

天津市商会启
四月二十四日

情报局制定"友邦返还租界宣传标语"

一、要以铁血击灭残暴英美；
一、要以行动表演庆祝热意；
一、要以至诚拥护最高当局；
一、要以良心答谢友邦真诚。

附注：宣传时，"友邦返还租界宣传"之称不得发表。

（J0129-3-002479）

286.伪华北政务委员会为令抄呈日驻津总领事引渡文书给伪天津特别市公署指令

1943年4月29日

华外字第3304号

三十二年四月二十一日呈一件。为遵令将接收日本租界有关文件级目录各缮具二份呈送鉴核咨转由。

呈件均悉,仰候咨转。仍将日本总领事引渡文书抄呈二份,以便存转。此令。

华北政务委员会委员长朱滨

(J0001-3-010904)

287.伪华北政务委员会为伪天津特别行政区改为伪兴亚第二区 准予备案事给天津特别市公署指令

1943年4月30日

华人字第3374号

民国三十二年四月八日呈二件。为本署特别行政区公署奉令撤销,改组为兴亚第二区,设置区公所及警察分局。检同处理要纲请备案由。

呈件均悉,准予备案。除令内务、财务、治安各总署知照外,仰即知照。件存。此令。

华北政务委员会委员长朱滨

(J0001-3-010948)

288.伪华北政委会为令补送伪兴亚一区分课组织附表 给伪天津特别市公署指令

1943年4月30日

华外字第3324号

民国三十二年四月二十一日呈一件,为遵令补送日本租界处理要纲一份,敬祈鉴核备查由。

呈件均悉。本件先予存查,仰将分课组织附表速即补呈一份,此令。

华北政务委员会委员长朱滨

(J0001-3-010948)

289.伪天津特别市公署为伪兴亚一区表册准予备案给伪警察局指令

1943年5月3日

建国字秘壹第611号

三十二年四月二十四日呈一件。为呈报接收兴亚第一区清洁、消防两队情形,抄同各项表册请鉴核备案由。

194

呈及附件均悉,准予备案。附件存。此令。

（J0001-3-010904）

290. 伪天津特别市公署教育局为校长及教职员举行讲演事致市立第二中学校函

1943年5月3日

教獣字第114号

为通知事。案奉教育总署育字第六二五号训令内开:为令遵事。查吾国自参战以还,友邦日本为实践尊重中国主权,首先返还租界。凡我国人对此种东亚道义精神之表现自应同深感激,誓同甘苦,愿共死生。惟以敌性国家反宣传势力未尽消除,虽大多数人士早具信念,无可动摇,但仍恐有少数浅见无识者,流感于谣言,妄生揣测,影响所及,妨害滋多。亟应预事筹维,藉杜微渐,使一般民众咸能彻底了解友邦亲善之诚意,用以激发兄弟急难之决心。我华北教育界应本此者,自即日起至五月九日止,各级学校由校长及教职员举行讲谈,每周至少一小时,酌量编印讲词,阐明理解,并可对中小学生酌量讲演富有涵意之国画剧本以引起其观感。各大都市定于五月十五日由主管教育行政机关召集当地各校师生举行座谈会,其讲稿预定五月二十日分别整理编印,以资考核。兹由本总署将讲谈纲要厘定如次:

一、方针

1.阐明友邦日本交还租界意义,使国人彻底了解其诚意;

2.纠正国人不正确之观念及其误谬见解;

3.揭穿敌人及匪共反宣传之无谓策动,指示国人今后之正当路线;

4.使国人彻底认识日本由于中国之参战,而发生对中国之具体的新措施,以激发国人击灭英美及匪共之决心;

5.使国人确认日本之实力及最近之战果。

二、要点

1.说明应自爱其国,互爱其邻及共爱东亚之真意者;

2.说明现在非赖日本国力不能保卫东亚之实际情形;

3.说明欲救中国,惟有与日本协力参战之一路;

4.说明在总力战下国民应尽之责任;

5.介绍有关日本对中国新措施之文献;

6.说明中日两国唇齿辅车之谊,以贯彻有日本方有中国,有中国方有日本,日本亡中国不能独存,中国亡日本亦不能独存之主张;

7.比较日本与英美交还租界之差异,以证明英美交还租界为虚伪示惠。

三、注意事项

1.自即日起至五月九日止为宣传讲演时期;

2.自五月九日起为事后宣传时期;

3.各省市学校员生座谈会由主管教育厅局主办,国立及教育总署直辖各教员生座谈会由教育总署主持办理;

4.各学校讲稿由主管各厅局分别汇辑编印;

5.前项宣传讲演办法及纲要,在未经许可以前不得对外发表。

以上各节,除分行外,合行令仰该局遵照并转饬所属遵照认真办理,剀切阐明中日两国精诚团结之主旨,俾由学生渐次推及一般民众,以期人人激发其爱国思想,坚定其睦邻信念,砥砺其兴亚决心,共同建设东亚新秩序之途径迈进有愿望焉。等因。奉此,查关于友邦返还租界宣传纲要业以教猷字第七九号通知分发各校遵办在案。兹奉前因,除分行外,合亟通知该校遵照认真办理为要。此知。

右通知市私立第二中学校。

天津特别市公署教育局

(J0252-1-000619)

291.伪天津特别市公署财政局兴亚第一区稽征处为呈报该处成立经过情形事呈伪局长李鹏图文

1943年5月5日

为呈报事。案查友邦日本专管租界业于本年三月三十日奉令由本市接管改称兴亚第一区。关于该区征收事宜,依据处理要纲应由本局办理,经呈奉令准组设兴亚第一区稽征处执行催征事宜在案。奉派职岳文诰为主任,刘益瑗为副主任兼总务组组长,张鸿藻为征收组组长,陈公涤为稽核组组长各等因。奉此,职等遵于四月一日到差,暂假本局捐务征收所开始筹备,一面向各关系机关研讨各项捐税起征事项。嗣因假用捐务征收所不敷办公,于十六日经向北旭街兴亚第一区区公所连络,妥协在该区成立兴亚第一区稽征处,所有本处奉委各职员等均经陆续迁入新址办公。除遵照市公署布告各征收办法及本局各项定章规定程序分别积极办理,应行征收捐税暨各职员到差日期另行呈报外,理合将奉谕筹备成立兴亚第一区稽征处经过情形具文呈报鉴核备案。谨呈天津特别市公署财政局局长李。

天津特别市公署财政局兴亚第一区稽征处主任岳文诰

副主任兼总务组组长刘益瑗

(J0055-1-002832)

292.伪天津特别市公署为伪警察局兴亚第一、二分局拟定组织规则等事呈伪市长文

1943年5月5日

为签呈事。案据警察局呈拟兴亚第一、二两分局组织大纲,请鉴核备案等情。卷查,前据该局于

民国三十年四月呈送办事细则及各分局组织规则办事细则一案,经由参事室审核,以所呈办事细则及各分局组织规则等件条文依据有所错误,文字亦多未合,应依照前治安部颁发特别市警察局规则范围并体察该局实际情形,另行拟订该局组织规则及办事细则等件呈核,当于同年五月十日以建荣字秘壹第二六零一号指令发还原件,饬即遵照办理具报在案。惟时隔二载,迄未据具报到署。兹据前情,本应令饬该局遵照前令拟具各项章则呈署,以凭汇案核办,惟查兴亚第一、二两分局甫经成立,关于组织大纲亟应先行厘定,俾资有所依据。复核原呈,两分局组织大纲大致均尚妥适,拟予姑准备案,一面另案令行警察局饬将该局组织规则、办事细则及各分局组织规则查案拟订呈署核夺。所拟是否有当,理合签请钧裁。

第三科科长孟昭兴、第一科科长周贵梓谨签

(J0001-3-010948)

293.伪天津特别市代理市长王绪高为遵令补呈伪兴亚一区公所分课组织附表呈伪华北政务委员会文

1943年5月6日

建国字秘壹第44号

为呈送事。窃查职署遵令补送日本租界处理要纲一案,呈奉钧会华外字第三三二四号指令,饬迅即补呈分课组织附表等因,遵将前项附表补呈一份,敬祈鉴核。谨呈华北政务委员会委员长朱。

附呈分课组织附表一份。(略)

(J0001-3-010948)

294.伪天津特别市代理市长王绪高为呈送日租界交还典礼纪念摄影册呈伪华北政务委员会文及致外交部函

1943年5月6日

呈伪华北政务委员会文

建国字秘壹第47、13号

(为呈送事窃/径启者,)查接受本市日本专管租界典礼各项纪念摄影现已摄辑成帙,(理合检呈/相应检送)一册,(敬祈鉴核,谨呈华北政务委员会委员长朱/即希查照为荷。此致外交部)。

附(呈/送)接受天津日本租界典礼纪念摄影册一册。

致外交部函

天津日租界交还典礼纪念摄影册呈送华北政务委会一份,函送外交部一份。

(J0001-3-010904)

295.伪天津特别市公署为伪兴亚第一、二分局组织大纲准予备案
给伪警察局指令

1943年5月12日

建国字秘壹第787号

呈一件。为呈送兴亚第一、二两分局组织大纲请鉴核备案由,两呈及附件均悉,姑准备案,附件存,此令。

(J0001-3-010948)

296.伪华北政委会为收悉伪兴亚一区分课组织表
给伪天津特别市公署指令

1943年5月13日

华外字第3781号

民国三十二年五月六日呈一件。为遵令补呈本市兴亚第一区公所分课组织附表,请鉴核由。呈表均悉,准予存查。此令。

华北政务委员会委员长朱滨
(J0001-3-010948)

297.伪天津特别市市长王绪高为伪天津特别行政区改组为
伪兴亚第二区在伪市政会议上的报告

1943年5月13日

为本署特别行政区公署奉令撤销,将该区改称为兴亚第二区,分别设置区公所暨警察分局,附同该区处理要纲提会报告案。

为报告事。案奉华北政务委员会训令内开:天津特别行政区公署应即撤销,代理该署署长方若,

仰即来会供职,令仰知照。等因。当经转饬遵照,并参照该区实际情形拟定处理要纲,将该区改称为兴亚第二区,依照区公所暂行组织规则,组设区公所,直隶本署管辖,并派财政局局长李鹏图暂兼该区区长,派本署外事室专员宫清泉充该区副区长。关于警察部分,在该区设置警察分局,隶属于本署警察局,所有分局长一职,暂派原特别行政区警务处长刘鲲充任。至处理该区其他事项,均经依照要纲分别办理。业于三月二十八日开始改组,三月三十日改组竣事。除呈报并咨请内务、治安两总署备案及分行外,相应附同原处理要纲提会报告,即希公鉴。

附特别行政区处理要纲一份(略)。

【原档注】本案于三十二年五月十三日市政会议第九十六次例会报告。

(J0001-3-010948)

298.伪天津特别市市长王绪高为接收日本租界改为伪兴亚第一区等事在伪市政会议上的报告

1943年5月13日

为接受本市日本专管租界改称为兴亚第一区,分别设置区公所暨警察分局,附同处理要纲提会报告案。

为报告事。查本市日本专管租界,业于三月三十日奉令由本署接管,经即参照该租界实际情形,拟定处理要纲,将该租界改称为兴亚第一区,依照本市区公所暂行组织规则,即日组设区公所,直隶本署管辖,并派本署参事张同亮暂兼该区区长,派本署宣传处第二科科长鞠和旆充该区副区长。关于警察部分,在该区设置警察分局,隶属于本署警察局,所有分局长一职,调委警察局保安科长庆超充任,至处理该区其他事项,均经依照要纲分别办理。除呈报并咨请内务、治安两总署备案及分行外,相应附同原处理要纲,提会报告,即希公鉴。

附日本租界处理要纲一份。

【原档注】本案于民国三十二年五月十三日市政会议第九十六次例会报告。

兴亚一区公所分课组织附表

区长一人、副区长一人 组长四人,系长十六人,事务员五十三人,雇员三十六人,打字员二人。
总计113人。

区长	组	系	事务员	雇员	打字员
区长（荐任最高级俸400元）	总务组 组长荐任200元	文书系160	事务员四名（120二名，100二名）	雇员三名（60元）	打字员二名（70元）
		人事系150	事务员三名（120一名，100二名）	雇员二名（60元）	
		会计系160	事务员三名（120一名，100二名）	雇员三名（60元）	
		庶务系140	事务员三名（120一名，100二名）	雇员三名（60元）	
	保甲组 副区长兼任	保甲系160	事务员三名（120一名，100二名）	雇员一名（60元）	
副区长（荐任高级俸300元）		户口系150	事务员三名（120一名，100二名）	雇员二名（60元）	
		训练系140	事务员三名（120一名，100二名）	雇员一名（60元）	
	卫生组 组长荐任200元	医药系140	事务员二名（120一名，100一名）	雇员三名（60元）	
		防疫系160	事务员五名（120二名，100一名）	雇员三名（60元）	
		保健系150	事务员二名（120一名，100一名）	雇员二名（60元）	
	数化宣传组 组长荐任180元	编译系160	事务员二名（120一名，100一名）	雇员四名（60元）	
		数化系140	事务员二名（120一名，100一名）	雇员二名（60元）	
		宣传系160	事务员三名（120一名，100二名）	雇员三名（60元）	
	配给组 组长荐任240元	计划系160	事务员三名（120一名，100二名）	雇员二名（60元）	
		粮食配给160	事务员六名（120二名，100四名）	雇员二名（60元）	
		必需品配给160	事务员六名（120二名，100四名）	雇员二名（60元）	
		16人	53人	36人	2人

除区长、副区长另有办公费外，组长另支八十元津贴，系长六十元津贴，事务员一律四十元津贴，雇员、打字员一律三十元。

区长办公费600元，正400，副200。全体俸给12270元，全体津贴4540元，总计17410元。

（J0001-3-010948）

299.伪南京外交部为收到接收日租界典礼纪念册致伪天津特别市公署谢函

1943年5月22日

径复者:顷准贵署建国字秘壹第一三号函,附送接受天津日本租界典礼纪念摄影一册,希查收。等由。准此,业经照收,相应复谢,即希查照为荷。此致天津特别市公署。

（J0001-3-010904）

300.伪兴亚第一区公所为卢南生就任区长事致伪银行业公会函

1943年5月22日

兴一总人字第伍号

径启者:案奉天津特别市公署建国字秘壹第六四号任用令内开:兹派卢南生为兴亚第一区区长。此令。等因。奉此,南生遵于五月二十日就职视事。除呈报及分函外,相应函达,即希查照为荷。此致天津市银行公会。

区长卢南生

（J0129-3-004972）

301.伪天津特别市公署警察局局长阎家琦为奉令抄存接收日驻津总领事交付表册事呈复伪市长文

1943年5月24日

为呈复事。案奉钧署建国字秘壹第三九号训令内开:为令行事。关于接受友邦日本交还专管租界案内,经日总领事交付表册三种,合行检发原件,令仰该局查收转发该管分局抄存备用原件仍缴。此令,等因。附发巡捕名簿、中国人户口表、第三国人户口表各一册。奉此,自应遵办并已交主管科分别抄存完毕。谨将原册三份随文呈缴,仰祈鉴核。谨呈天津特别市市长王。

附缴呈原册三份。

（J0001-2-000560）

302.伪华北政务委员会委员长为收悉日驻津总领事引渡文书事
给伪天津特别市公署令

1943年5月29日

华外字第4317号

三十二年五月十七日呈一件。为遵令抄呈日本总领事引渡文书,请鉴核存转由。
呈件均悉。仰候咨送行政院查照办理。件存转。此令。

(J0001-2-000560)

303.伪天津特别市公署为将日驻津总领事交付表册发交该局等事
给伪警察局指令

1943年5月28日

建国字秘壹第1179号

三十二年五月二十四日呈一件。呈缴接收日本总领事交付表册三种,请鉴核由。呈悉。查前据
折呈,请将接受日本交还专管租界案内户口等项名册发交保管,业将中国人营业种别簿及华人妓女名
簿令发保管,应由该局将上项名簿各抄一份呈署备查。此次所征表簿三份,仍应发交该局并案保管,
即将抄件呈署以凭查考。并仰遵照。表簿随令附发。此令。
附发巡捕名簿、中国人户口表、第三国人户口表各一册。

(J0001-2-000560)

304.伪天津特别市公署第二科为请拨发交还日租界庆祝典礼
招待费等呈伪市长王绪高文

1943年6月10日

为签呈事。查本年办理国民政府还都三周年纪念及华北政务委员会成立三周年纪念并友邦日本
专管租界交还一切庆祝事宜。所有搭设庆祝彩牌楼、招待宴会、制做布质中日小国旗、布幕、照像、庆
祝游行、应用药品以及电报费、纸张、文具费、茶点、烟糖并车饭杂费等项,总共需洋八千九百三十七元
零一分。此项用款拟请准发临时费支付,可否之处,理合签请钧示。

【原档批】如拟支付。阅。

中华民国三十二年六月十二日五时批回

(J0001-3-006914)

305.伪天津特别市公署警察局局长阎家琦为接收日驻津总领事交付巡捕名簿等件呈伪市长王绪高文

1943年6月18日

为呈复事。案查前奉钧署四月一日建国字秘壹第三九号训令,为接收日总领事交付巡捕名簿等三种,令发本局查收转发抄存备用原件仍缴一案,业经遵照办理在案。兹奉钧署建国字秘壹第一一七九号指令内开:呈悉。查前据折呈请,将接受日本交还专管租界案内户口等项名册发交保管,业将中国人营业种别簿及华人妓女名簿令发保管。应由该局将上项名簿各抄一份,呈署备查。此次所缴表簿三份,仍应发交该局并案保管,即将抄件呈署以凭查考,并仰遵照。表簿随令附发。此令。等因。附发巡捕名簿、中国人户口表、第三国人户口表各一册。奉此,自应遵办。除将奉发原件并案保管外,理合检抄上项表簿三种各一册,备文呈复,仰祈鉴核。谨呈天津特别市市长王。

附抄呈巡捕名簿、中国人户口表、第三国人户口表各一册。

天津日本租界居住第三国人户口表(昭和十八年三月三十日)

户数 计 二户					
人口 计 三名(男二,女一)					
国籍	姓名①	性别	职业	年龄	住址
比律宾	贝德罗维卡斯	男	乐师	三六	伏见街二五
无国籍	吉娜	女	辻井毅的妻子	二九	伏见街二五——一
无国籍	亚历山大	男	辻井毅的店员	二八	伏见街二五——一

天津日本租界居住中国人户口表(昭和十八年三月三十日)

户数:计三千四百二十二户。

人口:计一万六千五百八十三名(男一二六二四,女三九五九)。

在天津日本总领事馆警察署

街名	户数	男		女		计	户口簿番号
		十二岁以上者	十一岁以下者	十二岁以上者	十一岁以下者		
山口街	二六	八一	三	二四	一	一〇九	第一号
闸口街	七八	二四〇	一八	七一	二三	三五二	第二号
寿街	八一	五六八	无	一一	一	五八〇	第三号
新寿街	一三〇	四四六	二八	二三四	三一	七三九	自四至五号
曙街	六六	三二五	无	一六	四	三四五	第六号
旭街	五七一	三二七〇	九五	七五九	五九	四一八三	自七至十六号

---

① 该栏内容原档记录为片假名,由编者音译。

街名	户数	男		女		计	户口簿番号
		十二岁以上者	十一岁以下者	十二岁以上者	十一岁以下者		
常盘街	五九	一六五	二	七二	无	二三九	第十七号
荣街	九四	四四九	一三	一二六	九	五九七	自十八至十九号
花园街	四二	一六五	一	二二	一四	二〇二	第二十号
小松街	二八	七八	五	一四	三	一〇〇	第廿一号
芙蓉街	九〇	二三六	一三	五六	一四	三一九	自廿二至廿三号
橘街	四三	一〇〇	五	二四	八	一三七	第廿四号
春日街	九八	二三二	二三	一一〇	三〇	三九五	第廿五号
吉野街	三三	一二六	一〇	五四	二	一九二	第廿六号
明石街	八四	二三九	一二	八四	七	三四二	自廿七至二十八号
须磨街	二八九	六九〇	一〇八	三二八	七五	一二〇一	自廿九至三十二号
淡路街	一五〇	三七七	二六	一三九	二五	五六七	自卅三号至卅四号
三岛街	二〇	三二	一	九	七	四九	第卅五号
兴津街	一四	二二	六	八	四	四〇	第卅六号
住吉街	一〇六	一四八	二七	五一	三一	二五七	第卅七号
大和街	六三	三四〇	一〇	一〇九	一一	四七〇	第卅八号
扶桑街	五一	一五一	四	六一	二	二一八	第卅九号
桥立街	八六	一一九	二九	七二	二四	二四四	第四十号
福岛街	四四五	一五八三	一二四	四〇一	一〇二	二二一〇	自四十一至四十七号
吾妻街	八	四三	无	五	三	五一	第四八号
桃山街	四二	一八八	一八	二八	二五	二五九	第四九号
伏见街、西伏见街	七八	二〇〇	二	五一	八	二六一	第五十号
宫岛街、西宫岛街	一九三	五四六	一七	八四	一一	六五八	自五一至五十二号
浪速街	七五	一五四	一三	六七	一五	二四九	第五三号
松岛街	一〇九	三三六	二五	一〇五	二五	四九一	自五四至五十六号
蓬莱街	七七	一四二	一〇	四二	一四	二〇八	自五七至五十八号
秋山街	九三	一五三	三二	一〇二	三二	三一九	第五九号
合计	三四二二	一一九四四	六八〇	三三三九	六二〇	一六五八三	

巡捕名簿(昭和十八年三月)

在天津日本总领事馆警察署

番号	级别	月收总额	姓名	年龄	任职年月日	履历
五四	督察巡捕长	九一.五〇	陈以箴	五二	大正六年四月一日	私塾八年,仪兴轮船公司职员
一三五	督察巡捕长	九一.〇〇	梁琦	四一	大正十年四月十八日	天津官立中学校毕业
八八	巡捕长	八九.五〇	刘瑞林	四五	大正九年十一月十五日	小学毕业,商界
一二四	巡捕长	八九.五〇	王少卿	五二	大正十一年七月十八日	私塾七年,俄工部局巡捕
二四	巡捕长	八九.五〇	李士珍	六二	大正二年四月三〇日	私塾七年,商界
八四	巡捕长	八七.〇〇	周荣怡	五六	大正五年八月三十一日	北洋高等警校毕业,分局长
四七	巡捕长	八九.〇〇	洪锡义	五〇	大正六年九月九日	私塾六年,商界
一〇四	巡捕长	八一.五〇	魏鸣銮	五四	大正八年四月一日	私塾六年,德源顺酒店员
二九	巡捕长	八八.〇〇	于宝斋	四三	大正十四年八月十四日	省一中初中毕业,警厅副官
一七	巡捕长	八四.五〇	周兰亭	五四	大正七年三月二三日	私塾六年,洋布庄经理
二〇七	巡捕长	七八.五〇	武璧臣	四一	大正十三年十一月二四日	小学毕业,车站查车
一七五	巡捕长	八四.五〇	孙兆彦	四五	大正十一年四月五日	小学毕业,商界
七三	巡捕长	八九.五〇	杨宝光	五〇	大正七年五月三〇日	私塾七年,商界
一〇〇	巡捕长	九〇.〇〇	王蕴章	四五	大正八年四月一日	警察传习所毕业
九〇	巡捕长补	八五.五〇	沙宝珍	四九	大正六年四月一日	私塾六年,长元德茶庄
五五	巡捕长补	八三.〇〇	李士勤	五〇	大正十四年四月一日	私塾六年,商界
二六	巡捕长补	八四.〇〇	孙子勤	五二	昭和八年七月十五日	私塾三年,元茂居同人
六一	巡捕长补	八七.〇〇	储富有	五一	大正六年三月一日	私塾八年,马巡队副队长
七	巡捕长补	八七.五〇	冯庆和	五二	大正五年四月五日	初等工业毕业,商界
二三四	巡捕长补	八三.五〇	张凤林	四三	大正十年十二月九日	小学毕业,商界
四六	巡捕长补	八五.〇〇	刘恩第	五〇	大正十年三月四日	拱卫军学校,曾充稽查官

番号	级别	月收总额	姓名	年龄	任职年月日	履历
一〇一	巡捕长补	八八.五〇	张锦波	五四	大正八年四月一日	私塾五年,清禁卫军
一一三	巡捕长补	八四.五〇	王 敏	四六	大正十一年一月十二日	小学四年,元隆绸庄店员
八	巡捕长补	八八.〇〇	王庆祥	四三	大正十三年五月二七日	小学肄业,外科练习生
二一二	巡捕长补	七九.五〇	任筱舟	四二	大正十四年四月十日	私塾五年,东区警察
二一	巡捕长补	七八.五〇	杨连勋	四〇	大正十四年八月十四日	小学卒业,中东旅馆副理
二八五	巡捕长补	七五.五〇	刘骏潭	四〇	昭和三年四月三〇日	警察传习所毕业,巡官
四二	巡捕长补	七四.五〇	张光铭	三五	昭和七年五月二三日	田种商业肄业,商
一〇三	副巡捕长	八七.五〇	黎幼圃	五一	大正十年六月二二日	初小毕业,中二区警士
一六九	副巡捕长	八二.五〇	陈树南	四七	大正十一年四月一三日	私塾八年,西一区巡长
一二二	副巡捕长	八九.五〇	李元善	五一	大正十年九月十日	小学毕业,商界
二一三	副巡捕长	八二.五〇	于连勋	四二	大正十年四月十日	小学毕业,警界
一五四	副巡捕长	八五.〇〇	祝枫堂	四二	大正十一年四月十三日	省一中肄业,路局印刷所
九九	副巡捕长	八七.五〇	王云汉	五九	大正八年四月一日	私塾七年,商界
一二八	副巡捕长	八四.五〇	李有祯	四五	大正十三年十一月二四日	私塾八年,东二区警士
一九一	副巡捕长	七八.五〇	张钰芝	四九	昭和二年六月一八日	小学卒毕业,军法处稽查官
一五九	副巡捕长	八六.〇〇	陈仲仁	四九	大正十一年四月十三日	私塾七年,警察局内勤
一七八	副巡捕长	七二.五〇	褚维翰	三六	昭和四年五月五日	私塾六年,发顺米庄同人
三六八	副巡捕长	九〇.〇〇	萧世按	五一	昭和十一年九月十五日	私塾,商界
一九二	副巡捕长	八四.〇〇	吴幼波	五三	大正十一年八月七日	小学毕业,商界
一五六	副巡捕长	八〇.五〇	邵子玉	四七	大正十一年四月十三日	私塾十一年,曾充学兵
二	副巡捕长	八〇.五〇	杨宝成	四二	大正十五年十二月二十八日	南开中学毕业
一六四	副巡捕长	八四.〇〇	王玉珑	五〇	大正十一年四月十三日	私塾六年,消防警士
一八六	副巡捕长	七九.〇〇	阎鸿年	四二	大正十四年十一月十四日	小学毕业,织染工厂店员

番号	级别	月收总额	姓名	年龄	任职年月日	履历
一一二	副巡捕长	七三.五〇	马玉亭	三一	昭和七年四月二十日	法汉中学肄业
七六	副巡捕长	八八.五〇	穆子清	五〇	大正七年六月二八日	私塾二年,前禁卫军
一四五	副巡捕长	八五.五〇	凌学成	四七	大正十年十月十八日	小学毕业,警察
二二五	副巡捕长	八四.五〇	董伯杨	五一	大正十四年十一月十一日	私塾七年,商界
二〇一	副巡捕长	七二.〇〇	穆祥震	四四	昭和六年二月十六日	崇实中学毕业,一等巡官
三一〇	副巡捕长	七一.五〇	訾宝林	三一	昭和八年一月六日	小学毕业,寿半面粉公司职员
一八三	副巡捕长	七三.〇〇	张子万	三一	昭和十一年九月十一日	中日中学卒业,法商肄业
六九	副巡捕长	八六.〇〇	王殿杰	四二	大正十五年十月二一日	小学毕业,铁厂司账
二五九	副巡捕长	八〇.五〇	王筱林	四三	大正十五年三月九日	私塾,统税局稽查员
二〇二	副巡捕长	八三.五〇	石宝枫	四三	大正十二年三月二十日	私塾,商界
三二	副巡捕长	九〇.〇〇	白振山	四七	大正八年五月二八日	私塾五年,五分局警察
六二	副巡捕长	八三.五〇	霍永平	四九	大正十年一月十四日	私塾六年,充禁卫军
一五一	副巡捕长	七一.五〇	张希斌	四四	大正十四年九月十一日	私塾六年,商界
一六三	副巡捕长	七八.〇〇	李恩荣	三八	大正十五年十二月十五日	私塾八年,商界
二三五	副巡捕长	八二.五〇	高俊声	四七	大正十五年十二月九日	小学毕业,警察厅书记
二四四	副巡捕长	八〇.五〇	刘金声	四七	大正十五年十二月九日	私塾四年,商界
二五五	副巡捕长	七四.〇〇	李金鳌	三七	大正十五年十二月九日	小学毕业,东四区警士
二五七	副巡捕长	七八.五〇	李凤藻	四二	大正十五年十二月九日	私塾四年,商界
二三三	副巡捕长	七五.五〇	殷同和	四二	昭和二年五月二日	私塾二年,商界
一九五	副巡捕长	八〇.五〇	毛承泰	四六	昭和二年九月三〇日	私塾六年,商界
三〇九	副巡捕长	七一.〇〇	蓝恩普	三六	昭和三年十月二七日	小学毕业,商界
三三五	副巡捕长	七八.五〇	张凤峨	三八	昭和三年十月二七日	私塾七年,商界
九四	副巡捕长	七三.〇〇	李翰廷	四二	昭和四年三月十六日	私塾七年,中区警察

番号	级别	月收总额	姓名	年龄	任职年月日	履历
八五	副巡捕长	八二.五〇	赵恩湛	三八	昭和五年八月二日	新学书院肄业,惠罗公司
三三七	副巡捕长	七四.五〇	潘自修	三一	昭和六年八月十八日	中学肄业,警士
二三八	副巡捕长	七一.五〇	梁瑷	二九	昭和九年三月十七日	私塾八年
五〇	副巡捕长	六八.〇〇	霍占光	四八	昭和九年三月二十九日	小学毕业,前本署副巡捕长
三八	巡捕	八九.五〇	刘泽田	五三	大正六年十月二十日	小学毕业,警察
八三	巡捕	八九.〇〇	韩文俊	四八	大正十年一月十四日	私塾三年,警士
九二	巡捕	八八.五〇	王福顺	四四	大正八年九月二十九日	小学毕业,一区警士
一三二	巡捕	八五.〇〇	博有德	四五	大正十年二月二十六日	私塾六年,商界
九一	巡捕	八三.〇〇	张文成	五〇	大正十一年一月十二日	私塾
一六一	巡捕	八三.〇〇	赵永年	四六	大正十一年四月十三日	小学卒业,警士
三五	巡捕	八三.五〇	李长贵	四六	大正十二年一月五日	小学五年
一九二	巡捕	八二.〇〇	齐仲三	五二	大正十二年十月二十五日	私塾八年,警士
一五〇	巡捕	八二.五〇	曹文治	四八	大正十三年十一月二十四日	私塾四年,商界
一二一	巡捕	八四.五〇	李玉峰	四〇	大正十年四月三十日	私塾十年,洋布商
二六八	巡捕	八二.〇〇	齐凤元	五一	大正十年十二月九日	私塾五年,洋布庄
四九	巡捕	八二.五〇	阎绍棠	四四	昭和二年三月二十四日	私塾六年,商界
八九	巡捕	八三.五〇	黄幼斋	四四	昭和二年三月二十四日	小学卒毕业,警长
一六五	巡捕	八一.五〇	邢锡綦	四六	昭和二年三月二十四日	小学卒业,警士
八七	巡捕	七八.五〇	刘斌	四五	大正十二年六月二十六日	私塾六年,商界
九六	巡捕	七九.五〇	李东甫	四七	大正十三年八月一日	私塾六年,警士
二二一	巡捕	七八.五〇	郭云山	四四	大正十四年六月六日	私塾四年,大宋庄职员
六六	巡捕	八〇.〇〇	商栋臣	四一	大正十四年九月十一日	私塾四年,警察
一一七	巡捕	八〇.五〇	宋恩和	四二	大正十五年一月八日	小学卒业,商界

番号	级别	月收总额	姓名	年龄	任职年月日	履历
一七三	巡捕	八〇.〇〇	李汉亭	四三	大正十五年 九月一八日	私塾六年,商界
一九七	巡捕	七六.五〇	刘清俊	四〇	大正十五年 九月三〇日	小学六年,巡长
一八七	巡捕	七七.五〇	杨树林	三六	大正十五年 十一月二一日	私塾五年,商界
三四三	巡捕	七九.〇〇	展连奎	五〇	大正十五年 十二月九日	私塾六年,东六区警士
二五〇	巡捕	八〇.〇〇	张荫亭	三九	大正十五年 十二月九日	私塾,五金行司账
二六三	巡捕	八〇.〇〇	周连元	四七	大正十五年 十二月九日	私塾五年
七七	巡捕	七九.五〇	刘庚堂	三八	大正十五年 十二月九日	小学毕业,商界
二七	巡捕	七八.〇〇	萧广明	四八	昭和二年 二月十五日	中学卒业,银行练习生
一二九	巡捕	七九.五〇	马国庆	四三	昭和二年 三月二十四日	小学毕业,商界
一一〇	巡捕	七八.五〇	史文俊	五〇	昭和二年 九月三十日	私塾,警察
一七七	巡捕	七七.五〇	赵儒樵	四七	昭和三年 四月三十日	警察教练所卒业,警长
二九二	巡捕	七八.五〇	王明山	四一	昭和三年 四月三十日	私塾五年,商界
三一一	巡捕	八〇.五〇	孙广成	四二	昭和三年 十月二十七日	私塾四年,商界
三二四	巡捕	八〇.五〇	赵长庚	四五	昭和三年 十月二十七日	私塾六年,商界
三四四	巡捕	八〇.五〇	傅缄三	四五	昭和四年 三月二十二日	小学卒业,铁路巡长
二七九	巡捕	七四.五〇	唐家林	三九	昭和八年 一月十五日	警察传习所,巡官
三二九	巡捕	七二.五〇	乐耀章	四五	昭和三年 十月二十七日	小学卒业,商
二六二	巡捕	七八.〇〇	范墨林	四六	大正十五年 十二月十五日	私塾九年,马兵
三	巡捕	七二.五〇	李树越	四四	昭和五年 四月四日	私塾,警察
四	巡捕	七二.〇〇	王国泰	四〇	昭和六年 二月二八日	初小三年,商界
九	巡捕	七二.五〇	穆瑞廷	三三	昭和四年 八月十二日	私塾六年,商界
一四	巡捕	七四.五〇	华文治	五一	昭和三年 三月六日	私塾三年,警厅差遣
一八	巡捕	七三.五〇	管晓峰	四七	昭和二年 五月二十日	私塾七年,木匠

番号	级别	月收总额	姓名	年龄	任职年月日	履历
二五	巡捕	七三.〇〇	陈筱泉	三九	昭和三年 三月五日	小学毕业,商界
三五二	巡捕	七三.五〇	刘俊山	四五	昭和九年 四月二十七日	警察传习所卒业,所长
三三	巡捕	七二.五〇	席汉清	四〇	昭和八年 三月八日	小学四年,商
三四	巡捕	七四.〇〇	曹文起	三四	昭和八年 一月三十一日	初中肄业,快报社职员
三七	巡捕	七五.〇〇	傅鸿年	四五	昭和八年 四月十一日	小学毕业,军界
四一	巡捕	七三.五〇	王士洪	三七	昭和六年 一月十七日	小学毕业,新闻记者
四八	巡捕	七一.〇〇	苑 文	三五	昭和六年 十一月一日	私塾六年,商界
五六	巡捕	七四.〇〇	李振鹏	四一	昭和四年 三月二三日	小学肄业
六三	巡捕	七四.五〇	刘存起	四三	昭和九年 六月二五日	私塾六年,商界
六五	巡捕	七三.〇〇	陆仰亭	四六	昭和二年 五月一日	小学毕业,商界
六七	巡捕	七四.五〇	田逸氏	三四	昭和十一年 八月七日	初中卒业,小学教员
六八	巡捕	七五.〇〇	毛学章	三九	大正十年 九月三十日	小学六年
七一	巡捕	七三.五〇	许国珍	三一	昭和十一年 一月二十五日	私商卒业,元隆绸庄
七二	巡捕	七三.五〇	刘 儒	四四	昭和五年 十一月五日	小学毕业,商界
七九	巡捕	七一.五〇	杨宝田	五四	大正十二年 八月十日	私塾六年,同孚新粮店
八一	巡捕	七三.〇〇	赵延荣	三七	昭和四年 五月九日	商业学校毕业,商
九三	巡捕	七四.〇〇	朱学熹	三四	昭和十年 二月八日	小学卒业,清喜洋行
一〇二	巡捕	七二.〇〇	张仁昌	三五	昭和七年 二月二四日	小学卒业,警士
一一一	巡捕	七四.〇〇	刘玉林	四〇	昭和九年 四月九日	小学卒业,洋货庄
一一四	巡捕	七二.〇〇	王士英	三三	昭和八年 八月二十五日	小学卒业,警士
一三〇	巡捕	七五.〇〇	赵鹤亭	五〇	昭和五年 七月一日	私塾,督察副官
一三一	巡捕	七五.〇〇	韩富年	四五	昭和五年 五月十三日	小学卒业,警士
一三三	巡捕	七五.五〇	宋恩荣	四九	昭和二年 七月三十一日	私塾四年,商

番号	级别	月收总额	姓名	年龄	任职年月日	履历
一三六	巡捕	七二.〇〇	王子光	三二	昭和九年 八月二五日	小学卒业,林务局
一三七	巡捕	七三.〇〇	王吉祥	三三	昭和六年 九月一七日	初小卒业
一三九	巡捕	七五.五〇	高长泰	四三	昭和三年 十月二九日	私塾六年,五金行职员
一四〇	巡捕	七三.五〇	胡万青	四〇	昭和七年 三月九日	小学卒业,商
一四一	巡捕	七三.〇〇	吴宝华	四二	昭和五年 十一月五日	私塾五年,警士
一四八	巡捕	七三.〇〇	刘玉琛	四八	昭和二年 十一月十一日	私塾五年,商
一五三	巡捕	七四.〇〇	王英海	三五	昭和五年 十一月五日	小学卒业,商
一五九	巡捕	七二.〇〇	殷汝亭	三五	昭和七年 三月一日	私塾四年,玻璃庄同人
一六二	巡捕	七二.五〇	丁国樑	二九	昭和十年 六月十九日	小学肄业,法院录事
一六八	巡捕	七二.〇〇	周松龄	三六	昭和七年 三月二四日	小学卒业,路局小管公司
一七〇	巡捕	七二.〇〇	范仲超	三七	昭和七年 五月三十一日	小学卒业,烟酒事务局
一七二	巡捕	七一.五〇	吕子元	三五	昭和八年 十二月九日	小学卒业,警士
一七六	巡捕	七二.〇〇	张君度	三五	昭和八年 六月十五日	私塾八年,商
一七九	巡捕	七四.五〇	王国栋	四〇	昭和八年 一月十二日	小学卒业,货商
一八一	巡捕	七一.〇〇	王致诚	三三	昭和七年 三月二二日	小学卒业,洋布庄
一八二	巡捕	七〇.五〇	云子言	三九	昭和二年 十一月三十日	小学卒业,商
一八四	巡捕	七四.五〇	米文华	三五	昭和九年 七月二十五日	小学毕业,汽车稽查
一八九	巡捕	七三.五〇	朱文章	四三	昭和四年 十二月二四日	私塾八年,商
一九四	巡捕	七二.五〇	马树培	三五	昭和九年 二月二七日	小学六年,商
二〇五	巡捕	七二.〇〇	刘壁□	三六	昭和二年 十一月一日	小学卒业,商
二〇六	巡捕	七五.〇〇	赵子珍	三八	昭和八年 一月十六日	小学卒业,商
二〇九	巡捕	七〇.五〇	黄鹤龄	四九	昭和五年 四月四日	小学卒业,学兵
二一〇	巡捕	七四.〇〇	王月增	三七	昭和六年 三月十八日	小学卒业,商

番号	级别	月收总额	姓名	年龄	任职年月日	履历
二一四	巡捕	七二.〇〇	刘连荣	三四	昭和九年 九月二五日	小学卒业，商
二一七	巡捕	七三.五〇	李忠义	三六	昭和六年 十一月二十三日	小学六年，商
二二〇	巡捕	七五.〇〇	王鸿宾	三二	昭和七年 六月一日	小学毕业
二二三	巡捕	七一.〇〇	安兰坡	四八	昭和九年 七月十日	私塾八年，警士
二二四	巡捕	七三.〇〇	姜利生	四〇	昭和四年 九月一日	小学卒业，商
二二七	巡捕	八〇.五〇	鲍德福	四二	大正四年 十二月三十日	私塾八年
二二八	巡捕	七五.五〇	王振海	四二	大正十五年 九月三十日	小学卒业，商
二六九	巡捕	七四.〇〇	程永明	四七	昭和四年 三月十六日	私塾十年，学兵
二七〇	巡捕	七二.五〇	王鸿瑞	四八	昭和十五年 十二月二八日	私塾五年，银行
二七一	巡捕	七二.〇〇	张筱亭	四六	昭和二年 三月二四日	私塾四年，商界
二七二	巡捕	七四.五〇	饶贵林	三〇	昭和八年 十二月九日	高小毕业，北洋沙厂职员
二七六	巡捕	七三.五〇	张德贵	四七	昭和三年 四月三十日	私塾五年，商界
二七七	巡捕	七二.五〇	倪占元	四六	昭和三年 四月三十日	私塾四年，京奉铁路警察
二七八	巡捕	七一.〇〇	郭仪清	三六	昭和四年 四月十二日	私塾五年
二八〇	巡捕	七三.〇〇	白荣奎	三六	昭和七年 十一月二十四日	高小毕业
二八一	巡捕	七四.〇〇	洪墨林	四〇	昭和三年 十月二七日	私立小学四年，前商界
二八七	巡捕	七五.〇〇	郭凤举	三九	昭和三年 四月三十日	高小卒业，锦州车站练习生
二九〇	巡捕	七三.〇〇	史雁	三〇	昭和九年 八月二五日	初中肆业，京汉铁路警士
二九一	巡捕	七三.〇〇	黄耀泉	四〇	昭和三年 四月三〇日	高小毕业，中和党药局职员
二三六	巡捕	七四.五〇	张凤杨	四二	昭和五年 六月一日	私塾八年，禁烟职员
二三七	巡捕	七二.〇〇	褚维埔	三一	昭和十年 七月一日	私塾七年，商
二四一	巡捕	七二.〇〇	井鸣藻	四四	昭和三年 四月七日	小学卒业，警厅书记
二四二	巡捕	七二.五〇	陈金励	四一	昭和四年 十一月二十日	小学毕业，商

日租界

番号	级别	月收总额	姓名	年龄	任职年月日	履历
二四六	巡捕	七一.〇〇	卢文彦	三六	昭和五年 六月五日	小学卒业,商
二四七	巡捕	七一.五〇	冯德奎	四八	昭和五年 五月一日	私塾四年,南京造币厂
二五一	巡捕	七五.五〇	马凤鸣	五〇	昭和三年 十月二四日	私塾四年,警士
二五四	巡捕	七一.五〇	董广智	三六	昭和四年 八月十二日	小学卒业,商
二六〇	巡捕	七三.五〇	于文贵	四四	大正十年 十二月九日	私塾三年,商
二六一	巡捕	七三.〇〇	杨泊泉	三一	昭和六年 八月三一日	小学卒业
二六四	巡捕	七三.〇〇	李幼清	三六	昭和九年 七月十五日	师范学校,商
二六六	巡捕	七三.五〇	赵子安	四四	大正十五年 十二月九日	私塾,铁路宾馆
二九三	巡捕	七三.〇〇	张文生	三九	昭和四年 一月十六日	模范小学四年,西区警士
二九四	巡捕	七五.五〇	赵春茂	四四	昭和三年 四月三十日	私塾六年,前商界
二九五	巡捕	七五.五〇	侯清岐	四〇	昭和三年 四月三十日	私塾十年,前商界
二九八	巡捕	七四.五〇	刘福森	四三	昭和三年 十月二十七日	高小毕业,北京馨斋
三〇四	巡捕	七四.〇〇	徐永斌	四六	大正十五年 九月三十日	私塾五年,前华界警士
三〇五	巡捕	七一.五〇	苗树清	三四	昭和七年 十二月八日	高小毕业,商界
三〇六	巡捕	七二.〇〇	杭士瑞	四二	昭和五年 六月一日	私塾八年,棉布商
三〇七	巡捕	七三.五〇	张子文	四三	昭和四年 五月二四日	高小学校毕业
三〇八	巡捕	七四.五〇	萧树清	三八	昭和三年 十月二十七日	高小卒业,庆昌永木行职员
三一二	巡捕	七四.〇〇	崔英云	四一	昭和四年 五月二四日	高小卒业,援远警察局书记
三一五	巡捕	七一.〇〇	姚学义	三〇	昭和六年 六月十一日	共立学校毕业,三泰公司同人
三一七	巡捕	七四.〇〇	郭金榜	四〇	昭和三年 十月二十七日	私塾五年
三一八	巡捕	七二.〇〇	罗宗周	四〇	昭和三年 十一月三十日	高小毕业,华界警士
三二一	巡捕	七〇.五〇	丁富田	四五	昭和三年 十月二十七日	私塾,前华警
三二三	巡捕	七三.五〇	安玉珠	四五	昭和四年 一月十六日	私塾三年,商界

213

番号	级别	月收总额	姓名	年龄	任职年月日	履历
三二二	巡捕	七一.〇〇	张文友	三九	昭和八年五月十二日	私塾四年,商界
三二五	巡捕	七三.五〇	陈玉良	四二	昭和三年十月二十七日	小学五年
三二六	巡捕	七三.五〇	安象炎	四一	昭和六年十一月二十一日	私塾五年,商界
三二七	巡捕	七四.〇〇	黄德永	四一	昭和四年一月十六日	私塾六年,商界
三三四	巡捕	七四.五〇	彭金藻	四五	昭和五年十二月十九日	私塾,烟酒公卖局职员
三四三	巡捕	七五.〇〇	邢亚民	二九	昭和八年六月十五日	公立商科中学肄业
三四七	巡捕	七一.五〇	程耀亭	三〇	昭和九年一月八日	私塾,市政府办事员
三四九	巡捕	七二.五〇	李景堂	三八	昭和九年一月九日	初小肄业,警士
三五〇	巡捕	七二.〇〇	贾鹤鸣	三五	昭和九年一月八日	汇文中学卒业,五金行
三五三	巡捕	七二.〇〇	李振和	三九	昭和九年二月二十七日	私塾四年
三五四	巡捕	七一.〇〇	翟王堂	三六	昭和九年二月二十七日	私塾七年,商界
三五八	巡捕	七四.〇〇	殷鸿泉	三二	昭和十年五月十日	小学卒业,商界
三五九	巡捕	七二.五〇	李鸿两	三二	昭和十年五月十日	小学卒业,老仲记正金行
三六〇	巡捕	七二.五〇	曹国宝	三二	昭和十年五月十日	小学五年,投单局职员
六	巡捕	七四.五〇	王兴有	四五	昭和六年十二月四日	小学卒业,商界
二四九	巡捕	七二.〇〇	吴海源	三八	昭和七年八月十八日	小学卒业,商界
三〇〇	巡捕	七二.五〇	王致纯	三五	昭和三年十一月二十四日	汇文中学肄业
三〇一	巡捕	七二.〇〇	李秉田	三〇	昭和九年三月十三日	私塾,杂货商
三〇二	巡捕	七五.五〇	刘丙午	三六	昭和九年三月十三日	小学毕业,警士
三〇三	巡捕	七四.〇〇	周广明	三四	昭和八年四月二十一日	小学卒业,旭日铁工厂
三三一	巡捕	七三.〇〇	倪贵斌	三七	昭和六年十一月四日	小学卒业,商界
二八二	巡捕	七二.〇〇	邵子良	三六	昭和十三年四月六日	私塾,汇通公司司机
三四一	巡捕	七二.〇〇	吴锡桐	二九	昭和九年四月二十五日	共立小学卒业,商界

番号	级别	月收总额	姓名	年龄	任职年月日	履历
一二六	巡捕	七〇.〇〇	穆祥华	三三	昭和六年 八月十八日	小学毕业,洋行职员
四一一	巡捕	六五.〇〇	张裕和	二七	昭和十三年 六月三日	中学肄业,正兴德司账
二四八	巡捕	七二.五〇	杨秀峰	三六	昭和六年 十二月五日	小学卒业,商界
二七五	巡捕	七四.〇〇	张文治	五三	昭和三年 四月三十日	小学四年,油漆工业
二四五	巡捕	七一.五〇	王连科	四四	昭和三年 三月二十三日	私塾五年,纱厂
二三	巡捕	七一.五〇	王鲁华	三二	昭和九年 一月十一日	小学,洋行店员
一〇六	巡捕	六七.五〇	石玉明	二八	昭和十一年 八月七日	小学卒业,电影公司
一二三	巡捕	七一.〇〇	丁伯臣	三四	昭和八年 二月十八日	私塾,商
一三四	巡捕	六八.五〇	李桐林	三〇	昭和十一年 八月二二日	小学卒业,钱庄
一五五	巡捕	七一.〇〇	朱元璧	三一	昭和十年 八月十一日	甲商肄业,商
一七一	巡捕	七〇.〇〇	赵学书	四五	昭和六年 六月一日	私塾四年,商
二一九	巡捕	六九.五〇	宋家祥	四三	昭和九年 九月二五日	小学卒业,警士
三三三	巡捕	七二.〇〇	乐武元	三九	昭和三年 十月二十七日	私塾八年,商
三四八	巡捕	六八.五〇	徐玉森	二八	昭和九年 一月九日	小学卒业,商
三六二	巡捕	六七.〇〇	刘培绪	二四	昭和十五年 九月三日	中学三年,司机
三七二	巡捕	六七.〇〇	朱庆林	二六	昭和十五年 九月三日	小学肄业,汽车行
四四七	巡捕	六七.〇〇	胡金锜	二四	昭和十五年 九月三日	小学卒业,商
四四六	巡捕	六一.〇〇	赵君达	三〇	昭和十五年 五月二一日	确县师范,事务员
一〇	巡捕	五六.〇〇	齐世元	二七	昭和六年 十月十五日	天津师范卒业,小学教员
二二	巡捕	六七.〇〇	张松年	二七	昭和十一年 四月二日	中学一年,商
五一	巡捕	六五.〇〇	张恩铭	二七	昭和十一年 四月二十二日	小学卒业,银号
一二五	巡捕	六六.五〇	于鼎钟	二九	昭和十一年 四月二日	中学三年,公司职员
二四五	巡捕	六五.五〇	于畋珍	二八	昭和十一年 四月二日	小学卒业,烟草公司

番号	级别	月收总额	姓名	年龄	任职年月日	履历
二五二	巡捕	六七.〇〇	王金墉	三〇	昭和十一年五月八日	法汉中学卒业
二五三	巡捕	六六.五〇	赵敬三	三四	昭和十一年二月十日	私塾四年,铁路警
二五六	巡捕	六六.〇〇	贾凤岐	二九	昭和十一年五月二十日	初中卒业,稽查员
二八八	巡捕	六六.〇〇	王文吉	二九	昭和十一年十月一日	小学卒业,五金行
三四二	巡捕	六五.〇〇	陈英明	二七	昭和十一年六月九日	小学卒业,商
三五一	巡捕	六六.〇〇	刘亚昌	三一	昭和十一年三月三日	小学卒业,商
三六三	巡捕	六七.〇〇	程宝祥	三四	昭和十一年四月二日	小学卒业,电报员
三六五	巡捕	六六.五〇	刘学纯	三五	昭和十一年四月二日	甲种商业卒业,商
三六六	巡捕	六六.五〇	张瑞林	三三	昭和十一年四月二日	初中卒业,商
三五六	巡捕	六八.五〇	王明泉	二六	昭和十二年四月十九日	新京公学肄业,庸报
三六七	巡捕	六七.〇〇	张童三	三三	昭和十一年四月二日	小学卒业,商
三七三	巡捕	六七.〇〇	刘富钧	二六	昭和十五年四月十二日	小学卒业
三七四	巡捕	六七.〇〇	赵永贵	三〇	昭和十二年四月十二日	小学卒业,商
三七八	巡捕	六八.〇〇	张抽祥	三一	昭和十一年四月二日	甲种商业肄业,商
三八二	巡捕	六六.五〇	陈聘卿	三三	昭和十二年四月十二日	甲种商业肄业,商
三六一	巡捕	六六.〇〇	白庆林	二八	昭和十二年一月十四日	私塾,商
二八	巡捕	六四.〇〇	赵惠科	二七	昭和十二年七月十七日	小学卒业,中原公司职员
五三	巡捕	六五.〇〇	王金麟	三〇	昭和十三年二月二七日	小学卒业,北洋印字馆
五九	巡捕	六六.〇〇	马汝曹	二九	昭和十三年四月二四日	小学卒业,电车公司
六〇	巡捕	六三.〇〇	李秉钧	三一	昭和十一年八月四日	初中卒业,商
一一五	巡捕	六四.〇〇	张致礼	三四	昭和十三年七月十七日	初中肄业,印刷局
一一六	巡捕	六五.〇〇	张玉全	三一	昭和十一年三月三日	小学卒业,洋行职员
一一九	巡捕	六四.五〇	王金祥	二九	昭和十三年三月二一日	小学卒业,商

番号	级别	月收总额	姓名	年龄	任职年月日	履历
一四九	巡捕	六七.五〇	张央芝	三四	昭和十二年七月十七日	初中肄业,商
一八〇	巡捕	六四.〇〇	冠恩荣	三八	昭和十三年二月二十二日	私塾四年,商
一九八	巡捕	六七.五〇	王捷三	三五	昭和十三年二月二十四日	私塾服制店,司账
二〇四	巡捕	六四.〇〇	何国宝	三二	昭和十三年三月七日	私塾三年,商
二一一	巡捕	六四.五〇	刘中和	三六	昭和十二年七月十七日	私塾七年,商
二五八	巡捕	六四.五〇	李才文	三〇	昭和十三年六月三日	小学四年,商
二六七	巡捕	六七.五〇	刘俊展	三八	昭和十二年七月十七日	东昌简易师范,教员
二八六	巡捕	六五.五〇	陈恩波	三〇	昭和十三年二月二十八日	中学二年,商
三一九	巡捕	六六.〇〇	周广智	三一	昭和十二年七月十七日	小学卒业,南开学校事务
三二八	巡捕	六六.五〇	陈振铭	三九	昭和十三年二月二十三日	小学卒业
三三二	巡捕	六六.〇〇	王瑞廷	三一	昭和十二年七月十七日	县立高中毕业,商三年
三四〇	巡捕	六七.五〇	李自明	三五	昭和十三年二月二十二日	私塾,木行司账
三六四	巡捕	六七.五〇	王 毅	三〇	昭和十一年四月二日	中学四年,洋货店员
三七六	巡捕	六三.〇〇	闫东亮	二八	昭和十二年三月十二日	高小毕业
三八〇	巡捕	六四.〇〇	韩恩荣	二七	昭和十三年三月七日	高小毕业
三八一	巡捕	六五.〇〇	李良才	三〇	昭和十三年二月二十二日	高小卒业,财政局征收员
三八四	巡捕	六四.〇〇	朱宗熹	三〇	昭和十二年四月十二日	私塾六年,五金行店员
三八七	巡捕	六五.〇〇	张凤鸣	三一	昭和十三年二月二十一日	小学卒业
三八八	巡捕	六四.〇〇	张文煜	二八	昭和十三年二月二十二日	小学卒业,恒源纱厂练习生
四一四	巡捕	六三.五〇	孙树贵	二九	昭和十三年六月三日	师范中学卒业,汽车稽查
一	巡捕	六四.〇〇	王树兴	三三	昭和十三年二月二十二日	小学卒业,第九局征收员
一〇七	巡捕	六三.〇〇	沙崇明	二四	昭和十六年五月二日	共立学校毕业,汽车行学徒
二三二	巡捕	六四.五〇	高文煜	三一	昭和十二年七月十七日	小学毕业,布庄职员

番号	级别	月收总额	姓名	年龄	任职年月日	履历
一四三	巡捕	六五.五〇	刘仲林	三二	昭和十三年六月三日	小学毕业,电料行
三八九	巡捕	六六.〇〇	赵克久	三六	昭和十三年六月三日	小学卒业,商界
三九〇	巡捕	六五.〇〇	杨金榜	二七	昭和十三年六月三日	小学卒业,中原公司职员
三九七	巡捕	六四.五〇	周景森	三〇	昭和十三年六月三日	私塾,商界
四〇〇	巡捕	六三.五〇	陈伯光	二七	昭和十三年六月三日	小学毕业,商界
四〇四	巡捕	六六.五〇	杨文华	三〇	昭和十三年六月三日	甲种商业广告社职员
四〇八	巡捕	六六.五〇	宋旭来	三一	昭和十三年六月三日	初中肄业,商界
四一七	巡捕	六四.〇〇	闻两舟	二六	昭和十三年六月三日	小学毕业,报关行
四一九	巡捕	六四.〇〇	刘思铎	二九	昭和十三年六月三日	共立学校毕业,商界
四二〇	巡捕	六三.〇〇	吴宗智	二五	昭和十三年六月三日	小学卒业
四二四	巡捕	六五.五〇	任志新	二九	昭和十三年六月三日	小学六年,古玩商
四二六	巡捕	六四.〇〇	杨文典	三〇	昭和十三年六月三日	小学四年,商界
四二七	巡捕	六五.〇〇	石长亭	三五	昭和十三年六月三日	小学卒业,商界
四一二	巡捕	六四.〇〇	李国平	二五	昭和十三年六月三日	共立学校毕业,煤厂职员
四二二	巡捕	六五.五〇	韩家祺	三七	昭和十三年六月三日	私塾,商界
三〇	巡捕	六二.〇〇	隋承义	三〇	昭和十四年三月十日	小学毕业,玉金行职员
八六	巡捕	六二.〇〇	陈祖濂	二四	昭和十四年七月一日	小学毕业,报馆练习生
一四六	巡捕	六〇.五〇	张福海	二六	昭和十二年七月十七日	职业中学毕业,商界
一六〇	巡捕	六〇.〇〇	李文和	二五	昭和十四年七月一日	小学五年
二二二	巡捕	六五.五〇	洪云起	三五	昭和十四年三月十日	小学卒毕,商界
二七三	巡捕	六二.〇〇	纪元信	二三	昭和十四年七月一日	初中肄业
三一三	巡捕	六一.〇〇	郭世昌	三一	昭和十三年六月三日	中学肄业,银号职员
三五五	巡捕	六〇.〇〇	池剑秋	二七	昭和十四年三月十日	初中肄业,洋行职员

番号	级别	月收总额	姓名	年龄	任职年月日	履历
三九四	巡捕	六一.〇〇	陈鸿宾	二八	昭和十三年三月六日	小学毕业,商界
三九六	巡捕	六〇.〇〇	张华舫	二六	昭和十三年三月六日	小学毕业,二厂职员
三九八	巡捕	六三.五〇	康雅民	二九	昭和十四年三月十日	小学毕业,大康银号
四〇二	巡捕	六二.〇〇	赵文英	三〇	昭和十四年七月一日	小学卒业,矿务局职员
四〇五	巡捕	六一.〇〇	姚金宝	二二	昭和十四年七月一日	中学肄业,东来洋行职员
四〇六	巡捕	六二.〇〇	李庆山	二八	昭和十四年七月一日	小学卒业,大福源鲜货庄司账
四〇七	巡捕	六四.〇〇	郑铎三	三五	昭和十三年六月三日	小学五年,商界
四一五	巡捕	六一.〇〇	赵振典	三〇	昭和十三年六月三日	小学毕业,商界
四一八	巡捕	六〇.〇〇	陈大器	二四	昭和十三年六月三日	初中职业毕业,商界
四二三	巡捕	六二.〇〇	张维翰	二九	昭和十三年六月三日	小学卒业,商界
四三三	巡捕	六二.五〇	毛彦卿	二四	昭和十四年三月十日	小学毕业
四三六	巡捕	六二.〇〇	杨文浦	三〇	昭和十四年三月十日	中学毕业,财政局征收员
四三九	巡捕	六三.五〇	高桂书	三〇	昭和十四年七月一日	中学肄业,财政局征收员
四四〇	巡捕	六二.〇〇	刘子洲	二六	昭和十四年七月一日	小学卒业,商界
四四一	巡捕	六〇.〇〇	侯兆玉	二五	昭和十四年七月一日	中学肄业,制版社技师
四四三	巡捕	六二.〇〇	王彦诚	三五	昭和十四年七月一日	初小卒业,造纸公司职员
二九七	巡捕	六三.五〇	刘文钊	三〇	昭和十四年三月十日	中学肄业,利源钱庄司账
三五七	巡捕	六一.五〇	贾文斌	三一	昭和十四年三月十日	法汉学校肄业,电电工友
三七〇	巡捕	六一.〇〇	贾祥起	二五	昭和十四年七月一日	中日中学肄业
三九二	巡捕	六一.〇〇	罗文藻	三一	昭和十三年六月三日	小学卒业,津路印刷部工部
四二九	巡捕	六二.〇〇	李贵安	二六	昭和十四年三月十日	新民中学卒业
二一	巡捕	六一.〇〇	王家彦	二五	昭和十四年三月十四日	小学卒业
七八	巡捕	六〇.〇〇	王庆禄	二八	昭和十五年五月二一日	甲商二年,东洋制纸记账

番号	级别	月收总额	姓名	年龄	任职年月日	履历
二八	巡捕	六二.〇〇	洪宝章	二三	昭和十五年五月二一日	法汉初中卒业,商界
四四八	巡捕	六一.〇〇	刘文恺	三三	昭和十五年五月二一日	私商卒业,唐官屯分局长
二〇	巡捕	五九.〇〇	陈鸿藻	三〇	昭和十四年七月一日	小学卒业,商界
四四	巡捕	六〇.〇〇	王鸿卿	二八	昭和十五年十月二一日	小学卒业,商界
五二	巡捕	六〇.〇〇	黎中枢	二九	昭和十六年二月二十五日	小学卒业,中原公司店员
六四	巡捕	五八.〇〇	吴庆和	二九	昭和十六年二月十五日	汇文中学卒业,盐务队队副
九八	巡捕	六〇.〇〇	商福麟	三〇	昭和十五年五月一十一日	小学卒业,东棉仓库司账
一〇五	巡捕	五七.〇〇	徐耀	二三	昭和十六年二月十五日	渤海中学二年,商界
一〇九	巡捕	五八.〇〇	吕福荣	二四	昭和十五年五月二一日	小学卒业,劳工协会职员
一六六	巡捕	五八.〇〇	穆维邦	二六	昭和十六年二月十五日	初中卒业,青训班职员
一七四	巡捕	六一.〇〇	梁显廷	二六	昭和十五年五月二十一日	小学卒业
一九〇	巡捕	五七.〇〇	王致祥	二五	昭和十五年五月二十一日	小学卒业,皮毛公司职员
一九六	巡捕	五七.〇〇	张魁元	二三	昭和十六年二月十五日	小学肄业,电料行
二〇〇	巡捕	五九.〇〇	邵承铭	二七	昭和十六年二月十五日	小学卒业,开明电气职员
二二九	巡捕	五九.〇〇	穆兰甫	二七	昭和十五年十月二一日	共立第五小学卒业,前华北烟公司司账
二三九	巡捕	五七.〇〇	陈英宗	二四	昭和十五年五月二一日	育英小学毕业
二四〇	巡捕	五九.〇〇	刘金平	二六	昭和十五年五月二十一日	私塾六年,前华警
二七四	巡捕	五九.〇〇	张鸿慈	二八	昭和十五年五月二十一日	高小卒业,前思兴油房司账
二八三	巡捕	六二.〇〇	任桂林	三六	昭和十五年七月十六日	保定模范学校卒业,前华警
二九六	巡捕	五七.〇〇	刘守和	二八	昭和十五年五月二一日	第一中学卒业,午报社
三一四	巡捕	六一.〇〇	宋士慧	二八	昭和十五年七月十六日	高小卒业
三二〇	巡捕	六〇.〇〇	李世昌	二九	昭和十五年七月十六日	小学卒业,商界
三三六	巡捕	六〇.〇〇	孙凤梧	二五	昭和十六年五月二一日	□中四年肄业

番号	级别	月收总额	姓名	年龄	任职年月日	履历
三四六	巡捕	五八.〇〇	张士祺	二四	昭和十六年二月十五日	初小毕业,米庄司账
三八三	巡捕	五八.〇〇	马光荣	二六	昭和十六年二月十五日	大城具初中卒业
三九一	巡捕	六〇.〇〇	张锡泽	三一	昭和十五年五月二十一日	初中肄业,教员
三九三	巡捕	五八.〇〇	姚家祯	二四	昭和十五年十月二十一日	高小卒业,新氏会文书
四〇九	巡捕	五九.〇〇	张宗星	二七	昭和十六年二月十五日	初中卒业,大东公司
四一三	巡捕	五九.〇〇	孙文藻	二七	昭和十六年二月十五日	高小卒业,油漆业
四二八	巡捕	五七.〇〇	胡钟樊	二三	昭和十六年二月十五日	高小卒业
四三〇	巡捕	五九.〇〇	魏竹铭	二五	昭和十五年五月二十一日	高小卒业,交通公司
四三四	巡捕	六二.〇〇	郭士权	三一	昭和十六年二月十五日	高小卒业,电话匠
四四五	巡捕	五八.〇〇	郭星五	二七	昭和十五年十月二日	高小卒业,唱机公司职员
四三五	巡捕	六三.〇〇	穆瑞福	二八	昭和十五年五月二日	高小卒业,铁路局局员
四四九	巡捕	六一.〇〇	穆祥惠	三〇	昭和十五年五月二十一日	中学卒业,牙税稽查
四五〇	巡捕	六一.〇〇	李金铭	二八	昭和十五年五月二十一日	高小毕业,光明料器厂
四五一	巡捕	六二.〇〇	康耀武	二八	昭和十五年五月二十一日	中学肄业,公安局警长
四五二	巡捕	五七.〇〇	王德明	二五	昭和十五年五月二十一日	私塾四年,商界
四五三	巡捕	六〇.〇〇	刘子云	二七	昭和十五年五月二十一日	高中毕业,商界
四五四	巡捕	六〇.〇〇	冯德林	三〇	昭和十五年五月十五日	初中卒业,商界
四五六	巡捕	六二.〇〇	杨嘉棠	二七	昭和十五年五月二十一日	商职卒业,国际运输公司
四五七	巡捕	六一.〇〇	石宝印	二七	昭和十五年五月二十一日	小学毕业,商界
四五八	巡捕	六一.〇〇	饶贵省	二四	昭和十五年五月二十一日	高小卒业,通译
四五九	巡捕	五九.〇〇	王庆云	二七	昭和十五年五月二十一日	高小卒业,商业
二〇八	巡捕	五八.〇〇	赵廷瑞	二五	昭和十五年五月二十一日	高小卒业,商业

番号	级别	月收总额	姓名	年龄	任职年月日	履历
四〇三	巡捕	五九.〇〇	王辅臣	三一	昭和十五年十二月一日	小学卒业,前三聚鞋店员
五	巡捕	五九.〇〇	郑承林	二六	昭和十六年四月三十日	模范学校卒业,前火隆洋行店员
一五	巡捕	五八.〇〇	王文起	二三	昭和十六年四月三十日	高小毕业
五八	巡捕	六一.〇〇	周文成	二七	昭和十六年六月三十日	河北初中卒业,前天津铁路局检收员
一八八	巡捕	五八.〇〇	王鸿才	二二	昭和十六年四月三十日	高小卒业,前同仁公司职员
三三八	巡捕	五九.〇〇	王恩科	二六	昭和十五年五月二十一日	高小卒业,前天津鱼类牙税调查
三七七	巡捕	五七.〇〇	王瑞尘	二二	昭和十六年二月十五日	初中卒业
四二一	巡捕	五九.〇〇	张新民	二四	昭和十六年五月九日	高小卒业,商界
四三七	巡捕	五九.〇〇	周文通	二九	昭和十六年五月九日	高小卒业,慎昌电气商行职员
四六〇	巡捕	五九.〇〇	洪振玉	二八	昭和十六年十月二十一日	高小卒业,商界
四六六	巡捕	五八.〇〇	张金寅	二七	昭和十六年四月三十日	高小卒业永兴洋行店员
四五	巡捕	五九.〇〇	王文耀	二三	昭和十六年二月十五日	高小卒业,商界
四六四	巡捕	五八.〇〇	訾宝铎	二六	昭和十六年四月三十日	模范小学卒业
四六七	巡捕	五七.〇〇	杨锦升	二五	昭和十六年四月三十日	高小卒业,报界
四六五	巡捕	五八.〇〇	王福馨	二二	昭和十六年四月三十日	小学卒业,国际职员
四六八	巡捕	五八.〇〇	吕振山	二四	昭和十六年四月三十日	高小卒业,民团职员
四六九	巡捕	五八.〇〇	徐树辰	二八	昭和十六年四月三十日	扶轮学校肄业,北宁铁路见习
四七一	巡捕	五九.〇〇	闫增翰	二七	昭和十六年四月三十日	高小卒业,永增被服厂学徒
一六	巡捕	五六.〇〇	翁秉吉	二七	昭和十六年十月十五日	初中肄业,前棉布行店员
四〇	巡捕	六〇.〇〇	张学宽	二九	昭和十六年十月十五日	商业肄业,大前康天事务所职员
一四七	巡捕	五七.〇〇	苑宝山	三〇	昭和十六年十月十五日	高小卒业,商界
二一六	巡捕	五八.〇〇	刘亚生	二七	昭和十六年十月十五日	高小卒业,商界

番号	级别	月收总额	姓名	年龄	任职年月日	履历
三一六	巡捕	五七.〇〇	王鸿恩	二六	昭和十六年十月十五日	商科中学肄业,前宝兴恒棉店店员
三七九	巡捕	五八.〇〇	董桂林	二七	昭和十六年十月十五日	高小卒业,国光公司职员
三八五	巡捕	五八.〇〇	路秉富	二九	昭和十六年十月十五日	高小卒业,商界
四六一	巡捕	五八.〇〇	张起昌	二九	昭和十六年四月三十日	共立小学卒业,中田工务所职员
四七〇	巡捕	五九.〇〇	娄俊杰	二七	昭和十六年十月十五日	甲种商业卒业,商
一三	巡捕	五五.〇〇	王沛涛	二六	昭和十七年三月十六日	小学卒业
一九	巡捕	五七.〇〇	穆祥发	二三	昭和十七年三月十六日	小学卒业,商界
三一	巡捕	五七.〇〇	张金恒	二五	昭和十七年三月十六日	初中肄业,兴中公司职员
三九	巡捕	五七.〇〇	李宗仁	二八	昭和十七年三月十六日	小学毕业,电报局报差
七五	巡捕	五八.〇〇	萧荫光	二七	昭和十七年三月十六日	小学卒业,商界
一四四	巡捕	五六.〇〇	马家骏	二五	昭和十七年三月十六日	初中肄业,五金行职员
一六七	巡捕	五七.〇〇	穆瑞春	二二	昭和十七年三月十六日	小学卒业,汽车司机
二二六	巡捕	五五.〇〇	黑廷绪	二二	昭和十七年三月十六日	小学卒业
二六五	巡捕	五七.〇〇	刘锦丰	二五	昭和十七年三月十六日	小学卒业,商界
二八四	巡捕	五六.〇〇	吴士俊	二五	昭和十六年十月十五日	小学卒业,商界
一八五	巡捕	五六.〇〇	殳富荣	二八	昭和十六年十月十五日	小学卒业,商界
三三九	巡捕	五九.〇〇	戴中正	二七	昭和十七年三月十六日	小学卒业,商界
三九九	巡捕	五五.〇〇	李文泰	二七	昭和十七年三月十六日	小学肄业,广告公司职员
四六三	巡捕	五七.〇〇	萧连科	二六	昭和十七年三月十六日	小学卒业,永久盐业公司
七〇	巡捕	五五.〇〇	杨玉堂	二五	昭和十七年三月十六日	小学卒业,电报局送报
九五	巡捕	五八.〇〇	孙连增	三〇	昭和十七年五月一日	小学卒业,天津日报社
一四二	巡捕	五五.〇〇	王静文	二一	昭和十七年五月一日	小学卒业,商界

番号	级别	月收总额	姓名	年龄	任职年月日	履历
三三〇	巡捕	五五.〇〇	朱家骥	二三	昭和十七年五月一日	小学毕业,商界
四三	巡捕	五七.〇〇	蔡树林	二二	昭和十七年五月一日	初中二年,铁厂司账
七四	巡捕	五八.〇〇	郝玉怀	二七	昭和十七年五月一日	县立师范二年,皮行
一二〇	巡捕	五五.〇〇	张克正	二一	昭和十七年五月一日	小学卒业,棉布庄店员
一二五	巡捕	五六.〇〇	刘思友	二七	昭和十七年五月一日	小学卒业,照像馆职员
一二七	巡捕	五五.〇〇	贾文元	二六	昭和十七年五月一日	育才初中,商业界
一三八	巡捕	五五.〇〇	时鸿儒	二二	昭和十七年五月一日	小学卒业,正源银号
二〇三	巡捕	五七.〇〇	张文藻	二九	昭和十七年五月一日	小学卒业,商界
一二八	巡捕	五五.〇〇	米占用	二六	昭和十七年五月一日	小学卒业,复兴洋行
二三一	巡捕	五四.〇〇	倪文华	二三	昭和十七年五月一日	小学卒业,钱行
二八九	巡捕	五八.〇〇	从绍周	二六	昭和十七年五月一日	小学卒业,汽车司机
三八六	巡捕	五六.〇〇	冯万有	二五	昭和十七年五月一日	小学卒业,协成印字馆职员
三九五	巡捕	五四.〇〇	徐越	二二	昭和十七年五月一日	究真中学二年
四八二	巡捕	五五.〇〇	孙克鸿	二一	昭和十七年五月一日	小学卒业,统税局稽查员
四二五	巡捕	五四.〇〇	张鸿治	二五	昭和十七年五月一日	小学肄业,印刷局
四三一	巡捕	五六.〇〇	姜金荣	二六	昭和十七年五月一日	私塾,百货店店员
四三二	巡捕	五六.〇〇	李鸿宾	二二	昭和十七年五月一日	中学肄业,五分局警士
四四二	巡捕	五五.〇〇	王家林	二七	昭和十七年五月一日	小学卒业
四四四	巡捕	五四.〇〇	霍长起	二二	昭和十七年五月一日	小学毕业
四五五	巡捕	五五.〇〇	郭德均	二四	昭和十七年五月一日	小学毕业
四三八	巡捕	五四.〇〇	徐连甲	三〇	昭和十七年五月一日	小学毕业,车站检票

(J0001-3-010903)

306. 伪天津特别市公署为纪念国府还都及交还日本租界等事用款给伪财政局训令

1943年6月25日

建国字秘贰第787号

为令行事。查本年国民政府还都三周年纪念及华北政务委员会成立三周年纪念暨友邦日本专管租界交还等庆祝事宜,所有先后搭设庆祝彩牌楼、招待宴会、刊登广告以及各项用款共需国币一万四千三百八十八元九角一分,业经本署垫付在案。合行饬科编制支付概计算书簿,令仰该局查照呈解,以资归垫为要。此令。

计发支付概算书及支出计算书各二份、单据簿一本。

(J0001-3-006914)

307. 伪天津特别市公署为收悉日驻津总领事交付巡捕名簿等件事给伪警察局指令

1943年6月28日

建国字秘壹第1587号

三十二年六月十八日呈一件。为抄呈接收日总领事交付之巡捕名簿等三种,请鉴核由。呈悉。抄件存查。此令。

(J0001-3-010903)

308. 伪天津特别市公署第二科为支付三重纪念镜框费用事呈伪市长王绪高文

1943年8月6日

为签呈事。关于本年庆祝三重纪念用款,曾经签奉批示准发临时费支付在案。兹者,以长条照片为悬挂便利起见,当配装镜框三只共需洋一百八十元。此项用款拟请准予并入三重纪念用款案内追加支付。可否之处,理合签请钧示。

【原档批】可。

中华民国三十二年八月七日四时批回

财政局表报第一五九三号,为遵令解款填具解款表单请鉴核印发回照由。

解款凭单

库字第八〇一号

兹于三十二年十月十五日呈解。钧府令解追加庆祝三重纪念购置长条镜框用款金额一百八十元正。

以上共解一百八十元正,业经解赴钧署兑收,并祈将上项回照印发备案。谨呈天津特别市政府。

天津特别市政府财政局局长李鹏图

中华民国三十二年十二月二日

中华民国三十二年十二月二日解字第一六五号

天津特别市政府财政局遵令解款表　字第1593号							
科目	年度月份	经常临时门	款别	金额		附发文件	备考
临时费	三十二年九月份	临时	钧府追加庆祝三重纪念购置长条镜框用款	一八〇	〇〇	解款联单一纸	
合计				一八〇	〇〇		

财政局局长李鹏图

天津特别市政府印发解款回照表存稿　协字秘贰第715号											
解款机关	科目	年度月份	经常临时门	款别	金额		解款日期	收到日期	指示	附发文件	备考
财政局	临时费	民国三十二年九月	临	本府追加庆祝三重纪念购置长条镜框用款	一八〇	〇〇		民国三十二年十月十五日	准予印发回照	回照一联	
合计					一八〇	〇〇					

(J0001-3-006914)

309.伪天津特别市公署第一、三科为修正伪兴亚区警察分局组织大纲事呈伪市长文

1943年8月21日

为签呈事。据警察局呈为兴亚第二分区拟请增设外勤组等情,卷查该兴亚二区分局组织大纲,并无设置外勤组之规定,复查兴亚第一、二、三区分局,前于设立之际,由警察局分别拟具组织大纲呈署核准有案。惟各该大纲均系临时仓卒拟订,兹经调卷详查,其组织名称不第与原市区各警分局不同,即三个兴亚区亦不一致,似此参差互异,于警政推行不无影响,似应将各该区兴亚区分局组织大纲加以修正,力求调整划一,俾利警务。爰拟具修正兴亚区分局组织大纲(附修正要点说明)随签附呈,拟

226

请批交参事室审核后提会公决。是否有当,理合签请钧夺。

第一科科长周贵梓、第三科科长孟昭兴会呈

(J0001-3-010948)

310.伪天津特别市公署为函送日本法国租界写真纪念册请察存事致伪外交部内务总署函

1943年8月25日

建国字秘外第215号

敬启者:案查天津日本、法国两国专管租界,自经友邦日本暨法国政府各以道义精神交还我国,所有接收情形业经报华北政务委员会核转国民政府行政院备案在案。为资纪念起见,特行制订写真纪念册,分别赠送各有关当局,兹录检同该项纪念册六份随函送上,即希察存。

此上

南京外交部褚部长、南京建设部陈部长、吴大使。附日本租界、法国租界纪念写真册各三本。

北京内署孙(子涵)署长。附纪念册二份。

(J0001-2-000560)

311.伪天津特别市公署财政局局长李鹏图为拨解交还日本租界等用款事呈伪市长王绪高文

1943年9月7日

案奉钧署三十二年六月二十五日建国字秘贰第七八七号训令内开:查本年国民政府还都三周年纪念及华北政务委员会成立三周年纪念暨友邦日本专管租界交还等庆祝事宜,所有先后搭设庆祝彩牌楼、招待宴会、刊登广告以及各项用款共需国币一万四千三百八十八元九角一分,业经本署垫付在案。合行饬科编制支付概计算书簿,令仰该局查照呈解,以资归垫为要。等因。附发概算书二份、计算书二份、单据粘存簿一本。奉此,复核奉发之概计算书及单据簿所列数目,均尚相符,除存候汇转外,所有前项用款一万四千三百八十八元九角一分,已于八月十六日照数拨解钧署核收在案。理合补具解款联单一纸,备文呈送,敬请鉴核印发回照备案,实为公便。谨呈天津特别市市长王。

计呈送解款联单一纸。

解款凭单

库字第三九一号

　　兹于三十二年八月十六日呈解钧署令解庆祝国府还都及华北政委会成立三周年纪念并友邦交还专管租界等项用款金额一万四千三百八十八元九角一分。

　　以上共解一万四千三百八十八元九角一分,业经解赴钧署兑收,并祈将上项回照印发备案。谨呈天津特别市公署。

天津特别市公署财政局局长李鹏图
中华民国三十二年九月七日
(J0001-3-006914)

312.伪天津特别市兴亚一区公所为代理区长就职事致伪银行业同业公会函

1943年9月17日

兴一总文字第一〇号

　　径启者:案奉天津特别市公署建国字秘壹第三零八号任用令内开:令兴亚第一区副区长鞠和旃,兹派该员代理本市兴亚第一区区长。此令。等因。奉此,和旃遵于九月十六日就职视事。除呈报及分函外,相应函达,即希查照为荷。此致天津市银行公会。

代理区长鞠和旃
(J0129-3-004972)

313.伪天津特别市公署参事王敬公等为审核伪警察局兴亚区分局
组织大纲事呈伪市长文

1943年9月22日

　　奉交审核一三两科会签,拟修正警察局各兴亚区分局组织大纲一案,经详加审核,以本市警察局各分局组织规则尚未正式颁行,似应统筹规定,划一组织。其因事务繁简不同,事实上有须增设或酌减之必要者,亦可于规则内订定得以运用范围,似不必对于各兴亚区警察分局另定组织大纲,以免分歧。至原呈所请兴亚二分局拟增设外勤组一节,似应交由主管科查明实际上有无必要,令示遵行。以上意见是否有当,仍候市长钧裁。

参事王敬公、张同亮、于克容谨签
(J0001-3-010948)

314.伪天津特别市公署第一、三科为伪兴亚区警察分局组织规则事呈伪市长文

1943年9月27日

遵奉批示,拟议警察局各分局组织规则一案,经会同拟议,以本市警察局各分局组织规则,委应统筹规定、划一组织,不必单拟各兴亚区分局组织大纲。惟现在警察局组织规则、办事细则尚未呈准,拟俟该项规则、细则核定后,再饬由警察局拟具本市警察局各分局组织规则呈署核办,俾合定制。至兴亚二分局增设外勤组一节,已另案核签请示,理合签请钧鉴。

第一科科长周贵梓、第三科科长孟昭兴谨签

本件由第一科周科长、第三科孟科长、警察局高科长研讨意见逐项粘条拟注于后供作参考。

修正天津特别市公署警察局各兴亚区分局组织大纲

一、各兴亚区分局依其成立先后次序由数字(一)起,定名为天津特别市公署警察局兴亚第 区分局,受本市公署警察局长监督指挥,处理管辖区内一切警察事务。各兴亚区分局隶属天津特别市公署警察局与其他分局同,除法令另有规定外,关于天津特别市公署警察局及其所属各分局之章则均适用之。

二、各兴亚区分局设左列各组掌理主管事务:

1.警务组:掌理编制区划、文书、人事、会计、庶务、统计、监印、收发公物、枪械之保管、涉外事务之处理及其他不属于各组之事项。

2.保安组:掌理治安、正俗、救灾、消防、防空、交通、户籍、居住证、卫生、营业或建筑并经济之取缔,及其他有关市政之推进事项。

3.警法组:掌理违警、临检、拘留、指纹、赃证处理、流离遗失人物之处置、死伤之救护或检验罚款之收缴、华洋讼诉、引渡人犯及其他司法警察事项。

4.侦察组:掌理侦缉盗匪、侦察情报、灭共、外事护照、思想之取缔及特交密查或其他特别高等警察事项。

5.外勤组:掌理督察勤务、纠正风纪、训练教育、指挥交通、警卫戒备、整饬清洁、弹压检查及其他临时派遣与取缔事项。

(原第4项侦察组名称撤销划分为侦缉、特务两组。

4.侦缉组:掌理缉捕盗匪事项、刑事人犯或奉交办并指示各项紧急事件。

5.特务组:掌理侦察情报、灭共、外事护照、思想之取缔及特交密查或其他特别高等警察事项。

原第5项外勤组改为第6项)

三、各兴亚区分局各设分驻所二处或三处,所内各设内勤、外勤两系,其职掌列左:

1.内勤系:掌理传达命令、训练长警、督饬推行并整理具报各项警务及其他有关内勤事项。

2.外勤系:掌理督察勤务、纠正风纪、指挥交通、警卫戒备、整饬清洁、取缔违警及其他临时派遣等

事项。

四、各兴亚区分局之派出所未经设立者暂缓设立,但需要时得呈由警察局转请本市公署核准逐渐增设之。

五、各兴亚区分局可抽调所属官警若干员名,组设车警队暨交通队,但须呈报警察局备案。

六、各兴亚区分局各设立分局长一员,荐任,承本市公署警察局长之命,总理全分局警察事务,并指挥监督其所属。各兴亚区分局如有特殊情形,可暂设副分局长一员,荐任,承本市公署警察局局长之命,辅佐分局长综理全分局事务,并指挥监督其所属,分局长如有事故时并代理其职务。

七、各兴亚区分局警务、保安、警法、侦察、外勤五组,各设组长一人,均由一等局员充任之,承分局长或副局长之命,督率所属办理各组主管事务。设一等局员、二等局员各若干员,均系委任,承主管长官之命,督率员警办理主管事务。

(第七条各兴亚区分局警务、保安、警法、侦察、外勤五组改为各兴亚区分局警务、保安、警法、侦缉、特务、外勤六组)

八、各兴亚区分局之分驻所各设所长一员,委任,承分局长或副局长之命,办理分驻所主管事务。

九、各兴亚区分局各设一、二、三等警官,一、二、三等侦察员若干员,户籍员一员或二员,均委任待遇,承主管长官之命,督率长警分掌主管或指派事务。

(第九条于一、二、三等侦查员下增添"一、二、三等侦缉员"数字)

十、各兴亚区分局设绘图生一人,电话生二人,户籍生、书记、一二三等警长、一二三等警士各若干人,并雇佣夫役、司机各若干人。

(第十条于一二三等警士项下增添"一二三等侦缉士"数字。)

十一、各兴亚区分局如因事实之需要,而不在本大纲所规定之特种事务人员(如摄影员等)可呈警察局申述理由,转请本市公署核定之。

十二、各兴亚区分局官员长警佩带阶级,由本市公署警察局照章核定之。

十三、各兴亚区分局官员、长警等之职务配备,由本市公署警察局就原有数额妥予分配之。

十四、各兴亚区分局所属清洁队,由本市公署警察局就原数额妥予编制后,交由各该分局管辖之。

十五、各兴亚区分局原消防队,由本市公署警察局改编为本市公署警察局消防队之分队,受本市公署警察局消防队之监督与指导。

十六、各兴亚区分局如有教练所之设置,应归并于本市公署警察教练所,由警察局办理之。

以上第十二、十三、十四、十五、十六各项,警察局应将办理情形呈报本市公署查核或备案。

十七、各兴亚区分局办事细则由警察局拟呈本市公署核定之。

十八、本大纲如有未尽事宜得随时修正之。

修正要点说明:

一、兴亚第一分区原分警务、保安、警法、侦查、外勤五组,第二区分局原分警务、保安、警法、特务、外事、侦查、外勤七组,兹将各区分局各组执掌分别归并划分,修正为警务、保安、警法、侦缉、特务、外勤六组以昭划一。(兴亚第一、二区分局原侦察组由原侦察人员充任之,侦缉组由原侦缉队人员充任之;又兴亚二、三区分局外事组撤销,所有外事事务归并于警务组,即以原外事组人员办理之;兴亚第二区分局另添外勤组,并准增设组长、局员、警官各一员,警士二名。)

二、各兴亚区分局之官员、警夫数额一律仍旧并未稍减。

三、各兴亚区分局各组组长或由一等局员充任,或不由一等局员充任,为划一起见,一律改由一等局员充任。

四、各兴亚区分局之分所改称为分驻所。

五、兴亚第二、三区分局原设副分局长一员,第二区分局原设有派出所六处,又兴亚一、二区分局各设分所二处,三区分局设分所三处,均暂仍旧。

六、各兴亚区分局之官员、警夫人数、名称极不一致,本大纲所定势难完全划一,间有未列之处,可依照本大纲第十一条之规定救济之。

兹将各兴亚区分局原有官员、警夫人数列表如左:

职别 \ 局别		兴亚区第一分局	兴亚区第二分局	兴亚区第三分局	备考
分局长		一	一	一	
副分局长			一	一	
组长		五	五	七	
所长		二	二	三	
局员	一等	七	四	七	
	二等	九	十	十三	
警官	一等	四	六	六	
	二等	五	六	六	
	三等	四	八	六	
侦察员	一等	五	三	三	
	二等	四	三	四	
	三等	四	二	七	
户籍员		一	二	一	
书记			八	八	
绘图生		一	二	一	
户籍生		六	四	八	
警长	一等	二十三	十二	十二	
	二等	九	十六	十四	
	三等	八	二十	十八	
警士	一等	一百六十五	一百	八十八	
	二等	九十一	二百	一百三十二	
	三等	一百九十	二百四十八	二百三十五	
夫役		三十	二十六	四十	
司机			十二	九	
电话生			三	八	
侦缉员	一等			二	
	二等			二	
	三等			四	
侦缉士	一等			八	
	二等			十二	
	三等			十四	

职别 \ 局别	兴亚区第一分局	兴亚区第二分局	兴亚区第三分局	备考
摄影员			一	此栏以下所列各员名本修正大纲均未列入，但如以事实之需要得呈请警察局转请本市公署核定之。
女检查员		三		
伙夫		二十八		
卫生书记		二		
卫生警士		四		
卫生夫役		六		
卫生司机		二		
卫生三等警官			一	
卫生一等警长			二	
卫生一等警士			三	
总计	五百七十四	七百四十九	六百五十七	

附注：

一、本表人数系按原组织大纲官警人数列注。

二、兴亚第一区分局人员配置清单人数为四百四十二员名，内差一等警士二名、三等警士一百名、夫役三十名、共差一百三十二名。

三、兴亚第二、三区分局无人员配置清单，合并陈明。

（J0001-3-010948）

315.伪天津特别市公署财政局局长李鹏图为日租界新土地契照等事呈伪市长文

1943年10月1日

案查前奉钧署建国字秘壹第一三八号密令，附发随同日本专管租界交还不动产权处理要纲一份，附表式二种。等因。奉此，遵查奉发格式（二）新契照式样，与中国现行公文程式微有参差，当经另拟式样一纸，其格式（一）因声请程序尚未确定办法，暂存待定。嗣于本年九月三日，经本局村主辅佐官转达日总领事署，约本局办理地政人员前往接洽，当由村主辅佐官与科长宋毓琪等前往，将拟改新契式样交付金子领事，彼方留待审查。其关于日本居留民团所存不动产账簿、地籍、图表等项，议定由本局派员前往抄录，其余再行随时联络。兹拟派科长宋毓琪前往抄录，理合呈请鉴核，函达驻津日本总领事署，转知天津日本居留民团查照，并予协助，以期便利。谨呈天津特别市市长王。

附呈草拟新地照格式一件。

草拟新地照格式

天津特别市公署财政局局长李，为发给永租新契照事。

兹据日本国人　　　　声称在本市兴亚第一区　　　街　　　号原租有后开不动产：

一、土地面积 　　　　　　如附图

　　　　　市亩

　　　　　原亩

二、建筑物

　　　房间

　　　房间

四邻:东至　　　西至　　　南至　　　北至

原契共载价:

依照天津日本专管租界交还中日官宪间协议决定之条款,检同原领请发给新契照前来本局。查与协定随同交还不动产处理要纲所定相符,除将呈交抄件存档外,合行印发新契照收执。须至新契照者。

　　右给日本　　　收执。

　　　　　　　　　　　　　　　　　　　　　　局长

　　　　　　　　　　　　中华民国　年　月　日字　第　号

　　　　　　　　　　　　　　　　　　（J0001-3-010948）

316.伪天津特别市公署财政局局长李鹏图为填具解款表单事呈伪天津特别市公署凭单

1943年10月2日

财政局表报一二二九号,为遵令解款填具解款表单,请鉴核印发回照由。

天津特别市公署财政局遵令借款表						字第一二二九号	
科目	年度月份	经常门、临时门	款别	金额		附呈文件	备考
临时费	三十二年七月份	临时	接受日租界各项用款	八千三百三十七	六十	解款联单一纸	
				无			
				无			
合计				八千三百三十七	六十		

　　　　　　　　　　　　　　　　　　　　　　财政局局长李鹏图

　　　　　　　　　　　　　中华民国三十二年九月三十日

解款机关	科目	年度月份	经常门、临时门	款别	金额		解款日期	收到日期	指示	附发文件	备考
				天津特别市公署印发解款回照表存稿					建国字秘贰第132号		
财政局	临时费	民国三十二年七月份	临时	接受日租界各项用款	八千三百三十七	六十		民国三十二年八月十六日	准予印发回照	回照一联	
合计					八千三百三十七	六十					

市长张仁蠡　　秘书长　　主任秘书　　秘书　　　　　　　科长　　主任　　拟办员

中华民国三十二年十一月十五日

解款凭单

库字第五六六号

　　兹于三十二年八月十六日呈解钧署令解接受日租界各项用款金额八千三百三十七元六角。以上共解八千三百三十七元六角,业经解赴钧署兑收,并祈将上项回照印发备案。谨呈天津特别市公署。

天津特别市公署财政局局长李鹏图

（J0001-2-000560）

317.伪天津特别市公署为发庆祝纪念用款回照事给伪财政局指令

1943年10月5日

建国字秘贰第3024号

　　三十二年九月七日呈一件。为呈解庆祝国府还都等纪念用款,请核收赐照由。呈件均悉。据解庆祝国府还都及华北政委会成立三周年纪念并友邦交还专管租界等项用款一万四千三百八十八元九角一分,业经饬科核明兑收准予印发回照,仰查收备案。此令。

　　计发回照一联。

天津特别市公署饬解各类款项命令存稿

建国字秘贰第 1535 号

令解机关	科目	年度月份	经常临时门	款别	金额		附发文件	备考
财政局	临时费	三十二年九月	临	追加本署庆祝三重纪念购长条镜框用款	一八〇	〇〇	支付概算书、支出计算书各二份、单据簿一本、抄签一件	
合计								

（J0001-3-006914）

318.伪天津特别市公署为日租界新地契格式事致日本驻津总领事函

1943年10月7日

建国字秘壹第262号

径启者：案据财政局呈称，案查前奉钧署密令附发随同日本专管租界交还不动产权处理要纲一份云云，并予协助以期便利等情。附呈草拟新地照格式一件。据此，除指令外。相应抄同原件，函请贵总领事转知天津居留民团查照并希予以协助，至纫公谊。此致日本驻津总领事署太田总领事阁下。

附新地照格式一件。

（J0001-3-010948）

319.伪天津特别市市长王绪高为派员抄录日租界不动产账簿等事给伪财政局指令

1943年10月7日

建国字秘壹第3039号

三十二年十月一日呈一件。为与日本总领事署联络，拟派员前往抄录前日本租界不动产账簿、地籍、图表等项，拟具地照式样，请鉴核函请协助由。

呈件均悉。仰候函请日本驻津总领事署转知日本居留民团查照，附件存转。此令。

（J0055-1-002162）

320.天津居留民团长臼井忠三为追加交还日租界移让财产目录事 致伪天津特别市市长函

1943年10月21日

径启者:前交还日本专管租界之际,手交本居留民团所有移让财产目录中,尚有应行追加各调书,兹按左开各检一部送上,即请查照为荷。此致天津特别市长。

左开:

第三十五号:天津日本租界负担者别卫生费月额赋税调查书(日本人份)

第三十六号:天津日本租界负担者别卫生费月额赋税调书(华人份)

第五十七号:天津日本租界邻接天津居留民团所有地负担者别卫生费月额赋税调书

(J0001-2-000560)

321.伪天津特别市兴亚二区区长殷澍达等为拟具本区收支办法事 呈伪市长张仁蠡文

1943年11月1日

为折呈事。窃查政务之进展端赖财力之辅助,而财政收支必须妥实,主计有条不紊,则财裕而政通矣。本区财政由旧英租界经极管区特政区递嬗迄今,原属特别会计,即以本区收入用以建设本区,是以政务得尽量以发挥,市面乃日趋于繁荣。兹查本区自奉令改组兴亚第二区以来,所有区公所经常、临时各项支出概由本区稽征处拨垫,随时呈请并奉令俟区务费征有成数再行拨还。等因在卷。复查本区自本年四月一日成立,而保甲至七月二十五日始告结成,关于保甲一切收支(即区务费)业经拟定办法及概算呈请核示,尚未奉批,故区务费迄未开征。即假定开征,若自四月份起追溯并缴,民众能否翕服。即令可能,综计本区商住各户约共一万二千余户,每月约可征一万一千余元,准此范围仅对保甲经费略有余裕(保甲经费拟为每月六千四百元),至本区公所经常费每月一万八千六百余元,势须另筹。而当此区务振刷进展之际,临时事业费之支出亦在需要,如勉以收入之额为支出范围,诚恐因噎废食,似非上峰积极求治之至意。总之,本区经临开支若专恃区务费之收入,不敷甚巨,必须由本区稽征处正常收入项下动支,方克达成推进区政之效能也。

兴亚各区与普通区其性质、沿革及今后职责之期待显有不同。普通区公所原由民众团体之联保改组产出,兴亚区则系承袭各租界之政权,虽均为区公所,而轻重之间足可想见。再查,兴亚各区在从前租界时代,因财政之充裕对于市容建筑日有进展,一切设施咸感便利。我国接收改组兴亚区之后,消极方面必须保持旧观,使原有规模不致堕失,积极方面领导入于正轨,使一切设施加强实现,俾绅耆民众不失所望,更进一步,使其愉快相安,庶不负友邦道义协力交还之盛意而博得国际观感之好评。是故兴亚区之职责重大,与普通区显有不同也。惟是欲达到上项企划得以圆满实现,端赖财力之辅助,必须临时支出不受限制,始能举措裕如,尽量发展。

本区(特别行政区编造)三十二年度预算,除电气、水道而外,就前特政区总务会计一部分岁入岁出,全年都为四百六十万零七千五百元(即现在本区稽征处继承征收者)。复查岁出部门除警务、消防、工程三款共计一百四十八万九千九百元系属警察、工务两局范围外,尚有三百一十一万七千六百元。再除本区稽征处经常费外,悉属于本区应行举办之事业费。再就民众方面而论,本区居民泰半为知识分子,对于已往捐税义务既属成规,当无异议,至于今后似以不再增加民众负担为最适当,纵有增加亦必妥慎计虑,以求名实相符、用得其当为目的(即如保甲成立征收区务费者是也)。本区区务费征收之等级及数目比较他区虽可略增,而增加方法绝对不宜普遍。拟仅就特等户中分级递增,例如特一、特二、特三等,庶于区务费可增征收而民众方面不生反感。若为勉应支出而例外开源,对于民众并无显著之利益,则舆情何如,极应考虑而慎行。

基于以上各节总括而研讨之,本区经临支出如专恃区务费之收入,实感不足。如由稽征处正常征收项下实行开支,又未奉有明令规定。倘暂以区务费之收入为经临支出之一部分底款,将来入不敷出时再由市库补助,是收支均无概算范围,势必牵动市库,而本年度本市概算并无本区经临各费之列支,市库自感拮据。但一方面本区稽征处经收之款因属于特别会计,似又未可因市库拮据而提拨动支似此盈亏综错,于会计法收支计算上至感困难。兹为避免此种困难,适应各方面便利,似应妥慎主计,谨订方式两则如左:

甲、一般会计

一、对于本区稽征处收支特别会计之现行办法明令取消,所有收入尽归市库。至本区经临支出则概由市库支给,以适合统收统支之规定。

二、本区区务费之收入除将奉准之保甲经费开支外,余数按月缴呈市库专款储存,用作办理发展本区保甲事业之需,不作别项开支。

乙、特别会计

一、本区区务费之收入专款储存,用以建设保甲。本区保甲当此成立之初,百端待举,如民众自卫团实行成立之服装、器械、训练各费在在需款,倘无专款挹注,则保甲难期健全。如此办理,保甲本身能力既可尽量发挥,而民众对于区务费之担负自必踊跃乐输。

二、本区经临各费支出统由本区稽征处收入项下支给,以符本区收入用以建设本区特别会计之原则。至于警察、工务、财政三局,凡属于本区行政者,亦概由本区稽征处拨发,必均依照前特政区本年度岁出概算之科目为范围,以期收支适合。但无论本区或某局所属每有动支,必先呈请须候批准始行拨付,是为特别会计方式之办法。

以上甲、乙两项办法均能裨益事实符合理治,既免入不敷出牵制行政,而于财政统筹便于考核。管见所及是否有当,谨折呈钧鉴采择,令示祗遵。谨呈市长张。

天津特别市兴亚第二区区长殷澍达、副区长宫清泉谨呈

(J0001-3-010948)

322.伪天津商会为参加日华经济挺身报国会议
致各伪会员组织函

1943年12月6日

文通字第一四〇号

径启者:查本月八日为大东亚战争纪念日,值兹中日同盟缔约实践大东亚宣言,中日两大民族携手并驱,向决战必胜途中迈进之际,本市日本商工会议所、在华日本纺绩同业会天津支部、华北交易统制总会天津支部、天津日本工业组合联合会、天津商业统制组合联合会、天津土建统制协会、天津米谷统制会等团体连衔发起,定于本月八日午后二时在兴亚大和公园公会堂举办日华经济挺身报国大会,届时军政当局亦将莅临训话,并承派员前来本会,请转知华方各同业公会会长、常董届时踊跃参加等语,自应照办。除分函外,相应抄同大会秩序单函达贵会查照,务希推派负责人三名届时前往参加,以示隆重,是所至荷。此致公祺。附秩序单一份。

秩序单

一、国民仪礼

一、开会辞

一、推举座长

一、皇军感谢文决议

一、关系官训辞:防卫司令官、海军武官、太田总领事、张市长

一、各团体代表致辞

一、大会宣言

一、大会决议

一、三呼万岁

一、闭会

(J0129-3-001737)

323.伪天津特别市政府为废止伪兴亚二区特别会计制度
给伪兴亚二区公所、伪财政局训令

1943年12月15日

协字秘贰第227号

查前特别行政区改组为兴亚第二区后,所有收支款项暂设特别会计管理。现为统一收支起见,特定自三十三年一月份起,将该区特别会计制度废止,收支各款一律并归市库。除分行外,合行令仰该

局遵照,并转饬遵照为要。此令。

(J0001-3-010948)

324.伪天津特别市政府为改行收支办法给伪兴亚第二区公所指令

1943年12月31日

协字秘贰第952号

三十二年十二月一日折呈一件。为关于本区收支各费拟具两项办法折呈鉴核采择示遵由。

折呈悉。查本府前为统一收支起见,特规定自三十三年一月份起,将该区特别会计制度废止,所有收支各款一律并归市库,业经令饬遵照在案。至该区支付经临各费,并经编入岁出概算案内,据呈前情,仰即遵照前令办理。此令。

(J0001-3-010948)

325.伪河北邮政管理局为请将天津市男女人户口数目见示事
致伪天津特别市公署函

1944年2月1日

字第三〇号

为函请将本市男女人口数目见示由。

径启者:本局因处理邮政业务关系,亟需明悉天津全市男女人口之各别总计数目。此项统计谅贵府当有最新记录,相应函请查明见示,以资参考,至纫公谊。此致天津特别市政府。

副局长奥田芳夫代行

(J0001-3-005428)

326.伪天津特别市政府为天津市人户口数目事
复伪河北邮政管理局函

1944年2月9日

协甲字秘壹第39号

径复者:准贵局第三〇号公函略,以处理邮政业务关系亟需明悉天津全市男女人口之各别总计数目,函请查明见示等由。准此,查本市户口统计历由警察局按月填报,兹根据该局呈报民国卅二

239

年十二月份户口统计表内列,本市人口计男丁一百零五万二千一百四十八人,女丁七十二万四千一百七十五口,总计一百七十七万六千三百二十三丁口。相应函覆,即希查照为荷。此致河北邮政管理局。

(J0001-3-005428)

327.伪天津特别市兴亚第一区公所为交还日租界周年纪念行事呈伪市长张仁蠡文

1944年3月22日

为呈请事。窃查本年三月三十日为盟邦日本交还天津专管租界纪念日,职区为我国接受后成立之地方自治指导行政机关。兹为使区民对于盟邦道义精神诚意交还租界之盛意有深刻印象与感谢起见,届时拟由职区举行庆祝以资纪念,谨拟具庆祝行事一份,是否有当,理合备文呈请,仰祈鉴核示遵。谨呈天津特别市市长张。

附呈庆祝行事一份。

天津特别市兴亚第一区区长鞠和旃

国民政府还都暨华北政委会成立四周年及盟邦交还在华专管租界周年扩大宣传庆祝行事预定

一、举行纪念仪式

拟于三月三十日下午五时本区公所全体职员暨本区三保正副保长齐集礼堂,举行仪式,由区长领导,秩序单另订之。

二、举行庆祝大会

1.地点:民团前广场

2.时间:三十日下午五时

3.参加人员

主席:本区区长

贵宾:拟由本所函请士绅、日方代表参加指导

职员:本所全体职员分别担任

总务组:会前预备一切文稿杂项及布置会场诸事宜

保甲组:保甲团丁指导维持场内秩序及负责召集诸事项

配给组、教宣组:担任招待来宾签到、刊登新闻诸事宜

卫生组:担任场上及游行沿途救护事宜

保甲团丁:本区第一届毕业团丁、第二届在所受训团丁、各保牌长以上暨妇女防空团全体,总计约四百余人

新闻记者:先期约请各报记者,届期携摄影机来所参加指导

4.开会秩序

(一)区长致开会词。

(二)本区日方区长、民众代表事先约请,届期莅临参加。

(三)来宾致词,事先盼请。

(四)地方士绅致感谢词,指定某保长担任,事先准备感谢词。

(五)三呼万岁,中方由区长领导"大日本帝国万岁",日方 领导"大中华民国万岁"。

摄影

闭会(接续游行大会)

三、庆祝游行大会

1.路径:

本所前出发—荣街—秋山街—旭街南口—旭街—旭街北口—南马路—广兴大街—荣街—本所前解散

2.时间:

继续庆祝大会以后

3.参加人员:

除贵宾外全体参加

4.秩序:

宣传布幕国旗—本区团旗—第一届毕业团丁—第二届在训团丁—第一保保甲—第二保保长—第三保甲妇女防空团员

5.职员:

由本所保甲组负责领导并由职员中选择善骑自行车者四人沿途随护之

6.呼口号:

指定某人领导

(一)感谢盟邦交还在华交还租界

(二)庆祝国府还都三周年纪念

(三)庆祝华北政务委员会成立四周年纪念

7.其他注意事项

(一)参加人员一律着制服短服或礼服

(二)下午四时半前来所签到检点人数

(三)绝对不准中途离队,各队长应严加督饬,不服从者,事后报告保甲组呈核严惩

四、外勤演讲

1.本区方面:

(一)宣传队出动—由本所教宣组负责组成宣传队

(二)娱乐场所、学校演讲

2.商号方面:

自动讲演—由本区各大团体、商店、工厂等,由负责人自动讲演

以上各项拟先期呈请市府鉴核备案。

（J0001-3-007490）

328.伪天津特别市政府为准照办交还日租界周年纪念活动
给伪兴亚一区公所指令

1944年3月27日

指令第1256号

呈一件。为拟具盟邦交还在华专管租界纪念庆祝行事，请核示由。

呈件均悉，应准照办。件存。此令。

（J0001-3-007490）

329.伪天津特别市政府财政局局长张仁蠡为拨发伪自动车协会
办公费呈伪市长张仁蠡文

1944年9月4日

总字第818号

　　案查民国三十年间，因前日租界自动车协会协助征收租界汽车捐一案，曾经拟由征收正捐项下，提给一成办公费以酬劳勋，已呈奉前市公署建荣字秘二第二八八三号令准照办在案。嗣于民国三十一年度起，前项汽车捐改归前天津特别市联合交通委员会办理，迨至三十三年交委会取消，所设残务整理委员会亦经结束，自本年一月份起，所有汽车捐及其他各种车捐事项概归本局办理。惟本市日本商民所有汽车几占全市半数以上，为征捐便利起见，且民国三十年间曾由日本自动车协会代征有案，是以仍由该协会代征，并由本局派员会同办理。计自一月一日起至六月十三日止，共发车牌四百七十三件，征捐九万七千五百九十九元三角，业经解局核收。现在该协会行将结束，经开具给牌征捐清算单前来。查以往该协会协助征捐，曾经发有办公费，惟此次系由本局派员会同征收，似与三十年间情形不同，可否在汽车正捐收入项下，酌予发给办公费二千元。以资酬劳之处，未便擅专，理合造具支付概算书，备文呈送，敬祈鉴核俯准饬发，实为公便。谨呈天津特别市市长张。

　　计呈送酬劳自动车协会办公费临时费支付概算书三本。

（J0001-3-004807）

330.伪天津特别市政府为拨发自动车协会办公费
给伪财政局指令

1944年9月16日

建荣字秘贰第3843号

三十三年九月四日呈件。为请拨发自动车协会办公费二千元拟由车捐收入项下动支,造具支付概算书请鉴核俯准饬发由。

呈件均悉。查核所请事属可行,应准由局照案立拨,仰即遵照。附件分别存发。此令。

计检发原概算书二本。

(J0001-3-004807)

331.伪河北邮政管理局为查明天津市人户口数目事
致伪天津特别市政府函

1945年7月5日

字第一九八号

径启者:兹因本局公务上需要,亟待查明本市男女人口数目,相应函烦查照,将津市最近人口统计数目按男女两性,分别示复,以资参考。至纫公谊。此致天津特别市政府。

河北邮政管理局局长黎其康

(J0001-3-005428)

332.伪天津特别市政府为将天津市人户口数目事
复河北邮政管理局函

1945年7月23日

协乙字秘叁第93号

径复者:案准贵局一九八号公函内开:兹因公务上需要,亟待查明本市男女人口数目,相应函烦查照,将津市最近人口统计数目按男女两性分别示复,以资参考。至纫公谊。等因。准此,查本市六月份人口数目计男为一,〇四一,一一四丁,女为七一八,三九九口。准函前因,相应函复查照。此致河北邮政管理局。

(J0001-3-005428)

333.市民何子恩为改善旧租界街名以正国体呈市长等文

1945年11月19日

为条陈废除及改善旧有租界内街名以正国体而便居民事。

窃查本市位居全国通商大埠,人烟稠密,华洋杂处,关于行政推进丝毫不厌周祥。缘以钧座下车伊始整顿市政,宏筹硕施,不遗余力,兼以未嫌繁琐,采纳建议,为国为政,令人爱戴。子恩谨就管见所及条陈如左:

一、查市内租界名称相沿已久,街路呼号成为习惯。租界既以收复,似应废除租界旧名,以正国家体统。然则改革偶一不善,不独予市民之不便而更影响观瞻。查伪前张市长改定旧租界内之各路,一时市民均不详确,不论口谈抑或书写地址,往往冠以旧英界或旧法界而资表明,是以伪政所改定之路名,不惟毫无意义且有碍于实用。倘能爱照以往旧德、奥、俄租界之称为特别一、二、三区办法,将收复日、法、英、义之旧租界继称特别四、五、六、七等区之呼号,其境内之街巷名称因已成习惯,且简明易于记忆,可仍照旧,不必更换,想一般市民当可称便矣。

二、查我国战胜,接收各旧租界之后,复又将以往之旧街名单纯用英文牌标识高悬,更予我居民之不解,似觉有伤国体,并嫌国耻终未涤洗尽净。再则人民识英文者甚少,深感莫大迷惑,甚或旅居民众过往街市寸步难辨。能否将市内路牌完全改用华英两文,俾中外人士均称便利,更能显示我国尊严,而侨民无形亦可私向重视也。烦琐渎陈,不足供献明达,倘蒙钧座俯予采纳,无任感幸之至。伏乞鉴核。谨呈市长张、副市长杜。

何子恩谨呈

住址:旧法界华中路春兴商行内

(J0002-3-001850)

334.国民党天津市委员会为市民呈请改善租界街道名称事 致天津市政府函

1945年11月22日

总字第四十号

径启者:案据市民何子恩呈略称,关于旧租界区街名应予改善,特为条陈,敬祈采纳等情。据此,相应检同原抄件一份,一并函达贵府,即祈查照是荷。此致天津市政府。

附抄原件一份。

(J0002-3-001850)

335.天津市政府为妥拟改定街道路名办法
给警察局、工务局训令及何子恩批文

1945年12月10日

给警察局、工务局训令

乙字总第798号

　　查本市市区(包括前英法等租界)旧有,街路名称沿用悠久,率已成习,惟于沦陷期间经伪市政府重划区界,并将市区及前英法租界重要街路妄肆改定,纵横错杂,极为紊乱,不特外人难以辨识,即该区住户并警察有时亦瞠目莫答,亟应重新规定,以利市民。除分行外,合行令仰该局会同工务局、警察局缜密核议,对于现行区制及街路名称应适合环境,而门牌号数亦应再行厘定,总以便利易识易记为宜,并以保存文化历史古迹为尚,俾以正观瞻而符实际。所有改善计划,并仰妥拟方案呈候核夺。此令。

给何子恩批文

乙字57号

原具呈人:何子恩。

呈一件。为条陈废除及改善旧有租界街名以便居民由。

呈悉。此案本府已饬由警察、工务二局会同核议方案,力求改善。仰即知照。此批。

(J0002-3-001850)

336.天津市政府警察局为编订全市门牌计划呈市长等文

1946年2月16日

　　为呈请事。案奉钧府上年十二月十日乙字秘第七九八号训令内开:查本市市区(包括前英法等租界)旧有街路名称沿用悠久率已成习,惟于沦陷期间经伪市政府重划区界,并将市区及前英法租界重要街路妄肆改定,纵横错杂,极为紊乱,不特外人难以辨识,即该区住户并警察有时亦瞠目莫答,亟应重新规定,以利市民。除分行外,合行令仰该局会同工务局缜密核议,对于现行区制及街路名称既应适合环境,而门牌号数亦应再行厘定,总以便利易识易记[为]宜,并以保存文化历史古迹为尚,俾正观瞻而符实际。所有改善计划并仰妥拟方案呈候核夺等因。奉此,遵经派员与工务局接洽,关于区制及街路名称决定由工务局办理,关于门牌编查决定由本局计划。兹经拟具本市改订门牌号数计划一份、表册式八种,并绘具门牌式样一纸,拟俟工务局街路名称确定公布后即行着手办理。所有奉令拟具改善编订门牌计划是否有当,理合检同计划一份、表册式八种及门牌式样一纸,呈请鉴核示遵。谨呈市长张、副市长杜。

附呈计划一份、表册式八种、门牌式样一纸。

天津市政府警察局局长李汉元
天津市政府警察局副局长毛文佐

天津市改订全市门牌号数计划

一、改订原因

1.本市门牌自民国三十一年以烧瓷牌免费改换一次,三十三年又以油漆白底黑字改订一次,杂乱无章,殊碍观瞻。

2.自各租界收回后尚未改编,其原有门牌与市区不同。

3.新辟街道、新建里巷均无门牌。

4.两个派出所或两个分局以上共有之街道,往往发生两个以上同号之门牌,殊不合法。

5.原有门牌之编号有由左首起者,有由右首起者,又有一面单号者,一面双号者,应有划一规定之必要。

二、普通编号办法

1.为每一街道均由一号起顺序编排,编完为止。

2.为一面编单号一面编双号。

三、本市此次改订门牌拟采用折衷办法。

1.两面房舍整齐之街道里巷,应于左面编单号,如:一、三、五是;右面编双号,如:二、四、六是。但南北街须自北向南,东西街自东而西,以昭划一。

2.除一面有房一面无房(如沿河马路),应采顺序编排方法外(一、二、三、四、五),倘一面房舍整齐一面房舍稀落,而将来有兴建希望之街道里巷,亦应按前项方法编排,但须酌留空号。

3.每一街道之中如已有增号者,应一律取消,依次编排。

4.两个派出所以上或两个分局以上共有之街巷(包括街路里巷,以下简称街巷),应由各该分局、所妥为联络顺序编排。

5.每一街巷之中如房屋被焚或因危险拆除及中间留有隙地而将来必须建造者,应酌留空号。

6.每一街巷之中如有凹入房屋或死胡同而无单独名称者,应按原有街巷号码顺次编排,但如别有名称者则另行编号。

7.一面靠路一面靠胡同之房屋,而靠路为大门,靠胡同为小门,如系一家居住且有永久之意思者,应将靠路之大门作为编号之正门,靠胡同之小门作为后门,但如两家居住各自出入不相联系者,则两门均各编号以资区别。

8.如两面靠路均可作为正门之房屋,无论属于一家或数家居住以及管界如何,应分别编号。

9.里巷房屋面临街路之门应按街路之门牌编排,其里巷内部之门应按里巷门牌编排。

10.经此次改订后如有新建里巷,除责由房主将里巷名称呈报工务局备案外,所有该里巷门牌号数应呈请本局派员编排后再行制订(由局统筹办理)。

11.经此次改订后,如某一街巷当中之隙地新建房屋超出预留之号数,或房屋重修由一所改为数所者,除按原定之号数编排外,应以最末之号数为准,依次以甲、乙等字编排之,如最末之号数为五号,其余之门牌则为"五甲"、"五乙",余类推。

四、本局着手调查方法。

1.规定册式四种(如附表),专为拟编门牌之用。

2.规定册式一种(如附表),专为编订时新旧号数之对照。

3.规定表式三种(如附表),专为调查门牌数目之用。

五、本计划如有未尽事宜,得随时提请修正之。

六、本计划应与工务局联络会呈市政府核准后施行。

天津市第　区里巷名称门牌号数调查清册　第一册

派出所名称	里巷名称	原有或新增	门牌起止号数	门牌增减数目		拟改门牌号数	备考
				增	减		
派出所	里	原有	自　号至　号				
		新增					
合计	(应填数目)		(应填数目)			(应填数目)	

天津市第　区街路名称门牌号数调查清册　第二册

街巷名称	派出所名称	派出所名称	派出所名称	共计增减		拟改门牌号数	备考
	门牌起止号数	门牌起止号数	门牌起止号数	增	减		
大街	派出所	派出所	派出所				
	自　号至　号	自　号至　号	自　号至　号				
合计	(应填数目)	(应填数目)	(应填数目)			(应填数目)	
附记	1.本册所列街路乃系两个派出所以上共有之街路而不出本区辖境者,否则不填; 2.如派出所过多可将表格伸长。						

天津市第　区街路名称门牌号数调查清册　第三册

街巷名称	本区门牌起止号数	增减数目		现拟门牌号数	邻接区名	备考
		增	减			
大街						
合计	（应填数目）			（应填数目）		
附记	1.本册街路乃由两个区以上共有之街巷,否则不填; 2.现拟门牌号数应与邻接分局妥为联络,应由一号起至终点止不,得各自编号。					

天津市第　区后门门牌号数调查清册　第四册

街巷名称	号数	号数	号数	号数	号数	号数	合计	备考
大街								
共计数目								
附记	1.本册专填后门号数但为现拟号数,而非原有号数; 2.如号数过多表格可以伸长; 3.如无后门之街巷不填; 4.本册后门包括一切旁门、边门及侧门。							

天津市各区新旧街巷名称及门牌号数对照清册

派出所名称	旧街名	新街名	旧门牌号数	新门牌号数	户口数			备考
					户	男	女	
派出所	正和里	新华里	一号至一〇号					
			一〇下增一号					
	大经路	中山路						
合计								
附记	一、本册新旧街名及门牌号数之对照必须正确,不得稍有错漏; 一、本册为编订时新旧号数之对照以便存查。							

天津市各区里巷门牌数目总计表　第一表

分局别＼项别	里巷数目	原有门牌数目	门牌增减数目		现拟门牌数目	备考
			增	减		
合计						
附记	查本表所列各街巷乃不出派出所辖境者,特此注明。					

天津市各区街巷门牌数目总统计表　第二表

分局别＼项别	街巷数目	原有门牌数目	增减数目		拟改门牌数目	备考
			增	减		
合计						
附记	查本表所列各街巷乃系在两派出所以上管辖而不出本分局辖境者,特此注明。					

天津市各区街巷门牌数目总统计表　第三表

分局别＼项别	街巷数目	原有门牌数目	增减数目		现拟门牌数目	备考
			增	减		
合计						
附记	查本表所列各街巷乃系两分局以上管辖者,特此注明。					

附记	1.本册所列里巷乃不出本派出所辖境者,否则不填; 2.如有增号应填入增字之内,如有拆除合并门牌者,则添入减字之内。

（J0002-3-001850）

337.天津市政府警察局为改订全市街道门牌提案事致市府秘书处函

1946年3月5日

径启者:查本局改订本市门牌办法及拟具式样表格,业经呈请市府核示在案。现在街路名称已经公布,此项门牌自应积极赶办,兹经印就提案五十份,相应函请贵处即希将原呈办法及此项提案合并提出讨论为荷,此请市政府秘书处台照。

附提案五十份。

警察局提案

案由:为改订本市全部门牌由。

理由:查本市门牌以接收租界及重新划区关系,新旧大小杂乱无章。现在本市街路名称业经市府改订公布,所有门牌一项自应积极整理,以新市容而昭划一。

办法:查改订本市门牌业经拟具办法及式样表格,呈请市府核示在案(当时街路名称尚未公布)。现值物价高涨之际,亟应提前赶办。兹经招商,约略估计全市门牌按十四万面,每面按法币一百二十元计算,共计一千六百八十万元。以事在必行,拟请拨款,从速改订,以利市政。是否有当,敬请公决。

本案于三十五年三月六日提出市政会议第二十三次例会,经合并与本次议程内讨论事项第七案内讨论矣。

(J0002-3-001850)

338.天津市政府为改订全市门牌提案已通过从速办理事
给警察局指令

1946年3月20日

丙秘贰字第1566号

呈一件。为奉令以本市街巷门牌错杂难辨,仰妥拟改善方案呈奉等因。遵经拟具改善编订全市门牌计划一份,是否有当请鉴核示遵由。

呈暨附件均悉。本案已于卅五年三月六日提经市政会议第二十三次例会决议通过,门牌免费发给,款由市库筹拨等因。纪录在卷。仰即妥速办理具报。附件存。此令。

(J0002-3-001850)

339.天津市政府警察局为报告改订全市门牌进行情形事呈市长等文

1946年4月12日

为呈报事。查本局改订全市门牌拟具计划一节,业经呈奉钧府本年三月十八日丙秘贰字第一五六六号指令内开:呈暨附件均悉,本案已于三十五年三月六日提经市政会议第二十三次例会决议通过,门牌免费发给,款由市库筹拨等因。记录在卷。仰即妥速办理具报。附件存。此令。等因。奉此,遵即依照计划转饬各分局限期编查完竣,并招商投价,现正烧制中。除烧制合同暨预算另案呈报外,理合检呈门牌编查清册一份、总统计表一本备文呈报鉴核。谨呈市长张、副市长杜。

附门牌清册一份(两本)、总统计表一本。

天津市政府警察局局长李汉元
天津市政府警察局副局长毛文佐

天津市警察局门牌数目总统计表

警察局所属各分局里巷门牌数目总统计表　第一表						
分局别	里巷数目	原有门牌数目	门牌增减数目		现拟门牌数目	备考
			增	减		
第一分局	三八三	六九七一			六九八三	空号 一二
第二分局	四六〇	七一五四	五五二	三〇五	七四〇一	
第三分局	六四九	九四一四	六五七	二一一	九八六〇	
第四分局	五一二	一〇二四八	七一〇	五四七	一〇四一一	
第五分局	二八一	四一三一	五三三	九五	四五六九	
第六分局	六一九	一一一九〇	七二八	二四一	一一六七七	
第七分局	一〇七三	一八四九八	一二九九	六六二	一九一三五	
第八分局	九五五	一五六〇八	六四九	四一一	一五九〇六	
第九分局	六三三	一〇五三七	四八三	三六八	一〇六五二	
第十分局	三八四	八七四八			八七四八	
合计	五九四九	一〇二四九九	五六一一	二八四〇	一〇五三四二	

警察局所属各分局街巷门牌数目总统计表　第二表						
分局别	街巷数目	原有门牌数目	增减数目		拟改门牌数目	备考
			增	减		
第一分局	二九	五二四三			五二九六	
第二分局	七三	二五一二	一五四	一八	二六四八	
第三分局	一四六	三六〇一	五八六	六〇	四一二七	
第四分局	二三	一二四八	五四	九	一二九三	
第五分局	九	六二四	一七九	六	七九七	
第六分局	二二	二一九八	二一六	五一	二三六三	
第七分局	三四	五三四三	二〇九	一五五	五三九七	
第八分局	二二	二七六九	一二二	六〇	二八三一	
第九分局	九	八七五	二五	一三	八八七	
第十分局	一七	二五八三			二六〇九	
合计	三八四	二六九九六	一五四五	三七二	二八二四八	

警察局所属各分局街巷门牌数目总统计表　第三表

分局别	街巷数目	原有门牌数目	增减数目		现拟门牌数目	备考
			增	减		
第一分局	二六	一九六三			一九八〇	空号 一七
第二分局	三	一七二	六	一五	一六三	
第三分局						
第四分局	二	一〇八	三五三		四六一	
第五分局	一	一九	一〇		二九	
第六分局	五	六九七	六〇		八〇四	空号 四七
第七分局	二七	二二三四	一八六	一〇〇	二三二〇	
第八分局	一八	九三一	三〇	二〇	九四一	
第九分局						
第十分局	一一	一四六〇			一四三四	
合计	九三	七五八四	六四五	一三五	八一三二	

警察局所属各分局后门门牌号数总统计表

分局别	后门门牌数目	备考
第一分局	二三五六	
第二分局	五六八	
第三分局	二八四	
第四分局	五九	
第五分局	一一八	
第六分局	五九六	
第七分局	六〇七	
第八分局	四七三	
第九分局	一〇五	
第十分局	八六七	
合计	六〇三三	

（J0002-3-001850）

340. 天津市政府为改订全市门牌计划进行情形给警察局指令

1946年4月24日

指令丙秘贰(3)字第2842号

　　呈一件。为奉令以呈拟改善编订全市门牌计划一案,已提交市政会议决议通过,仰妥速办理具报等因。经转饬编查完竣,现正烧制中。除烧制合同及预算另案呈报外,检同编订清册报请鉴核由。

　　呈暨表册均悉。仰速催工烧制,早日按钉,以重户政,并将办理情形具报为要。表册存。此令。

（J0002-3-001850）

341.天津市政府财政局接收日本居留民团税务课会计课现款及账簿

1946年8月19日

天津市政府财政局接收日本居留民团税务课会计课现款及帐簿,列后:

一、天津济安自来水股份有限公司株券一八三株、一八,三〇〇圆。

一、现金二,三〇六,四一一.一三元

一、民团税科目别集计簿三册

一、一般会计收支原簿二册

一、退职给与金原簿一册

一、特别会计收支原簿四册

一、奖学资金原簿一册

一、天津日本公立病院新筑费原簿一册

一、埠头筑造费原簿一册

一、岁入岁出外原簿一册

一、复兴资金原簿一册

一、业务复兴资金元帐一册

移交人连络部部长内田银之助

（J0056-1-000060）

342.天津市公用局为将第一区自来水收费暂由济安公司办理事 呈市长等文

1948年5月4日

　　查本市第一区(旧日界)所有自来水管道,系旧日本居留民团产业,于民国三十四年十月经本局接收管理,该区原无产水设备,供给用户用水系转由济安公司逐月购入,按总表数字计算水量,在敌伪时期,因敌伪威势所在,且用水户多系日韩国人,收支尚可相抵。接收后,政府军政机关及其员兵眷属遍住该区,泰半不缴水费,复以一部军事机关终日开启水门,或以不肯报请水厂修缮,致一部水管大量漏水,虽经积极整理并严催欠费,无如消耗过巨,迄未好转,济安购水虽有折扣,但亏耗无限入不敷出,长此以往,何堪设想!兹为简化供水收费手续,并免除本局水厂无形亏累起见,拟切实合作,所有一区供水收费,暂令济安公司径行办理,与本局水厂订立契约,在本局督导监理之下共同运营,并拟试办一年以图后效。是否可行,理合缮具该项契约草案一份,备文呈请鉴核示遵。谨呈市长杜、副市长张。

　　附呈契约草案一份。

（J0084-1-001383）

343.天津市自来水厂为转契约书及实施办法给济安公司
签署盖章事呈市公用局文

1948年7月16日

一、查本厂第一区供水业务,奉令委托济安自来水公司办理,并先后奉令颁发协定契约书草案及奉准之业务协定契约书实施办法,饬会同济安自来水公司办理一切应用手续具报。

二、遵于六月十七日,将该项契约书及实施办法即由本厂函致济安公司,请其分别盖章签署,以资存报。惟迄今多日,并历经一再函催,该公司迄未函复。

三、谨再缮具该项契约书及实施办法各四份,呈赍钧局,拟请转令济安公司办理。是否有当,谨请鉴核示遵。(契约书暨实施办法各四份)

兼天津市自来水厂厂长张锡羊

(J0084-1-001383)

344.前日居留民团水道设施经过概况

1948年

(一)沿革

日本租界局(居留民团)于明治三十八年三月,经行政委员会与济安会商日租界给水之设置,交涉一切由行政委员会议长铃木岛吉氏任之,先于旭街一带配水,水管口经六吋,用银五千八百四十两,由济安设施之。

同年五月日本居留民团同济安缔结第一次契约,其主约内容:

1.租界内给水设备由租界局(居留民团)行之。

2.济安负对日租界之一般用水并火灾消防用之一切给水责任。

3.水费一般使用为一千加仑银五十仙,消火用水为同量四十仙。

4.契约有效期间为十年。

由是租界局内供水由济安供给,嗣后关于设备逐渐增加。

大正四年第一契约到期,彼时日租界本想自营,但经讨论结果,为不可能。此时日租界之供水量约增三十倍,将来尚须增加,故于同年十月又与济安续订新契约:

1.一般使用之水费减为四十五仙,消火用水改为无费。

2.期限再延长十年,决定权租界局得保留之。

3.送水塔选定于大和街对面之民地一亩,由济安收买建设之。

5.①前项送水塔以及山口街之水道,民团于四十年间之内保持有使用之权利。

---

① 原档序号如此。

上项新契成立后,济安得有日租界二十股,由慈善基金余额三千五百二十四元二十三仙购入之,并得有日租界局一人参加担任重要业务之权限。

大正十四年九月,前项契约到期,两方协议延长十年,继续有效。济安要求增加水价,后经日参事会决定仍维现状。

昭和十二年一月,济安组织变更,改为中国法人,由"天津济安自来水公司"改为"中国济安自来水公司"。

(二)天津济安自来水公司水道给水契约条文

第一条 济安应继续以从前最良之滤过水供给民团给水,且民团由一九三五年十月一日十个年间,民团所设施之水道,铁管为民团所有,民团所供日本租界内居住消费者之用水,水量全部由济安购买。

第二条 民团给水量,于济安水道本管接通民团水道本管之地点处,由民团设置量水器表示水量,每千加仑折合中国银元四十仙支付之。

第三条 对民团代表所立之量水器,民团有保留试验之权利,双方对于量水器有异议争执时,应会同双方试验之,双方须服从试验之结果。量水器计水表示停止时,由停止时起,所有消费之水量,应按上月之同数计算。

第四条 本契约缔结后,济安如对中国街及外国租界之消费者,如有减少水费之变动场合时,民团得请求同一折合减轻,由关系当事者互相商议订定之。

第五条 日租界发生火灾时,济安对于消火用水,应无费供给,对此项用水之量水器,应有特别装置输送水量。

民团对于是项用水,应尽力避免不必要之浪费。

第六条 量水器之表示水数,每月末应由两方代表会同查检,于水费通知单提出后十四日内支付之。

第七条 本条约期满后,得继续延长十年,民团有决定之权。

第八条 济安应于每一年,应将水质化学分析及细菌试验情形报告民团。

第九条 济安许可目下供给日租界周围地带之日居留民用水,但有越境卖水者,于附近有与济安竞争卖冷水之目的者,应撤出适当之地点,民团并应以合法之方法防止之。

第十条 民团对济安水道工场得经正当绍介状,派遣代表检阅之,无论何时,有随意派遣之权利。

第十一条 本契约对于两方后续者及被让者,应受同等之拘束效力。

(J0084-1-001383)

345.天津市公用局与中国天津济安自来水股份有限公司委办第一区旧日本租界自来水业务协定契约书草案

1948年

天津市公用局(以下简称甲方)、中国天津济安自来水股份有限公司(以下简称乙方)委办第一区旧日本租界自来水业务协定契约书草案。

天津市第一区旧日本租界,所有自来水管道系日本居留民团产业,经于民国三十四年收归公有,以该区无产水设备,夙由乙方供水,设有总水表供给甲方转售。兹为简化手续,共同商妥,甲方将上述地区自来水营业委托乙方办理,并订定左列条款共同遵守之:

(一)委托代办区(天津市第一区旧日本租界)所有自来水管道及机构设施系属市产,双方共负维持保护之责。

(二)委托代办区内所有添置水井、水表、扩展管道、购置机器等增益市产之措施,统由甲方筹款购料,惟乙方尽可能助以人力物力,以示对于市区水政之协力。

(三)所有修理水表、管道及一切修葺整补等便利营业之措施,由乙方筹款购料办理之。

(四)所有甲方拨调办理委托代办区业务人员,自本契约生效之日起,由乙方付给薪金,惟支薪标准依甲方所定薪额,按照天津市自来水厂发薪办法支给之。乙方调拨人员维持原有薪给,甲方所派人员如乙方认为不尽责时,得请求甲方调换之。

(五)关于委托代办区自来水业务之行政管理方面,由甲方监督指导之;关于工务暨营业方面,由乙方运营之。

(六)为便利核算委托代办区营业之盈亏,订定每月成本水价为下列两项数字之和:

1、该月份乙方售给普通专管用户水价之半数。

2、该月份业务费用及由甲方拨调人员之薪给。

委托代办区营业之盈亏,由甲方派驻乙方之稽核人员逐月分向甲乙双方报核。

(七)委托代办区每月所收水费,除成本水价外,如有盈余即提存银行,设立甲方专户,以作增益该区自来水市产之用。

(八)本契约有效期限定为 年,自甲方呈准天津市政府备案之日生效。有效期满之前,甲乙双方非经同意不得修改,期满时得会商续订之。

(九)本契约一式二纸,甲乙双方各执一纸以为凭证。

天津市公用局(以下简称甲方)与中国天津济安自来水股份有限公司(以下简称乙方)协定契约书:

查天津第一区自来水厂营业区域为旧日本租界所有,地下管道原系旧日本居留民团所营运,胜利后收归官营,惟因无产水设备,向即由济安自来水公司供给用水,设有水表按月查表收费,近年以来该区用户呆账甚多,收支未能平衡,因之积欠济安公司水费为数颇巨,若不妥拟办法,不仅该区亏损日甚,而济安公司经济亦连带受极大影响。兹为兼办并顾起见,拟将该区自来水事业重新整理,草拟办法如下:

(一)乙方所供给甲方转售第一区用水,仍应遵从向例,按现行规定价格折算作价售与甲方。

(二)第一区天津市自来水厂行政机构仍由甲方管理,惟工务业务之实施,自订约日起,于契约有效期间,由甲方委托乙方经营代管,乙方得由天津市水厂借用人员办理一切记账、查表、收费事宜。

(三)乙方所借用人员,薪金按照天津市水厂职工待遇标准,由水费盈余项下支付之,如水费无盈余时由乙方支付之。

(四)每月收取水费,应另立专账,并由乙方随时核阅。所收之款逐日提存乙方所指定之银行,设立乙方专户,留存印鉴自由支取,甲方不得动用。

（五）每月所收之水费，除按照水表记载之水量，依现行之水价尽先拨付乙方外，如有盈余，除支付甲方所派人员之薪金及专做修理扩充之用。

（六）该区管线、水表修理及新装扩充事宜，应由甲方筹款购料办理，乙方亦可派遣技术人员协助之，如乙方材料、水量充足时，亦应尽量协助甲方办理，其所需工料各项费用，由水费盈余项下按月清算拨付乙方。

（七）本契约有效期间为 年 月 日至 年 月 日。期满之前，甲乙双方非取得对方同意不得随意修改，期满时双方可以会商续订之。

（八）本契约系一式二纸，甲乙双方各执一纸以为凭证。

（J0084-1-001383）

346.天津市自来水厂与济安自来水公司办理第一区（旧日租界）自来水业务协定契约书实施办法

1948年

天津市自来水厂与济安自来水公司办理第一区（旧日租界）自来水业务协定契约书实施办法。

一、第一区所收水费，自六月份水费开始收取之日起，按日提存银行，设立乙方专户。

二、第一区调拨服务职工共计四十三人（附名单），每月应发薪津及其在厂所享受之福利事项统由第一区水费收入项下按月扣拨。

三、用户修理费用收入后，另立科目，随时提存银行并入乙方专户。

四、第一区管道、水表及其他各项设备修理维持所需材料，并临时招雇小工工资，按照市价开账，由第一区水费收入项下按月扣拨。

五、业务费用，如办公费（包括文具、纸张、修缮等）、人事费（股长以上人员及公役部分薪饷津贴），按照十区产水量及一区购水量之比例，按月扣拨，例如十区产水七千万加仑，一区购水五千万加仑，共为一亿二千万加仑，则应按照上列全部支出，扣拨十二分之五。

六、一区管道设备，按照市价，以计算折旧办法按月扣拨。

七、五月份以前用户积欠，及六月份追加五月份之调整部分，由甲方照旧办理。

八、立账手续，由会计室负责办理。

九、收取水费单据由甲方加盖"代济安公司收取"字样。

十、原契约及本办法自六月份起施行。

（J0084-1-001383）

347.济安自来水公司接管第一区用户户数清册

1948年

济安自来水公司接管第一区用户户数清册					
用户帐牌编号	路名	原有户数	现有户数	撤回数	备考
一	兴安路	七二	六八	五	第一号有分表一只
二	兴安路	七六	七四	二	
三	兴安路	六八	六五	二	
四	嫩江路	七一	六八	三	
五	嫩江路	七三	七二	一	
六	罗斯福路	七六	七五	一	
七	罗斯福路	七四	七二	二	
八	罗斯福路	六八	六八		
九	罗斯福路	六八	六八		
一〇	北安道 辽北道	四四 二〇	六四		
一一	海拉尔道	五九	五九		
一二	辽宁路	六三	六〇	三	
一三	辽宁路	六三	六三		
一四	林森路	七六	七四	二	
一五	山东路	七四	四四	三〇	
一六	河北路 热河路	四五 二七	六五	七	
一七	河北路	六五	六四	一	
一八	蒙古路	六二	五九	三	
一九	蒙古路	八四	八一	三	
二〇	河南路	七二	七二		
二一	河南路	六二	六二		
二二	察哈尔路	六九	六九		
二三	山西路	四七	四六	一	
二四	山西路	四六	四六		
二五	绥远路	四七	四七		
二六	绥远路	四七	四六	一	
二七	陕西路	五四	五三	一	
二八	陕西路	六一	六一		
二九	陕西路	五六	五六		
三〇	宁夏路	六五	六三	二	
三一	甘肃路	六二	六一	一	
三二	甘肃路	六五	六三	二	
三三	甘肃路	六〇	五二	八	
三四	青海路	六〇	五七	三	
三五	新疆路	六二	六〇	二	
三六	西藏路	七六	七二	四	
三七	南京路	五五	五五		
三八	锦州道	五六	五六		
三九	锦州道	五六	五六		
四〇	沈阳道	八二	八二		
四一	沈阳道	五七	五七		

济安自来水公司接管第一区用户户数清册					
用户帐牌编号	路名	原有户数	现有户数	撤回数	备考
四二	哈密道	六〇	五七	三	
四三	哈密道	五七	五七		
四四	哈密道	五六	五一	五	
四五	四平道	七三	七一	二	
四六	四平道	六五	六四	一	
四七	迪化道	七〇	五四	一六	
四八	迪化道	六三	五八	五	
四九	迪化道	五九	五九		
五〇	迪化道	八七	四七	四〇	
五一	迪化道	七六	七一	五	
五二	万全道	五七	五七		
五三	万全道	五七	五六	一	
五四	万全道	六〇	六〇		
五五	归绥道	五八	五八		
五六	多伦道	六三	六三		
五七	多伦道	六八	六二	六	
五八	多伦道	五九	五七	二	
五九	多伦道	七二	六八	四	
六〇	卫津街 拉萨路 新兴道	五一	四九	二	
合计		三八五六	三六七四	一八二	

此致天津市自来水厂。

(J0084-1-001383)

348.济安自来水公司借用第一区水道设备清册

1948年

天津济安自来水公司借用第一区水道设备清册			
名称	口径	数量	备考
配水管	十寸	八二七米	
配水管	八寸	六,七一〇米	
配水管	六寸	一,九二七米	
配水管	四寸	一九,六四二米	
配水管	三寸	一,六二六米	
配水管	二寸半	九〇七米	以上六种共计三一,六三九米
截水门	由二寸至十寸	一七三具	
地下消火栓		一〇五具	

附蓝图三纸

此致天津市自来水厂。

(J0084-1-001383)

俄租界

349.直隶总督李鸿章与俄国公使订立天津俄租界合同基本条款

光绪二十六年十一月初十日（1900年12月31日）

大清钦差全权大臣便宜行事大学[士]直隶总督李、大俄钦命全权大臣内廷大夫格，为立条款事。

兹因天津俄国贸易日见兴旺，俄国必得租地一段，以便俄国商民居住、设立行栈。今准中国政府之许，在该城东北划出俄国租界，立定条款如后：

一、天津俄国租界设在河东，约占所立界牌内之地一段，内有靠河盐坨地界，关系紧要，应划出不入租界之内。

一、将来屡勘租界，更订界限线，如睹势所须更改者，以及办理该段关乎地主各事宜，照各国租地章程办法立定经营。俄国租界各项（章）程，应由两国另派委员办理。

以上所列条款系为天津俄国租界条议，缮具两本，画押盖印为凭。 在北京立。

光绪二十六年十一月初十日

一千九百年十二月　日

（W0001-A-0002-002-001190）

350.北洋大臣李鸿章为委派赴津与俄方协商调换盐坨地事致候补道钱镠札

光绪二十六年十二月二十五日（1901年2月13日）

为札委事。照得天津新设俄国租界，先经本阁爵大臣部堂与俄国钦差订立草约，内载靠河盐坨划出，不入租界，禀奉谕旨允准存案。兹据俄员面称，内有坨地一段，俄国需用甚亟，拟请以界内别地自向盐商兑换，并坨后民居亦有应行兑换商卖之处，请派员督同会商。等情。查盐坨之地本不划入租界之内，即须兑换或购买，应即自向盐商情恳，不可稍事抑勒并掯价勒买。其居民房屋亦应查照租界章程自向民户商购，分毫不加欺压，庶并以昭睦谊而协舆情。合行札委。札到该道即便驰赴天津会同俄员督同商人妥为办理具报。此札。

（W0001-A-0002-003-001195）

351.北洋大臣李鸿章为天津俄国租界订立事呈皇太后、皇帝奏折

光绪二十六年（1900年）

奏为酌定天津俄国租界事款，恭折具陈，仰祈圣鉴事。窃查各国联军深入，连陷天津、京城，西法以兵力所至之区，视为应得之地，现虽与之开议，而各国所占之地率皆划分段落，竖彼国旗。将来逐条

议明,自必将踞地商令退出,但市廛繁盛堪作商场者,彼必据为己有。现在各立界碑,拆毁房舍,开通道路,经营不休。适俄国驻京全权大臣格尔思会晤,述及天津城外为各国通商口岸,俄国向无租界,拟求河东地一段,以为通商市场。臣查河东之地,居民尚不甚多,惟其中尚有盐坨为长芦盐商筑盐存盐之所,当告以盐法为我国课饷大宗,不容废置,且系商人世业,断不能价卖与人,应即一律划出,不入租地之内。该使臣随即应允,欲先立草约,以便日后逐节细商。臣查各国在天津均有租界,俄商独无,论理本觉偏枯,今既来就范围,以礼乞请,自应允许,使彼心向我益坚。现值东三省商议交还,事机甚切,姑从所请,订立草约二条,先与画押盖印。彼此各执一分为凭。谨抄录清单,恭呈御览。除咨明总理各国事务衙门查照外,所有酌定天津口岸俄国租界缘由,恭折由驿禀陈。伏乞皇太后、皇上圣鉴训示。谨禀。

（W0001-A-0002-002-001190）

352.候补道钱鎔为商谈调换盐坨地事致俄驻津领事珀佩
与道胜银行罗宝生信稿及函

光绪二十七年二月初四日(1901年3月23日)

拟致俄领事、道胜行公信稿

珀大人、罗老爷同鉴:今因调换坨地有相商之事,逐条开列于后:

一、调换积盐坨地两块,计六十七条,东西宽合华尺二千零四十尺,南北长短不齐,以画出地图载明丈尺为准。

二、坨地系用芦席包土垫高,以防水患,新换之地必须加高,方能合用,应请贴补土方及芦席之费,加高多少用水平测量为准,议定方价由盐商自办。

三、取土远则方价贵,应请于新地靠近拨地一段以为取土之用。

四、坨地后面各家均有房屋,以为存放绳席及看盐做工之人居住,新换之地亦须多留余地以为盖屋之用。

五、坨地议换后限于何时交付。

六、调换新地请早日指定,画出地图注明丈尺交下,以便商办。

七、各条商妥后应订立合同,各执为凭。

以上七条敬请逐条酌定示复为要。

致俄领事珀、罗宝生

径启者:敝道奉北洋大臣李,来津办理交换盐坨基地之事,已于华历二月初四日致信一封,又于一礼拜前将盐坨地图画好,并拟一合同底稿声明办法送呈台阅。敝道来津日久,京都尚有别样差使急须回京,务请费心从速将此事核定示复,以便将新地交收,是为至盼。此颂升祺。

二月十八日

（W0001-A-0002-003-001195）

353.候补道钱鑅为与盐商协商调换盐坨地事
呈北洋大臣李鸿章禀文

光绪二十七年二月二十二日(1901年4月8日)

敬禀者:窃职道于上年十二月二十五日奉宪札,以俄国在天津设立租界欲换用坨地一段,饬令会同俄员督同商人妥为办理具报。等因。奉此,职道当即驰至天津,其时适以商购盐斤,屡有反复,商人往来奔驰,未暇兼顾,至正月杪购盐定局,始开办换地之事。职道传集各商凯切传谕,均仰体宪台睦邻之意,皆无异言。连日率领工书,逐细丈量。照依俄国所指之界,计上下两段,需用坨地七十四条,外有绳席厂基地七块、河滩地一块,共地一百十一亩零,绘具图说并拟合同草底十一条,载明办法,于本月十二日送交驻津俄领事珀佩及道胜银行执事罗宝生,商请将新地早为调换。刻据复称,此事须将存盐运去大半,然后复加丈量,再商办法。职道约计为时尚早,现拟暂且回京,候运盐若干后,再行到津催办。理合先行禀陈宪台察核。肃禀。敬颂勋祺。伏乞垂鉴。直隶候补道钱鑅谨禀。

(W0001-A-0002-003-001195)

354.英国公使为天津俄租界不得侵占山海关内外铁路产业事
致中国政府照会

光绪二十七年二月(1901年3月—4月)

为照会事。照得俄国武员于去年九月间天津北左岸占地一事,其中有中国山海关内外铁路之地。本大臣风闻直隶总督与驻京俄国使臣随后立约作为官允。查中国山海关内外铁路一切产业,久经抵押与本国中英公司,是中国将该地主权旁分。故直隶总督或中国国家显无将该铁路之地让与他国或他国无论何等人民之理。本大臣应行预先声明,中国国家似此推让,我大英国定不能认为允当。须至照会者。

(W0001-A-0002-002-001190)

355.中国政府为天津俄租界划界占入英国铁路产业事致俄国使臣照会

光绪二十七年二月(1901年3月—4月)

为照会事。光绪二十七年二月二十四日准英国全权大臣萨照会内开:照得俄国,云云。认为允当。等因。准此,查萨大臣来文之意,一似(俟)贵国在天津所划租界有占入铁路界限以内之处,应请由贵大臣饬查明确,与英国妥商定结,免滋葛藤,是为至要。相应备文照会贵大臣,即希查照办理见复。须至照会者。

(W0001-A-0002-002-001190)

356.中俄调换盐坨地协议

光绪二十七年二月(1901年3月—4月)

今因大俄国在天津河东建立租界,须换用长芦盐坨地二段,是以大清国钦差全权大臣李特派直隶候补道钱,大俄国钦差驻京大臣格特派驻津领事官珀,会同长芦纲总姚学源、道胜银行罗柏生等公同酌议,开列条款,彼此遵行。

一、调换坨地以所插木签为界,上一段计大小三十条,下一段计大小四十四条,共地一百零三亩四分六厘九毛五丝。另有绳席厂及河滩地八块,共地八亩一分九厘。两共地一百十一亩六分五厘九毛五丝,其四至丈尺于地图详载。

二、坨地多系业户于远年所置,前面临河沙滩,时有涨落,契地多有不符,其亩数一以地图所载为准,新旧契一并检齐交付。

三、坨地积有盐包,自立合同后,限于华九月将盐包运完。

四、所换新地在河东土围墙外,前面临河,东西计宽华尺二千尺,南北计长华尺三百三十一尺七寸,适符所换坨地之数。

五、旧坨地用土筑高,或三四尺或五六尺不等,以防水患。所换新地亦须加高方能合用,今于新地后面贴补地一百十二亩以为就近取土之用,挖废土坑即归坨户执业,所有契据亦一并交付。

六、营门外地靠西地势稍高,须垫新土四尺,靠东地势稍低,须垫新土六尺,均扯须垫新土五尺,以五尺为一弓,每亩二百四十弓,以一丈见方,高一尺为一方,每亩合土六十方。照依原换亩数,计土六千六百九十九方五成七,每方估工价银六钱,计须贴补土方银四千零十九两七钱四分二厘。按地分给坨户具领。

七、坨地中间及后面有水沟数道,新地内亦有洼坑数处,两相抵补,不计土方。

八、坨地筑高垫土需用席片包裹,另酌贴席片银一千两。

九、新地内有坟堆数处,由领事官饬传原地户迁让。

十、新地于丈量插签后即日交付,以便兴工垫土。

十一、合同用华、俄文共备四份,各附新旧地图一张,彼此分存。

(W0001-A-0002-003-001195)

357.北洋大臣李鸿章为勘定天津俄租界地界事致候补道钱镠札文

光绪二十七年三月初七日（1901年4月25日）

为札委事。照得天津河东地方增设俄国通商市场，经本阁爵大臣部堂拟订合同，奏奉硃批允准在案。

兹准俄国全权大臣格照会内开：光绪二十六年十一月初十日签押和约第二款内载，派委员□地勘定天津俄国租界并明定界限等情，系无防（妨）碍。贵中堂若拣派委员以办此事，前来照会本大臣，甚为感情，而本大臣即当随派委员，该委员并能察明山海关之铁路各地段。盖铁路系中国政府不可辩驳之产业，而各地段系何所属之处，应由本大臣与中国政府定断可也。等因。准此，除行天津道会同商办外，应即札委。札到该道即便遵照，将抄发合同、折稿、英使照会、致俄使照会各一件查收详阅，克日驰赴天津，会同俄国派出之员查照合同界址，逐一查勘，秉公划定。其英、俄互争地段，务令彼此让出、迁改，以弭争端，并随时将勘议情形禀候察核。自三月份起，每月准支薪水银一百两。仍将办理情形随时具报毋违。此札。

计抄发合同稿一件、折稿一件、英使照会一件、致俄使照会一件。

（W0001-A-0002-002-001190）

358.候补道钱镠为办理天津俄租界划界所需经费事呈北洋大臣李鸿章禀文

光绪二十七年三月初十日（1901年4月28日）

敬禀者：窃职道昨奉宪札，以天津河东地方增设俄国通商市场，饬令职道会同天津道及俄国派出之员，查照合同界址，逐一勘定。其英、俄互争地段，务令彼此让出、迁改，以弭争端。等因。奉此，职道查俄国在天津新立租界，民虞失业，时有谣传，亟须早为勘定，以清界限。其英、俄互争地段，应俟到津详细查明，究竟因何纠葛，酌量议结，以免争执。惟定界之后，界内之地，亦须速为清理。从前英法，近年德日，在津设立租界，界内房屋地亩皆系地方官与领事会议价值，由该国出价购买，房屋有新旧瓦土之分，地亩有远近高低之别，此次俄国立界，已于约款第二条声明，自应仿照办理。其所占地段甚宽，花户既多，必须逐一勘估丈量，攒造清册，向该国领价，按户给发。事多周折，约须数月方能集事。职道拟请添派佐杂一员，帮同办理，并须添用工书、丈手、听差数名。现时经费支绌，一切减省，每月计须经费一百十二两。谨另具清折，呈请察核。如蒙允准，请先给发两个月应用。肃禀。敬颂钧祺，伏乞垂鉴。职道钱镠谨禀。

计呈清折。

一禀北洋大臣李。

谨将办理天津俄国租界所须经费，开具清折，敬呈宪鉴。计开：

佐杂一员：每月薪水十六两；

津贴翻译车钱:每月十二两;

工书一名:每月卒工饭食十二两;

弓丈手二名:每月卒工饭食十六两;

听差二名,内一名即以河东地保充当,以便传唤花户:每月卒工饭食十二两;

把门一名:每月卒工饭食六两;

局中伙食:每月三十两;

芯红纸张:每月八两。

以上每月共用经费一百十二两,房屋拟暂时借用江苏会馆。

候补道钱

（W0001-A-0002-002-001190）

359.直隶行辕支发所为拨发办理天津俄租界经费事致候补道钱鎏咨文

光绪二十七年三月十五日(1901年5月3日)

直隶阁爵督部堂行辕支发所为咨会事。窃照贵道具禀办理天津俄国租界,请酌给经费缘由。奉直隶阁爵督宪李批开:所请月支经费一百十二两,先发两个月带往备用。仰行辕支发所如数给发具报。缴。又于本年三月初九日奉直隶阁爵督宪李发下:贵道批领一纸,自三月份起,月支薪水湘平银一百两。各等因。奉此,敝所遵在北洋经费项下动拨三四两个月经费银二百二十四两,又三月份薪水银一百两,均发交领讫。除注册起支并申报直隶阁爵督宪李查考暨分咨查照外,相应备文咨会。为此合咨贵道,请烦查照施行。须至咨者。

右咨办理天津俄国租界二品衔直隶候补道台钱。

（W0001-A-0002-002-001190）

360.候补道钱鎏为勘定矿局车站界址事致矿务铁路督办张翼函

光绪二十七年四月初三日(1901年5月20日)

致督办矿务铁路张京卿①大人阁下:敬肃者:日前周虎如来寓已面谈一切,初二日已与俄领事开议,声明将矿局车站之地留存。今定初四日十下钟会勘界址,务请速饬矿局车站,即将应留各地连夜插签标明,并派定两人明早在地边等候,指明界址,并请于日内绘一草图交下为要。敬请礼安。谨肃。

（W0001-A-0002-002-001190）

---

① 即张翼,其督办铁路、矿务多年,主持开平煤矿。

361.直隶矿务督办张翼为划分俄租界勘定矿局车站界址事致候补道钱镠函

光绪二十七年四月初三日（1901年5月20日）

绍沄^①仁兄大公祖大人阁下：顷奉手示并据周丞禀称，已于今午与执事面商各节。尊意现拟与俄领事先勘他处界址，所有矿局并车站地亩当须商妥候示，再行办理。等语。查矿局地亩本有界石，其地图向存唐山局，当与洋员商办。至铁路车站，当系联军暂管，自应候阁下商照再议可也。先此禀复，即请勋安。

（W0001-A-0002-002-001190）

362.俄驻津领事珀佩为拜访致候补道钱镠函

光绪二十七年四月初三日（1901年5月20日）

径启者：今日五点钟本领事拟往贵馆奉拜，藉以畅谈，望贵道届时相候为盼。此布。顺颂升祉。

（W0001-A-0002-002-001190）

363.北洋大臣李鸿章为英国铁路公司购地事致候补道钱镠札文

光绪二十七年四月初三日（1901年5月20日）

为札饬事。案照前督办中国北方铁路大臣胡与英国萨公使问答节略内开：承问季家楼地亩一节。前因光绪二十四年即西历一千八百九十八年春间，本大臣任北方铁路督办，尔时曾将季家楼村庄坐落之地，代铁路公司价买。原业主乃季家楼村民孙蔚卖出，另有大众房屋尚未领价拆去。该地四至并一切情形节目，本大臣皆记忆甚清，其中一款当时付给孙蔚银四千两，是银令铁路总办黄道转饬铁路公司买地，委员祝国祥过付此项账目，铁路公司现有月报册可凭，并有孙蔚之子在津可以质证。祝委员现寓京城，已饬其昨日赴津对质，该地契据曾经亲自过目，已交北方铁路公司。检上光绪二十四年三月份月报册一本，请察阅。以上均系切实有据之言，所据问答是实。等因。到本阁爵大臣督部堂。准此，除行张道外，合行札饬。札到该道即便知照。此札。

（W0001-A-0002-002-001190）

---

① 即钱镠。钱镠，字绍沄、绍芸。后文亦有称为绍翁者。

269

364.天津道张莲芬、候补道钱镕为俄租界议办情形
呈北洋大臣李鸿章禀文及李鸿章批

光绪二十七年四月初八日(1901年5月25日)

会禀北洋大臣李宫太傅爵中堂钧鉴:

敬禀者:窃职道镕于本年三月初八日奉宪台札饬,以天津河东增设俄国租界,遵照上年奏定和约第二款,饬令职道镕驰赴天津,会同俄国派出之员,查照合同界址逐一查勘,秉公划定。其英、俄互争地段,务令彼此让出、迁改,以弭争端,并随时将勘议情形禀候察核。等因。粘钞合同折稿。

奉此,职道镕遵于三月十八日,驰抵天津,即与职道连芬会同计议办法,旋即往晤驻津俄领事珀佩。该领事声称,须俟道胜银行派出有人,然后会同议办。四月初一日,京行派来执事宝士德,津行派出执事罗柏生,遂于初二日会同珀领事开议。取出地图查看所划之地,上自先农坛对河盐坨起,下至土围子门外世昌洋行煤油栈边止,东北至铁路,西南至海河,约计界内之地有五六千亩之谱。职道即与辨论,现时俄商无多,何必要此大地,且联军各国在津无租界者,各思得一地以为通商市场,何妨稍让以为他人地步。该领事等云,此界系上年俄国兵官踩定,已达知本国外部,不能再为更改。

职道当云,如照此划界,内有数事须得议明,一、开平矿局,二、铁路车站,三、武备学堂,此数处房地码头,均须留存;四、所占盐坨之地,除上次勘明允许调换之外,此次所占一段,须与各盐商商办;五、英、俄互争季家楼孙姓之地,不得独执己见,须俟查明再定。该领事等答称,盐坨地准作另议,季家楼村俄国已买,有三义公及柴姓两户之地二十余亩,孙姓因铁路付价未清,愿将其地卖与俄国,已立有说单。开平矿局现为各国公司,其地应为留出。铁路虽为英人经管,不久即交还中国,此不能与矿局并论。至矿局车站、沿河码头,既在俄界之内,应照在津他国租界章程一律办理。武备学堂既为中国国家之产,此次又为兵力所得,自应归与俄国。职道当云,前因建造山海关外铁路,向英国贷银,以铁路产业作保,无论何人经管,英国皆可预闻其事。至河西一带,德界内留有渡船码头,英界内留有招商局码头,日本界内留有厘捐局验货码头,成案具在。武备学堂地段既大,尚有许多房屋,此事甚有关系,未敢擅自允许,必须禀请宪台批示,方能定夺。

次论地亩价值。职道当云,有两种办法,数年前日本立界,沿河市廛之地,每亩价银七百两,边远之地三四十两,定出价目,由该国随时购买。德国立界,无论地之高下,每亩出银七十五两,由中国酌定等差,多者每亩给银二百两,少者每亩给银四十两,不足之数,中国政府垫赔银十数万两。此刻中国库帑空虚,无力筹措,如照德界办理,须俄国优付价值,民心方能允洽。该领事等答云,此两种办法均不愿从,还是按地之高下定价,较为平允。职道即将其所绘地图,酌度情形划分五等,上段从药王庙西首、南北人行路起,南至药王庙街南十丈,东至车站,北至铁路,约地二百数十亩。段内旧有市廛,民居稠密,此为第一等。从街南十丈外,西至贺家胡同,南至盐坨,东至矿务局西墙,约地五百多亩,内有屋基一半,此为第二等。从矿务局下至世昌洋行煤油栈边,南至海河,北至人行大路,约地七百多亩,地皆沿河,此为第三等。大路以北,地皆空旷,在土围子以内者,约地千余亩,为第四等。在土围子以外,东至界边,北至铁路,约地二千数百亩,此为第五等。连日争论价值,多寡不决,其意以谓法国、日本新拓之地多在繁盛之区,并未议及价值。职道答云,此刻联军未退,法、日两国未提此事,中国亦不便过问,俟撤兵交地后,亦必另议章程。宝士德云,现时银行只备银十万两应用,综计地价不敷甚多,只可

先购前三等之地。因与再三琢磨,始定头等地每亩一百八十两,坑地减银四十五两,二等地每亩八十两,坑地减银二十两,三等地每亩四十两,坑地减银十五两。以亩数核计,价银已在十万两以外,其势不能再有增长,只可就此论定,四等五等之地,随后用时再议。

初六初七两日,职道已与珀领事周历查勘,四围已立有石界五十号,自三十七号至五十号止,其地皆与铁路毗连,已与珀领事声明,须俟铁路派人会同查勘,方能定局。此外界内之事,容俟会订合同禀请宪台批示后,查照办理。惟武备学堂,察度情势,该国未肯让还,究应如何办理之处,伏乞宪台酌夺,先行批示,以便载入合同。所有俄国租界现时议办大概情形,理合驰禀宪台察核训示。肃禀。敬颂钧祺。伏乞垂鉴。职道张莲芬、钱镠谨禀。

右禀北洋大臣李。

北洋大臣李鸿章批

光绪二十七年四月初十日(1901年5月27日)

据禀已悉。辩论各条均尚扼要,惟铁路旁地产已抵入关外铁路借款与英人作押。今若划为租界,必至又起争端,应先声明不入俄国租界,以免唇舌。又,武备学堂为中国造就人才之地,中俄世好二百余年,俄国朝廷最重邦交,此次虽为兵力所得,然既赔款归地,修好释兵,自必一并交还以昭辑睦,该道当毋激毋随,婉商力辩,是为至要。缴。

(W0001-A-0002-002-001190)

365.候补道钱镠、俄驻津领事珀佩为设立俄租界晓谕居民铺户连衔告示

光绪二十七年四月初十日(1901年5月27日)

大俄国委办租界驻津领事官珀、满清国委办租界直隶候补道钱,为出示晓谕事。

照得大俄国现在天津河东地方设立租界,以为通商市场,经北洋大臣李奏请允许,于所立界牌以内作为租界。昨经本领事、本道会同查勘,上自药王庙西贺家胡同起,下至围子门外世昌洋行煤油栈止,南至海河,北至铁路内,除开平矿务局及铁路车站原有之地及沿河码头仍留自用外,此外尽归俄国租用。

界内地有高下,今已商定,从药王庙大街西口起,顺南北人行路,北至铁路街南十丈,东南至四合顺煤厂止,此地作为第一等;每亩给地价银一百八十两,坑地给价一百三十五两。街南十丈外,西至贺家胡同,南至饭市盐坨后身,此为第二等;又从火车水磅以下起,东至矿务局西墙,顺铁路岔道,北至铁路,南至海河,此亦为第二等;每亩给价银八十两,坑地给价银六十两。从矿务局下至土围子门,过田庄至世昌洋行煤油栈止,南至河,北至人行大路,此为第三等;每亩给价银四十两,坑地给价银二十五两。在矿务局岔道以下,东至田庄,南至人行大路,北至铁路,在围子以内者,为第四等。在围子以外者,为第五等。此两等地暂时不用,随后用时再议价值。前三等之地现时待用,为此出示晓谕尔等居

271

民铺户知悉。如有在前三等地界内者,赶将红契送至江苏会馆租界公所,查验造册,以便定期眼同丈量给价。毋得延误。切切。特示。

(W0001-A-0002-002-001190)

366.天津道张莲芬、候补道钱镠为请刊刻关防事
呈北洋大臣李鸿章禀文及李鸿章批

光绪二十七年四月初十日(1901年5月27日)

敬禀者:窃职道等前奉宪札饬令会同办理天津俄国租界事务,已将会议大概情形禀陈钧鉴在案。今地价既已论定,即须出示晓谕各花户,约期丈量给价。职道莲芬,现有各属教案,须待理料,不能常驻津门,凡有盖用印信公事,远道送印,恐有稽压,拟请刊刻木质关防一颗,文曰"办理天津租界事务关防",饬发开用。是否有当,叩乞批示遵行。肃禀。敬颂钧祺,伏祈垂鉴。职道莲芬、镠谨禀。

一禀北洋大臣李。

北洋大臣李鸿章批

光绪二十七年四月初十三日(1901年5月30日)

据禀已悉。所需委办天津租界事务关防,即由该道自行照刻启用具报。缴。

五月三十日

(W0001-A-0002-002-001190)

367.候补道钱镠为请每月拨发津贴车马费用呈北洋大臣李鸿章禀文

光绪二十七年四月十五日(1901年6月1日)

敬禀者:俄租界事,承荷饬派翻译刘崇惠帮同办理,甚称得力。职道嗣又会晤英、德、比诸国领事,语言文字各自不同,职道分邀相知之友,代为传语,但只可偶尔相邀,屡烦则渎。此后会勘界址、商订合同,正有交涉之事,可否仰恳中堂每月给数十金,庶可酌量津贴,以资鼓舞。又公所现设东门内江苏会馆,与俄界相去近者五六里,远者十数里。现在饬传各地户,丈量给价,司事朝夕往来奔驰,即职道亦须时往督率。前者议给局费,每月请发银一百十二两,未曾议及车马之费。亦请中堂每月酌给数十金应用。肃禀。敬颂钧祺,伏乞垂鉴。职道镠谨禀。

(W0001-A-0002-002-001190)

368.天津道张莲芬、候补道钱镥为呈送俄租界草合同事
呈北洋大臣李鸿章禀文

光绪二十七年四月十八日（1901年6月4日）

敬禀者：俄租界事，已由职道等拟出草合同，送交俄领事珀佩，约其逐条会议。彼云，该领事只有定界之权，此外事须请驻京格大臣核办，即日将所交草合同底寄京。又昨奉宪批，武备学堂仍应存留为教育人材之地。刻亦与俄领事婉商，拟留为俄文学堂。彼云，原有房屋皆已焚毁，此刻所有之屋系兵官所盖，将来拟于此间，修一领事府，若云让与中国，彼实未能专主，已申请驻京格大臣酌办。职道前于勘界时进堂查看，惟操场将台尚存，其余有屋数所皆系洋式。职道等虽于草合同载明，请留后面地基房屋作为学堂，前面临河马路码头归租界经管。但彼既有心占用，窃恐争论亦徒费唇舌。兹将草合同底敬呈宪阅。肃禀。敬颂钧祺。伏乞垂鉴。职道莲芬、镥谨禀。

计呈合同草底一份。

一禀北洋大臣李。

【原档注】此合同另有封筒装好附卷，并有珀领事答复十四条。已注后。

俄租界合同草底

今因大俄国在天津河东地方新设租界一处，以为通商市场，是以大俄国驻京钦差大臣格派出驻津领事官珀，大清国钦差北洋大臣李派出天津河间道张、直隶候补道钱公同踩看地界，会议条款开列于后：

一、天津俄国租界，上以药王庙街口迤北南北人行路起，向南进贺家胡同，过饭市，再南顺盐坨官沟至河边为界，下面从世昌洋行煤油栈西首迤北，至铁路道房为界，前临海河，后抵铁路道边为界。

二、界内有铁路车站、开平矿务局煤栈，此两处应查照英租界内招商津局，日本租界内厘捐分局章程，所有地基码头均存留自用，其地界由矿局铁路派员会同勘定。临河之处应各接修马路一条，公同行走。两处码头以原有之地为界限，归矿局车站自修。船泊码头上下货物，租界不得收费。

三、界内有武备学堂一所，其地基房屋中国存留，改为俄文学堂，面前马路码头亦归中国经理。

四、季家楼有孙蔚地基一块，数年前买（卖）与铁路，因付价未清，其子孙少林又在俄领事处立有说单，欲将此地卖与租界。此事须查明根底办理。

五、界内盐坨地本已奏明并不占用，上年因租界需用此地，业已商明，将围子门外沿河之地调换坨地七十余条，今又占用三十六条，亦另以沿河之地更换。

六、界内之地分作五等，由俄国付价。上段从铁路道边至药王庙大街街南十丈为止，东西以大街为准，作为第一等地；每亩行平化宝银一百八十两，坑地一百三十五两。从街南十丈外起，南至盐坨后身，又从水磅以下起，至矿务局西墙，顺铁路岔道北至铁路边为止，此为第二等地；每亩给价银八十两，坑地六十两。从矿务局下起，直至田庄界边为止，前至海河，后至大直沽门人行大路，此为第三等地；每亩价银四十两，坑地二十五两。大路以北在围子门内者，为第四等；在围子外者，为第五等。此两等

地现时不用,俟用时再议价值,仍照时价低昂酌定,不得抑勒。但既作租界,地主不得再行卖给他国洋人执业。

七、界内房屋分瓦房、灰房、土房,定明价值,现时仍听民间居住,俟用地时付给房价,饬令迁移。

八、界内坟冢,用地时饬令地主搬让,每棺给迁费银贰两。

九、界内房地各契有因兵燹毁失者,由租界委员查明,饬令地主补写契据,由华官加盖印信为凭。

十、界内之地每年应在天津县署缴纳钱粮,亦照他国租界章程一律办理。

十一、津地所需杂粮、柴草等物,有从东乡运来者,经过界内之路,准其行走,不得拦阻。

十二、田庄有居民三百多户,系苦力营生。其庄基临河,须令迁让,拟在围子门外大路以北五等地内择地一区,另立一庄迁居。日后租界兴旺,用人亦为方便。

十三、此合同所载有未尽之事,由领事官、租界委员另行会议,续订合同为凭。

十四、此合同用华、俄文各写草约二份,由领事官、租界委员画押后,照抄底稿,各自申明上宪。俟批准后,再各写四分(份),盖用印信,交换分执。

大俄国一千九百零一年 月 号,驻津领事官珀佩

大清国光绪二十七年 月 日,天津河间道张莲芬、直隶候补道钱镠

【原档注】此合同底稿二十七年四月十八日附呈。

珀领事答复条款十四条

第一条 当可照订。

第二条 业将地界查勘明白,勿庸再由矿局铁路派员会同勘定。

第三条 现有锡吉二人交到价买橚贝子旗地之红契,自应先尽此红契查核办理。

第四条 请与盐商及道胜银行商订,本领事不便与议。

第五条 业由珀、宝、钱公同议订合同签字,勿庸再赘。

第六、七条 请向道胜银行宝商议。

第八条 事属可行。

第九条 俟地亩买完,当照英法租界章程一律办理。

第十条 英法租界既无此办法,俄租界自碍难照办。

第十一条 当照英法租界章程办理。

第十二条 俄租界内不能给苦力聚居一处,惟准体面人在界内居住。

第十三、四条 不在与议之事内。

【原档注】原议合同底稿,告示稿已会衔晓谕,告示稿已粘前卷。此合同以争论武备学堂基地,议而未定,珀领事有答复十四条。

(W0001-A-0002-002-001190)

369.英驻津总领事金璋为铁路地界事致候补道钱鑅函

光绪二十七年四月十九日(1901年6月5日)

径启者:昨闻贵道与俄领事联衔同拟出示晓谕,内云:除铁路车站原有之地及沿河码头仍留自用外,此外尽归俄国租用等语。查所谓铁路车站及沿河码头外,既尚有他项地亩,自未便独题此而不言彼。其何为铁路地,何非铁路地?本来系俄所拟,嗣归英、俄两国互商定夺。既系如此,而贵道出示此等字样,似乎遽行自定也,相应函请贵道酌核。此颂升祺。

(W0001-A-0002-002-001190)

370.候补道钱鑅为会同查勘铁路地界事复英总驻津领事金璋函

光绪二十七年四月二十日(1901年6月6日)

径启者:顷奉惠函,以敝道拟与俄领事出示晓谕,内云:除铁路车站原有之地及沿河码头仍留自用外,其余皆可租用等语。敝道昨与俄领事定明,除铁路原有之地及码头仍留自用外,此外当有孙蔚卖与铁路一地。上年英、俄两国互有争执,此事提出另行查明办理。至铁路地界,俟工程师金达①画出地图,再请贵总领事派员会同查勘分界。此刻俄国所立界碑,其与铁路毗连之处,从三十七号至五十号止,应俟会勘后方能作为定准也.复颂升祺。

(W0001-A-0002-002-001190)

371.北洋大臣李鸿章为修改俄租界草合同事
给天津道张莲芬、候补道钱鑅批文

光绪二十七年四月二十四日(1901年6月10日)

据禀及所拟合同草稿均已阅悉。武备学堂昨由格大臣派翻译前来固请全让,本阁爵大臣坚执未允。该道等拟留为俄文学堂,投其所好,谅无不允。惟临河码头马路仍应留出。盖租界之地究宜从主,不得喧宾夺之。该道等宜善体此意,仍与力争,能删去第三条,将武备学堂并入第二条内尤妥。又六条"第四五等地俟用时再议,价值"之下,宜加"仍照时价低昂酌定不得抑勒"十二字,以杜后衅。第八条"迁棺别葬,给银二两",似当不敷,应增至四两,方令民间易从。仰即遵照磋磨,核定具报。缴。

(W0001-A-0002-002-001190)

---

① 金达(Claude William Kinder 1852–1936)英国铁路工程师,在开平铁路、中国铁路总公司等任总工程师多年。

372.北洋大臣李鸿章为准发津贴车马费用事给候补道钱镕批文

光绪二十七年四月二十四日(1901年6月10日)

据禀已悉。准酌增翻译津贴车马之费各数十两,核实开折列支。缴。

(W0001-A-0002-002-001190)

373.候补道钱镕为已刻关防事呈北洋大臣李鸿章禀文

光绪二十七年四月二十四日(1901年6月10日)

敬禀者:窃职道前以租界事务殷繁,禀请饬发关防应用。蒙批即由职道自行照刻启用具报。等因。奉此,职道遵谕刊刻木质关防一颗,文曰:办理天津租界事务关防,已于四月二十四日开用。理合呈报宪台察核查考。肃禀。敬颂钧祺。伏乞垂鉴。职道镕谨禀。

一禀北洋大臣李。

(W0001-A-0002-002-001190)

374.候补道钱镕为请从五月起增发津贴车马费事
呈北洋大臣李鸿章禀文

光绪二十七年四月二十四日(1901年6月10日)

敬禀者:窃职道前禀,以与各国领事时常会晤,需用翻译传话,请酌加津贴。又局中初未议及车马之费,荷蒙宪批,允准酌增银各数十两,开折列支。等因。奉此,今职道拟以六十两为英法德翻译津贴,以五十两为职道及员司夫马之需。请从五月起,每月增给经费银一百十两。恳求饬所遵照,支发应用。肃禀。敬颂钧祺。伏乞垂鉴。职道镕谨又禀。

一禀北洋大臣李。

(W0001-A-0002-002-001190)

375.天津道张莲芬、候补道钱镕为委任何瑞麟事致收支司事札文

光绪二十七年四月二十六日(1901年6月12日)

为札饬事。本道等蒙北洋大臣李札委,会同办理租界事务。查俄国所立租界,上自贺家胡同起,

下至田庄,地段甚长,必须设立分局办理。所有查房、丈地、收契、发价,事务纷繁,需员佐理。兹查有候选巡检何瑞麟,堪以派委。除禀报外,合行札委,札到该员,即便知照。先在总局差遣,俟设立分局后,立即往驻分局,约会绅董,率同弓手地保人等,遵照本道等发给图册,妥速查丈,并将收到契据随时呈送,以凭照会发价。该员自四月份起,月支薪水银十六两。分局经费责成收支司事,认真经理,核实报销,均毋玩忽,致负委任。切切。此札。

(W0001-A-0002-002-001190)

376.俄驻津领事璞科第为坨地等事致候补道钱鑅函

光绪二十七年五月初三日(1901年6月18日)

径启者:顷接天津来信,坨地一事各盐商均乐售出并无阻止,即请阁下费神立办就绪,是为至荷。至三等地,既已丈清,自当发价,无不照办,惟望先将坨地了结,随后即行拨付也。此恳。顺颂近祉。

(W0001-A-0002-001-001190)

377.中俄为设立俄租界晓谕居民将房地契据呈交查验事联合告示

光绪二十七年五月初四日(1901年6月19日)

大俄国驻津领事官珀、大清国北洋大臣李、办理天津租界事务直隶候补道钱,为出示晓谕事。

照得俄国业与中国约定,在天津亦照别国立一租界。其界自河东药王庙西贺家胡同起,下至围子门外世昌煤油栈,东至铁道,西至河边,即此沿河一带属订俄国租界之地,均经立有界牌。凡在界内之房产田地,仰尔居民人等知悉,切须各将所执契据速行呈送河东饭市俄国租界公所内查验。每日十点钟至十二点钟时前来本公所听示核办一切。其交契期限展至六月初一日截止,如再逾限不交契据,定将该地充作租界公地。倘有因乱已将契据遗失或被烧毁者,准该业主邀同妥实保证,前来本公所听示核办。切切。特示。

右仰知悉。

大俄国一千九百零一年六月　　日

大清国光绪二十七年五月初四日　　示

(W0001-A-0002-002-001190)

378.候补道钱鎔为孙蔚之地争议事呈前铁路大臣胡燏棻禀文

光绪二十七年五月初五日(1901年6月20日)

敬禀者:月前宪驾过津,职道未得躬迎道左,敬聆清诲,至为歉仄。俄国在河东新辟租界,职道昨与俄领事会议合同,已声明将矿局车站原有之地留出。其孙蔚之地于合同第四条载明:季家楼有孙蔚地基一块,数年前买与铁路,因付价未清,其子孙少林又在俄领事处立有说单,欲将此地卖与租界。此事须查明根底办理,所与俄领事会衔之告示,系指民地而言,自毋庸掺入以上两事。但孙蔚之地自应设法了结,职道现在想一调停之法,随后开呈说帖,请示遵行。先肃。敬请钧安。伏祈垂鉴。职道鎔谨禀。五月初五日缮发。

(W0001-A-0002-002-001190)

379.为与俄方早日勘定铁路用地与俄租界界线致铁路总管金达文

光绪二十七年五月初九日(1901年6月24日)

径启者:俄国在河东设立租界内,孙蔚所卖季家楼一地,已与俄领事说明,另作一案,查明办理,此外铁路之地一概存留。但从铁路东首道房起,有俄国第三十七号界碑至车站西首第五十号界碑止,处处与俄界毗连,急须分晰清楚。部意拟请执事派人会同俄领事及敝局勘明,插立标签为记,以免牵混。现租界已出示验契量地给价,务祈察夺早为办理是要。此请公安。

【原档注】金总管业已进京,此信伊夫人收下。

(W0001-A-0002-002-001190)

380.天津道张莲芬为转李鸿章札饬查勘天津俄租界等事致候补道钱鎔移文

光绪二十七年五月初九日(1901年6月24日)

为移会事。光绪二十七年四月初六日奉督宪李札开:为札饬事。四月初一日准俄国全权大臣格照会内开:以复三月二十七日前来照会,本大臣先应照会贵中堂准照会内开:天津道张莲芬若人极和平而甘愿维持中俄两国和谊,本大臣并无滞碍之处,则以该员会同前派候补道钱鎔履勘天津俄国租界,自然该道仅应办此事或相类此之事,决不干预暂行管理津郡城厢内外地方事务都统衙门之事。其传知天津都统衙门保护接待一节,本大臣查必应先致询该都统衙门与该道有何相触之事可也。等因。到本阁爵大臣。准此,合行札饬,札到该道即便查照。此札。等因。奉此,除分别移行外,相应移会贵

278

道希即查照施行。须至移者。

右移天津勘界候补道钱。

(W0001-A-0002-002-001190)

381.北洋大臣李鸿章为与英、俄两国驻津领事协商河东土地事致天津道张莲芬、候补道钱鎌札文

光绪二十七年五月十二日(1901年6月27日)

为札饬事。现准英国全权大臣萨文开：本年二月二十二日，曾以俄国武员于去年九月间在天津海河左岸占地一事，其中有中国北方铁路之地，本大臣闻得直隶总督与驻京俄国使臣随后立约作为官允。查中国北方铁路一切产业，久经抵押与本国中英公司，是中国国家显无将该铁路之地让与他国无论何等人民之理。合即预先声明，似此推让，英国政府定不允认。等语。照会在案。今据本国驻津总领事详，有钱道与俄领事联衔同拟出示，内云：上自药王庙西贺家胡同起，下至围子门外世昌洋行煤油栈止，南至海河，北至铁路，内除开平矿务局及铁路车栈原有之地及沿河码头仍留自用外，此外尽归俄国租用。各等语。本大臣据此合行照会贵王大臣声明，除该告示所述各地外，英国租界对面河东有大段英民产业，自不能归入俄界，且所谓车栈原有之地及沿河码头之外，另有他项铁路地址。又海河左岸英租界对面沿河地亩，英民及开平矿务局之产已有三分之二，天津英租界工部局业已向英国政府及本大臣声明：若将该界对面之地让与他国，决不能视以为然，合请贵王大臣转饬钱道，勿得将该地归入俄界之内，是为切要。等因。

准此，查本案先后准(前发两图，其地在小营门外，因英、德各欲推广租界，英将三角形式一地让与德国，此事详载德国推广租界卷内。来文误列，合为注明)。萨大臣送到二图，一称图内三角形式，一称图内画出绿线四方形式，均经发交该道查勘会议。兹准来文谓，该道与俄领事所出联衔告示内有上自药王庙西贺家胡同起，下至围子门外世昌洋行煤油栈，南至海河，北至铁路，除开平矿务局及铁路车栈原有之地及沿河码头仍自留外，此外尽归俄用。而英国租界对面尚有大段英民产业，自不能归入俄界，且所谓车栈原有之地及沿河码头之外，另有他项铁路地址。又海河左岸英租界对面沿河地亩，英民开平矿务局之产已有三分之二，若将该界对面之地让与他国，决不能视以为然。等语。究竟该道出示之地是否将前项英民之地未经剔出，抑或先已议明，不至缪辖，事关三国交涉，岂可稍涉含糊瞻徇，致干咎责。合行札查，札到该道即便会同俄、英两国领事逐一履勘并吊(调)查契据，将英钦差所指各节绘具图说禀复。如已划入俄租界内并即剔还，毋使藉口。切切。此札。

(W0001-A-0002-002-001190)

279

382.北洋大臣李鸿章为五月起增发津贴车马费事给候补道钱镠批文

光绪二十七年五月十八日(1901年7月3日)

禀悉。仰候札行行辕支应所如数加给,印领并发。缴。

(W0001-A-0002-002-001190)

383.天津道张莲芬、候补道钱镠为英俄争议之地事
呈北洋大臣李鸿章禀文

光绪二十七年五月二十一日(1901年7月6日)

敬禀者:本月十五日奉宪台札饬,准英国全权大臣萨文开:天津海河左岸有北方铁路一切产业,久经抵押与中英公司,是中国显无将该铁路之地让与他国无论何等人民之理。今据驻津总领事详,有钱道与俄领事联衔同拟出示,上自药王庙西贺家胡同起,下至围子门外世昌洋行煤油栈止,南至海河,北至铁路内,除开平矿局及铁路车栈原有之地及沿河码头,仍留自用外,此外尽归俄国租用。等语。查英国租界对面河东,有大段英民产业,自不能归入俄界。且所谓车栈原有之地及沿河码头之外,另有他项铁路地址。又海河左岸英租界对面沿河地亩,英民及开平局地已有三分之二。英工局业向英国政府及本大臣声明,若将该界对面之地让与他国,决不能视以为然。等语。究竟该道出示之地是否将前项英民之地未经剔出,抑或先已议明不至纠葛。饬令职道等会同英、俄两国领事,逐一履勘,绘具图说禀复。等因。奉此,职道等遵查前英国萨大臣所交两图,一三角形,一四方形式,其地在海河右岸英国租界后身土围墙以外,与此次所指英界对河之地绝不相干。俄界所定四至,职道等已将界内应留之地逐细查明。天津租界章程,凡洋商产业概可存留。矿局左近有洋商太古、阜昌地数段,已早与俄领事论定,亦照河西租界章程办理。开平矿局已为各国公司,其地自应留出,铁路地亦归存留。昨由洋总管金达已将地图交来,惟契据上年已经煨失,俄领事云尚须详细查勘。至英、俄争执之地,紧傍铁路货厂,前已于合同声明,俟查明另行办理。职道等现亦详查底里,其地约七八十亩,系孙蔚卖与铁路,于光绪二十四年已付六成地价银四千两,所惜价未付清,未立正契。孙蔚于上年已故,今年正月,孙蔚之子孙少林复向俄国出卖此地,俄国出而争买,亦非无因。若任两国各执一见,其势亦难了结。职道等拟一调停之法,容俟另案禀明办理。事关交涉,断不敢稍有含糊瞻徇,致负中堂委任之意。所有查明萨大臣所指各节,理合禀复察核查考。肃禀。敬颂爵绥。伏乞垂鉴。职道莲芬、镠谨禀。

一禀北洋大臣李。

禀为查明俄界应留英商产业业已声明在先。电。

(W0001-A-0002-002-001190)

384.俄驻津领事璞科第为请回复照会事致候补道钱镕函

光绪二十七年五月二十一日(1901年7月6日)

径启者:前具照会,并代拟照稿请复。事隔多日,未接回音,焦灼之至。木已成舟,似无事迟回审慎也。即希仍前见复为祷。此布。颂顺刻祉。

(W0001-A-0002-001-001190)

385.北洋大臣李鸿章为转发季家楼旗地清册事致候补道钱镕札文

光绪二十七年五月二十七日(1901年7月12日)

为札饬事。据正红旗满洲固山贝子毓梾门上包衣佐领德麟文称,今据锡忠、吉勒通阿来府声称,由天津县探悉,本府于光绪十六七两年,先后价卖与锡忠、吉勒通阿名下坐落天津县河东季家楼等处在册地亩,计地九顷五亩四分四厘。今经俄国须在该地开辟租界、占用地亩等情,前本府将卖地立契过价各情咨照户部,并迭次咨行直隶总督转饬天津府在案,今将本府由乾隆五十九年大内分拨印册所载四至段落抄录备文,请咨全权大臣直督部堂行馆转饬天津办理租界公署司道、俄国领事备案。等情。到本阁爵大臣。据此,合行札饬。札到该道即便查照具复。此札。

计抄单

计开四至段落

一段四顷三十七亩二分八厘,季家楼,东至李固楼,西至本身,南至海河,北至堤道。

一段一顷九十三亩,前新庄,东至本身,西至民地,南至海河,北至本身。

一段九十三亩,后新庄,东至本身,西至庄西小道,南至本身,北至堤道。

一段一顷三亩一分六厘,陆家胡同,东至道,西至河,南、北至旗地。

一段七十九亩,盐关口,东至道,西至河,南至民地,北至旗地。

(W0001-A-0002-002-001190)

386.俄驻津领事璞科第为阜昌土地等事复候补道钱镕函

光绪二十七年五月二十七日(1901年7月12日)

径复者:昨接来函二封,聆悉种切。阜昌之地一事,非仆应管,不敢妄干,请自向敝领事妥商为是。其围子门外之地,诸承鼎力劝导,各盐商允准盐坨调换,实属费神。自当告饬津行和平会办,以副雅意。即希自向津行熟商善处可也。此复。顺颂台祺。

(W0001-A-0002-001-001190)

387.天津道张莲芬、候补道钱鎉为委任办理翻译绘图事 致前海军都司张洗札文

光绪二十七年五月二十八日(1901年7月13日)

为札饬事。本道等蒙爵阁督部堂李委办各国租界事务,当经遵办在案。各国公牍往来以及查勘地界必须翻译绘图。俄界公文已委北洋翻译官刘守遵办。其各国地图及英文翻译尚在需员佐理。兹查有前任海军都司张洗堪以派委。合行札饬。札到该员即便来局,随同本道等查勘地界,办理绘图及英文翻译事宜。该员自六月份起,月支薪水银十六两,务须勤慎从公。〈下缺〉

(W0001-A-0002-002-001190)

388.北洋大臣李鸿章为英俄争议之地事给天津道张莲芬、候补道钱鎉批文

光绪二十七年六月初三日(1901年7月18日)

据禀已悉。英、俄争执之地既在紧傍铁路货厂之前,原系孙蔚卖与铁路,已付六成地价,其子孙少林复向俄国出卖以致互争。该道等既有调停之法另案禀办,且俟另禀到日再行核批。缴。

(W0001-A-0002-002-001190)

389.候补道钱鎉为会同查勘地界事致俄驻津领事珀佩函

光绪二十七年六月初八日(1901年7月23日)

径启者:刻接铁路公司知会,准于初九日一下点有马丁工程司①由塘沽来津,分划铁路地界,务请贵领事约同罗宝生携带铁路所发地图到车站相会,以便会同查勘为要。电报一纸附阅。顺颂升祺。

(W0001-A-0002-002-001190)

390.候补道钱鎉为请俄方派员会同勘定地界事致俄驻津领事珀佩函

光绪二十七年六月初十日(1901年7月25日)

径启者:昨日午后,同英工程师马田丈量铁路之地,靠西一带在墙外土路边,从关帝庙东,在土路下不过一二丈近车站之处折向南行,在石墙外有七丈五尺到酒铺门口,有俄兵出头言语不逊,并将所

---

① 亦译作马田。

钉木签拔去,英工师不悦,即便停止。窃维敝道承办贵国租界已经三月,合同未立,各事多未准定,心意十分着急。四合顺煤厂之地,英工师谓须划入铁路,贵领事谓罗东潮已与铁路换定,须归租界。又孙蔚之地,一时尚无办法。鄙意此两宗事可以迟日再定。此外,铁路原有之地,既已允其存留,自可先行划定,且铁路地与民地毗连之处甚多,如铁路之地不定,即买地亦难着手。迟延时日,其过不在敝道。今鄙意请贵领事与道胜银行相商,派出一人会同与铁路分定界址,只留四合顺、孙蔚两地随后再定,是否如此办理,敬祈从速酌示。此颂升祺。

(W0001-A-0002-002-001190)

391. 俄驻津领事珀佩为约请面谈事致候补道钱镠函

光绪二十七年六月十二日(1901年7月27日)

　　径启者:顷由刘翻译来述,尊意具悉。查俄国租界之地,锡吉地址不先办清,便不能议划铁路地界。鄙意如是,贵道如有面谈之事,明早十一点钟时,当在馆拱候惠然也。布此。顺颂升祉。

(W0001-A-0002-002-001190)

392. 俄驻津领事珀佩为钱镠进京面见李鸿章和派兵保护公所事
致候补道钱镠函

光绪二十七年六月十三日(1901年7月28日)

　　径启者:日前贵道面订,准明日礼拜一进京将锡吉地址情形面复李中堂。本领事已将所订日期电陈驻京大臣知照,谅无再行延改矣。昨属派俄兵保护公所一节,当俟贵道由京旋津后,本领事再派兵前去保护也。此布。即请升祉。

(W0001-A-0002-002-001190)

393. 天津道张莲芬、候补道钱镠为梾贝子府地亩处置办法事
呈北洋大臣李鸿章禀文

光绪二十七年六月十三日(1901年7月28日)

　　敬禀者:窃职道镠于本年五月二十七日接奉宪札,据正红旗满洲固山贝子毓梾梾门上包衣佐领德麟文称,今据锡忠、吉勒通阿来府声称,本府于光绪十六七两年,先后价卖与锡忠、吉勒通阿名下坐落天津县河东季家楼等处在册地九顷五亩四分四厘。今俄国在该地开辟租界,占用地亩。等情。前本府将卖地立契过价各情咨明户部,并递次咨行直隶总督转饬天津府在案。今将本府由乾隆五十九年大

283

内分拨印册所载四至段落，抄录备文，咨全权大臣直督部堂行馆转饬天津办理租界公署司道、俄国领事备案。等情。到本阁爵大臣。据此，合行抄单札饬。札到该道即便查照具复。等因。

奉此，职道鏐遵查此案。先据京旗锡忠、吉勒通阿联名禀称，天津河东季家楼、李公楼、药王庙、火神庙、过街阁、陆家胡同、盐关口，前至海河沿，后至大道，东至李公楼小道，西至盐关口河沿，四至以内，计地九顷五亩四分四厘，并随有房间、滩坨、坑厂在内，早经按册指允，户部立有成案，天津府县两衙门均有案卷可凭。今闻俄国占用此地，一律发给地价，为此呈验契据存案。惟查契内四至，上段在意国所占界内，如何分晰注明，还求作主办理。等情。并呈红契四张、花户册一本。据此，职道当查此九顷有余之地内，铁路车站已占用二百余亩，即上年英俄争执季家楼孙蔚所卖之地，亦在其内。此外多系民居，有认孙姓为地主者，亦有谓产系自置者。职道当传锡忠、吉勒通阿到局询问所称情节，与禀词相同，复问其买地已有十年，何以未曾执业。据称，买地后于光绪十七年，曾同楙贝子府派出管事人到津认地，并眼同地方查点各住户所盖浮房，开出清册。正拟饬令认租，有民人孙蔚出头拦阻，谓此地买自曹田氏之手，复邀其亲戚岳俊帮同涉讼，于十八年经天津府邹守审讯。当时将王府所交地亩副册呈验，邹守以地册只载地亩总数，未将小地名及四至开载，遂谓此册不足为凭，不准锡忠等认领。因缠讼日久，资斧不继，且旗人不便久居在外，即便回京。迁延数载，至上年又向楙贝子府声请，求其行文户部转咨直督部堂，清理此事。五月间，户部业已行文，适以拳匪滋事，未及办理。等语。

职道以事经地方官审断有案，未便即为准理，正在核办间接奉宪札，饬查前情。即日复据锡忠、吉勒通阿偕同楙贝子府三等护卫德润，亲赍乾隆五十九年由大内分拨地亩印册来局呈验，并云此系府中正册，比十八年所呈副册较为详细。其地初系庄头曹显隆经管，每年交差银、草银各七两七钱一分。职道查验册内所载季家楼等地九顷有零，共分五段，载有地名四至，其亩数与札发粘单之数符合。此外，所载尚有滦州武清等县之地，册内并载于同治初年卖给天津绅士张锦文坐落土城地亩一段。其册盖用系成王府管理册档庄园图记，验其纸色印花，的系远年旧册，决非今时所能捏造。护卫德润复具切结一纸存局。

职道复传孙蔚之妻到局讯问，据供现年五十四岁，所有季家楼等地，是彼十七岁过门之时，其翁在曹田氏手购买。契载两益堂孙，税契纳粮。今曹氏无人，其夫孙蔚亦于上年物故。八九年前，有京旗吉姓等来认此地，其亲戚岳姓助为理料，且为代垫花费。因于讼事了结后，将地分作两段，在车站以上者归岳姓执业，车站以下者归孙姓执业。当时并不知是王府之地。等语。

职道详核案情，此地实系成王府原业。盖道咸以前，天津未开口岸，河东一带皆系咸碱瘠薄之区，所交租银无多，王府初不在意。咸、同以后，人烟渐密。至光绪十三年，天津开办铁路，其地正为车站占用。迨王府查理此地，而已为庄头后人曹田氏盗卖，锡忠、吉勒通阿虽向原主价买，而已落人后，涉讼又未能得直。近年孙、岳两姓已将此地陆续出卖，所存无几。锡忠等亦向俄领事处具禀，呈验印册。俄领事珀佩于验册后复令锡忠等于回京时，将印册呈与格大臣阅看，其意欲证实此事。一可与铁路争购孙蔚所卖季家楼之地，二可以包总兜买，免与零星小户交涉。职道曾与辨论，此事须得公平论断，如此地尽归锡忠等执业，则数百零星花户，尽皆向隅，万无此等办法。如设锡忠等价买在后，不与理直，则楙贝子府执此印册，业不由主，未必甘心。现在俄界正在购地发价之时，急应速为清理。职道等愚见，楙贝子府地虽有印册可凭，然其地早为庄头盗卖，后又转辗相售，不能概以盗卖盗买置论。公平论断，其地应得价值，应以七成归各花户得受，不令地主失业，以三成归锡忠等收领，作为贴还地价。孙姓、岳姓已将此地陆续出卖，得过若干地价，倘尚有存留未卖之地，其应得地价，则以七成归锡忠、吉勒通阿,以三成归孙姓、岳姓,以昭公允。至孙蔚所卖季家楼之地,英、俄尚在争执,自应另案议拟,请示办理。所有查明橚贝子府地亩,酌拟办法缘由,理合据实禀复。是否有当,恳乞中堂批示遵行。肃禀。敬颂爵绥。伏祈垂鉴。职道莲芬、鑅谨禀。

一禀北洋大臣李。

敬再禀者:现在俄界正在丈量购地,其间有指房地出典反借贷者,又有契据已被烧毁及本人出外未归托人代办者。此刻给发地价,急宜详定章程,以为准则,将来别国租界亦可查照办理。谨条具章程,另缮清折。敬恳中堂察核批示。附禀。载颂爵绥。伏祈垂鉴。职道莲芬、鑅谨又禀。

谨将拟办俄国租界房屋田地领价章程,谨缮清折,恭呈宪鉴。

计开:

一、呈验契据,如系红契,本局当时给付收条为凭。日后发价,即可持条到局具领。若系白契或具禀声明,此须由总局派出绅耆,查复核办,暂时不给收条。

二、房有房价,地有地价。地价已经议定,分为三等。界内房屋无多,房价俟地亩办完后再议价值。

三、房屋如已出典,所得房价,归典主得七成,业主得三成。房屋已经烧毁,即与典主无涉。

四、如有将房屋连地基出典者,房地价归典主得七成,业主得三成。如房屋已经烧毁,典主得地价七成,地主得地价三成。

五、如有指房屋屋基及田地借钱者,所发房价地价归债主得七成,业主得三成。

六、所呈田房各契,如系红契,照所定田房价值,全数具领。如系白契,或契已烧毁遗失,则须归总局派出本地绅耆查明。如实系原主一无舛错,由绅耆出具保状,始能发给。价银百两,扣银五两交绅耆等作为公费。

(W0001-A-0002-002-001190)

394.北洋大臣李鸿章为请会同张莲芬与俄方妥善协商索地建造马路事给候补道钱鑅批文

光绪二十七年六月二十三日(1901年8月7日)

据禀盐坨老龙[头]到迤西火神、药王、关帝、小圣等庙大街一带地方,现为俄国划作租界,插有道胜银行木签,并饬呈地契。等情。究竟此项民居是否通令迁徙,当日如何议定,似与合同第七条"界内房屋……定明价值,现时仍听民间居住,俟用地时付给房价,再令迁移"之约不符。仰钱道会同张道照约妥为调停,毋任失所。缴。

(W0001-A-0002-002-001190)

395.北洋大臣李鸿章为准楙贝子府地亩处置办法事
给天津道张莲芬、候补道钱镠批文

光绪二十七年六月二十六日(1901年8月10日)

据禀,楙贝子府印册地亩久为花户展(辗)转盗卖,拟将价值分成摊收,以七成归各花户,三成归楙贝子府。未买之地,则以七成归楙府,三成归花户。所拟是否允协,仰即取具两造遵依甘结,再行禀请立案。至孙蔚所卖季家楼之地,现当英、俄争购,应俟另案议结时,再禀候示。缴。

(W0001-A-0002-002-001190)

396.候补道钱镠为请派员会同查丈车站之地事
致铁路公司总管金达函

光绪二十七年六月(1901年7月—8月)

径启者:前布一函,拟请执事将铁路公司之地插标记明,未承赐复。今俄国租界拟丈量购地,约三四日后便须丈至车站以西之地,务祈尊处派出一人,眼同查丈,庶不至有界限不清之虑。前承惠送地图,大致已得,特未注明丈尺,故必须有一人眼同查丈也。顺颂台祺。

(W0001-A-0002-002-001190)

397.天津道张莲芬、候补道钱镠为俄租界房地给价办法事
呈北洋大臣李鸿章禀文

光绪二十七年七月初九日(1901年8月22日)

敬禀者:窃职道等前奉宪札,以正红旗满洲固山贝子毓楙先后卖与锡忠、吉勒通阿坐落天津季家楼等处之地九顷五亩零,已划在俄国租界,饬令职道等查明具复。等因。当经职道等查明,此地先经庄头后人曹田氏盗卖与孙蔚执业,复经转辗售卖,现在地非一主,由职道等酌拟办法。禀奉宪批:楙贝子府印册地亩久为花户辗转盗卖,拟将价值分成摊收,以七成归各花户,三成归楙贝子府。未买之地,则以七成归楙府,三成归花户。所拟是否允协,仰即取具两造遵依甘结,再行禀请立案。等因。

奉此,职道等遵查楙府之地在俄界者,上自药王庙起,下至李公楼,正头等二等之地尽已包括在内。前锡忠、吉勒通阿于光绪十七年买地后,曾约同地方查适花户,其置产及赁居者共三百余户,开有清册。后附近车站之处,花户更见增多。今俄界所定头等地,每亩约值银四五百两,俄国只给银一百八十两,二等地亩约价银二三百两,俄国只给银八十两。如遵宪批,令两造各具遵依甘结。在锡忠等,涉讼数年,未得伸理,今为扣付三成地价,谅必允从。在各花户,置产时未必尽出重价,但以时价而论,已属吃亏,若饬传到案令具甘结,窃恐人多庞杂,未必尽知大体。且津地五方杂处,民情贤愚不等。前

以俄人催地甚急,职道鑅已于六月初六日派员在俄界设立分局丈地给价,多有花户先时并不交契,临丈亦不到场。若任令诪张为幻,则此事无有了期,职道鑅只能不避嫌怨,择其有意抗违者数户,将地暂行充公,希冀余人不敢观望。槤府之地,其办法系职道等酌中议拟,亦明知各花户未必尽能帖服,然舍此别无两全之策。取结一层,各花户品类不齐,猝难理喻,可否仰邀宪恩,免其饬取。至分收地价,其成数多寡,恳请中堂酌夺示遵。肃禀。敬颂爵绥。伏乞垂鉴。职道莲芬、鑅谨禀。

一禀北洋大臣李。

(W0001-A-0002-002-001190)

398.国琮、吉勒通阿为请尽快发给地价并请转知李鸿章事呈俄驻津领事官珀佩文

光绪二十七年七月初十日(1901年8月23日)

国琮、吉勒通阿谨禀为照恩俯准下情事。

窃国琮等于两月前交到价买槤贝子地契,业经钱道台大人、领事大人与钦差大人查看,属实在俄国租界地内无讹。并调查槤贝子府印册,均属相符,是以职等情愿将所有之地,除铁路车站、铁道材料厂、水台已经实在占用外,其铁路石墙外及季家楼地与沿河以上之地,尽可归俄国租界占用,但天津地面仅有都统衙门管理,而都统衙门又不得干预租界之事。惟有叩请领事大人赐速定夺,所有地价及早发下,免职等人在异地迁延耗费。再铁路所已占之铁道材料厂、车站、水台等地,至今并未发价。恳请领事大人转知李中堂,俟铁道交还中国后,再由中国将前所占之地按亩发价。实为恩便。上禀。

(W0001-A-0002-002-001190)

399.俄驻津领事官珀佩为呈俄租界应购之地办法事致候补道钱鑅函

光绪二十七年七月十一日(1901年8月24日)

径启者:俄国租界应购之地已延多日,迄未办结,殊非意料。兹本领事据理定就办法,函请贵道查照办理。顺颂台祉。

办法二则

一、俄国租界头、二等地内之火车站、材料厂、汽水台由中国铁路车站自下移上时,业经陆续实在占用。其石墙以外所有地段,如季家楼以及沿河上下地段所有道路,汽水台、货厂夹间道路,自然均归俄国所属租界地内。查该处所有地段,原系成王府自乾隆五十九年由大内分府之地产,有锡忠、吉勒通阿二人出名于铁路未占之先价买自槤贝子之手,给立有红契,均经详细查明,确有凭证。此外,槤贝

287

子并无另卖他人之契,该地业主自是锡、吉无疑。现在俄国租界占用此地,应给地价自当由业主锡、吉二人具领,他人不能干预。此系照西国通例,凭理以定,不能轻信无据之传言,背理徇情、疑犹两可,致俄租界迁延不能办结。

二、俄国租界二、三等地内之业户,应由贵道作速查核明确,行知道胜银行计亩照章及早发价,毋再延误。

(W0001-A-0002-002-001190)

400.候补道钱鎏为铁路之地处理办法事致俄驻津领事珀佩函

光绪二十七年七月十三日(1901年8月26日)

径启者:敝道前在北京与贵国公署参赞库大人所议俄界章程七条,前四条关系铁路之事。日昨与铁路公司人商议,彼云第一条、第四条可以照办;第二条孙蔚所卖之地,此事早已达知伦敦政府,铁路不能做主,须由伦敦政府与贵国政府商议办理。第三条铁路地段内之道路,铁路情愿自行修理,不必贵国代修。以上各节,请贵领事转告参赞库大人为要。此颂升祉。

(W0001-A-0002-002-001190)

401.道胜银行呼白①为索还俄意交界地契事致候补道钱鎏函

光绪二十七年七月十三日(1901年8月26日)

绍芸观察大人阁下:所有俄、意交界之契,前敝领事函达台端,定邀青鉴矣。至今未见交到,殊为盼切,字到速速掷下,是所至要至祷,还祈示复为奉。肃此。即请勋安。呼白顿首。

(W0001-A-0002-002-001190)

402.候补道钱鎏为送还俄意交界地契事致道胜银行呼白函

光绪二十七年七月十三日(1901年8月26日)

径启者:刻接来信所云,俄意交界之契,大概即是贵行罗宝生交来之契。此契本局已经查过,现在饭市租界公所,三两日内当检齐送还尊处也。复颂时祉。

(W0001-A-0002-002-001190)

---

① 俄国姓名音译。亦译为琥珀,后文出现。

288

403.俄驻津领事珀佩为锡吉之地处理办法事致候补道钱镓函

光绪二十七年七月十四日（1901年8月27日）

径启者：前日曾布一椷（缄），系租界事务及买地办法。兹因亟欲办结此事，故专布函如下：查旗人锡忠、吉勒通阿实在租界内有地九顷余亩，愿照俄国所订地价呈卖租界占用。虽中国铁路当初占其地段尚未付价，而既实在占用有年，租界丈量必除其实在占用之地外下余地段，现已告锡、吉即日前来亲自领价。至车站以上尚有未烧之房，应由道胜银行将该房价值送由贵道查明各该房主，妥实散给。似此分行办理，想贵道当与本领事有同心焉。况此事如是办结，必无人争竞，缘真红契俱在我等手中故也。即同于泐此信时，已饬将旗人锡、吉之地立刻丈量。其丈量之法，除火车道、材料厂、汽水台及靠铁道下旁之地，实在已由中国铁路占用不计外，一俟丈清实有亩数，即由本领事传知锡、吉前来亲自领价。即请贵道趁此时候，一面迅与道胜银行商订该地未烧之浮房价值，并买锡、吉地外之二、三等地。似此分行各办租界事务，当可即日办完矣。特此布泐，即请贵道查照。顺颂升祉。

（W0001-A-0002-002-001190）

404.俄驻津领事珀佩为表明立场并施压催办未结之地事致候补道钱镓函

光绪二十七年七月十五日（1901年8月28日）

径复者：昨接七月十三日来函具悉。一、查贵道与北京本国公署参赞所议之七条，当时库大人并非与贵道有同此心议定。二、查贵道日昨与铁路公司人商议，系属贵道之私事，本领事只奉本国钦差大人之命，租界事务与贵道商办，至买地事则有道胜银行与议焉。三、今日应再行奉告贵道之事，贵道勿听不明白此事人之语，须查考此事之实在凭据，按各国通理决定。况贵道亦应知，凡地契内均有一恰好要语云：口无凭，契为证。四、昨日贵道应已接有本领事一函，此信内之语，均是本领事之意，定必照此办之。特此布复。顺颂升祉。

（W0001-A-0002-002-001190）

405.候补道钱镓为坚持争议之地解决办法事复俄驻津领事珀佩函

光绪二十七年七月十六日（1901年8月29日）

径启者：本月十三、十四两日接到来信，正在作复，今日又得惠函，具悉一切。俄界买地之事，一因铁路地段未曾分清，二因民情观望，是以一时不能就绪。来示谓可认锡忠、吉勒通阿为地主，即在贵领事处将地价一并付彼。此事实不能如此办理。缘懒贝子府地早年被人盗卖，此时现业主多系转手得来，当初花过地价。敝道已将此地前后情形禀呈北洋大臣李，拟于地价内扣出二三成付给锡、吉二人作为归还买价,尚未奉批。若照贵领事之意,一总付给锡、吉,则现业户既遭失业之苦,又复一文无着,人心不平,岂能就此了结。恐西例亦无此办法。前在北京时,敝道曾与贵国参赞库大人说明,锡、吉之事在中国办理,不必贵国干预。早晚交地时不能多加一文,是贵领事又何必过于锡吉一面如此厚待。况敝道是奉上宪委派到津会同办理此事,凡事须得公平商议。若云贵领事可以独办此事,则他事亦可办理,无须敝道预闻,恐非当初贵国格大臣照会北洋大臣李派员会办之意。敝道自承办贵国租界以来,事事准情酌理,以公平为主,当思贵领事所能相谅。至于铁路地段,无论其在英国、在中国,总以原有之地为断。如石墙以外余地道路及沿河道路、码头,本为铁路所有,仍应归铁路存留自用。又孙蔚所卖之地,此事已达俄、英两国外部、政府,只可听候两国政府办理,亦非敝道所能参以末议也。复颂时祉。

(W0001-A-0002-002-001190)

406.道胜银行琥珀为索地主姓名、地界事致租界公所函

光绪二十七年七月十六日(1901年8月29日)

谨启者:昨日交来地契,其地主姓名以及地界,祈即指明于敝行,则量地人阿君以便丈量绘图,也可照给地价。前函所要之契,乃要新契。如该地主等尚未送到尊处,请速速催之,候该新地主等呈到,务祈即送到敝行。是所至讬至祷。专此,即请勋安。

(W0001-A-0002-002-001190)

407.盐坨商民为奸徒抗谕逼地恳恩保全事呈北洋大臣李鸿章禀文

光绪二十七年七月十六日(1901年8月29日)

具公禀:直隶天津县盐坨老龙头迤西火神庙、药王庙、关帝庙、小圣庙大街一带商民、居民数千户等,禀为奸徒蛊惑道宪蒙抗相谕,逼地如前,公叩天恩以救难民而存恒产事。

窃商民等自房间被焚流离之苦,业已泣陈辕下。前月二十四日蒙批:据禀盐坨老龙头迤西火神、药王、关帝、小圣等庙大街一带地方,现为俄国划作租界,插有道胜银行木签,并饬呈地契。等情。究竟此项民居是否逼令迁徙,当日如何议定,似与合同第七条"界内房屋……定明价值,现时仍听民间居住,俟用地时付给房价,再令迁移"之约不符。仰钱道会同张道照约妥为调停,毋任失所。等因。奉此,仰见老中堂笔下超生,救民涂炭,商民等国计民生,普天感颂矣。至道宪钱大人临津,商民等赶即公同递禀,未蒙批示。异日即蒙面谕,仍令呈交印契,通令迁徙。置相谕调停等训如未闻。更日日有素行不法之地保傅二、郭春等挨户捶索印契,声言奉道宪钱大人分示,如不交契,地尽充公。且局内已自行粘贴充公谕条若干户。伏思商民等地处前敌,为难民中第一之苦,非伤人即焚产,苦中极苦,生如不生。稍次者,至今皆准盖房,惟商民等尚无生路。幸蒙我老中堂恩施再造,饬属调停,不令商民等失

所。奈地保傅二、郭春等恃势渔利,勾同抢富之徒冒托道胜银行,朦混道宪钱大人一再逼徙,视相谕为具文,致令数千户难民生生毙死,忍心害理,较敌尤甚。恭读老中堂相谕内载"似与合同第七条……之约不符",足见商民等地土不为人有。冒言国事,商民等实出情急,不得已再行来辕,匍匐泣诉,仍乞饬下钱大人开一线之恩,救数万之难众。勿任恃势渔利之傅二、郭春等肆行蛊惑、害众成家,以符仁恩而全大体。伏乞老中堂大人恩准施行,保全命产,以恤难民。商民等则感颂大德于生生世世矣。上禀。

(W0001-A-0002-002-001190)

408.俄驻津领事珀佩为再次坚持办理争议之地办法事复候补道钱鑅函

光绪二十七年七月十七日(1901年8月30日)

径复者:接到七月十六日来函具悉。内云本领事可以独办锡、吉之事,他事亦可办理一节。查贵道由京旋津时,先云锡、吉之事,贵道一人独办,无须本领事预闻,是贵道于锡、吉之事已先我存此心矣。且来信云:锡、吉之事在中国办理,不必俄国干预。恐亦非李中堂与格大臣之本意。来函又云:本领事又何必过于锡吉一面如此厚待一节。查此事无论是谁,本领事但凭其所交之契真确无疑,凭证可据,便认其为真正地主不移,是贵道又何必过于盗买盗卖者如此厚待。果照贵道所拟办法,锡、吉即遭失业之苦,其心之不平,岂能就此了结,不特西例无此办法,恐中例亦无此办法。先此泐复。顺颂升祉。

(W0001-A-0002-002-001190)

409.租界公所为告知丈量土地办理新契事复道胜银行琥珀函

光绪二十七年七月十八日(1901年8月31日)

径启者:昨接来函,藉悉一切。前所送还之契,其地在头等、二等、三等均有。现租界公所正在饬传地户丈量,头等、二等之地,俟丈毕一段,即一总写立新契,给发地价,此事归租界公所承办。现弟催令速速办理,俟立有新契,即送向贵处,领取地价也。复颂台祇。

(W0001-A-0002-002-001190)

410.道胜银行琥珀为送旧契并请从速办就新契事致候补道钱鑅函

光绪二十七年七月二十日(1901年9月2日)

绍翁观察大人阁下:送上契券一包,请查收并请将新契从速办就。便中乞即惠掷是祷。此请升安。

【原档注】来契三包,已交子斋带局。

411.道胜银行琥珀为请速饬居民领取地价事致候补道钱鑅函

光绪二十七年七月二十一日(1901年9月3日)

径启者:前由本行罗老爷将未发价之契送请贵道按契查核地之处所是否相符。后由贵道又将契送还本行,而该契原人迄未来行领价,是以本行无从传知发价。合再将该契一总送去,即请贵道速饬领取地价,并乞将矿务局上之李公楼暨局下、局后之地,先行查传地户,速行领价为要。此颂台祉。

(W0001-A-0002-002-001190)

412.北洋大臣李鸿章为准俄租界房地给价办法酌量施行事给天津道张莲芬、候补道钱鑅批文

光绪二十七年七月二十二日(1901年9月4日)

禀悉,姑由该道等酌量试行。缴。

(W0001-A-0002-002-001190)

413.天津道张莲芬、候补道钱鑅为委任本地绅董负责查验居民房地情况事给李勋、周文俊谕

光绪二十七年七月二十二日(1901年9月4日)

为谕饬事。照得天津河东地方,上从贺家胡同起,南至海河,北至铁路,顺河下至田家庄,现在划为俄国租界,丈量地亩,清查房屋,发给地价屋价。惟从上年兵燹以后,各花户田契房契,多有被毁及失落者,发价时既无凭证,若令任便具领,深恐日后或生枝节。本道等今已拟定章程,禀明北洋大臣李立案。如田房有红契为证者,其价即凭契发给。如契据业已烧毁遗失,则须归本局派出绅董详细查明,如实系田房本主,即由绅董加具保状,本局即将地价房价发给具领。 每银百两,准该绅董等扣银五两作为公费;如事有舛错,该绅董等未能过细,日后生出枝节,则误发之款,即向该绅董等着赔。

今查有山东候补典史李勋、附生周文俊,熟悉本地情形,向来办事公正,堪以派为车站以上头等、二等地段内绅董。如各花户有并无契据呈验者,即由本局知会该绅董,确切查明其房地有无出典及将

契据抵借钱文等事,查明后即照禀定章程办理。设如事有含糊,一时不能决夺,则不妨将价值暂行存储,俟后查明再行发给。为此粘抄章程谕饬,谕到该绅董等即便会同委为查照办理。毋负委任。切切。此谕。

　　谕:山东候补典史李勋、附生周文俊。

(W0001-A-0002-002-001190)

414.俄驻津领事珀佩为锡、吉应领地价事致候补道钱鑅函

光绪二十七年七月二十三日(1901年9月5日)

　　径启者:顷据道胜银行报称,接有贵道函称,现办头、二等之地,俟街南之地丈过一整块,便可先领一整块之价。等语。查锡、吉之地现既由贵道先丈过一整块,必是按理饬知地主锡、吉先领此一正块之价,俟敝处付锡、吉全地价时,再扣除其已在贵道处领过之地价可也。顺颂升祉。

(W0001-A-0002-002-001190)

415.北洋大臣李鸿章为饬迅速查明是否有抗谕逼地等事给候补道钱鑅批文

光绪二十七年七月二十六日(1901年9月8日)

　　抄由批:所禀各节是否地保郭春、傅二藉势渔利,抑或别有为难情形。仰钱道迅速确查明白禀复。慎勿违约牵就。禀发仍缴。

(W0001-A-0002-002-001190)

416.道胜银行琥珀为请速开示丈量后土地地价事致候补道钱鑅函

光绪二十七年七月二十七日(1901年9月9日)

　　谨启者:顷接北京公文,展读之下,因急欲办俄界以□□□等因,为〈下缺〉。闻现以敝行即欲将头、二等内之无用破屋先行拆平,特此知照。二、三等之地,谅贵道早已丈量完毕,为速将地价开示,以便核准给价也。肃此即请<下缺>。

(W0001-A-0002-002-001190)

417.候补道钱鑅为拆平俄租界地段内房屋前通知租界公所事致道胜银行琥珀函

光绪二十七年七月二十七日(1901年9月9日)

径启者:刻间接来示,欲将头、二等地内无用破屋拆平。现大街以南头等地十丈、又十丈外二等地量至东西横胡同为止。此内地均已传过花户,眼同量过即可发价。如要拆平此段地内,可以办理动工时,请派人到饭市公所知会,以便到地边指明可也。此颂台祺。

(W0001-A-0002-002-001190)

418.天津道张莲芬、候补道钱鑅为饬各花户速将地契呈验事给山东候补典史李勋、附生周文俊谕

光绪二十七年八月初一日(1901年9月13日)

为谕饬事。照得河东添划俄国租界,前蒙北洋大臣李札饬本道等勘查四至,业经会同俄国领事官珀,出示晓谕在案。现在丈地给价,各花户意存观望,或匿契不交或临传不到不知。俄界头等、二等之地,原系成亲王府于乾隆五十九年在大内分拨之地。本年四月间,成王府后人楠贝子行文北洋大臣李,请饬查理此事,复由楠贝子饬派本府三等护卫德润携带印册来津,到本道及俄领事官珀两处呈验。册内载明天津河东李公楼、季家楼、陆家胡同、前后辛庄、盐关口下共有地九百零五亩,系庄头曹显隆经管纳租。后于同治年间,经孀妇曹田氏盗卖与孙蔚之父管业,成王府并不知道,后于光绪十六年立契卖与锡忠、吉勒通阿执业。本道等查验底册,实系远年旧册。复传孙蔚之妻到案讯问,据供当年实系买自曹田氏之手,后因与地主涉讼,有岳姓从中垫办讼费,即将车站以上药王庙等处之地分给岳姓执业。等语。

本道等随将前后情形禀复北洋大臣李,并议拟办法,如将此地尽归锡、吉所有,则此数百之户既遭失业之苦,又复一文无着,未免向隅;如置锡、吉于不问,则王府地册成为空执,楠贝子岂肯甘心?因请以各户所得地价,应提出十成之三作为津贴锡、吉置地之价。如孙、岳两姓,尚有未卖之地,则以十成之七归锡、吉收领。曹田氏与孙蔚之父久经物故,从前盗卖盗买之事已不能深究。蒙北洋大臣李批示允准照办,此次给发地价自应查照办理。惟俄领事官珀屡次来信,尚欲以所发地价尽归锡、吉具领,本道等力与辨论,不能偏向一面。恐各花户未能周知此意,用特照抄往来函稿谕饬,谕到该绅等即便传知各花户知照须知。本道等于俄界之事,业已大费周折,各花户应当共谅此情,如有契者赶将原契呈验,饬传时速即到场,眼同查丈,候领地价,勿再意存观望。切切。此谕。计钞函稿。

谕:山东候补典史李勋、附生周文俊。

(W0001-A-0002-002-001190)

419.天津道张莲芬、候补道钱鑅为俄租界征地无逼迫渔利及英俄争议土地处理办法事致北洋大臣李鸿章禀文

光绪二十七年八月初四日（1901年9月16日）

敬禀者：窃职道等前奉宪台抄批札饬：据禀盐坨老龙头迤西火神、药王、关帝、小圣等庙大街一带地方，现为俄国划作租界，插有道胜银行木签，并饬呈地契等情，究竟此项民居是否逼令迁徙，当日如何议定，似与合同第七条"界内房屋……定明价值，现时仍听民间居住，俟用地时付给房价，再行迁徙"之约不符。仰钱道会同张道照约妥为调停，毋任失所。等因。奉此，正在核办间，又奉宪台批饬：前事所禀各节是否地保郭春、傅二藉势渔利，抑或别有为难情形，仰钱道迅速确查禀复，慎勿违约牵就。禀发仍缴。等因。

奉此，职道等遵查俄国所立租界四至，上自贺家胡同起，下至田庄，北至铁路，南至海河。三月初间，职道鑅与俄领事会勘界址时，曾以其所占地方过宽，与之多方辨论。俄领事云，此次所划界址系上年俄国武官所定，早经知会俄国政府，未能再有更动。职道鑅因将界内事有关系者，如盐坨、车站、矿局、武备学堂等，随时指出，载明草约另议。查其所占民地下段尽属空旷，即上段药王庙等地方，从前原有市廛，乱后已一片瓦砾，今即归作租界，业经失业在先，不过难期复业。因与领事定议，照依原立界牌勘定，以火神庙、药王庙、关帝庙等处定为头等地，每亩给银一百八十两。萧（小）圣庙一带定为二等地，每亩给银八十两。禀明中堂察核在案。职道鑅因将俄界之地分作数大段，又于一段之中分出号数，于六月初四日，在俄界饭市地方设立公所，派委候选巡检何瑞麟等驻局，饬派地方傅二、郭春等查传地户，分号丈量，以便发给地价。孰知该地户等系恋故土，未肯往掷。访闻有张云升者，向各花户敛钱作为花费，先向俄武官处托其设法转圜，复率领多人到公所递禀，请给还基地盖屋居住。职道鑅当面晓谕，界址已经勘定，不必再有希冀。而张云升等以敛钱在先，事无效验，遂蛊惑大众或匿契不缴或临传不到。计自六月初四日到今两月之久，只传到花户数十人，量地数十亩，职道鑅以事多掣肘，择其始终抗违者，即将其地充公，条示局门以为疲玩者戒。职道鑅亦明知小民失业，情殊可悯，然时势所迫，不能不任此劳怨。该花户自从两次赴禀宪辕，奉批调停饬查，益复置之不理。近日，饬传地户竟至一名不到，俄领事催地甚急，职道鑅异常焦灼，深恐迁延日久，既无以塞外人之口，又无以餍众人之心，彷徨瞻顾，实无可以两全之策。职道鑅并查俄界内他处房屋均已被毁，只二等地内有瓦房三四所，草屋三十余家，故前次所立草合同声明，暂令民人居住，俟用地时给价再行迁让，此数十户现时并未饬令迁移。地保傅二、郭春奉差传唤花户，每人由公所日给饭钱三百文，亦无藉端渔利之事。现闻该民人等尚拟前赴宪辕，叩求保全之计，可否仰恩中堂俯念职道办事为难情形，批饬该民人等赶紧遵约缴契，听候量地给价，勿得再存观望。庶岁俄界事可冀渐有头绪，所有职道等查明俄租界现在情形，理合绘具图说，据实禀复中堂查核批示。肃禀。敬颂爵绥。伏乞垂鉴。职道谨禀。

计呈缴原禀一扣，地图一张。

一禀北洋大臣李。

敬再禀者：前职道鑅在京与俄国库参赞所议章程七条，回津后与铁路总管金达会晤，内第二条系英、俄争执之地。据云，此事须归伦敦政府核办，此间未能参议。又第三条系铁路原有道路，拟归俄国

代修,庶可一律。铁路则愿归自修。因此,参差牵掣,所有租界与铁路交涉之事,一概不能定准。而俄领事屡来催索购地,现只有先将民地丈量购买。已将药王庙街南十丈头等之地及相连二等之地饬传花户量过,一大段内有抗传不到数户,特将其地充公。不日拟即发价。惟此项充公地价,亦应在道胜银行一并领出,拟暂时寄存汇丰银行,俟购地之事完毕或原花户能知悔过,仍行给发补领。是否有当,敬乞训示遵行,附肃。载颂爵绥。伏乞垂鉴。职道莲芬、鑅谨又禀。

(W0001-A-0002-002-001190)

420.俄驻津领事珀佩为询购买李公楼村土地事致候补道钱鑅函

光绪二十七年八月初七日(1901年9月19日)

径启者:本领事近日叠(迭)往塘沽迎送本国新旧钦差大臣,昨始旋津,不知贵道近日所做何事。锡、吉地外之地已由贵道购买若干,矿务局上之李固楼[①]村,应请贵道传询该村长查明地主,及早购办为要。此颂升祉。

(W0001-A-0002-002-001190)

421.候补道钱鑅为复李公楼村及锡、吉之土购办情况事致俄驻津领事珀佩函

光绪二十七年八月二十日(1901年10月2日)

径启者:锡、吉二人之地买自棣贝子府,但于光绪十六年成契之后,因有讼事纠葛,事隔十年未能执业。前奉北洋大臣李饬查此事,敝处已详细禀明并酌拟办法,将此次收回地价以三成归锡、吉作为补还当日所用地价,以七成归现业户具领。奉到批示允准办理。今敝道拟将药王庙街南丈过头等地二十余亩,相连二等地二十余亩,即照以上三成七成发给具领。至来示谓李公楼之地刻须收买,应系上段之地办完再买下段之地。特此布达。致请台安。

(W0001-A-0002-002-001190)

① 应为“李公楼”。

422.道胜银行琥珀为土地发价事复候补道钱镕函

光绪二十七年八月二十日（1901年10月2日）

敬复者:接奉函示,具悉地亩发价一事。查贵道拟发价之地,前已闻本国珀领事云,此地之真正主系旗人国琮[①]、吉勒通阿。现在贵道欲发其价,自是交其二人先行具领,必无他说。但请先将欲发价之地基址四至指告本银行买办后,本银行即当照付也。再敝京行巴君今日来津有事奉商,祈大驾过敝行面商,并准请今下午五点钟至敝行晤谈可也。专此敬复。即请勋安。

(W0001-A-0002-002-001190)

423.郑国琮、吉勒通阿为按钱镕处置办法处理地价事致道胜银行副代办宝至德函

光绪二十七年八月二十日（1901年10月2日）

函钞郑国琮、吉勒通阿,原函恭呈钧阅。

敬启者:天津俄界头、二等之地,业经李督部堂并钱大人查明郑国琮、吉勒通阿为真正地主,其历年久居之民并无官凭可证。兹贵行经俄政府派买俄界之地,惟时并不知此项头、二等地乃系郑国琮、吉勒通阿之产,并以占地之人甚贫,故出给重价。贵行既如此见怜,又兼该住户甚贫,郑国琮、吉勒通阿拟照钱大人所禀并宣示之价,愿将收十分之三,头等地既以此办。其在俄界二等之地,郑国琮、吉勒通阿者甚多,临期愿将以此法办理。特此禀闻。即候宝至德副代办刻安。

(W0001-A-0002-002-001190)

424.北洋大臣李鸿章为转俄公使诉钱镕办事偏袒、拖延事致候补道钱镕札文

光绪二十七年八月二十日（1901年10月2日）

为札饬事。八月十八日准俄国全权大臣雷照称:本年三月底贵中堂派钱道台镕前往天津,会同俄国领事官详细勘定俄国租界,商订地价及查明各地契。该道抵津即与署俄国领事官暨华俄道胜银行董事屡次会议,将地段分作三等定价,以便收买。嗣后钱道不过应招各地主查验契据,并送交道胜银行以领买价。乃钱道不办此事,但借无凭之故耽延,虽有领事官及道胜银行时常催促,迄未送到一纸契据,惟设以应用之办法而固辞。再,国琮、吉勒通阿现称,本身产业九百余亩之地率多入俄国租界,

——————————

① 即锡忠。

确有契券及櫥贝子府印册为凭,此事谅为贵中堂所尽知也。当钱道与俄国署领事官面商此事之时,常言此禀各节属有根柢,并言国琮、吉勒通阿为合理之地主。前者该二旗人递有俄国领事官禀帖一纸,兹特将原禀抄录附送。因此俄国领事官接禀后曾致钱道函,内称据本领事之意以速收买地段各节,务将国、吉二姓地内除为铁路总局实占各地之外所余之地定价收买。等因。钱道复函之内虽然允认櫥贝子卖给该二旗人之地盗卖与他人一事,而称此事必亲身要(妥)办,不干预于俄国领事官。且函内并未申明以前所认国、吉二姓系为合理业主,明见钱道系听仇视俄国租界并愿延搁之人而出此。谅该道系贵中堂所派之委员,必得认为该二旗人业主之理,而俄国租界各官员虽不能依此允认,立即占该地段,而因此允认则可相助作速办理租界。又,钱道办事偏心由后之说可见,该道驻京之间与本处头等参赞面商之时,业将租界争竞各节之自拟办法声说,并许回津后必将此节函知驻津俄国领事官。但函知俄国领事官之各办法,与在本处所说各节大不相符。恐该道系随铁路执事之洋人之意而行。等因。相应烦请贵中堂严饬钱道鑅,其勿故意耽延俄国租界买地各节,即行从速将各应用各地券送赍道胜银行,以领买价。并饬将其前所认国、吉二姓为与中国律例相符合理之业主函知俄国领事官,其将来如何办理之处,即希见复可也。等因。到本阁爵大臣。准此,合行札饬。札到该道即便查明,详细禀复核办。此札。

计抄单。

(W0001-A-0002-001-001190)

425.北洋大臣李鸿章为俄租界征地无逼迫渔利及英俄争议之地处理办法给天津道张莲芬、候补道钱鑅批文

光绪二十七年八月二十一日(1901年10月3日)

据禀地保尚无渔利,姑免深究,但所控之地是否在原约大路以北,在围子门内外,为四、五等现时不用、用时议价之地? 该道此禀并未声明。现据民人续控之词,谓地在老龙头迤西,实不在俄界之内,况有都统衙门准行盖房执照,虽一面之词,未可尽信,然不可置而勿问。应由该道遵照现批,明白切实声复,以凭核办。缴。

(W0001-A-0002-002-001190)

426.天津道张莲芬、候补道钱鑅为火神庙一带土地如何办理及委派刘崇忠接任北洋翻译事呈北洋大臣李鸿章禀文

光绪二十七年八月二十四日(1901年10月6日)

敬禀者:窃职道等前奉宪札,以俄租界老龙头迤西火神庙等处商民控称地方傅春、郭二①等渔利逼

---

① 依其他档案应为傅二、郭春。

契等情,当经职道等查明,绘具图说,禀复在案。兹奉宪批:据禀地保尚无渔利,姑免深究,但所控之地,是否在原约大路以北,在围子门内外,为四五等现时不用用时议价之地?该道此禀并未声明。现据民人续控之词,谓地在老龙头迤西,实不在俄界之内,况有都统衙门准行盖房执照,虽一面之词,未可尽信,然不可置而勿问。应由该道遵照现批,明白切实声复,以凭核办。等因。

奉此,职道等复查该商民火神庙一带之地,即在俄国租界上段贺家胡同以东,定为界内头等、二等之地,亦即楄贝子府买(卖)给锡忠、吉勒通阿之地,其划入俄国租界,前经载明草约,禀明中堂核示并由职道鑅会同领事官出过告示,饬令于六月初一日以前缴契,听候丈量给价。乃该商民等诿为不知,并不呈契,饬传亦不到场,以至事多阻隔,办理不能应手。昨奉宪札,准俄国雷大臣照会,以职道鑅有办事偏心之话,职道初与俄领事争论多给地价,后又与俄领事争论,谓此地价不能□□交锡忠、吉勒通阿二人具领,特为酌定办法,以三成归锡、吉二人,七成归各花户。职道自问于该商民一面,亦已竭尽心力。乃该商民等不察所以,辄谓地方从中牟利,为打草惊蛇之计,又谓此地并未划入租界,都统衙门给照准其盖房,此照大约是上年冬间未定租界以前所给,种种砌词,无非意存蒙混,藉此拖延。缘奉宪饬,理合明白据实禀复,敬候中堂察钧办理。(除雷大臣照会另行禀复外。)肃禀。祗颂爵绥。伏乞垂鉴。职道莲芬、鑅谨禀。

一禀北洋大臣李。

敬再禀者,前职道承蒙委办天津俄国租界事务,蒙谕饬刘守崇惠随同到津作为翻译。后刘守以北京常有事办,嘱其弟候选知县崇忠,代作翻译。今刘守奉差前赴张家口,其弟崇忠亦系同文馆学生,于俄国语言文字,足以应用。可否仰恳中堂栽植,即以刘令崇忠接办刘守崇惠北洋翻译一差,暂时仍随职道办理俄界事务。是否,敬候钧酌。附肃。载叩爵绥。伏乞垂鉴。职道鑅谨又禀。

(W0001-A-0002-002-001190)

427.北洋大臣李鸿章为转道胜银行要求从速办理土地发价招领事致候补道钱鑅札文

光绪二十七年九月初四日(1901年10月15日)

为札饬事。据华俄道胜银行副代办宝至德禀称:窃银行承俄政府之谕购买租界地亩,迄今将及半年,因钱道未能办清,宝至德自行招主承买。适该处地主郑国琮、吉勒通阿自执真正契据前来。查郑、吉二人的系地主,自应发价,该处众花户毫无真凭,但念其多年住彼,且均赤贫,是以头二等地定价一百八十两暨八十两之高,诚以该花户之多且贫也。若知系郑、吉二人之产,何须若此济富?现拟和平办理,拟照钱道宣示,郑、吉二地主之价照三成发给,而以七成发给贫寒佃户,以免向隅。兹接郑、吉二人来函声称,愿照三成领价前来,理合将原函录呈钧鉴,并请转饬钱道速令各花户即早赴领。想钱道办事将及半年,必能详悉该地花户,似不难令其从速也。请限钱道自接奉此次钧札后,限一礼拜了清。倘逾限不领,宝至德请将此事即作为完结,以免延旷。所有分成发价、限日招领缘由,理合呈请中堂恩准施行。等情。到本阁爵大臣。据此,合行札饬。札到该道即便查照迅速办理具报。此札。

计抄单。

428.候补道钱镕为禀明经办俄租界土地发价及英俄土地争议事 呈北洋大臣李鸿章禀文

光绪二十七年九月初九日（1901年10月20日）

敬禀者：窃职道于八月二十二日敬奉宪札，准俄国全权大臣雷照称，三月底派钱道台往天津会同俄领事勘定俄国租界，商订地价，分作三等收买。乃钱道不办此事，但藉无凭之故耽延，迄今未送一纸契据。再，国琮、吉勒通阿现称，本身产业九百余亩，多入俄国租界，确有契券及楙贝子府印册为凭。该二旗人递有俄国领事官禀帖一纸，特将原禀抄录附送。该道必得认为该二旗人业主之理，俄国租界各官员因此允认，即可相助作速办理租界。又，钱道办事偏心，该道在京与本处头等参赞面商之时，业将租界争竞各节之自拟办法声说，并许回津后必将此说函知俄领事官。但函知俄领事之各办法，与在本处所说各节大不相符。恐该道系随铁路执事洋人之意而行，请饬钱道其勿故意耽延买地各节，并饬将其前所认国、吉二姓为与中国律例相符合理之业主函知俄国领事官。其将来如何办理之处，即希见复。等因。九月初六日，又奉宪札，据道胜银行宝士德禀称，银行承俄政府之谕购买租界地亩，适该处地主郑国琮、吉勒通阿自执真正契据前来，查郑、吉二人的系地主，现拟和平办理，照钱道宣示，郑、吉二地主之地照三成发给，而以七成发给贫寒佃户。兹接郑、吉二人来函，愿照三成领价，请饬钱道速令各花户及早赴领，倘逾限不领，宝士德请将此事即作为完结。等情。饬令职道查照迅速办理禀复。等因。并粘钞信稿。

奉此，职道遵查俄国所占租界，其地甚长，上一段西自贺家胡同起，东至四合顺煤厂，北至铁路，南至盐坨，此段内约地三百七八十亩，原为市廛繁盛之区，上年兵燹，屋宇毁失，所存者十不及一。四月间与俄领事会衔出示晓谕，饬令各花户于六月初一日以前将契据送局查验，听候量地给价，孰知到期，所呈契据只有数张。职道因办理此事时经数月未有就绪，即于六月初间遴派员司，先将头等、二等之地丈出亩数，划段编号，按号饬传花户眼同丈量。而该花户等受人愚弄，类多托故不到，复约出多人联名到宪辕呈控，谓职道所派地保有催契逼地渔利情事。曾奉饬查，禀复在案。职道不敢因事多掣肘稍生退缩，一面仍饬员司按号传丈，其传唤不到者即以其地充公。现查上段之地业已丈完，共约四百多户，即可领价给发，接办下段之事。职道督率员司等日奔走于败垣颓堵之中，未尝一日休息。雷大臣谓职道不办此事，但藉无故之事耽延，不知此数百花户，一户有一界址，必须逐户查丈，发价时方免蒙混。此上段之地，因花户过多，未能迅速办理之实在情形也。又头、二等地内，有楙贝子府卖给郑国琮即锡忠及吉勒通阿之地。前奉宪札饬查，业将前后舛错情形并酌拟办法以三七成分别给领地价，禀照中堂批示在案。郑、吉二人，业经职道劝谕，允服无词，惟各花户人多口杂，即以七成给发，尚恐未能允洽。倘如雷大臣所定，独认该二旗人为业主，则众花户心有不甘，岂能了结？此地价不能独令郑、吉具领之实在情形也。

又俄租界地因与铁路毗连，事有纠葛，数月以来，合同尚未订立。上次职道进京与俄国库参赞商议,约款七条,前四条系与铁路交涉之事,一议铁路、租界各派妥人会同踩定毗连界址;二议英、俄争执之地分三七成购买;三议铁路货厂墙外人行道路,归俄国一律修筑,公用;四议铁路原有沿河之地,准自修码头应用。商定如铁路允许,即就近知会俄领事照行。及至职道回津与铁路相商,谓第一、第四两条可以照办,至英、俄争执之地,此事已归伦敦政府核办,未便干预;货厂墙外道路,仍须归铁路自行修筑。意见既有参差,即第一条急速应办之事,亦因而延搁。中国前因修建关外铁路向英国贷银,而以津榆铁路产业作保,铁路以保产为词,势不能强其就我,并非职道愿随铁路执事洋人之意而行。此租界、铁路交涉之事未能即时就绪之实在情形也。职道才识短浅,又因事多牵掣,外无以结邻国之欢,内无以餍众人之望,抚躬循省,惭悚实深。缘奉饬查,理合逐条据实禀复中堂察核训示。专肃。敬颂爵绥。伏祈垂鉴。职道鏴谨禀。

　　一禀北洋大臣李。

（W0001-A-0002-002-001190）

429.李勋请求辞去具保事宜呈候补道钱鏴文

光绪二十七年九月十一日（1901年10月22日）

　　敬禀者:窃治生前于本年七月间蒙宪台札委办理保结事宜。治生当经商同附生周文俊悉心筹划,并咨访各地主是否实在原业,以杜假冒各情。惟数月以来,头绪纷繁,迄今并无眉目。治生谬蒙宪台委派,惭愧殊深,缘期备竭愚诚,力图报效。距近于前月念六日豫省来信,因治生向办获嘉引岸,去年拳匪肇乱,未克赴豫。治生尚有经手各事有关合家大局,非治生亲到彼处核办,势难旁代。伏乞大人念系治生家事紧要,尚祈收回办理保结事宜成命,并原委系治生与周文俊同札是否由治生缴呈,抑或即交附生周文俊之处。望祈批示遵行。谨肃丹禀。敬请勋安。伏维垂鉴。治生勋谨禀。

（W0001-A-0002-002-001190）

430.道胜银行为约请到行与宝至德商谈及丈量地亩有出入事致候补道钱鏴函

光绪二十七年九月十二日（1901年10月23日）

　　谨启者:今日下午一句(点)钟宝至德可以抵津,请贵道三句(点)钟驾临敝行一叙。所有四合盛之地,计亩数若干,须请即日丈量,是所至要。前贵道所量之地与敝行工程师阿君所量不符。等因。则敝行只能照阿君亩数办理给价,□此告禀,免得临时有言。肃此。即请勋安。

（W0001-A-0002-002-001190）

431.北洋大臣李鸿章为同意按拟定办法速办火神庙一带土地并委派刘崇忠担任翻译事给天津道张莲芬、候补道钱鑅批文

光绪二十七年九月十三日(1901年10月24日)

据禀已悉,火神庙一带地方既在俄国租界,上段贺家胡同以东,定为界内头等、二等之地,自系划入界内。前定给价办法,以三成归锡、吉二人,以七成归各花户,斟酌当属允当。仰即出示晓谕该地居民,限日呈缴印契,听候丈量,分别给价,勿任再延,致生枝节。另禀刘守崇惠奉差,拟令候选知县刘崇忠接办北洋翻译差使,应准派充,月发薪资银三十两,仍令暂随该道办理俄界事务,并即饬令妥慎经理,勿稍疏忽。切切。此缴。

(W0001-A-0002-002-001190)

432.候补道钱鑅为车站以上道土地亩可发价交地及盐不准运津事致道胜银行宝至德函

光绪二十七年九月十三日(1901年10月24日)

径启者:车站以上道南道北之地,已于十二日量完,计四百多户,头等地一百二十四亩零,二等地一百五十五亩零,即可发价交地。鄙意将各花户开一清册送交津行,即在津行立契领价。弟派原经手人到行帮同料理,谅无错误。见信即望执事来津,面商定局更为妥当。再天津盐商来说,盐坨未曾换定,滩盐不能运津,此事亦应设法办妥。鄙意上段之地已经丈完,拟接办土围子外田庄以上之地,以便换坨之用。顺请台安。

(W0001-A-0002-002-001190)

433.候补道钱鑅为准李勋辞去具保事宜并谕附生周文俊的答复

光绪二十七年九月十四日(1901年10月25日)

俄界房地给价,其契据失落无凭者,恐有舛错,故遴选董事,查明具保,以昭慎重。素悉该员品行端方,故相约经理此事。今既有盐务须往豫省理料,未便勉强挽留。其未动身以前,仍望帮同经理。前给谕帖应即付交附生周文俊收执可也,此答。

(W0001-A-0002-002-001190)

434.天津道张莲芬、候补道钱镁关于火神庙一带地亩办法的告示

光绪二十七年九月十五日（1901年10月26日）

为出示晓谕事。照得本道等前后两奉北洋大臣李饬查,一因火神庙一带地方,商民具禀请给还地基以保民产等情。一因楅贝子府有河东季家楼、陆家胡同、前后辛庄、盐关口等处地九百多亩,曾于光绪十六年,卖给锡忠、吉勒通阿执业,请饬查给价等情。均经本道等先后查明禀复。兹奉北洋大臣李批示:据禀火神庙一带地方,既在俄国租界上段贺家胡同以东,定为界内头等、二等之地,自系划入界内,前定给价办法,以三成归锡、吉二人,以七成归各花户,斟酌尚属允当。仰即出示晓谕该地居民,限日呈缴印契,听候丈量,分别给价,勿任再延,致生枝节。等因。奉此,合行出示晓谕。为此示仰火神庙一带商民人等知悉,尔等如有未呈契据、未量地亩,限于三日内赶紧呈契,听候补丈,分别给价。慎毋观望再延,自行贻误。切切,此示。

（W0001-A-0002-002-001190）

435.河东商民为俄租界土地争议联名上诉事呈北洋大臣李鸿章禀文

光绪二十七年九月十五日（1901年10月26日）

具公禀:直隶天津县河东盐坨老龙头迤西火神庙、药王庙、小圣庙、关帝庙大街一带地方数千户商民、居民等为条晰,请示叩恳亲讯,以别真伪,设法保全命产事。

窃商民等居住盐坨老龙头西一带已非一世,前因俄国开办租界并道宪钱迫交契据,商民等因破家失业,栖止无所,迭次禀求中堂设法移让,以恤灾黎。历蒙批示:毋任失所,候钱道禀复到日再行核示。等因。仰见中堂筹画深远,体恤民艰至意。商民等理宜候示遵行,何敢屡渎。不料道宪张、钱于月之十五日、二十日迭传示谕云,河东季家楼、陆家胡同、前后辛庄、盐关口地基九百余亩本楅贝子府旧产,于光绪十六年卖给锡忠、吉勒通阿二人执业。此次所发之价,饬以三成归锡、吉,以七成归各花户,其未卖之旗地,以七成归锡、吉,三成归孙姓、岳姓。限三日内各花户呈交印契,分别给价,并以乾隆四十九年以前印契为证云云。等因。商民等众目共睹,既骇且疑,赶寻岳后将旧案询明,并将告示稿抄录,前后细阅,实令商民等不解。谨将所不解各件为中堂条晰陈之:

自季家楼至陆家胡同,截长补短,何止百顷,示载九百余亩不过九顷,既未划清每处旗地若干,亦未查明或断或连,竟借无考之旗地为有主之命产,倡其先声,此不解者一。查前天津府宪邹告示,载岳俊、孙蔚与赵耀曾互争季家楼地亩一案,足见涉讼之由实因赵耀曾捏控季家楼地亩而起,道宪张、钱告示忽改称赵耀曾另有盗卖稍直口地亩之案,与府宪邹告示并无别项地亩之说不合,此不解者二。季家楼各处若另有楅府地亩,无别项地亩之说,楅府必不肯受。楅府并不申辩,且岳、赵之案既因季家楼而起,忽断为稍直口之地,何赵姓亦不申辩,此不解者三。道宪张、钱告示称,邹守因红册未载河东地亩,遂据以定河东之案,但岳俊于光绪十四年与赵姓涉讼,曾在中堂辖下禀控两次,均蒙批府公断,缠讼数年,已在中堂洞鉴之中。且岳、赵官事未结,楅府红册又无别项地亩,何锡、吉于光绪十六年竟肯出资

303

购买涉讼不休之旗地,作何需用? 此不解者四。道宪张、钱告示又称,锡、吉屡求椿府转达户部行文,查理其事,何以十余年案牍虚悬,尚无追文,此不解者五。购买旗地非自行盖房即定价收租,断无掷若干血本于无用之地者,何商民等居住以来并未闻起租之说,无从指认明甚,何道宪告示竟招各花户到场会同指认查勘,此不解者六。十八日勘丈,二十日始行出示,商民等不知勘丈何意,碍难到场。告示云未有花户到伤(场)等语,即令无花户到场,亦不得凭锡、吉二人将头、二等之地妄行认去。且天津房产地基百年内屡更其主,如各有印契粮串即不为虚,亦即与旗地无涉,如必须乾隆四十九年前之红契方为凭据,能得几何,此不解者七。旗地有无,既与商民等无涉,且有府宪邹告示为据,不待力辩已足瞭然。且岳俊曾禀见道宪钱,情愿与锡、吉对质,未经允准。忽告示中云未卖之旗地,于锡、吉款内,分给岳、孙二姓三成,此不解者八。民地民房尚未办有成局,忽无赖有赵姓、于姓等称奉道宪钱示谕,令将民房砖瓦劲(径)行拆尽。商民等各处暗访,实售于估衣街、河北西门外南头窑各处,售价每千十元。以堂堂道宪,似此设计罔利,至使瓦砾之场一带片瓦无存,除作平地,日后何以堪认,此不解者九。周文俊、李熏(勋)津地之利徒也,向钱道宪谋充绅董。奈周、李所居之地,皆不在商民界内,竟串通本段地保傅二、郭春沿门勒索,一不遂愿立回明钱道宪将房地充公。似此牟利无耻之徒,何钱道宪竟行委派,此不解者十。前俄总统林出示云西至老龙头。面求倭都统已允起盖草房,都统衙门又发盖房执照。钱道宪来津,忽限日呈契,并出示又云西至贺家胡同,前后界限不一。商民等命产所系,奔诉中堂辕下,蒙批派钱道宪禀复再行核示。忽钱道宪复惑旗地之谈,究与界外之民地何关,与中堂禀复核办之意何涉,此不解者十一。老龙头西一带本不在租界之内,既限日呈契,何以与商民毗连之草房三十六户家,钱道宪允准不拆。夫此不拆之房与商民同居一界,即事同一律,何以宽彼而苛此,畸重而畸轻,令不得沾恩之民未免向隅,此不解者十二。

总之,去夏以来,津郡遭其兵燹,以商民之地为最苦,无一椽之可宿,复片瓦之无存,就令准其盖房,商民艰苦之情亦应在赈恤之例,若因开拓俄界,借无考之旗地一律将界外之民地收入,刻下严寒过人,侧身何所。商民未死于兵燹,转死于所开之俄界也;亦非死于西至老龙头之俄界,实死于西至贺家胡同之俄界也。中堂万家生佛,无时不以安民为念,除向钱道宪具禀分晰外,惟有仍求中堂伯爷恩准亲讯,俾商民等偕同岳俊与锡、吉对质以定真伪,如有虚饰,商民流离失所,亦所甘心。倘垂怜移让,另择人稀之地开界,仍令商民安居故土,则数万生灵鼓舞欢欣,无不颂中堂如天之德也。哀哀上禀。

附呈联名单,道宪张、钱告示稿,前府宪邹告示稿四件,开具清单一纸。

联名单

王聘三、张华轩、刘桂、王庆远、华炳文、严恺、王芝元、王家礼、李竹轩、李瑞、刘祥、王砚臣、王保六、王润芳、刘瑞华、井珍、高恩荣、刘仆、李起、何典安、张诜齐、刘翰臣、何占鳌、刘永和、张寿山、李文三、何永祥、苗春、姚学瀛、王振清、吴士珍、张绍先、贾文炳、张澍、刘平轩、侯在元、李小煜、沈泉、刘永、崔世长、岳鸿文、徐少甫、刘世杰、闫竹轩、朱起富、张聘清、闫炳山、张奎元、姚在清、马连科、岳树标、朱世文、杭少山、杨起山、王廷樑、王振元、张廷槐、贺景元、王仲三、于良甫、朱世雄、李恒午、刘景云、王承后、杨边春、苗实、李静和、于庆、张云霈、岳峻、邢有福、井泉涌、郭双义、卢子峰、冯玉泉、杨双、汪文瑞、杭世荣、唐雅贤、朱起富、张平三、王云九、戴锦山、黄世杰、李庆和、赵建波、董世福、张奎元、胡仲三、赵凤藻、马云霄、张恩钰、王小廷、顾小安、李长清、韩信臣、李长太、崔文舫、李承元、张士琦、王振、张五臣、刘峻峰、吕孝山、于浚、李香、姚玉清、安顺、陈兆远、李善、刘珍、戴金声、赵文焕、吴仲元、魏云山、张保文、徐信厚、张保安、邢保元、陆荣、刘瑞、孙国典、王际祥、赵保光、朱品清、李树标、冯起云、王义成、田奎五、陈大勋、吴会元、李长庆、江有龙、于清山、杨涛、杨一俊、萧景云、胡月南、天庆号、仁利永、张庆发、李奎元、方古香、刘桂林、复兴号、德兴号、同益成、吕金荣、刘贵、朱富元、贾宝顺、永裕酒店、文和成、文兴粉房、李五、何珍玉、王承太、赵成、聚兴号、兴盛布店、文成号、吕金波、严贵荣、刘恩荣、王大有、永安号、立源涌、五昌栈、贾安太、郭恩文、翟清、李恺、祥记栈、全生堂、魁元号、张连登、黄海安、井金荣、周源通、四合栈、存仁堂、双和顺、刘锐、马贵升、冯天文、马俊臣、义德号、广发顺、立成材厂、孙起龙、李振邦、李发德、柴少甫、双义号、名利栈、平安号、德生香店、康安号、宝安号、太昌元、长顺和、文瑞号、启盛号、云升板厂、九安号、聚和号、恒太昌、东升号、吉祥盛、桐兴材厂、天福号、义庆公、聚源茂、起顺号、文和羊肉铺、文和轩、瑞兴号、开太盛、双义果局、四合居、祥顺栈、九章号、春胜斋、宝顺成、广永成、刘家果子铺、永和油店、文元泰、玉元号、鉴古斋、和无永、文昌太、三合鱼店、永义号、宝丰号、世发顺、大德合、元泰号、天太号、福照号、天泰号、益兴香店、万发魁、同益号、阜昌号、三庆栈、同德昌、永文茶店、昌升恒、宝兴成、三聚永、永源楼、万宝奎、恒茂永、永和楼、福源昌、文盛楼、日升太、宝源斋、吉文祥、文瑞昌、公和米局、德裕厚、峻兴栈、万昌德、富同栈、瑞发祥、大福祥、聚和栈、明立园、万发顺、杨家果子铺、复兴顺、益太公、瑞兴布店、庆兴号、胜兴斋、庆顺米局、益昌厚、广安祥、天庆号、德太顺、魁元栈、东生德、宝顺成、祥发德、成发号、源泰顺、德成栈、万德堂、云集栈、兴发铁铺、元茂昌、闫家果子铺、振兴昌、文吉钱局、公和顺、文发顺、公和号、万茂源、起太盛、辅盛号、开太轩、成顺号、华盛厚、庆安号、春长发、瑞昌太、三元号、大昌栈、同茂栈、立兴成、玉成号、德美号、元成永、大成号、吉安栈、复元成、盛兴号、吉庆栈、恩成号、春生堂、桐发顺、大兴号、厚德堂、泉生涌等。

道宪告示稿

办理天津租界事务二品衔天津河间兵备道张、办理天津租界事务二品衔指分直隶候补道钱（告示内容同《天津道张莲芬、候补道钱鑅关于火神庙一带地亩办法的告示》，此处略）

光绪二十七年九月十五日。

实贴康盛公。

道宪告示稿

办理天津租界事务二品衔天津河间兵备道张、办理天津租界事务二品衔指分直隶候补道钱（告示内容同《天津道张莲芬、候补道钱鑅为俄租界地户限期指认并查核土地的告示》，此处略）

光绪二十七年九月二十日。

实贴康盛公。

前府宪告示稿

钦加盐运使衔、赏戴花翎、在任候补道直隶天津府正堂邹为出示晓谕事。

照得口口岳俊并孙蔚与赵耀曾互争河东季家楼地亩一案，缘赵耀曾呈称置买曹田氏家地亩，所载两益，〈下残〉耀曾素无交情，岂有伙置地亩之事，〈下残〉保泰诈称此地系橚贝子府旗产，与赵耀曾勾〈下残〉遽行得价银二十两，卖于铁路公司。当时此地果系〈下残〉，猝难分辨，是以先发天津县，迅将铁路公司价银〈下残〉将返还，并准铁路公司移称，地价银二千两，业经分别〈下残〉正拟讯结〈下残〉。嗣据橚贝子府遣佐领衔三等护卫文福、三等护卫鸿儒、三等护卫衔六品典仪刘义等持照来府。文内称：本府有坐落天津县大小稍直口五顷余地，前经派员保泰赴津查收此项地亩，二年之久并未完结，并暗访保泰并未办理大小稍直口地亩之事，且在津恃府招摇匪徒，诸多不法。各等语。并续据将府中地亩老红册送阅。遍查册内府中坐落天津县地亩只有大小稍直口一项，其余并无别项地亩"坐落在河东季家楼"字样，则岳俊、孙蔚指两益堂置买曹田氏民地，自属毫无疑义。而保泰即刘保泰，捏请府文、部文，勾通赵耀曾将此项地亩蒙混重复买卖，尤属毫无疑义。此次文福等所执来文内称保泰在津招摇各节，即专指此事而言。府中明镜高悬，不惟此案有确实凭据得以断结，而且河东季家楼无数穷民祖居此地者皆颂大德于无既矣。除将岳俊、孙蔚原买曹田氏地亩印契当堂饬领具结发业，以后不与赵耀曾相干外，其赵耀曾勾通保泰诈称府中地亩蒙混重复买卖一节，俟将赵耀曾解部，就近与保泰讯明，按律惩办，以为指府招摇者戒。至大小稍直口地亩，既有老红册可据，应即委员前往督饬书役澈底清查，另案清结。惟橚贝子府坐落天津县地亩红册内既只大小稍直口一项，并无别有地亩"坐落季家楼"字样，并应详咨户部行饬橚贝子府严饬门上。俟后弗再听人指民为旗、朦混买卖，致使地户同受讼累。该地户等各宜安分佃种，照旧向业主交租，不得因讼观望。合亟出示晓谕。为此示。仰该地户人等一体遵照毋违。特示。

光绪十八年闰六月初七日。

实贴河东季楼。

解释前文"十二不解"清单①

第一解，橚府册地分作五段，并未一总将各地包在其内。

第二解，赵耀曾另卖稍直口地，是旗人所说。

第三、第四、第五、第六，有旗人可问。

第七解，能有老契即为证据，不必多有。

第八解，岳姓初未到场，所议三七分成，已禀明在先。

第九解，赵姓、于姓是道胜银行所派，其为何买祷不知其详。

第十解，李勋、周文俊是谕出作为保结董事，李勋看事难办，已经辞退。傅二、郭春奉差传唤花户，其抗传不理者，即将其地充公，并非有所勒索。

第十一解，俄都统倭允盖草房，是句空话，西至贺家胡同，其界牌是上年所定。

第十二解，旗地是中堂据橚府来文饬查，以红册可信，查复禀明办理。

十月十五日。

（W0001-A-0002-002-001190）

---

① 原档无此标题。

436.俄租界交头等地合同

光绪二十七年九月十七日(1901年10月28日)

租界交头等地合同

天津俄国租界购地事宜甚难,是以钱道台与道胜银行宝商议办法已奉李中堂准照办理如左:

头等全地执有真凭契主旗人郑国琮、吉勒通阿,本银行照议定价值发给三成。头等众花户无真凭契在彼久居各主,本银行照议定价值发给七成。本银行曾经禀明李中堂,盖因众花户皆赤贫无业,自应和平办理。

现本银行所发价之地系在俄界头等地内,曾经钱道台丈量已毕之地,其四址开明如下:

一、头等地之西面由第一号界牌起至第二号界牌外十丈止;

二、南面由第三号外十丈起顺头等界线下至泗合顺煤栈止;

三、东面除泗合顺街南街北之地向北,东西离铁路货栈石墙以十五号为界;

四、北面现买之界即照钱道台所交丈量已完地数之图。

俄历一千九百一年十月十五日

光绪二十七年九月十七日

钱鎔

(W0001-A-0002-001-001190)

437.北洋大臣李鸿章为已悉俄租界土地发价及英俄土地争议事给候补道钱鎔批文

光绪二十七年九月二十日(1901年11月1日)

批:据禀已悉,仰候钞禀照会俄国雷大臣查照并与铁路和平妥商,秉公定议。该道仍应互相调停,勿偏勿倚,以期速结。缴。

(W0001-A-0002-002-001190)

438.天津道张莲芬、候补道钱鎔为俄租界地户限期指认并查核土地的告示

光绪二十七年九月二十日(1901年11月1日)

　　为出示晓谕事。照得本道等前奉北洋大臣李札饬,准槫贝子府文称,本府有乾隆四十九年①由大内颁给天津河东季家楼、前后辛庄、陆家胡同、盐关口等处地九百五亩零,于光绪十六年买(卖)给旗人锡忠、吉勒通阿执业,今其地为俄国占用作为租界,请饬查明,照给地价。等因。并准槫贝子府派令三等护卫德润携带印册来津呈验。当经本道等查明,此项地亩先经贝子府庄头曹姓盗卖与孙姓执业,后有槫府稍直口庄头赵耀曾,查知曹姓、孙姓系属盗卖盗买,用银在槫府买地九十三亩,思欲以少包多,谋占此地,因与孙姓、岳姓涉讼经年。其时,槫府又将河东余地卖给锡忠、吉勒通阿执业,派人到津交地,孙、岳两姓霸占不认。适赵耀曾另有盗卖稍直口地亩之案,府中派人持册到津清理地亩,经前任天津府邹守查验红册,遽谓此册未载河东地亩,遂据此以定河东之案,以此地为孙、岳两姓产业。此后锡忠、吉勒通阿屡求槫府转达户部行文查理此事,案未了结。本道等因将德润送到印册详细查验,纸色印花的系远年旧册,册内所载地亩甚多,皆系外县之地。天津有地两处,一为土城地一段,注明于咸丰年间卖给县绅张锦文执业,一为河东地五段,即季家楼等处之地。德润并云,十八年所呈稍直口地册系另是一本。该旗人等并在俄国领事府声明情节,呈验底册红契,领事官即欲认该旗人为真正地主,将地价全数付给。本道等与领事官再三评论,以产经转手,不能再以盗卖盗买置议。因酌中定议所得地价以七成归现业户,以三成归锡、吉。孙姓、岳姓已将所得之地卖过重价,其未卖之地,则以七成归锡、吉,三成归孙、岳,以昭公允。

　　禀经北洋大臣李批准立案,现在已将车站以上头等、二等之地丈量完竣,即日可以发价。惟槫府之地究以何处为界限,亟应查理清楚。本月十八日,本道约同领事官及锡、吉二人,指交地段。据锡、吉二人指称,所有俄界头等、二等之地皆是槫府卖给该旗人之地,当时并未有各花户到场会同指认查勘。本道等深恐界限不清,如将地价一经误发,日后难于追缴。为此示仰俄界头等、二等各地户一体知悉,尔等如有能指出槫府之地应以何处作为界限,赶即于三日内具禀到局呈明,以凭查核办理。若系祖遗之地,有乾隆四十九年以前红契,尤可呈验作为凭证。如果迟延日久,发出地价,一经该旗人等领去,本道等即不能再为清理。毋谓言之不预也。切切。特示。

(W0001-A-0002-002-001190)

---

　　① 其他档案中均记为乾隆五十九年,此档书写有误。

439.俄租界交二等地合同

光绪二十七年九月二十四日（1901年11月4日）

俄租界交二等地合同

办理租界候补道钱、华俄道胜银行宝，为遵照李中堂札准办理俄国租界购地事宜，续买二等地一段，系接续光绪二十七年九月十七日即俄一千九百一年十月十五日所立购买头等地亩章程办法。现本银行所发价之地系在俄界二等地内，业经钱道台丈量，其四址开明如下：

一、二等地之西面从第三号界牌外十丈起，过第七号界牌至盐坨地北边止；

二、南面顺盐坨地北界线向东北至泗合顺煤栈止；

三、从泗合顺往西北顺二等界线至第三号界牌外十丈止。

俄历一千九百一年十月二十二日

光绪二十七年九月二十四日

租界委员钱道镒

（W0001-A-0002-001-001190）

440.俄驻津领事珀佩为请速丈量剩余土地事致候补道钱镒函

光绪二十七年九月二十五日（1901年11月5日）

径启者：案查本年四月二十日，贵道与本领事暨道胜、宝东公同议定租界买地章程，内有统租界前三等地内及三等外之地内所有大道、小道、河边路、中间路、大街、小巷所占之地，自应均归俄国租界公地，勿庸出银议买。等语。昨于九月十七日，贵道与道胜、宝东所立购买头等地章程内，查贵道丈量已毕之地北面照所交之图尚余有地，东面离铁路货栈石墙尚有十五弓地，均未丈完。计此未丈完之地内，除道路自应按照前定章程，均归俄国租界公地毋庸丈量外，其北面东面之不在道路内者，暨第四十七号之十二界牌外十丈，即前四合顺煤厂内，均各余有未丈之地。应请贵道查照，速饬丈量清楚，以便转知照购，并希先行示复为盼。此布。顺颂日祉。

（W0001-A-0002-002-001190）

441.候补道钱鏴为请照发候选知县刘崇忠薪俸事致督辕支发所咨文

光绪二十七年九月二十八日(1901年11月8日)

为移会事。照得敝道禀请候选知县刘令崇忠接办刘守崇惠北洋俄文翻译一差。本年九月十三日敬奉北洋大臣李批:另禀刘守崇惠奉差,拟令候选知县刘崇忠接办北洋翻译差使,应准派充,月发薪资银三十两。仍令暂随该道办理俄界事务,并即饬令妥慎经理,勿稍疏忽。切切。此缴。等因。奉此,查刘令现在天津随办俄国租界事务,理合移会贵所,请烦查照,按月照数给发薪水三十两,以资办公。须至咨者。计移送九月份墨领一纸。

一移督辕支发所。

(W0001-A-0002-002-001190)

442.天津道张莲芬、候补道钱鏴为晓谕各花户随时补丈土地照章给价的告示

光绪二十七年九月二十八日(1901年11月8日)

为出示晓谕事。照得俄国上段租界从药王庙大街街南十丈起,北至铁路墙外止,此为头等地,每亩给价一百八十两;从街南十丈外起,南至盐坨后身止,此为二等地,每亩给价银八十两。前已由局饬传花户眼同丈量,其有抗违不到者,已将其地条示充公。今本道访闻,此事有无知之人从中阻梗,各花户已有悔悟之心,本道不忍小民向隅,仍拟从宽,补为查丈,为此出示晓谕尔各花户,如有愿为领价者,赶于三五日内到局呈报,自可随时补丈,照章给价。再一迟延,俄国将屋基劚平,即要查丈,亦不能指认,届时返悔,已无及已。切切。特示。

(W0001-A-0002-002-001190)

443.候补道钱鏴为告所询之地系铁路所留土地事致俄驻津领事珀佩函

光绪二十七年十月初五日(1901年11月15日)

径启者:上月二十五日接到来信,询及头等地内北边、东边所留之地,查此地系铁路所留道路,前铁路公司派工程司马田到地边按图指认,靠北于西首有地一小方块,此外均于路外略有余地,曾经钉有木签,后为人拔去。此次系按民间旧有墙角核计,所留地有七弓、六弓至四弓六者。东首一段有十余弓,均于图上载明。又货厂石墙外铁路有地十五弓,亦为留出。又四合顺迄未议定,因查铁路所送之图载有此地,亦为留出,此事应俟三面会议再作准定。特此布复。即颂台祺。

(W0001-A-0002-002-001190)

444. 护理北洋大臣周馥为俄租界地亩重新缴契呈验事
给天津道张莲芬、候补道钱镠札文

光绪二十七年十月初十日（1901年11月20日）

为札行事。据天津县河东盐坨老龙头迤西商民王聘三等联名具禀,以俄国租地界限不清,胪列十二条请准提讯等情。到本护理大臣。据此,除批新划俄国租界既经前阁爵部堂奏明盖印画诺,无可更易。惟旗民地界,既有缪辖不清,自应将所收俄国地价悉数提存局库,暂缓三七分给。一面谕饬各花户检齐印契,呈验注册。其中有与旗地交涉争执者,即拣派廉正明允之员,传集花户及锡、吉两姓管事之人,逐一勘明,秉公讯断,或按七成给领,或按全数给领,总以契据为凭,不得空言冒认混争。其无主之地并即查提充公。统限二十日内缴契呈明,三个月内一律完结,不得借讼图延,致挠租界重务。切切。禀抄发。等因。榜示外,合将原禀粘单一并抄发。札到即便查照办理。此札。

计抄原禀粘单。

(W0001-A-0002-002-001190)

445. 天津道兼署海关道张莲芬、候补道钱镠奉札晓谕老龙头迤西
商民限期呈验地契的告示

光绪二十七年十月十五日（1901年11月25日）

为出示晓谕事,照得本月十一日接奉护理北洋大臣周札饬,据天津县河东盐坨老龙头迤西商民王聘三等联名具禀,以俄国租地界限不清云云。至即便查照办理。此札,等因。奉此,查俄界头等、二等之地内,各花户所呈契据只有数张。兹奉前因,合行出示晓谕。为此示。仰老龙头迤西商民等一体知悉,尔等务将房地印契赶紧检齐,限于二十日内呈局注册,以便查验有无与旗地交涉之处。应可分别给领价值,幸勿再延。切切。特示。

实贴局前康盛公。

(W0001-A-0002-002-001190)

446. 候补道钱镠为转护理北洋大臣周馥札饬老龙头等地商民
请愿事致天津道张莲芬移文

光绪二十七年十月十六日（1901年11月26日）

为移会事。本年十月十一日奉护理北洋大臣周札开:据天津县河东盐坨老龙头迤西商民王聘三等联名具禀,云云,至即便查照办理。此札。等因。奉此,理合移会。为此合移贵道,请烦查照施行。

须至移者。

计抄原禀告示。

一移天津道署理津海关道张。

(W0001-A-0002-002-001190)

447.候补道钱鑅为丈量土地事致道胜银行琥珀函

光绪二十七年十月十七日(1901年11月27日)

径启者:前敝处所交头等之地,其亩数与阿老爷所量亩数不同,以至(致)地价不能算准。敝道之意,请执事向阿老爷将头等之地开一四至丈尺交下,以便敝处可以复量核算,幸勿迟延为要。此颂台祺。

(W0001-A-0002-002-001190)

448.北洋海防支应总局为重新刻制关防及开用事致候补道钱鑅咨文

光绪二十七年十一月二十一日(1901年12月31日)

北洋海防支应总局为咨会事。光绪二十七年十一月十一日奉署理北洋大臣、直隶督宪袁札开:照得天津向有海防支应局管理津防练饷、北洋经费、天津厘金及淮军报销等事,款目繁多,差务紧要,历由在津司道会同办理。上年兵燹之际该局被毁,关防遗失,现在大局粗定,亟须复设以便清理从前各项款目并经管以后应收应支一切饷需。应委长芦杨运司、候补汪道瑞高即在省城先行设局会同办理,以专责成。查已失关防原文系"天津海防支应总局"八字应改"为北洋海防支应总局"字样,稍示区别,另行刊刻呈验,并将立局及开用关防日期一并具报,俾昭慎重。除分行外,合亟札饬。札到该道即便遵照会同认真办理。等因。奉此,遵即在于省城借用河南会馆开局视事,并刊刻木质关防一颗,文曰:北洋海防支应总局关防,择于十一月十五日启用.除分别申报咨行并将刊就关防另印一纸随文呈验外,所有遵饬先在省城设局并启用关防日期,相应备文咨会贵道,请烦查照施行。须至咨者。

右咨天津办理租界事宜候补道钱。

(W0001-A-0002-002-001190)

449.候补道钱鑅为约定一同复丈地亩事致道胜银行琥珀函

光绪二十七年十一月二十九日(1902年1月8日)

径启者:前因头等二等之地,敝局所量丈尺与阿老爷所量之数不相符合,曾经致函相商,请阿老爷一同复丈。前接来函允许照办,适本道进京,未能办理,今请执事与阿老爷定一日期时刻,先期示悉,本道当督率局中员司一同复丈,庶可早日定局此事。顺颂台祺。

(W0001-A-0002-002-001190)

450.俄驻津领事珀佩为商订仍在武备学堂前设浮桥事致候补道钱镕函

光绪二十七年十二月二十日(1902年1月29日)

径启者:本国租界事宜本领事奉准与贵道会同商订。兹查本租界地势既觉稍阔,由河东过河西自未便,仅恃法国一桥缭绕经过。是以前已在武备学堂前设一浮桥,其桥之西岸即以英、德两国租界夹间隙地为俄国浮桥登岸之地,后来更换此桥,仍就此原桥处所设立,想贵道当有同心焉,特此布函商订。即乞查照见复为荷。顺颂升祉。

(W0001-A-0002-002-001190)

451.道胜银行璞科第为给付头二等地价银事致候补道钱镕函

光绪二十七年(1901)①

钱道台鉴:径启者:光绪二十七年九月十七日,阁下眼同署天津领事官珀所画押之头等地租界章程,系奉李文忠公准照办理。头等地执有真凭契主之旗人郑国琮、吉尔通阿,本银行照议定价值发给三成,头等众花户无真凭契,在彼久居各主,本银行照议定价值发给七成。四至已未丈量地段均经阁下绘图交下。又光绪二十七年九月二十四日续立二等地,章程均照上次办法,先是本行约定天津测量师阿得穆斯于丈量比、义两国租界之便,丈量绘图,刻已绘得。查阿测量师系他国之官,所作之图毫无偏私,且责任考成均自保无讹舛。伏思本行购买此地为日甚多,现在急需修理,以便改造转售他人。刻已令津行于账内出清购地银数,头等地行平化宝共银一万七千五百五十一两八钱,二等地一万零八百一十二两,听候阁下随时提用,转付真实地主。惟希租界委员开缴收条为凭,所发头、二等地亩银两另单呈阅。此内如舛错处确有凭据,银行以后续付。现致此函达知后,所有因购买租界两次所订章程之地亩,从此作为两清完结。本行即日开工修理,再另有民房若干间,本行不日亦应购成拆平。此布。即颂日祉。

(W0001-A-0002-001-001190-001-00154~00157)

---

① 原档无成文时间,根据文字内容在李鸿章去世(光绪二十七年九月二十七日)并确定谥号之后。

452.候补道钱镕为暂准武备学堂前设浮桥事复俄驻津领事珀佩函

光绪二十八年正月初三日(1902年2月10日)

径复者:日前接诵惠函,以贵国租界地段既长,前已在武备学堂前设一浮桥,其西岸在英、德两国租界中间隙地为浮桥登岸之地,后来更换此桥,仍就此原桥处所设立。等因。本道查英、德两国租界中间隙地原为美国租界退还之地,今美国又复议立租界,是否尚在原地,未曾议定。但设立浮桥以便往来行人,本属美举。本道昨已与天津道张道台议及此事,暂时可照贵领事来信办理,惟河下往来船只过多,须饬守桥之人随时放行,勿得阻滞。特此奉复。顺颂台祺。

(W0001-A-0002-002-001190)

453.候补道钱镕为开具地亩清单事致道胜银行璞科第函

光绪二十八年正月初三日(1902年2月10日)

径启者:所有贵国租界内土围墙以外、大道以南之地已经量完,另开清单请阅。未买之地自应查明购买。又头等、二等已量之地,前因测量师阿达姆斯所除道路过多,与本道所开之数不合,是以迟未领价。昨在京时已与足下商明,可照本道所开之数发价,前特将头等地先行开上。即乞查照转致津行照数拨交,内本道已领过六千余两即可扣去。顺颂台祺。

清单:

从土围墙起,下至世昌洋行煤油栈地边止,南至海河,北至大道,共三等地四顷三十四亩九分八厘二毛八丝,内有道胜已买地百余亩,洋行已买地数十亩。界内应除街道大小胡同,共地八亩四分二厘六毛。界内有草土房八十八间、砖瓦房三间、瓦草房三间,坟冢七十邱。

清单:

头等地共一百五十一亩二分四厘七毛。西至义国界道边,东至铁路货厂墙外,北至铁路石墙外,南至大街南十丈。

一、除道胜行已买地二亩三分五厘。

一、除四合顺地一亩九分六厘八毛七丝五忽。

一、除铁路地十八亩四分六厘九毛七丝五忽。

一、除大小胡同街道地十亩〇四分一厘五毛三丝七忽。

共除三十三亩二分〇三毛八丝七忽。

应有平地一顷十三亩四分三厘五毛六丝八忽,每亩[一]百八十两,合行平银20418.422两;坑地四亩七分零七毛四丝五忽,每亩[一]百三十五两,合行平银635.506两;两共行平银二万一千〇五十三两九毛二分八厘。

(W0001-A-0002-002-001190)

454.候补道钱鑅开具地价收据

光绪二十八年二月十三日(1902年2月20日)

办理天津租界事务直隶候补道钱鑅,今收到大俄国租界内头等地一百零八亩六分零三厘一丝三忽,每亩价银一百八十两,内有坑地四亩零,每亩价银一百三十五两,合银一万九千二百五十一两八分;又二等地一百四十六亩四分一厘一毫七丝六忽,每亩价银八十两,合银一万一千六百十二两,两共银三万〇八百六十三两八分。所具收据是实。

【原档注】因亩数参差,彼此争论数月不决,因与京行璞克第熟商,彼此牵就,照此地亩数论定给价。

二月十五日记

(W0001-A-0002-002-001190)

455.北洋海防支应总局为给发刘崇忠薪水事致候补道钱鑅咨文

光绪二十八年正月十八日(1902年2月25日)

北洋海防支应总局为咨会事。光绪二十八年正月初七日准贵道咨开:奉前北洋大臣李札饬,到津办理俄国租界事务,并派俄文翻译刘守崇惠随同到津作为翻译。当因刘守在京本有薪水,毋庸再筹,该守有事回京时即嘱其弟崇忠代理。后于九月间,刘守奉差赴张家口办理俄国交涉之事,敝道禀请以候选知县刘崇忠接办。九月十三日,奉前北洋大臣李批示:另禀刘守崇惠奉差,拟令候选知县刘崇忠接办北洋翻译差使,应准派充,月发薪水银三十两,仍令暂随该道办理俄界事务,并即饬令妥慎经理,勿稍疏忽。切切。此缴。等因。奉此,敝道查刘守薪水在北京行辕支发所已领至九月为止。刘令因在津当差尚未赴京领过薪水,今该令已随督宪赴保定听差,应请贵局就近饬发,以资办公。嗣后即由该令随时具领,以省周折。计咨送上年十、冬、腊三个月墨领三份。等因。准此,本局查前奉督宪札派该令充当北洋俄文翻译,自上年十二月起,月给薪水银四十两,业经由局如数核发,具报在案。准咨前因,自应将上年十二月份薪水扣除,另补发该翻译上年十、冬两月薪水京平银六十两,以免重复。当即如数动拨库平银六十两,照章提扣平余,另款存储,计申合京平前数发交领讫。除将该翻译上年十二月份墨领一纸发还注销并申报外,相应备文咨会贵道,请烦查照施行。须至咨者。

右咨办理天津租界事务候补道钱。

(W0001-A-0002-001-001190)

456.候补道钱鏐为盐运使司杨咨俄交还盐坨地如何办理事致天津道张莲芬、津海关道唐绍仪咨文

光绪二十八年二月二十日(1902年3月29日)

为咨会事。光绪二十八年二月二十日准长芦盐运使司杨咨开:案蒙署督盐宪袁札开:为札饬事。光绪二十八年二月初一日,准外务部咨开,云云。至坨地如何办理之禀,相应咨会查照。等因。准此,除分咨天津道、津海关道外,理合备文咨会贵道,请烦查照会同办理施行。须互咨者。

右咨津海关道唐、天津道张。

(W0001-A-0002-003-001195)

457.盐运使司杨为俄交还滩盐事致候补道钱鏐咨文

光绪二十八年二月二十日(1902年3月29日)

为咨会事。案蒙署督盐宪袁札开:为札饬事。光绪二十八年二月初一日准外务部咨开:光绪二十八年正月二十九日,准俄国钦使雷大臣照称,案查贵国政府于上年照会所商俄国兵队在塘沽等处所占滩盐一事,此盐系在接仗之时所占,归总管关东租界事务阿提督管理,转交俄华银行。等因在案。兹本大臣与阿提督咨商,准该提督允将各盐交还,以体商艰而昭公允。即电行转饬俄华银行将交还滩盐各法与贵亲王应派之官员即行妥商。等因。本大臣望贵亲王于阿提督办事公允,可见本国永愿和睦办理一切事务之再出之新证。等语。查俄提督既允将滩盐交还,自宜速派妥员接收。相应咨行贵大臣查照,即希迅速派员向华俄银行妥商接收可也。等因。到本署督部堂。准此,合亟札饬。札到该司即便遵照,速向该银行妥商接收具报。此札。等因。到司。蒙此,当经照会道胜银行代办璞科第去后,兹准璞科第照复,现准贵司照请,将塘沽等处滩盐订期交还并将袁盐宪札文钞示。复准照称,何日派员前往塘沽等处点交,酌定日期见复。等语。先后照会前来。准此,相应拣派本行妥员候选县丞倪永清前往,将塘沽等处滩盐全行交还,并令将各处盐码清单会同贵司所派委员眼同查点明晰。即希贵司于单上盖用印信,以为交收之据。至未交之际,自当照常看守,不令稍疏。查阿提督交盐本行历时九月之久,盐地辽阔,看管綦难,巡守各费统由本行垫办,为数已属不资。前又由塘运津,脚价亦巨,统计共用行平化宝三万两。即希贵司照数偿还,以补本行垫款。又查俄武官所占津坨之盐,业遵李文忠札文运销,本行并与坨地盐商立有合同,言明该盐坨此后不再存盐,其地或愿售与本行,或愿由本行换给别地。现拟在土围子下边照数兑换,惟俄租界内尚有法武官所占之盐,未曾运销,闻于本年八九月间亦可运净。惟望贵司饬知商人,法盐运讫其地亦不得再行堆盐,或售或换均听商便。惟希贵司力助本国办理租界,则和睦之谊彼此益敦矣。是为至荷。等因前来,除由本司派员会同该行所派倪县丞永清将塘沽等处滩盐暨续由火车运存津坨之盐查照该行所开清单照数查点接收,并将应交巡费及运脚行平化宝银共三万两如数拨交道胜银行查收归款外,至坨地如何办理之处,相应咨会贵道,请烦查照施行。须至咨者。

右咨候补道钱。

（W0001-A-0002-003-001195）

458.天津道张莲芬、海关道唐绍仪、候补道钱鑅为土地争议及发价办法呈北洋大臣袁世凯禀文

光绪二十八年二月二十四日（1902年4月2日）

敬禀者：窃查俄国所划租界，地段最长，除盐坨不计外，地分三等，与铁路车站靠近者为头等，每亩定价一百八十两；在矿务局以上者为次等，每亩定价八十两；在矿务局以下者为三等，每亩定价四十两。其难办之处有两层，一则与铁路处处毗连，彼此颇存意见，丝毫不让；一则头、二等地，原为棣贝子府祖产，日久失迷，为庄头辗转盗卖，后经棣贝子府于光绪十四年卖给郑锡忠、吉勒通阿执业，以界限不能确指缠讼多年，未能清结。职道鑅查验棣府大内所拨地亩底册，棣府实有地七百多亩在季家楼、前后辛庄等处，职道鑅曾经议拟，经庄头盗卖于孙、岳两姓复经转卖者，扣出地价三成；如地在孙、岳两姓未经出卖者，扣出地价七成，作为归补郑、吉两姓所费地价。曾经禀明前北洋大臣李批准照办。然地亩总以红契为准，自从上年夏间开局出示，限于六月初一日将红契缴局呈验，听候丈量给价，到限缴契不过数张。后因俄领事催地甚急，即饬地保查传花户，无论有契无契，但愿认地领价者，即到局报明，眼同丈量注册。历数月之久，其报到者头等地户不过五六十家，二等地户不过一百二十余家，其余抗传不到。职道鑅以其情节可恶，特将其地条示充公，冀其或有悔悟，早来报到。孰知该花户等听信匪人煽惑，即多方开导终久置之不理，事关交涉，不能因此久为延搁。职道鑅当饬员司将不到花户之地亦分出段落，丈量绘图，注册存案。该花户等初以为不呈契据、不听丈量、不领地价，人将无可如何。不意俄国于九月间将老龙头以西头等、二等之地一律剷平，意欲分段修筑马路。天津地未交还，各国如有工作，何能搁阻。

十月十一日，奉前护督宪周札饬，据天津县河东盐坨老龙头迤西商民王聘三等联名具禀，以俄国租界地界限不清，胪列十二条请准提讯。等情。据此，除拟新划俄国租界，既经前爵阁部堂奏明盖印画诺，无可更易，惟旗、民地价既有纠葛不清，自应将所收俄国地价悉数提存局库，暂缓三七分给。一面谕知各花户检齐印契呈验注册，其中有与旗地交涉争执者，即拣派廉正明允之员传集花户及锡、吉两姓管事之人，逐一勘明，秉公讯断。或给七成给领，或按全数给领，总以契据为凭，不得空言冒认混争。其无主之地着即查提充公，统限二十日内缴契呈明，三个月内一律完结，不得借词图延，致挠租界重务。等因。榜示外，合将原禀粘单，一并抄发。札到即便查照办理。等因。蒙此，职道等当即遵照出示晓谕。饬令头、二等内各地户如有契据，赶于限期以内送局呈验。孰意迄今三月有余，并无一张红契呈验。

职道等详查俄界头等、二等之地从前本系荒漠盐碱之区，自中西互市以后稍有人烟，迨火车设立车站，其地逐渐兴旺，总计住户约有四五百家，而所呈红契不满十张，多云兵燹遗失无存，考其年月多在道咸以后。今头等地量见一百零八亩，每亩价银一百八十两，合银一万九千零。二等地量见一百四十多亩，每亩八十两，合银一万一千六百多两，共银三万八百六十两零。

职道等复查前北洋大臣李札交楙府地亩清单内载,季家楼地四顷三十七亩零,接连前辛庄地一顷九十三亩、后辛庄地九十三亩。是季家楼以西楙府应有地七百多亩,据郑锡忠、吉勒通阿面称,楙府卖给之地、季家楼前后辛庄之地通连一片,其地靠东为季家楼,约地百余亩,现英、俄尚在争执。又西为铁路占用一百九十多亩,又西即为俄界头等、二等之地,皆载在红契以内。职道以地亩总数核计其方内数目,与郑、吉所称相合。但前经禀明,庄头盗卖与孙、岳之地、季家楼地及三义公地,不足百亩。又铁路占地约二百亩,在头等地内归岳姓者只三十多亩,是曹姓庄头盗卖之地不足四百亩,是俄界头等、二等之地二百数十亩,其为楙府之地无疑。但其地失迷已久,转辗售卖,不能再归原主,况经岳(兵)燹以后,小民困若颠连,能收得地价若干亦可借资贴补。

职道等愚见,所有楙府之地,其为庄头盗卖与孙、岳两姓者,查照前次禀明以三七成分领,未经盗卖而在俄界头等、二等者,遵章报丈,此为顺民,仍照章全数给领,以示体恤。凡违抗不到之户,其地本已充公,以一半地价给郑、吉领收,以一半仍赏还原户。如此则楙府之地既有着落,而民户之顺从者得全价,抗违者得半价,于体恤之中仍寓劝惩之意。如蒙宫保允准,应俟奉批后出示遵照办理。又头、二等界内尚有房屋六百二十余间,砖房每间给价八十两,灰房五十两,草房二十六两,住家者二百九十余家,每户给搬家费银十两,已与俄领事论定,共给银二万八千两,应与地价一并饬发,以便分别给领。至二等下段之地及三等之地自应赶为清丈,另行禀报办理。

【原档注】此稿已经天津道画过,寄京交海关道补行,久未寄还。故另请附卷备核,俟原稿寄还再行抽换。

四月十三日记

(W0001-A-0002-002-001190)

459.璞科第为法盐坨地照俄盐坨地办法处理事致候补道钱鎏函

光绪二十八年二月二十四日(1902年4月2日)

径启者:前日在津畅谈为快,所议租界房价曩已订明,现已知照敝国驻津领事,已承允许,并无异词,刻拟即行开办,将全价二万八千两备齐候拨。惟查该房所以收买腾清者并无别故,缘该处应分清段落以便拨卖,但应分段之处尚存法盐数堆。昨乞杨都转协力相助,经允于七个月后一律运完。惟尚须订明所有法盐坨地亦应照俄盐坨例,令本主或卖或换,临时均便。此层昨亦照会运司协助,仍请阁下善导俄法所管各盐商主,将坨地让归俄国租界,或愿领价,或愿换土围子外之地暂为借用。统凭鼎力赞成,决不使各商受亏也。专候示复,一俟复到即据以为凭将此事清结,立即饬知津行将二万八千两房价如数拨付,决不有误。此布。顺颂近祉。诸维爱照百益。

(W0001-A-0002-002-001190)

460.天津道张莲芬、海关道唐绍仪、候补道钱鑅为
俄界老龙头迤西房地处理办法呈北洋大臣袁世凯禀文

光绪二十八年二月二十五日(1902年4月3日)

敬禀者:窃查俄国所划租界,上年与俄领事勘定界址,除盐坨不计外,议明地分三等。与铁路车站相近者为头等,每亩定价银一百八十两;在开平矿务局以上者为上段,每亩定价银八十两;在矿务局以下者为下段,每亩定价银四十两。其难办处有二,一则其地处处与铁路毗连,铁路现为英人经管,英、俄意见参差,丝毫不能迁就,而铁路购地底案又于前年兵燹毁失。职道鑅曾于上年函嘱铁路绘送地图以为依据,而俄领事谓其图有不实,未曾会同勘界,至今铁路与租界界限尚未会同分划,此难办者一也。一则河东季家楼一带,桷贝子府有祖产地九百多亩,系于乾隆五十九年在大内拨出,有红册为凭,只因地属盐碱,租项无多,久不经意,于二十年前为庄头曹姓盗卖数百亩与孙、岳二姓,后于光绪十四年桷府查见此地日渐兴旺,全数卖与旗人郑锡忠、吉勒通阿二人管业,以地界分晰不清,与孙、岳二姓缠讼多年未结。上年奉前爵阁督宪李札饬,准桷府抄具地亩四至清单请饬查办,曾由职道鑅吊验底簿,实系祖遗红册,可以凭信,并由该旗人将红册呈请俄领事查核。当经职道等议拟办法,曹姓庄头既将府地盗卖与孙、岳两姓,如其地尚为孙、岳管业,则所得地价以三成归孙、岳,七成归郑、吉;如其地又经孙、岳转卖,则所得地价以七成归地主,三成归郑、吉,庶桷府地有着落,而民产亦不至过于吃亏。禀蒙前爵阁督宪李批示,允准照办在案。至此外,俄界头等、二等之地,郑、吉二人以桷府所立契据为凭,谓其地尽系府产,各花户则谓地系祖遗,彼此争执,莫衷一是,此难办者二也。

职道鑅以俄界事多纠葛,不得不详细考求,格外慎重。于上年夏间开办伊始,凡铁路之地即照所送地图,先为留出。其旗、民交涉者,饬令民间缴契呈验,初以六月初一日为限,孰知届期呈到契据只有数张。后因俄领事催地甚急,因饬地保查传花户,无论有契无契,但愿认地领价,即可到局报明,眼同丈量注册,听候给价。总计头等、二等地户约有三四百户。乃历数月之久,计报到者,头等地有五六十户,二等地有一百二三十户,其余任催罔应,即多方开导,亦置之不理。职道鑅以其情节可恶,且恐他人效尤,因将抗传不到花户之地条示充公,冀其或有悔悟。不意内有不明事理之张云陞等从中煽惑,辄谓不呈契据、不同丈量、不领地价,洋人终不能将地抢去。各花户听信此言,类皆藏匿不面。职道鑅以俄界头、二等地多系房基,屋虽被焚,墙脚犹可指认,因饬员司将抗传花户充公之地询阅地保,指明段落,编号量出。至九月间,俄国果将头、二等地一律劙平。天津地未交还,各国如有工作,职道等力难阻止,好在各花户基地已早丈量完竣,存有底册。

十月十一日奉前护督宪周札饬,据天津河东盐坨老龙头迤西商民王聘三等联名具禀,以俄国租地界限不清,胪列十二条请准提讯等情。除批新划俄国租界,既经前爵阁督部堂奏明盖印画诺,无可更易,惟旗、民地价既有交割不清,自应将所收俄国地价悉数提存局库,暂缓三七分给。一面谕饬各花户检齐印契呈验注册,其中有与旗地交涉争执者,即拣派廉正明允之员传集花户及锡、吉两姓管事之人,逐一勘明,秉公讯断。或照七成给领,或按全数给领,总以契据为凭,不得空言冒认混争。其无主之地,着即查提充公,统限二十日内缴契呈明,三个月内一律完结,不得借词图延,致挠界务。抄粘原禀,札发查照办理。等因。

蒙此,职道等当即遵照出示晓谕,饬令具呈各户赶于限内呈验契据。孰意迄今三月有余,仍无一

契呈验。现职道鑅已饬员司等将老龙头迤西头等、二等地亩并应拆房屋,一律查丈检点清楚,内除盐坨铁路之地照旧存留及应除道路胡同不给地价外,计头等地一顷八亩有零,每亩价银一百八十两,合银一万九千多两,二等地一百四十余亩,每亩价银八十两,合银一万一千六百多两,两共行平银三万八百六十两零。又头、二等地内应拆房屋六百二十余间,砖房每间八十两,灰房每间五十两,草房每间二十八两,合共房价银二万五千两;住户约三百户,每户给搬费十两,计银三千两,均已拨出,存储道胜银行听候提用。职道等公同酌议,俄界内铁路之地既经划出,俟后约出铁路委员及俄领事三面再为勘定。至旗、民交涉之地界限不清,亦应议拟办结。职道鑅因将上年前爵阁督宪李札发棣府地亩清单与现时所丈头、二等地亩数目详加查核,原单内载季家楼地四顷三十七亩零,又西为前辛庄地一百九十二亩,后辛庄地九十二亩;查其四至,此地接连共七百多亩,载明南邻海河,北至堤道,按切形势核以亩数。所有俄界头等、二等之地,均系棣府旧有之地,内除庄头已经盗卖与孙、岳两姓者,自应仍照前次禀明三七分成给发地价,此外之地论理应追还棣府管业,惟其地失迷已久,转辗售卖,不能令现业户因此向隅。况经此大难之后,人民亦极困苦,尤应量加体恤。职道等愚见,自开局后所有遵示报丈者,此为良民,其地价自应全数给发,其抗违不到业已条示充公之地,应分一半地价给予郑、吉二姓支领,其一半地价暂行存储,如该花户等能知后悔,仍准给领。如此则于体恤民情之中仍寓劝惩之意,郑吉二姓能得分领若干,亦可借资津贴。俟奉宫保批示后,即行出示查照办理。至俄界下段之地,现饬员司逐细查丈,容俟办有就绪再行禀报。所有俄界老龙头迤西房地酌拟办法缘由是否有当,恳祈察夺,批示遵行。肃禀。敬请钧安,伏乞垂鉴。职道莲芬、绍仪、鑅谨禀。

一禀北洋大臣袁。

(W0001-A-0002-002-001190)

461候补道钱鑅为准按照俄盐坨地办法处理法盐坨地事复璞科第函

光绪二十八年二月二十七日(1902年4月5日)

径启者:前日接读来信,以法盐所占之坨地亦拟照俄盐之坨一样办法,此事本道必当助为办理。好在阁下办事能以体谅人情,本道自当设法与盐商议明办法再行奉告。先此布复。即颂台安。

(W0001-A-0002-002-001190)

462.候补道钱鑅为解决四合盛煤场用地事致道胜银行璞科第函

光绪二十八年二月二十七日(1902年4月5日)

再启者:铁路货厂以内有四合盛煤铺原买之地十五亩,后铁路以货厂外西南角沿河之地十亩有零调换此地,四合盛即在沿河之地开设煤厂,以换地未曾足数,事未结局。此次贵国设立租界,珀领事谓地已换定应以民产论,地归租界购买,铁路则谓事未了结,不能作为已定之局,其地须仍归铁路,各执一理,迄今尚未论定。但四合盛煤厂生意已耽搁两年之久,彼意欲将此地借用,仍开煤厂,日后其地如归铁路,彼认铁路为主,如归贵国租界,则从借用之日算起,仍补还租地之费,其租费多少,届时再为论定。此事本道代为经手,必不至有为难情事。能否允准办理,即乞从速酌示。或立一合同以为日后之据,本道一面与珀领事通知商议办法。附请台安。

　　再启者:日后贵租界内头等、二等之地如欲出租或出卖,本道有友人托办此事,务乞预为示知,或买或租,遵照所定章程办理。再颂台祺。

(W0001-A-0002-002-001190)

463.天津道张莲芬、候补道钱镠为委任办理各国往来公文事致沈家熙札文

光绪二十八年二月二十八日(1902年4月6日)

会天津道、候补道衔。

　　为札饬事。本道等蒙前爵阁督部堂李并蒙总督部堂袁委办各国租界事务,当经设局次第遵办在案。总局笔墨账务,前已延友襄理,惟各国公牍日渐增多,当需专司文案一员。兹查有补用知县候补府经历沈家熙,堪以派委,合行札饬。札到该员即便来局办理各国往来汉文公牍并上申下行事件,该员自三月份起,月支薪水银二十两,务须勤慎从公,毋稍玩忽,致负委任。切切。此札。

(W0001-A-0002-002-001190)

464.候补道钱镠为四合盛煤厂用地事致俄驻津领事珀佩函

光绪二十八年三月初二日(1902年4月9日)

　　径启者:兹有四合顺商人罗宗汉欲在其旧有之地开设煤厂,但其地或归铁路或归租界,尚未定局,彼意先行借用,俟后定准办法,彼再遵章办理。若归租界,则从占用之日起补还租价。此事本道一面函商北京道胜银行璞科第。敬乞酌夺示复为要,此颂升祺。

(W0001-A-0002-002-001190)

465.北洋大臣袁世凯为准俄界老龙头以西房地处理办法事 给天津道张莲芬、海关道唐绍仪、候补道钱镓批文

光绪二十八年三月二十九日（1902年5月6日）

据禀，俄国租界上年与俄领事勘定界址，议明地分三等。与铁路车站相近者为头等，每亩价银一百八十两；在开平矿务局以上者为上段，每亩价银八十两；在矿务局以下者为下段，每亩价银四十两。嗣因旗、民地价交割不清，谕饬各花户检齐印契呈验注册，限日完结，不得借词图延，致挠界务。乃逾期仍无一契呈验，实属不知大体，应照所拟将俄界老龙头迤以西查理清楚。头、二等房地自开局后，所有遵示报丈者地价全数给发，其抗违不到业已条示充公之地，应分一半地价给予郑、吉二姓支领，其一半地价暂行存储，如该花户等能知后悔，仍准给领。仰即晓谕一体遵办。至俄界下段之地，俟该局查丈明晰办理就绪，禀报查核。此缴。

（W0001-A-0002-002-001190）

466.候补道钱镓开具俄租界老龙头以西房价银收据

光绪二十八年四月初九日（1902年5月16日）

今收到大俄国发到老龙头以西，头、二等地内屋价。砖房一百十二间半，每间银八十两，合银九千两；灰房一百零六间，每间五十两，合银五千三百两；草房三百九十五间，每间二十七两，合银一万零六百六十五两。又搬家费每户十两，计三百零三户，合银三千零三十五两，统共银二万八千两。俟照数发给后，限期饬令迁居，其房即作租界产业。立此收条为据。

光绪二十八年四月初九日租界委员钱镓经收。

（W0001-A-0002-002-001190）

467.王宗堂为盐坨地事致候补道钱镓函

光绪二十八年四月初九日（1902年5月16日）

绍云观察大人阁下：日前承商及坨地一事，时纲总王竹林已抵津，晚已与他道及此事。据云，加价售之亦不在于此区区事，只求大人主意同为商议，各商无不遵示办理耳。为此奉闻，请尊□酌夺，是所至祷。专此。即请升安。晚王宗堂。

（W0001-A-0002-003-001195）

468.津海关道唐绍仪为转袁世凯准俄界老龙头以西房地处理办法事
致天津道张莲芬、候补道钱镰咨文

光绪二十八年四月十二日（1902年5月19日）

为咨会事。光绪二十八年三月二十九日蒙署理北洋大臣袁批:据贵道会同敝道禀为俄租界头、二等界内房地现已查理清楚并旗、民交涉地亩酌拟办法,请批示祗遵缘由。蒙批:据禀俄国租界上年与俄领事勘定界址,议明地分三等,与铁路车站相近者为头等,每亩价银一百八十两;在开平矿务局以上者为上段,每亩价银八十两;在矿务局以下者为下段,每亩价银四十两。嗣因旗民地价交割不清,谕饬各花户检齐印契呈验注册,限日完结,不得借词图延,致挠界务。乃逾期仍无一契呈验,实属不知大体,应照所拟将俄界老龙头迤西查理清楚。头、二等房地自开局后,所有遵示报丈者地价全数给发,其抗违不到业已条示充公之地,应分一半地价给予郑、吉二姓支领,其一半地价暂行存储,如该花户等能知后悔,仍准给领。仰即晓谕一体遵办。至俄界下段之地,俟员司查丈明晰办理就绪,禀报查核。此缴。等因。蒙此,相应录批咨会。为此合咨贵道,请烦查照施行。须至咨者。

右咨办理天津租界事务天津道张、直隶候补道钱。

（W0001-A-0002-002-001190）

469.天津道张莲芬、津海关道唐绍仪、候补道钱镰为海河东岸
作为盐坨地事呈北洋大臣袁世凯禀文

光绪二十八年四月十二日（1902年5月19日）

敬禀者:窃职道镰于光绪二十六年十二月奉前全权大臣李札饬:据俄员面称,俄租界内有坨地一段,俄国需用甚急,拟请以界外别地自向盐商兑换,并坨后民居亦有应行兑换商卖之处,请派员督同会商。等情。查盐坨之地本不划入租界之内,即欲兑换或购买,应即自向盐商情恳,不可稍事抑勒。饬令职道镰驰赴天津,会同俄员督同商人妥为办理具报。等因。奉此,职道镰遵即驰赴天津,先约盐商会议,各商等因在商订和约之际,两国睦谊攸关,未敢固执成见,如果有地可换亦可通融办理。因查俄盐所占之坨,在老龙头上段者计三十条,在季家楼下段者计四十四条,共计地一百十一亩零。因约俄领事珀佩及道胜银行执事罗宝生公同会议,罗宝生允许以租界下段土围子外沿河地一段兑换。当由职道镰拟出草合同十一条,以地换地,另贴垫土、席包银七千数百两,绘具图说送交俄领事酌核见复,乃迁延日久终未定局。本年二月二十日接长芦运司咨会,准道胜银行璞科第照会,因交回塘沽等处滩盐,声称俄武官所占津坨之盐,业遵李文忠札文运销,本行并与坨地盐商立有合同,言明该盐坨此后不再存盐,其地或愿售与本行,或愿由本行换给别地。现拟在土围子下边照数兑换,惟俄租界内尚有法武官所占之盐未曾运销,闻于本年八九月间,亦可运净。惟望贵司饬知商人,法盐运讫,其地亦不得再行堆盐,或售或换,均听商便。咨会察核办理。等因。职道等查天津老龙头上下共计通纲大小坨地二百二十二条,在俄租界者一百十三条,在意租界者一百零二条,在奥租界者七条。日前璞科第由京来

津与职道鑅会晤,再三陈说,以交还塘沽滩盐极力赞助,于盐务有功,意在将界内坨地一律收买,不必兑换。职道等公同商酌,如照初议,以土围子外地亩兑换,其亩数足以相当。惟上段与俄界为邻,下段与比界相接,沿河必须开一马路以通上下气脉。地内尚有太古洋行、德义洋行已买之地两块,不能再行归并,中间夹坨地一段,其作苦之人类多粗率之辈,往来错杂,似不甚相宜。且意国索要租界亦以沿河有坨地关碍,事甚棘手,不如及早经营为一劳永逸之计。

现查洋工程司林德设法整治海河,有裁湾取直工程两段,上一段自挂甲寺起至杨家庄下为止,工程将次完竣。前日职道鑅亲往探勘,新开之河其面宽与正河身相等,长约七百数十弓,如以新河东岸拨作坨地,其地已在租界之外,无所阻隔,两头皆可扩充,即以全坨移往亦足相容。其道路离城约十里以外,尚不为远。该处地稍低洼,有河身挑出之土即可为垫高之用。惟此事关系通纲全局,必须详细筹划方可定议。应请宪台札饬长芦运司暂率纲总复勘该处地段可否相宜,如果合用,即由运司酌定用地多少,画出界址,议给地价,出示收买。闻该处尚有城守营官地,亦可一律变价作为该营公用,所有租界以内坨地即可得价相让。是否有当,谨绘呈图说,恳祈察核,训示遵行。肃禀。敬请钧安,伏乞垂鉴。职道莲芬、绍仪、鑅谨禀。

计呈图说两张。

一禀北洋大臣袁。

（W0001-A-0002-003-001195）

470.天津道张莲芬、津海关道唐绍仪、候补道钱鑅为与海河工程司协商出让土地作为盐坨地事呈署理北洋大臣袁世凯禀文

光绪二十八年四月十七日(1902年5月24日)

敬禀者:前因踩地一段可作坨地之用,曾经会衔禀请察核札饬运司复勘办理在案。兹职道等查挂甲寺下所开新河两面离河岸约五十弓之远,立有海河工程司石碣,此一带之地,系天津镇台衙门收租之地为多。天津俗例,凡地经出卖,佃户亦分得地价四五成,名为粪土钱。探闻两河石碣以内之地,佃户已收过粪土钱,每亩二三十两或三四十两不等。既经海河工程司用过经费,立有石碣为界,其地已有主名,不能随便占用。查海河工程系丹国人林德承办,俄官倭高克、税务司德璀琳、怡和洋商克慎士、高林洋商狄更生总理其事。应请宪台另加一札,以便会同。前向俄官倭高克等商议办法,如能将此地让出作为盐坨,所有从岸边以至石碣用过经费仍由盐务照数拨还。是否有当,敬乞察核,训示遵行。专肃。敬请钧安,伏乞垂鉴。职道莲芬、绍仪、鑅谨禀。

一禀署理北洋大臣袁。

（W0001-A-0002-003-001195）

471.候补道钱鎏为通知俄界地户限期取保具领地价的告示

光绪二十八年四月十九日(1902年5月25日)

为出示晓谕事。照得河东季家楼接连前后辛庄,原有成亲王府地七百多亩,于乾隆四十九年[1]由大内拨出,以红册为凭。同治年间,经庄头曹姓盗卖一段与孙姓。光绪十四年由成王府后裔椠贝子,将全地指明四至立契卖与旗人郑锡忠、吉勒通阿为业,因事有纠葛,缠讼多年未决。上年,郑、吉二姓将红册契据先后呈交本道及俄领事查验,实系远年旧册,可以为凭。

上年十一月十一日,奉护督宪周札饬:据盐坨商民王聘三等联名具禀,以俄国租地界限不清,请准提讯。等情。批饬:其中有与旗地交涉争执者,即拣派廉正明允之员传集花户及锡、吉两姓管事之人,逐一勘讯,秉公讯断,或按七成给领,或按全数给领,总以契据为凭,不得空言冒认混争。其无主之地并即查提充公,统限二十日内缴契呈明,三个月内一律完结,不得借讼图延,致挠租界重务。札饬查照办理。等因。当经出示晓谕,饬令各花户赶于限内将房地印契检齐呈验。乃时逾数月,并未见有一契呈局,若果真无契据,情尚可原,如或有契而不呈验,则是故意违抗,阻挠界务,其居心尤不可问。宪批总以契据为凭,今既无契呈验,其为空言冒认、混争无疑。案既不能久悬,本道等因酌拟办法,请示遵行。

三月二十九日,奉署理北洋大臣袁批:据禀俄国租界,上年与俄领事勘定界址,议明地分三等。与铁路车站相近者为头等,每亩价银一百八十两;在开平矿务局以上者为上段,每亩价银八十两;在矿务局以下者为下段,每亩价银四十两。嗣因旗、民地价交割不清,谕饬各花户检齐印契呈验注册,限日完结,不得借词图延,致挠界务。乃逾期仍无一契呈验,实属不知大体,应照所拟将俄界老龙头迤西查理清楚。头、二等房地自开局后,所有遵示报丈者地价全数给发,其抗违不到业已条示充公之地,应分一半地价给与郑、吉二姓支领,其一半地价暂行存储,如该花户等能知后悔,仍准给领。仰即晓谕一体遵办。等因。奉此,为此示仰俄界头等、二等各地户一体知悉,所有上年开局后遵章报丈之户,本局已存有底册,赶于十日内取具的保,速到饭市分局立契具领地价,其饬传不到、屡次抗违、条示充公之地,除提一半地价给郑、吉具领外,其一半地价存候酌核办理。其各凛遵勿违。特示。

(W0001-A-0002-002-001190)

472.候补道钱鎏为通知俄界老龙头以西地户限期领取房价的告示

光绪二十八年四月十九日(1902年5月25日)

为出示晓谕事。照得河东俄国租界在老龙头以西头等、二等之地业经出示给领地价。兹准俄领事面称,其地现欲修造马路,所有界内东至车站石墙,西至盐坨,南至四合顺煤栈,北至贺家胡同,现有房屋已与俄领事珀公同议明:砖房每间给价八十两,灰房五十两,草房二十六两。前已会同查明造有清册,共计砖房一百零二间,灰房一百十七间,草房四百零三间,迁居户二百八十八家,每户给迁费十

[1] 应为乾隆五十九年。

325

两,自应按户发给。合行出示晓谕。为此示仰河东俄国租界老龙头以西头等、二等地段内房户人等一体知悉,尔等务于十日之内取具的保,赶向饭市租界分局请领房价,即以领价之日起,统限两个月腾交房屋,凡屋内砖瓦、门窗、板墙、木榍均不得拆动运出。倘敢故违,一经查出定即严究不贷。其各凛遵勿违。特示。

(W0001-A-0002-002-001190)

473.北洋大臣袁世凯为准海河东岸作为盐坨地事 给天津道张莲芬、津海关道唐绍仪、候补道钱镣批文

光绪二十八年四月二十日(1902年5月26日)

禀图均悉。该道等拟将租界以下之新开海河东岸拨作坨地,事关通纲全局,候行运司暂率纲总复勘该处地段是否相宜,详细筹议。禀复核夺饬遵。此缴。

(W0001-A-0002-003-001195)

474.候补道钱镣为转北洋大臣袁世凯准俄界老龙头以西房地 处理办法事致天津道张莲芬咨文

光绪二十八年四月二十二日(1902年5月28日)

为咨会事。光绪二十八年四月十四日准津海关道唐咨开:光绪二十八年三月二十九日蒙署理北洋大臣袁批:据贵道会同津海关道、敝道禀为俄租界头二等界内房地,现已查理清楚,云云。此缴。等因。行咨到局。准此,相应备文咨会。为此合咨贵道,请烦查照施行。须至咨者。

一咨天津河间道张。

(W0001-A-0002-002-001190)

475.天津道张莲芬、海关道唐绍仪、候补道钱镣为俄租界 典租房地住户领取房地价银办法的告示

光绪二十八年四月二十六日(1902年6月2日)

三衔①为出示晓谕事。照得俄国租界头、二等地内房价前已示期,饬令具领。其中典屋居住与典

---

① 即天津道张莲芬、海关道唐绍仪、候补道钱镣三道会衔。

地、租地起造房屋之户不无纠葛,亟应厘定章程以昭公允,合行出示晓谕。为此示仰河东俄国租界头、二等地内业主及住房人等知悉。自示之后,凡有典契及典地、租地造屋等情应领房价,即照后开章程分别取保具领,其各凛遵勿违。特示。

计开:

一、典置房宅,此项房价应归典主具领,又所领价银不敷原典之数,不得再向业主找补,倘有盈余应归业主。

一、从前典置房屋,如系钱款,核与现领房价有无盈余,应照现行县帖银价核算。

一、典地造屋之户,现在所发房价应归典主具领,如租地造屋,屋价可归租主,但须将租价付清。

一、典地造屋,如屋已烧毁或先已倒塌,无价可领,所发地价应归业主。

一、指房作保借用银钱,现发房价应归业主具领,其借款如邀原件,自行理索。

(W0001-A-0002-002-001190)

476.候补道钱镠为俄界调换盐坨用地事致道胜银行照复稿

光绪二十八年五月初四日(1902年6月9日)

为照复事。所有贵行照会各节均已敬悉。至称车站上头、二等地贵租界亟需兴工,并将土围下之地换给盐商,优予工价,尤属公平办理,自当遵照。不日即当带同各该盐商在土围子下照原来坨地尺寸丈明换给,暂令存盐。此时车站上边贵租界内头、二等地现已两清,请即开工,并无违碍。须至照复者。

(W0001-A-0002-003-001195)

477.候补道窦延馨为转任支应局会办事致候补道钱镠咨文

光绪二十八年五月初六日(1902年6月11日)

为咨会事。光绪二十八年四月二十六日奉署督宪袁札开:照得赈抚局窦道延馨应改委会办支应局,月支银一百两。除分行外,合行札饬。札到该道即便遵照赴局任事具报。等因。奉此,遵将赈抚局事务截至四月二十九日交卸,即于五月初一日到支应局任事。所有到局任事日期,除分别申报咨行外,相应备文咨会贵道,请烦查照施行。须至咨者。

右咨办理天津租界事宜候补道钱。

(W0001-A-0002-002-001190)

478.俄租界盐坨地数目清单

光绪二十八年五月初七日(1902年6月12日)

俄国租界内自老龙头四合顺起,迤上至俄立石柱止,盐坨水沟地数目列左。计开:

俄国应换地共四十九亩九分〇九毫。下段李公楼等处不在内。法国占俄界盐坨水沟地共七十九亩五分七厘七毫八丝五忽。

送呈宪鉴。

分局抄

(W0001-A-0002-003-001195)

479.海关道唐绍仪为转北洋大臣袁世凯札楙贝子府在俄界土地事致候补道钱鑅咨文

光绪二十八年五月初九日(1902年6月14日)

为咨会事。光绪二十八年四月二十三日蒙署理北洋大臣袁札开:据正红旗满洲固山贝子毓门上包衣佐领德麟文称,窃本府前卖给锡忠、吉勒通阿在册地九顷五亩零,于上年五月间粘单据实咨明直督大臣李在案,至本年三月底终无一复,锡、吉亦无回音,当派三等护卫佐领衔文陞前往天津俄国租界公所查询。四月初一日回府禀称。等情。并持回钱道原禀统辖各大臣禀稿三件,本府再三详阅。该道清理本府地亩,上自药王庙起,下至李公楼止,悉与印册四至相符。俄国所占头、二等地尽已包括在内,实有七百多亩,实系本府之地无疑,与锡、吉禀词均已符合无异。等因。查该道公平论断,有佃户孙、岳二姓已盗卖之地,扣价以三成放给锡、吉,孙、岳二姓未经盗卖之地,则以七成放给锡、吉。孙姓盗卖靠季家楼约百余亩,铁路占用约二百亩,岳姓盗卖约三十亩。是下有地若干,均不能指有人盗卖。该道明知岳姓与孙姓架讼分地,反不深究,而以转辗售卖,不能再归原主开脱盗案,其待孙、岳何必如此之厚?光绪十九年秋间,本府另案咨部转行直督严拿孙、岳解京送部治盗卖地亩之罪。据天津府详报复部,孙、岳二姓业往上海贸易,无日回归,因此交兑锡、吉地为不清,案悬至今,此必又出首搅扰,姑计俟另案呈送。以上共合约地三百三十余亩,与七百多亩分算,除三百三十余亩,下应有四百亩之谱。由俄国所立石基,自河岸起,边沿四至,方足七百多亩之数而言,俄国占二百数十亩,下应剩一百数十亩,弥于何项,应行历历指实。又查所收红契不满十张,此项契纸多系盖房投税,并无买谁家地亩若干字样。盖房若干,如此红契直可应领房价,不得冒领地价。又年月多在道咸以后,本府地产受分在乾隆五十九年,庄头投充始自顺治。是后税之契,居然与本府老册抗横且领全价。

详查该道第三禀中各种巧拟开放地价情形,即外洋各国买卖地亩均无此例,本朝由世祖章皇帝入都以来,而有天下之大,设官分职,寸土不能无主,有地方之责者,各王府倘地有失迷,出有门文由户部转行达到,理应悉心查找,详为清理,妥交地归原业。今本府地产既有著落,改言失迷以久,不能再归原主,致令卖给锡、吉,伊等形同未买,不免向隅之至。该道此等变法,是有地之家一经失迷,即或查找清楚,决不能再行管业。溯查定鼎之后列祖列宗钦定律例,盗卖盗买向有明条,该道承办租界,即查明本府地亩被孙、岳盗卖,硬以律例不足遵行,任意肆行妄为,纪纲何在?殊属草率不谙政体。又查局条示以无人无契地充公。既系无人无契则必无盗卖盗买,的系本府祖产,应归锡、吉得全价,何以充公易辙。至各统辖大臣派委办理租界,必有经费,今将此地充公,此项价银充公何用?又恐有人指摘,由无人无契变为抗违不到者,冀其悔悟,分半发给。今佃民不以印契而得重价,无契尤可捏契冒领,谁肯抗违不到,断无此等情理。是为充公之法又作一层弥缝,而与锡、吉有府册有印契不得领价大相悬殊,且与北洋大臣所批总以契据为凭者,昭昭刺目。又查经兵燹以后,小民困苦颠连,以锡、吉应领价与之借资贴补。朝廷抚绥小民流离颠连,例请赈款。本贝子亦不敢私行小惠,或有此举,亦必禀地方官请奏明办理,以至捐资助赈,向有旌奖。锡。吉遂是地价从丰,尤不敢冒行此事,该道何以借此市恩。如此禀词,于理例大有背谬捏饰,顺理成章,滔滔置辩,其不洁白乃心,由此可见。至本府与锡、吉不追各佃花利,原因其在此地关帝庙设坛习拳,被联军焚烧房间,无所栖止,故不深究。

今本府拟请照官地退佃之法,从优酌给,以示体恤,不得以无契据佃民分去地价一半,亦不得以无据又捏为顺民全数给发。共不满十张红契,已经发价,置之不论。下余无论契据,均俟查照官地例议妥,按亩计放,由锡、吉应得全价内照数拨出。如此拟办,以证户部是本府地产,的确不为凭空指卖,锡、吉由置产得价,以便本府报部核实销案。为此,咨请北洋大臣宫保台前允准批饬办理,抑或以无契据各佃户仍按该道前拟,一律以三成放给,再按此无契据佃民统为是孙、岳未经盗卖之地,悉以七成价银,即饬锡、吉具领,且与该道前禀允协,勿任屡行巧变,前后禀词不符。倘不遵批,即请加派满汉二员仿照京内扩充使馆界址办法,一处编号换执,一处给发银两,以杜弊混,作速完结,以清界限,交兑俄国收地,联固邦交,以敦睦谊可也。附抄录原禀三件。结案后,咨还本府收存。等情。到本署大臣。据此,查附抄原禀三件与该道前具禀词相同,应俟结案即行缴还。合将抄禀一并札发。札到该道等即便查核办理具报。此札。计发抄禀三件。等因。蒙此,相应将奉发抄禀三件备文咨送。为此合咨贵道,请烦查照办理,并希俟结案后即将奉发抄禀缴还。会同详复,望切施行。须至咨者。

计咨送抄禀三件。

右咨办理天津租界事宜直隶候补道钱。

(W0001-A-0002-002-001190)

480.道胜银行璞科第为同意盐商借用土围子下地囤盐事致候补道钱镟照会

光绪二十八年五月初十日(1902年6月15日)

为照会事。照得本国天津租界内所有车站上边头、二等地并房屋均已财产两交,掣有收条为凭存案。惟前存俄、法之盐坨地,虽经与运司暨贵道及盐商等订明不再存盐,或卖或换听便,但至今尚未办妥。目下租界亟需动工,坨地尤应平垫。即希贵道带同盐商将土围子下之地照各商原来坨地尺寸丈明换给,暂行借用,一俟敝行于租界外购定相宜之地,再行送与各商永远存盐。其土围子下之地垫筑工赀,敝行应公平伙助。至木桥下有地一段,盐商拟暂借一年堆盐,借用不久,自当勉为允许。请即转饬各盐商遵照,俾租界工程不致延误。立希照复可也,须至照会者。

右照会办理天津租界道台钱。

(W0001-A-0002-003-001195)

481.道胜银行璞科第为呈送照会及存款存条事致候补道钱鎏函

光绪二十八年五月初十日(1902年6月15日)

径启者:现已按照昨谈各节缮就照会一纸,奉达台端,并拟有见复照底附上。即请阁下照办,属在至好,谅不以冒昧见罪也。至存款一节,今系礼拜,例不办事,明日即将存条附呈也。此布。即颂升安。

(W0001-A-0002-003-001195)

482.津海关道唐绍仪为转袁世凯札会同林德等人筹商收回海河新河两岸地段事致候补道钱鎏咨文

光绪二十八年五月十六日(1902年6月21日)

为咨会事。光绪二十八年四月二十八日,蒙署理直隶总督部堂袁札开:照得天津海河挂甲寺下所开新河两面地段多系天津镇衙门收租之地,现闻海河工程司开挖新河,已将两岸离河约五十弓远之地立有石碣为界。佃户已收过粪土钱文,查此项地段,中国现有需用之处,应饬津海关唐道、天津张道、候补钱道即向海河工程司林德、俄官倭高克、税务司德璀琳、怡和洋商克慎士、瑞生洋商狄更生筹商办法,妥速收回具复核夺。合行札饬。札到该道即便查照遵办。此札。等因。蒙此,除分咨外,相应咨会贵道,请烦查照。希即妥商办理,详复施行。须至咨者。

右咨办理天津租界事务候补道钱。

(W0001-A-0002-003-001195)

483.津海关道唐绍仪为转袁世凯批筹商收回海河新河两岸地段事致天津道张莲芬、候补道钱鎏咨文

光绪二十八年五月十六日(1902年6月21日)

为咨会事。现蒙署理直隶总督部堂袁批:据贵道会同本道具禀,挂甲寺新河两岸之地海河工程司已用过经费,酌拟办法,请示缘由。蒙批:据禀已悉。已另札饬遵,仰速筹商办妥具报。此时坆尚未

定,姑不必说明,仍移会杨运司查照。此缴。等因。蒙此,相应咨会贵道,请烦查照办理施行。须至咨者。

右咨办理天津租界事务天津道张、候补道钱。

(W0001-A-0002-003-001195)

484.陆嘉谷为转袁世凯批任海防支应局会办事致候补道钱鑅咨文

光绪二十八年五月十六日(1902年6月21日)

为咨会事。光绪二十八年五月初九日奉督宪袁札开:照得海防支应局事务繁多,需员助理,应即派委陆道嘉谷会办支应局事务,随时悉心,妥为经理,勿负委任。除分行外,札道查照。等因。奉此,遵于五月十二日到支应局视事,所有到局任事日期,除分别申报咨行外,相应备文咨会贵道,请烦查照施行。须至咨者。

右咨办理天津租界事宜候补道钱。

(W0001-A-0002-002-001190)

485.道胜银行王宗堂为催办盐坨地事致候补道钱鑅函

光绪二十八年五月十七日(1902年6月22日)

绍芸观察大人阁下:前日接奉谕示,敬悉所有坨地一事已蒙鼎力举办,感谢之至。昨今两日,璞公由得律风催及数次,请宪台赶即照函稿具复,以便遵办。等因。堂以此事已隔三两日,定已一切仰蒙成全矣。应请赶即照复为叩。缘敝行魁日即拟将坨地开筑故也。专此布达。敬请升安。

(W0001-A-0002-003-001195)

486.俄驻津领事来觉福为请将锡、吉地契送署查验事致候补道钱鑅函

光绪二十八年五月二十一日(1902年6月26日)

径启者:案查前有旗人锡忠、吉勒通阿价买槑贝子之地契,业经珀前领事查验,送交贵道查存在案。兹请贵道将锡、吉所有契纸饬速送来署,以便本领事查验为荷,此颂升祉。

(W0001-A-0002-002-001190)

487.候补道钱镠为俄界锡、吉土地争执未清事复俄驻津领事来觉福函

光绪二十八年五月二十一日(1902年6月26日)

径启者:刻接来函具悉,郑、吉红契并棶贝子地亩上年经珀领事查验后送还敝处,其地册当由贝子府差官携回北京,郑、吉地契亦即取回,说明俟地价交清时再另立新契,将旧契附交。后因本地人屡次到京呈控旗、民地亩界限不清,经本道复查禀复,酌拟分得地价,而旗民两造仍然各执己见。是以地价当未全付,新契未立,旧契仍在郑、吉之手。此处有抄存契底,倘如贵领事要看,可以录出送阅也。复请台安。

(W0001-A-0002-002-001190)

488.候补道钱镠为调换坨地面积不足事复道胜银行璞科第函

光绪二十八年五月二十二日(1902年6月27日)

径启者:前接照会,以目下租界急须动工,坨地尤应平垫,愿以围子门外之地照各商原来坨地尺寸丈明换给借用。等因。查换坨一事,敝道于前年奉前全权大臣李札饬到津与各盐商议明,以围子门外地调换,曾经拟立草合同十一条,送交贵国前领事官珀查核,日久未复。今照会又愿欲将法武官所占俄界盐坨并作一气办理。查俄盐所占上段老龙头坨地计面宽一百六十弓,所占下段季家楼坨地二百六十四弓,法盐所占俄界坨地一百八十五弓,总计(临河面宽)六百○九弓。而围子门外之地从壕边起至阜昌煤油栈止,共面宽四百四十二弓。除去太古、德义、阜昌三家洋行所买之地,面宽一百十五弓,并夹缝中零碎不能用之地四十三弓,计可以用作坨地者只有二百八十四弓。核计应换之地,其面宽不及一半之数。如以丈尺比论,实属不敷所用。照会又云,其地作为暂行借用,各盐商、坨户更觉疑惑不定。本道因传纲总等再三开导,饬令与各盐商、坨户竭力劝说。今各盐商、各坨户之意季家楼之地可以作为暂借,其围子门外之地,既行调换则须作为以地换地永远之业。如尊意以为可行,即请从速示复作为定准。至于地亩如何拨补,经费如何伙助,有前合同草稿可以查照相商办理。为此函达。即颂台祺。

(W0001-A-0002-003-001195)

489.候补道钱镠为李瑞等搬运新砖请核发护照事致俄驻津领事来觉福函

光绪二十八年五月二十三日(1902年6月28日)

径启者:顷据小圣庙迤东贵国界内居民李瑞面禀,伊院内存有新砖三千余块,系庚子春间买存,欲备另造新屋之用。今房价已发,迁居在即,拟将存砖领照搬运等语。查此次办理租界,敝道出有章程告示,屋内之门窗砖瓦一概不准拆动。李瑞之砖存放院内,系与家用器物相同,不在不准搬运之列。

惟新旧砖瓦易于牵混,应请尊处派人往查,查明实存新砖若干,再请发给护照,方准搬运。届时由敝处派人督看,免致拆动墙壁。此事可否如此办法,祈酌夺示复为要。此颂台安。

490.租界总局通知未查验地契丈量土地居民限期来局办理的告示

光绪二十八年五月二十五日(1902年6月30日)

三衔、租界总局为出示晓谕事。照得上年开办俄国租界曾经出有告示,限于六月初一日止,呈验地契。如违充公。界内基地凡经验契领丈之户,现已如数发价,所有房屋亦经查明,分出等次,发给屋价并迁费银两。现在俄国催地甚急,界内房基尚有未经验契领丈之户。为此示仰河东俄国租界内上段居民人等知悉,尔等趁此墙脚未拆,尚有形迹可查,准其报明补丈入册,核价给领。凡尔业户如有契据,务于三日内一律来局呈验,听候查丈。至于俄国剿平房地,已无形迹可寻,殊难查改,自应妥筹办法另行晓谕。其各遵照毋违。特示。

(W0001-A-0002-002-001190)

491.俄驻津领事来觉福为约请到领事馆议事致候补道钱鑅函

光绪二十八年五月二十五日(1902年6月30日)

径启者:现有应商要事,敢希贵道于明早礼拜二准十一下钟时,奉请惠临敝馆,借以畅谈为盼。此订。顺颂台祉。

(W0001-A-0002-002-001190)

492.道胜银行王宗堂为修改照会底稿并转知盐商事致候补道钱鑅函

光绪二十八年五月二十六日(1902年7月1日)

绍云观察大人阁下:昨晚晤教为快,所拟易照会底稿堂已另录一份送敝东转寄京东。其稿内结语又添所有租界内头、二等地请贵银行先即开工筑路可也。应请宪台添录稿内,转示各盐商为叩。专此。敬请升安。

(W0001-A-0002-003-001195)

493.候补道钱镶为商议阜昌洋行地换作盐坨地事致道胜银行璞科第函

光绪二十八年五月二十六日（1902年7月1日）

径启者：现拟将围子门外之地调换俄界盐坨，其面宽不及三百弓，比上段盐坨不及一半，各盐商、坨户实属吃亏，诸多不便。本道查此界内有阜昌洋行之地一段，面宽七十弓，闻此地是既定租界之后所买，虽系俄商亦于租界之例不符（符），自应以吊验契据为是，如成契在兵乱以前，盖有县印，便可作准，如在兵乱之后，未盖县印，其地仍应退还并作盐坨，以昭公允。此事应由本道与现任来领事商议办理，仍乞足下从中帮助为要。此颂台安。

（W0001-A-0002-003-001195）

494.候补道钱镶为调换盐坨地地价事致道胜银行璞科第函

光绪二十八年五月二十六日（1902年7月1日）

径启者：日昨贵行友王铭槐兄来云，接到执事来信，以因盐坨所换围子门外之地不能为永远之业，仍须作一活动之语。刻本道又与各盐商计议，皆云围子门外之地比上面盐坨，其面宽不及一半，各盐商、坨户实吃亏不小，但以阁下于盐务诸事帮忙，不肯过拂雅意，所有围子门外下至田庄之地，现时作为调换，须俟日后盐商能自行找有相宜之地，再与贵国相商，设法迁让。惟地价仍须照上段原坨之价给付。其津贴筑坨之费仍由贵国再出一份以赀津贴，用特专函奉布，即乞查照见复为要。此颂台祺。

（W0001-A-0002-003-001195）

495.候补道钱镶为已与俄驻津领事协商调换盐坨地事致道胜银行璞科第函

光绪二十八年五月二十七日（1902年7月2日）

径启者：刻与贵国来领事官计议调换坨地之事，所有季家楼旧坨作为暂时借用，其土围子以外下至田庄之地作为调换。此刻以地换地，不偿地价，只贴土方席片之费。如将来盐商或贵国另择有相宜之地可买，彼此商议乐意，再行迁让。其地价及筑坨之费仍由贵国公平议给。特此布达，即希执事查照见复。顺颂台祺。

（W0001-A-0002-003-001195）

496.候补道钱鑅为调换盐坨地给价办法事致道胜银行璞科第函

光绪二十八年六月初二日（1902年7月6日）

　　径启者：刻与贵国来领事计议调换坨地之事，所有季家楼旧坨作为暂时借用一年，其土围子以外下至田庄之地作为调换，现时不领地价，只贴土方席片之费，将来盐商或贵银行另择有相宜之地可买，彼此妥商和平再行迁让，其地价及筑坨之费仍由贵银行公平议给。现本道即照此意禀明北洋大臣，一俟批示即行照会奉复。顺颂台祺。

（W0001-A-0002-003-001195）

497.铁路大臣胡燏棻为查明季家楼土地归属事
致天津道张莲芬、候补道钱鑅函

光绪二十八年六月初四日（1902年7月8日）

　　毓渠（蕖）①、绍云仁兄大人阁下：径启者：顷据铁路局倩律师林文德来京面称，天津季家楼地现经尊处出示，忽归梼贝子府所管，是否属实，恳请查明。等语。查季家楼一地，经弟办铁路时用银四千两买归铁路为业。昔弟任津道时，有人来案捏称季家楼系梼贝子府产业，曾经调查黄册，按图核对，梼贝子府地系在稍子口，并无在季家楼一带，当即据案批驳。嗣又在邹岱东太守任内控告，又经查明，将该原告杖责，出示完案。今何以又有人捏称仍归梼贝子府并有在户部控告，准予票传孙姓，显系指东话西，希图影射。尊处是否已经出示？此案究竟何人来控？希即详细示知，以便转告林律师。是为至祷。禀此。敬请勋安。惟祈惠照不备。

（W0001-A-0002-002-001190）

498.道胜银行孔义为告知俄租界头二等地即将开工筑造事
致候补道钱鑅函

光绪二十八年六月初五日（1902年7月9日）

　　径启者：所有敝国租界头、二等地现已定期即拟开工筑造。为此专函奉达台端。仰祈迅赐复示。盼甚，祷甚。专此，敬请升安。

（W0001-A-0002-002-001190）

---

① 即张莲芬，字毓渠、毓蕖。

499.候补道钱鎤为俄租界头二等地即将开工筑造事复道胜银行孔义函

光绪二十八年六月初五日(1902年7月9日)

径启者:刻接来信,以租界内头、二等地现拟定期开工筑造。本道查空阔之处,即可动工,其有房屋之处,须俟本月底限满腾让再行起筑可也。复颂台祺。

(W0001-A-0002-002-001190)

500.天津道张莲芬、候补道钱鎤为季家楼土地归属及处理办法事呈铁路大臣胡燏棻禀文

光绪二十八年六月初七日(1902年7月11日)

敬禀者:本月初六日敬奉赐谕,以据铁路局倩律师林文德面称,天津季家楼地已由敝处出示归槲贝子所管,饬令详细查复。等因。

奉此,职道等遵查此案。上年五月二十七日奉前北洋大臣李札饬,据固山贝子毓槲槲门上包衣佐领德麟文称,本府于光绪十六、七两年先后价卖与锡忠、吉勒通阿名下坐落天津季家楼等处在册地九顷五亩零,今已划入俄国租界。今将本府由乾隆五十九年大内分拨印册所载四至段落抄录备文,咨请转饬天津办理租界司道、俄国领事官备案。等情。饬令查明具复。等因。并粘抄单,内季家楼地一段四顷三十七亩二分八厘,东至李固楼,西至本身,南至海河,北至堤道。又相连前辛庄地一顷九十三亩,后辛庄地九十三亩。另陆家胡同、盐关口地一顷七十多亩。正在查理间,即据锡忠、吉勒通阿偕同槲府护卫德润亲赍成王府大内所拨地册来局呈验。职道鎤查验地册四至,与札发粘单相符。册内并载有同治初年买(卖)给县绅张锦文土城地一段,此外载有滦州、武清等处庄园地数十处。验其纸色印花,均系远年旧册,护卫德润复具切结存案。此时天津衙署被毁,并无案卷可查,护卫德润亦将地册送交俄领事珀佩阅看。俄领事以此为据,即欲认郑、吉二姓为季家楼一带地主,将地价一并发给该旗人具领,并可证实孙姓盗买季家楼地罪案。经职道鎤与俄领事再三辩驳阻止,并传孙蔚之妻到局询明,其地于同治年间买自曹姓之手,后与岳姓分领其地,孙姓初不知曹姓即系成王府庄头。天津河东一带在道咸以前,本系荒碱之区,王府初不在意,至创修铁路,人烟始渐稠密,迨槲府价卖此地而已为他人占据,是以数年结讼终未平复。

职道鎤以槲府既有确据亦不能置之不理,当经职道等议,拟以所得地价分作三七成给发,聊以归补郑、吉买地之亏。其地如在孙岳名下,则地未转手,其地价以三成归孙、岳,七成归郑、吉,如孙、岳已将其地裁卖,则以三成归郑、吉,七成归业主。禀经前北洋大臣李允准照办在案。

总之,此地照红册所载确是成亲王府旧产,其地初不爱惜,致被庄头盗卖,事隔多年,曹姓久经物故,不能再科盗卖之罪。其地槲府已经出卖,敝处并未出过告示归槲府所管。此外,并未闻有人在户部控告票传孙姓之说。理合据实禀复宪台察核。再孙蔚卖给铁路之地已经收过地价四千两,其子孙少林又欲将此地卖与租界。一地两卖,论中国条例应将孙少林重办,幸未过付银两。此地于合同载

明,另作一案办理,租界局亦未收过地价。合并声明。肃禀。敬请勋安,伏乞垂鉴。职道莲芬、鑅谨禀。

一禀铁路大臣胡。

(W0001-A-0002-002-001190)

501.天津道张莲芬、津海关道唐绍仪、候补道钱鑅禀为将俄界内盐坨地定价调换界外土地事呈北洋大臣袁世凯禀文

光绪二十八年六月初七日(1902年7月11日)

敬禀者:窃职道鑅于光绪二十六年十二月二十五日敬奉前北洋大臣李札饬,以天津新设俄国租界订立草约,内载靠河盐坨划出,不入租界,奏奉谕旨允准。兹据俄员面称,内有坨地一段,俄国需用甚急,拟请以界内别地自向盐商兑换,请派员督同会商。等情。查盐坨之地本不划入租界,即欲兑换或购买,应即自向盐商情恳,不可稍事抑勒并捎价勒买。饬令驰赴天津,会同俄员督同商人妥为办理具报。等因。蒙此,职道鑅当即驰赴天津,婉为开导该纲总姚学源等允许以地换地。因与俄领事珀佩商定,以俄界下段田庄之地调换,议拟草合同十一条。该领事日久迁延,终未定局。职道等查田庄之上有太古、德义各洋行之地错杂其间,即换作盐坨亦多窒碍,适海河公司在挂甲寺地方裁湾取直,若以两岸余地作为盐坨,匪特俄界之坨迁往足以相容,即将意、奥界内之坨迁往亦绰有余裕。遂绘图贴说,于四月间由职道等联衔禀蒙宪台批饬,升任长芦杨运司督率纲总复勘该处地段,甚属相宜,当由盐务筹款向海河工程司将新开河两岸余地购回。

盐坨既有去路,遂与俄领事来觉福、道胜银行执事璞科第议价出租,毋庸调换。综计盐坨在俄国租界者,上段老龙头坨地六十九条,下段季家楼坨地四十四条,盐坨地势稍高计地一百二十九亩二分,每亩作价银三百两,合银三万八千七百两。绳席厂平地四十亩零六分四厘,照二等平地价值核算,每亩价银八十两,合银三千二百五十一两二钱。坑地十四亩五分二厘,滩地十二亩零零七毫五丝,照二等坑地价值核算,每亩六十两,合银一千五百九十一两七钱五分。又砖房六间,每间八十两,灰房一间,每间五十两,草房十间,每间二十六两,合银七百九十两,统共房、地价银四万四千三百九十二两八钱五分。已率领纲总姚学源、王贤宾等与俄领事三面核算明确,两无异言。一俟禀请宪台批准,即可领价迁移,将旧坨让为俄国租界。除由该纲总等禀请运司转详外,理合会禀,恳求宪台察核,批示遵行。肃禀。敬请钧安。伏乞垂鉴。职道莲芬、绍仪、鑅谨禀。

一禀北洋大臣袁。

禀为俄国租界内存盐坨地商明给价归作租界请示由。十一月十七日缮送海关道盖印发递。

(W0001-A-0002-003-001195)

502.天津道张莲芬、津海关道唐绍仪、候补道钱鑅为禀与俄商办调换盐坨地事呈北洋大臣袁世凯禀文

光绪二十八年六月初九日(1902年7月13日)

　　敬禀者:窃查天津河东老龙头上下之地划为俄国租界,界内有盐坨一百十三条,俄国欲占用此地。职道鑅曾于光绪二十六年十二月奉前北洋大臣李札饬,到津与盐商相商以土围子外田庄之地调换,由职道鑅议拟草合同十一条送交俄领事珀佩,久未见复,此事即行延搁。盐坨为储盐之所,关系通纲大局,职道等曾于四月望时具禀绘图,陈请收回挂甲寺下新开河东岸之地作为盐坨。已蒙宪台札饬长芦运司复勘筹办,今俄领事来觉福与道胜银行执事璞科第屡次催办盐坨,其意欲按地段等级用价收买,不以田庄之地调换。职道等窃念新开河之地尚未办妥,设或不成则坨无去路,实于盐纲有碍。因与该领事等再三酌度,仍遵前议,以田庄之地调换,如日后觅有相宜之地再行设法迁让。职道鑅传唤纲总等与之计议,金云照此办法可以依从。总计俄界旧坨之地一百九十一亩零,临河面宽六百零三弓,所换新地除洋商已买之地不计外,临河面宽可用作坨地者约二百八九十弓,比较旧坨面宽只有一半之数,亦与俄领事议明以后面之地找足。此时以地换地,不领地价,所有筑坨经费仍由俄领事公平津贴。此地虽非美善,可以留作退步。理合绘具地图并照抄来文及函复信稿,禀请宪台察核,批示遵行。并请饬知长芦运司知照。肃禀。敬请勋安。伏乞垂鉴。职道莲芬、绍仪、鑅谨禀。

　　计呈地图二张,清折一扣。

　　一禀北洋大臣袁。

(W0001-A-0002-003-001195)

503.候补道钱鑅为调换田庄坨地需俟北洋大臣批示后再复事致道胜银行璞科第函

光绪二十八年六月初十日(1902年7月14日)

　　径启者:刻芦纲商人来定所有新换田庄坨地,以诸事承荷关爱,情愿作为调换暂用,以答雅意。容俟本道补禀北洋大臣,俟奉批示一并照复可也。此颂公安。

(W0001-A-0002-003-001195)

504.候补道钱鑅为盐商迁让坨地费用事致道胜银行函

原档未记录明确时间

　　季家楼之地可以作为暂借一年,其围子门外之地暂行调换,俟后盐商于租界外购定相宜地亩再与

贵国商妥以作永远存盐之地。其土围下之地，垫筑、挑筑工资，已承贵国允行公平佽助，将来各盐商于租界外购定相宜之地再要挑筑，工资之费仍须贵国允行公平佽助。

（W0001-A-0002-003-001195）

505. 候补道钱鏶为俄租界内调换盐坨地准予暂行借用事呈北洋大臣袁世凯禀文

光绪二十八年六月十五日（1902年7月19日）

敬禀者：俄国租界商换盐坨一事，前接道胜银行璞科第照会，以田庄之地换给，暂行借用。职道以盐政关系国课，坨地为存盐根本，未可朝更暮改，力与辩论，以田庄之地作为调换，必俟日后觅有相宜之地再行和平商妥迁让，未可作为暂行借用。当与俄领事来觉福商妥函复，曾钞来往信稿联衔禀请宪台察核批示存案。不谓璞科第终不惬意，复遣潘（翻）译前来争论此事，又经职道议驳未允。日昨有盐商来言，现在起运俄坨存盐，该银行措照不给。如不允许"暂用"二字，凡于俄盐交涉必多掣肘，特具公函恳请通融照复。职道体察情形，盐商既愿允从，职道未便再执成见，复经函后允准作为暂用。谨将盐务公函及职道所复璞科第函稿钞录，呈请宪台察核批示。肃禀。敬请钧安。伏乞垂鉴。职道鏶谨禀。

计呈。

一禀北洋大臣袁。

（W0001-A-0002-003-001195）

506. 津海关道唐绍仪为转北洋大臣袁世凯从速办理棣府地亩札事致候补道钱鏶咨文

光绪二十八年六月十六日（1902年7月20日）

为咨会事。光绪二十八年五月二十三日蒙北洋大臣袁札开：五月十四日准外务部咨开：光绪二十八年五月初三日，据正红旗满洲固山贝子毓棣门上包衣佐领德麟文称，本府前卖给锡忠、吉勒通阿在册地九顷五亩零，于上年五月间粘单据实咨直督大臣李在案。今俄国在该地开辟租界，占用地亩，钱道办理不公，请饬遵办速结。等因前来。相应抄录来文，咨行查核办理并声复本部可也。等因。到本大臣。准此，查前据毓贝子[①]门上包衣佐领德麟文，业将抄禀三件札发查核办理在案。兹准前因，除粘单与前文相同无庸重录外，合再札饬。札到该道等，即便遵照迅速办理具复。此札。等因。蒙此，查前蒙北洋大臣袁札饬，当将奉发抄禀三件咨送查照办理在案。兹蒙前因，相应咨会贵道，请烦查照，迅

① 即贝子毓棣。

速办理,会同详复,望切施行。须至咨者。

右咨办理天津租界事务直隶候补道钱。

(W0001-A-0002-002-001190)

507.商人娄树艺为请发放划归俄租界房屋价款事呈候补道钱鑅禀文

光绪二十八年六月十六日(1902年7月20日)

具禀:商人娄树艺禀为俄界房间遵照声明恳恩赏发价值事。

窃闻河东地面所有划归俄界以内房间,均蒙按照核定数目发价祗领。等情。具见体恤微隐。缘商在河东老龙头地方有自置灰瓦房三间外,更房一小间,正在俄界以内,为此援案声明,叩乞办理俄界委宪钱大人恩准赏发价值,俾免向隅,实为德便。上禀。

【原档批】候饬分局查明办理,应归入坨地办理。

(W0001-A-0002-003-001195)

508.候补道钱鑅为请勿阻民人到俄界丈量土地事致俄驻津领事来觉福函

光绪二十八年六月二十二日(1902年7月26日)

径启者:所有贵国租界头等、二等之地,上年五月出示晓谕,饬令各呈地契到局,领同丈量给价。不意内有匪人煽惑民人置之不理,到局报丈者不及一半。至去年冬间贵国催地甚急,当由本道先将老龙头车站以上头等、二等之地指交。现在各民人已知事无挽回,陆续来局报丈者约有二百多户,本道之意拟饬局员再为查丈一次,以示格外体恤。为此,函知贵领事请即知会贵国武官饬知守界兵队,如有弓手民人等到头等、二等地内插签丈量,幸勿栏阻为要。此颂台祺。

(W0001-A-0002-002-001190)

509.候补道钱鑅为俄界给价房屋腾让安排接收事致道胜银行孔义函

光绪二十八年六月二十二日(1902年7月26日)

径启者:所有贵国租界内给价房屋现已届期,即日腾让。上次面请尊处饬派妥人接收,是否即归工头王姓接收,即乞函示,以便随时点交要。至盼。顺颂台祺。

(W0001-A-0002-002-001190)

510.候补道钱镁为转北洋大臣袁世凯关于海河新河两岸之地批示事
致盐运使司杨、天津道张莲芬咨文

光绪二十八年六月二十二日（1902年7月26日）

为咨会事。光绪二十八年五月二十日准津海关道咨开:蒙直隶总督部堂袁批:据敝道会同天津道、运台,贵道与津海关道会同敝道禀为挂甲寺新河两岸之地,海河工程司已用过经费,酌拟办法,请示缘由。蒙批:据禀已悉。仍移会杨运司查照。此缴。等因。转咨查照。准此,相应备文咨会。为此合咨贵司、贵道,请烦查照办理施行。须至咨者。

一咨盐运使司杨、天津道张。

（W0001-A-0002-003-001195）

511.候补道钱镁为转北洋大臣袁世凯关于俄界内盐坨地调换批示事
致天津道张莲芬、津海关道唐绍仪咨文

光绪二十八年六月二十二日（1902年7月26日）

为咨会事。光绪二十八年六月十三日蒙北洋大臣袁批:据敝道会同海关道、天津道禀为俄租界盐坨旧地,议以俄界下段田庄之地调换,请批示缘由。蒙批:据禀并图折均悉,云云。候行运司迅速查明具复,以凭饬遵。此缴。等因。蒙此,相应录批咨会。为此合咨贵道,请烦查照施行。须至咨者。

一咨海关道唐、天津道张。

（W0001-A-0002-003-001195）

512.北洋大臣袁世凯为俄租界内调换盐坨地准予暂行借用事
给候补道钱镁批文

光绪二十八年六月二十七日（1902年7月31日）

此案昨据该道等来禀,业经札行运司在案。据禀前情,仍应行司迅速查明具复。以凭饬遵。折存。此缴。

（W0001-A-0002-003-001195）

513.候补道钱鑅为请派员会同查丈盐坨地事致芦纲公所函

光绪二十八年六月二十七日(1902年7月31日)

径启者:俄租界换坨之事已奉院批,饬令运司查明禀复饬遵,闻已行饬纲总禀复,俄盐之坨去年已同王少廉、华卫瞻两兄查过数目,绘有图样。今俄界法盐之坨三十九条,须添入一同调换。此坨应一并查丈见一亩数,列出花户,以为将来换地根本。敝局有现成弓丈手,但由尊处派一明白坨事之人到敝局一同查丈,以便绘图补入前案。此请公安。

(W0001-A-0002-003-001195)

514.芦纲公所华学淇为调换坨地暂用二字事致候补道钱鑅函

光绪二十八年六月二十九日(1902年8月2日)

绍翁观察大人阁下:敬禀者:现因调换坨地颇费清心,足征鼎力扶持芦纲,曷胜铭佩。惟该行东朴君因暂用二字,尚不洽意,据卫瞻兄面述王铭槐之话,照会内后有妥置相宜之地,再为迁让。是有当用坨地方能调换,有王铭槐一力作保。等语。如此情形,则暂用二字尚祈大度含容。即为照复为盼。专此。敬请升安。

(W0001-A-0002-003-001195)

515.俄界房屋被烧居民为请俄国秉公将砖石物料一并发价事呈津海关道唐绍仪禀文

光绪二十八年六月二十九日(1902年8月2日)

具公禀:盐坨俄界被灾居民等三十二家姓氏住〈下残〉禀为被烧房间四壁犹存,较比未烧之房只差五成之一,恳恩怜恤失所群黎,咨请俄国秉公给价,以昭公允事。

窃民等世居盐坨,自遭兵燹后皆思归家复业以免流离。岂意俄开租界将民等房地划入其中,民等有在都署请出盖房执照,即时修造栖身者,屡为俄兵所阻,不让修造。且被烧之房,砖瓦石料并不准各户自行动用。自蒙钱大人经理界务时,即目睹局员挨户编列号数,抹以白灰为记。查后乃俄国觅工甫将民等被烧墙壁拆平,所有砖石物料堆积如山,不知运往何处。民等终日听候上章,以期房地两价并领,以故迟迟未领地价。兹于本年四月十九日蒙仁宪会衔出示晓谕,除发给地价外,仍按上、中、下三等发给房价,并给搬家费银,与他国租界之章略同。仰见仁宪于俄宪惠此穷黎无微不至,灾民感泣曷极。惟是宪谕谨此带盖未烧者给以房价,其民等被烧上盖而四壁犹存者并未载及。其不能同时办理耶?抑或另有后议耶?伏思以被烧之房与未烧之房论之,工料不过差五成之一,既可加惠于未烧之户,而烧者系被灾尤苦之民,似乎更加深惠方足以昭公道而服人心。况俄廷政体寓民宽大,断不忍以区区之利希图小民便宜,而使受灾尤深者独抱向隅之泣。查地价头等一百八十两,二等八十两,至房之砖石物料,其高贵于地价者不止十倍或十之七八不等,即使按无顶折扣给价,民等亦无不迁就从事。若仅发给地价,白用地上砖石等料,以中外人情论之,是必无之理。况此料价系民等立命之基,亦系分所应得之钱,在俄国得料给价,毫无吃亏之处。素悉大人痌瘝在抱,保赤为怀,惟有公叩大人会商钱大人向俄国处公一言,俾灾民等料价有著,栖身有所,不致流离饿殍。是皆出自大人所赐,则永感慈施无既矣。查灾民散诸四方,一时未能到齐,谨就现有被灾之户计共三十二家,计房一千零二十八间,按户开具清册呈请鉴核是幸。除禀租界钱总办、天津道宪外,理合具禀叩乞钦命津海关道监督办理天津界务事宜唐老大人恩准迅赐施行。临禀不胜迫切待命之至。上禀。

附呈被烧房间清册一扣。

谨将俄国占用盐坨民等房地所有民等被烧房间四壁犹存各户口间数、姓氏、住址详细卢(庐)列于后,附禀恭呈鉴核。计开:

一、镇江杨颂臣自买余庆堂瓦房五十间,坐落关帝庙东。

一、余庆堂罗东潮地一大段,新盖瓦房计一百二十九间,坐落关帝庙东。内有带盖二间,其余皆烧去上盖。租与客栈、货栈、公馆,另有详图可稽查。此房每亩可盖二十余间,每间合计需砖七千余块。此指一项而言,瓦石尚未计算。

一、祥顺栈侯国祥住房三所,计瓦房二十四间,灰瓦房二十五间,坐落老龙头西。

一、岳峻自盖栈房三所,计灰砖房七十五间,坐落老龙头北后辛庄。

一、马国泰住房一所,自盖栈房三所,计灰砖房六十二间,坐落后辛庄。

一、敬安堂王咸熙自买砖碱坯房计十一间,坐落后辛庄。

一、刘世杰住房三所,计瓦房三十六间,灰坯房二十二间,坐落大神庙后韩家台。

一、永裕酒店门面一所,计灰坯房八十间,坐落火神庙后。

一、侯在元住房一所,计瓦房二十七间,坐落火神庙后。

一、朱斌自置门面一所,计灰坯房七间,坐落火神庙后。

一、冯洛天住房一所,计土坯七间,坐落火神庙后。

一、陈永泰住房一所,计土坯房十间,坐落关帝庙东。

一、张孔绪住房三所,计瓦房二十五间,灰瓦房九间,土坯房八间,坐落关帝庙西。

一、韩西园住房一所,计灰瓦房九间,坐落小圣庙后。

一、刘瀚臣住房二所,计灰砖房五间,土坯房十三间,坐落小圣庙后。

一、刘平轩住房一所,计灰砖房九间,坐落小圣庙后。

一、刘汝需住房一所,计灰砖房七间,坐落小圣庙后。

一、朱斌住房一所,计灰砖房十一间,坐落小圣庙后。

一、苗莲舫住房二所,计灰砖房三十二间,草坯房十五间,坐落小圣庙东。

一、张奎元住房二所,计灰坯房二十八间,坐落小圣庙东。

一、张士彦住房一所,计灰砖房十四间,坐落小圣庙西。

一、王恩贵住房一所,计土坯房十一间,坐落小圣庙西。

一、萧景云住房一所,计瓦房十五间,灰砖房三十间,坐落小圣庙西。

一、张云需住房一所,计灰瓦房三十八间,草坯房四间,坐落小圣庙西。

一、马文彬住房一所,计灰坯房十五间,坐落小圣庙西。

一、邵开霖住房一所,计灰砖房十六间,坐落小圣庙西。

一、刘东来住房一所,计灰房三十四间,坐落小圣庙西。

一、杨聚五住房一所,计灰瓦房十间,坐落小圣庙西。

一、刘聘三住房二所,计灰草房三十八间,坐落文殊庵后。

一、桐兴材厂刘姓门面、住房二所,计灰砖房四十七间,坐落药王庙东。

一、陈鹤庵住房一所,计灰瓦房十一间,坐落药王庙东。

一、田静坡住房一所,计灰瓦房九间,坐落药王庙东。

以上共三十二家,计瓦房三百零六间,灰瓦房四百四十三间,土坯房二百七十九间,共计一千零二十八间。

（W0001-A-0002-001-001190）

516.津海关道唐绍仪为送还会稿图说资料事致候补道钱鑅函

光绪二十八年七月初五日（1902年8月8日）

绍云仁兄大人阁下：敬复者：昨奉惠函并会回各稿三份、图说一纸均悉。查俄界用坨地刻不能缓,现拟以地换地,足征执事筹划周详,甚为妥洽。除将会回各稿分别书行并存留一份、图说一纸备案外,相应将会稿二份泐函送还。即祈查收存送为荷。专此布复。敬请台安。

附会稿二件。

（W0001-A-0002-003-001195）

517.俄驻津领事来觉福为请督办迁坟事致候补道钱鑅函

光绪二十八年七月初五日（1902年8月8日）

径启者：日前贵道面谈曾与珀前领事商议有十六条一节,本领事检查底誊并无十六条之议,仅光绪二十七年四月间与议有十四条,当经珀前领事逐条答复在案。复查条内事理,均属已过、已完之事。至迁坟一条,本领事前次业经与贵道面为订定矣。合行函布。即颂日祉。

（W0001-A-0002-001-001190）

518.天津道张莲芬、候补道钱鑅为拟请归并租界事务
于海关道事呈北洋大臣袁世凯文

光绪二十八年七月初六日（1902年8月9日）

敬禀者：窃职道鑅于光绪二十六年十二月奉前北洋大臣李札饬，到津商换俄界盐坨之事，上年三月续委分划俄国租界。其时海关黄道远在德州，尚未来津。职道自维才识疏陋，须有地方官一同会办，庶几事有商量，禀请添派职道莲芬，会同办理。其时职道连芬尚无驻津明文，常行公事，远道送印，殊多不便，禀请刊发办理租界关防一颗，以昭信守。迨唐道到任，遇事彼此互商，业将办理情形随时禀报在案。职道等伏查租界事关交涉，本系海关道专责，去春俄使照请派员分划租界，当时以黄道远在德州，故派职道鑅专办此事。西人常谓中国官场习气最重，年余以来夙夜儆惧，遇事实事求是，不敢稍有罅漏，致贻外人之羞。今天津不日交还，唐道可以常川驻津，所有租界之事自应规复旧章，仍归海关道主政，常行公事可以盖用关道关防，以昭划一。职道鑅经办俄、比、日本三国界务，比、日两国地亩已经清查就绪，一俟该国给发地价即可竣事，俄界事多牵掣，仍由职道鑅会同唐道催督经手员司从速清理。如蒙俯允，俟奉批示后即将租界关防申送宪辕查销，案卷移送关道衙门归档。职道等为规复旧制，以专责成起见。是否有当，敬乞察核，批示遵行。肃禀。祗请钧安。伏乞垂鉴。职道莲芬、鑅谨禀。

一禀北洋大臣袁。

【原档注】禀为规复旧制、归并租界事务于津海关道衙门以专责成由。

（W0001-A-0002-002-001190）

519.津海关道唐绍仪为俄界民人姚鹤洲禀请赏发地价事
致候补道钱鑅咨文

光绪二十八年七月初十日（1902年8月13日）

为咨会事。光绪二十八年六月二十九日，据河东俄界民人姚鹤洲禀为遵示请领地价，恳恩赏发事。窃民有自盖房一百八十二间，三段相连，计地十八亩有奇，坐落盐坨药王庙前，均在头等，本县有纳粮底册可查。上年拳乱，房俱被烧，所幸四壁屹立，若搭顶盖即可居住。奈去年九月间，砖瓦全被拆去，地皆垫平，民不敢过问。最难者民一家七十余口，惟恃此房租赁养生。因遭拳乱各奔他乡，分十一处借住亲友之家，迄今二年有余，困苦不堪言状。兼之未乱之前，生意赔累，民以房地契作押借贷银两，无力偿还，债主催讨甚紧。前奉示谕，盐坨一带地方，大俄国划归租界，饬令居民交契领价。民于本年五月间业将本身地图、弓口、尺丈呈验钱大人案下。惟查界内未经被烧房间，钱大人均按头、二、三等赏价，并赏搬家费银每户十两。此外，地基又行按亩给价，体恤之恩至优且渥。民之房间俱被烧毁，烬余之砖又被拆去，较之伊等尤为苦中之苦。而钱大人昨曾面允以地换地，民等合乡公举义地两

345

顷有余,钱大人亲勘两次,无如至今永未施行,地价亦未赏发。为此叩乞逾格垂慈,恩准赏发地价以恤灾黎,则感鸿施无既矣。等情。据此,除批示外,相应咨会贵道,请烦查照核夺办理施行。须至咨者。

右咨办理天津租界事宜候补道钱。

(W0001-A-0002-001-001190)

520.津海关道唐绍仪为转俄界房屋被烧居民请俄国秉公将砖石物料一并发价事致候补道钱鎔咨文

光绪二十八年七月初十日(1902年8月13日)

为咨会事。光绪二十八年六月二十九日,据河东俄界房户候选训导张云霈等禀,为被烧房间四壁犹存,较比未烧之房只差五成之一,恳恩咨请俄国将此项之房屋砖石物料价值银两发给,以昭公允。等情。据此,除批示外,相应将原禀并各户房间及姓氏花名清折一并抄单咨会贵道,请烦查照核夺办理施行。须至咨者。

右咨办理天津租界事宜候补道钱。

计粘抄单。

(W0001-A-0002-001-001190)

521.津海关道唐绍仪为河东俄界灾民王家礼等请迁地安置事致候补道钱鎔咨文

光绪二十八年七月初十日(1902年8月13日)

为咨会事。光绪二十八年六月二十九日,据河东俄界居民王家礼、陈善、陆容、王恩贵、张起、刘珍等禀为失所灾黎恳恩安置事。窃民等世居盐坨,或作生意靠铁路养生,或作盐务靠盐坨养生已有年所。自遭兵燹,而后庐舍既焚,地基又划入俄租界内,经总理租界[事]务钱大人订以按地给价,头等地每亩一百八十两,二等地每亩八十两。伏念就中人之产而论,有房十余间者,其地不过几分,按所领地价,非徒难置房间,即买此房身地基亦不敷用。惟是明示煌煌,不领则尽数充公,领则栖身何地。居民等昼夜进思,十分无奈,不得不于万死之中求一线可生之路。查铁路东大道外禅臣洋行所置地之后,郭家庄迤西,旧有合乡公置义地一段,约计二顷有余,以为合乡中无坟地者葬埋之所。近年间曾归于义阡局管理,此处加以平治,颇可迁徙。曾经面禀钱大人查验二次。且坨地将来迁移地后,须有居民以筑运等事,今如将来界内灾民迁徙两处,于理既无不顺,其事亦属易行。为此叩乞道宪大人恩准安置,俾失所者皆能得所,则感鸿慈无既矣。等情。据此,除批示外,相应咨会贵道,请烦查照核夺办理施行。须至咨者。

右咨办理天津租界事宜候补道钱。

(W0001-A-0002-001-001190)

522.北洋大臣袁世凯为归并租界事务于海关道事
给天津道张莲芬、候补道钱镠批文

光绪二十八年七月十二日(1902年8月15日)

据禀已悉。天津地面交还在即,津海关道常川驻津,各国租界事宜仍归唐道主政,以复旧业。俄、日、比三国租界未清各事,仍由钱道会同唐道督饬经手员司从速清理。应准照办。其前发租界关防申请查销,存储案卷移送关道衙门归档,俾专责成。仰候札行唐道查照办理具报。此缴。

(W0001-A-0002-002-001190)

523.道胜银行孔义为请查明张义堂地价是否已付事致候补道钱镠函

光绪二十八年七月十二日(1902年8月15日)

启者:兹有张傅氏即张义堂之妻,称有地契一纸,数月前交付与孟汉卿向贵道领取地价。据该氏言及,迄今并未收到。为此仰乞代为查明此款已否付过,抑已付若干。统祈赐示为盼。专此敬请勋安。

(W0001-A-0002-002-001190)

524.候补道钱镠为说明张义堂地契事致道胜银行孔义函

光绪二十八年七月十五日(1902年8月18日)

径启者:刻接来信,以张义堂之妻张傅氏前交孟汉卿转送地契一张,领取地价。查孟汉卿前交公议查契一张,此地原系铁路出价收买,事有纠葛,其价尚未付出。须俟查理清楚应归何人支领,始能照发。为此布复。即颂台祺。

(W0001-A-0002-002-001190)

525.候补道钱鑅为奉令将关防交于查销事致天津道张莲芬咨文

光绪二十八年七月十六日(1902年8月19日)

为咨会事。光绪二十八年七月十二日,蒙总督部堂袁批:据敝道会同贵道禀为规复旧制,归并租界事务于津海关道衙门,以专责成由。奉批:据禀已悉,云云。此缴。等因。蒙此,除将关防禀请查销,并将卷宗移送关道衙门外,相应备文咨会。为此合咨贵道,请烦查照施行。须至咨者。

一咨天津道张。

(W0001-A-0002-002-001190)

526.候补道钱鑅为请海关道确切复查俄租界旗民土地归属事呈北洋大臣袁世凯禀文

光绪二十八年七月二十四日(1902年8月27日)

敬禀者:光绪二十八年五月十二日,准海关道咨,蒙宪台札开,据正红旗满洲固山贝子毓梄门上包衣佐领德麟文称,府中卖给锡忠、吉勒通阿地九顷五亩零,已经钱道清理。上自药王庙起,下至李公楼止,计地七百多亩,与册相符,下剩一百数十亩,弥于何项。明知岳姓与孙姓架讼分地,开脱盗案。府地既有着落,理应交归业主,至无人无契之地,的系府产,充公何用,应以无契之地,统为孙、岳未卖,悉以七成价银饬锡、吉具领。倘不遵批,加派满汉二员仿照京内扩充使馆界址办法,编号给银。等语。饬即查核办理等因。五月二十三日,又准海关道转奉外务部咨行前由,遵查光绪十八年,天津民人孙蔚、岳俊与赵耀曾互争河东季家楼地亩,由县控府,旗人保泰自称此地为梄贝子府产业,控经前任天津府邹守发县集讯未结,又有梄贝子府三等护卫文福等持文到津,曾称原派保泰查收此地,招摇匪徒,诸多不法。送阅老红册载明有地五顷余坐落天津大小稍直口,并未载及别项地亩,亦无季家楼字样,当即委员前赴稍直口清查。邹守拟将赵耀曾解部,就近与保泰质证究办,孙蔚等指两益堂之名置买曹田氏民地,准其受业,当于是年闰六月初七日出有告示,声叙明晰,此邹守查办旗地之情形也。

迨二十七年奉文办理俄国租界。五月二十七日,奉前北洋大臣李札,以据梄贝子府文称,光绪十六、十七两年,先后卖与锡忠、吉勒通阿名下地九顷五亩四分四厘,坐落天津季家楼、前后辛庄、陆家胡同、盐关口等处,开具清单,饬为备案。锡、忠等一面将地册交付俄领事转呈俄国雷大臣阅看,俄使信以为真,即欲照数付价买归租界。当经职道告以恐有舛错未便操切,必须查丈明确,方能照准。旋据锡、忠等具禀到局,所称地亩四至均与梄府原文相同,梄府另派三等护卫德润亲赍印册来局呈验,据称此地于乾隆五十九年由大内拨出,赍来府中正册,比十八年在天津府所呈副册较为详细。其地初系庄头曹显隆经管,每年交差银草银各七两七钱一分,面具切结一纸。饬查孙蔚已经物故,当传孙蔚之妻到局讯问,据供现年五十四岁,于十七岁过门时,其翁于是年向曹田氏置买河东荒地一段,税契纳粮。曹姓早已无人,八九年前有京旗吉姓等来认此地,争论涉讼,其夫孙蔚邀出亲戚岳俊帮同理说,代垫花费,后经断定地得照旧受业,其夫因将车站以上之地分给岳俊作为酬谢。当时实不知是王府产业。各等情。此职道因办俄界清查旗地之实在情形也。

伏查光绪十八年,邹守断案以文福所呈之册为凭,册载既无河东之地,遂以此地断为民产,以稍直口之地许归旗籍,锡、忠等心不甘服,日久缠讼,事成悬宕。究竟邹守如何委查,曾否查有着落,兵燹而后无卷可稽。职道察阅此次德润呈到印册,系盖用成王府管理册档庄园图记,纸色印花的系远年旧册,似非今时所能造作,稽考地亩段落、庄头姓名,河东季家楼实有成亲王府之地,苦于迷失已久,居民转辗售卖视为恒产。上年职道率领德润、吉勒通阿等赴地踏勘,当时居民数百人与德润等互相争论,几至相殴,德润等所指界限又未能切实。此地孙蔚之父买自曹田氏之手,时越数十年,即欲科以盗卖盗买之罪,而人亡年远已难深究。棣府既有册可凭,民情亦不能不顾,再三酌度,因拟将孙、岳已卖之地,其价以三成归锡、吉,未卖之地,其价以七成归锡、吉。二十七年九月初六日,接准道胜银行宝士德来书,谓锡忠等愿依三七领价,此事遂作定议。后传岳俊到案,指明车站以上其本身之地共计三十余亩,除已卖出十数亩,自留者只十八亩零,以三七成核计地价,锡、吉应得银二千数百两。查锡、吉置地原契用银数千两,以棣府红册亩数核计,似俄租界头等、二等地内尚有棣府之地,以其界限不能确指,因拟将充公地价,发给锡、吉一半,借资贴补。前后两次禀请前北洋大臣李,并蒙宫保批准照办在案。

讵锡、吉等未满所欲,又请棣府行文分报宪辕及外务部札饬前因。职道查季家楼等处本有棣府之地,今凭册为之查理,季家楼、前后辛庄共计地七百多亩,季家楼现有地百余亩内,孙蔚于光绪二十四年卖与铁路者六七十亩,以付价未清,俄人又欲图买,现英俄尚在争执,未曾了结。孙姓未卖之地已所存无几,又铁路在孙蔚手购用地二百余亩,俄界车站以上头等、二等之地共二百五十余亩,即全数包括在内亦不足七百余亩之数,府文谓应剩地一百数十亩,应行历历指实。职道查季家楼正在海河坐湾,历年被河流冲刷摊[坍]塌之地,不下一二百亩。府文又谓条示充公之地以为无人无契。职道于上年饬传查丈时,各花户被张云升等煽惑,多半抗传不到,故将其地充公,希冀早来报丈,其地并非无人承受。职道才识浅陋,此番查理旗地亦惟相度情势、酌量论断,未敢稍有偏向。若谓红册可以为据,则册载尚有陆家胡同地一顷有余,盐关口地七十九亩,其地民居栉比,德润、锡、吉并不能指其地之所在,棣府既疑职道办理不公,民间并谓职道意存袒护,府文既有加派满汉二员之请,职道未敢谓所拟果属允当。除上年所量地一百数十户业经发价外,现在租界事已禀归海关道衙门办理,应请宪台札饬海关唐道督员确切复查,另拟办法。此事庶可速结。是否有当,理合禀求察核批示遵行。肃禀。敬请钧安。伏乞垂鉴。职道鏻谨禀。

一禀北洋大臣袁。

(W0001-A-0002-002-001190)

527.候补道钱鏻为大直沽常有俄兵滋扰事致俄驻津领事来觉福函

光绪二十八年七月二十八日(1902年8月31日)

径启者:前为大直沽庄和记烧锅常有马兵前去滋扰接奉复函,承荷知会贵国武官禁止马兵,不准多事,感谢无既。兹复有俄兵前来,沽领特派人报知,敬乞从速派人前往查看办理为幸。再,此信系预先写好交付和记烧锅收存备用,敬请台安。

(W0001-A-0002-002-001190)

528.北洋大臣袁世凯为准由海关道确切复查俄租界旗民土地归属事
给候补道钱镠批文

光绪二十八年八月初三日(1902年9月4日)

批:据禀已悉。仰应札饬津海关唐道督饬委员确切复查。另拟办法禀请核办,以期速结。缴。

(W0001-A-0002-002-001190)

529.候补道钱镠为转知北洋大臣批由海关道确切复查俄租界
旗民土地归属事致津海关道唐绍仪咨文

光绪二十八年八月初三日(1902年9月4日)

为咨会事。光绪二十八年八月初三日,蒙总督部堂袁批,敝道禀为俄租界旗地纠葛,请饬海关道复查拟办缘由。蒙批:据禀已悉。仰应札饬津海关唐道督饬委员确切复查,另拟办法禀请核办,以期速结。此缴。等因。蒙此,相应备文咨会。为此合咨贵道,请烦查照复查核办施行。须至咨者。

右咨津海关道唐。

(W0001-A-0002-002-001190)

530.北洋善后总局为请查明民人刘贵三等地基定价事
致办理天津租界总局咨文

光绪二十八年八月十七日(1902年9月18日)

为咨查事。案据天津县民人刘贵三等禀称,窃身等自遭兵燹,房间衣物俱被焚烧,所幸四壁屹立,正欲搭以顶盖居住。旋奉钱道宪告示,盐坨一带大俄国划归租界,饬令身等交契领价,分作头、二等,头等每亩一百八十两。计房十数间,占地不过几分,而房租腾贵,则此一百八十两实不够赁房之用。查大俄国告示,由老龙头东起至田庄止,划归租界,而界石又立在老龙头西贺家胡同,所以改立之故,殊不可解。去年春间,身等实因无处居住,未敢遵示办理,曾经赴京在李傅相台下禀恳。蒙批:仰钱道会同张道妥为调停,勿任失所。等因。奈身等数千户之墙壁、地基、砖瓦、石料俱被工头赵二等拆卖垫平,身等不敢过问,万不得已仍求钱道宪设法赏还原地,如实碍难,即恳以地换地。身等查出郭家庄迤西有合乡公议义地两项有余,以之易换,若将地内无主棺木迁葬,即可垫好盖房。业蒙钱道宪亲勘二次,无如至今永未施行。又查被烧数千户中已有一百余户业领地价,但此领价之户多有以少报多,则未领之户受害匪浅。昨幸地面交还,曷胜雀跃,当经禀恳海关道宪大人或准原地盖房,或准以地换地,蒙批候咨租界局核办,迄今无信。现时沈、王、郭、旺四庄,房间均准起盖,身等无奈,于七月二十四日又在本县案下禀恳,堂谕饬候转详批示,亦未蒙批。深秋将届,无地栖身,万出情急,不得不叩恳恩准作主,或原地盖房,或以地换地,俾免失所而救民命。等情。据此,除批:尔等基地既已划归俄国租界,自应按照等级请领地价,别谋栖止,何以事隔多时迄未具领。候咨租界局查明复夺。所称以地换地一节,地亩划归各国租界者不知凡几,何独于尔等基地即应换给,断难准行。此批。等因。榜示外,相应备文咨查贵局,请烦查照,迅将该民人等地基划归俄国租界原系如何定价,何以迄未具领,查明见覆,望速施行。须至咨者。

右咨办理天津租界总局。

计粘抄具禀人名住址单。

刘贵三、张魁元、刘聘三、陈善、朱聘三、苗瀛,均住盐坨老龙头迤西火神、小圣、药王、关帝等庙大街一带。

(W0001-A-0002-001-001190)

531.俄驻津领事来觉福为请函送李鸿章饬查槤贝子府地亩文件及查明岳俊地亩坐落何处事致候补道钱鏐函

光绪二十八年八月二十一日(1902年9月22日)

启者:兹据固山贝子毓三等护卫文陞由京来津投文之便到本领府面称:本府有河东季家楼等地五段出卖与锡忠、吉勒通阿,业于光绪二十七年五月间本府行知前爵阁部堂李,转知钱道台、俄领事馆备案,已于是年是月二十七日,钱道台接到行知有案。本领事详查卷宗内并无此文件,相应函请贵道查照,迅将前接李中堂之原印文件函送来署,以凭查阅为要。此布。即颂升祉。

再者,华人岳俊在俄国租界内有地若干亩,坐落租界内何处。并请贵道饬员查明示悉为要。此颂升祉。

(W0001-A-0002-001-001190)

532.津海关道唐绍仪、候补道钱鏐为查明民人刘贵三等地基定价事致北洋善后总局咨文

光绪二十八年八月二十三日(1902年9月24日)

为咨复事。光绪二十八年八月十七日准贵局咨:据天津县老龙头等处民人刘贵三等公禀,俄国租

界改立界石,墙壁、地基被工头拆卖,或准原地盖房,或准以地换地等情一案,嘱即查复。等因。准此,查俄国租界四至界牌,系联军到津时俄国武官所定。上年三月,经敝道与俄领事会勘界址,上自贺家胡同起,下至田庄止,北至铁路,南至海河,即依原立界牌勘定,并未移地改立。界内房屋,兵燹被焚,败垣颓墙,所余砖石原可任地户拆运,因地户抗延,并不指丈,后由俄领事雇人铲平,并非工头私拆。幸敝道先已将未经指丈之地编号绘图,如后有认地之人,尚可按图探索。已领地价之户,或凭契据丈量,或凭四邻结保,未可以少报多。至郭家庄西义地,前以商民具禀,两次到地查勘,所葬坟塚过多,未便迁动。所有前后办理情形,均已随时禀明存案,相应抄稿录批,备文咨复。为此合咨贵局,请烦查照施行。须至咨者。

右咨善后总局。

计咨送禀稿三件。

(W0001-A-0002-001-001190)

533.北洋善后总局为请俄国酌给民人张云霈等砖石物料价值事致办理天津租界总局咨文

光绪二十八年八月二十四日(1902年9月25日)

为咨商事。案据天津县民人张云霈等禀称,窃民等因产尽家亡、流离失所。前经张云霈等以砖石物料请咨俄国给价,王聘三等以迁就义地禀求海关道宪,均蒙批:仰候据情咨请租务局查明核办。又经刘贵等以无地栖身,在案下禀求垂悯,蒙批:尔等地基既划归俄国租界,自应按照等级请领地价,别谋栖止,何以事隔多时迄今未领。候咨租务局查明复夺。所称以地换地一节,地亩划归各国租界者不知凡几,何独于尔等地基即应换给,断难准行。等因。民等理宜静候,何敢再渎。惟念民等自遭兵燹而后膏血已竭,实无力复自营谋。使如日本租界章程,每亩价七百两,足敷别谋栖止之用,民等亦甚愿及时具领,以免流离。无如俄国订章较各国为独瘠,头等地一百八十两,二等则八十两.界内二等之地居多,其中又贫寒之户居多,有房七八间者,其地不过三四分,准以八十两之例,不过领二三十两。津邑地窄人稠,兵燹后房地倍形腾贵,持此二三十两,付一年房租将有不足。查俄界之章,所余房屋未烧者给以价银外,更给搬家费银十两,意甚厚也。惟是搬家尚需银十两,而乃以二三十两买地建房,相形之下其理甚明,不待智者而始办(辨)。此民等欲别谋栖止而无力别谋之实情也。且民等房基已平,毫无碍俄国营造,初非住房不腾,迹近要求可比。由去岁以来,所为不免稽迟者,实以领此地价只足付半季房租,而事已完结,谁复系念此灾。庶留此地价,纵使不免露宿而情堪悯恻,犹冀援手于仁人,此民等忍死待救,非有干阻挠之咎也。若迁就义地一节,因地价不敢求增,又不敢仰求官地以开各处换给之例,思议俱穷,始设一以合乡葬死之地易为合乡养生之地。究之,恻隐之心,人皆有之,小民虽愚,倘他处有地可栖,初非万不得已,而亦何乐出此。惟求仁宪大人施不费之惠,俾民等得所安身,则造福一方者匪浅矣。至砖石物料皆系小民脂膏,俄国订价买地且订付房价,用昭待民公允之道,而独于房顶被烧四壁犹存者,其物料不准自用,而拆运净尽不给分文。查物价远过于地价,烧者实多于未烧,而乃厚彼薄此,是沽公允之名,殊乖公允之实。揆诸情理,岂可谓平。朝廷设赈抚诸局,无非悯此灾庶,欲使实惠均沾，今民等被灾虽深，初不敢为意外邀求，惟即分所应得者。恳乞仁宪大人秉公一言，咨请俄国酌给物价，以为别谋栖止之用。等情。

据此，除批此案前经刘贵三等以栖身无地等词禀，经本局咨会租界局查明复夺。批示在案。一俟复到自应核办，毋庸该民人等一再琐渎。所称俄国租界地价独轻，残砖料物，请酌给价值。等情。地亩有高下之不同，地价自贵贱之各异，此系一定办法，断无厚薄之分。居民房屋划归租界者，有瓦房、灰房、土房三等，亦由租界局分别等差，禀明办理。该民人等残破砖瓦能否酌给价值，姑候咨商租界局复夺。至义地，专为无主及无力买地或无家可归者葬棺之所，且系公中善产，该民人等妄生希冀，不问此等棺木谁为迁葬，迁至何处，一味无赖之辞，直欲殃及枯骨，于心何忍，不准。等因。榜示外，相应备文咨商贵局，请烦查核该民人等残砖物料可否咨商俄领事酌给价值。希即酌夺见复，望速施行。须至咨者。

右咨办理天津租界总局。

计粘抄具禀人名住址单。

张云霈、王恩贵、王聘三、刘翰臣、张树山、张品卿、陈善、刘贵，均住盐坨俄国租界。

（W0001-A-0002-001-001190）

534.俄驻津领事来觉福为派员面取李鸿章饬查棣贝子府地亩文件事致候补道钱鑅函

光绪二十八年八月二十六日（1902年9月27日）

启者：本领事前于本月二十一日曾布一椷，旋在街路遇，蒙示允将李中堂前次札行原文函送来署。等因。惟迄又经数日仍未送到，用特再专泐函派差走取。即请贵道查照，立将原来印文加封捡交去差持回，以便查阅为荷。耑此。即颂升祉。

（W0001-A-0002-001-001190）

535.候补道钱鑅为抄送李鸿章饬查棣贝子府地亩文件事致俄驻津领事来觉福函

光绪二十八年八月二十六日（1902年9月27日）

径启者：昨接来示，嘱送前北洋大臣李饬查棣贝子府地亩原文。查来文已粘奏，特照抄一份，并岳俊名下之地亩数目即送请察阅。此颂台安。

（W0001-A-0002-001-001190）

536.津海关道唐绍仪为转北洋大臣袁世凯札饬会同查办让出租界下截田庄事致候补道钱鎔咨文

光绪二十八年八月二十七日(1902年9月28日)

为咨会事。现蒙北洋大臣袁札开:据天津县田家庄村正孙捷、村副曹金声、王瑞联名禀:窃自庚子兵燹,本村全村被焚,居民逃窜四乡,流离无所。是年冬,俄国即将全村圈入界内,旧年春间又奉各国都统示谕,本村归第一段管辖,许民盖房自便。民等意租界不占村址,缘此盖房百有余间。忽于夏间,俄兵上庄驱逐,不令居住,又将所盖之房拆毁,民等仍流落于四乡。夫俄国租界北自老龙头迤西贺家胡同,南至围墙外田庄河沿世昌栈止,上下相距七八里,而田家庄适当下截,况村中居民四百余家,户口三千余口,寄居他乡三年于兹。前居之房已被焚,后盖之房又被毁。禀请钱道、俄署均未允许,民等求生无路,呼吁无门,久闻宪台爱民如子,凡民间疾苦无不竭力维持,是以小民日盼旌节如旱苗之望雨。兹当天津交还,云旌庥止,小民何啻慈母之依。现今时届白露,转瞬冬初,民等客寄他乡,何所底止。且全村之地不过五六十亩,又在租界下截,让出村址些须之地,俾及时起盖,于租界亦并无妨碍。是以公同叩恩恩准照会俄领事让出租界下截田庄地址,则戴大德于生生世世矣。等情。到本大臣。据此,阅禀各节,颇堪悯恻,应饬津海关唐道、候补钱道会同查明具复,合行札饬。札到该道等即便遵照办理。此札。等因。蒙此,相应咨会贵道,请烦查照,希即会同查明办理,详复施行。须至咨者。

右咨前办天津各国租界事宜直隶候补道钱。

(W0001-A-0002-001-001190)

537.天津道张莲芬、津海关道唐绍仪、候补道钱鎔为民人张云霈等房地事致北洋善后总局咨文

光绪二十八年九月初三日(1902年10月4日)

为咨复事。光绪二十八年八月二十四日,准贵局咨:据天津县民人张云霈等禀告产尽家亡,流离失所等情一案,以该民人等残砖物料,可否咨商俄领事酌给价值,嘱即酌复。等因。准此,查俄界有顶之屋,前已查造清册,按照议定章程照数给价。其被焚之屋,初勘时墙脚犹存,原可由业主自行拆用。上年开办俄界,谕令各花户来局验契,听候三面丈量,乃该花户等避匿不到,屡传不遵,示以限期,仍复观玩,以致全界未能办理,俄领事叠次来文催促。当即随时晓谕,各花户私意以为匿契不丈,便可不归租界。讵俄领事催地甚急,不能再待,于九月间自雇工头将老龙头车站以上头、二等地内已烧房基,一律剷平,残砖破瓦自必随时捡拾,维时津地尚未交还,洋人工作,不能阻止。其砖瓦既无数目可查,又非俄人有意侵夺,此系各该花户刁玩自误,无从再行给价。至于剷平房基,敝道先已编号绘图,各花户若知悔悟,呈请补丈,尚可查号办理,地价不致无着。除由敝局再行出示,催令补报补丈外,相应备文咨复。为此合咨贵局,请烦查照施行。须至咨者。

右咨北洋善后总局。

（W0001-A-0002-001-001190）

538.候补道钱鑅签收俄三等地价收据

光绪二十八年九月十五日（1902年10月16日）

办理天津租界直隶候补道钱鑅,今收到大俄国先行发给三等地价银五千两,特具收条是实。

（W0001-A-0002-001-001190）

539.候补道钱鑅为奉批缴销关防移交卷宗并改由海关道支领经费事呈北洋大臣袁世凯禀文

光绪二十八年九月十六日（1902年10月16日）

敬禀者:窃职道奉委办理各国租界之事宜。前因天津交还,自应规复旧制将租界事仍归海关道主政,业已禀蒙宪台批准在案。兹查比利时租界已经竣事,另禀具报。日本租界用地照依领事来单,业已发价三次。惟按地图详细稽核,尚有零星未租之地,现已备文,嘱令开单备款补办,应俟复到再为补购,必不使稍有遗漏。又日本界内新造马路,当时日人拆毁民房,并未给价。天津收回以后,曾经职道亲诣复勘,力与争辩,现已论定拆屋不计,占用之地亦照租界章程,一律给价。惟所留公同道路或前或后,尚未议定,应俟定议后再行查丈清理。俄国租界因争论武备学堂之地,详细合同议而未定,此外尚有橚贝子府旗地纠葛。前已禀明,俟海关唐道督员复查,另拟办法。三等之地尚未开办,是俄、日两国均有应办之事,职道仍当会同唐道认真办理,不敢借词推诿。在事员司,仍拟责成清理,不必更易生手。所存各国卷宗,应遵宪台批示移送海关道署存储,原刻木质关防一颗,兹特呈缴宪辕查销。此后租界公牍应用海关道关防,以复旧制。至比界经费,下月即可停止。俄界经费一百一十二两,翻译、车马费一百十两。日本界经费六十四两。三项共银二百八十六两。此系天津未还以前尊节酌定,分局只用佐杂委员一人,月支薪水银十六两,现在天津万物昂贵,可否略为增加,应俟海关唐道再为酌核请示遵办,此项公费即由海关道按月支领给发,以资办公。所有遵批缴销关防、移送卷宗,并拟由海关道支领经费缘由,理合禀请宫保查核,俯赐批示祗遵。肃此具禀。恭请勋安。伏乞垂鉴。职道鑅谨禀。

计呈木质关防一颗。

一禀北洋大臣袁。

禀遵批缴销关防,移送卷宗,并照拟由海关道支领经费,请示指遵由。

（W0001-A-0002-001-001190）

540.关于转抄盐坨俄租界居民张云霈等禀请发给物价案的函

光绪二十八年①十月十六日(1902年11月15日)

敬启者:现蒙护理北洋大臣吴②批,据盐坨俄租界居民张云霈等禀请发给物价缘由。蒙批:据禀已悉,仰津海关唐道会同钱道查照,妥办具报。抄禀批发。等因。蒙此,相应抄禀函致。即希执事查照办理,会同详复为荷。专此,即请台安。

(W0001-A-0002-001-001190)

541.汪瑞高为请催令道胜银行将老龙头盐坨地价银送署事致候补道钱鏐函

光绪二十八年十一月十三日(1902年12月12日)

绍云仁兄大人阁下:敬启者:俄国应交占买老龙头盐坨地价银四万四千三百九十二两八钱五分。前据纲总商人杨俊元等禀称,已于上月随同执事在道胜银行当面订明,俟奉督宪照会到日即可银地两交。等情。业经敝处详明在案。敢祈催令道胜银行迅将地价清交解司济用为荷。专肃。敬请勋安。

(W0001-A-0002-003-001195)

542.津海关道唐绍仪为转北洋大臣袁世凯批示将俄界盐坨地价银移解盐运司事致候补道钱鏐咨文

光绪二十八年十一月二十七日(1902年12月26日)

为咨会事。光绪二十八年十一月二十四日蒙北洋大臣袁批,本道会同贵道禀为俄国租界内存盐坨地,商明给价归作租界请示缘由。蒙批:据禀已悉。俄国租界内存盐坨地由该道等率领纲总与俄领事商明给价,作为租界。统共房地价银四万四千三百九十二两八钱五分,核与运司来详相符,应准照办。仰即将价银移解运司转饬具领,即将旧坨迁移,以免缪辖。候行运司查照饬知。此缴。等因。蒙此,除分咨外,相应咨会贵道,请烦查照办理施行。须至咨者。

右咨直隶候补道钱。

(W0001-A-0002-003-001195)

---

① 原档未记录年份,根据吴重熹任护理北洋大臣时间确定。
② 即吴重熹。

543.天津道张莲芬、津海关道唐绍仪、候补道钱鏹为移送俄界盐坨地房地价银事致长芦运台汪瑞高咨文

光绪二十八年十一月二十八日（1902年12月27日）

为咨送事。照得天津河东老龙头地方划为俄国租界，界内上下两段原有存盐坨地一百十三条，原议不入租界，后经俄国钦差驻京大臣 商请前北洋大臣李，饬派敝道等与盐商商明让作租界。已率同纲领姚学源等与俄领事当面算定，总共房、地价银四万四千三百九十二两八钱五分，禀蒙北洋大臣袁批准照办。饬令将此价银移送贵司转发，兹由俄领事将此项房地价银如数移解过道。相应备文移送贵司，请烦查收转发该商等具领。即将旧坨迁移让作租界，并请见复施行。须至咨者。

计咨送四万四千三百九十二两八钱五分道胜银行银票一张。

一咨长芦运台汪。

【原档注】此于十一月十三日交项委员解交运台计道胜。

二万两二张存条、四千两一张存条，三百九十二两八分一张□□。

（W0001-A-0002-003-001195）

544.天津道张莲芬、津海关道唐绍仪、候补道钱鏹为接收俄界盐坨地房地价银事致俄驻津领事官来觉福照会及收据

光绪二十八年十一月二十八日（1902年12月27日）

为照会事。照得天津河东老龙头地方划为贵国租界，内有存盐坨地，原议不入租界，后经贵国驻京大臣商请前北洋大臣李，饬派本道等与盐商商明让作租界。经本道等会衔具禀，现蒙北洋大臣袁批示：据禀已悉。俄国租界内存盐坨地由该道等率领纲总与俄领事商明给价，作为租界。统共房地价银四万四千三百九十二两八钱五分，核与运司来详相符，应准照办。仰即将价银移解运司转饬具领，即将旧坨迁移，以免缪辖。等因。奉此，相应具文照会贵领事查照，请将此项银两如数移解过道，以便移送运司转发具领。须至照会者。

一照会俄国领事官来。

收　据

办理天津租界，天津道张、海关道唐、候补道钱，今收到大俄国发给俄租界内盐坨房地价银四万四千三百九十二两八钱五分，立此收照存证。

（W0001-A-0002-003-001195）

545.盐运使司汪瑞高为转袁世凯批示俄界盐坨地调换给价办法应准照办事致候补道钱鑅移文

光绪二十八年十一月二十九日(1902年12月28日)

　　为移会事。本年十一月二十三日蒙督盐宪袁札开:为札饬事。据委办天津租界事务津海关唐道、天津张道、候补钱道禀称:窃职道鑅于光绪二十六年十二月二十五日敬奉前北洋大臣李札饬,以天津新设俄国租界订立草约,内载靠河盐坨划出,不入租界,奏奉谕旨允准。兹据俄员面称,内有坨地一段,俄国需用甚急,拟请以界内别地自向盐商兑换,请派员督同会商。等情。查盐坨之地本不划入租界,即欲兑换或购买,应即自向盐商情恳,不可稍事抑勒并揩价勒买。饬令驰赴天津,会同俄员督同商人妥为办理具报。等因。蒙此,职道鑅当即驰赴天津,婉为开导该纲总姚学源等允许以地换地。因与俄领事珀佩商定,以俄界下段田庄之地调换,议拟草合同十一条。该领事日久迁延,终未定局。职道等查田庄之上有太古、德义各洋行之地错杂其间,即换作盐坨亦多窒碍,适海河公司在挂甲寺地方裁湾取直,若以两岸余地作为盐坨,匪特俄界之坨迁往足以相容,即将意、奥界内之坨迁往亦绰有余裕。遂绘图贴说,于四月间由职道等联衔禀蒙宪台批饬,升任长芦杨运司督率纲总复勘该处地段,甚属相宜。当由盐务筹款向海河工程司将新开河两岸余地购回。盐坨既有去路,遂与俄领事来觉福、道胜银行执事璞科第议价出租,毋庸调换。

　　综计盐坨在俄国租界者,上段老龙头坨地六十九条,下段季家楼坨地四十四条,盐坨地势稍高计地一百二十九亩二分,每亩作价银三百两,合银三万八千七百两。绳席厂平地四十亩零六分四厘,照二等平地价值核算,每亩价银八十两,合银三千二百五十一两二钱。坑地十四亩五分二厘,滩地十二亩零零七毫五丝,照二等坑地价值核算,每亩六十两,合银一千五百九十一两七钱五分。又砖房六间,每间八十两,灰房一间,每间五十两,草房十间,每间二十六两,合银七百九十两,统共房、地价银四万四千三百九十二两八钱五分。已率领纲总姚学源、王贤宾等与俄领事三面核算明确,两无异言。一俟禀请宪台批准,即可领价迁移,将旧坨让为俄国租界。除由该纲总等禀请运司转详外,理合会禀,恳求察核,批示遵行。等情。到本督部堂。据此,除批据禀已悉。俄国租界内存盐坨地由该道等率领纲总与俄领事商明给价,作为租界。统共房、地价银四万四千三百九十二两八钱五分,核与运司来详相符,应准照办。仰即将价银移解运司转饬具领,即将旧坨迁移,以免缪辖。候行运司查照饬知。等因。印发外,合行札饬,札到该司即便查照办理。此札。等因。蒙此,相应移会贵道。希即知照施行。须至移者。

　　右移候补道钱。

(W0001-A-0002-003-001195)

546.候补道钱鑅为请俄方缴送房地价银事致道胜银行孙义、璞克第函

光绪二十八年十一月二十九日（1902年12月28日）

致道胜银行孙义

径启者：盐坨事已经北洋大臣袁批准让作租界。兹备出照会一份与贵国来领事声明此义。即请费神将房地价备出，于初一日午后一下钟时派人送函，敝处自应付给印收为凭。京行璞君处一信即请附寄为要。此颂公祺。

致北京道胜银行璞克第[①]

径启者：盐坨事已经北洋大臣袁批准让作租界。刻已与海关道、天津道联衔照会贵国来领事查照，其地价应由津行照付转给。兹特抄批附请察阅。此颂台祺。

（W0001-A-0002-003-001195）

547.俄界居民张云霈等为请彻查私存俄界地价银及拆卖砖石事
呈北洋大臣袁世凯禀文

原档未记录明确时间

具公禀：盐坨俄租界居民张云霈、萧景云、张廷槐、刘世杰、罗宗汉、王恩贵、张孔绪、陈善数百户等禀，为借势营私、朘民肥己，恳恩彻究，以救灾庶事。

窃民等前以地价太瘠，物价复空，一再泣陈，禀求酌办。蒙批：仰津海关唐道会同钱道查照妥办具报。仰见我宫保惠此穷黎毋任失所之至意，钱道宪倘恤民隐，当如何遵谕速办，乃迟延数旬之久，以至于今尚无妥办确章。灾民其何能待？伏念民等房、地既经划归俄国租界，钱道宪会勘来津，小民引领而望，方谓有不便民之端，必能向俄国请命，乃订地价、分等级，一一诿诸俄国，势之所迫，小民原莫如之何。然使钱道宪果公而无私，自可将小民地基若干、俄国价银若干，按亩核分，榜诸通衢，俾中外咸知。则地价虽瘠，小民亦死而无怨。乃去年十月十三日出示晓谕，内有所收俄国地价悉数提存局库等语。初不言价银之数目。夫造册给价本属局员之责，今乃检派王庆远为绅董，而给以洋银五十圆，则此中不无羡余，于此可证，谓非藉以营私乎？且砖石等物莫非小民脂膏，脱令准其自卖，则灰烬之余亦足济涸辙之困。乃去秋堆积如山，皆运往他处，砖数有二千四五百万之多，砖价有十五六万洋圆之巨，将谓系局员与工头串卖。拆砖时张廷槐曾亲赴租界分局面求，胡为钱道宪竟置诸不管。且租界之内诸事躬亲，焉有目睹多砖拆运他往，直至化房基为平地而初不问不知之理。况自本年五月以来，屡次

---

① 即璞科第。

禀求物价,始终谓此事已晚,不能再办。绝未闻向局员追询,是不得诿诸局员可知也。将谓系俄国拆卖,而俄领事官前曾有"若用砖必须给价"之语,且前月十一日民等具禀请示,果系俄国拆卖,钱道宪何以不收不批。此禀现附呈海关道宪,是不得诿诸俄国可知也。如此巨款,断不能消归乌有,非用以肥己而何?夫灾民当兵燹之余,生机已蹙,朝廷设官所以为民也。钱道宪奉委会勘,乃乘地面未交、呼吁无门之际,不为矜恤灾民而反朘削灾民,以致困厄至今流离颠沛。是远既不能恪守李文忠公毋任失所之批,近又不思懔遵宫保委办具报之示,显违宪谕即深负皇恩,而灾民之陷诸水火者无由登诸衽席矣。为此冤抑莫伸,公同叩乞总督部堂宫保大人恩准彻澈究,将所收俄国三百余亩之地价,其银果属若干?所卖小民二千五六百万之砖价,其银果系何往?俾将此款退出,以偿灾庶而救残生,则感鸿慈于生生世世矣。上禀。

另有请示钱道宪禀稿抄粘于后,以备钧鉴。

(W0001-A-0002-001-001190)

548.盐运使司汪瑞高为转袁世凯批查办俄界居民张云霈诉房地划归租界案事致候补道钱鏐移文

光绪二十八年十二月十七日(1903年1月15日)

为移会事。本年十二月十一日奉督盐宪袁批:据盐坨俄界居民张云霈等禀房地划归租界一案,奉批:仰长芦汪运司详细查明,认真办理,以恤灾黎为要。抄禀批发。附抄禀稿。此批。等因。奉此,相应移会贵道,请烦查明见复,以凭详办施行。须至移者。

计粘抄禀。

右移候补道钱。

(W0001-A-0002-001-001190)

549.候补道钱鏐为答复奉袁世凯批查办俄界居民张云霈诉房地划归租界案事致长芦运台汪瑞高移文

光绪二十八年十二月十八日(1903年1月16日)

为移复事。本年十二月十七日接准大移奉督盐宪袁批:据盐坨俄界居民张云霈等禀,房地划归租界一案,仰长芦运司详细查明,认真办理,以恤灾黎。等因。奉此,相应移会,请烦查明见复,以凭详办。等因。并钞粘禀稿。准此,敝道查河东俄国租界于上年四月踩定界址,议明地价,头等地每亩一百八十两,二等地八十两,三等地四十两。因天津未曾交还,于五月初间会同俄领事珀佩出示晓谕,限期一月,令各地户呈验契据,听候丈量给价。不料至期所呈契据不过数张,其时又有椿贝子府派护卫德润亲赍印册来津指认俄界头、二等之地均系椿府旧产,于光绪十四年出卖与旗人吉勒通阿、郑锡宗执业,其地价应归旗人领受。有地户张云昇、姚鹤洲等本嫌俄国所给地价太少,又恐旗人认地分其价值,暗中煽惑,故意拖延,以为我不指丈,我不领价,地将焉往。各地户受其愚弄,多半避匿不面。敝道访知情节,一面派人劝谕地户,其顺从认丈者,即无契据但有四邻为证,亦准指丈领价。其抗违不到之户,即将其地条示充公,希冀有所儆惧,早来领丈。至八月底,头等、二等地户报丈者有一百数十家,量出地不及二百亩,其余则任催罔应。俄领事以开丈日久,索地甚急,敝道因与熟商,赶将未丈地亩于败垣颓堵之中找寻形迹,分出段落,编号绘图,注明丈尺,以备日后有人认地,可以按图探索。因于九月初间先将铁路货厂以上一段之地指交俄领事接管,共计地二百五十余亩,得地价银三万八百余两,已丈之地随时立契付价。曾将各户领银数目榜示通衢,该民人等何独未见?俄领事既得租界上段之地,即令道胜银行雇工将地基削平,起出碎砖。闻道胜赏给工头作为津贴,当时并未有地户呈请愿领碎砖之事。至十月初,有地户王品三等到京向护督宪周辕下呈控,谓旗人不应有地,并牵控敝道将民房砖瓦拆尽,设计图利。当奉护督宪周批饬:地亩总以契据为凭,不得空言混争。其无主之地,并即查提充公,统限二十日内呈契,三个月内一律完结,不得借讼图延,阻挠界务。孰知该民人等并不依限缴契,饬传亦不见面。

本年四月间,俄界上段有劫余之屋六百余间,查明发价,瓦房每间给价八十两,厂房五十两,草房二十六两。每户有搬家费银十两。张云霈、罗宗汉等见而生心,遂向敝道具禀,谓前年兵燹被焚之屋所剩墙壁、碎砖尚多,请向俄领事商领价值。敝道谓此事已经落后,若于去秋,有人指认此地陈说砖为己有,俄人即不给价,尽可听民各自搬运。今事隔半年,将无据之事为口舌之争,恐俄人未必允许。该民人等未遂所欲,怫然而去。原禀谓砖有二千四五百万之多,价有十五六万圆之巨。敝道查盐坨药王庙一带房屋旧系土墙灰顶者为多,被焚后墙壁率多坍塌,只罗宗汉所盖栈房及萧神庙①西苗姓之屋系属新盖砖房,被焚后墙壁矗立。然一经煨烬拆卸后,亦整砖无多。该民人等以为地经削平,事无佐证,即可凭空结撰,岂知其地临近车站,憧憧往来千人共见碎砖约有多少,执途人而可问讯也。况上年王品三原禀谓工头赵姓、于姓等将砖售于佑衣街、河北西门外等处,此工头系道胜银行所雇,尽可饬传根究。已丈各户,其地价皆已具领,未丈之地尚存价银一万数千两,已于十月初间尽数移交海关道收存。王庆远亦系俄界地户,以张云昇、张云霈等有心狡展,各地户之被愚者已有悔悟之心,到局禀请愿劝未丈之户报名入册,听候酌办。敝道发给茶水纸张之费五十元,昨已将清册呈送到局,计未丈之户尚有百数十家。张云霈等恶其背己,亦与矛盾。总之该民人等惟利是视,若不餍其所求,终无就范之日。

从前德国在津创设租界,不论高低上下,每亩发地价银七十两,人言啧啧,后经升任海关李道禀请前北洋大臣王,筹款加价,总计购地千数百亩,垫赔银十三四万两,始行完结。今库帑如此支绌,天津新添租价[界]又不止一国,何能多筹巨款以应此无厌之求。是以敝道再四踌躇,不得不任此劳怨,悉听该民人等肆意毁谤亦所不辞。所有敝道经办俄国租界事务及支发地价数目,皆有案卷可以详查。理合将大概情形移复贵司,请烦查照酌核,详办施行,须至移者。

一移长芦运台汪。

(W0001-A-0002-001-001190)

---

① 即小神庙。

550.中俄商定之租界条款

原档未记录明确时间

(与北京使馆俄参赞库商定)俄租界商定各款

一、俄国租界之内所有铁路原置地段仍归铁路经管自用,其地段应由租界委员钱道台会同俄国领事官及铁路委员三面详细查明勘定。

二、季家楼地段一块,除三义公及柴姓两段已由俄国买定不议外,所有孙蔚指卖之地,俟丈量后,以七成归铁路购买,三成归租界购买;其地形偏颇不正,临河应划出一段,以三七成对劈分用,以昭公允。

三、所有租界内沿河大道以及界内其余各街道,均归俄国租界一律管理;铁路地段内有临河及货厂以西,月台以南墙外道路,亦归俄国代为修筑,以为公用之路。

四、铁路可以自修码头在其自有地段靠近临河大道之处,凡有船只停泊铁路码头及上下接送货物,俄国概不收取码头费及各项捐费。

五、租界内有开平矿务公司,其公司原有地段由该公司与俄国领事官自行商议办理。

六、所有界内各国洋商已买之地,应由洋商等按照别国租界章程办理。

七、界内有土围墙一段,如有必须开通之处,亦照德国旧租界章程准开缺口,以通马路。

【原档注】此条款在京与俄领事府库参赞议定,回津后俄珀领以为不然,有答复七条。

俄珀领事答复七条

一、查中国铁路现在情形与天津地面之有都统衙门一样,均系外国武官管理,是以办之甚难,现须有从前办铁路明白此事之人勘查。仍有一种刁狡者,自充明白此事之人,不得与议其间。

二、季家楼地段须请钦差示夺,但现在仍有一要紧之事,锡、吉二姓业经投交此事红契,尚未办完,自不得先任其刁佃私卖其地。

三、租界内之沿河大道以及各街道,自然均归俄国管理,至临河道路更不能截断,致租界隔为两断矣。

四、铁路码头一事须请钦差示夺,但据鄙意,若准铁路自修泊船码头,俄国概不收费,恐有许多不便。

五、矿务局地由本领事自行办理。

六、洋商之地由本领事自行办理。

七、界内土围墙一段,俟头、二、三等地办完再议开通此处。

(W0001-A-0002-002-001190)

551.津海关道唐绍仪为槲贝子府地亩争议仍照钱道所拟办法处置事
呈北洋大臣袁世凯禀文

光绪二十九年三月二十日（1903年4月17日）

敬禀者：窃职道前奉札饬以钱道经办俄国租界内有槲贝子府地亩与民人互争地价，禀蒙宪台饬派职道复查办理。等因。奉此，职道遵查，槲贝子府季家楼等处地九百余亩，系乾隆五十九年由大内拨出，交成亲王府管业之地，有旧印册可凭。其地初系荒咸（碱）不毛，每年只收地租及柴草银十四两数钱，府中所得无几，并不经意。后于同治初年为庄头曹姓后人盗卖与孙蔚之父执业。至光绪十三年开办铁路，其地逐渐兴旺。槲府察知，因将其地卖与京旗吉勒通阿、郑锡忠为业，吉、郑到津认地，各住户抗不承租，以至吉、郑与孙蔚在天津府署互控，孙蔚又邀其姻亲岳峻①帮同控告，其时有赵耀曾亦以盗卖槲府稍直口地亩涉讼，槲府派员呈验地册，于光绪十八年经天津府邹守以地册只有稍直口地，未载季家楼地。其实季家楼地另有一册，邹守未察其详，辄谓季家楼地并无槲府之地，据此定案。孙蔚遂将铁路货厂以上之地割与岳峻作为酬谢，吉、郑以讼不得，直复向槲府取册呈明户部行文查理，迁延日久，案悬未结。

联军到津，季家楼等处地亩俄国占据请作租界。上年春间，钱道奉札到津分划界址，吉、郑以槲府地册呈俄领事查验，俄领事珀佩即欲认吉、郑为地主，以地价尽数付给。经钱道再三争论，谓槲府此地久未经管，其地为民人占居盖屋，数十年中转辗售卖类皆费过赀本。况经此大乱之后，民情困苦异常，未便独令向隅。俄领事始允以地价付钱道转发。经钱道体察情形，两次禀请以孙、岳之地曾经庄头曹姓盗卖，事有主名，分三七成给发。其余之地早经报丈者，民人已经领价，其抗违未丈之地，以地价一半付吉、郑，其一半如各花户悔过，仍准给领。先后均蒙批准立案照办。而民人王品三等心未甘服，上年赴京到护督宪周辕下呈控，以邹守早经断定有案借为口实，延不指丈。槲贝子府又谓钱道于民人一面意存袒护，有地册者难以执业，未免办理不公，呈请外务部行文催办，两不相下。

职道窃维，俄国所发地价有一定之数，此赢则彼绌，岂容稍有偏颇。钱道初次禀请槲府庄头已卖之地，其地价作三七成分领，第二次所禀以充公地价对半分领，实已再三斟酌，始行禀请。天津俗例，买卖田地所得地价多半东、佃对劈，佃户所得谓之粪土钱，盖佃户得受此地曾费赀本，不能不分给地价以为津贴。钱道所拟办法原本此意，此中并无偏向，今两造各存观望，日久迁延，实于界务有碍。且别国新分租界尚多未办，若必如愿相偿始能了结，则效尤者众，后来之事更难措手。应请宪台俯念界务为难情形，仍照钱道所拟办法出示晓谕，勿得再有争执。所存地价业经移交□□接收，俟奉批后即可按照成数给发饬领。庶界务可以逐渐清理。是否有当，恳乞察核，训示遵行。并请咨明外务部存案。实为公便。

（W0001-A-0002-001-001190）

---

① 岳峻在档案中有时写作岳俊。

552.津海关道唐绍仪为转北洋大臣袁世凯批照钱道所拟办法 办理梓贝子府地亩事致候补道钱鑅咨文

光绪二十九年三月二十四日(1903年4月21日)

为咨会事。现蒙北洋大臣袁批本道具禀梓贝子府地亩与民间争价,据实禀复请示遵缘由。蒙批:据禀已悉。查梓贝子府此项地亩于同治初年为庄头曹姓盗卖与孙蔚之父执业,至光绪十三年,梓府又将此地卖与吉勒通阿、郑锡忠为业,是则一地两卖。时阅数十年,辗转售卖类皆费过资本。况经此大乱之后,民情困苦,未便独令向隅。前经钱道体察情形,拟将孙、岳二姓已卖之地,其价以三成归吉、郑,以七成归各花户。未卖之地则以七成归吉、郑,三成归花户。其余之地有遵示报丈者,地价全数给发,其抗违不到,业已条示充公之地,应分一半地价给与吉、郑支领,其余一半暂行存储,如该花户等能知悛悔,仍准给领。等情。禀经李前大臣及本大臣批准照办在案。查钱道所拟各节尚属允协,不得以邹守前断未察其详借为口实,延不指丈。仰即督饬委员按照钱道禀准各条,确切复查有无窒碍,以便出示晓谕,给发地价。勿任各存观望,日久迁延,是为至要。仍将办理情形具报查核。此缴。等因。蒙此,相应录批咨会贵道,请烦查照施行。须至咨者。

右咨会办洋务局候补道钱。

(W0001-A-0002-001-001190)

553.津海关道唐绍仪为长芦运台汪瑞高请会同核办张云霈等 房地砖价案事致候补道钱鑅咨文

光绪二十九年三月二十六日(1903年4月23日)

为咨会事。现准长芦运司汪移开:案查前奉督宪批,据俄租界居民张云霈等禀房地划归租界一案。奉批:仰长芦汪运司详细查明,认真办理,以恤灾黎为要。钞禀批发。附钞禀稿。等因。当经迭次札饬候补知县徐钧前往确查禀办。兹据该令禀复,卑职遵即前往履勘,所有盐坨俄租界房屋地基均已削平,碎砖碎瓦一无所存。差传工头赵姓、于姓,业已远行,无从确查。嗣奉总理租界道宪钱面谕,前同道胜银行洋人划界丈量,绘图备案,所存未领地价银一万数千两,移送海关道署存储。等因。窃以盐坨租界事宜有关中外交涉,可否咨请海关道宪会同钱道查案办理,以期妥善。是否有当,出自宪裁。伏候批示,饬遵。等情前来。除禀批示外,相应移会贵道,请烦查照,会同候补道钱查案办理详复。望切施行。等因。准此,相应咨会贵道,请烦查照,会同核办详复。望切施行。须至咨者。

右咨前办理天津租界事务候补道钱。

(W0001-A-0002-001-001190)

554.津海关道唐绍仪、候补道钱镶禀请准颁布告示给发俄租界地价事呈北洋大臣袁世凯禀文

光绪二十九年七月初九（1903年8月31日）

敬禀者：窃查河东俄国新辟通商租界，于光绪二十六年十一月经前北洋大臣李奏明允准，职道镶于二十七年三月奉派到津，会同天津张道莲芬查明界址，计上自贺家胡同起，下至田庄止，东至铁路，西至海河。内除铁路地段划出不计外，其地分作五等。在铁路货厂以上药王庙街东及街西十丈为头等，每亩价银一百八十两；十丈以外西至盐坨为二等上段，每亩八十两，货厂以下至矿务局西墙为二等下段，每亩八十两；矿务局起下至田庄，东至人行大路，西至海河为三等，每亩价银四十两；大路以东在土围墙以内者为四等；在土围以外者为五等。当与俄领事珀佩商定四等、五等之地，暂时不用，先买头等、二等、三等之地。当在饭市设局开办。与俄领事珀佩会衔出示晓谕各地户赶将地契送局呈验，限至六月初一日为期，倘逾限不交，即将其地充公。后以俄界地段甚广，由局谕示先办货厂以上头等、二等之地。孰知到限缴契者不过数张，指丈者不过十数户。其时又有梽贝子府派员佐领在前北洋大臣李辕下呈请饬查季家楼、辛庄一带旧产，复派员赍有红册到局呈验，并在俄领事署注册请领地价。俄领事验册后，即欲将头、二等地价值尽数付与梽府卖给地亩之郑、吉二姓，经职道镶再三争论，俄领事始允将地价仍交中国官员经理转给。不料其中尚有不明事理之张云升等从中煽惑，谓不缴地契，不领价值，地将焉往。迟至九月间，俄领事催地甚急，所量之地只有一半，不得已饬局员就旧有胡同墙脚分出段落，编号丈量，绘图存记，遂将铁路货厂以上头、二等地交付俄领事接收。

而地户王品三等又复于交地后联砌多名，向前护理北洋大臣周辕下控称界限不清，胪列十二款，请准提讯。蒙批：将地价暂存局库，饬各花户捡齐印契呈验注册，其中有与旗地交涉者，拣员传集两造勘讯公断。无主之地即查提充公。统限二十日内缴契呈明，三个月内一律完结，不得借讼拖延致挠界务。等因。当经出示晓谕，令各花户如限缴契指丈，孰知迁延数月之久仍无一张契据送局，其为有心狡延无疑。当经职道等议拟办法禀明，所有梽府庄头盗卖与孙、岳两姓之地，以三七成分领地价。此外头、二等上段之地，其遵章报丈者，此为顺民，地价全数给领；其始终抗违不到，条示充公之地，以一半地价给梽府地主郑、吉二姓具领，其一半价值暂为存储，俟各花户悔悟前非，仍准给领，于体恤之中寓劝惩之意。此外二等下段及三等之地，容俟查丈明晰，再行禀报办理。荷蒙宪批，允准照办。

今三等地业已查丈，将次完竣。所有头等尚有花户未指丈地三十二亩三分有零，二等上段未指丈地五十二亩九分有零，其地俄领事已雇工铲平，形迹已泯，无可查丈。应将所存地价提出一半付给郑、吉具领，一半地价应俟各花户等悔悟前非。公举绅董照局存号数，分造花名细册，与局存图册核对相符，再行给发。为此具禀宪台察核，赏发告示，分贴晓谕遵办，实为德便。肃禀。敬请钧安。伏乞垂鉴。职道绍仪、镶谨禀。

一禀北洋大臣袁。

（W0001-A-0002-001-001190）

555.俄租界头等地账目

原档未记录明确时间

头等共地百〇八亩五分三厘一毛三丝,除已丈三十二亩五分一厘一毛四丝三忽,岳峻三十六亩三分一厘八毛六丝,公议堂七亩。存未丈地三十二亩三分〇一毛二丝七忽,地价五千八百十四两二钱二分八厘六毛。

(W0001-A-0002-001-001190)

556.俄租界二等地账目

原档未记录明确时间

二等共地百五十六亩二分七厘四毛三丝,除街道胡同十一亩一分二厘四毛三丝,实地百四十五亩一分五厘。已丈九十二亩二分四厘六毛四丝六忽,未丈五十二亩九分〇三毛五丝四忽。地价四千二百卅二两零八分三厘二毛,二千百十六两一钱四分一厘六毛。

(W0001-A-0002-001-001190)

557.海关道唐绍仪、候补道钱鑅为请出示晓谕以直隶总督名义颁布告示事呈北洋大臣袁世凯禀文

光绪二十九年八月二十五日(1903年10月15日)

宫保钧座:敬禀者:查从前天津办理德国、日本租界,一将界址议定即禀请督宪出示晓谕。此次分划俄国租界,在未收回天津之先,不容中国官员出示。因有民人张云昇、张云霈等捏造浮言,摇惑众听,一倡百和,竟有多户抗传不到。后又有棤贝子府执持红册,争论此地,以至事多纠葛,历久未能就绪。今职道等查照历次具禀批准办法,恳求宪台出示晓谕,以定众志。谨另拟示稿一纸,由口口口口呈送钧座核夺施行。肃禀。敬叩钧安,伏祈垂鉴。职道绍仪、鑅谨禀。

计呈示稿清折一扣。

一禀北洋大臣袁。

北洋大臣袁示稿改拟示稿

为出示晓谕事。案据办理租界事务津海关唐道、候补钱道禀称:天津河东设立俄国租界,于光绪二十六年冬间经前北洋大臣李奏明允准,照依原立界牌勘定四至。上自贺家胡同,下至田庄,前临海

河,后抵铁路,内除铁路地段不计外,议明其地分作五等。在铁路货厂以上、药王庙街东及街西十丈,为头等地,每亩价银一百八十量;十丈以外,西至盐坨,下至矿务局石墙,为二等地,每亩价银八十两;从矿务局下至田庄,西至海河,东至人行大路,为三等地,每亩价银四十两;此三等地先行发价租用。从人行大路边,东至铁路,在土围墙以内者为四等地;在土围墙以外者为五等地。用地时再行议给价值,当经设局立限清丈,随时发给地价。其抗传不到之户,由局条示将地充公,以示惩儆。

又蒙前北洋大臣李札饬,梿贝子府有河东季家楼、前后辛庄等处在册地九百多亩,前经卖与锡忠、吉勒通阿执业,饬令查明办理。当经调验红册、契据属实。其地锡、吉与孙、岳二姓涉讼多年未结,议拟孙、岳已卖之地,地价以七成归现业户,以三成归锡、吉。孙、岳未卖之地,地价以七成归锡、吉,以三成归孙、岳。此外,在契之地已领地价者毋庸再议。其充公之地,以一半地价归锡、吉,一半地价暂时存储。如各花户悔悟前非,仍准造册分别给领。历经禀明,批准照办。各在案。今俄界应租之地业将清丈完竣,计头等尚有未丈充公之地三十三亩有零,二等上段尚有未丈充公之地五十二亩有零,自应查照禀定办法办理,以结界务。等情。据此,合行出示晓谕,为此示仰俄租界各地户一体知悉,尔等如有应领地价,早日赴局呈验契据具领,毋得再有观望。各宜懔遵毋违。特示。

(W0001-A-0002-001-001190)

558.津海关道唐绍仪为转北洋大臣袁世凯批办理俄界居民张云霈等请求分发地价、酌量补偿事致候补道钱鎔咨文

光绪二十九年八月二十九日(1903年10月19日)

为咨会事。现蒙北洋大臣袁批:据俄租界居民张云霈等禀请发给地价,并请酌量偿恤缘由。蒙批:据禀已悉。仰津海关唐道会同钱道查酌办理具复。抄禀批发。等因。蒙此,相应抄单咨会贵道,请烦查照酌办见复施行。须至咨者。

右咨办理租界事宜候补道钱。

计粘抄单。

钞 禀

具禀:盐坨俄租界居民张云霈、王恩贵、张孔绪、徐钟麟、萧景云、张廷槐、刘世杰、黄允中数百户等,禀为仇视灾黎,勒发地价,恳恩札饬钱道宪迅速核办并行酌量偿恤事。

窃民等于去腊以钱道宪藉势营私,朘民肥己,禀求昭恤。蒙批:仰长芦汪运司详细查明,认真办理,以恤灾黎为要。民等捧读之余莫不感极而泣,谓我宫保廑念疮痍,真是万家生佛。此后稍得矜全,万不敢再渎钧听。旋在运署求恤。蒙批:此案昨奉督盐宪批行查办,自当由本司确查禀办,该居民等毋庸多渎。今正开篆后,札委徐大令查明禀复。至四月底,徐大令以砖石无存,又差传赵工头等不到,无从查究,禀请移咨关道宪会查办理。民等以灾黎疾苦,待价孔殷,遂禀求关道宪从权办理。蒙批:据禀已悉,仰候札饬俄界委员查明。应领各户禀候照禀给发。继以局员曾否查复相请。蒙批:据禀已

367

悉。仰候函致候补道钱查照酌夺办理。六月中旬,钱道宪公毕旋津,民等即求发地价,然后再行酌恤,当经面谕,谓俟会商关道宪即行领发。且言汝等卖地岂能卖砖,原吾一时偶误,惟不早为言,故难办理。汝等各署所具之禀积有尺厚,仍不稍让乃尔。意盖谓民等数人倡索砖价,禀渎不已,显系刁民。而于事久经年,始终无意偿恤灾黎,稍体我宫保爱民如子之心者,概置不言。民等闻之,皆无敢分辩。至七月初五日,已经丈量各地陆续发给,其未经丈量,去秋钱道宪曾令绅董王庆远等,招收名条缮造户册,早经呈缴者尚无发价信息。民等到分局询问,据何局员云,钱道宪已经上详,候宫保颁发告示再行对册。伏念民等昧死上陈,久干钱道宪之怒,今者请发地价,原可及时核给而乃迟迟不办,先为请示,未审是何意见。

查火神庙和尚于前月领地价时领状业经付讫,因有问及砖价一言,何局员立将领状索回,谓候一同发给,直待烦人央求,迟至二十五日并具初无砖石物料甘结,始行发付。灾黎迫不及待,观如此相勒,谁复敢言砖价,谁不怨悔禀求砖价。且时距钱道宪旋津又经两月,屡有男女多人向分局哀求发价,民等亦禀请三次,乃相需愈迫办理愈迟,万不得已乃敢签恳天恩札饬钱道宪迅速办理以解倒悬。至于砖石等物自有而无,原属共闻共见。此次禀求钱道宪于地价发讫再行酌恤,初非敢冀照原禀核办,以事经禀陈,虚实岂能中立?且穷困灾黎因此迟领地价者又逾一年,可否恩准派员提究。倘使迹近虚诬,溯初次禀求物价系罗宗汉主笔,即治张云沛、罗宗汉与萧景云等之罪。如果属实,睹此待拯群生实堪悯恻,其当如何偿恤之处,仍公同叩乞总督部堂宫保大人札饬钱道宪斟酌办理,用成以恤灾黎为要之盛德,则老幼妻孥皆感戴于生生世世矣。

(W0001-A-0002-003-001195)

559.俄驻津领事宝至德为查清铁路之地事致候补道钱鏐函

光绪二十九年十月十九日(1903年12月7日)

径复者:接准复函,以头等地内北边、东边所留之地系铁路所留道路,又四合顺之地,铁路所送之图载有此地,亦为留出。等因。查铁路所送之图内载如三号之地。该地系开平矿局之地,本领事业经调查,其契属实。又内载如四合顺之地,该地系四合顺之地,本领事亦经查有执据。该图既有此两错,其余便不可信。况查统此地均系梂贝子卖与锡、吉之地,若今贵道改认此为铁路之地,不知果又据有何契。是以仍请贵道查照前函,速饬核丈清楚,示知照购为要。布此。即颂升祉。

(W0001-A-0002-001-001190)

560.津海关道唐绍仪、候补道钱鏐为呈送告示盖印刊发事 呈北洋大臣袁世凯禀文

光绪二十九年十月二十七日(1903年12月15日)

为详送事。案蒙宪台札开:案照天津俄国租界一事,据该道等拟呈示稿前来,本大臣查尚妥协,合

行抄粘札发。札到该道等即便刊刷,呈送盖印,转发张贴,晓谕遵照。切切。此札。计抄示稿。等因。蒙此,职道等遵将示稿刊刻刷印一百张,理合会同具文详送宪台查收。俯赐盖印饬发下道,以便张贴。实为公便。为此备由具呈。伏乞照详施行。

计详送告示一百张。

详北洋大臣袁。

(W0001-A-0002-002-001190)

561.宝士德开列俄租界头二等地清单

光绪二十九年十月(1903年11月—12日)

计开:

头等地共一百四十二亩,除街道胡同共十九亩八分,除本行先买之地一块二亩三分五厘,除贵局未经丈完之地十八亩四分七厘,除四合顺地一亩九分七厘,除坑地七亩六分,共除去五十亩一分九厘。

下余头等地九十一亩八分一厘,每亩按一百八十两计算,共合一万六千五百二十五两八钱,加坑地每亩一百三十五两,共一千零二十六两,二共合一万七千五百五十一两八钱。

二等地亩数,东至铁路界共二百八十五亩二分,除街道胡同共十五亩六分,除俄盐坨四十三亩六分四厘,除法盐坨六十亩零零一厘,除盐坨坑地二十三亩,除四合顺地七亩八分,共除去地一百五十亩零零五厘。

下余二等地一百三十五亩一分五厘,每亩按八十两计算,共合一万零八百一十二两。

头、二等地所有亩数及街道、胡同、坑地,并头等地内前买过一块,暨二等地内盐坨,均按阿测量师地图开计,其未丈完地则照尊论大约而计。

(W0001-A-0002-001-001190)

562.俄租界三等地清单

原档未记录明确时间

计开:

大俄国租界三等地自矿务局东墙起,至围墙外壕边止,共地九顷六十二亩二分三厘九毫。除街道胡同地六亩七分四厘一毫,除道胜已买地四小块共六亩六分零一毫,除阜昌行地二顷三十八亩六分一厘三毫,除太古行地一顷五十四亩八分七厘一毫,除仁记行地五十九亩八分九厘二毫,除武备学堂地二顷十一亩八分五厘八毫,除冯家坟地六十八亩四分八厘四毫,除崇德堂地两块十四亩九分零六毫,除炮台占用地十七亩七分一厘二毫,除围墙占用地八亩一分七厘五毫,除城壕占用地七亩九分三厘零二丝,(此三项原系民地,国家占用未曾给价,仍应存留)。共除地七顷九十四亩七分八厘三毫二丝。

下余地一顷六十六亩四分五厘五毛八丝。

自围地外壕边起,顺大道以南向下至比国租界止,共地四顷三十四亩九分八厘二毛八丝。除道胜已买韩姓地三块共地一百二十五亩一分二厘,除道胜已买西姓、乐姓、果姓、王姓、李姓、王姓六块,共地二十三亩二分五厘,除太古行地五亩七分三厘七毫五丝,除德义行地五亩四分五厘〇五丝,除阜昌行地十八亩一分八厘二毛八丝,除街道胡同共地八亩四分二厘六毛。共除地一百八十六亩一分六厘六毛八丝。

下余地二百四十八亩八分一厘六毛。

两共地四百十五亩二分七厘一毛八丝。

(W0001-A-0002-001-001190)

563.俄界居民张云霈等为请酌加地价事呈北洋大臣袁世凯禀文

原档未记录明确时间

具禀:盐坨俄租界居民张云霈、萧景云、张廷槐、刘世杰、罗宗汉、王恩贵、张孔绪、陈善千数百户等禀为一再泣陈恳恩拯救事。

窃民等前以地价太瘠,物价复空,呈请派员查勘,照章咨办。蒙批:尔等房屋已焚,划归俄国租界,自难议给房价、迁费,所请应不准行。等因。民等何得再渎,惟是房屋既焚,民等初未敢求给迁费。

至物价一节,诚以木料虽焚,即此四壁屹立,砖瓦坯石物价较地价犹多,俄国当时果无意取用,无意给价,钱大人自应出示,限期俾令或卖或移,赏还灾黎,以少苏民困。乃由去秋以来,挨户抹以白灰,既经局员之查志,又有俄兵之梭(逡)巡,一物不许少动,而卒使工头赵二率多人数旬内拆运他往,于小民则不给分文。民等当钱大人出示晓谕,饬令未烧房主按等领价后,即具禀恳求,经面谕云:汝等砖石,俄已赏给工头,不能与伊再说。等语。伏念俄国既以价买地,胡白用地上砖石,有因赵二拆运云奉钱大人之命者,传为系钱大人拆卖,民等诚不敢妄说。但查去夏六月,居民张孔绪因王三秃冒充俄国扒卖伊砖,经张孔绪之子骏文在都署呈控,蒙函咨俄政府核办。据领事官云:吾并未用砖,若用砖必给汝价。乃押令王三秃追偿,有案可稽。兹乃白取变卖,岂前则既用砖必须给价,后则不给价而徒用砖耶?前后何为两歧?此理终不可解。

夫使地价稍优,亦同日本界章,可敷别谋栖止之用,即按物索价本属分所应得,民等亦何敢强求。无如头等地价止一百八十两,二等地又骤降而八十两,与每亩七百两者大想(相)悬绝。伏念民等同处盐坨义国租界,唐大人为一方造福,议照日本界章减一成发价。俄为地球大国,且有亦照别国开一租界之明示,日界订章最先,钱大人果援章理论,俄国应无不允从,何致迟延至今,使小民一再来辕饶渎钧听。民等流离二载,筋力已殚,又届严冬,恐填沟壑。为此情急公同叩乞总督部堂宫保大人派员查勘,加恩酌办,以拯此数万生灵,则感鸿慈于生生世世矣。

(W0001-A-0002-001-001190)

564.俄租界居民为请给发地价事呈局宪大人禀文

光绪二十九年十一月十八日(1904年1月5日)

具禀:俄租界居民人等禀为恳恩赏发地价。民等奉谕悔悟前非,情愿请领地价以活蚁命。叩乞局宪大人恩准发价施行。实为德便。上禀。

既据呈明悔悟前非,应准将所存半价示期给发。此批示。

(W0001-A-0002-002-001190)

565.补用知县刘嘉瑞等为俄界花会涉赌转请督宪照会驻津领事封禁事呈天津商务总会会长禀文

光绪三十三年四月二十五日(1907年6月5日)

具禀:花翎同知衔补用知县刘嘉瑞等为花会巨赌陷害愚民,恳恩严绝根株,以免酿成祸患事。

窃查广东向有三十六门射覆名曰花会,前数年日本租界曾开此项赌场,不久即被驱逐。去年俄租界有广东人朱姓勾串洋人,仿行此术,明目张胆聚众赌博,名曰"押字"。无知乡愚趋之若鹜,以其本金一可赢子金三十也。然初设之时尤须亲赴其地,近来该赌募雇许多无赖,名为"跑风",沿门劝诱,男妇老幼多入彀中,贫寒之家典卖净尽,始则借贷,继则偷窃。间有妇女因此失身,良善从而酿命者。城厢内外巡警林立,若辈尚稍敛迹,义、奥租界曾亦迭次严拏,然被害者俨若痴狂,跑风者有如鬼蜮。职等第闻街谈巷议,不曰夜获奇梦,即曰天降真神,百怪千奇令人诧异。倘局外略加询问,则伊等立刻无言。似此情形日甚一日,就风俗论,蛮野已达极点,就利害论,祸患不可胜防。职等均属土著,耳目较真,若不恳请设法断绝根株,即使明定科条,终难免阳奉阴违之弊。职等为保全大局起见,可否转请督宪照会驻津领事封禁花会赌场。统乞商务总会大人电鉴查核,批示施行,实为公便。上禀。

花翎同知衔补用知县刘嘉瑞
五品顶戴顺义县训导曹文炳
花翎四品衔候选员外郎冯海宗
四品衔议叙选用通判冯海澄
候选主事朱家琦
花翎运同衔候选同知李文照
丙戌科侍卫张国瑞
五品顶戴试用知县谢金题
五品顶戴试用县丞杨绍勋
四品衔候选理问柴庄言
候选守御所千总郑金鼎

候选营千总冯熙永

举人刘钟霖

举人王新铭

山西试用县丞杨金鑶

优贡生高增奎

附贡生方祖尧

县丞职衔赵鑶

生员苏兆霬

候选从九韩式麟

廪生王树昌

生员朱骏岚

监生刘恩

监生林玉成

生员梁逢中

(J0128-2-000321)

566.天津商务总会为请封禁俄租界花会赌场事呈袁世凯、梁如浩禀文

光绪三十三年四月二十五日(1907年6月5日)

敬禀者:现据花翎同知衔补用知县刘嘉瑞云云等,联名禀称为花会巨赌,云云。等情。查赌博为害甚烈,败家丧身莫不由此,久蒙宪台饬属严禁。现在朱姓倚附洋人在俄界开设押字馆为花会赌场,贫富男女视为新奇,趋之若鹜,已经被害者正复不少。尤敢募雇跑风,沿门劝诱,似于商界大有影响,若不早为断绝,势必均被诱入彀中,祸患何堪设想,当此萌芽初起,尚易尽绝根株,俾免蔓延贻害。兹据前情,总理等关心商务,未便壅于上闻,理合据实直陈。叩乞宫保京宪大人、关宪大人查核,俯准转致俄领事立予封禁,实为大局幸甚。除径禀宫保外,函此具禀恭叩钧安、勋安。

禀津郡绅商禀俄界倡立押字馆赌场引诱商民,请转致严禁。

总理天津商务总会王
协理天津商务总会宁
(J0128-2-000321)

567.津郡绅商为严禁于俄租界开设押字赌场事呈天津商务总会文

光绪三十三年四月二十六日(1907年6月5日)

赌博久干例禁,现查朱姓在俄界以押字为花会赌场,实于商界大有影响。复敢募雇跑风,沿门劝诱,为害尤烈。亟宜严行查禁,以维风化。应即分禀宫保、关宪转致查封,务期尽绝根株,俾免久蔓。仍俟奉到批示另行复知。

(J0128-2-000321)

568.直隶总督袁世凯为封禁俄租界花会赌场事给天津商务总会批文

光绪三十三年五月初七日(1907年6月17日)

批:具禀已悉。此等妨害地方公安之事应由津海关道行文照会俄领事立予封禁,务绝根株,以免贻患。候即饬行该道遵照。此缴。

(J0128-2-000321)

569.海防道梁如浩为请仰候函俄驻津领事封禁俄租界花会赌场事
给天津商务总会批文

光绪三十三年五月初七日(1907年6月17日)

批:据禀已悉,仰候函致俄领事迅将押字赌场查明封禁。此缴。

(J0128-2-000321)

570.海关道梁如浩为限期关闭英人在俄界开设赌场事
致天津商务总会札文

光绪三十三年五月十三日(1907年6月23日)

为札饬事。案查前奉北洋大臣袁札:据该会禀,以广东向有三十六门射覆名曰"花会"。去年俄界有广东人朱姓勾串洋人仿行此术,明目张胆聚众赌博,名曰"押字"。无如乡愚趋之若鹜,贫寒之家典卖净尽,始则借贷,继则偷窃。禀请转致俄领事立予封禁,大局幸甚。等情。札道照会俄领事商办具报。等因。奉此,并据该会禀同前情,当经函致俄国珀领事查照封禁,以清租界去后,兹准该领事函称,查英人哈吧在界设立总会,附有赌具,前经会议予限关闭,函复贵升任道梁查照有案。兹准前因,复查前予之限,计仅再有月余即应届限关闭。如其限内犯有禁章致滋大事,当请由英领事官判罚也。等因前来,除申复外,合行札饬,札到该会即便知照。此札。

(J0128-2-000321)

571.惠昌轮船公司李炳文控泉盛栈主陈凤林违背合同私自卖票之请议书

宣统三年五月二十九日(1911年6月25日)

请议书

请议人

姓氏:李炳文

住所:金汤桥南

职业:惠昌轮船公司

今将请议理由具列于左:

为违背合同私自卖票肥己,恳恩传案评议,遵章议罚,以维商业事。

窃商自去年八月间在金汤桥南,禀设惠昌公司专卖客商往营口船票。开办后,有老龙头泉盛栈主陈凤林烦出中人米庆春、郭丽泉向敝公司商议合伙让卖营口客票作为四股,伊栈作营口生意同事六人每月在敝公司开支薪水一百余元,办法实属两益,倘伊栈私卖营口客票等事查出,罚洋五百元,曾在贵会将此项合同存案。不意合同立后,陈即屡次私卖营口船票,敝公司早有所闻,近更肆无忌惮,显背定章。现敝公司获有该栈私票六张,足为确据,现敝公司生意赔钱,多被其累。按当日所立四股合同注明,该栈应摊赔款,按四股核算应摊四百元之谱。该栈似此设局欺骗,居心实属不良,若不按照合同饬其认罚摊偿,则从前存案合同不几同废纸。惟有恳乞贵会总协理大人秉公评议,以符定章而维商业。实为公便。谨诉。

【原档批】候传议。

(J0128-3-002297)

572.天津商务总会为请函俄工部局传送泉盛栈主陈凤林事致警务公所函

宣统三年五月二十九日(1911年6月25日)

敬启者:现据惠昌轮船公司李炳文诉控泉盛栈主陈凤林违背合同,私自卖票一案,当经核准传议。

惟查泉盛客栈系在老龙头俄国租界之内,敝会未便往传,相应函请,即乞贵公所查照转致俄国工部局传送敝会,以凭核议,是所拜恳。专此。敬请勋安。

奏办天津商务总会宁

（J0128-3-002297）

573.李树棠为请转日本公署销案辩诉书

宣统三年六月初一日（1911年6月26日）

辩诉书

辩诉人

姓氏:李树棠①

职业:惠昌轮船公司

今将辩诉理由具列于左:

为倚恃洋势私送公署,恳恩转请销案,以免交涉事。窃商前在会案自陈欠尔灵山丸轮船票款,委因泉盛栈陈凤林不摊赔罚各款,并各股东尚未议妥摊赔办法,以致延搁未结。不料尔灵山丸轮船华同事吴姓,烦三井洋行催讨,将商扭送日公署迫追。幸蒙该地绅董张君将商保出。伏思商欠该轮船票款原系买卖交易,与三井行素不相识,何三井行亦为吴某巧用。况该轮船尚欠商二百九十三张船票未缴,计每张洋二元,共合洋五百八十六元。伊竟不讲公理,借势欺凌,殊出情理之外。惟有叩乞商会宪大人恩准,转请日本公署鉴照追还船票,商即照缴款,决(绝)不有误。实公德两便。上禀。

【原档批】候据情函请日本公署查照办理,仍候奉复布知。

六月初三日

（J0128-3-002297）

574.泉盛栈主陈凤林保释书

宣统三年六月初五日（1911年6月30日）

愿保书

保人:仪兴公司账房

---

① 即李炳文。

姓氏:赵仲三

籍贯:天津

住所:东浮桥下

年龄:四十岁

职业:轮船公司

被保人:

姓氏:陈凤林

籍贯:河涧①

住所:老龙头

年龄:三十九岁

职业:栈房

计开:

一、保人与被保人之关系:朋友

二、具保之原因:

三、具保之责任:传唤不误

宣统三年六月初五日愿保人赵仲三押。

直隶全省警务公所,送上陈风(凤)林一名,请查收守候收据。此请公安。

(J0128-3-002297)

575.直隶全省警务公所为转传泉盛栈主陈凤林事致天津商务总会函

宣统三年六月初九日(1911年7月4日)

径复者:本月初三日准贵会函开:现据惠昌公司李炳文诉控泉盛栈主陈凤林违背合同,私自卖票一案,当经核准传议。惟查泉盛客栈系在老龙头俄国租界之内,敝会未便往传,相应函请,即乞查照转致俄国工部局传送敝会,以凭核议。等因。准此,兹将陈凤林转传到案,除另行片送外,相应函达贵会,请烦查照核议。专此布复。并颂日祺。

(J0128-3-002297)

_____

① 即河间。

576.惠昌轮船公司李炳文控泉盛栈主陈凤林违背合同私自卖票之议决书

宣统三年六月十一日(1911年7月6日)

议案理由:惠昌公司李炳文控陈凤林私卖船票一案

开议日期:六月十一日

请议姓氏:李炳文、李雅斋

被议姓氏:陈凤林

中证姓氏:李秋岩、黄云樵、赵仲三、郭丽泉

议决判词:两造词意狡展,中友讨了候有办法来会销案。

评议员:赵、张、李

(J0128-3-002297)

577.惠昌轮船公司李炳文为请召集股东核议均摊赔款请议书

宣统三年六月二十三日(1911年7月18日)

请议书

请议人

姓氏:李炳文

职业:惠昌轮船公司

今将请议理由具列于左:

为生意赔累恳恩请传议各股东事。窃商在金汤桥下开设惠昌公司,召集股本八百元,分作钱股二个,人股十二个,内有红干股一个,立有合同为证。如有亏赔,按股均摊。现在敝公司因泉盛栈掌陈凤林不摊赔款,归案评议,生意暂行停作,曾欠尔灵山丸轮船票洋八百五十余元,一时讨要甚紧,商无以应付。现在结至五月底,共赔一千余元,自应遵照合同,按股摊赔,以昭公允,有账可凭。查敝公司非商一人独有,原系众股东之公产,赔赚共之。商从前业经垫办六百余元之多,迄无着落,若欠山丸轮船之款只向商一人追讨,商实不能独自担负此责。为此叩乞商会主大人恩准速赐请集各股东议会,照订合同按股均摊,以偿赔款。实为公德两便。上禀。

附呈合同一纸。

【原档批】候约各股东核议察夺。合同存。

(J0128-3-002297)

578.天津商会为惠昌轮船公司与日本轮船公司票务纠葛事致日本领事公署函

宣统三年闰六月初三日（1911年7月28日）

敬启者：现据商人李树棠诉称，窃商云云，德便。等情。查惠昌公司前因泉盛栈陈凤林违章卖票，并各股东应摊赔款，请由敝会议返，以便抵还尔灵山丸轮船欠款，业经敝会议办在案。兹据前情，该轮船既有船票未缴，自应彼此冲算清楚，以免缠转。相应奉函，即乞贵公署查照转致三井洋行，饬令该船华伙速与惠昌公司冲算清楚而免缠转。仍希惠复为盼。专此。敬请升安。

总理天津商务总会宁、协理天津商务总会吴

（J0128-3-002297）

579.惠昌轮船公司李炳文控泉盛栈主陈凤林违背合同私自卖票判决

宣统三年闰六月初四日（1911年7月29日）

议案理由：惠昌公司李炳文控陈凤林私卖船票案

开议日期：闰六月初四日

请议姓氏：李炳文、李雅斋

被议姓氏：陈凤林

中证姓氏：李秋岩、黄云樵、赵仲三、郭丽泉

议决判词：惠昌公司李炳文等控陈凤林，屡经评议，各执一词，无从立判，随传原中友黄云樵等，饬其秉公理处，予限具复。兹已届限，据原中黄云樵等应称，公司核议拟将审判厅宪所断欠款，并在本会所摊罚款合并一气，令陈凤林共交李炳文等洋四百五十元以作完结。而李炳文等坚不认可，碍难强议，候送厅核办。此判。

评议员：李、杜

（J0128-3-002297）

580.天津地方审判庭为请查明陈鸣岐控李雅斋案致总商会函

宣统三年闰六月初十日（1911年8月4日）

敬启者：案据陈鸣岐[①]控夺李雅斋挵持合同一案，当经饬警传案督员讯明，陈鸣岐开设泉盛客栈

---

①即陈凤林。

生意,与(于)上年十月间合赵仲三、李雅斋伙开惠昌轮船公司,共计十四股,伊自作四股,专售尔灵山丸赴营口船票,立有合同。于本年二月开办,至三月间因李雅斋之兄李树堂不令看账,伊退股不作,有李秋岩、赵仲三可证。李雅斋坚称,伊等伙开惠昌公司代售船票,当在商会存案。陈鸣岐前在商会误控,当经贵商会将帐算明议罚,其曾烦李秋岩、黄云樵了处,陈鸣歧认赔洋二百元,李雅斋尚未应允。各等语。据此,查此案两造供词狡执,自应函询明确以凭核办,除饬原、被候讯,并传李秋岩等作证外,相应函请贵商会查照。即希饬承查明此案各情,剋日函复过厅,以凭核办为荷。专此奉布。顺颂台安。

(J0128-3-002297)

581. 天津商务总会为复陈鸣岐控李雅斋案公同核议情形事 复天津地方审判庭函

宣统三年闰六月十四日(1911年8月8日)

敬复者:前奉惠函,以陈鸣岐控李雅斋揹持合同一案,前在会如何评议,嘱即查明函复核办。等因。查此案前于五月间,据惠昌公司李炳文投书,内称窃商云云,公便。等情。当经敝会调查,原立合同属实,传证核议,各执一词,随督饬原中黄云樵等理处。旋据复称,公同核议拟将李炳文现在贵厅所断欠款并应摊赔款合并一气,令陈凤林即陈鸣岐共交洋四百五十元,作为完结。转质李炳文坚不认可,是以尚未核结。兹奉函询,相应奉复。即乞贵厅查照核办为荷。专此。敬请升安。

总理天津商务总会宁
协理天津商务总会吴

(J0128-3-002297)

582. 李树棠请备案自本年五月清理账目以后凡有人指认在外所欠 账目均与惠昌公司无关事请议书

宣统三年闰六月二十五日(1911年8月19日)

请议书

请议人

姓氏:李树棠

职业:惠昌轮船公司

今将请议理由具列于左:

为恳请备案事。窃身惠昌公司于本年五月间清理账目所有以后,有人指称本公司在外赊欠等情事,一概不与本惠昌公司相干。诚恐日后受累,特先声明。伏乞商会大人恩准备案施行。

【原档批】准备案。仍登报宣布以便周知。

(J0128-3-002297)

583.北洋保商银行为请特派员出具证明来函译文

1915年7月20日

王特派员台鉴:敬启者:敝行顷由俄领事署买就俄国租界地一段,计四亩左右。惟敝行签字文件必须贵特派员证明方能交换地契也。此颂日祉。

(J0011-1-000019)

584.直隶交涉公署为请函送汉文正式文件事致北洋保商银行公函

1915年7月24日

四年直字第二百六十一号

径启者:接准贵行英文信件内开:敝行顷由俄领事署云云,交换地契。等因,准此,查华人在各租界内购置地亩向来无须本署签字,兹准函送申明文件一纸,嘱为签字证明。其中是否具有何项特别情形无从得悉,且洋文信件未经配送汉文者,照章不能据以存案,应请贵行另备汉文正式函件,叙明一切理由复知本署,以凭核办。除将申明文件留署候复外,相应函达贵行,请烦查照办理见复为荷。此致北洋保商银行。

(J0011-1-000019)

585.北洋保商银行为请提供本行签字有效证明事致直隶交涉公署函

1915年7月29日

敬肃者:查敝行于本月二十日曾具洋文函送呈钧署,兹又将俄领事署所印应守租界规则由敝行签字,然非经贵司长证明敝行签字之有效,则俄公署不能照发购地红契。顷晤俄领事面告,已将此事由电话知照钧署,并承贵司长允许,应候敝行正式函请即当代为证明。祗听之余,具纫厚意。所有恳乞证明签字缘由,理合函呈洋文请求书一纸,如蒙俯赐证明,益深感激。专肃渎恳。敬颂崇安。此呈直隶交涉公署钧鉴。

（J0011-1-000019）

586.直隶交涉公署为加盖图章以证明签字有效事致北洋保商银行函

1915年7月31日

四年直字二百八十一号

径复者:准贵行函送贵行签字之俄领事署所印租界规则一纸,嘱为证明有效。等因。准此,当将该规则一纸加盖图章,证明有效,相应函送贵行,请烦查收是荷。此致北洋保商银行。

附送俄租界规则一纸。

（J0011-1-000019）

587.韩秉谦为请加盖官印于俄所发宣言志愿书事
呈直隶交涉公署文及批

1916年6月30日

具禀:商民韩秉谦(直隶滦县人,年四十八岁,借寓天津南关美以美会)禀为请求事。

窃商民现在俄界置买地基四亩,地价交清,适由俄国领事府交出洋文宣言志愿书二张,属商民签字并请交涉宪台加注印信,缴回存案,方可缮给契纸。查该书内大概系须遵守租界所订章程,如违干罚之意。商民业照签具名字,合请贵署查照加注官印,以凭缴回俄领事府,具领地契执业,一张留贵署存案。此请交涉宪台恩鉴施行,实为德便。上禀。

直隶交涉公署批

1916年7月3日

批第五十六号
原具禀人韩秉谦

禀悉。业于呈送宣言书内加用图章,仰即来署领用可也。此批。

（J0011-1-000019）

意租界

588.北洋大臣李鸿章致意国钦差萨尔瓦葛复函

光绪二十七年四月十五日(1901年6月1日)

径复者:顷接来函,拟派张道莲芬前赴天津办理租界各案,文内只提德、俄两国租界。

贵大臣即应提及义国在津亦有地段拟作租界,嘱一例优待等语。查向来办理租界之案,皆先由欲租之国将需用租界情由向本省大宪商允后,备文将觅得之地拟在何处,自某处起至某处止,询明有无干碍官民廨舍、产业、坟墓,岁纳租银若干、钱粮若干,由地方官查明何处可租何处有碍,一面派员履勘。欲租之国亦派员同往,绘定一图,详注有碍无碍,乃由上宪核定,如全无干碍则即应允,如有干碍则另觅他地,如有碍有不碍则剔出有碍者不入界内,择其无碍者应允出租。即如此次德、俄租界,皆先行面商,经本阁爵大臣允其商议,并将最为干碍之处切实声明不入租界,然后彼此行文,将有碍有不碍者派委妥员前赴天津,约会德俄两国派出之员同往勘议。如会议已协,即由两国委员开列条款,呈候本阁爵大臣复核定夺。有不妥者,仍由本阁爵大臣驳正。若两国勘议不合,亦即各具图说,分呈本国大臣,再行会商酌定。定妥之后,凡在官地,应如何交纳地租,凡为民地,或由该国自向民间议价购买,或由我国官员酌定公平价值,按亩照算给还业主,或地归租界,而商民认缴地租,仍留产业自用,但守该国租界所定章程,同沾该国租界应得利益。节目繁多,非预商不能遽允,非预允不能开办。

贵大臣交际情形无不熟谙,亦必知德俄两国办理此事缘由。今未先准相商,突然见问,若照历来办法,未便曲从。但本阁爵大臣与贵大臣交谊素深,亦未便十分拘执,应乘张道、钱道在津勘界之便,候贵大臣指出地方,开出起止,绘具图说,注明丈尺,到日派员往津会勘会议。此系格外优待,但其中有无干碍未能预定,仍应俟文图到日,由张道、钱道等照上项节次一一妥商,并应待议有大略奏奉大皇帝批准乃可作准也。先此布复,顺颂日祉。

(W0001-A-0002-006-001194)

589.北洋大臣李鸿章为意国要求在津划分租界事给候补道钱镠札文

光绪二十七年四月二十一日(1901年6月7日)

为札饬事。四月十四日准义国全权大臣萨函称:昨接照会,内称拟派张道台莲芬前往天津办理新界数案等语。查该文内只提德俄两国新定租界而已,本大臣即应提及义国在津亦有地段拟为租界。兹闻贵国欲定此案,应请贵王大臣将义国在津租界一案同行办理。因请示如何办法,或另派委员前赴本公馆办理,抑或贵王大臣仍欲与本大臣径行办理,似可公允了结。与前次同别国办理此案,将无不一例优待无异。等因。到本阁爵大臣。准此,除函复外,合将复函照抄札饬。札到该道即便查照,俟义国官员到津,交出图说,指定地方四至,与之详细履勘,有无与居民妨碍,切实具复核办。此札。

计钞复函。

(W0001-A-0002-006-001194)

590.北洋大臣李鸿章为意派代表到天津商定设立租界事
给候补道钱镈札文

光绪二十七年四月二十一日(1901年6月7日)

为札饬事。四月十九日准义国驻京全权大臣萨函开:四月十三日接准来文,本大臣应函复,业派本公馆汉文正使、世袭男爵威达雷商定在津义国租界详款,俟贵王大臣达知本大臣张道台已到天津商办此事,则威达雷亦即赴津会商。本大臣务望将所有此次详款即行办妥为要。等因。到本阁爵大臣。准此,除分行外,合行札饬。札到该道即便查照,妥为商议办理具报。此札。

(W0001-A-0002-006-001194)

591.盐坨药王庙以西商民为划归意租界后房地被占事
呈局宪观察大人禀文

光绪二十七年五月初八日(1901年6月23日)

具禀:盐坨药王庙迤西商民窦宗瀛等禀为义国新开租界窒碍实多,叩恳仁宪作主,据情转禀,亟图变迁,以救蚁命而安泉壤事。窃商民等旧居盐坨药王庙迤西一带,自遭拳匪之祸,困苦留难。前已先后逃回,正在修复旧业,亟谋生活,讵喘息未定,忽有义大利国将商民等居处划归租界,勘丈插标,圈地甚广,多在民舍栉比、人烟稠密之区。间有炮火焚毁半壁倾圮者,该国竟自雇工清理,起盖洋楼。商民等目睹心伤,无敢过问。且沿河一带曩系盐商存盐坨地,此间居民男妇依盐商为生活者十居七八。今一旦划归租界,非特谋生无路,更难另觅栖止,是商民等炮火余生,又遭流离之苦。且尤可惨者,界内尚有义地数段,荒塚累累,向归义阡局经管,一归租界必致刨掘迁弃,数百年之枯骨一朝暴露,情何以堪。所有界内情形,业蒙仁宪亲历查看,商民等日夜彷徨,相对垂泣。伏查各国开辟租界,多在沿河宽敞之区,公平价买,即俄国新辟租界虽同在盐坨,然该处房舍多已焚毁无存,居民尚未复业。今义国经营伊始,且闻其商务无多,不妨另择海河宽敞之区与之迁换,在该国少为迁就,毫无所损,而商民等受福无涯矣。当此和局已定,正讲信修睦之时,想该国素称文明大邦,当必俯顺舆情,谅不肯听商民等数万生灵流离失所,而数百年泉下枯骨忽遭暴露之惨也。为此情迫,只得联名叩求恩施,格外据情转禀中堂,设法拯救,则感鸿慈于生生世世矣。为此伏乞局宪观察大人电鉴施行。上禀。

计粘呈花名单一纸。

谨将义国现已清理拟占房地业主花名开呈钧鉴。计开:

窦宗瀛　马香岩　杨雨人　韩起周
刘芙山　张兆祥　张玉春　姚鹤洲
刘绍曾　任士林　冯恩第　郝平川
窦奎真　赵文闵　刘绪臣　李凤池

赵连璧	张兆福	毕来子	王　发
李国泰	陈永合	边起发	于四海
孙　六	阎恩庆	韩　德	张　来
郝平德	张　五	张　发	王　四
张有德	张　恩	张　起	张　荣
杨永发	杨玉泰	萧永庆	薛　四
杨　三	刘兆田	二	李清源
边永庆	王抓子	边玉柱	戒烟公所
张小德	左　六		

尚有逃出未回之业主及界内尚未占用各户,未经列名,合并声明。

（W0001-A-0002-006-001194）

592.天津道张莲芬为转李鸿章札文事给候补道钱镠移文

光绪二十七年五月初九日（1901年6月24日）

　　为移会事。光绪二十七年四月二十四日奉督宪李札开:四月十九日准义国驻京全权大臣萨函称:四月十三日接准来文,本大臣应函复,业派本公馆汉文正使、世袭男爵威达雷商定在津义国租界详款,俟贵王大臣达知本大臣张道台已到天津商办此事,则威达雷亦即赴津会商。本大臣务望将所有此次详款即行办妥为要。等因。到本阁爵大臣。准此,除分行外,合行札饬。札到该道即便查照,妥为商议办理具报。此札。等因。奉此,除分别移行外,相应移会贵道,希即查照,会同妥为商议办理,具覆施行。须至移者。

　　右移天津勘界候补道钱。

（W0001-A-0002-006-001194）

593.天津道张莲芬为转李鸿章札文事致候补道钱镠移文

光绪二十七年五月十一日（1901年6月26日）

　　为移会事。光绪二十七年四月二十四日奉督宪李札开:四月十四日准义国全权大臣萨函称:昨接照会,内称拟派张道台莲芬前往天津办理新界数案等语。查该文内只提德俄两国新定租界而已,本大臣即应提及义国在津亦有地段拟为租界,兹闻贵国欲定此案,应请贵王大臣将义国在津租界一案同行办理,因请示如何办法,或另派委员前赴本公馆办理,抑或贵王大臣仍欲与本大臣径行办理,似可公允了结。与前次同别国办理此案,将无不一例优待无异。等因。到本阁爵大臣。准此,除函复外,合将复函照抄札饬。札到该道即便查照,俟义国官员到津,交出图说,指定地方四至,与之详细履勘有无与居民妨碍,切实具复核办。此札。计钞复函。等因。奉此,除分别移行外,相应移会贵道,希即查照,会同妥商办理,具覆施行。须至移者。

右移天津勘界候补道钱。

计钞复函。

(W0001-A-0002-006-001194)

594.天津道张莲芬、候补道钱鑅为设立意租界事呈意国代表文

光绪二十七年五月十一日(1901年6月26日)

详查贵国所立界石东与俄界相连,北面从俄义交界第一界牌起,向南顺贺家胡同至海河边止,计二百四十六丈;又从东面沿河向西,至奥国交界牌止,计二百八十四丈;又从西南斜向东北,顺三道井沟穿过街阁至铁路边为止,计三百六十丈;又顺铁路向东南至起首处止,计一百十二丈,界内约地一千亩有零,所有妨碍之处列后。

中国盐课关乎国帑,盐坨系存盐之处,为盐商要产,国家应得保护。前俄国立界沿河有盐坨地,经北洋大臣李奏明中国大皇帝所有盐坨地不入租界之内后,俄国要用坨地数十条,特派道员钱鑅到天津与盐商再三商量,始议定以围子门外俄国租用沿河之地调换盐坨地七十多条,另外津贴银两作为垫地等费。今贵国界内有盐坨地一百零三条,无处可以迁徙,盐商又不愿领价,若以地换地,亦无相宜合用之地。此妨碍者一也。

盐坨之后尽系民房,纵横街道数十条,大小住户数万家,瓦房、灰房、土房接连不断,居民一半依赖盐务为生,一半做小本贸易。现天津城南一带之地,多为各国租界所占,如欲迁居,已无隙地。即发给津贴,数目无多,何能敷用?数万生民从此失业。此妨碍者二也。

民房之后有盐坨义地,大小七八块,约计坟冢有近万之数。此义地均系贫苦人所葬,如欲迁往别处,非但尸骨倒乱,目不忍睹,必须另具棺木,经费亦属不轻。此妨碍者三也。

有此三层妨碍,如将此地划作租界实属不易。办理俄国租界,其所占之地多于此数,然靠南一带尽系空旷之地,即靠北之药王庙街旧有街市,乱时房屋皆被焚毁,此刻一片瓦砾,居民业已逃散,故办理稍易措手。今贵国所划界内,只贺家胡同西首一段之地系属被毁房基,此时盖作领事衙门,有民人窦姓等具禀诉说失业之苦,应请查明,议给地价,以昭公允。如贵国能在俄国、比国租界以下沿河划地一区,则敝国亦应与他国相同一律优待,相商办理。

(W0001-A-0002-006-001194)

595.意国代表汉文正使威达雷为在津设立意租界事致天津道张莲芬、候补道钱鑅函

光绪二十七年五月十一日(1901年6月26日)

敬启者:本爵业将贵道节略详细察阅,本应一一答复,因已无暇,实未得详细裁覆于晤面时已数次辩驳者。伏查所提盐坨、义地、房屋数事为难情形,本爵业已屡次声明此等事件本无关紧要,若能彼此和衷商办,无难设法办理,今可不必再行详细拟议。而所有贵道所拟移挪比界以下之处,或将现在义国租界四至稍为裁减,查此两举仍应再行声明万不可行,敢请不必徒劳枉费唇舌。是所至荷。专此奉闻。顺候日祉。

十一日申刻

再,本爵拟于明日暂行回京,数日后再图聚首。又笔。

(W0001-A-0002-006-001194)

596.天津道张莲芬、候补道钱鑅为会勘意租界四至事呈北洋大臣李鸿章禀文及李鸿章批

光绪二十七年五月十三日(1901年6月28日)

敬禀者:窃职道等于本年四月二十四日奉宪台札饬,以义国全权大臣萨函商,义国在津亦有地段拟为租界,特抄复函,饬令等俟义国官员到津,交出图说,指定地方四至,与之详细复勘,有无与居民妨碍,切实具覆。等因。同日又奉宪台札饬,准义国全权大臣萨函称,业派汉文正使、世袭男爵威达雷赴津会商租界详款。饬令职道等查照,妥为商议办理具报。等因。奉此,职道等详译函稿,仰见尽虑周详,使承事者得有依据,不胜钦佩。当即饬传地方,将义国所立界石以内之地,先行详细查勘,丈量其所划之地,前临海河,后抵铁路,东接俄界,西邻奥界。从俄、义第一交界牌起,顺贺家胡同向西过饭市,至海河边止,计二百四十六丈;又顺海河西至奥国交界牌止,计二百八十四丈;又折向东北,顺三道井沟穿过街阁,至铁路边止,计三百六十丈;又顺铁路向东南,至起首处止,计一百十二丈,约地一千亩有零。界内沿河有坨地一百零三条坨后即系民居,大小街巷数十条,乱后房屋幸存约有住户数万家。民房后有盐坨义地,大小七八块,约有坟冢近万之数,只靠铁路近处有空地一段。又东北贺家胡同右首,有五十余家被毁房基,该国已将其地盖作领事衙门,商民窦宗瀛等来局具章诉说失业之苦等,以津地未交亦不便过问。本月初七日,义国所派男爵威达雷到津,初八日与□□等会晤,商议划界之事,当与陈说界内有坨地、民房、义塚为难情形,彼云坨地照地价购买,民房照北京开拓公使基地章程,上等房给银十两,其次八两、六两,义塚择地迁徙,并无为难之处。当与辩论,俄国立界奏明将坨地留出,从前德国立界上等房给银八十两,以次核减。即近日所订德国展拓租界合同,照都统衙门修路拆屋章程,上等房尚给银五十两,至少者给银十两,屋料仍归本主拆用。北京开拓使馆是上年乱民滋事,我国家疏于防范,实有愧对公使之处,是以此次格外迁就,以昭辑睦之谊,且系各国公共之事,与贵国在天

津立界情事不同,不能援以为例。初九日复约威达雷查看四至及界内情形,彼亦知此中实有为难之处,但云此界早经定准,我国钦差决然不肯移易更改等。答以此事既有许多妨碍,必须从长计议。十一日送与说帖一份,又四至丈尺地图一件,嘱其转寄驻京萨大臣查核。当日接到威达雷来信一封,其词十分决绝,并云即日便须回京。理合将辩论各情及说帖、复信、地图,照录呈请宪台察核办理。肃禀。敬颂钧祺,伏乞垂鉴。职道莲芬、鑅谨禀。

计呈说帖一分、地图一张。

一禀北洋大臣李。

禀为会勘义国租界大概情形并呈图说由。

北洋大臣李鸿章批

光绪二十七年五月十八日(1901年7月3日)

禀悉。向来各国设立租界,皆在地方寥廓之区。此次义国所商地段,既有盐坨一百余条、坟墓万塚、住户万家,碍难租给,应商令别觅妥协地方,另行勘议。附禀并悉。缴。

(W0001-A-0002-006-001194)

597.天津道张莲芬、候补道钱鑅为意奥租界事 再呈北洋大臣李鸿章禀文

光绪二十七年五月(1901年6月—7月)

附禀稿。敬再禀者:意国租界以上,奥国亦立界牌,正与河西闸口相对,向北过盐关厅、东浮桥、杂粮店街,三叉河口,折向东北,前抵海河,后抵铁路,界内有盐坨地八条,此外一行民房约计住户三五万家,且杂粮店街为囤积粮食之所,关系津郡民生,其地为富商所居,瓦房栉比,较之意界其势更为难办。前奥员出示,令民间呈契查验,并派人挨户开□房间数目,民间颇为惊惶。即未呈验契据。意既开先,奥必踵至。理合将大概情形附呈中堂察核附来。载颂钧祺,伏乞垂鉴。

(W0001-A-0002-006-001194)

598.北洋大臣李鸿章为盐商杨成源禀称盐坨难以迁移事 给天津道张莲芬、候补道钱鑅札文

光绪二十七年六月二十二日(1901年8月6日)

为札饬事。据商人杨成源等禀称:窃查商家坨地,迄今二百余年,加以历年培筑,其地始能坚实可

用。若换用新地,则土性松软,筑造盐包伤耗必巨,三五年内不能适用也。且商家筑盐,夫役工价皆有定章,而夫役熟手皆为附近住户,若远移他处,用生手则不谙作法,用熟手则远路奔驰,筑包万不能及时,工价则必增数倍,是既耗盐斤又费工价,商利几何受此亏折。况中国盐法不准私运一粒,故必须坨地相连,便于稽查,倘若隔断,势必至顾此失彼,即筑运之时于官宪秤掣亦觉路远不便。又况坨地有商家自制者,有地主收租者,今闻换地消息,皆有惊惶震动之情,凡以衣食所关故也。不但此也。筑盐夫役计不止万余家,今当兵燹之后,已属惨不可言,若坨地远移,即另有附近居民争相充办,必酿成械斗巨案。人命至重,商等尤不敢轻启祸端也。今既统筹大局,商等身家衣食所关,孰肯弃此固有之利,而自取莫大之害,此所以不敢冒昧遵从者也。总之,义国租界可以另为择地,商家生业舍此均不相宜。素闻各国皆以商务为重,必不忍令商民等从此亏赔失业也。事关商业大局,似此绪多滞碍,不得不匍匐来辕,叩恳恩施,照会义钦使体恤商民,俯准另行择地开埠,则感戴鸿慈于生生世世矣。为此,伏乞电鉴恩准施行,等情。到本阁爵大臣督部堂。

据此件批来:禀阅悉。坨地存盐,历年已久,芦商根本所系,其势万难迁移。前据天津张道等具禀会勘义国租界情形,当以义国所商地段有盐坨一百余条并坟墓万塚、住户万家,碍难租给,批饬商令别觅妥协地方,另行勘议在案。候行该道等查照禀情,随时坚阻,以保商业。并候行运司查照。此批。等因。榜示并分行外,合行札饬。札到该道即便遵照办理具复。此札。

(W0001-A-0002-006-001194)

599.盐坨四甲阖乡居民刘耀廷等为意国划界实难迁移事 呈北洋大臣李鸿章禀文及李鸿章批

光绪二十七年七月(1901年8月—9月)

具禀:盐坨四甲阖乡居民人刘耀廷等禀,为兵燹余生,何勘迁徙,恳恩照恤,以安穷黎事。窃民等计万余户,皆在盐坨中段康盛公迤西、三道井沟迤东一带地方居住。自去岁拳匪乱作,比户逃亡,迨乱定归来,室中衣服器具抢掠一空,惟余庐舍未烧赖以存活。兹义国开辟租界,立有石柱,并出示饬呈契据。等因。当时居民见之无不夙夜忧惧。窃以兵燹之余,或父亡其子,或妇亡其夫,家家多两餐不给,糊口维艰,犹幸得所栖身,可以安心谋食。倘仍有须迁徙,则此数万生民何地可托?而且一离故土,生计全无,势必至颠沛流离,半填沟壑。我中堂廑念民瘼,事事皆加意体恤。津人士感恩戴德,刻骨难忘。今兹地命相连,而又无门呼吁,为此匍匐来辕,叩乞爵阁督部堂恩准照会义宪,求其悯此居民稠密,迁徙实难,俾得安居如故,则阖乡之老幼妻孥皆荷宏恩于生生世世矣。上禀。

北洋大臣李鸿章批

光绪二十七年七月二十六日(1901年9月8日)

抄由批:义国租界尚未经委员勘定地方,所立石柱并饬呈契据究系何人出示?断不可信,仰天津

391

勘界钱道查照实在情形禀复。禀发仍缴。

（W0001-A-0002-006-001194）

600.天津道张莲芬、候补道钱镠为报告意租界划界现状事呈北洋大臣李鸿章禀文及李鸿章批

光绪二十七年八月初五日（1901年9月17日）

敬禀者：窃职道等于七月二十六日敬奉宪札饬知，以盐坨四甲居民刘耀廷等禀批：义国租界尚未经委员勘定地方，所立石柱并饬呈契据，究系何人出示？断不可信。仰天津勘界钱道查明实在情形禀复。禀发仍缴。等因。奉此，职道等遵查，五月初间，义国钦差大臣萨饬派男爵威达雷来津会勘地界，职道等当即开送说帖一份，绘图一张，陈述为难情形，托交驻京大臣，嗣后未向职道等有所论说。职道等并查，义国界石于去年竖立，本年二月间曾经出有告示，饬令民间呈验契据，听候办理，并派人挨户查点房屋、人口数目。三四月间，在贺家胡同西首占地数十亩建盖洋房，声言备作领事府第。其占用基地既未传知花户，亦未发给地价。联军到津，河东地界向归俄国、德国兵捕分管。七月初间，意、奥两国领事官致函天津都统衙门，商请两国在河东所占租界之地不必再由都统衙门经理，由两国自派兵捕弹压。都统衙门允许。故于七月十七、十九两日，将前设德捕、华捕撤换，现由意国派捕经管，并有意国兵官在义界内棋盘街张姓、两胡同周姓、准提庵温姓占居民房，声称系为办公之所。并于盐坨后身丈量基地并附近坑沟，意在动工与俄界接修马路，尚未举办。日前，界内居民刘耀廷等亦到职道公所递禀，恳求保全。职道等筹念天津地面尚未交还，其有所举动，未便与之理论。所有查明义界内现在情形，理合据实禀复中堂查核。肃禀。敬颂爵妥，伏乞垂鉴。职道莲芬、镠谨禀。

计呈缴原禀一扣。

一禀北洋大臣李。

北洋大臣李鸿章批

光绪二十七年八月（1902年9月—10月）

义国虽商开租界，未经允行。其占居棋盘街民房及盐坨后身基地，均应设法谕禁。该道以地面尚未交还，未便理论，似未可借词畏退，仰即知照。缴。

（W0001-A-0002-006-001194）

601.北洋大臣袁世凯为妥商意租界未定事给海关道唐绍仪、候补道钱鑅札文

光绪二十七年十一月初九日（1901年12月19日）

为札饬事。十一月初七日,准外务部咨开:光绪二十七年十月三十日,准义国罗署使照称:所有本国公馆与已故李中堂商酌在津义国租界一事,均已有头绪。此事已经所定者,即系大纲允准,租界及租界方向即在北河左岸上接连俄、奥租界及铁路。其尚未妥定但剩两条:一为该界所定界线,盐坨之地何能妥办;一为界线内之民房,何能设法占据而不重于民忧。讵料李中堂病故,因抑郁悲悼之情,遂停止商办。今仍请贵爵文至袁制台,令其速派妥员会商极善办法,将盐坨及民房二事以两相公道之理妥定。等因前来。查义国拟在天津开立租界,前与李中堂会商,尚未定议。惟查界内盐坨、民房二事关系最为紧要,必俟此二端商酌妥善,不至于地界民情有所窒碍,方能议定他款。相应咨行查照,迅即遴选妥员,会同义国所派之员详察地方情形,就盐坨、民房二事妥商办法,以期不损利权,不失民业,俟得有条理再与接续前议,妥商租界办法。等因。到本署大臣。准此,查义国拟在天津设立租界,经前阁爵大臣派委张道、钱道妥商办理,嗣据禀复,该国所商地段与盐坨民房有碍,批饬商令别觅妥协地方,另行勘议在案。兹准前因,应饬唐道、钱道会同妥商办理,务于盐坨民房二事无碍,以期妥协为要。除分行外,合行札饬。札到该道即便遵照妥办,详议核夺。此札。

（W0001-A-0002-006-001194）

602.津海关道唐绍仪为转袁世凯札事给候补道钱鑅咨文

光绪二十七年十一月十五日（1901年12月25日）

为咨会事。光绪二十七年十一月十三日,蒙署理北洋大臣袁札开:十一月初七日,准外务部咨开,光绪二十七年十月三十日,准义国罗署使照称:所有本国公馆与已故李中堂商酌在津义国租界一事,均已有头绪。此事已经所定者,即系大纲允准,租界及租界方向即在北河左岸上接连俄、奥租界及铁路。其尚未妥定但剩两条:一为该界所定界线盐坨之地,何能妥办;一为界线内之民房,何能设法占据而不重于民忧。讵料李中堂病故,因抑郁悲悼之情,遂停止商办。今仍请贵爵文至袁制台,令其速派妥员会商极善办法,将盐坨及民房二事以两相公道之理妥定。等因前来。查义国拟在天津开立租界,前与李中堂会商,尚未定议。惟查界内盐坨、民房二事关系最为紧要,必俟此二端商酌妥善,不至于地界民情有所窒碍,方能议定他款。相应咨行查照,迅即遴选妥员,会同义国所派之员详察地方情形,就盐坨、民房二事妥商办法,以期不损利权,不失民业,俟得有条理再与接续前议,妥商租界办法。等因。到本署大臣。准此,查义国拟在天津设立租界,经前阁爵大臣派委张道、钱道妥商办理,嗣据禀复,该国所商地段与盐坨民房有碍,批饬商令别觅妥协地方,另行勘议在案。兹准前因,应饬唐道、钱道会同妥商办理,务于盐坨、民房二事无碍,以期妥协为要。除分行外,合行札饬。札到该道即便遵照妥办,详议核夺。此札。等因。蒙此,相应咨会贵道,请烦查照妥办,并希见复,以凭会详,望切施行。须至咨者。

右咨办理天津各国租界直隶候补道钱。

（W0001-A-0002-006-001194）

603.意租界盐坨中段居民为纳捐繁重请求保护事
呈候补道钱镰禀文及钱镰批

光绪二十七年十二月初三日（1902年1月12日）

具禀：天津河东盐坨中段居民，生员李大义、职员赵永霈、童生刘耀庭、武举商芝田、职员张国元、举人李纬、童生魏兆兰、童生徐桂芬等，禀为占界重捐，民生日蹙，恳恩保护地方，并转详督宪，以免凌虐而安生业事。

窃民等万余户，向在天津盐坨中段地方居住。于今年二月间，意国侵占之界，东至贺家胡同，南至河边，西至过街阁，北至铁道，遍立租界石柱，并出示饬各户呈验房地契据。曾于七月间禀求前督宪李文忠公加恩保护，蒙批：意国租界并未委员勘验地方，索呈契据究系何人出示？断不可信，仰候察覆。等因。嗣经大人详覆在案。今相距半载，而意国业于贺家胡同一带建造洋房，所有界内民房、铺户向在都统衙门纳捐者，今均拨归意国自己加倍收捐，较之都统衙门尤为繁重。民等自经乱后贫苦难言，生机有限，捐纳无常，稍有迟延，鞭笞立至。似此未经指示方略之时，该国竟自任意妄为，使流离失所之民无从措置。且民等久居盐坨，大半倚盐务为生活，既系不能安居，即有无可聊生之势。为此，叩求观察大人施恩保护，上详督宪，下恤民艰，俾民等得免凌虐而安生业，则万户颂德于无既矣。

候补道钱镰批

现奉督宪饬知设法筹办。候会同新任海关唐道台妥筹办法，以保生计。

（W0001-A-0002-006-001194）

604.津海关道唐绍仪为转直督袁世凯札事致候补道钱镰咨文

光绪二十七年十二月初四日（1902年1月13日）

为咨会事。现蒙署理北洋大臣袁札开：据天津县盐坨居民刘耀廷等禀称：窃民等皆在盐坨中段，康盛公迤西、三道井沟迤东一带地方居住。客岁自乱定归来，室如悬磬，惟余庐舍未烬，赖以存身。今春意国开辟租界，立有石柱并饬呈契据。民等曾在前督宪辖下禀诉蒙批：意国租界尚未委员勘定地方，所立石柱并饬呈契据究系何人出示？断不可信，仰天津勘界委员钱道查明禀复。等因。民等又在钱道宪案下禀求调护。乃数月以来，竟于药王庙西建立洋房，且又丈量街衢、平垫沟壑，而且大粪堆迤西荒塚累累。曾有迁移之信，民等夙夜惶惧，诚恐一作租界，将来必须迁移，数万生民，何地可托。况兵燹之后,小民生计维艰,若再失此故土,则家业全堕,即性命难保,思维再四,莫可如何,是不得不涕泣来辕,叩恳恩施照会意国钦使择地另行开辟租界,俾民等安居如故,不至有失所之虞,则顶感鸿慈铭心刻骨矣。伏乞恩施俯准,实为德便。等情。到本署大臣。据此,除批禀悉,当饬署津海关唐道、候补钱道会同妥商,务于盐坨、民房均无妨碍,妥办详议,核夺在案。阅禀各情,候行唐道等并入前案会商办理。等因。榜示外合行札饬。札到该道即便遵办。此札。等因。蒙此,相应咨会贵道,请烦查照,希即并入前案会商办理施行。须至咨者。

右咨办理天津各国租界直隶候补道钱。

(W0001-A-0002-006-001194)

605.津海关道唐绍仪为转直督袁世凯札文事致候补道钱鎏咨文

光绪二十七年十二月初四日(1902年1月13日)

为咨会事。光绪二十七年十一月二十七日,蒙署理北洋大臣袁札开:十一月二十日准外务部咨,本年十一月十六日,据天津盐坨四甲阖乡居民刘耀廷等禀称:民等皆在盐坨中段,康盛公迤西、三道井沟迤东一带地方居住。今春意国开辟租界,立有石柱并饬呈契据。民等曾在李督宪案禀诉,又在钱道宪案下禀求调护。乃数月以来,竟于药王庙西建立洋房,且又丈量街衢、平垫沟壑,而且大粪堆迤西荒塚累累。曾有迁移之信,民等夙夜惶惧,诚恐一作租界,将来必须迁移,数万生民,何地可托。况兵燹之后,小民生计维艰,若再失此故土,则家业全堕,即性命难保。等因前来。查本部前准意国罗使照请续议天津租界,曾咨行贵署大臣,先就盐坨、民房二事妥定办法,以便接续前议妥商租界在案。兹准前因,相应咨请查照前咨妥筹酌办。总期将小民生计设法保全,无任荡析离居、咸虞失所,是为切要。等因。到本署大臣。准此,查前据天津县盐坨居民刘耀廷等具禀,曾经榜示并行该道并案会商办理在案。兹准前因,合行札饬到该道,即便遵照妥筹办理具报。此札。等因。蒙此,查此案前蒙署理北洋大臣袁札饬,业经咨会并案办理在案。兹蒙前因,相应咨会贵道,请烦查照妥筹办理,并希见复施行。须至咨者。

右咨办理天津各国租界直隶候补道钱。

(W0001-A-0002-006-001194)

606.津海关道唐绍仪为与意使签订意租界章程事
详复北洋大臣袁世凯文并附意租界章程

光绪二十八年五月初二日(1902年6月7日)

为详复事。窃于上年十一月奉宪台札开:准外务部咨,以义国罗署使照称:本国公馆与已故李中堂商酌在津义国租界一事,尚未定议。今仍请咨会派员商办,务于盐坨、民房二事妥定。饬令会同钱道妥商办理。本年三月奉宪台札饬,以外务部咨,令即与义使商办各等因。蒙此,遵即前赴天津,会同钱道察勘情形,妥筹一切。先后与义国署理公使罗玛纳、正任使臣嘎厘纳面商。义使以该国指定地段较之俄、法、德、日划定地基及英扩充租界地亩尚属公允,且该处既经义国军队划定界线,势难再行减小等语。窃思庚子之乱,各国军队在津自行占据地址,嗣即由俄国商允最大之租界一段,继而德、日、比诸国亦复订有租界章程。此次义使所请订立租界,均以兴旺商务及应与各国均沾利益为词。职道再四磋商,惟有遵谕设法补救民艰,与该使商定仍准民人在租界内执业,俾免义商垄断,以纾生计,并妥定盐坨迁移一切事宜,亦与商情尚无窒碍。谨与该使订立章程十四条,缮写五份,并各绘具图说。以一份存宪台衙门、一份存外务部、一份存义国驻京大臣公署、一份存义国驻津领事官署、一份存职道衙门,以资查考。除义使存留二份,并职署存留一份外,其余二份理合详送宪台鉴察,并恳请以一份转咨外务部备案。实为公便。

再,此次与义国划定租界计共七百八十余亩,该使坚执俄、德、法租界章程价值办理。当据理争驳,随允以按照日本界内地价减去一成。因日本租界系在旧城西南,地价本昂,其所拟价值似属公平。与此次河东义界地亩减一成核发,民间均不至过于亏损。合并声明。为此备由具呈,伏乞照详施行。

计详送义国租界章程二份,图说二份。

意租界章程

大义国钦差、驻扎中华便宜行事全权大臣、世袭伯爵嘎厘纳会同天津津海关道管理新钞两关税务唐绍仪彼此商议,妥定如下:

第一款

大清国缘义国商务在中国北方,宜直隶省内更较易得兴旺起见,今将天津北河左岸上地方一段永让与义国作为租界,该地界内义国全行管理,与别国所得租界办法无异。

第二款

该租界之线开列如左:由图内铁路上甲字起,顺俄国租界之线以至北河边上乙字,由此顺河向北至界边石桩图上丙字,又迤东顺图上所划红线至铁路丁字,由此顺铁道仍归图上甲字原处。所画丁甲之线,因铁路公司称有铁路以北地产,现为暂定,将来义国使馆与铁路公司特行会商,即可按照特定之约将此界线画定为准。义国官员所有周围四至,业经特立界线石桩,以定准线而免混杂误会。

第三款

该租界内一切官地,中国国家均行让给义国专为永业,无庸出价。

第四款

盐坨之地系中国盐课官商之业,今义国既已专经占用,自应会同盐商在北河岸上另觅地方一段,便于盐务。所有购买此地价值及修成合用盐坨之费,全归义国出价。

第五款

界内所有中国业主,必持有整齐照例契纸,均可照常存业。惟义国执掌其权,无论何时,每次自行酌定现有公用,或有利于蠲除邪秽,或因义商会集租界兴旺之故,均可听其将界内各产业随时公平购买。所有房地之价,自行与业主商议。其地段本系民居周密之处,其地价、房价应照日本租界价值减一成议给,按照租界工部局自行分定应归何等何类定价。其界内义国不用之地,仍准民间执业,任便买卖,但不得卖与他国洋人营业。倘欲或租、或与、或押与他国洋人,于未经义国租界工部局允准之前,不得租出、或典、或押。至购业时,俟将价值付清后仍准业主暂住,由付给价值之日起,限六个月腾空交出。若彼此另有商法,亦可办理。

第六款

租界内如有无主之业或不知业主之业,由义国先行出示,俾其业主得知,将契纸持来阅看。如出示十二个月后仍无人投报,义国工部局可将该业充公。

第七款

租界内现在所有被毁房屋不准修盖。如该业主持有整齐房契投报前来,应听义国政府照第六款所载购置。

第八款

租界内准中国人置地居住,惟须遵照日后义国特行拟定章程。

第九款

租界内所有坟墓如本主自行迁葬,每棺由义国给费银四两,毋庸另给地价。若系义地,其应如何迁让,由地方官及义国委员会同商议,购地迁葬,其费用归义国筹备。

第十款

他国办理租界一事,如得有中国国家格外利益,义国以优待之国之礼,亦应一体均沾,以昭划一。

第十一款

自合同画押之后,当由北洋大臣迅速出示晓谕:此处已给义国作为租界。

第十二款

所有此次订立租界地址,应按照他国租界所定章程,每亩交纳钱粮制钱一吊,交地方官收解。

第十三款

此后倘中国国家电报公司及德律风公司再在租界内设立木杆,为该项工程需用,义国工部局绝不阻拦。

第十四款

此合同中国缮写五份,各份随带义文及租界之图,由直隶总督所派天津津海关道管理新钞两关税务唐绍仪与大义钦差驻扎中华便宜行事全权大臣世袭伯爵嘎厘纳画押盖印。以一份存外务部,一份存直隶总督公署,一份存义国驻京大臣公署,一份存天津津海关道衙门,一份存义国驻天津领事官署。

(W0001-A-0002-006-001194)

607.津海关道唐绍仪为分送意租界章程事致候补道钱镠咨文

光绪二十八年六月十六日(1902年7月20日)

为咨会事。现蒙北洋大臣袁批:本道呈详。义国在天津河东地方设立租界,拟议章程十四条,缮折请转咨缘由。蒙批:据详已悉。候咨外务部酌核见复。章程、图说分别存送。此缴。等因。蒙此,相应粘抄详稿义国租界章程十四条。咨会。为此合咨贵道,请烦查照施行。须至咨者。

计粘抄单。

右咨办理天津租界事务直隶候补道钱。

(W0001-A-0002-006-001194)

608.长芦盐运使杨为盐坨被意国所占事致候补道钱鏐移文

光绪二十八年九月初四日(1902年10月5日)

为移会事。案据纲总商人杨俊元等禀称:自变乱之后,商等河东堆盐坨地被俄意两国占据。除俄占之地业经另案办理外,惟意国所占坨地不令商等堆盐,至津地收回亦未交还。近闻意国有欲令商等上租之意,伏思坨地为人占据而又出租,此反宾为主,情理难容。然事关交涉,不敢冒然理谕,不得已惟有合词吁恳宪恩据情转详督盐宪,赏发明示,俾商等有所遵行。等情。据此,除详请示遵外,相应移会贵道,希即查照施行。须至移者。

右移即补道钱。

(W0001-A-0002-006-001194)

609.意驻津领事为推举华商经理二人事致天津总商会函

1922年10月30日

敬启者:本年十一月间,本租界拟举经理二人估定租界地所有地价、房价,立定地租、房租章程。年来本租界众商颇不乏人,惟选经理必须财产职业不在本租界者方为合格。用特函请贵会指定其人担任斯责。事关公益,务乞详为调查示知为荷。专恳并颂公绥。

【原档批】粘卷立案,暂归档。候议时再为提出。

(J0128-2-002997)

610.外交部特派员祝惺元为转意驻津领事函邀代表事致天津总商会函

1922年12月4日

十一年直字第四百十九号

径启者:案准驻津义领事函开:义国租界为征税根据起见,拟组织委员会估定本租界各处地亩房屋价值。前曾去函天津总商会,要求华商二人来会列席,盖本租界华人之置有产业者甚多,理应使合法华人参与估定一九二三年各种财产之新价值。惟久候未奉商会复函,委员会召集为时甚迫,曾于本月十五日又去函催询,迄未得复。用特函请贵署转函商会会长查照,迅赐复音,至为盼祷。等因。准此,查义界为征税事宜,特组织委员会估定该界各处房地价值。既称界内华人产业甚多,事关保护华人利益,自应由贵会派员参与,以期妥善。兹准前因,相应函请贵会查照,迅即推定公正华商二人赴会列席,刻日径复义领接洽。并希并函本署,以便转知为荷。此致天津总商会。

(J0128-2-002997)

611.天津意国租界章程

1924年

章程要则

第一条　天津意国租界由一公选市政管理局按照外交部批准之条例及章程管理之。意国人民有购地及租地之权。

第二条　外国人民亦有购地及租地之权,但在契纸签字时,应声明服从租界现在及将来之章程与意国之法权。

中国人民于租界之内有置产及租产之权,但应先得意国领事署之特别许可方能购置。

最要者,应照外国人民办法声明服从租界之章程及意国之法权。

凡在租界之内,无论以何种名义享受业主权者,对于前列章程均应遵守。

第三条　属于租界管理局之地,须先经管理局之规定及意国领事之准许方能出售,但只能以公共叫卖之法出售之,且须依照法律规定《产业让渡法》办理之。

第四条　沿码头之地段及六马路与码头中间之地均照《特别章程》办理。此种《特别章程》俟码头修妥后即行公布。

第五条　租界内之产业,其契纸均应在天津意国领事署内书写签字。但如预先得天津意国领事之许可者,得以在意国请一公证人为证书写契纸并签字。惟应于二个月之内在天津意国领事署内让渡册内注册,让渡册专记产业变更之事。

倘于二个月之内不来署注册者,即照产业之值价核计罚金。但无论如何,罚金得在二十元以上。

第六条　租界内产业之租契,自成立后十五日以内,业主应来文案处注册。

倘于十五日以内不来文案处注册者,即照每月租金核计科罚。但无论如何,罚金得在十元以上。

第七条　租界内之产业,无论典押或赎回,均须在意国领事署内依照意国法权办理。

第八条　测量图应存于文案处。

至于小图,均给业主,但须先照每亩二两缴纳注册费。

产业注册或让渡时,须随带任何图样之一,以备查验。

第九条　天津意国领事署裁判处依照租界章程之解释及施行以为裁判之根据。

临时让渡

第十条　第三条所载出售租界管理局之地,其地价无论如何,不得在委员会所定之官价以下。

第十一条　售地应以公共叫卖之法售与出价最高者。售地之事应在管理局举行,由一特别委员会主持其事,而此特别委员会由租界之副董事长主席。

第十二条　买主除应立即交付文案处定额银五十两外,并应按每亩五两缴纳办事费,以补管理局垫付叫卖之花费(绘图、量地与登报等费在内)。

第十三条　地亩售妥之后,买主应先将地价百分之十交付管理局,否则取消余款,俟契纸签押时即应付清。

此项地亩叫卖妥当之后,十五日以内,即应签押契约,而租界管理局方面应由董事长(领事)或由副董事长代表成契。

第十四条　买主于买妥之后签押契纸时,应按第二条所载声明服从租界管理局颁布之章程。

第十五条　起初在租界管理局购置地业之人,仍应遵守西历一千九百十三年七月四日颁定《章程要则》第三条所载。无论何时,如将地亩售与华洋人等,应将当初实付之地价与当初该地亩实在值价之差数交与管理局。此项差数并须照每年复息五厘核付利息。

天津意国租界业主说明书

_____年_____月_____日

业主姓名_____

租界画分地亩地段数_____

共计地若干亩_____

	将所有之楼房及下房等间数开列于下	租房人姓名	租主实出租金数
1			
2			
3			
4			
5			
6			
7			
8			
9			
10			

业主或其代理人在此处签名_____

(甲)如业主租房时,以多报少、诚意朦混,被本局查出者,科以五十元至一千元之罚金。

(乙)如业主之房现在空闲不住,亦不外租,只候临时业主占用者,则本局须处以普通相当之租价。

地税及房捐章程

兹将西历一千九百二十五年商务届年内地税及房捐之规定开列于左：

地税：每亩（六百方米达①）纳百分之零七五。

房捐：按房租之总数或非出租之房产按委员会规定之数，纳百分之五。

倘房产于一年之内有三个多月未租出者，可以照下列之章程退还官定之房捐：

四个月未租出者，退百分之十；

五个月未租出者，退百分之十五；

六个月未租出者，退百分之二十；

七个月未租出者，退百分之二十五；

八个月未租出者，退百分之三十；

九个月未租出者，退百分之四十；

十个月未租出者，退百分之五十；

十一个月未租出者，退百分之六十；

十二个月未租出者，退百分之七十五。

非出租之房产即照居住之办法定归房捐。

退捐书应由关系人自行呈递。至于地价及房租总数，均由委员会规定。该委员会由管理局委任，任期一年。每年由七月一日起，至来年六月三十日止。

委员会每年于九月内送呈报告书。该会共有委员三位，其中意人二位，外国人一位，而委员中只准一位为租界内之地主。

委员会规定之税捐等，如有视为不满者，应于每年十一月三十日以前声明，过期不理。

未开辟地亩之税则：未开辟地亩，每亩每年纳银二十两。

以上税捐等，每年分一月初及七月初两次缴纳。

每次接到通告后一个月之内，必须缴纳税金。过期不缴，每月照百分之半罚息。

营业捐及捐费

西历一千九百二十五年商务届年内之营业捐及捐费如左：

甲种：

一、实业制造厂及实业工厂等

甲种每季二十四两；乙种每季十二两；丙种每季六两。

二、银行、当铺、换钱局等

甲种每季四十五两；乙种每季三十两；丙种每季十五两。

三、铺号

甲种每季九两；乙种每季六两；丙种每季一两五钱。

---

① 方米达为平方米（square meters）的音译。

四、商业机关(管理处、转运公司、公司营业室、货栈等)

甲种每季九两;乙种每季六两;丙种每季三两。

五、有专门学识而以身行业者及小本商人

甲种每季六两;乙种每季三两;丙种每季一两五钱。

前表如有不及备载者,其捐费由捐务委员会规定之。

小贩子每月由一元至二元。

乙种 码头捐:

轮船停碇费二十五两;行船停碇费五两;每一驳船停碇费及每次落地费三元;木筏停碇费每立方米达十天洋二分五厘;中国船只停碇费一、二、三等者(按其注册等级而定),每月二元,每天五毛;中国下级船只(按其注册等级而定),停碇费每月一元,每天二毛五分;码头栈租,每吨洋二分五厘。

倘轮船或行船停碇逾十天者,以后按每天十两交停碇费。

凡愿在码头卸货者,应先向工部局起捐。如有官人查捐,即应将捐照呈验。

丙种 车辆:

汽车及电自行车(按照各租界协定办理);汽车及四轮车,每年八十元,每季二十一元;电自行车(带跨座或不带跨座同),每年四十元,每季十元零五毛;四轮马车每月一元;骡套轿车每月一元五毛;包月车每年九元;胶皮车每月七毛五分;大车每月一元;独轮小车每月五毛。

丁种 畜类:狗每年五元。

营业捐捐费以及属于管理局地亩之租金,每年在九月三十日以前,由一特别委员会规定之。此特别委员会由会计员、主席会员共四人,计会计员、正巡捕官、税务局局长及租界内实业家或商界一人。

委员会所定之捐额,如有视为不满意者,应在每年十一月三十日以前声明,过期即不理论。

巡捕房章程

第一条　意国租界之巡捕负维持法律秩序、公共治安及施行租界章程之责任。

第二条　禁止贩卖或吸食鸦片、吗啡、寇根、伊赛以及他种毒品等。

第三条　禁止赌博、彩票、赌局及娼窑以及伤风败俗等事。

第四条　夜间不准扰乱公共之安宁,并禁止高声喊叫及各种扰乱行为。

第五条　租界以内禁止乞丐。

第六条　倘事先未得工部局之许可,不准于家内演作音乐。

第七条　倘事先未得工部局之许可,不准燃放枪炮以及炸[鞭]炮、烟花等。

第八条　倘无特许,不准存储枪炮。

第九条　携带军器之军队,暨出殡、娶亲、运灵以及各种结队成行之事,倘事先未经工部局允许,不准通行。

第十条　禁止于大街之上戏放风筝。

第十一条　禁止存放引火货物。倘欲存放不能自著[着]之引火物或爆炸物,须先报告管理局。如管理局审查有正当之防卫,不致妨碍公共之治安时,得以特别准许之。

第十二条　禁止存放发生臭味以及危害公共卫生之货物。

第十三条　禁止于窗户或月台挂晒单衣,或于街上打刷地毯等。

第十四条　禁止在街上便溺或污秽街道。

第十五条　非有驻华意国官厅特别之许可,不准贩卖军火,或打猎用之枪弹,或军械与炸药等物。

第十六条　在赌局以内或在贩卖毒品、军火、军械等物铺店以内查抄之什物一律充公,其充公之毒品即行毁销之。

第十七条　居家之门户应于夜间关严。

第十八条　未在工部局领有捐照,不准在租界内刷印新闻纸。此捐无论何时,如工部局视为必要时,得以取消之。

第十九条　凡各种营业,有发生暴动或危险或扰乱治安之事时,巡捕可以临时停止或封闭之。

第二十条　业主或其代理人,如将产业租出时,应于二十四小时内报告巡捕租与何人以及作何使用。

嗣后之变更亦应于二十四小时以内报告巡捕。凡租户转租房间或产业者,亦应遵守此章。

房主家庭以内,如有变更之事,亦应于此限期内报告巡捕。

书院、医院、庇护所等之总监,须将收容或遣散人等之姓名报告巡捕。

工部局特备此项报告表,可以随时前来索取。

第廿一条　每年之始,即由巡捕调查租界以内之户口,将国籍、男女、年岁及职业分别纪录。

第廿二条　每年由五月至八月之间,可以于住房或院内搭设席棚、杆架等以避日光,但距邻房至少须三米达。由十月起,此种搭设物即应拆卸。

第廿三条　住宅或营业办事处如欲用捕巡保护时,须呈明工部局并付特别费始能派遣。

第廿四条　禁止虐待牲畜。

第廿五条　倘有违犯前项章程者,即处以五毛至一千元之罚金。

倘复犯前章者,即加倍科罚,并将捐执临时索回或永久取销。

保存公共建筑物品及交通章程

第廿六条　禁止毁坏公共建筑物品。

第廿七条　倘未先领执照,不准在街上做活或堆存材料。

除按执照载明各项规章办理外,领照之人应格外谨慎,务使所做之活及清除之材料不致妨碍或危害交通。并应于夜间在做工之处燃置灯标,庶往来车马及行人易于望见。

第廿八条　广告招牌随意任用某国文字,但必须有工部局认可之意文翻译为证。

广告招牌不准于便道悬挂,并不得遮掩门牌或街道名牌。

第廿九条　建筑工程或拆卸工程进行之时,包工人应格外小心,勿使灰土或物料坠落街上。倘有违犯,应由巡捕停其工做,至布置妥协时为止。

第三十条　便道系便于往来行人,小孩车、抬床等亦准行走。大街专为通行车辆之用。

第三十一条　套驾牲畜之车辆,其行走之速度宜适中。而载重车辆宜照步行速度为准,并应让出右边,使行走较快之车得以开过。

禁止跑马及无秩序之行车。

各种车辆皆应遵守交通章程限定之速度。设遇转角之处或穿过危险等处,各种车辆皆应慢行。

天黑或灯光不亮之时,或路过学堂、教堂、医院、戏园、工厂门口等,或遇结队之人行走,以及同此性质之事时,各种车辆皆应照步行速度。

第三十二条　慢行车辆常应靠街道左边。各种御车之人如欲开过前面之车时,应靠右边而行,并应视明,不致因我之开行而使两车相撞。但在十字街口、湾(弯)街或危险之处,禁止开过前面车辆。

第三十三条　车辆行走时,如欲慢行或欲停住,应于前后车辆距离相宜而无危险之处行之,以免彼此相撞。

第三十四条　穿过街道之时,各种御车之人应谨慎注意巡捕之手式,常应靠左并须慢行。庶遇必要时,得以即时停住。

第三十五条　向左拐之时,各种御车人必须开行急(极)慢;向右拐者,应以适中之速度绕一大圈,并于停车或转湾(弯)之时,应以手作式表明其意或前进之方向。

第三十六条　停住车辆皆应靠便道并停列单行,禁止停放街道中间或停于已停车辆之对方,以致两车中间之地方不足容两车同时往来。

第三十七条　雇赁之车辆必须于巡捕限定之处停放,而停放时应彼此相靠,以期占据最少之地方。

第三十八条　各种御车之人必须具有相当之经验及能力,以克尽其职者为合格。

不得将车马遗放街上不管。

第三十九条　各种带胶皮车带之车辆皆应安置一警器,以便从远处警告行人躲避。奇声警器只准电动车于开车转湾(弯)过十字街,或开过其他车辆之时,或遇昏黑之时使用。但此种警器不准滥用,尤以夜间为甚。

第四十条　各种车辆,其大小以不损坏街道为宜。

第四十一条　载重之车辆,无论如何不应阻碍交通,并不准装载过量,尤应装载结实,庶不致危害交通。各种后挂车辆,必须有坚固之挂连器,以免发生意外。

第四十二条　装煤之车或装他种灰土材料之车皆应遮盖,于装卸之时须格外小心,以免飞扬。

第四十三条　禁止行人或车辆穿过护卫队、军队暨各种结队行走之团体并小学生之队伍等。御车之人及车辆每等至电车站头,必须慢行或停止,俾便搭客平安上下。

第四十四条　救火车、运送病人之车、大夫用车及公益或军役之车辆,随时有通行之优先权。速行车辆较慢行车辆有优先权。载人车辆较货车有优先权。

第四十五条　禁止在街上训练马驹、教练乘马车及学习开行汽车或他种车辆等。至于蹓行马驹,只准在不甚拥挤之街道与不碍交通之时为限。

第四十六条　禁止一人牵引两马以上。至蹓行之时,应将马嚼拴紧,然后牵引。如有牛羊群通行租界时,只准由河堤行走。而行走之秩序,以不阻碍交通为宜。租界之内如查有游行之畜类,即由巡捕擒获之。

第四十七条　各种车辆于日落之后必须燃点车灯。

第四十八条　各种车辆皆应将捐照钉于显明之处,包月车亦须有任何租界之通捐。御车人如无捐执,应照捐价加倍科罚,并应急速起捐,其车辆应由巡捕押存,至罚款交清时始能放出。

第四十九条　捐执不准转让他人。倘未经工部局许可,而将捐执转让或送给他人者,即照无捐车辆罚款。

第五十条　倘有故犯前列各章者,即处以十元以下之罚款。设遇意外之事须以款项酬恤受害人时,无论多寡,概由犯事人担付。关于各种车辆之捐执,如有欺诈行为或意存欺诈者,即处以一百元以下之罚金。

第五十一条　电车公司经官厅认可之章程,如有违犯者,即处以十元以下之罚金。

汽车章程

第五十二条　汽车如无捐执,不准在租界之内通行。每辆汽车应带号牌两个,一钉于车之前,一钉于车之后,惟须易于看出。除对于出售汽车之行商发给特别号牌外,所有之号牌皆应钉实,只准为所发捐执之原车使用。

第五十三条　各种电动车之御者,皆应有意国工部局或天津任何工部局或任何官厅发给之执照,此项执照无论何时皆可由巡捕索回。

第五十四条　各种汽车之速度,每小时以十五英里为限,运货汽车每小时以十里为限。汽车于夜间,必须于前面燃点白光灯两盏,后面红白各一盏,以能于距离相当之处易于将号牌看出为宜。至于电自行车,应于前面点一白光灯,后面一红光灯,亦以使号牌易于看出为宜。而前面眩目之灯光,除遇厚雾天气,或遇有充分理由外,不准使用。

第五十五条　车主对于车之灯光、警器、机器停闸以及零件等担负适用之责。

第五十六条　汽缸之放汽管子口必须常常堵住,以免发声。御车之人每至危险之处,即应慢行或停止,以免发生意外。

第五十七条　禁止御车之人于街上转车,必须开至最近十字街口转车。

第五十八条　禁止于汽车两旁脚踏板上站人。

第五十九条　如有违犯前列各章者,即处以一百元以下之罚金。

第六十条　倘因御车人之疏忽或经验不足以致发生意外时,除御车人应负之责任外,车主对于司法官判断出资之事项应服从担责。车主对于御车人因违租界章程应纳之罚金亦负担付之责。

胶皮车章程

第六十一条　胶皮车皆应于每月五号以前起捐,钉置车上显明之处。

第六十二条　车夫必须在十六岁以上,衣服须齐整,体格须相宜。不得搅扰行人,并不准向行人喊叫招揽乘客,或跟随于后。车辆必时常擦磨,以期干净。凡有污秽车辆之物料,应拒而不载,但不能拒绝乘客。

第六十三条　胶皮车不准拉受有传染病之人。如有违犯者,时应由车主自行将车消毒。

第六十四条　胶皮车须干净、坚固。倘因车辆制造不良或因车夫经验不足,以致撞车或车辆受损而生意外时,全由车主负责。

第六十五条　倘至必要时,巡捕得以传用胶皮车,即按路之远近完全付以代价。

第六十六条　倘乘客给付车价不足时,车夫不得向客人争辩。应报告巡捕,由巡捕按照普通价格断理之。

倘有违犯前列各章者,即处以五元以下之罚金。

码头停碇以及装货卸货章程

第六十七条　沿码头停碇之船只皆应纳捐。未载客人或货物之曳轮豁免纳捐。

第六十八条　沿码头停碇之船只,如将船上之货倒于他船转运时,应照直接向码头卸货之船只纳捐。

第六十九条　出进口货物,无论在码头上载运或堆积于码头之上,其码头栈租,无论私人与商行,均应照付。

第七十条　在码头装卸货物,如不过七天,即不纳码头捐。但危险货物及未榨紧包之棉花、黄麻及苎麻等,均应缴纳码头捐。

凡工部局视为危险或有碍卫生之货品,工部局即有勒令急速搬挪之权。

第七十一条　停靠码头之木筏应纳捐税,十日一缴。倘有轮船或其他船只开到时,工部局有更换其停泊处或遣往他处之权,以便使船只停泊。木筏停留河内时,不得阻碍他船之交通。

第七十二条　在码头堆存之货物,应于分派之地方按平排堆存,与河线成直角。而所分派之地宜善用之。

货物不得堆存于公共街道之上。

第七十三条　停泊站不得有阻碍之事,以便随时使用。

除停泊站之外,禁止船只于他处停泊。

第七十四条　损坏码头之船只应负完全责任。

第七十五条　军械、炸药以及引火货物等,非有工部局之特别许可暨税关之承认,不得卸船。

第七十六条　转运公司于船只行抵码头后,二十四小时以内应将进口载货单交至海关,并应于开行二十四小时以前将出口载货单交至海关。

第七十七条　除非提单暨运货单有工部局之收据,证明码头捐业已缴纳外,转运公司须拒绝装卸货物。

第七十八条　倘有违犯前列各章者,除赔偿损失外,尚须处以五百元以下之罚金。

火灾章程

第七十九条　居民倘遇火灾,应即报告巡捕。而火灾区内只准巡捕、救火队及诚意救护之军人暨保险公司之代表进内。

第八十条　工部局可以传唤居民协助扑火。

第八十一条　发生火灾处左右之房室,工部局可以令其居民搬出。

第八十二条　栈房、工厂与房室等,如巡捕官视为易于著[着]火时,必须预备水龙头接在自来水管子上,并须预备水带以便使用。并于此项水龙头之数目及分配法,均由房主与巡捕官规定之,最后由工部局派人安装。其花费由关系人担付,并由火会至少每月委派稽查员一名,考验水龙头是否适用。

第八十三条　倘有违犯前列各章者,即处以一百元以下之罚金。

公共娱乐所章程

外国俱乐部等:

第八十四条　外国居民倘未先在工部局领照,不得开设俱乐部。

第八十五条　创设俱乐部之人,应随自己签字之呈请立案书,将部内章程暨附例呈送工部局立案。

第八十六条　巡捕随时均有进入俱乐部之权。

第八十七条　如违管理局之章程,无论由司法官传讯与否,可以随时将执照索回。

酒铺章程:

第八十八条　售卖醇酒应由巡捕监视,倘未得工部局之许可,不准私开酒馆、饭店暨咖啡馆等。

第八十九条　此种执照系为个人使用,不准转让他人。

第九十条　禁止售卖醇酒与狂醉之人或未满十六岁之小孩。

第九十一条　公共娱乐之房室,至中夜即应关闭,并由日落之时起至关闭之时止,应于门口燃点灯光。

第九十二条　无论何种铺号,巡捕随时均有进入之权。

巡捕于铺号之内不准饮酒。

第九十三条　倘有违犯前列各章者,无论由司法官传讯与否,即处以五十元以下之罚金,至其执照或索回或临时停用。

娱乐场章程:

第九十四条　倘未领执照,不得擅自开设娱乐场。此种执照系为个人使用,不准转让他人。

第九十五条　工部局于未发给执照开设娱乐场之前,须先考验建筑是否坚固,遇事时各门能否容客人急速出清。

第九十六条　场内须安设相宜之救火器,而于演作之时,必须有一救火员在场,以防意外。

第九十七条　电影园之机器室须用电镀板或铅板遮盖,其中不准同时存放六卷影片以上。

第九十八条　娱乐场必须于中夜关闭。如演作伤风败俗之剧,巡捕得以禁止之,或临时使其停演。至遇吵闹扰乱以及危害公共治安之时,巡捕可以令其急速离开此地。

第九十九条　各种游艺场须永远给巡捕预留两座。

第一百条　倘有违犯前列各章者,无论司法官传讯与否,即处以五百元以下之罚金。捐照或临时停用,或索回。

旅馆章程:

第一百零一条　倘无捐照,不得开设旅馆。此种捐照系为个人所有,不准转让他人。

第一百零二条　旅馆以及出租房间之人应有人名簿,记明客人之姓名、职业以及来往之日期,并应将此名簿抄录一份送呈工部局。

第一百零三条　旅馆、饭店或伙食处,巡捕随时有进入之权。

第一百零四条　旅馆、饭店以及伙食之经理,于旅客之行李以及寄交旅馆铁柜内之物品,如有失盗或毁坏之事,皆应负责。其未交柜之贵重品不在此例。

第一百零五条　倘有违犯前列各章者,无论司法官传讯与否,即处以一百元以下之罚金。

当铺章程

第一百零六条　当铺应由巡捕监视。倘无捐照,不准开设。此种捐照系为个人使用,不得转让他人。

第一百零七条　当铺经理应将放款之规则报告工部局,以后倘无工部局之承认,不得随意更改。

第一百零八条　所有典押之物品均应记帐。此帐应将所押之物品、典押之日期、押借之款数暨利息,以及至期不赎即归当铺所有之限期(至少须十二个月)等分别注明。

第一百零九条　所押之物品皆应发给收据,注明当铺之名称,并照第一百零八条所载,注明所押之物品。巡捕有考验帐簿暨所押物品并询问情节之权,俾报告司法官遇事时以凭讯断。

第一百一十条　当铺之执事对于典押物品,如有相当理由疑系偷盗而来者,即应一面报告巡捕,一面拘留其人,静候讯办。

第一百十一条　来路不明之物品即应交与巡捕。倘当铺之执事有与贼盗相通或买卖赃物之嫌疑者,或未照章程仔细从事以致犯疏忽罪者,即应控之官厅,听候办理。至于专为外人使用之衣服或全套衣服等,如无工部局之许可,不准收押。

第一百十二条　倘有违犯前列各章者,无论由司法官传讯与否,除将捐照临时停止或收没外,尚须处以三百元以下之罚金。

牛乳房章程

第一百十三条　牛乳房必须遵照卫生原则办理之。

地板须不透水。接乳器等用毕须以开水洗刷,并应时常刷洗使其十分洁净。此种接乳器常应存于牛乳房以内。

第一百十四条　禁止牛乳搀假。

第一百十五条　在租界以内出售之牛乳,应由工部局常常试验之。

第一百十六条　在租界以内出售之装瓶牛乳,应以坚固之标签封护其口。此项标签须有牛乳房之名称及住址,除中国字外,尚须用工部局认可之文字。

第一百十七条　装运牛乳之车辆暨筐篮等物须粘贴标签,注明牛乳房之名称及住址。

第一百十八条　倘有欺诈行为或搀假之事,除将犯罪人由司法官传讯外,尚须将牛乳充公,并处罚犯罪人一百元以下之罚金。

倘有违犯前列各章者,即处以五元以下之罚金。

洗衣房章程

第一百十九条　洗衣房须十分整齐,空气须适宜,并须有充足之水源。至夏季,应将墙壁涂刷白浆,房屋须用石或砖建筑,地板及墙基须用洋灰,庶可刷洗至一米达五高。

第一百二十条　禁止于做工室内吃饭、睡觉或居住,洗衣房不得与住室相连。

第一百二十一条　洗衣人及其家眷皆应种牛痘,并至必要时须服从防疫之命令。

第一百二十二条　除毛织衣服外,所有之衣服须用开水浇洗。禁止噀水润衣。

第一百二十三条　单衣须照卫生章程保存之。

第一百二十四条　倘有违犯前列各章者,即处以五十元以下之罚金。

菜市章程

第一百二十五条　屠宰牛羊猪之人、卖鱼之人以及卖鸡鸭人等得以在菜市售卖,每月于五号以前上捐。如无特许,不得随意挪换摊棚。

第一百二十六条　禁止任何建筑。货架、帘幛及桌案等准其设置,但秩序须齐整,并须十分干净。

第一百二十七条　冰箱底下须放一接水桶。其冰箱内盛物之筐篮及篦条等须时常更换。

第一百二十八条　脏水及废物等皆应倒于特别脏箱以内。

第一百二十九条　不新鲜或不清洁之食料,即应充公而弃毁之。至于售卖不鲜不洁食料之人,应处以一百元以下之罚金。

第一百三十条　肉类及猎品并鲜果等,应用纱网或布罩遮盖,以防虫蝇。

第一百三十一条　领有捐照售物之小贩,不准于街内占据四方米达以上之地方。

第一百三十二条　倘有违犯前列各章者,除将捐照临时停用或永久索回外,尚须处以一百元以下之罚金。

度量及换钱局章程

第一百三十三条　买卖使用之度量器等,得随时由巡捕查验。

换钱局由巡捕督理之。

如有希图利益,于买卖使用之度量器擅自更改者,或擅自更改兑换行市者,即处以五百元以下之罚金,并按刑事犯审理之。

养狗章程

第一百三十四条　所养之狗均应于每年一月内在工部局注册。过期如将狗带进租界,应即立时注册。

第一百三十五条　所养之狗均应带颈圈,挂一圆铁牌,此牌由工部局随捐照发给。如放狗出院时,应带一笼套,否则应用一绳索牵行。

所有走失之狗,经巡捕擒获者,倘于三日内无人领取,或即致死,或售出,或送给医院以作科学之研究。

俟工部局处理之后,主人不得再来要求赔偿。

工部局擒获之狗,如视为危险时,得以立时置之死地。

第一百三十六条　倘有违犯前列各章者,即处以五元以下之罚金。

以下系租界以内之来往通行要道:

大马路、三马路、意租界河坝路、东马路、西马路由大马路至中交界路之间。

以下系来往通行之次等道:

二马路、南东马路、六马路、南西马路、五马路其东圆圈及西圆圈均在内、意奥交界路、四马路、小马路、医院小马路、工部局对过小马路、西南交界路。

建筑章程

第一章　建筑

新建筑章程：

第一条　地主如欲建筑房屋,须先将新建筑甲种请领执照正副格式单各填一份,及下列图样正副各一份,一并送呈秘书长查核。

甲、一比二百尺寸之总图一张。此图应将欲建房屋之真实方位暨地段、邻街以及原有房屋之界限分别绘明。

乙、至少一比一百尺寸之地基详图及接连之详图。

丙、至少一比一百之尺寸竖面图。须注明花样并建成之粗形及墁灰之情形等。

丁、剖面图及横断图附楼梯图。应将椽木及天花板之栋梁等详细注明。

戊、卫生设备图暨阴沟、脏水管子以及水道等图,附剖面图。指明泛水(参阅第二章之规定)。以上各图除应注明头层地板较街道平面之高低外,尚须注明全房各部之确实尺寸。

图样须详细证明所建之房屋必坚固、适宜、卫生、居之无险且合租界之美观。

公共建筑部虽于工程进行之时,亦可随时向房主或工程司或包工人续问情形,以便定明该项工程确系遵照章程办理者。

第二条　各种详图均须将正副张一并呈送。至于请照书,宜用意文、英文或法文填写之。

修理、更改及拆卸章程：

第三条　就原有之房屋,除内部微小之更改外,如有更改或拆卸或修理,须按照新建筑章办理,必须时将乙种请领执照之格式单填明。

第四条　图样及请照单送呈后十日以内,准行与否,公共建筑部即能规定之。

公共建筑部于准许之前,可以询问请照人详细情节。倘有视为必须更改之处,应即照办。

第五条　公共建筑部照准之后,即将图样签字并将各图之一由秘书长交还。

照准之后,即能立时开工。倘不照准,亦必将理由指明。

第六条　认可之图样常应存于工程地,以便官厅查验。

第七条　第七条　建筑工程均应照认可之图样进行。倘未先得特别之准许,不得随意更改。

倘有违犯前列各章者,除将原图未载而建筑之部份[分]立即拆毁外,尚须处以十元至二百元之罚金。

马棚及车房：

第八条　凡于院内或建筑或改筑马棚暨车房者,须先得特别之准许。

厨房及同等性质之房屋：

第九条　厨房以及发出劣味或黑烟之房屋,虽无危险,亦应于不致扰乱邻人或公安之处建筑之。

火险：

第十条　兹为于大房或多房而仅用一墙之区内减少蔓延火灾起见,必须建筑分隔墙,至少须高过房顶之平面二尺。

第十一条　烟筒须照法定规矩建筑之,以免因建筑之不良而致房屋著(着)火。

第十二条　虽次等房屋,亦不准用易于引火之材料遮盖房顶。

中国住房以及半西式之房屋：

第十三条　除工业区内在该处服务之人自行居住外,禁止于租界内任何地方起盖中国式房间或半西式之住房。

房屋宜成直线：

第十四条　便道常须严守直线。

除由零一五米达至二米达半高之妆饰壁可以伸出外面外,不准突出物、游廊、妆饰壁、月台或花园等悬过便道直线以外。月台之妆饰壁可以伸张至便道之边,但至少须高四米达,以便行人。

第十五条　自用之汽车房、差役之下房等,得于院内沿便道之直线建筑,但高不得过三米达,宽不得过三米达半,并不得在便道之上开门。

周围界限墙：

第十六条　倘房屋未建在便道之直线上,必须沿便道直线内建筑一界限墙,或与他处相同之栏杆,以期一致而壮观瞻。

第十七条　院内之界限墙不得高过二米达半。

显明：

第十八条　十字街之界限墙,其转湾[弯]处之筑法,以便于行人及易于望见为宜。

第十九条　靠街之界限墙,其坚实之墙基不得高过一米达又四分之一,而坚实墙基之上应为透空之建筑。

在界限上之建筑：

第二十条　在界限上之建筑,应遵照意国法律办理之。

有关街道之工程：

第二十一条　在街上倘有建筑之工程,如掘地安放电线、水管、汽管等,或电车道修改之工程,如轨道、电杆、电话及电报杆或传电流之电杆镶板等,必须先领执照,然后开工。

倘因前项工程损坏街道之时,管理局即代关系人修理一切,恢复原状,所有花费概由关系人担付。

建筑时之意外：

第二十二条　建筑时包工人须十分谨慎,以免对于工人或他人发生意外之危险。倘因疏忽而生意外,全由包工人负责。

包工人倘事前未得特别之许可,不得占用便道或公用之地方。

罚款：

第二十三条　无论何人,倘未领取执照擅自动工建筑、修理或拆卸者,即处以五元或[至]二百元之罚金。

管理局之特权：

第二十四条　管理局无论何时,自美观、治安、卫生各方面观之,如有视为必须修理或改筑之处,即代关系人办理,所有花费概由关系人担付。

考查：

第二十五条　经管理局认为合格之人,有考查房屋建筑工程以及施行相当警戒以保护卫生与治安之权。

建筑之质格：

第二十六条　在租界内建筑之计画人,须按意国法律具有相当之质格,否则必须先得管理局之特别准许,然后计画。

第二章　卫生设备及阴沟接通

卫生设备:

第二十七条　凡愿将住宅之恭桶、澡盆、脸盆、雨水管子等接通租界之地沟时,必须呈送请照书(参阅丙种格式单)以及正副张图样,注明所愿接通之管子。

第二十八条　前条之图样应为一比一百之尺寸,并应指明每部卫生器具之用途暨地位以及所有之管子线等。

第二十九条　每条管子之直径以及泛水等皆应详细载明。

第三十条　倘照图样情形,此种接通工程对于租界地沟并无防碍,即于图上签字认可,将各图之一退回请照人,然后即能开工。

第三十一条　公共建筑部于发给卫生设备建筑工程或接通地沟之执照时,随将卫生井之做法及尺寸等一并在图上注明,以便照办。

凡建筑卫生井者,如所用之材料及尺寸不照图样办理时,即处以五元至五百元之罚金。倘因卫生井建筑不良致将地沟塞闭或损坏时,即由关系人负责。

第三十二条　卫生井应建筑于自己院内,并应离住房或界限四分之三米达以外。

第三十三条　倘不经过卫生井,不得接通地沟。

第三十四条　流入聚水管以达卫生井之脏水管,其上顶应按置一净水湾[弯]管。

第三十五条　所有之暗管子须用不透水之材料制造者,部段亦须相宜,并且于管子塞闭时能以容受其压力为度。

第三十六条　恭桶之暗管子须用生铁制造者,其直径至少须四寸,并须有充足之泛水。

第三十七条　水盆、洗手盆及澡盆等之放水口,其直径须在一寸三分以上。

第三十八条　院内地下之管子可以用细泥、洋灰制造者,但裹面须齐整、平滑且无小孔。

第三十九条　房屋以外之粗制脏水管子,其内径不得在四寸以下。

第四十条　泛水不得在百分之二以下。

至遇特别情况时,此种泛水可以缩小,但须先得公共建筑部之许可。

第四十一条　凡接通地沟者,如欲明悉接通处地沟水面之高低,可以询问公共建筑部,立即告知。

第四十二条　考验井逢于房屋以外脏水管子转湾(弯)之处,应用洋灰及沙灰建造一个,并应用不透空气之盖遮盖之。

第四十三条　每一脏水管子应有一流通空气之管子,其直径不得在一寸二分以下,并须伸出房顶以上。

第四十四条　倘无公共建筑部之许可,不得于原有之卫生设备擅自修改或加添。

地沟之接通:

第四十五条　经过街道接通地沟之工程,由管理局代办,所有花费由关系人担付。在关系人呈请时,即由公共建筑部规定应交押款若干,以为此种工程之准备金。俟工程完竣时,或多或少,立即清算。

雨水:

第四十六条　毗连街道或邻房之房屋,皆应安置雨水管子,以免流落邻房地内或街道之上。

第四十七条　院内之水不得流入便道之上,而水须由地下引流至便道边上。

厕所:

第四十八条　每所房内至少每段须有厕所一个。至若单租之房间,每三间住室须有厕所一个。

每一厕所须有冲水箱一个,其冲水量应为八立特至十立特。

第四十九条　铺号、做工室、工厂以及存贮材料之处,其恭桶之数目应由公共建筑部按照居住人或工人之数目规定之。

第五十条　建筑工程进行之时,包工之人应预备工人临时厕所。

此种厕所每二十四小时倾倒河内一次,但只须在夜间倾倒之。

第五十一条　每一住宅应备下人之厕所,而恭桶须安一冲水箱,并须有一窗户,以便流通空气。

第五十二条　建筑卫生设备之工程,只须由合格之人监督之。

保守(维护)卫生设备:

第五十三条　住房之人对于卫生设备负适用之责。

罚款:

第五十四条　倘有违犯前列章程或擅自更改公共建筑部认可之工程者,即处以五元至二百元之罚金。

管理局之特权:

第五十五条　管理局如视为必要时,得以发令修改及加添住宅内之卫生设备,以期适宜卫生而便应用。

搬进新房之执照:

第五十六条　倘事先未得管理局之准许,不得搬进新房。搬进新房之正式执照由公共建筑部发给房主。

倘有违犯此条者,即处以五元至二百元之罚金。

意国领事署审判处之权限:

第五十七条　邻产之间如发生争执,无论业主为何国人,须由天津意国领事署之审判处依据意国法律处理之。

第三章　工业区章程

第五十八条　兹将商务区或工业区列下。工业房屋、栈房或空阔存货场可于该区内建筑之。

甲、由码头至六马路其　M　字及　M2　字地段在内。

乙、由二马路、东马路、南东马路至意俄交界。但沿左列道路至少二十米达以内之地除外:三马路、二马路、东马路、南东马路及五马路。

丙、沿租界北界线六十米达以内之地,但此区内只准建筑栈房。

第五十九条　危害工人或邻产之危险工业或有碍卫生之工业,禁止于商务区内或工业区内开办。

甲种格式单(第一条)

为呈请发给执照动工建筑事。

业主姓名_____

建筑师姓名_____

包工人姓名_____

工程之所在_____路 第_____号地段

工程之种类_____

建筑之用途_____

头层地板较街道平面之高低_____

房屋大约之价值(仅于管理局存留之单内注明)_____

业主或建筑师签字处_____

附注:此请照单应随建筑之图样等一并呈送。

乙种格式单(第三条)

为呈请发给执照动工更改或拆卸房屋事。

业主姓名_____

建筑师姓名_____

包工人或监督人姓名_____

房屋之所在_____路 第_____号地段

工程之性质_____

较原有房屋 增(减) 价 银(洋)_____两(元)

动工之日期_____

大约完工之日期_____

业主或建筑师签字处_____

附注:此请照单应随建筑或拆卸之图样等一并呈送。

丙种格式单(第二十七条)

为呈请发给执照安装卫生设备事。

业主姓名_____

包工人或监督人姓名_____

房屋之所在_____路 第_____号地段

房屋之种类:

   住房_____间

   洗脸盆_____个

   澡盆_____个

恭桶＿＿＿＿个

下人恭桶＿＿＿＿个

厨房洗物盆＿＿＿＿个

接通雨水管子＿＿＿＿个

与租界地沟之接通＿＿＿＿

管子内径＿＿＿＿泛水＿＿＿＿

动工之日期＿＿＿＿

大约完工之日期＿＿＿＿

业主或监督人签字处＿＿＿＿

卫生章程

第一章　预防传染病办法

第一条　如发生传染病或危险症或可疑之症时,应于十二小时内,由主治之大夫或由家族或亲信人报告秘书长或巡捕房之稽查长。

传染病章程:

第二条　下列之症系属传染症发生时,即应报告秘书长:疹子、猩红热、牛痘疹、轻痘疹、肠热症、羊毛疹、白喉痧、小孩咳、产后热、狗咬疯、霍乱、瘟疫、胙腮、脑衣炎、脑肿症、贪睡健忘症、百日咳、丹毒以及管理局布告之他种可疑病症。

消毒章程:

第三条　管理局常备药品及消毒器等,以便公共随意使用。并照卫生官之指导办理消毒之事。倘不报告所有消毒之花费,即行索要。而发生传染性质之病症、皮肤发疹病或白喉痧及结核病之处必须消毒。

种牛痘及医学之考验:

第四条　卫生局施种牛痘。凡未有证书证明已经种过牛痘之人员,管理局概不雇用。

中国人员于未服务管理局之前,须先受医学之考验,以能证明体质相宜为合格。

罚款章程:

第五条　官厅发出预防传染病之命令,倘有速犯者,即处以一百元以下之罚金。

第二章　死亡之章程

报告章程:

第六条　租界之内如遇死亡之事,应于二十四小时以内报告秘书长或巡捕房,以便转告卫生官。

住宅内停灵章程:

第七条　除有管理局之特许外,不得于住宅内停放尸体在两日以上。如因流行病亡故者,其尸体须照卫生官之办法运出租界。

第八条　倘无管理局之准许,不得搬运尸体。必先经司验尸职之卫生官考验毕,发给执照后,方可搬运。倘因可疑之症死亡者,巡捕官与卫生官应报告领事。

第九条　如因传染病亡故者,其房屋、家具以及亡人用过之物,均须按照卫生官之办法施以消毒。

第十条　倘有违犯前列各章者,即处以一百元以下之罚金。

第三章　监督卫生之章程

检查章程:

第十一条　下列生意须受检查:化学商、药材商、香料商、颜料、酒类及糖果制造厂等。化学品、药品、蒸汽水、汽水等。精油、各种食品、各种饮料之制造厂以及售卖人,并菜市与售卖饮食之商号等。

第十二条　化学商、药材商、制造化学品之人暨售卖颜料之人,除遇有依法合格大夫或兽医之药方外,不得售卖毒品与他人。

药方之上须注明病人之姓名、职业等。

第十三条　倘非化学商、化学专家、药材商或制造人,又非颜料商,如售卖或分布毒品者,除由司法官究办外,并处以一百元以下之罚金。

第四章　检查卫生之章程

第十四条　卫生官或委员随时可以检查积存食物,或售卖食物、铺号,或索阅样品。如有腐烂之物,恐危害公共卫生者,即令销毁之。

第十五条　禁止售卖不良之食品或搀假之饮料,以及手造色气之物品等。倘有故犯者,即处以五十元以下之罚金。

第五章　房地卫生之章程

第十六条　一、每一房屋必须有水以及水沟等。

二、禁止于地面上掘井取水以为饮料。

三、每间住室至少须有一窗,以便流通空气。

四、马房之地板暨房顶,以及隔断住房之墙壁等,皆须不透水者。

五、各种房顶须有五金制之雨水管子及水沟等,并禁止由厕所、澡盆及厨房向雨水管子及水沟内输流脏废之物。

六、房屋、厨房、厕所以及后院等处均宜十分洁净。

七、私家道路之章程与公共道路之章程同。

八、后院及院内空地均须预留雨水沟,禁止于该处倾倒脏水或废物,并不准于院内堆积脏物及粪屎等。

九、井及沟渠等,如无不透水之底,禁止筑造。

十、禁止于恭桶之管子及地沟内抛掷坚硬之物及厨房废物或碎坏之物,以免塞闭水流。

十一、灰土及各种废物应于夜间倒于工部局土箱之内,以便按照定时运走。住房之废物应于白天存于代[带]盖之箱内。

十二、房屋应适于卫生,以便居住身体健康。至住室之内,不准过于拥挤。

第六章　流行症

第十七条　倘遇流行症之时,即发特别之法令。

罚例:

第十八条　倘有违犯前列卫生章程者,倘未定明罚款,无论由司法官究办与否,即处以五十元以下之罚金。

第十九条　本章程如有未尽事宜,遇事即依据意国卫生律办理之。

本章程之条文遇有疑义时,应以意文为准。

（Q0001-A-0002-006-000002）

612.意租界管理局与意商博乐馆关于意租界土地房产买卖的契约

1936年6月26日

奉天命顺民意,义王兼亚比西尼亚皇帝伊玛加利第三世统治下,在一九三六年六月二十六日,在中国上海义国总领事署举行签立契约事。

内肉尼君(Neyrone)义国总领事官及二位有资望之毕沟利君、马伊欧君当场作证,总领事官内肉尼代理律师职务。

毕沟利君(Begoli①)即已故陶马苏之子,现有职业,一八九九年②十二月二十三日生于义国博楼那。

马伊欧君(Marino),现有职业,一九○十年③一月二十八日生于楼尼利欧。以上证人具有按法律作证人资格。

义国驻中国大使楼查叩欧代表义国政府持有外交部发给一九三六年三月三十一日第825227/52号公文,内开令其全权办理。该大使当场将该公文现出证明,即将该公文附加现立契约之后作为根据。

渣皮君照法律代表天津租界管理局(现任局长)请求接受一(以)下声明公立契约:

一、天津义租界管理局将土地一段及该地段上所建楼房名 Casa Degli Italiani(下称天津博乐馆)外带边房售予S.A.I.Forum(即回力球场),在一九三三年八月四日订立售买合同第九六号在案。

二、将该地房出售后,义租界管理局由丹给楼继业者另买土地一段,在一九三四年一月十六日订立合同第254号在案。

三、义租界管理局承认许可天津义商家在新购地段上自出资另建筑天津博乐馆(Casa Degli Italiani)。

四、义国政府允许在国外建筑房屋发给建筑费,但是该地基及楼房应属政府财产。

五、义租界管理局将老楼房售予Forum④之款项,尚未交付天津博乐馆名下。

以上声明契约照准关系方面同意如左:

一、按法律渣皮君代表义租界管理局声明将地基及楼房捐予义国政府,义国政府代表楼查叩欧接受以下开列地基及楼房。

甲、土地一段面积2802方咪达,合4.670亩,北至罗马路,东至特润透路,南至古叟继业者之财产,西至兰给楼继业者之财产。一九三五年租界图标明该地段第六分段第十八大段。

---

① 英文档案原文为Regoli。
② 英文档案原文为1896年。
③ 英文档案原文为1910年。
④ 即S.A.I.Forum回力球场。

乙、洋灰铁筋楼房一座,建于该地北段上,内有两层(一名地上层,一名第一层)此楼房名 Casa Degli Italiani 坐落罗马第二路。

丙、土地一段面积2052方咪达,合3.42亩,北至给发欧路,东至老瑞欧路,南及西至天津义租界管理局之财产。一九三五年租界图标明第四分段第二十三大段。

丁、两层砖瓦楼房,一座内有住房及办公房共八间,一所中式苦力居住小瓦房共五间,一大间库房,一小所砖瓦平房,内有地窖四间。以上房屋建于该地段之上。

二、楼渣叩欧代表义国政府声明接受该捐给财产并交予天津博乐馆(Casa Degli Italiani)执事人永久管理。只要博乐馆存在,不准取消管理权。

本契约当以上之证人,已向关系方面宣读,双方亦皆同意。现立契约交可信靠之人,用打字机打成两张三页,关系方面证人及本总领事签名:

总领事内肉尼

楼渣叩欧

渣皮

毕沟利

马伊欧

签押

(J0001-3-009217)

613.伪天津市治安维持会为代管意华北水利委员会事致意驻津领事函

1937年10月7日

安字第55号

径启者:目下鉴于洪水之急迫,本会业已竭尽全力讲究对策,谅蒙台察。然而从来治水事业之纪录、地图、堤防之高低各种情况以及降雨量及其他关于气象之统计纪录等,均由华北水利委员会保管。该项纪录资料,为治水工程所必需者。设无此资料即无法讲究科学的对策。查该纪录,除该会存有外别无他处可求。目下该会关系人员均不在津,更无法向其要求提供该项参考资料。本会欲临时代管该委员会事务,并仍在贵国租界内之该会会址办公。关于此事,务请贵国当局予以援助,以资应付目下之洪水紧急事态而免津市泛滥之虞。实为公便。相应函达,即希查照惠允见复为荷。此致义国领事札弼。

(J0001-3-000177)

614.伪天津特别市公署财政局为意租界义和公司
运猪屠宰事呈市长潘毓桂文及批

1938年3月12日

为呈报事。案查义租界义商义和公司由华界运猪赴义租界屠宰,旧案办法每月限运二千二百五十口,每口缴放行费六角八分。本年一月间适值废历年关,屠猪当较平日为多,该公司一再恳请,情愿酌加税费准予加运猪只等情。当经本局临时变通核准增屠猪只,每口饬按一元二角纳费。旋由该公司在一月份内增屠猪只四百九十七口,二月十八日增屠二百五十五口,二月二十二日增屠八十五口。嗣复据该公司呈,以二月份原额业已运竣,尚有猪只急须待运,请转饬放行。等情。当以该公司所运猪只系为供给义国驻军及义租界侨民食用,原定每月二千二百五十口已足敷用,若再多屠,不加限制,自与华商影响颇大,而本局之税收亦复无形中损失匪浅。除批示该公司嗣后运猪每月仍按原定二千二百五十口之数起运,不得超过,倘有甲月应运之数未能运毕,亦不得移归乙月补运并饬属遵照办理外,所有办理情形,理合具文呈报钧署鉴核备案。实为公便。谨呈天津特别市市长潘。

天津特别市财政局局长王砚农

【原档批】

查义和公司运屠猪只旧案,规定限制数目,原为防止影响官方税收及华商营业。兹该公司于一月间遽请加运猪只并变更收费数目,该局未经转呈即准变通办理,揆诸旧案规定数目之意义背道而驰,殊有未合。拟指令嗣后遇有变更成案事宜,务须先行呈准再行照办,不得径行有所主张。当否。请示。

应如拟指令饬遵,仍候市长核示。

三月十五日

如拟,令遵。

三月十七日

(J0001-3-001323)

615.伪天津特别市公署为义和公司增屠猪只事给伪财政局指令

1938年3月23日

市第656号

呈一件。为呈报义商义和公司一月份增屠猪只及以后仍饬按原定数目运屠各情形请鉴核备案由。

呈悉。查义和公司运屠猪只,旧案限制数额,意在防止影响税收及华商营业。嗣后如再有变更成案情事，务须事先呈准，再行照办，以昭慎重，仰即遵照。此令。

（J0001-3-001323）

616.意驻津领事为转送意回力球场慈善捐款事致伪市长潘毓桂函

1938年4月9日

敬启者：兹由义租界运动场（即回力球场）送交敝领事馆洋六千二百零六元零七分，此款系该场一九三七年所捐慈善捐。查此捐系作救济中国贫民之用。特将该华比银行支票一张（洋六千二百零六元零七分）送上。即请阁下酌为分配各慈善机关，并请于收到款后给一收据为盼。此致天津市政府潘毓桂先生。

（J0001-3-001705）

617.伪天津特别市公署警察局为报告意国官兵到津事呈伪市长潘毓桂文

1938年9月10日

呈为呈报事。案据侦缉总队转据侦缉第一队呈称：窃据侦缉士方文元报称，于本月七日上午七时，由塘沽来津盛京船上载义国兵三十八名、兵头二名，全武装，停于太古六号码头。该兵等下船后即开往义租界内。等情。据此，理合备文呈报鉴核。等情到局。除通知友邦外，理合具文呈报，伏祈鉴核。谨呈天津特别市市长潘。

天津特别市公署警察局局长周思靖

（J0001-3-000796）

618.伪天津特别市公署警察局为报告意国水兵押运物品离津事呈伪市长潘毓桂文

1938年10月29日

呈为呈报事。案据侦缉总队转据侦缉第一队报称：窃据侦缉士方文元报称，于本月二十六日上午十时，太古驳船内装义国兵营铁皮箱、木箱大小五十三件，押船义国水兵六名，全身武装，步枪六枝。该铁箱、木箱内所装均系衣服行李等物，由津去塘沽上顺天船转开上海。等情。理合具文呈报鉴核。等情到局。除通知友邦外，理合具文呈报，伏祈鉴核。谨呈天津特别市市长潘。

天津特别市公署警察局局长周思靖

（J0001-3-000796）

619.伪天津特别市公署警察局为报告意国官兵携行李离津赴沪事呈伪市长潘毓桂文

1938年11月25日

呈为呈报事。案据侦缉总队转据侦缉第一队呈报:窃据码头侦缉士方文元报称,于本月二十日上午八时,太古B字三号驳船上有义国军队兵头七名、步兵六十五名,无枪械,有行李计大皮箱、大皮包八十六件。由津开塘沽上盛京船,开往上海。等情。理合具文呈报鉴核。等情到局。除通知友邦外,理合具文呈报,伏祈鉴核。谨呈天津特别市市长潘。

天津特别市公署警察局局长周思靖

（J0001-3-000796）

620.伪天津特别市公署警察局为报告意国官兵押运军火行李离津赴沪事呈伪市长潘毓桂文

1938年11月26日

呈为呈报事。案据侦缉总队转据侦缉第一队呈称:窃据码头侦缉士方文元报称,于本月二十一日上午八时,有义国军队兵头一名、义兵四名,无枪械,押军火子弹及军用品共十五箱又行李箱子十五件,上湖南船开赴上海。等情。据此理合具文呈报鉴核。等情到局。除通知友邦外,理合具文呈报,伏祈鉴核。谨呈天津特别市市长潘。

天津特别市公署警察局局长周思靖

（J0001-3-000796）

621.伪天津特别市公署警察局为报告意国官兵运送军火行李离津赴沪事呈伪市长潘毓桂文

1938年12月16日

呈为呈报事。案据侦缉总队转据侦缉第一队报称:窃于本年十二月十一日上午十时,据码头侦缉士方文元报称,于本日上午九时三十分,义国兵营运军火计手枪三十一箱、子弹三十三箱、行李箱子、大提包一百零九件,押运义兵五名,全武装,步枪五枝。又兵头九名、义兵九十八名,无枪支,均用载重汽车运至太古五号码头上太古C3A号驳船,于九时三十分开往塘沽,再上盛京轮开往上海。等情。据此,理合具文呈报鉴核。等情到局。除通知友邦外,理合具文呈报,伏祈鉴核。谨呈天津特别市市长潘。

天津特别市公署警察局局长周思靖

（J0001-3-000796）

622.伪天津特别市公署警察局为报告意国兵营运送行李离津赴沪事呈伪市长潘毓桂文

1939年2月1日

呈为呈报事。案据侦缉总队转据侦缉第一队队长胥锦凯报称:窃据码头侦缉士方文元报称,查得义兵营用载重汽车装义国行李箱子共三十六件,运往英租界六号码头上朱亭小火轮,于一月二十八日下午二时,由津开塘沽转上顺天船再去上海。以上行李等并无义兵押送。等情。据此,理合具文呈报鉴核。等情到局。除通知友邦关系方面外,理合具文呈报,伏祈鉴核。谨呈天津特别市市长潘。

代理天津特别市公署警察局局长阎家琦

(J0001-3-000796)

623.伪天津特别市公署财政局为义和公司请增屠猪数量事呈伪市长潘毓桂文及批

1939年2月3日

为呈请事。案据义商义和公司呈略称,兹届年关在迩,食用猪肉较比平常增多,每月定额二千二百五十口不敷应用,恳请在二月份内准予加增一千五百口。等情前来。惟查上年一月间,曾由该公司一再恳请,情愿酌加税费增运猪只。当以时值旧历年关,酌予变通,准予增屠及批饬该公司嗣后运猪应按原定数目,不得超过。饬令遵办,并将办理情形呈奉钧署。市字第六五六号指令略开:旧案限制该公司运猪数额,意在防止影响税收及华商营业。嗣后如再有变更成案情事,务须事先呈准,再行照办,以昭慎重。等因在卷。查该公司原定每月运猪二千二百五十只,本不为少,而以年关食用增多亦属实情,第在二月份全月之内即增运至一千五百只未免过多。且查该公司原运猪只每只仅缴放行费六角八分,衡之本市各屠宰场所屠猪只,每只屠宰、检验、补助、整理及血料等税费一元八角二分七厘,相差悬殊。兹该公司既以年关关系呈请增运猪只,似可准予通融,惟须照本市各屠宰场屠猪税率,每只照一元八角二分七厘纳税,否则即予以停止增运。此种办法如奉令准,嗣后即由本局径与该公司直接交涉,惟事关变更成案,究应如何办理之处,理合具文呈请鉴核,令示祗遵,实为公便。谨呈天津特别市市长潘。

天津特别市公署财政局局长王砚农

【原档批】

查义和公司运屠猪只旧案,规定数目系因该商运猪一只,仅缴放行费六角八分(本市各屠宰场所屠猪只,每只屠宰检验等税费为一元八角二分七厘)。为防止影响税收及华商营业,故予以限制。兹该商以年关食用量增多,请求在二月份内加增一千五百只。该局拟饬按照本市各屠宰场屠猪税率缴纳税款,与税收既无妨碍似可准予通融办理。惟仍应以一次为限,以后不得援以为例,以符限制原案。

所拟当否,请示。

二、四

四日

（J0001-3-001323）

624.伪天津特别市公署天津特别市公署为准义和公司增运屠猪事给伪财政局指令

1939年2月8日

津第1552号

呈一件。为据义和公司呈请增运猪只,拟饬按照本市各屠宰场屠猪税率纳税,事关变更成案,应如何办理,请鉴核示遵由。

呈悉。据称义和公司运屠猪只,因年关关系,请在二月份内加增一千五百只,拟饬按照本市各屠宰场屠猪税率缴纳税款。等情。与税收既无妨碍,应准通融办理。惟仍应以一次为限,嗣后不得援以为例,以符限制原案。仰即遵照。此令。

（J0001-3-001323）

625.伪天津特别市公署天财政局为义和公司拒绝增运加税屠猪事呈伪市长潘毓桂文

1939年3月6日

为呈报事。案查前据义和公司呈称,以年关伊迩,义租界内侨民食用猪肉增多,拟请在二月份内准予增运猪只一千五百口。等情。经据情呈奉钧署津字第一五五二号指令略开,以义和公司呈请增运猪只一案,拟饬按照本市各屠宰场屠猪税率缴纳税款。等情。与税收既无妨碍,应准通融办理。惟仍应以一次为限,嗣后不得援以为例,以符限制原案。仰即遵照。此令。等因。遵经通知该公司来局接洽,在二月份内如有增运猪只,按照本局直辖各屠宰场屠猪税率,每猪一口缴纳税费一元八角二分七厘,并嗣后不得援以为例去后,旋据该公司派员来局,声称加运猪只如按照市区缴纳税费,不愿加运,请予作罢等语。据此,所有该公司前请在二月份内加运猪只,因饬按照市区税率纳费,不愿加运猪只情形,理合具文呈报鉴核备案,实为公便。谨呈天津特别市市长潘。

天津特别市公署财政局局长王砚农

（J0001-3-001323）

626.伪天津特别市公署天津特别市公署为准义和公司不愿增运加税屠猪事给伪财政局指令

1939年3月13日

第2257号

呈一件。为呈报义和公司前请在二月份内加运猪只,因饬按照市区税率纳费,不愿加运情形,请鉴核备案由。

呈悉。准予备案。此令。

（J0001-3-001323）

627.意驻津领事施醴芬为拨交回力球场慈善捐款致伪市长温世珍函

1939年4月22日

径启者:兹由义商运动场交来本市通用洋七千八百七十九元二角七分,即一九三八年份慈善捐款。本领事深知本市慈善机关作为本市贫民谋福利之工作,故此需要协助以利该机关进行之各种工作。本领事决定将上开款项交与贵市长作慈善分配,故请遣派可以代贵市长签收条之代表至敝署接收支票为荷。此致温市长世珍。

（J0001-3-001705）

628.伪天津特别市公署警察局为报告意国兵营运送军用品赴沪事呈伪市长温世珍文

1939年4月24日

呈为呈报事。案据侦缉总队转据侦缉第一队报称:窃据码头侦缉士方文元报称,于本月二十二日上午六时一刻,有义国兵营用大载重汽车运军用材料及子弹壳等军用材料,大方木箱十四件,中箱、小箱二十三件,子弹壳大小十四件,共计五十一件,运至英租界太古五号码头上湖南船,上午七时三十分装完,上午九时由津开往上海。等情。理合具文呈报鉴核。等情到局。除通知友邦关系方面外,理合具文呈报,伏祈鉴核。谨呈天津特别市市长温。

天津特别市公署警察局局长郑遐济

（J0001-3-000796）

629.伪天津特别市公署警察局为报告意国兵营由上海运军火到津事呈伪市长温世珍文

1939年6月2日

呈为呈报事。案据侦缉总队转据侦缉第一队报称：为呈报事。窃据码头侦缉士方文元报称,有甘州船由上海装义国军火计枪弹四十七箱又军用品九箱,于五月二十六日上午十二时三十分来津,靠太古五号码头,随经义国兵营用载重汽车自起。等情。据此,理合具文呈报鉴核。等情到局。正核报间,复据该总队转据侦缉第一队续报,以该甘州商船已于五月三十日上午十一时装杂货、药材、白酒等共五百零四件,开赴上海、青岛等处。等情。据此,理合具文呈报鉴核。等情前来。除通知友邦关系方面外,理合具文呈报,伏祈鉴核。谨呈天津特别市市长温。

天津特别市公署警察局局长郑遐济

（J0001-3-000796）

630.伪天津特别市公署警察局为报告意国兵营运送军火等前往上海事呈伪市长温世珍文

1939年12月9日

呈为呈报事。案据侦缉总队转据侦缉第一队报称：为呈报事。窃据码头侦缉士方文元报称,于本月六日上午七时,有义国兵营用载重汽车装大方箱、行李箱十八件,长匾式子弹一百七十一箱,运至英界太古行五号码头,装太古A字四号驳船,至十一时装齐。何日出口去往何处再为呈报。等情。据此,理合具文呈报鉴核。正核报间,复据该总队转据侦缉第一队续报称：该项行李等于七日八时载往盖顶外,转上顺天船再去上海。各等情到局。除通告友邦关系方面外,理合具文呈报,伏祈鉴核。谨呈天津特别市市长温。

天津特别市公署警察局局长郑遐济

（J0001-3-000796）

631.伪天津特别市公署警察局为报告意国兵营运送军用品前往上海事呈伪市长温世珍文

1940年4月2日

为呈报事。案据侦缉总队转据侦缉第一队报称：为呈报事。窃据侦缉士方文元报称,义租界义兵营于三月二十二日上午七时,用载重汽车载大小行李、方木箱、提包等共一百八十七件,赴英租界太古

425

六号码头装于万通船之上,至十时五十分装齐,并有押运义兵四名,全武装,带步枪四支。至十一时,由津开往盖顶外转上盛京船再去上海。等情。据此,理合具文呈报鉴核。等情到局。除通告友邦关系方面外,理合具文呈报,伏祈鉴核。谨呈天津特别市市长温。

天津特别市公署警察局局长郑遐济

(J0001-3-000796)

632.伪天津特别市公署工务局为重修大安街工程合同事呈伪市长温世珍文

1940年5月29日

为签报事。窃奉钧座交下义国工部局来函,以关于重修大安街碴石路工程一案,检送建议订立合同条款,祈即查照修正见复。等因。遵经饬科详细审核来函所列各款,均尚允当可行,拟即函复赞同。是否有当,理合检同原函译文及复义国工部局函稿,签请鉴核示遵。谨呈秘书长转呈市长温。

附原函及译文各一件,复义国工部局函稿一件。

兼代工务局局长刘孟勋谨签

照录签呈

为签请事。案查接管卷内,前准义国工部局民国二十八年十二月四日来函,以义租界沿边各路现均损坏,义奥交界大安街交通甚繁,拟议全部重修沥青三和土路面。该路中间为租界之界线,其修理费用由中义双方平均分担。等因。查此案迭经饬由职局秘书鲍霖会同外事室专员程家驹前往接洽办理。该路损坏过甚,实有重修之必要。复查该路原规定为大车通行路线,似应修筑坚固路基以资持久。兹经拟定修筑大碴石基、碴石路面以利交通,并经饬由职局第二科派员详细勘估设计完竣,共需工料费洋二万七千六百零九元五角八分,由双方平均分担,各方应摊洋一万三千八百零四元七角九分。复核所估,尚属切实。惟现在物料市价涨落无定,将来兴修时,原估工款难免稍有出入,除届时再行核实规定外,拟请先行函商义国工部局,如表赞同,再行派员接洽办理。是否有当,理合检同施工图说、估价表等件及致义国工部局函稿,签请鉴核示遵。谨呈秘书长转呈市长温。

附呈施工说明一份、估价表一份、蓝图一张、致义国工部局函稿一件。

兼代工务局局长刘孟勋谨签

五月一日

特二区大安街翻修大碴石基碴石路施工说明

施工之时,先将原路面旧碴石全部刨起,过筛洗净,堆积路侧以便应用。然后将路基刨至相当深度,用十五公分至二十公分大碴石,大头向下按图平铺整齐,上部空隙之处用三公分至八公分小碴石填满,以十二吨至十五吨汽碾徐徐碾压。如发现有土质被挤冒出石外时,即系路基不实,须将大碴石刨起,重行碾压路基。

下层完竣后,用三公分至八公分碴石平铺厚一、二公寸,用八吨至十二吨汽碾干压至石面不起波纹为止。然后铺石屑一层,浇以清水,水量每平方公尺不得超过一立斗,如水份过多时,须俟稍干再行碾压。将石屑碾成泥状以后,再加小石屑一层用轻汽碾徐徐压平。

注意事项:

一、汽碾开行时,须沿路平行,不得横压,每碾压过以后,回转时再压碾过面积之半,依次进行。

二、铺碴石工作停止时,须铺成坡度,不得垂直,至再工作时须将面上碴石刨起再行铺装。

卧石工程施工说明

将起出之旧卧石洗刷干净,置于道旁以备应用。铺筑卧石之碴石基础时,应与大碴石基同时铺筑厚一·五公寸(但遇卧石之过厚过薄者,得将基础增高或减低,以期卧石面与路面平),挤压紧密,用铁夯打筑坚实,上灌一三洋灰沙子浆厚一寸,然后铺砌卧石靠侧石后,卧石与卧石之间均用一三洋灰沙子浆灌严,不得稍有松动。

特二区大安街翻修大碴石基碴石路预算书

一、路面长度七〇〇.〇〇公尺

宽度八.〇〇公尺

面积五,六〇〇.〇〇平方公尺

路面工料预算二五,一七六.九八元

卧石工料预算二,四三二.六〇元

以上总计工料洋二七,六〇九.五八元

修筑特二区大安街大碴石基碴石路每十平方公尺估价表

工料名称	数量	单价(元)	总价(元)	附注
掘凿费	三.〇〇立方公尺	〇.三五	一.〇五	
15-20cm大碴石	二.〇〇立方公尺	一二.七〇	二五.四〇	
3-8cm碴石	〇.五〇立方公尺	一六.三五	八.一八	补充碴石
石屑	〇.一五立方公尺	一七.七〇	二.六六	
工夫	五工	一.〇〇	五.〇〇	旧碴石过筛及洗净工在内
汽碾费			二.五〇	
杂费			四.四八	按百分之十计四舍五入
计			四九.二七	

全路面积之半除卧石部分,计二,五五五.〇平方公尺。

计工料洋一二,五八八.四九元。

全路面积除卧石部分计五,一一〇.〇平方公尺。

总计工料洋二五,一七六.九八元。

大安街卧石工程每十公尺工料估价表

工料名称	数量	单价(元)	总价(元)	附注
3-8cm碴石	〇.五二五立方公尺	一六.三五	八.五八	
洋灰	〇.九〇五立方公尺	五.〇〇 每立方呎	四.五三	
沙子	〇.一〇三每立方公尺	一四.一〇	一.四五	
瓦工	一工	一.五〇	一.五〇	
小工	一工	一.〇〇	一.〇〇	
杂费			一.七一	按百分之十计四舍五入
计			一八.七七	
卧石共长之半计六四八公尺				

计工料洋一，二一六.三〇元。

卧石共长一，二九六 公尺。

总计工料洋二，四三二.六〇元。

(J0001-3-004372)

633.大陆银行为在意租界开设支行事呈伪天津特别市公署社会局文

1940年6月3日

敬启者：敝行为谋顾客便利起见，特在本市义租界西马路门牌四十号添设支行一处，办理银行一切业务，择于国历六月十二日开始营业。理合陈报，敬祈鉴察为祷。此上天津特别市社会局。

(J0025-2-000885)

634.伪天津特别市公署秘书处第二科为修补意租界交界路面购买沙石料等事呈伪市长文

1940年6月8日

为签呈事。准工务局函，为修补东车站附近及特三区、义租界交界一带各马路，应需材料除洋灰一项由材料厂领用外，其余砂子、石屑等项拟请第二科购备。由本年度工程预算内零星修理费项下开支。签奉批示如拟。请即迅予购发过局应用。等因。当经职科招商核估，计需砂子二十方半吋，每方五十元，共需洋一千零二十五元；计需石屑十方，每方六十五元，共需洋六百五十元；计用煤块五吨，约共需洋一百五十元。脚力均在内。以上三项总共需洋一千八百二十五元。可否照购之处，理合签请钧示。

意租界

附呈估单一份。

635.伪天津特别市公署对伪大陆银行在意租界开设支行
验发新照的批示

1940年6月11日

函悉。查该公司本店尚未依照前实业部颁发验发公司执照规则,呈请验发新照。所请添设支行一节,应俟本店呈准验发新照后,再行遵照公司登记规则,另文呈请支店登记。兹附发验发公司执照规则一份,仰即遵照办理为要。此批。

附发验发公司执照规划一份。

（J0025-2-00088）

636.伪天津特别市公署为批准修补意租界交界路面所需款项事
给伪财政局训令

1940年6月18日

建字秘二第1537号

为令行事。案据工务局签,以修补东车站附近及特三区、义租界交界处一带各马路,应需材料除洋灰一项由材料厂领用外,其余砂子、石屑等项,拟请购发应用。等情。应准照购。当经招商核估,计需砂子二十方半吋,每方五十元,共需洋一千零二十五元;计需石屑十方,每方六十五元,共需洋六百五十元;计用煤块五吨,约共需洋一百五十元。脚力均在内。以上三项总共需洋一千八百二十五元。兹饬科将上项支付预算表办理完竣,令发该局,仰由廿九年度工程预算内零星修理费项下动支呈解,以便应用为要。此令。

附发支付预算表二份。

（J0001-3-004276）

637.伪物料购买监理委员会为报告大安街翻修等工程招标结果事
呈伪天津特别市公署签报文

1940年6月22日

为签报事。查工务局移来工程三项,计:一、与义工部局会同翻修特二区大安街碴石路,二、鼓楼

429

北大街碴石路加泼臭油,三、警察局修理内部各处房屋,均经本会议决通过并定于本月二十日下午四时公开投标。随即通知桐华顺营造厂、聚兴顺工厂、里见工务所、秋田组、同昌公司等五家领取图说,参加竞投,并函知义工部局派员会同监标。届期除里见工务所声明弃权外,其余四家均准时到场。并准义工部局答复,关于招标事宜,请由本署全权办理,不另派员参加。开标结果,计:一、特二区大安街(原估计为二万七千六百〇九元五角八分),桐华顺投洋三万二千五百元,聚兴顺投洋三万二千八百七十九元,同昌公司投洋三万五千元,秋田组投洋三万五千六百五十八元,均超过原估价额,其投价最低之桐华顺,计超过四千八百余元。据工务局代表声称,因碴石购运困难,故各商投价较高,应将此种情形与义工部局加以说明。二、鼓楼北大街加泼臭油(原估价为九千一百〇六元七角二分),同昌公司投洋八千四百元,秋田组投洋九千五百五十元,桐华顺投价九千八百五十元,聚兴顺投洋九千八百五十六元,以同昌公司所投为最低。三、修理警察局房屋(原估价为一万三千六百〇九元),桐华顺投洋一万二千九百五十元,同昌公司投洋一万三千五百元,聚兴顺投洋一万四千七百〇六元,秋田组投洋一万九千五百五十元五角六分,以桐华顺所投为最低。除第一项应俟工务局与义工部局洽商后再行定夺,第二项准由同昌公司得标,第三项准由桐华顺得标。饬到第二科订立合同外,所有投标经过情形,理合签报鉴核。

附呈标单及原卷。

物料购买监理委员会主席方若谨签

(J0001-3-004372)

638.伪天津特别市公署工务局为翻修大安街与意工部局商定分摊工款事致伪物料购买监理委员会函

1940年6月24日

径复者:案准贵会本年六月二十一日来函,以翻修大安街碴石路工程,原估价额为二万七千六百零九元五角八分,招标结果以桐华顺营造厂所投三万二千五百元为最低计,超过原估价四千八百九十元四角二分。据商人声称,因碴石运输困难故投价较高等语,可否按照投价兴修。嘱即派员与义工部局洽商见复,以凭核办。等因。准此,当经派本局秘书鲍霖前往义工部局商得同意,此项工款由中义双方平均分担,每方应摊国币一万六千二百五十元。相应函复。即希查照速订合同,剋日兴修以免延误为荷。此致物料购买监理委员会。

(J0001-3-004372)

639.伪天津特别市公署翻修大安街工程与包工方合同

1940年6月24日

天津市特别市公署(以下简称甲方)为翻修大安街碴石路工程与包商桐华顺营建厂(以下简称乙

方)订立合同如左:

第一条、本工程工料总价为国币三万二千四百元整。

第二条、乙方于签订合同之日,应向甲方缴纳包价百分之十之合同保证金三千二百四十元,至全部工程完了验收后归还乙方。

前项合同保证金,依照天津特别市公署包工规则第十三条之规定,得以甲方确认之有价证券或银行存折代替现金。

第三条、乙方须于二十九年六月二十五日起开工,至八月二十日竣工。

第四条、工程完竣后,由乙方报请甲方派员验收。

第五条、乙方应照甲方所交施工图说承做,不得错误。

第六条、本工程分为三期付款,工作三分之一以上付款一万元,工作三分之二以上付款一万二千元,全部工竣验收相符全数付清。

第七条、在合同期限内不能竣工时,应科乙方以违约罚金,每逾一日罚总工价五百分之一,由未付工款及保证金内扣抵。但因天灾或不可抗力而发生之迟滞,不得算入期间以内。

第八条、本合同之外,市公署招标章程与本合同有同样之效力。

第九条、本合同缮成二份,甲乙双方各执一份为凭。

立合同人:

天津特别市公署

承包工程人天津桐华顺营建厂

(J0001-3-004372)

640.意驻津领事署为伪天津特别市公署统税局职员擅入意界商号查账事致伪天津特别市公署函

1940年7月26日

径启者:案据本租界工部局局长报称:于本月二十四日早十时许,有天津市统税局职员郭春荣、张君中二员,径入本界东马路五十五号华商源丰厚内查账。因无本局人员协同,经岗捕报告,当饬陪同来局。适有该局矿产税所得税课长思周前来本局,声称对于此项之查账乃为正当之任务等语。转报前来。本领事署据报后,深为诧异。查该项工作人员,既入租界内办公,事先并未至工部局声明来由,该管机关亦未函知,殊欠礼貌,况该项所得税在租界条约内尚未许可,曷能施行。相应函请贵市长查照,希即转咨该局饬属,嗣后勿再有上项情事发生,俾免误会以敦友谊。此致天津特别市公署。

(J0001-3-004568)

641.意大利驻津领事馆致伪天津特别市公署统税局局长王宗晋函

1940年8月1日

径启者:接诵贵局一九四〇年七月二十七日来函,祗聆一一。本馆依据条约及常例,凡在意租界内经营商业之中国商人向不允许中国机关征收任何税收。

贵局征税员行为殊为失礼,应请严加告诫,希望日后勿再有同样情事发生。本馆俾可避免意租界当局对彼等发生误会。

本案业已通知本埠日本总领事官,想对于以上之情形亦已采取同样态度。此致天津统税局长王宗晋。

(J0001-3-004568)

642.伪天津特别市公署为转意驻津领事函事致伪统税分局函

1940年8月5日

建字秘外第188号

径启者:案准义国驻津领事署七月二十六日译函内开:案据本租界工部局局长报称,于本月二十四日早十时许,有天津市统税局职员郭春荣、张君中二员径入本界东马路五十五号华商源丰厚内查账云云(以下函你免误会以敦友谊)。等因。准此,相应抄同原函暨译函原件,送请查照办理为荷。此致天津统税分局。

附抄函一件,译函原件一件。

(J0001-3-004568)

643.伪租界管理局与意大利政府关于交换意租界内土地契约

1940年10月26日

义国国王兼亚比西尼亚皇帝伊玛加利第三世统治下,在一九四〇年十月二十六日在天津领事署裁判庭签定契约事。

代理律师执行职务,即天津领事官施蒂芬。

证人马提尼利(Ambrogio Martinella)即已故卢济之子,生于米兰,年四十五岁,现有职业。

证人拉达拉(Latartara)即已故哈达杜之子,生于天津,年二十八岁,现有职业。

驻中国大使戴礼尼根据外交部一九四〇年九月三日第22/22843/C公函内开,令其代表政府,该大使兹派大使馆参议官司扯欧(Straneo)代表到津举行签约。

毕杰第出名代表天津领事。

一九三六年六月二十六日,接准上海总领事尼楼尼公函内开:天津领事署捐给政府土地一段。此段产业计地三亩四分二厘,等于2052方咪达,该地四址:北至马济沙路,东至陶伊欧路,南西至租界,图标明第四分段第二十三大段。在该地段上,有已建筑两层砖瓦楼房一座,内有住房及办公房共八间,中国式苦力居住房五小间,库房一大间,平房一所,内有地窖共四间。该房地政府接收后,即交Casa Degli Italiani(天津博乐馆)永久保管。

兹有S.A.I.Littoria公司拟发展修整租界内房屋,情愿购买该房地,拟将来在该地段建筑新式美观人家居住及开办商店房屋,在该地段邻近地段已兴工建筑。

租界管理局已赞成该公司改格建筑房屋之计划。

双方同意如左:

义国政府将该房地收回交付天津租界管理局为业,租界管理局声明接收该房地,即在市政管理局登记。该地在租界图第二十三大段第四分段,面积三亩四分二厘,等于2052方咪达①。北至马济沙路,东至罗马路(先名陶伊欧路),南至第一、第二及第五分段,西至第五分段。该地价值合本地银元七万五千四百一十元。

天津租界管理局另割让政府土地一段,政府承认接收该地,在租界图标明面积四亩五分一厘三毫,等于2708方咪达。该地段北至第七分段,东至第一分段,南至河岸,西至第五分段。该地价值合本地银元七万六千七百二十一元。义政府声明将该地段交给Casa Degli Italiani(天津博乐馆)永久保管为业。对于成交此项契约一切之过户费均归天津租界管理局负担。

双方声明在天津领事署裁判庭同意成立此约。

当以上之证人已向关系方面宣读此约,双方亦皆同意。

代表义国政府司拉欧　签押

代表天津租界管理局　签押

领事 施蒂芬　签押

证人 马提尼利　签押

拉达拉　签押

（J0001-3-009217）

644.伪天津特别市公署财政局为向意租界华商征收灾后复兴救济金事呈伪市长温世珍文

1940年12月28日

为签呈事。窃本市去岁遭逢空前水灾,举凡民生政务莫不深受影响,今表面虽渐繁荣而元气实未恢复,民困亟待救济,市政更应复兴。顾本市财政原不宽裕,而灾后生产锐减,来源滞塞,市区各项税

---

① 方咪达,即平方米。

捐虽极力整顿,收入短绌犹钜。因念义租界上年独未被灾,商务日臻繁盛,义租界华商同为市区民众,际兹灾后复兴需款浩繁,自应协同救济共跻福祉。义界当局与市方唇齿相依休戚与共,亦必能慨念友谊,力予支援。拟请钧署致函义国总领事,请饬工部局向界内华商酌收二十九年度即一九零四年市区复兴救济金汇缴市库,以资挹注。所拟是否有当,理合具文呈请钧署鉴核施行。谨呈天津特别市市长温。

天津特别市公署财政局局长李鹏图

（J0001-3-004734）

645.伪天津特别市公署为征收意租界华商救济金事
致意驻津总领事函

1940年12月31日

建字秘二第337号

径启者:据财政局签呈称:窃本市去岁遭逢空前水灾,举凡民生政务莫不深受影响,今表面虽渐繁荣而元气实未恢复,民困亟待救济,市政更应复兴。顾本市财政原不宽裕,而灾后生产锐减,来源滞塞,市区各项税捐虽极力整顿,收入短绌犹钜。因念义租界上年独未被灾,商务日臻繁盛,义租界华商同为市区民众,际兹灾后复兴需款浩繁,自应协同协救济共跻福祉,义租界当局与市方唇齿相依休戚与共,亦必能慨念友谊,力予支援。拟请钧署致函义总领事,请饬工部局向界内华商酌收二十九年度即一九四〇年市区复兴救济金汇缴市库,以资挹注。据此,特派本署程专员家驹持函面洽,务希贵总领事俯念本市复兴建设需款孔殷,迅饬工部局查照办理,是为至荷。此致大义国驻津总领事。

（J0001-3-004734）

646.意大利驻津领事施醴芬为向意界华商征收救济金事
致伪天津特别市市长温世珍函

1941年1月8日

敬复者:接准一九四零年十二月三十一日秘二第三三七号来函,天津义租界局认可并允许在本界内居住之华商可以自动捐款。此乃一种特别办法,以助贵市公署之复兴建设,即去岁水灾所遭遇之非常用途。上开办法已经允许,则请贵专员程家驹与敝租界代表巴义面洽对于此事应进行之手续,已通饬该代表矣。相应函复查照为荷。此致温市长世珍。

（J0001-3-004734）

647.天津律师公会为请意界律师免缴救济金事
致伪天津特别市公署函

1941年1月26日

径启者:案准会员夏彦藻、解茂成、冯景旺、李炳阳、张书箴、薛万选、孙鹤鸣、邢忠烈联名函称:径启者,顷分别接准义国租界工部局本月十八日函开:案准天津市公署函开,以本市上年洪水为灾,举凡民生政务莫不深受影响,独义租界未被灾害,该界华商同为市区民众,际兹灾后复兴需款浩繁,自应协同救济共跻福祉。相应派员持函面洽,向贵界华商酌收二十九年度(即一九四零年)市区复兴救济金汇缴市库,以资挹注,请烦查照办理为荷。等因。准此,当经本局于本月十六日下午二时半召集本界各商号商讨,当场共同议决,按照各商号每年度应纳营业捐额总数,送由本局汇转各在案。兹特函达贵号,务于本月二十三日以前将款洋七十二元连同公函送交本局捐务处,查收加盖收款图章,俾资汇缴市库。此致。等因。查上年洪水为灾,我会领导会员等全体已经举办赈济,且兼区北京、唐山者亦各在该兼区内复行缴纳本市水灾账款,均有案卷可稽。此次天津特别市公署函请该工部局协助,责令界内华商摊纳复兴救济金,会员等似难再行重为分担。且律师在中国为自由职业,所收费用为公费,如果兼营商业犹须得公会之许可,是则会员等原非商人,此次市署公函内所谓"该界华商"者,律师当然不在其内。至于会员等所纳该工部局季捐,系遵该局章程办理,不能以此即谓会员等为商人。除函请该工部局暂缓催缴,听候市署最后核示外,相应函请我会查照,分别转请市署准免缴纳,并分函该工部局暂缓催缴,听候市署最后核示,实纫公谊。此致天津律师公会。等因。

准此,查前年洪水为灾,本会当经督饬会员捐款救济,与贵署此次征收市区复兴救济金之意正复相同。既经捐助于前,似不应再令负担于后,况律师章程明订律师不得兼营商业,是律师并非商人极为明显。贵署征收市区复兴救济金以义租界内华商为限,当然不包括律师在内。至于律师向义国工部局交纳季捐,为居住租界之内服从当地行政权之当然结果,不能以此遽认华籍律师为华商。须知此举为中国政令而非义国政令,当然依据中国法律办理,倘认居住义国租界内之华籍律师为商人,不免以义国法律变更中国法律之嫌,当非贵署征收市区复兴救济金之初意。准函前由,除函请义国工部局免予征收外,相应函请贵署转函义国工部局,对于华籍律师免征此项救济金,以恤市民而符法令。此致天津特别市公署。

天津律师公会会长李洪岳

(J0001-3-004734)

648.意大利驻津领事史蒂芬为送意界华商捐助建设费事
致伪天津特别市市长温世珍函

1941年2月6日

照译义国领事来函

市长阁下，前准一九四一年一月八日来函并本租界巡警局局长与程家驹专员商谈结果，现住在义租界之华商，对于天津市公署建设费均极愿为财政之协力。兹随函附上大陆银行壹号支票一纸，计四万一千六百一十六元正，为该协款之总数。即请查收见复为荷。致颂勋绥。

（J0001-3-004734）

649.伪天津特别市公署秘书处第二科为意界华人律师免纳救济金事呈伪市长文

1941年2月8日

据天津律师公会函，为会员夏彦藻等请免纳义租界华商二十九年度市区复兴救济金一案，转请核办。等情。查本署前以上年水灾义租界未遭波及，际兹灾后复兴需款浩繁，经函请该租界当局向界内华商酌收二十九年度复兴救济金，汇缴市库以资挹注在案。兹查来函内叙义工部局召集界内各商号商讨共同议决，按照每年应纳营业捐额总数缴纳。等语。该律师等在租界内既交营业捐，对于复兴救济金自亦应缴纳，如对租界当局之措施认为失当，应径向工部局接洽办理。此项救济金虽系本署委托代征，但对于租界局征收方法，未便加以干涉。可否按照以上拟议函复该公会，转行知照之处，签请钧示。

（J0001-3-004734）

650.伪天津特别市公署为意界华人律师免纳救济金事给律师公会通告

1941年2月12日

建荣字秘二第2号

为通告事。案据来函为会员夏彦藻等请免纳义租界华商二十九年度市区复兴救济金，转请核办等情。查来函内叙义租界工部局召集界内各商号商讨，共同议决，按照每年应纳营业捐额总数缴纳云云。该律师等在租界内既交营业捐，对于复兴救济金自亦应缴纳，如对租界当局之措施认为失当，应径向工部局接洽办理。该项救济金虽系本署委托代征，但对于租界局征收方法未便加以干涉。据函前情，合行通告，仰即转行该律师等知照为要。此告。

右通告天津律师公会。

（J0001-3-004734）

651.伪天津特别市公署为收取救济金事
致意大利驻津领事函及给伪财政局训令

1941年2月17日

致意大利驻津领事函

建荣字秘二第31号

径启者:顷准大函并附送二十九年度即一九四○年市区复兴救济金四万一千六百一十六元,嘱查收见复。等因。足征贵领事谊切同舟,无任感荷。该款业经如数明讫,相应函复,即希查照为荷。此致大义国驻津领事施醴芬。

给财政局训令

建荣字秘二第426号

为令行事。查前据该局呈请向义租界酌收市区复兴救济金一案,当经函请义国驻津领事查照办理去后,兹准复函略开,前准一九四一年云云。查收见复。等因。并附汇票一纸。准此,除饬科如数兑取并函复外,合行检同该款四万一千六百一十六元,令仰查收具报。此令。

计发国币四万一千六百一十六元。

(J0001-3-004734)

652.伪天津特别市公署财政局为具报收讫意租界华商救济金款项事
呈伪市长温世珍文

1941年2月26日

呈为呈报事。案奉钧署三十年二月十七日建荣字秘二第四二六号训令内开:为令行事。查前据该局呈请向义租界酌收市区复兴救济金一案,当经函请义国驻津领事查照办理去后,兹准复函略开,前准一九四一年一月八日来函并本租界巡警局局长与程家驹专员商谈结果,现住在义租界之华商,对于天津市公署之建设费均极愿为财政之协力。兹随函附上大陆银行一号支票一纸,计四万一千六百一十六元正,为该协款之总数。即请查收见复为荷。等因。并附汇票一纸。准此,除饬科如数兑取并函复外,合行检同该款四万一千六百一十六元,令仰查收具报。等因。奉此,遵查前项协款四万一千六百一十六元业经照数收讫。除列登库簿外,理合具文呈报。敬请鉴核指令备案,实为公便。谨呈天津特别市市长温。

天津特别市公署财政局局长李鹏图

(J0001-3-004734)

653.伪天津特别市公署第二科为意驻津领事拨交意商回力球场 1940年捐款事呈伪市长温世珍文及原函

1941年4月14日

为签请事。查驻津义国领事署函送义商回力球场一九四零年度慈善捐八千六百零二元八角三分,业经如数收讫。惟卷查一九三九年度慈善捐未据拨付,此项捐款虽系认捐性质,而既按年度计算,则该商于一九三九年度并无免捐之充分理由,似未便任其间断,拟婉函催缴,是否有当,签请钧示。

原 函

径启者:兹由义商运动场交到本署准备票八千六百〇二元八角三分,即一九四〇年度每年对于各慈善团体之捐款。因本市之慈善团体林立,本领事决请市长随意分配与应得及有资格之各团体,故此请派代表能替市长签字者前来接收支票。相应函达,查照为荷。此致温市长世珍。

驻津义国领事官施醴芬

四、八

(J0001-3-001705)

654.伪天津特别市公署为收到1940年度意商回力球场捐款并催缴 1939年度慈善捐款事致驻津意领事公署函

1941年4月18日

建荣字秘二第100号

敬启者:案准贵署四月八日函,以意商运动场(回力球场)交到一九四零年度慈善捐八千六百零二元八角三分,嘱派员接收。等因。经派本署程专员持接洽收在案。惟查一九三九年度慈善捐款,迄未拨付。而津市慈善事业需款浩繁,用特函请贵署查照,转饬该商查明补缴,以襄善举而惟原案。并希见复为荷。此致驻津大义国领事署。

(J0001-3-001705)

655.意驻津领事施醴芬为意商运动场不能缴纳1939年慈善捐款事复伪天津特别市市长温世珍函

1941年4月23日

敬复者:接准本月十八日建荣秘字第一〇〇号来函,关于义商运动场一九三九年度慈善捐款,兹请注意者,因本市造成之局面及水灾,该场之决算感觉亏本,按该场定章,此种慈善捐款系根据每年盈余项下提出。已经宣布没有盈余,是以该场不能将应分配之慈善捐款交到本署。相应函复,查照为荷。此致温市长世珍。

(J0001-3-001705)

656.伪天津特别市公署为拨付华商捐款事给伪财政局指令及致意驻津领事函

1941年7月26日

给财政局指令

建荣字秘贰第3888号

三十年七月九日呈一件。为推进市政待款孔殷,拟请转函义国驻津领事将本年一月至六月代收之捐款早日拨解市库俾济要需由。

呈悉。仰候据情转函义国领事查照办理。此令。

致意国领事函

建荣字秘贰第198号

径启者:案据财政局呈称:查现在复兴市区推进市政需款孔殷,而强化治安待款尤亟,本市义租界华商既同属市区民众,自应踊跃输将量力捐助。拟请转函义国驻津领事转饬义租界管理局,对于特许居住义租界之华商自愿捐助一九四一年上半年之款,照章代收,早日拨解市库,俾济要需。等情到署。查本市现以力谋复兴诸待建设,所称需款孔急确属实情,相应函请贵领事查照,惠将上项代收之款早日拨付为荷。此致大义国驻津领事施醴芬。

(J0001-3-004734)

657.伪天津特别市公署为请早日拨付代收意租界华商捐款事 致意大利驻津领事函

1941年7月26日

案据财政局呈称:"查现在复兴市区推进市政需款孔殷,而强化治安待款尤亟。本市义租界华商既同属市区民众,自应踊跃输将量力捐助。拟请转函义国驻津领事,按上年成例转饬义租界管理局,对于特许居住义租界之华商自愿捐助一九四一年上半年之款照章代收,早日拨解市库,俾济要需。"等情到署。查本市现以力谋复兴诸待建设,所称需款孔亟确属实情。相应函请贵领事查照,惠将上项代收之款早日拨付为荷! 此致大义国驻津领事施醴芬。

(J0001-3-004734)

658.意大利驻津领事施醴芬为函送意租界华商捐款 致伪天津特别市市长温世珍函

1941年10月23日

照译义领事来函

敬复者:前准七月二十六日贵署来函,敬悉一是。现义租界华商对于一九四一年度天津市建设事业均愿协助,兹将该项协款三万五千一百七十四元,开具大陆银行支票一纸,随函附上,即请察收见复为荷。此致温市长。

(J0001-3-004734)

659.伪天津特别市公署为收讫华商捐款事致意大利驻津领事函 及给伪财政局指令

1941年11月14日

致意大利驻津领事函

建荣字秘二第308号

径启者:顷准大函,以三十年度即一九四一年市区复兴救济金三万五千一百七十四元,开具大陆银行支票一纸,嘱查明见复。等因。业经如数收讫。足征贵领事谊切同舟,无任感荷。相应检同正副收据各一纸,函请查照为荷。此致大义国驻津领事施醴芬。

附正副收据各一纸。

给财政局指令

建荣字秘二第2964号

查前据该局呈,以推进市政待款孔殷,拟请转函义国驻津领事,将本年一月至六月份代收之捐款早日拨解市库,俾济需要。等情。当经函准义国驻津领事施醴芬复函略开,前准七月二十六日贵署来函云云。即希察收见复为荷。等因。附大陆银行支票一纸。准此,除饬科如数兑取并函复外,合行检同该款三万五千一百七十四元,令仰查收具报。此令。

计发国币三万五千一百七十四元。

(J0001-3-004734)

660.意驻津领事施醴芬为交拨意商运动场1941年捐款事致伪天津特别市市长温世珍函

1942年3月11日

径启者:兹由义商运动场交到本署准备票一万六千四百零七元零九分,即西历1941年度全年之各慈善团体捐款。以津市之慈善团体林立,本领事决请市长随意分配与应得及有资格之各团体。故此请派全权代表前来签字接收支票。相应函请查照为荷。此致温市长世珍。

(J0001-3-001705)

661.伪天津特别市公署为意界捐款事给伪财政局指令及致意驻津领事函

1942年10月26日

给财政局指令

建亚字秘二第3826号

三十一年十月廿八日呈一件。为推进治运待款孔殷,拟请转函义国驻津领事将三十一年即一九四二年代收捐款早日拨解,俾济要需由。

呈悉。仰候据情转函义国领事查照办理。此令。

致意领事函

建亚字秘二第 275 号

径启者：案据财政局呈称：案查前为推进市政待款孔殷云云。早日拨解，俾济要需。等情。据此，查所称需款情形，确属实在，相应函请贵领事查照，当将本年代收之款早日拨付为荷。此致大义国驻津领事施醴芬。

中华民国三十一年十一月

（J0001-3-004734）

662.伪天津铁路局王立成为控意界田尔康无照行医事呈伪卫生局文

1942 年 12 月 18 日

呈报。义租界田尔康无赖医徒发卖虎列拉即牛痘证属实。今特请停发虎列拉及牛痘证以保卫生而重人道。查田某医徒出身，非某医学及某医院有毕业证书，不过念几天药性传汤头歌。所幸李渡三任《益世报》经理，而将田某（李田系属内亲故也）拉进为报社之社医，整天借报纸之宣传。《益世报》停刊之后，即在大马路三十二号挂牌问诊。该意界当局以为昔日《益世报》之宣传而不过问有无开业执照，中医无精而兼西医，查西医仅可以皮下注射。倘准行医，应行考试以符公令。谨呈天津市政府卫生局。

（J0115-1-001388）

663.卫生稽查员石松鋆为调查意界田尔康无照行医案呈伪卫生局文

1942 年 12 月 28 日

为呈复事。窃奉派密查，据天津铁路局王立成函控义租界田尔康大夫无照行医，发卖种痘证等情一案。职遵即前往，兹查义租界大马路三十二号田尔康医寓门前贴有"引种牛痘收手术费一元发给证明"等字样。经查询种痘人，该田尔康种痘后确收手术费一元并无其他费用。但查所发种痘证系由田尔康自行印制（图样另呈），并非发给防疫委员会之种痘证。复查该田尔康领有前天津市卫生局于民国二十五年五月九日发给卫字第九号医师开业执照一纸，并经维持会卫生局查验登记注字第四三号。当赴天津铁路局查询王立成，并无此人，查此函显系匿名伪造。理合将调查情形具文呈复，恭请鉴核。

附呈原函一件、种痘证图样一纸。

（J0115-1-001388）

664.意驻津领事施醴芬为送意界华商捐款致伪市长温世珍函

1942年12月31日

照译义国驻津领事施醴芬来函

敬启者:前准贵署一九四二年十一月廿六日建秘贰第二七五号来函,承悉一一。兹附上大陆银行支票一纸,计联银二万七千三百三十六元,系由住在义租界华商对于第五次治安强化运动之效果,自愿向市公署捐助之协款。即希查收为荷。此致温市长。

(J0001-3-004734)

665.意驻津领事施醴芬为交拨意商运动场1942年慈善捐款事致伪天津特别市市长温世珍函

1943年2月25日

径启者:兹由义商运动场交到本署准备票三万三千七百四十元六角五分,即西历一九四二年度全年之各慈善团体捐款。以津市之慈善团体林立,本领事决请市长随意分配与应得及有资格之各团体,故此请派全权代表前来签字接收支票。相应函请,查照为荷。此致温市长世珍。

(J0001-3-001705)

666.伪天津特别市公署为担任接收意国租界委员会委员事给伪卫生局长李允恪训令

1943年9月11日

建国字秘壹第1469号

为训令事。关于接收义国专管租界事宜,现经本署组织"天津特别市公署接收义国专管租界委员会"以利进行。兹派本署秘书长王道元、主任秘书崔振化、外事室主任王翰宸、社会局局长赵济武、警察局局长阎家琦、财政局局长李鹏图、教育局局长何庆元、工务局局长刘孟勋、卫生局局长李允恪为委员,并指定秘书长为委员长。除分令外,合行令仰遵照。此令。

王绪高

(J0115-1-001737)

667.德兴永银号等为出入意租界困难事送伪钱业公会转呈文

1943年9月12日

敬启者:兹以本年义租界接收伊始,往返出入颇呈不便,幸蒙票据交换所发给臂章证明,借以出入。惟交往各家多在界外,出入仍感困难,因之存款者皆可以票据提出交换,欠款则无法收进。商等惟恐交换差额不足,又值节关,筹措非易,故特联名恳祈台端转请中联银行代为谋一妥善办法,以维商艰,实为德便。如何尚希赐知是盼。此致张委员蕴白、焦委员世卿、倪委员松生、刘委员信之钧鉴。

天津德兴永银号总号、三丰银号天津分号、裕东银号、

天津华通银号、北京鼎丰银号天津分号、天津同甡银号总号、

天津东兴银号总号、通盛银号天津分号、启丰银号谨启

(J0129-3-005039)

668.伪天津特别市公署卫生局为报告接收意国医院情形概况呈伪市长李鹏图文

1943年9月13日

谨将奉令会同夏目辅佐官接收义国医院经过概况,逐项报告于后,敬乞鉴核。

一、本局于九月十一日派第一科科长赵录综前往接收义国医院,并暂行管理继续进行该院医务。关于诊疗部分,暂派该院原有中国医师陈绍贤负责,所有该院护士、职员、杂役人等,均暂令照旧服务(另附华系、义系名册)。

一、除由警察局派警察四人驻守本院负日夜守街监视之责,另由本局派职员四人点收,夜间留二人驻院值宿负责看管。

一、该院病房共计二十八间,可容病人四十二名,计分头二三四各等。原有住院患者二十六名,除本月十二日出院五名、死亡一名外,现余二十名(附住院病人名单)。

一、查该院设立于西历一九二一年,系罗马教廷所创办。除医院全部房舍外,其神父住宅、修女院、巴大夫住宅等均相毗连,统为教廷财产。

一、本局接收该院账簿、家具、药品、医疗器械等项如后:

1.会计部分,记账簿二十册(另附义文账簿目录),现款一万零八百六十元六角五分(此款并无账簿可据,系由该院义系院长亲手交出者)。

2.点收家具部分(另附清册),缮印中。

3.医疗器械及药品部分,现接收药品账目六册(现正点收,俟办竣另行呈报)。

一、十二日下午六时,日本军驻在义兵营警备队长御牧守一中尉来院请求借用医院房舍四间,暂行收容义国将校眷属妇人四名,定由十四日上午移住该院暂行收容。

一、现正进行点收。所有医疗器械、药品、柜橱在未点收完竣前,均先行封锁,一俟点清再行造册

呈报。

　　附义系、华系医士、护士、职员、杂役人名清册各一份。

　　住院病人名单一份。

　　义文会计、家具、药品账簿目录一份。

　　点收家具备品清册一份。

（J0115-1-001737）

669.意国医院华人医生护士职员清册

1943年9月13日

义国医院华系医师护士职员杂役人员清册					
职务	姓名	性别	年龄	籍贯	现住址
医师	陈绍贤	男		天津人	六马路大福里35号
看门	李交望纳	女	二十九		
护士	李安多尼亚	女	三十一		
	柏利的亚	女	三十二		
	刘斐理伯	女	二十七		
护士	朱凤池		二十六	献县	意国医院
	张忠臣		三十四	献县	地道外英合里七号
	刘焕章		四十	献县	意国医院
	王俊峰		三十一	献县	谦德庄三德里六号
女护士	周李氏		三十四	献县	意国医院
	段董氏		三十一	献县	意国医院
助手	齐永明		三十八	献县	特二区新货场六号
	仲福来		十六	献县	地道外英合里十二号
翻译	王子佩		六十	山西阳区县①	地道外德善里五号
传达	李浩田		四十四	河北武清县	意国医院
院役	周凤才		六十	献县	意国医院
茶役	仲金城		四十七	献县	洋旗下坡三合里十四号
洗衣匠	刘试祥		四十九	武清县	意国医院
	张老真		三十九	河间	意国医院
	夏金环		二十八	河间	意国医院
	阚宝崑		四十三	仓县	洋旗下坡
木匠	李墨林		二十八	武邑	地道外德善里五号
厨役	仲金贵		四十	献县	地道外英合里十二号
	董凤鸣		三十五	献县	特二区新货场六号
后边慈善	刘振武		四十七	献县	意国医院
药房并教堂	何金荣		三十六	献县	特二区新货场十四号
药房售货	凌树春		三十四		南门西太平庄七号

（J0115-1-001737）

670.意国医院住院病人名单

1943年9月13日

病房房间及楼梯等级	人名	性别	籍贯	备考
二楼十四号	萧先忍	男	中国	
二楼十五号	Leloggi	男	义国	
二楼十六号	陈国宾	男	中国	
二楼十七号	王忠贵	男	中国	
二楼十八号	Bertslucci	男	义国	系兵士
二楼十九号	田村七枝	女	日本	
二楼二十五号	Palomfa	男	义国	
二楼二十七号	李振崐	男	中国	
二楼二十八号	Merlah-Dimitri	男	义国	系二人合住一间
一楼八号	王张氏	女	中国	
一楼六号	王兆伦	男	中国	
一楼四号	杨王氏	女	中国	
一楼一号		女	中国	系修女
一楼二号		女	中国	系修女
一楼十三号	李墨林	男	中国	
一楼十三号	仲石头	男	中国	
一楼十三号	刘瑞峰	男	中国	
一楼十三号	阎再香	男	中国	
一楼十三号	陈普康	男	中国	
共计		日本人 中国人 义国人	一人 十四人 五人	

以上总计二十人。

附注:接收时共有住院患者二十六名,九月十二日死亡一名,出院五名,余二十名。

(J0115-1-001737)

671.意国医院家具药品账簿目录

1943年9月13日

义国医院义文会计、家具、药品账簿目录

计开:

① 疑为阳曲县。

一、收支总账一本

一、呈报前义工部局底账一本

一、旧家具账一本

一、本市买进药品用款账一本

一、医师收费账七本

一、工友工资账一本

一、伙食费用账一本

一、手术收款账二本

一、日用杂品账一本

一、病人用药账一本

一、理疗收费账二本

一、病人入院记录本一本

一、药房药品账六本

（J0115-1-001737）

672.伪天津特别市卫生局接收意国医院家具物品清册

1943年9月13日

名称	数量	备考
	第一号	大门过道
长园椅	二	
椅子	七	
铁树代（带）架	二	
挂镜	二	
	第二号	客厅
书柜	一	已封,正在点收中
书架	一	
长案	一	
椅子	六	
花盆架	四	
茶几	三	
衣架	一	
镜子	四	
铜磁花瓶	四	
小花盆架	四	
	第三号	病房
床	二	
椅子	三	

名称	数量	备考
沙发	一	
茶几	四	内有饭桌一
长桌	一	
风挡	一	
澡盆	一	
恭桶	一	
面盆	一	
台灯	一	
墙衣架	一	
	第四号	病房
床	一	
椅子	三	
沙发	一	
条桌	一	
风挡	一	
几	二	
小方桌	二	
台灯	一	
澡盆	一	
面盆	一	
恭桶	一	
墙衣架	一	
	第五号	办公室
写字台	一	
椅子	五	
风挡	一	
书架	二	
小方凳	一	
茶几	一	
打字机	一	
三角架	一	
面盆	一	
恭桶	一	
台灯	一	
小钟	一	
花盆带架	一	
小镜子	一	
	第六号	病房
床	二	
椅子	一	
风挡	一	
衣柜	一	

名称	数量	备考
茶几	二	
台灯	一	
马桶	一	
磁铁盆	一	
	第七号	病房
床	二	
椅子	一	
风挡	一	
衣柜	一	
茶几	二	
台灯	一	
马桶	一	
磁铁盆	一	
	第八号	病房
衣柜	一	
澡盆	一	
面盆	一	
椅子	一	
风挡	一	
马桶	一	
	第九号	病房
床	二	
风挡	一	
椅子	一	
方几	二	
	第十号	病房
床	九	
茶几	九	
椅子	四	
风挡	二	
镜子	一	
长桌	一	
	第十一号	病房
床	一	
茶几	二	
椅子	一	
台灯	一	
马桶	一	
	第十二号	病房
床	一	
茶几	二	
椅子	二	

名称	数量	备考
台灯	一	
风挡	一	
	第十三号	病房
床	一	
茶几	二	
衣柜	一	
椅子	一	
风挡	一	
台灯	一	
	第十四号	病房
床	二	
几	二	
椅子	二	
条桌	一	
风挡	一	
	第十五号	洗澡间
澡盆	一	
面盆	一	
恭桶	一	
小方桌	一	
	第十六号	病房
床	一	
茶几	二	
椅子	二	
条桌	一	
铁盆代(带)架		
风挡	一	
台灯	一	
饭桌	一	
	第十七号	
床	一	
长桌	一	
椅子	三	
茶几	一	
澡盆	一	
面盆	一	
恭桶		
	第十八号	
墙柜	三	菜品及饭具
冰箱	一	
长桌	三	
面盆	一	

名称	数量	备考
铁桶	一	
	第十九号	
长椅	一	
衣架	一	
电话	一	
椅子	一	
长镜	一	
恭桶	一	
	第二十号	换药室
长案	一	
药柜	三	
铁瓶架	一	上带四瓶
石面几	三	
小桌	一	
椅子	一	铁制
小凳	一	
台表	一	
	第二十一号	换药室
诊断床	一	
玻璃几	二	
面盆	一	
铁盆架	一	带二磁盆
诊病架	一	
铁凳	二	
铁椅	一	
脓盘	三	
消毒器	三	
吊桶	一	
	第二十二号	手术预备室
衣柜	二	
石面长桌	一	
洗手盆	一	
椅子	一	
小桌	一	
墙钟	一	
消毒盒	三	
	第二十三号	手术室
诊断床	一	附园(圆)凳一 铁凳一
玻璃几	六	内有木制二
玻璃柜	二	附诊病手术器
消毒盒	一	
电疗机	一	

名称	数量	备考
椅子	一	
盆架	二	
铁盆	四	
诊病架	一	
大手术灯	一	
小手术灯	一	
消毒盒	一	附件橡胶三个,缚带二
吊桶架	一	
	第二十四号	
长椅	三	
椅子	四	
长桌	一	
衣架	二	
	第二十五号	诊病室
诊断床	一	
写字台	一	
椅子	三	
药柜	二	
条桌	三	
铁凳	二	
面盆	一	
铁桶	二	
洗手盆	一	
	第二十六号	诊病室
长桌	二	
沙发	一	
诊椅	一	
椅子	二	
书架	一	
立柜	一	
诊察灯	一	
小柜	二	
面盆	一	
	第二十七号	挂号室
写字桌	一	
椅子	一	
衣镜架	一	
立柜	一	
小桌	一	
	第二十八号	过道
诊断床	三	

名称	数量	备考
挂钟	一	
	第二十九号	理疗室
沙发	一	
太阳灯	二	赤一、紫一
电疗机	一	
椅子	二	
衣架	一	
长桌	一	
几	一	
风挡	一	
磅秤	一	
	第三十号	X光室
显像镜	一	全具
桌子	二	
椅子	二	
凳子	一	
	第三十一号	
药房全具		正在点收中
	第三十二号	洗澡间
澡盆	一	
水盆	一	
衣柜	一	
水盆	一	
	第三十三号	病房
床	一	
椅子	三	
大桌	一	
小桌	三	
立柜	一	
台灯	一	
风挡	一	
	第三十四号	病房
床	一	
大桌	一	
小桌	二	
椅子	二	
沙发	一	
饭桌	一	
手盆	一	
墙厨	一	
台灯	一	

名称	数量	备考
风挡	一	
便盆	一	
	第三十五号	
床	一	
大桌	一	
小桌	二	
椅子	二	
沙发	一	
饭桌	一	
手盆	一	
墙厨	一	
台灯	一	
风挡	一	
便盆	一	
	第三十六号	
床	一	
大桌	一	
小桌	二	
椅子	二	
沙发	一	
饭桌	一	
手盆	一	
墙厨	一	
台灯	一	
风挡	一	
便盆	一	
	第三十七号	
床	一	
大桌	一	
小桌	二	
椅子	二	
沙发	一	
饭桌	一	
手盆	一	
墙厨	一	
台灯	一	
风挡	一	
便盆	一	
	第三十八号	
床	一	
大桌	一	
小桌	二	

名称	数量	备考
椅子	二	
沙发	一	
手盆	一	
墙厨	一	
台灯	一	
风挡	一	
便盆	一	
	第三十九号	
立柜	二	
电话	一	
长桌	四	
小凳	三	
白柜	一	
冰箱	一	
	第四十号	病房
床	二	
椅子	三	
大桌	一	
小桌	三	
立柜	一	
台灯	一	
风挡	一	
澡盆	一	
脸盆	一	
恭桶	一	
	第四十一号	病房
床	二	
椅子	三	
大桌	一	
小桌	三	
立柜	一	
台灯	一	
风挡	一	
澡盆	一	
脸盆	一	
恭桶	一	
	第四十二号	病房
床	二	
椅子	三	
大桌	一	
小桌子	三	
立柜	一	

名称	数量	备考
台灯	一	
风挡	一	
澡盆	一	
脸盆	一	
恭桶	一	
	第四十三号	病房
床	一	
长桌	一	
椅子	五	
风挡	一	
沙发	一	
饭桌	一	
小桌	二	
小柜	一	
立柜	一	
恭桶	一	
澡盆	一	
手盆	一	
圆桌	二	
椅子	二	
长小桌	一	
花盆架	三	
	第四十四号	病房
床	二	
大桌	一	
小桌	二	
椅子	二	
沙发	一	
饭桌	一	
手盆	一	
墙厨	一	
台灯	一	
风挡	一	
便盆	一	
	第四十五号	病房
床	二	
大桌	一	
小桌	二	
椅子	二	
沙发	一	
饭桌	一	
手盆	一	

名称	数量	备考
墙厨	一	
台灯	一	
风挡	一	
便盆	一	
	第四十六号	病房
床	二	
大桌	一	
小桌	二	
椅子	二	
沙发	一	
饭桌	一	
手盆	一	
墙厨	一	
台灯	一	
风挡	一	
	第四十七号	病房
床	二	
大桌	一	
小桌	二	
椅子	二	
沙发	一	
手盆	一	
墙厨	一	
台灯	一	
风挡	一	
	第四十八号	病房
床	三	
桌子	三	
椅子	三	
几	三	
立柜	一	
镜架	一	
盆架	一	
便柜	一	
	第四十九号	修道室
长案子	十八	
椅子	十六	
镜子	六	
壁橱	二	
小钟	一	
	第五十号	宿舍
床	二	

名称	数量	备考
椅子	三	
小桌	二	
铁盆架	二	
	第五十一号	宿舍
床	三	
几	三	
椅子	三	
柜子	一	
	第五十二号	宿舍
床	五	
椅子	五	
几	五	
立柜	三	
壁厨(橱)	一	
	第五十三号	宿舍
床	一	
椅子	三	
几	二	
盆架	一	
墙厨(橱)	一	
	第五十四号	宿舍
床	一	
长桌	一	
椅子	一	
几	一	
面盆	一	
立柜	四	
长案	一	
小立柜	一	
厨(橱)柜	一	
小凳	一	
花盆架	一	
	第五十五号	
床	三	
桌子	一	
缝纫机	一	
椅子	三	
立柜	二	
床	六	以下在内间
小孩床	三	
茶几	四	
柜子	二	

名称	数量	备考
盆架	二	
	第五十六号	
凳子	十	
小桌	二	
长饭桌	二	
	三楼上	
床	一	
柜子	一	
架子	一	
	过道	
花盆	十二	带花
	慈善科	
诊床	一	
写字台	一	
椅子	二	
小桌	一	
小凳	二	
磁筒	一	以上在一间
诊床	一	
长桌	一	
小桌	一	
立柜	二	
小凳	十一	
盆架	一	
小盆	一	
吊桶	一	
磁筒	一	
痰桶	一	以上第二间
大长凳	一	
桌子	一	
椅子	一	
消毒器	一	一套已破坏
尸床	一	

（J0115-1-001737）

673.伪天津特别市卫生局接收意国医院手术器械清册

1943年9月13日

天津特别市公署卫生局接收义国医院手术器械清册

品名	数量	备考
尿道扩张器	二八	
探尿管	一三	
刀子	三八	
放水针	一	一套二件
钩子	一八	
穿刺针	二	
血管镊子	五七	
手术布镊子	九	
有钩消息子	二	
手术用保护器	九	
手术布钳子	六	
手术针	二	二盒,一盒七个,一盒二十三个
持针器	五	
缝合钩	二	盒附件二
剪子	七	
镊子	一五	
弯剪子	一	
锐匙	九	内有一盒附七件
套管针	一	
短玻烧灼器	一	盒
鼻止血管	二	
开创口器	一	
眼科用小刀	五	
耳漏斗	三	
食道探子	一	
食道钳子	一	
食道异物钳子	一	
内耳手术器	一	盒附十三件
气管套管	三	
开脸器	一	
弯压舌板	三	内木制一
扁桃腺刀	一	
舌钳子	二	
鼻镜	一	
开口器	一	
牙镊子	一	
耳镊子	二	
眼科镊子	六	
捲棉子	一	
拔牙钳头	一二	
泻血器	一	

天津特别市公署卫生局接收义国医院手术器械清册		
品名	数量	备考
接肠器	一〇	
产钳	三	
穿颅器	三	内一套附三件
开颅具	一	
子宫扩张器	二五	
子宫探子	二	
子宫捲棉子	一	
子宫锐匙	九	
子宫刀子	一	
子宫颈管扩张器	一	
量骨盘器	一	
肛门扩张器	四	
子宫镜	四	
肠镊子	二二	
胎盘器	二	
子宫镊子	一	
子宫洗涤管	二	
鼻开镊子	二	
骨钳	五	
肋骨刀	二	
骨剪	三	
骨凿子	七	
剥离器	七	
锥子	一	
刺颅器	一	
骨镊子	二	
骨刀	二	
骨据	一	套附五件
骨钻	三	大小不一
石膏剪子	一	
石膏刀子	一	
放脑水器	一	套
消毒锅	一	
消毒盒	六	
架腿架	一	套四件
蒙药具	一	附件全
口罩	二	
玻璃肾形盒	一	
指甲刷	九	
橡皮围裙	三	

（J0115-1-001737）

674.伪天津特别市卫生局接收意国医院服装清册

1943年9月13日

天津特别市公署卫生局接收义国医院服装清册		
名称	数量	备考
台布	四〇	大小不等
大椅套	二五	
窗帘	二五	大小不等
枕心	一六	
枕套	一二五	大小不一,内破补者十二,完全者一百一十三
床单	一一二	内破旧者二十九,好的八十三
被单	一	
屏风布	一二	
毛布被	一六	
灰毯子	一	
白毯子	八	代花者五,无花者三
白花条床单	五	
手术衣	二〇	
毛巾	二四	大小不一
手帕	八	修女用
冰袋布	四	
擦碗巾	一三	
小被单	一〇	
白裤子	一	已破
粗布	二	做枕用
小孩毛线被	一	
小孩带	一	
小孩衣服	六	另有一盒
草垫外皮	一	
桌布	六五	大小不一
盘碟用布	一	垫盘碟用,大小不一,计一盒
油布	一	
毛巾衣	一	
女红绸大褂	一	
花纱窗布	一	
圣布	一	一包
病人褂	六三	
病人裤	四六	
小桌饭单	一八	
白布手巾	四	
棉被	一六	
毛毯	一〇	
床毯子	二九	大小不一

天津特别市公署卫生局接收义国医院服装清册		
名称	数量	备考
大床单	六	
褥套	一	
椅子套	三	
慈善房褂子	二五	
盖柜子布	四	
热水袋套	一二	
大托盘布	六	

（J0115-1-001737）

675. 伪天津特别市特管区区长王翰宸为就任区长事致伪财政局函

1943年9月20日

特字第四号

径启者：案奉天津特别市公署三十二年九月十三日建国字秘一第三零七号任用令开：兹派王翰宸为本市特管区长。此令。等因。奉此，翰宸遵于九月十四日敬谨就职。除呈报外，相应函请查照为荷。此致天津特别市公署财政局。

（J0055-1-000122）

676. 伪天津特别市公署为组织意大利人救济委员会事给伪财政局训令

1943年9月22日

建国字秘壹第1587号

为训令事。案准日本总领事太田知庸普通第一三号公函译开：查关于组织义大利人救济委员会事，业经按照另纸所开办法处理。相应函达，即希查照为荷。等因。附抄件一纸。准此，除分行外，合行抄发原附件，令仰该局知照。此令。

计抄发原附件一份。

记开：

查此番义大利租界业经接收，此后义国人行将发生穷困者，兹为担当救济工作暨与中日军官方面取联络起见，业于九月十一日令下开义大利人有力者自行选举组织义大利人救济委员会，即日开始办公。

委员长　　天津法西斯支部长　里特利亚商会理事长富马加里

　　副委员长　　旧工部局书记长柏特洛贝

　　委员　　　　佛拉莫理事亚哥斯纳尼

　　　　　　　　天津海关副税务司贾利

　　　　　　　　商业协进局理事准特利

　　再,该委员会拟假特管区三马路八号义大利商业协进局办事处为专用办事处。该处前经中国方面施行封印,现已取得军方面及市公署之谅解开放使用。

　　再,本委员会之经费,查富马加里前曾由义大利领事夫人领到一万五千元,嘱令充救济义国人资金之用。兹据富马加里声请,暂使用该款办理,业已准予使用。

　　　　　　　　　　　　　　　　　　　　　　　　　　　　　　王绪高

　　　　　　　　　　　　　　　　　　　　　　　　　　　　　（J0055-1-000122）

677.伪天津特别市公署财政局为设特管区税捐代征处事呈伪市长王绪高文

1943年9月24日

　　窃查天津义国租界业经接收,暂改为特管区,置区公所处理一切行政事务。关于财务行政部分,经与关系方面联络结果,拟由第十一区稽征处暂行兼办,驻在特管区区公所内办公。定名为天津特别市公署财政局第十一区稽征处驻特管区代征处,置主任一人,由第十一区稽征处主任兼任,征收组、稽核组组长各一人,办事员四人,书记一人,酌留前义租界工部局捐务部分职员四人,由局添派三人,以专责成而资熟谙。至经征税捐种目定率,除契税部分另行商定外,其余各项暂时概照前义租界旧案征收。经收款项,暂以特管区名义另设特别会计,以维现状,统俟将来另行调整。一切收支事宜受本局监督指导,并由该主任随时商承特管区区长办理。除对于遴派职员、编制概算另文呈请核示外,所有处理特管区财务行政意见及联络情形,理合具文,并照录前义租界税捐种目定率简明表,呈请鉴核施行。谨呈天津特别市市长王。

　　计呈送简明表一纸

　　　　　　　　　　　　　　　　　　　　　　　　　　　　　全衔局长李

处理特管区财务行政事宜意见

　　一、机构

　　1.名称:天津特别市公署财政局第十一区稽征处驻特管区代征办事处。

　　2.组织:主任一人(由第十一区稽征处主任兼任)、征收组长一人、办事员二人、稽核组长一人、办事员二人、书记一人(上列组长以下职员七人,酌留前义租界工部局捐务部分职员四人,由局添派三人)、差役二人。

　　3.系统:由财政局长监督指导、商承特管区区长办理一切收支事宜。

　　二、征收办法:经征税捐种目定率暂时概照前义租界旧案办理。

三、收支手续:暂以特管区名义另设特别会计,以该区自给自足为原则。

附表二纸。

天津特别市公署财政局第十一区稽征驻特管区办事处员额薪津表										
职别	姓名	任用别	原支薪津数			现拟薪津数			比较	
			俸薪	津贴	合计	俸薪	津贴	合计	增	减
主任	任龙翔	第十一区稽征处主任兼	元	元	元	元	元	元	元	元
征收组长	郭德昌	留用	五〇〇	三四	五三四	四五〇	五〇	五〇〇		三四
稽征组长		新派				一二〇	五〇	一七〇		
办事员	郭亚豪	留用	二〇〇	三四	二三四	一八〇	五〇	二三〇		四
办事员	孟繁恭	留用	九六	三四	一三〇	八〇	五〇	一三〇		
办事员	郑仰元	留用	八六	三四	一二〇	七〇	五〇	一二〇		
办事员		新派				五五	五〇	一〇五		
书记		新派				四〇	四〇	八〇		

天津特别市特管区暂征税捐种目定率简明表		
种目	定率	备考
房捐	租价百分之七.五	
房产地丁税	按估价百分之一.五	
营业捐	回力球场每季三百元	
	银行每季一百三十四元	
	当铺每季八十九元	
	工场每季三十六元至七十一元	
	银号每季四十五元	
	粮栈货栈洋行公司商行每季二十七元	
	棉皮行庄每季十八元	
	小商铺每季五元至九元	
	摇钱机每个每月十元	
车捐	按联合交通委员会定率征收	
码头船捐	轮船驳船每靠岸一次三元;民船甲等每天五角每月二元,乙等每天二角五分;卸货吨费每吨二分五厘	
房地契税	约契价千分之六十	
官立菜市房捐	定率不一	
回力球课税	系协款报效性质	

(J0055-1-000122)

678. 伪天津特别市公署财政局、伪特管区为设特管区稽征组事呈伪特别市公署文

1943年10月1日

为会签事。查特管区公所现已组织就绪,所有本区各项捐税征收事项拟于区公所内设置稽征组

负责办理。稽征组设兼任组长一人、专任系长二人、事务员四人、雇员一人。至于每日捐税收入方面由稽征组逐日填具报告表,呈报钧座查核。捐税收入动支方面,经呈奉核准之款,由职等共同盖章支付之。所拟是否有当,理合检同。请派稽征组员名单一并会签。敬乞钧裁。

　　附呈名单一份。

财政局局长李、特管区区长王

天津特别市特管区公所稽征组职员姓名薪资表					
职别	姓名	月支薪水	生活费	特别津贴	薪津合计	备考
组长	任龙翔	元	元	一四〇元	元	由十一区稽征处主任兼任不支月俸
稽核系系长	张乃勋	一五〇	六〇		二一〇	新派
事务员	孟繁恭	九〇	四〇		一三〇	旧人留用
事务员	郝青田	一二〇	四〇		一六〇	由税捐调查班调充
雇员	许瑢	六〇	三〇		九〇	新派
征收系系长	郭德昌	二〇〇	八〇	一五〇	四三〇	旧人留用
事务员	郭亚豪	一二〇	四〇		一六〇	旧人留用
事务员	郑仰元	八〇	四〇		一二〇	旧人留用

(J0055-1-000122)

679.伪天津特别市公署为照准伪特管区设稽征组事 给伪财政局局长李鹏图指令

1943年10月7日

建国字秘壹第3074号

　　三十二年九月三十日会签一件。为特管区各项捐税征收事项拟于区公所内设置稽征组办理,检具请派人员名单祈鉴核由。

　　会签暨名单均悉。所请暂准照办。除将任用令暨通知发交区公所转给外,仰即知照。此令。

王绪高

(J0055-1-000122)

680.伪天津特别市公署秘书处为通知废止特管区物资搬出许可制 致伪财政局函

1943年10月9日

廉字第41号

　　为通知事。案查本市特管区内物资搬出许可制,曾准日本总领事馆通知实施在案。兹复准日本总领事馆抄送废止该区内物资搬出许可制文件到署。除分函外,相应抄送原件,即希查照为荷。此致财政局。

附抄送日本总领事馆原译文一件。

（抄件）

为呈报废止特管区内物资搬出许可制由

为呈报事。查旅津日侨由特管区内（旧义大利租界）搬出物资时曾由本领事馆实施许可制,业经以民国三十二年九月二十二日天津经普通第一二八七号函呈报在案。嗣后,中国方面自民国三十二年九月三十日起将该地区之封锁解除,当经中日关系当局洽商结果,认为已无施行许可制之必要,决自十月四日起将许可制一律撤废。理合具文呈报鉴核。谨呈特命全权公使盐泽清宣。

天津总领事太田知庸

民国三十二年十月五日

（J0055-1-000122）

681.伪天津特别市公署为伪特管区稽征组员额补缺事给伪财政局训令

1943年10月23日

建国字秘壹第54号

三十二年十月十八日会签一件。为特管区稽征组事务员郝青田病故,郭亚豪辞职,遗缺拟以任鼎生、许镜湖分别补充,请鉴核示遵由。

会签悉。所请应予照准。任用令署令发交特管区公所转给。仰即知照。此令。

暂行兼代市长李鹏图

会签稿

为会签事。窃查职区稽征租新派事务员郝青田未及到差即因病身故出缺,拟请以中国大学经济系毕业擅长会计之任鼎生补充。又稽征组事务员郭亚豪因事恳请辞职,经查属实,拟予照准。所遗之缺查有兴亚第一区公所事务员许镜湖,学识兼优,堪以补充,拟请分别予以委任,同各支原缺薪额一百二十元。是否有当,敬乞鉴核示遵。谨呈市长李。

财政局局长李、特管区区长王

（J0055-1-000122）

682.伪天津特别市公署卫生局为接管意国医院药房事呈伪市长李鹏图文

1943年10月27日

为签呈事。窃查职局前次奉派接收并暂行保管义国医院暨药房,业将接收情形分别具报,并签呈请示嗣后保管办法各在案。奉批:即交特管区公所接管。等因。奉此,查职局自九月十一日奉派接收该院后,旋于二十日承夏目辅佐官传联络部谕,对于该院一切事务不予干涉,仅立于监视及联络地位,当即将接收该院之家具、服装、器械及一切账目款项,仍完全交由原负责人保管。至于药房方面,九月份账目业经报告特管区公所,十月份由一日至二十二日收支各款以及现存药品清册,均由职局科长赵录综面交该所派员孟系长繁武,会同点收完竣。职局派员即由本月二十六日撤回。奉批前因,除将以前接收义国医院家具、服装、器械造具清册移送该所外,理合具签报请鉴核。谨呈市长李。

卫生局局长李允恪谨呈

函特管区公所

径启者:查敝局日前奉派接收并暂行保管义国医院暨药房,业将接收情形分别具报,并签呈请示嗣后保管办法各在案。奉批即交特管区公所接管。等因。奉此,查敝局自九月十一日奉派接收该院后旋于二十日承夏目辅佐官传联络部谕,对于该院一切事务不予干涉,仅立于监视及联络地位。当将接收该院之家具、服装、器械及一切账目款项仍完全交由原负责人自行保管。至于药房方面,九月份账目业经报告贵所。其十月份由一日至二十二日收支各款,亦将单据五纸暨除支净存洋三千四百七十五元七角八分,以及现存药品清册均由敝局赵科长录综面交贵所孟系长繁武,会同点收完竣。敝局派员自二十六日起即行撤回。除呈报外,相应检同以前接收义国医院家具、服装、器械清册送请查核为荷。此致特管区公所。

附接收义国医院家具、服装、器械清册三本。

接管意国医院药房情形

为签呈事。谨将奉令暂行保管之义国医院暨义国药房情形缕陈于后。仰祈鉴核。

一、义国医院设立于西历一九二一年,系罗马教廷所创办。该院房舍与义国教堂、修女院、牧师住宅均相毗连,同为教廷财产,由义国修女二人为正副院长,掌管全院一切院务,财务另有义籍修女十人、中国修女四人,分司护士、杂务、厨房等项事务。并有牧师一人,负监护修女之责。院长、护士等人,均由医院供给膳宿,不另支薪。牧师每月由院方津贴三百元,其余雇用之中国男女人员,共计二十一人,分任助手、公役、厨房杂役等项,月共支工资一千一百三十三元。医务方面,有义籍医师二人,一为巴乐地,一为魏达瑞,华籍医师一人为陈绍贤,均不支薪,由门诊、药费、住院费项下按成分账,至月底清算。自九月十一日奉令接管后,当由职派第一科科长赵录综前往办理接收,业将接收情形呈报。除由该科长负监视暨联络责任外,并协办该院领取配给食粮及一切日用物品,并派护士一人,在院协助医务暨监视院务。所有该院一切事项,仍由该院原负责人继续办理,照旧进行,局方不予干涉。

一、义国药房系直辖前义国工部局,原为协助义国医院而设,内部工作虽不能完全划分,而该药房一切收支均由工部局办理。有义籍经理一人,由巴乐地医师兼任,每月收入提出百分之五为报酬。设义籍药剂师一人,每月由工部局支薪五百五十元,由药房收入项下提取红利,每五千元给予百分之一,五千元以下按百分之一·五付给。另有售货员华人一名、夫役一名,其薪工亦由工部局发给。该药房存款由工部局存入大陆银行,现约存一万八千余元。其账目现存特管区公所保管。自奉令派员接收后,因该药房存药甚多,除查点该药房存药外,并派职局药剂专门之办事员一人,监视该药剂师调剂及收货保管、收支款项事项。九月份收支清册及存款已交特管区公所。兹检同清册一本呈请鉴核。至关于该医院药房嗣后应如何继续保管之处,伏乞批示祗遵。谨呈市长。

附清册一本。

卫生局局长李允恪谨呈

十月九日

【原档批】即交特管区接管。望卫生局所派人员可召回。

义国药房九月份收支账目清册

义国药房九月份收支账目清册			
入款之部			
月日	项目	入款数	备考
一日	卖药	二,四二七.九〇	本日卖出之数目内有上月二十九日、卅日、卅一日
二日	卖药	六五四.五〇	
三日	卖药	三四三.二〇	
四日	卖药	九五六.七〇	
五、六日	卖药	六三一.五〇	
七日	卖药	一三七.〇〇	
八、九日	卖药	六六七.三〇	
十日	卖药	九七.八〇	
十八日	卖药	一〇五.〇〇	
十九、二十日	卖药	一六九.七〇	
二十一日	卖药	六四.三〇	
二十二日	卖药	二三.〇〇	
二十三日	卖药	一七四.五〇	
二十四日	卖药	五九一.五〇	
二十五日	卖药	五五.一〇	
二十六、七日	卖药	二〇五.七〇	
二十八日	卖药	八五.八〇	
二十九日	卖药	三三三.五〇	
三十日	卖药	二三二.四〇	
本月共入款七千九百五十六元四角;上月结存款七百四十五元九角六分;总共存款八千七百零二元三角六分。			

支款之部			
月 日	项 目	支款数	备考
八月十七日	付利昌洋行货款	四三二.九〇	
八月三十日	付美最时洋行货款	二五〇.二〇	
八月三十一日	付义华洋行货款	五四.四〇	
九月六日	付巴拉第大夫	一,四五七.〇〇	
六日	付义华洋行货款	七七七.六〇	
六日	付义华洋行货款	一五〇.〇〇	
三十日	付信谊药厂货款	二四八.九五	
三十日	付信谊药厂货款	七九五.五二	
三十日	付共和药房货款	七五.〇〇	
三十日	付药剂师红利	九四.三〇	按定章五千元一.〇% 不满五千元一.五%
三十日	付经理红利	三九七.八〇	按定章五%
三十日	付陈大夫佣金	四四.六〇	按定章二〇%
三十日	付魏大夫佣金	三.四〇	按定章二十%
	付杂支	四二.九〇	九月十一日至十三日接收人员车饭费四十元,记账本二本一元六角,笔尖三角,茶叶一元

本月共支出款四千八百二十四元五角七分。

总计除支净存三千八百七十七元七角九分。

除存大陆银行二千元。

支票三纸计六十二元。九月十日封存。

现款一千八百一十五元七角九分。

本药房应付义国医院房租每月三百元,按定章应由贵区公所支付,不在前项开支内,合并声明。

卫生局第一科科长赵录综

义国药房药剂师

（J0115-1-001737）

683.伪天津特别市政府财政局为特管区调整税捐意见致伪市政府秘书处第二科函

1944年1月10日

径启者:案准移来奉交。据特管区王区长翰宸签呈,为三十三年度即将开始拟增改税捐种类条陈一案,奉市长批示交二科会财政局速核来。等因。遵就本局主管各项详加考核,兹将所见分列于后:

一、改订房捐。查市区房捐捐率为估租值百分之六,兴亚各区原订捐率高下参差,颇不一致,现正由财政局统筹划一办法,拟一律改按租值百分之六征捐,积极调整并修正征收房捐章则,拟仿照契税标准地价成例,就各区房屋坐落地点、建筑情形、房间面积等项规定标准租价,借均担负。特管区旧订税率为租价百分之七.五,既较市区稍高,为免分歧偏枯似应减低为租值百分之六,俾昭公允。至查定租价一节,拟俟规定标准租价时通筹办理。

一、改订地丁捐(即地捐)。查市区(十区、十一区、十二区)地捐捐率原为按地价百分之一,嗣于廿九年四月呈准加征二成,全数为百分之一.二。前以兴亚各区捐率高低不一,拟行调整划一改为百分之一.五,并拟就契税标准地价成案,将各区地价重行据实估定,以裕捐收。特管区地捐捐率既为百分之一.五,适与市区暨兴亚区改订之捐率相合,似勿庸减低。至原估地价过低,似应俟规定标准地价时通筹办理,俾昭一致。

一、改订营业捐。查该区营业捐与市区之普通营业税及特种营业捐性质相同,自应就实际业类分别照章改课。

一、改订菜市房租。查该区菜市官房原订房租实较普通房租甚低,现拟比照原额增加一倍,似尚允当。至菜市内租住之商号,应按所营业类分别照章课征普通营业税及特种营业捐。

一、增添清洁费。查本市清洁费定率纷歧,办法互异,并应妥为调整以昭一律。况此项捐费向由住户负担,核定等次既费手续,而挨户催收尤感困难,兹经财政局统筹划一办法,拟由三十三年度起一律由业主按照房租百分之几随同房捐缴纳,如此核定及缴纳诸手续自属简易便利。特管区添收清洁费似仍以按照房捐征收办法为原则,较为妥善。惟该区清洁队呈准经薪等费,为数甚多,按照房租附征,恐有不敷,拟准暂按条陈办法办理,俟将来再行统筹划一。原拟蠲除私人胡同打扫费以免重征一节,似可照准。

一、增添区务费。查区务费不在本局主管范围,应请贵科核拟意见。惟随清洁费带征一节,似有不便。

一、豁免小生意捐。查肩挑小贩其营业数额自属微少,前本市拟定特种营业捐征收章程之际,奉令以小本经营糊口尚感不足,应在免征之列以示体恤。该区原有小生意捐,援照前例,似可豁免,以示体恤。

一、豁免停期费。查该区所有之停期费,按照初设原意,虽在限制停灵,终嫌迹迫苛细,似应如拟豁免,以示宽大。

以上所见是否适当,相应函请查核签复为荷。此致市政府秘书处第二科。

附转发区公所原呈一件。

【原档批】查特管区公所签拟调整税捐一案,奉市长批交二科会财局速核来。等因。送请贵局迅速加具意见,以便会签为荷。此致齐秘书主任任之兄。

附原签一件。

弟孟昭兴拜启
元、四

抄特管区原呈

为签请事。查职区经征各项捐税,前以接管之际,三十二年度已过大半,故税率章制一仍前意租界旧规继续征收,未遑改革。兹届三十三年度即将开始,似应依据市区现行捐税章程变更增减,以昭划一而均负担。谨将应行增改捐税种类条陈于左,敬请钧察。

一、改订房捐。查房捐系按租价百分之七.五抽收,较市区捐率多百分之一.五,而租价尚系三十一年冬季核订,时逾一载,各户租价自属难免有所增改,似应减低捐率为百分之六,与市区划一。重行查订租价,以昭核实而资弥补。

一、改订地丁税(即地捐)。查地丁税系按估价百分之一.五征收,较市区捐率多百分之.五,而估值尚系二十九年所估订,每亩最高额为一万五千四百元,中额为一万二千六百元,低额为九千八百元。时逾四载,地价激涨与实值相差悬殊,拟减低捐率为百分之一,以与市区划一,估值拟比照旧额增加一倍。

一、改订营业捐。查营业捐系按照业类分等征收,似应与市区一律改征营业税及特种营业捐。

一、改订菜市房租。查菜市每楼房一所(二间)租价最高二十五元,最低十二元,平房一间最高十二元,最低五元,摊案七元,冰箱三元,似较普通房租价格过低。拟比照原额增加一倍,并对租住之商号增收特种营业捐。

一、增添清洁费。查前意租界对界内清洁事务招商包办,于界内住户不另收费,仅对请设专人打扫胡同之户征收私人胡同打扫费。接收后经警察分局呈准,编设清洁队专司区内清洁事务。该队经临薪公等费年需六万九千四百余元,拟援照兴亚二、三两区前例征收清洁费,以资挹注。惟兴亚二、三两区面积广大,人口众多,清洁费按房租百分之二、三征收已足敷用。职区面积狭小,如亦按房租百分比例征收,实不敷过巨。拟分别规定特、甲、乙、丙四等,择区内富户巨商定为特等,月征___元,西式楼房住户为甲等,月征___元,普通楼房住户为乙等,月征___元,平房住户为丙等,月征___元。商号以其资本额数,营业情形分别规定,并将私人胡同打扫费蠲除,以免重征。

一、增添区务费。查保甲、人事、办公等费月需四百八十余元,拟于清洁费中带征十分之一保甲费,以省手续而利要公。

一、蠲免小生意捐。查小生意捐系征收担挑掮拷小贩之捐,按其营业种类,月征一元、二元、三元不等。前意界以事关界内秩序,意在寓禁于征,用事限制,但迹近杂捐,似应蠲免。

一、蠲免停期费。界内人口死亡按其停灵之期收费,停一七收十元,停二七收六十元,停三七收一百六十元,停四七收四百六十元,停五七收九百六十元。前意租界以事关卫生,意在寓禁于征,用事限制,但迹近苛税,似应蠲免。

以上诸端似应于三十三年度开始迅速厘定以便实施。惟事关财政,究应候由财政局统筹办理,抑由职区依据市区现行捐税章程详细计划,分别变更增减之处,理合签请鉴核示遵。谨呈市长。

天津特别市特管区区长王翰宸

十二月二十九日

(J0055-1-000122)

684.伪天津特别市政府为伪特管区捐税调整案给伪财政局训令

1944年3月10日

协甲字秘贰第587号

案据特管区公所签呈。为经征各项捐税拟依据市区现行章程变更增减,以昭划一而均负担,分项条陈请核示。等情。业经分别指示遵照。合行抄同原签及指令,令仰该局知照。此令。

计抄发原签一件,本府指令一件。

市长张仁蠡

抄本府指令

签呈悉。兹按照原拟各项分别指示如下:

(一)改订房捐。查所拟将原捐率百分之七.五改按市区捐率减低为百分之六,系为划一起见,应准照办。至重行查定租价一节,应俟财政局规定标准租价时通筹办理。

(二)改订地丁税。查该区原捐率按估价百分之一.五,与财政局现拟改订之捐率适相吻合,毋庸再行减低。至原估地价过低,应俟财政局规定标准地价时通筹办理,俾昭一致。

(三)改订营业捐。查该区营业捐一项与市区之普通营业税及特种营业捐性质相同,应就实际业类分别照章改课。

(四)改订菜市房租。查该区菜市官房原订房租实较普通租价过低,所拟增加一倍,尚属允当,应准照办。至租住之商号,应按所营业类分别照章课征营业税及特种营业捐。

(五)增添清洁费。查本市清洁费一项,现正由财、警两局分拟整理办法。惟该区清洁队经临各费为数甚多,应准暂按条陈办法先行征收,将来再行统筹调整。至原拟蠲除私人胡同打扫费以免重征一节,应准照办。

(六)增添区务费。该区保甲费现无底款,应准暂随清洁费附征十分之一,俟将来清洁费调整后再另拟征收办法,以维现状。

(七)豁免小生意捐。查本市前制定特种营业捐征收章程时,曾以小本经营糊口尚感不足,应在免征之列,以示体恤。该区小生意捐,应准援例豁免。

(八)豁免停期费。查该区原有之停期费,其初意虽在限制停灵,究嫌迹近苛细,应准如拟豁免,以示宽大。除分令财政局知照外,仰即遵照,分别办理。此令。

(J0055-1-000122)

685.伪天津特别市政府为意商运动场加赛献金请免税案 给伪财政局训令

1944年3月22日

协甲字秘贰第706号

案据特管区公所呈称:案据义商运动场董事长富麦加利呈称,为贯彻三国联盟精神,协力圣战,举行献金比赛并其他节目事。窃以新生义国贯彻三国联盟之精神与民族共同奋斗之目的起见,本场以义商一份子自愿协力圣战运动,又得全部球员之合作,拟在圣战期间自三月九日起,每日加赛一次,每星期五日(每星期二至星期六)比赛所得佣金全部献纳圣战运动。该次比赛应纳税金亦请准予豁免,一并献纳。至于此后为加强献金运动起见,拟举行其他节目如香槟赛等,当邀钧区俯允。所有协力圣战举行加赛献金运动缘由,理应呈请鉴核备案等情。据此,查该场此次自动加赛献金足征协力圣战之热诚。所请免纳加赛税金,意在增多献金数目,可否准免之处,理合备文呈请鉴核示遵。等情。据此,除指令外,合行令仰该局核议具复,以凭核夺。此令。

市长张仁蠡

(J0055-1-000122)

686.伪天津特别市政府为伪特管区河东药房结束经营事给伪卫生局训令

1944年3月28日

协甲字秘贰第779号

案据特管区公所三十三年三月十七日呈称:窃查职区河东药房每月经费共需洋七百九十五元,业经呈奉钧府核准,自上年九月份起,按月由本区特别会计项下支领在案。数月以来,该药房出售药品为数固属匪鲜,但除购药成本之外,所得纯益实不足以抵补经费之开支,况药品来源阻涩,添购不易,复以药房每月房租占全部经费将及半数,长此以往,势必日见亏累。再查,药房与河东医院签订之租约截至本年三月亦行满期,际此续约时期可否作一结束,以免虚縻公帑。如蒙俯准,所有药房存储之药品,拟请钧府派员接收,以资结束。理合备文呈报,仰祈鉴核示遵。等情。据此,查核所请各节,尚属可行,应予照准。至该药房存储一切药品,着由该局派员接收配给市立各医院。除指令外,合行令仰该局遵照办理具报。此令。

市长张仁蠡

(J0115-1-001737)

687.伪天津特别市特管区为移交稽征清册事致伪财政局函

1944年3月31日

特征甲字第173号

径启者:案奉天津特别市政府协甲字秘壹第七六九号训令内开:为令遵事。查本市区制业经划分,新任各区长暨监盘员亦经分别令派在案。关于各该区交接事宜,兹经规定各旧区公所交代办法表,除分令外,合亟抄发原表并新分区图,令仰剋日遵照分别办理具报为要。此令。等因。奉此,查本区情形特殊,关于稽征部分自应移交贵局接收,相应检同员役名册及簿籍、票照、款项各清册。函请查照接收见复为荷。此致天津特别市政府财政局。

附员役名册二份、簿籍清册二份、票照清册二份、款项清册二份。

区长王翰宸

(J0055-1-000122)

688.伪天津特别市政府为接管特管区及回力球场缴税事宜
给伪财政局训令

1944年4月4日

协甲字秘贰第841号

查本市区制变更,原特管区事务由第二区长兼办,所有该区收支各款应由该局设立特别会计,分别登记。再,回力球场之缴税事宜由四月份起应由财政局接管。除分行外,合行令仰该局遵照,妥拟办法具报。此令。

市长张仁蠡

(J0055-1-000122)

689.伪天津特别市政府为接收意商运动场报告表等事
给伪财政局训令

1944年4月12日

协甲字秘贰第984号

案据前特管区区长王翰宸呈称:查义商运动场自上年十月十六日复业后,经关系方面指示,所有该场每日收入均须送交正金银行冻结,其送存银行数目之副本由正金银行盖章后再由该场交存职区。又该场向职区每日呈送营业报告表一份,均由职区按日留存。刻以职区奉令结束,理合检同该项关系单表,备文呈报,鉴核备案。等情。据此,查义商运动场应纳税款,业经令由该局接续征收在案。据呈前情,除指令外,合行检发原件令仰该局查收备查。此令。

计检发每日报告表一九二份(自三十二年十月十六日至三十三年三月三十一日)。

存储正金银行冻结单副本一八三份(自五八九号至七六九号,又三六二号至三六三号)。

老账收入报告表三十三份。

市长张仁蠡

(J0055-1-000122)

690.伪天津特别市政府为接收特管区征收组事给伪财政局训令

1944年4月8日

协甲字秘贰第895号

为训令事。查本市区制重新划分,所有特管区事宜,业经令派第二区区长谷宗宪兼办。原特管区公所之征收组应即划归该局接收改编,继续办理。除分令外,合亟令仰遵照办理具报。此令。

市长张仁蠡

(J0055-1-000122)

691.伪天津特别市政府财政局第十一区稽征处为接管伪特管区 征税事务呈伪财政局长文

1944年4月12日

案奉钧局第一四五号训令内开:案奉市政府协甲字秘二第八四一号训令内开:查本市区制变更,原特管区事务由第二区长兼办,所有该区收支各款应由该局设立特别会计,分别登记。再,回力球场之缴税事宜由四月份起应由财政局接管。除分行外,合行令仰该局遵照妥拟办法具报。等因。奉此,自应遵照办理。除回力球场缴税事宜已派捐务股主任孙慎言前往接洽,另行核办外,合行令仰该处遵照。关于特管区征收事务暂行负责办理,另设特别会计,仍将办理情形具报为要。此令。等因。奉此,除关于特管区征收事务遵令赓续办理外,理合将接收簿籍、票照等项分别造具清册备文呈送,仰乞鉴核示遵。谨呈天津特别市政府财政局局长张。

附呈接收特管区簿籍清册一份,又票照清册一份。

天津特别市政府财政局第十一区稽征处主任任龙翔

(J0055-1-000122)

692.天津意租界财政状况调查清册

1944年4月

谨将调查义租界财政状况及征收支出概况公列如左,恭请鉴核。

计开:

一、收支概况

本租界办理财政以市政管理局为全租界出入总机关(关于违警款项除外)。收入以房产地丁税为主,每月车类捐次之,商号营业捐又次之,其他如回力球课税、菜市房税以及杂项捐税每年共约一百一十余万元之谱。

1.收支项下

额数

(1)房捐额,每年共约十四万元。

(2)房产地丁税额,每年共约十四万五千元。

(3)营业捐额,每年共约三万九千五百元。

(4)车类捐额,每年共约十六万元。

(5)码头船捐,每年共约二三百元。

(6)房地契税,每年额数不定。

(7)官立菜市房捐,每年共约五千六百二十八元。

(8)回力球课税,每年共约六十五万元上下。

捐税率:

(1)房捐。按照房主租出之房价百分之七.五征收,于每年年首由局方发出房捐报告单一次,由房主自行填报,订捐以后每季持捐换领,与本市特区办理捐务手续大致相同。

(2)房产地丁税。地丁税每亩由局方估价划分等次,由一万二千五百元至二万二千五百元,按百分之一.五征收。其估价手续系由市政局于每年年首召集界内大地主会议一次决定之。而估价之多寡,恒视地面繁荣与否为断。

(3)营业捐率。回力球场每季三百元。

银行,每季一百三十四元。

当铺,每季八十九元。

工场,每季七十一元,最低三十六元。

银行,每季四十五元。

粮栈、货栈、洋行、公司、商行,每季二十七元。

棉布行庄,每季十八元。

小商铺,每季由五元至九元。

摇钱机,每个每月十元。

(4)车类捐率。大车每月一.五元,地扒车每月一元,营业胶皮车每月七.五角,自行车每年一元,包月车每年十二元,单轮车每月五角,手推车每月七.五角,狗捐每年五元,洋马车每月一元,界内游行小生意捐每月一元,汽车捐牌公卖按百分之九。

(5)码头船捐率。轮船、驳船每靠岸一次三元。

民船甲等,每天五角,每月三元。

民船乙等,每天二角五分。

卸货吨费,每吨二分五厘。

木筏,以尺计算,近年已无收入。

(6)民人买卖房地税率。初步手续与普通习惯同,惟正式红契附蓝图及义领事官出名代表买卖方,税契费以义国钱(利拉①)为本位。行市大小不一,以最近核约为千分之六十上下(即税率每元六分)。

(7)官菜市房捐。每月共收四百六十九元。

(8)回力球场。系协款报效性质。

2.支出项下

扫路费,三万九千元(年额)。

---

① 即里拉,意大利货币单位。

花园费,一万五千元(年额)。

杂项,二万六千元(年额)。

经费,四十五万三千五百四十元(年额)。

计分:

市政局(花园球房包括在内)经费,一万二千元。

秘书,一万七千五百元。

警察经费,每月一万二千元(从前五千六百元)。

局长,每月一千八百元,捐务局长,五百元(从前三百五十元)。

俄籍同仁三名,每月二百二十元左右。

义籍同仁,由一千元至一千四百元。

工程处,月出一千元上下。

巡捕进门,每月二十二元。

工程司,每月六百十三元,米副工程司,五百元。

郭英,一百六十六元(从前一百十六元),领事,一千二百四十五元。

秘书,一千七百元,巴秘书长,一千八百元,学校,每月一千八百元。

全租界用水五百六十元,电费二千五百元上下(每年)。

马小姐,三百五十元,马老爷,三百五十元(每月)。

马老,爷三百五十元,汽车夫,三名共一百八十元(每月)。

女秘书,三百五十元,卫生处长,六百十三元(每月)。

义国医院工部局全年包治费,八千元上下(外人及巡捕在内)。

以上同人储蓄,个人储百分之五,局方代储百分之十。

二、组设概况

1.本租界共有地七百七十一亩。

2.领事署,户名外交部。

3.市政局,户名本租界局。

4.工部局,同上。

5.义菜市,同上。

6.义球房,户名外交部。

7.义兵营,户名海军部。

8.材料厂,户名本租界局。

9.义国医院(附设教堂、女修道院),全部收入作为义国传教部侨国外教士补助机关之用。

10.义药房,租住义医院,市政局立。

11.义商业促进会,租住,秘书月支五百余元

12.义花园,户名本租界局。

13.官厕三处:①日本桥②在菜市内,寿丰对过后抽水机。

14.义兵营汽车房一所,租住民房。

三、其他

关于义租界局全部收支,每年细数时有不同,仅知一九四二年除去支出各项尚盈存三十七万五千二百余元,官方并无负债,但所有各项概算暨资产负债表则付缺如。

(J0055-1-002825)

693.伪天津特别市政府财政局为呈报接收特管区征收组情形呈伪市长张仁蠡文

1944年5月6日

案奉钧府协甲字秘壹第八九五号训令内开:"查本市区制重新划分云云,合呕令仰遵照办理具报。"等因。奉此,查前准前特管区区公所函送该区征收组员役、簿籍、票照、家具等各项移交清册到局,当经令饬旧第十一区稽征处暂行照册点收接管。惟查原用票照,除车捐一项系本局所发外,余均系该区沿用旧有票照加盖戳记,本局无案可稽。现第二区征收所业已组织成立,所有原特管区征收组应办事务已由该征收所赓续负责办理,另设特别会计。自五月一日起,一律换用本局制发票照,该区旧有票照应即停用,缴局存查。奉令前因,理合缮具各项交接清册,备文呈报,鉴核备案。谨呈天津特别市市长张。

附呈前特管区征收组员役名册、簿籍、票照、家具清册各一份,文具表一份。

全衔局长张

(J0055-1-000122)

694.伪天津特别市政府财政局为准予免纳加赛税金事给意商运动场通知

1944年5月6日

案查前奉市政府协甲字秘贰第七〇六号训令内开:"案据特管区公所呈称,据义商运动场董事长富麦加利呈称云云,合行令仰该局核议具复,以凭核夺。"等因。奉此,经以该场此次自动举行献金运动,足证协力圣战之热诚与新生义国人民决战之意旨。且所请免纳加赛税金,每星期二至星期六日仅一次,意在增多献金数额,对于其余各次比赛应纳税金,并无妨碍,似可照准。呈复去后,兹奉市政府协甲字秘贰第一九一八号指令内开:"呈悉。准如所议办理,仰即遵照云云。此令。"等因。奉此,合行通知,仰即知照。

特此通知。

右通知义商运动场。

(J0055-1-000122)

695.伪外交部为询意租界接收后情形致伪天津特别市政府电

1944年5月19日

天津市政府张市长勋鉴:本部现正与义国商定追认收回天津义租界之协定。为明了该租界接收后情形,希速派员并带卷来京,以备咨询。外交部印。巧。

(J0001-3-007353)

696.伪天津特别市政府为转呈外交部电询问如何办理事致伪华北政务委员会电

1944年5月23日

协甲字秘壹第4号

北京华北政务委员会委员长王钧鉴:五月十九日准南京国民政府外交部巧电开:本部现正与义国商定追认收回天津义租界之协定。为明了该租界接收后情形,希速派员并带卷来京,以备咨询。等因。除准备资料外,应如何办理,请示遵。天津特别市市长张仁蠡叩。敬。

(J0001-3-007353)

697.天津特别市前伪特管区公所与伪卫生局为接收河东药房事会呈伪市长张仁蠡文

1944年5月31日

为会同签报事。案查职前特管区公所前经呈请结束河东药房派员接收存储药品一案,业奉指令照准并令饬职卫生局派员接收,配给市立各医院。等因。遵由职所派前卫生组系长孟繁武、职局药务股主任科员董敬源及药品管理室办事员金静齐,会同负责交接去后,兹据报称,已竟交接竣事,检同交接清册呈送前来。职等会核尚属相符,除俟职卫生局将药品详拟分配表,另文呈请鉴核后,再行分配于市立各医院外,谨将会同交接河东药房药品情形,检同清册一份会签呈请鉴核。谨呈市长。

附河东药房药品交接清册一份。

前特管区公所区长王翰宸、卫生局局长李允恪谨呈

(J0115-1-001737)

698.伪天津特别市政府为派员携接收意国专管租界文件纲目赴南京以备咨询事呈伪华北政务委员会文

1944年6月1日

案查关于外交部巧电,以现与义国商定追认收回天津义租界之协定,嘱派员并带卷来京,以备咨询一案。前于本月二十四日以敬电请示,旋奉电话指示办法。兹谨遵照,将有关文件整理就绪缮具纲目一份,派员赍呈拟请留存纲目一份备查,并由钧会派本府前特管区(即旧义租界)区长、第五区区长王翰宸及社会局科长兼本府专员程家驹携卷赴南京,以备咨询。理合具文呈请鉴核施行。谨呈华北政务委员会委员长王。

天津特别市市长张

接收义国专管租界文件纲目

一、接收经过

1.接管旧义租界经过节略一纸(1)

2.特管区警察分局接收前义工部局一般状况报告书一册(2)

二、公有财产

1.接收公产种类公地面积及其他说明一纸(3)

2.特管区警察分局接收前义国工部局枪弹、服装、各项物品、消防队、清洁队各项物品数目清册各一册(4)

3.特管区公所旧有家具物品清册一册(5)

4.义国在津公有财产清册(义国工部局、义国回力球场、义国小学校、商业协进会、公立智德学校)一册(6)

5.特管区工务组移交清册一册(7)

6.查封义国俱乐部所有物品清册一册(8)

三、道路

1.特管区工务概况一册(9)

2.特管区沟渠系统详图一纸(10)

四、财政

特管区公所经营各项收入支出统计表一册(11)

五、人事

1.特管区公所留用华籍职员衔名表一纸(12)

2.特管区警察分局留用旧义工部局人员数目清册一册(13)

六、文化

1.智德中小学校一切事项

2.智德中小学校请发经费

(J0001-3-007353)

699.伪天津特别市第五区王翰宸、伪社会局程家驹为报告赴伪华北政务委员会递交意租界文件事致市政府秘书长姚一新函

1944年6月5日

新公翰长钧鉴:敬肃者,宸等于本月二日到京后即赴政委会呈递文件,翌日复到政委会接洽。业蒙委员长批示:"准由本会照派并咨行政院。"除关于本府指令已交由第五区刘组长回津之便带津面呈,至咨文业由政委会径寄南京外,宸等奉派训令亦于今日收到。兹定于明日(六日)早九点快车起程赴京。谨将政委会经过先行奉陈,并请转呈市长鉴核。俟到南京后一切情形再为陈报。专此肃陈。敬请钧安。

(J0001-3-007353)

---

① 即匈牙利。

700.伪天津特别市第五区王翰宸、伪社会局程家驹为报告赴京面递
意租界文卷等情形呈伪市长张仁蠡电

1944年6月13日

宸字第一号

天津特别市张市长钧鉴:宸等于七日晚到京,八日上午赴外交部,当由欧美司范司长、亚洲司徐司长陪同往见吴次长凯声,面递所带文卷并报告天津义租界接收经过情形。据范司长称,此次追认天津义租界收回之协定系在东京磋商,该协定条文及了解事项等文件之内容与去年法国交还天津专管租界协定大致相同,将来或须在津举行交还仪式,用意系对义政府表示友善。至详细办法,须俟褚部长返京后始可决定。等语。闻褚部长一二日内即可到京,届时如何情形再为电陈。职王翰宸、程家驹叩。佳。

(J0001-3-007353)

701.伪天津特别市第五区区长王翰宸为报告面见伪外交部
部长褚民谊事呈伪市长张仁蠡电

1944年6月14日

译字第39号

天津特别市张市长钧鉴:文日谒褚部长研讨协定,俟义代办到京晤谈后,返津筹备交还仪式。至协定全文另函呈。宸叩。元。

(J0001-3-007353)

702.伪天津特别市第五区王翰宸等为报告与伪外交部部长
讨论接收意租界事呈伪市长张仁蠡代电

1944年6月20日

宸字第二号

天津特别市张市长钧鉴:宸等十二日谒褚部长详陈天津义租界接收后经过情形,并研讨褚部长由东京携回之交还天津义租界协定及附属议定书草案。该草案系由盟邦外务省之斡旋,经蔡大使及驻东京义国大使馆间往返磋商,始行议定。至关于议定书之了解事项及可供参考以备换文之注意事项,尚须俟义代使苏比尼来京后再行协商。苏代使约于本月十五日到宁,褚部长嘱令宸等俟东京之谈判记录抄寄到部并晤苏代使后,再行返津筹备,补行接收仪式。预计该协定至迟于本月二十日左右在京

签字,同时规定举行交还仪式之日期。届时中央拟派大员来津主持,褚部长表示或可亲临参加,谨先将协定草案抄件附呈鉴核。该条文内如有不适合现地情形之处,乞电示意见。该协定在未正式签字以前尚可修改。谨代电奉陈。职王翰宸、程家驹叩。文。

另附呈协定草案抄件六件暨日本外务省提供意见抄件一份。

(J0001-3-007353)

703.伪天津特别市前特管区为呈报河东药房收支情况呈伪市长张仁蠡文

1944年6月20日

为呈报事。查特管区河东药房业经奉令移交卫生局接收在案。关于该药房售药及购药等收支数目自三十二年九月起至三十三年三月底止,共收售药款五万一千八百五十八元二角六分,共支购药费九千一百八十五元零四分,医师扣用一千三百一十八元四角四分(两共一万零五百零三元四角八分),计结存四万一千三百五十四元七角八分。除将此项余款函送财政局列收特管区特别会计外,理合造具收支清册连同单据粘存簿备文呈报,伏乞鉴核备案。谨呈天津特别市市长张。

附呈清册一本、单据粘存簿一本。

前天津特别市特管区区长王翰宸

【原档批】请查核河东药房收支数目册及单据是否相符。此致事务室。附原呈文及附件。

六月廿三日

遵核特管区呈报药品收支册簿,均为相符,只粘存簿骑缝处注单拨款额可由本局代为补写。此致第一科。

事务室
七月六日

特管区河东药房收支数目清册

天津特别市特管区河东药房自三十二年九月至三十三年三月底止收支数目清册
谨将特管区河东药房自三十二年九月至三十三年三月底止收支数目开列如左,恭请鉴核。
计开:
收入项下
一、收三十二年九月份售药价款六千七百零二元三角六分。
一、收三十二年十月份售药价款七千五百七十一元。
一、收三十二年十一月份售药价款五千三百三十一元一角。
一、收三十二年十二月份售药价款五千九百八十元四角。

一、收三十三年一月份售药价款八千六百二十四元九角。

一、收三十三年二月份售药价款六千零七十元八角。

一、收三十三年三月份售药价款一万一千五百七十七元七角。

以上七项共收售价款五万一千八百五十八元二角六分。

支出项下

一、支三十二年九月份购药费四千二百四十一元五角七分。

　　　　支医师扣佣五百四十元一角。

一、支三十二年十月份购药费二千七百二十三元六角二分。

　　　　支医师扣佣一百零六元三角。

一、支三十二年十一月份购药费七百五十元零八角八分。

　　　　支医师扣佣一百九元五角四分。

一、支三十二年十二月份购药费四百八十一元六角。

　　　　支医师扣佣一百七十五元四角。

一、支三十三年一月份购药费二百六十七元六角。

　　　　支医师扣佣一百二十四元。

一、支三十三年二月份购药费六百七十七元七角七分。

　　　　支医师扣佣一百八十二元五角。

一、支三十三年三月份购药费五十元。

　　　　支医师扣佣八十元六角。

以上十四项共支一万零五百三元四角八分(计购药费共支九千一百八十五元四分,医师扣佣共支一千三百一十八元四角四分)。综计以上收支相抵,共计结余四万一千三百五十四元七角八分。

（J0115-1-001737）

704.伪天津特别市财政局征收科为接收后特管区征税办法事呈伪财政局长文

1944年6月28日

为签呈事。查本市各租界自相继交还后,前以各租界区内税捐名称不一,定率纷歧。为期与旧普通区一致起见,经规定即由接收之日起改从普通区办法征收,并在新纳额未经核定之前暂照旧征收,俟核定后再行照数扣抵,业经办理在案。惟查特管区系于三十二年九月接收,即于区公所内设立稽征组办理征收税捐事务,业将该区原有之营业捐及小营业捐征至三十二年十二月,彼时区公所并未声明将来改课扣抵。此次该区普通营业税及特种营业捐额,业经就税捐调查班调查各该商号三十一年营业情形,提由税捐审查会核定。至于开征日期,按照其他各旧兴亚区办法,似应亦由三十二年九月接收租界之月份起办理,所有各商号原交捐款照数扣抵。至三十三年度纳额另行核定,再行征收。是否有当,理合签请鉴核示遵。谨呈局长张。

征收科营业税股主任张履泰、捐务股主任孙慎言谨签

(J0055-1-000122)

705.伪天津特别市财政局征收科为特管区营业税征收期限事呈伪财政局长文

1944年6月28日

为签呈事。查特管区各商号缴普通营业税额,业经分别核定,提由评议委员会议决通过照课在案。惟关于各商号纳税期限,为积极征起起见,似应予以厘定,以免拖延。兹拟一律限于七月十五日以前遵照缴纳,过期即行处罚,并拟与扣抵铺捐合刻(由三十二年九月一日起扣抵补收,并限于本年七月十五日以前照纳,过期处罚)字样横戳加盖于纳税通知正面,以资明显。是否有当,理合签请鉴核示遵。谨呈局长张。

征收科营业税股主任张履泰谨签

(J0055-1-000122)

706.伪天津特别市第五区王翰宸、伪社会局程家驹等为报告赴京面递交还意租界文卷及商讨交接仪式等情形事呈伪市长张仁蠡文

1944年6月30日

为签报事。窃翰宸等奉令赴北京政务委员会令派,前往南京外交部报告天津义租界接管后经过情形,并携带有关文件以备咨询。等因。遵于六月二日赴北京政委会面递本府呈文,并领取派往南京训令及致行政院咨文。当于六日起程径赴南京,七日晚到达,八日上午赴外交部,由欧美司范司长、亚洲司徐司长陪同往谒吴次长凯声,面递所带文卷并报告天津义租界接收后经过情形。据范司长称,此次追认天津义租界收回之协定系在东京磋商,该协定条文及了解事项等文件之内容与去年法国交还天津专管租界协定大致相同,将来仍须在津举行交还仪式,用意系对义政府表示友善。至详细办法须俟褚部长由东京返京后始可决定。等语。旋于六月十日谒褚部长详陈一切,褚部长认为所带文件极为详尽,足供参考之资料。同时并研讨褚部长由东京带回之中华民国与义大利国间关于交还天津租界、撤废在华治外法权及放弃驻兵权之协定并附属议定书草案。该草案系由盟邦外务省之斡旋,经中央驻日蔡大使及驻东京义国大使馆间往返磋商,始行议定。至关于议定书之了解事项及可供交换文件参考注意事项,尚须俟义代办大使苏比尼到南京后再行协商。该苏代办原定六月十五日抵沪,六月十六日到京,褚部长嘱令翰宸等俟东京谈判记录抄寄到部并晤苏代办之后再行返津筹备,补行接收仪式。嗣以义代办大使改于六月十八日来京,惟至期仍未到,翰宸即于十九日面谒褚部长请示,承嘱宸

先行返津,留家驹在南京等候,以备咨询。旋据外交部驻沪办事处电话报告,苏代办于六月底以前不克到京,家驹复奉褚部长面谕不必在京久候,可将所携文件留部备作参考,嘱先返津等候。至交还协定约于七月上旬在京签字(接收仪式约于七月中旬在津举行),交还协定签字后即由部派员来津再行研讨接收详细节目。谨将奉派赴京各情形签报鉴核。谨呈市长张。

附呈中华民国、义大利国间关于交还天津租界、撤废在华治外法权及放弃驻兵权之协定、附属议定书、了解事项(附属议定书)、日本外务省提供意见四点、豫拟接收天津义租界行事日程。

职王翰宸、程家驹谨签

中华民国、义大利国间关于交还天津租界、撤废在华治外法权及放弃驻兵权之协定

大中华民国国民政府及大义大利社会共和国政府,依据中华民国三十二年一月十一日即西历一千九百四十三年(法西斯历二十一年)一月十一日义大利国政府关于交还在中华民国租界与撤废在华治外法权声明之宗旨,本尊重中华民国主权之意旨,协定如左:

第一条 义大利国政府应将义国在天津现有之专管租界行政权交还中华民国政府。

第二条 义大利国政府应将义国在中华民国国内现有之治外法权从速撤废。

第三条 义大利国政府根据北京辛丑条约(光绪二十七年西历一千九百〇一年九月七日)及其有关之文书取得之驻兵权概予放弃。

第四条 关于实施本协定之具体事项,应由中义两国政府间议定之。

第五条 本协定自签字之日起实施之。

左列签名者,各奉本国政府正当之委任,将本协定签字盖印,以昭信守。

中华民国三十三年　月　日

西历一千九百四十四年(法西斯历二十二年)　月　日

订于南京

用中义两国文字各缮二份。

附属议定书

当本日签定中华民国、义大利国间关于交还天津租界、撤废在华治外法权及放弃驻兵权之协定时,下列签名者关于协定第一条条款议定如左:

第一条、在天津之义国专管租界行政权定于中华民国三十三年　月　日即西历一千九百四十四年(法西斯历二十二年)　月　日实施交还。

第二条、专管租界内之道路、桥梁、码头、阴沟、沟渠及堤防等诸设施应无偿移让与中国方面。

第三条、中华民国政府应按照现状,尊重并确认义大利国政府及其国民在专管租界地域内所有关于不动产及其他之权利、利益,并应对此采取必要之措置。

第四条、关于实施本议定书之具体事项,应由中义两国当地地方官厅间议定之。

本议定书用中义两国文字各缮二份。

左列签名者签字盖印,以昭信守。

中华民国三十三年　月　日

西历一千九百四十四年(法西斯历二十二年)　月　日

订于南京

了解事项(关于附属议定书)

一、专管租界地域行政实施上所必要之文书记录等,应移交与中华民国当地地方官厅。

二、中华民国当地地方官厅应接用从来义国方面为实施专管租界行政而雇佣之中国籍巡警及为管理维持道路、阴沟等雇佣之中国籍从业员。

三、义国租界交还之日,公董局所有各项资金应移交中国政府,同时中国政府亦应承受公董局之债务。

四、中华民国政府于义国实施交还租界后,在该地域内施政时,关于侨居该地域内之义国国民居住、营业及福祉等,至少应维持向来之程度。

五、义国国民在义租界内永租地所纳之捐税,在其所享有治外法权而生之免税特权制度未处理前,应仍维持现行税率。

六、义国交还租界实施后,为充作中国方面在该地域内行政上所需经费之一部起见,于根据义国在中华民国国内现有之治外法权而起之课税问题尚未处理以前,义国政府应令侨居该地域内之义国国民将其按照租界未交还前公董局成例所负担相当数目之款项送交中华民国当地地方官厅。

七、根据附属议定书第二条所应移让之公共设施,包括附属于该公共设施之固定设备及为管理维持用之器具材料等。

中华民国三十三年　月　日

西历一千九百四十四年(法西斯历二十二年)　月　日

订于南京

日本外务省提供意见四点

1.(在了解事项第二条内未述及者)公董局之高级华籍职员拟请从宽尽量接用,至义籍职员解雇时,亦请酌量从宽优予解散费。

2.义租界向以回力球(　　)之收入大部为充作义租界行政经费之用,租界交还后,拟请予以暂时有条件之维持,俾可继续补充中国接收后行政经费之一部。

3.倘若义大利要求文化慈善等事业之补助费时,可向其在回力球(　　)收入项下,除送中国官厅后所余之一部分内拨划补助。

4.义国租界内义国独资开办之公共事业公司(大约无有),可改为由中国法管理之中义合办公司。

义国在天津专管租界接收委员日程表(草案)

一行姓名　外交部长　褚民谊(假定)

欧美司长　范拂公(已内定)

亚洲司长　徐义宗(已内定)

七月	日下午	时	分	由浦口到津下榻　　　　　饭店。
	日	时	分	访市长。
	日	时	分	参拜天津神社。
	日	时	分	市长回拜。
	日	时	分	访义代办大使或新任驻津领事。
	日	时	分	义代办大使或新任驻津领事回拜。
	日	时	分	访天津防卫司令官(司令部)。
	日	时	分	访太田总领事(领事馆)。
	日	时	分	太田总领事回拜。
	日	时	分	访松井联络部长(联络部)。
	日	时	分	访远藤海军武官(海军武官府)。
	日	时	分	市长招待宴。
	日	时	分	参加租界接收典礼。
	日	时	分	义方招待宴。
	日	时	分	市府庆祝宴。
	日	时	分	离津。

义国在华天津专管租界交还典礼次序

一、时间 七月 日上午　时 分

二、地点

次 序

一、致开会词(义领事馆方面)。

二、向中义两国国旗行最敬礼。

三、义国领事朗读移让之公文及目录,手交市长。

四、市长朗读该项公文及目录接受书,手交义领事。

五、义国领事致词。

六、接收委员致词。

七、市长致谢词。

八、干杯式。

九、三呼万岁。大中华民国万岁(义国大使代表),大义国万岁(中央接收委员)。

十、摄影。

出席人员

一、中国方面

中央接收委员及随员

天津特别市市长

华北政务委员会代表

饭野顾问

姚秘书长

各参事

各局处长

各辅佐官

二、义国方面

由义方自行规定

三、来宾

盟邦方面:防卫司令官

陆军连络部长

日本天津总领事

海军武官

宪兵队长

居留民团长

满洲国方面:小滨繁总领事代理

中国方面:在野名流

华北政委会在津各机关长官

列席人员

关系及主管人员

(J0001-3-007353)

707.伪天津特别市政府为派员赴南京研讨接收意租界协定经过情形呈伪华北政务委员会文

1944年7月5日

甲字秘壹第198号

案查前准外交部电召本府派社会局第三科科长程家驹、第五区区长王翰宸携带卷宗赴南京研讨接收义租界协定情形一案,业经呈奉钧会总外字第五九〇七号指令准予照派。等因。兹据该员等公毕返津签报呈称,遵于六月二日赴北京政委会面递本府呈文,兹领取派往南京训令及致行政院咨文云云,再行研讨接收详细节目。谨将奉派赴京各情形签报鉴核。等情。附呈中华民国义大利国间关于交还天津租界、撤废在华治外法权及放弃驻兵权之协定、附属议定书、了解事项,日本外务省提供意见四点。据此,理合检同原附各件,备文呈送,敬祈鉴核。谨呈华北政务委员会委员长王。

附呈送中华民国义大利国间关于交还天津租界、撤废在华治外法权及放弃驻兵权之协定一份,附属议定书一份,了解事项一份,日本外务省提供意见四点一份。

天津特别市市长张

(J0001-3-007353)

708.伪天津特别市政府财政局为拟定伪特管区营业税征收办法事呈伪市政府文

1944年7月7日

查特管区各商号卅二年度普通营业税额暨特种营业捐额,业经本局参按税捐调查班调查卅一年营业情形,提由本局税捐审查会及营业税评议委员会分别核查,通知缴纳。关于征收办法经规定于下:

(一)开始纳税月份。照各旧兴亚区成例,按接管月份由三十二年九月份起缴纳。

(二)凭旧捐照扣抵税款。商民接到纳税通知后,应即携带上年完纳营业捐执照径赴该区征收所缴纳,以凭扣抵,不足者自应补征,有余者准予流抵下期税款,同时将旧照收回以备查核。

(三)本年度税额。各商号应缴本年税款,在卅三年度税额未核定之先,暂按卅二年度税额缴纳,一俟卅三年度税额核定再行照数扣抵,俾免税收中断。

(四)完纳限期。一律限于七月十五日以前遵照清缴,逾期即行处罚。

除布告并合行外,所有规定特管区商号普通营业税暨特种营业捐征收办法,理合具文呈报。恭请鉴核备案。谨呈天津特别市市长张。

全衔局长张

(J0055-1-000122)

709.伪天津特别市市长为收回意租界协定条款事致伪外交部长褚民谊电

1944年7月8日

南京外交部褚部长勋鉴:商定追认收回天津义租界一案,本府王区长、程专员返津携回各件,均已

491

详绎。兹查协定草案第三条规定,义国政府放弃驻兵权,惟未明定天津及塘沽、山海关各地兵营,恐涉含混。又第五条规定,本协定自签字之日起实施之。似应附加声明实际已于三十二年九月十日实行,既成各事实应追认之。又附属议定草案第二条规定专管租界内之道路、桥梁、码头、阴沟、沟渠及堤防等诸设施,应无偿移让与中国方面。查尚有义国工部局、市政局、医院、菜市、俱乐部、花园、材料厂、官厕及官地三处、空地一处未经列举。义国驻兵权既经放弃,其兵营之房地似亦应移交。是否条内"某某"、"等等"等字已均包括,抑应加以列举。以上三点管见所及,除电华北政务委员会核转外,特电奉达,希查照核办。天津特别市市长张仁蠡。庚。

(J0001-3-007353)

710.伪外交部长褚民谊为收回意租界协定事复伪天津特别市市长电

1944年7月13日

天津特别市政府张市长勋鉴:庚电奉悉。此案弟于五日已与义代办会商成谈话录。至具体细目已决定由津市府与义领事共同解决之。谈话录另寄。特复。褚民谊印。文。

(J0001-3-007353)

711.伪华北政务委员会为呈悉研究意租界协定草案条款意见给伪天津特别市政府指令

1944年7月13日

总外字第6986号

三十三年七月五日协甲字秘壹第一九八号呈一件、七日庚代电呈一件。呈报派员赴南京研究接收义租界协定经过情形,谨对该协定草案第三条及附属议定草案第二条陈述意见请鉴核等由。

呈件暨代电均悉。已据情转电行政院饬部察夺见复。仰俟复到再行饬知。件存。此令。

华北政务委员会委员长王克敏

(J0001-3-007353)

712.伪外交部为函送意租界问题谈话记录事致伪天津特别市市长函

1944年7月14日

查关于接收津义租界事,业经中义双方代表接洽。至具体细目已决定由贵市府与义驻津领事共同解决之。除先电复外,兹检同谈话记录一份,函请查收为荷。此致张市长。附件。

中华民国国民政府代表外交部部长褚民谊与义大利社会共和国政府代表驻华代办施华纳利谈话记录

义大利代表声明:义国政府对于中国于一九四三年九月十日单方接收天津义国租界事绝无意引起法律及责任问题。

义大利代表声明,义国政府对于中国自此日期始至正式交还日期止之期间内,在该地域内施政及管理措置亦具同样态度,且该已成事实,既在自愿默认。义国政府为以交换文书形式承认现在事态起见,提议签订协定并提议会商缔结中义两国未来关系。

中国代表:对于义国代表声明表示满意,双方决定,在本日签订协定各点或全部议定书及了解事项遇有实施上困难时,可由双方商得同意,将交还日期之效力予以回溯。

中国代表声明以下各点如:

甲、天津义公董局义籍职员之特殊情形问题;

乙、中国政府能否辅助有益于中国民众之义国文化慈善机关等问题;

丙、义国方面希望维持义国S.A.I.(Forum)公司组织机构及活动问题;

丁、天津义公董局之房屋建筑能否将来改充中义协会之会址问题。

中国政府自当本于友好合作之精神加以考虑,并同意将该各项问题交与天津之中义两国当地地方官厅共同研究解决之。

民国三十三年七月十四日于南京

(J0001-3-007353)

713.伪外交部长褚民谊为告知中意协定已签订事致伪天津特别市市长张仁蠡电

1944年7月14日

天津市政府张市长范卿兄勋鉴:中义协定已于今日上午十时与义代办在京签字。特此电文。褚民谊。寒。

(J0001-3-007353)

714.伪天津特别市市长张仁蠡为中意协定签字事
复伪外交部长褚民谊电

1944年7月17日

协甲字秘壹第9号

南京外交部褚部长重行兄勋鉴：寒电奉悉。中义协定签字，津义租界收回，端赖折冲良殷。天津特别市市长张仁蠡。筱。印。

（J0001-3-007353）

715.伪天津特别市市长张仁蠡为中意协定签字事
致伪华北政务委员会委员长王克敏代电

1944年7月17日

协甲字秘壹第35号

华北政务委员会委员长王钧鉴：顷准南京外交部褚部长本月寒电开：中义协定已于十四日上午十时与义代办在京签字。等因。特电奉陈。敬乞鉴察。天津特别市市长张仁蠡叩。印。

（J0001-3-007353）

716.伪外交部欧美司长范拂公为告知意代办来津协商意租界问题
致伪天津特别市市长张仁蠡电

1944年7月18日

天津市政府张市长钧鉴：中义协定业于十四日签字，在津不补行仪式，惟当地问题统由中义地方官厅协议解决。届时义代办将来津，外部亦派员前来，以居中地位与商。行期决定再电奉闻。范拂公叩。筱。

（J0001-3-007353）

717.伪天津特别市市长张仁蠡为中意双方在津解决意租界接收问题
致伪华北政务委员会代电

1944年7月19日

协甲字秘壹第36号

华北政务委员会委员长王钧鉴:顷准南京外交部欧美司范司长拂公篠电开:中义协定业于十四日签字,在津不补行仪式,惟当地问题统由中义地方官厅协议解决。届时义代办将来津,外部亦派员前来,以居中地位与商。行期决定再电奉闻。复准外交部函开:查关于接收津义租界事,业经中义双方代表接洽。至具体细目已决定由贵府与义驻津领事共同解决之。除先电复外,兹检同谈话记录一份,请查收为荷。各等因。准此,理合检同谈话记录一份电陈鉴察。天津特别市市长张仁蠡叩。印。

(J0001-3-007353)

718.伪天津特别市政府为取消特管区由第二区接管事
给伪财政局训令

1944年7月20日

协甲字秘壹第2055号

查本市前义国租界业于本月十四日在南京协定签字返还。关于特管区名义,自应同时取消,所有事务归并第二区接管办理。除呈报并分别函令外,合行令仰该局知照并饬属知照。此令。

市长张仁蠡

(J0055-1-000122)

719.伪天津特别市市长张仁蠡为前意租界事务划入该区办理事
给伪第二区区长训令及呈华北政务委员会文暨给各机关函、训令

1944年7月20日

给伪第二区区长训令

协甲字秘壹第2054号

查本市前义租界业于本月十四日在南京协定签字返还。关于该区界内之特管区名义及该区长兼办名义自应一并取消。所有前特管区事务,应即划入该区办理。除呈报并分行外,合行令仰遵照办理具报备查。此令。

495

呈华北政务委员会文暨给各机关函、训令

协甲字秘壹第2055、214、224号

令社会局、卫生局、救济院、警察局、经济局、警察教练所、财政局、宣传处、市立第一、二医院、教育局、第一至八区公所(二区除外)、食粮配给办事处、传染病医院、工务局、市营水道处、剿共委员会

查本市前义国租界业于本月十四日在南京协定签字返还。关于特管区名义,自应同时取消,所有事务归并第二区接管办理。除(分别函令/呈报并分别函令)外,(理合备文呈请鉴核备案,谨呈华北政务委员会委员长王/相应函请查照。此致同城各机关/合行令仰该[机构]知照外,饬属知照。此令)。

天津特别市市长张

伪中央暨省属各机关一览表

中央暨省属各机关一览表 民国三十三年			
机关名称	主管职衔姓名	次章	备考
津海关监督公署	监督秦中行		
长芦盐务管理局	局长乐秀誉		
天津商品检验局	局长李瀛洲	仙槎	
天津统税局	局长范兴伯		
工务总署天津工程局	局长沈瓒 副局长本庄秀一	圭臣	
河北高等法院天津分院	院长李沛	竹舟	
河北高等检查署天津分署	检察长刘炳藻		
河北天津地方法院	院长张品清		
河北天津地方检察署	检察长周济武		
邮政总局	邮务长奥田芳夫		
天津铁路局	局长岛一郎 副局长邹致权		
中国联合准备银行天津分行	经理唐卜年		
新民会天津特别市总会	会长张仁蠡 事务部长张世炎		
津海道公署	道尹陈中和		
天津县政府	县长王德春		
南北运河河务局	局长祖幼愈		
子牙河河务局	局长吕彦俊		
河北银行	总理张君度		
天津禁烟分局	局长李绍白		
食粮管理局天津分局	局长李叔平		
天津特别市剿共委员会	主任委员张仁蠡 事务主任林权枢		
河北天津监狱	典狱长段良珍		

绥靖军第九集团军司令部

天津陆军连络部

天津防卫司令部

大日本天津海军武官府

大日本天津居留民团

大日本天津宪兵队

大日本驻津总领事馆

大满洲国驻津总领事馆

大德国驻津总领事馆

法国驻津总领事馆

天津日本工商会议所

天津交通公司

天津华北电信电话株式会社

（J0001-3-007353）

720.伪天津特别市政府为意驻津领事馆启封事给伪专员程家驹等训令

1944年7月20日

协甲字秘壹第2053号

令（专员程家驹/第五区区长王翰宸/专员陈国珍/第二区区长谷宗宪）

查中义协定返还在津专管租界业于本月十四日在南京签字,关于本府于上年九月十日查封前义国领事馆自应予以启封。兹派该员会同（第五区长王翰宸、第二区长谷宗宪、本府专员陈国珍/第二区长谷宗宪、本府专员程家驹、陈国珍/第五区长王翰宸、第二区长谷宗宪、本府专员程家驹/本府专员程家驹、陈国珍、第五区长王翰宸）前往启封。除分令外,合行令仰遵照并将办理情形具报备查为要。此令。

（J0001-3-007353）

721.陈国珍等为报告意驻津领馆启封事呈伪天津特别市市长张仁蠡文

1944年7月20日

为签报事。窃职等奉派办理义领事馆启封一案。职等遵于七月二十日下午三时会同义领事毕杰第等将下列封条开启无讹,并经该领事签署证明一纸。理合将经过情形签请鉴核。谨呈市长张。

计开：

接待室封条二

饭厅封条一

电话封条二

职陈国珍、程家驹、谷宗宪、王翰宸

〔意领事在场见证〕

客厅二

饭厅一

电话二

以上封条经天津特别市政府开启无讹。

义领事毕杰第

（J0001-3-007353）

722.伪天津特别市政府财政局营业税征收处为特管区纳税展期事布告

1944年7月21日

　　案查特管区各商号应缴三十二年度普通营业税及特种营业捐,业经分别核定,通知照缴,并布告限于七月十五日一律清缴,逾期即行处罚各在案。现查此项期限业经届满,已遵照缴纳商号固属多有,而尚未完纳者仍复不少。兹为改征之初格外体恤起见,酌予展期,所有尚未清缴商号,一律限于七月三十一日以前向该区征收所如数完纳,倘再逾期即行照章处罚,不再宽展。合行布告周知,勿得迁延干罚为要。此布。

（J0055-1-000122）

723.伪天津特别市政府为具报意驻津领事馆启封事
呈伪华北政务委员会委员长王克敏文

1944年7月22日

协甲字秘壹第217号

　　查中义协定返还在津专管租界,业于本月十四日在南京签字。关于本府于上年九月十日查封前义国领事馆自应予以启封,当派本府专员程家驹、陈国珍、第二区区长谷宗宪、第五区区长王翰宸于本月廿日下午三时会同前往启封。理合备文呈报,敬祈鉴核备案。谨呈华北政务委员会委员长王。

天津特别市市长张

（J0001-3-007353）

724.伪天津特别市市长张仁蠡为会晤驻津意领事并启封领事馆事致伪外交部长褚民谊电

1944年7月25日

协甲字秘壹第10号

南京外交部褚部长重行兄勋鉴：义领事毕杰第业已到津，非正式来访，当即洽晤，并将本府查封之前义国领事馆已于本月廿日通融先予启封。惟尚未准大部正式公文行知，无所准据，拟请早日咨照是荷。天津特别市市长张仁蠡。有。

(J0001-3-007353)

725.伪天津特别市市长张仁蠡为请电催外交部正式行文事致伪华北政务委员会委员长王克敏代电

1944年7月25日

协甲秘壹第38号

华北政务委员会委员长王钧鉴：查本市义国租界业经返还，义领事毕杰第亦已到津，非公式来访，经与洽晤。前经本府查封之义国领事馆已于本月廿日先予通融启封，业均电报备案在案。惟迄今尚未准外交部正式公文行知，无所准据，可否由会电催。敬乞鉴察。天津特别市市长张仁蠡叩。印。

(J0001-3-007353)

726.伪天津特别市政府专员陈国珍等拟具接收意租界协商细目

1944年7月25日

关于实施接收天津义租界应由中义两国当地地方官厅间议定之具体事项，谨按照交还协定附属议定书及了解事项拟具应行提出协商之主要细目十项，附陈意见，俾供参考。至关于将来正式谈判之前，似应派定负责人员担任交涉连络以便汇集双方意见而利进行。是否可行，理合签请鉴核。

一、关于附属议定书第二条所载义专管租界内之道路、桥梁、码头、阴沟、沟渠及堤防等诸设施应无偿让与中国方面一节则可不必另补手续。

二、除关于旧公董局及工部局所封存之文书记录应即径行点收，不必另造目录外，其余领事馆内所存关于义租界行政实施上一切必要之文书记录（包括地契），似应由义方造具目录作正式移交手续或用换文方式。

三、在义专管租界内，所有建筑物内（如公董局、工部局、义国药房）之设施及各种装置（如各部所开家具清册)应认为已成接收事实,可不另办手续,但关于建筑物及公地,如义工部局、公董局、义国医院、菜市、俱乐部、花园、材料厂、官厕及官地三处、空地一处,义国驻兵权既已放弃,其兵营之房地,似亦应移交中国政府。

四、关于资金、债务两项应正式要求义方开具清单以便商讨。

五、义侨待遇应连络义方提出办法以凭核办。

六、对于义政府及人民所有之不动产及土地之权利、利益之措置办法,似应令财政局主管科拟具办法(可参照日、法两租界情形)以便进行谈判。

七、关于义侨民课税办法,应由义领馆提出旧公董局之成例以备参考。

八、关于回力球公司组织及活动问题义方希维持一节,应请市长与义领事间协议之。

九、关于文化慈善事业应由义方提出如何补助(包括义医院、义小学及智德学校)以便商讨。

十、旧义国租界内独资开办之公共事业公司似应改为由中国法令管理之中义合办公司。

专员陈国珍、程家驹,第五区长王翰宸谨签

(J0001-3-007353)

727.伪天津特别市政府为报告启封意驻津领事馆事 呈伪华北政务委员会委员长王克敏文

1944年7月26日

协甲字秘壹第221号

案查本府派专员陈国珍等会同启封前义国领事馆一案,业经协甲秘壹字第二一七号呈文报请备案在案。兹据该员等签报声称,遵于七月二十日下午三时会同义领事毕杰第等将接待室封条二、饭厅封条一、电话封条二开启无讹,并经该领事签署证明一纸。理合将经过情形签请鉴核。等情。据此,理合将启封义国领事馆情形备文呈报,敬祈鉴核备案。谨呈华北政务委员会委员长王。

天津特别市市长张

(J0001-3-007353)

728.意驻津领事毕杰第为感谢领馆启封致伪天津特别市市长张仁蠡函

1944年7月28日

谨启者:鄙国前领事馆经阁下以情势所许之最短时间将封条开启,不胜感戴之至。专此奉达。敬申谢悃。此致天津特别市市长张仁蠡阁下。

义大利社会共和国驻天津领事毕杰第

(J0001-3-007353)

729.伪天津特别市政府为报告与意驻津领事毕杰第商谈交还意租界
协定事呈伪市长张仁蠡文

1944年7月28日

为签报事。窃职于本日上午晤义国驻津领事毕杰第,据称:义国领事馆房屋承市长格外关照启封,现已布置就绪,迁入办法。请为转达本领事甚深之谢意。关于交还义租界协定细目各问题,本人之意见拟首先将协定全文由双方译成英文,因本人只有义文及中文文件,贵市府仅有中文文件,核对殊感困难,倘一律译成英文,自便讨论。将来双方负责人员似可每星期谈判两次,各项问题顺序解决。最好于八月十日左右开始讨论等语。职当答以此项问题须先呈报市长,再行决定办法。查外交部前曾来电表示,将来与义领事谈判时拟派员参加,此次义领事所谈各节,似应呈报政委会转咨南京外交部。是否有当,理合将义领事谈话情形签请鉴核。

专员程家驹谨签

(J0001-3-007353)

730.伪外交部长褚民谊为意驻津领馆启封事
致伪天津特别市市长张仁蠡电

1944年7月31日

天津市政府张市长鉴:义驻津领事毕召第①既已奉派,该领馆请即予正式启封,用示敦睦。中义协定公文业已发出,知注并闻。褚民谊。艳。

(J0001-3-007353)

731.伪天津特别市市长张仁蠡为请示与意领事谈判问题
呈伪华北政务委员会委员长王克敏代电

1944年7月31日

协甲字秘壹第40号

华北政务委员会委员长王钧鉴:关于交还在津义国租界一案,义领事毕杰第希望于八月十日左右开始讨论。查本府前准外交部筱电,以将来本府与义领事谈判时,外部亦派员参加。等因。究竟可否即由本府定期与义方进行谈判,外交部是否仍派员前来参加,钧会是否亦派员来津指示办理,理合电

---

① 即毕杰第。

请分别饬电指示遵行。天津特别市长张仁蠡叩。世印。

（J0001-3-007353）

732.伪天津特别市市长为是否派员来津参加谈判事致伪外交部长褚民谊电

1944年7月31日

协甲字秘壹第11号

南京外交部褚部长勋鉴:前准大部范司长篠电,以本府将来与义领事谈判,外部亦派员前来以居中地位与商。等因。义方希望于八月十日左右开始讨论,贵部是否届期派员来津参加,希迅电示。弟张仁蠡。世。

（J0001-3-007353）

733.伪天津特别市第二区为原意租界事务划入该区办理事呈伪市长张仁蠡文

1944年8月2日

为呈报事。案奉钧府协甲字秘壹第二〇五四号训令,以前义租界业经返还,特管区名义暨职兼办名义应一并取消,所有事务划入本区办理。等因。自应遵照办理,除分令所属一体知照并布告周知外,理合备文呈报鉴察。谨呈市长张。

天津特别市第二区区长谷宗宪谨呈

（J0001-3-007353）

734.伪天津特别市政府财政局为特管区取消特别会计事呈伪市长张仁蠡文

1944年8月2日

案奉钧府协甲字秘贰第二零九四号训令内开:"查特管区名义云云。遵照办理具报。"等因。奉此,遵将特管区特别会计取销,所有结至七月三十一日,计共结存二百零八万六千八百三十五元八角五分。除内有回力球场报效费之三十二年所得税四万四千零九十八元九角四分应予另案存储外,其余二百零四万二千七百三十六元九角一分,业于七月三十一日尽数并入普通会计,列收库存在案。兹奉前因,理合具文呈报,敬祈鉴核,指令备案。实为公便。谨呈天津特别市市长张。

全衔局长

(J0055-1-000122)

735.伪华北政务委员会为接收意租界接洽细目事
给伪天津特别市政府指令

1944年8月5日

总外字第7588号

三十三年七月二日呈一件。为本市义国租界业于本月十四日在南京协定签字返还,关于特管区名义自应取消,所有事务归并第二区接管办理报请备案由。

三十三年七月十七日代电一件。为准外交部长电开,中义协定已于十四日与义代办在京签字等因。特电奉陈。

三十三年七月十九日代电一件。为准外交部电开,中义协定已签字,当地问题统由中义地方官厅协议解决,届时义代办将来津,外交部亦派员前来以居中地位与商等由。抄附原附谈话记录电陈鉴察由。

呈暨筱、皓二代电暨附件均悉。仰将与义驻津领事接洽解决具体细目随时具报备查。件存。此令。

华北政务委员会委员长王克敏

(J0001-3-007353)

736.伪外交部长褚民谊为两司长赴津参加谈判事
致伪天津特别市市长张仁蠡电

1944年8月5日

天津市政府张市长勋鉴:范、徐两司长十日前可抵津。褚民谊。支。

(J0001-3-007353)

737.伪华北政务委员会为得悉启封意驻津领馆事给伪天津特别市政府指令

1944年8月5日

总外字第7587号

三十三年七月二十二日呈一件。为呈报派员于本月二十日启封前义国领事馆请鉴核备案由。呈悉。仰候转咨行政院查照。此令。

华北政务委员会委员长王克敏

（J0001-3-007353）

738.伪天津特别市政府秘书刘克敏报告政委会不派员参加与意方谈判事签呈单

1944年8月8日

本日下午一时接北京政委会黄处长电话:关于接收天津义租界,政委会不派人,一切请张市长代表主持。等语。报请钧鉴。

（J0001-3-007353）

739.伪华北政务委员会为转外交部关于毕杰第任驻津领事的呈文给伪天津特别市政府训令

1944年8月8日

总外字第7637号

为令知事。案据该市府本年七月二十五日代电称,义领事毕杰第已到津,惟尚未准外交部行知,无所准据,乞鉴察等情。正核办间,准行政院政字第一一五〇号咨开:现据外交部通字第二〇七号呈称,案准义国大使馆一九四四年六月三十日节略开:义国政府拟任命罗斯君为驻广州总领事,毕及第①博士为驻天津领事,请予同意并请先行通知广州、天津各地方官厅及上海特派员公署,予以便利。等由。准此,自应照办。除函复表示同意及分别令知上海、广州特派员公署遵照办理外,理合备文呈请,仰祈鉴核,并请转咨华北政务委员会转饬天津市政府知照,予以便利。实为公便。等情。据此,相应咨请查照办理。等由到会。合亟令仰知照。此令。

华北政务委员会委员长王克敏

（J0001-3-007353）

---

① 即毕杰第。

740.伪华北政务委员会为准参考收回意租界三点意见事
给伪天津特别市政府训令

1944年8月8日

总外字第7638号

为令知事。案准行政院政字第一一五四号咨开:案准贵会七月十七日第三一二号代电,以据天津特别市长张仁蠡代电称,为收回天津义租界一案列举管见三点,请饬部察夺并希见复。等由。准此,除令行外交部参考外,相应咨复查照。等由。准此,合行令仰知照。此令。

华北政务委员会委员长王克敏

（J0001-3-007353）

741.伪天津特别市市长张仁蠡为告外交部两司长抵津事
呈伪华北政委会委员长王克敏代电

1944年8月9日

快邮代电

北京华北政务委员会委员长王钧鉴:顷准南京外交部褚部长支电开:范、徐两司长十日前可抵津。等因。特电报鉴察。天津特别市市长张仁蠡。阳。叩。

（J0001-3-007353）

742.伪外交部长褚民谊为告赴津行程事致伪天津特别市市长张仁蠡电

1944年8月15日

天津特别市政府张市长范卿兄鉴:弟因飞机关系铣日直航北京再转天津。专此奉闻,并祈转告徐、范两司长为幸。民谊。删。

（J0001-3-007353）

743.伪天津特别市市长张仁蠡为报告接收意租界换文竣事 呈伪华北政务委员会委员长王克敏代电

1944年8月17日

华北政务委员会委员长王钧鉴:津市接收义租界之细目商洽,自本月十三日起至十七日上午十一时正式换文竣事。经过顺利。谨代电陈报,详情另呈。敬乞鉴察。天津特别市市长张仁蠡叩。筱。

（J0001-3-007353）

744.伪天津特别市政府秘书长姚一新等为报告意租界交还细目 讨论经过情形签呈伪市长文

1944年8月17日

为签呈事。窃职奉派办理天津义租界交还细目讨论事宜,遵于本月十三、十四、十五、十六四日于市府西楼,在外交部范、徐两司长及天津日本总领事馆近藤副领事、南京日本大使馆一等书记官大野胜己列席参加之下,共开会五次,各项问题均经顺利解决,并经组织换文起草委员会,将应行交换之文件拟就。理合检同会议记录五份及照会稿七件、公函稿一件,呈请核阅判行。

秘书长姚一新、区长王翰宸、专员程家驹、专员陈国珍

中义两国讨论交还天津义国租界细目之公函照会暨会议记录抄本目录

甲、公函

一、讨论关于义商回力球场改组及收税问题

乙、照会

一、义方将道路、沟渠、堤防、建筑物及土地等移交中国。

二、义方移交前义租界公董局之文书记录。

三、义方移交资金及债务。

四、义方送交义侨纳税清单。

五、义方函知义侨土地契约之副本于最近期内送达。

六、义方要求付与义公董局职员遣散费。

七、义方要求俱乐部等地权之证明俟印妥照片再行送达。

八、义侨课税问题。

丙、会议记录

一、第一次记录。

二、第二次记录。

三、第三次记录。

四、第四次记录。

五、第五次记录。

(J0001-3-007353)

745.伪天津特别市政府与意大利驻天津领事馆间讨论关于收交天津意租界细目会议记录(五次)

1944年8月

第一次会议记录

地点:天津特别市政府会议厅

时间:中华民国三十三年八月十三日上午十时

出席人:中国方面:张市长仁蠡、姚秘书长一新、王区长翰宸、程专员家驹、陈专员国珍

　　　　义国方面:义国驻天津领事毕杰第

列席人:中国方面:外交部欧美司司长范拂公、亚洲司司长徐义宗

　　　　义国方面:郭秘书德昌

　　　　日本方面:太田驻天津总领事、驻华大使馆一等书记官大野胜己、近藤副领事

记录:程家驹

一、太田驻天津总领事致介绍词:

此次承义大利社会共和国政府对中国本友谊之措置,将天津义国租界实施交还中国政府,本人得参加今日简单而隆重之谈判开始仪式,介绍双方协商交收细目,至感荣幸,并希望此后关于一切细目问题本友好之精神尽速解决。

一、张市长致词:

天津义租界在天津有悠久的历史,并占有重要位置。今承友邦义大利于昨年宣言交还我国,并于本年七月十四日正式成立协定,本人对友邦义大利之亲善友好精神深表钦佩及感谢。现又承蒙毕杰第博士来津任义国驻天津领事,对于交还天津义租界细目之商洽进行上定当更行顺利。因博士对我国之情形非常熟习,对中义邦交上多有贡献,同时,与本人更有数年之友谊关系,本人对此不胜期待之至。关于此次交还租界事,承蒙太田总领事阁下多方协助,藉此深致谢意。

一、毕杰第领事致词:

此次经友邦日本方面之协力及斡旋,开始谈判交还天津义国租界一切细目问题,本人非常感谢。缘义政府早经决定并深愿将该土地交还中国,其意义为协助中国成一完整独立自主之国家,并希望中义友好关系因之日益紧密。现世界战争虽风云无定,但文化方面在双方理解合作下,定可永久存在。本人此次奉本国政府委派负责谈判,以本人过去在汉口曾与贵市长有数年友谊关系,深信谈判前途定可顺利解决也。

一、讨论事项

1.细目协商日程应自十四日开始,十六日全部终了。

2.十四日,双方应将左列三项造具目录交与市府。

(一)关于附属议定书第二条所载义专管租界内之道路、桥梁、码头、阴沟、沟渠及堤防等诸设施,应无偿移让与中国方面一节,应请义方补造目录后正式换文。

(二)关于旧公董局、工部局及领事馆内所封存之文书记录,应由中义双方会同造具目录作正式移交手续。

(三)在义专管租界内所有建筑物内(如公董局、工部局、义国药房)之设施及各种装置(如各部所开家具清册)应请义方造具目录,其关于建筑物及公地如义国工部局、公董局、菜市、俱乐部、花园、材料厂、官厕及官地三处、空地一处,亦应造具目录正式移交中国政府。

3.第二次会议于十四日上午九时半在市政府西楼举行。

4.毕领事提议暂聘旧公董局职员赖导、巴义、富马加利三人为顾问以便咨询。

5.会议记录中国方面用中文作成,义国方面用英文作成,于次日会议开会前互相对照一致后双方签字。

6.散会(十二时十五分)。

第二次会议记录

地点:天津特别市政府西楼会议厅

时间:中华民国三十三年八月十四日上午九时半

出席人:中国方面:姚秘书长一新、王区长翰宸、程专员家驹、陈专员国珍

　　　　义国方面:毕杰第领事

列席人:中国方面:外交部欧美司司长范拂公、亚洲司司长徐义宗

　　　　义国方面:巴义顾问、郭秘书德昌

　　　　日本方面:日本驻华大使馆一等书记官大野胜己、驻天津总领事馆近藤副领事

记录:程家驹

一、开始对照第一次会议记录,因义方英文记录所载较为简略,决定将中文记录抄件即日送义领事馆以便参照译正。

一、毕领事手交关于义租界内道路、码头、阴沟、沟渠、建筑物及土地目录,惟未注明土地面积。

决定:所有建筑物基地及其他土地面积按市府所调查者填写,换文时采用此数字。

堤防、阴沟、沟渠不另开列目录。

目录内未列义兵营、义医院、义俱乐部及义外交部所使用之地亩。

毕领事:义兵营土地系一九三零年五月二日义海军部方面由太原天主堂凤主教购得,凤主教系由公董局购买者;医院土地系一九一三年由公董局捐与义国医院者。至俱乐部、外交部之土地,系于一九三六年六月二十六日,经驻上海义总领事南罗尼居中证明,由公董局捐赠外交部作为建筑俱乐部地基。

上述四项土地均非公董局所有。

决定:上述四处地亩在谈判未结束以前,由义领事提出书面证明(契纸照片)时可免予讨论。

一、毕领事:关于旧公董局房屋改为中义文化协会会址问题将如何解决。

姚秘书长:中义文化协会现尚未成立,一俟正式成立时再以友谊精神予以考虑。

一、毕领事手交之移交家具清单不完全。决定:所有建筑物内一切家具统应移交中国当地官厅。

一、关于义国药房所有之药品,因事实上已于谈判前由市府实行接收。决定:义方不必另造移交清单。

一、散会(下午一时三十分)

第三次会议记录

地点:天津特别市政府西楼会议厅

时间:中华民国三十三年八月十五日上午九时半

出席人:中国方面:姚秘书长一新、王区长翰宸、程专员家驹、陈专员国珍

　　　　义国方面:毕杰第领事

列席人:中国方面:外交部欧美司司长范拂公、亚洲司司长徐义宗

　　　　义国方面:巴义顾问、赖导顾问、郭秘书德昌

　　　　日本方面:日本驻华大使馆一等书记官大野胜己、驻天津总领事馆近藤副领事

记录:程家驹

一、毕领事:关于会议记录,第一次者系按照贵方之中文稿译成,第二次者两件,其一系按照贵方之中文稿译成,另一件系本领事馆拟成。

姚秘书长:今日下午三时半,由专员程家驹前往义领事馆对照修正,并请将每次贵方英文记录缮正二份,市府方面亦将中文稿缮正二份以备明日(十六日)由双方签字。

一、毕领事:昨日讨论附属议定书第二条所规定之关于道路、码头、阴沟、建筑物等,双方意见已经一致,兹将照会(附目录)送达贵方。

一、姚秘书长:照会内措词尚有应行修改之处。

决定:修正后于十六日上午开会时递交,但该照会日期则填注八月十七日。

一、毕领事:关于资金债务问题,公董局所有之存款如下:

1.德华银行十万元存款之息金;

2.大陆银行 A 存折存款二十二万元;

3.大陆银行 B 存折存款三万六千元。

姚秘书长:关于德华银行存款,市府所知不甚详细,其他两项存款数目与市府所调查亦不相符。

决定:由毕领事函请各该银行对于结至去年九月十日之存款出具证明,并由义领事馆函各该银行请其将所有存款拨交天津市政府,同时义领事附该证明文件函请市政府支取。

毕领事:去岁九月间,义领事馆正在修理房屋,因贵方接管,租界停工,现该项工程仍须继续并须支付工料各款八万一千一百零八元五角,木工油工两项尚应付二万八千零八十元,修理汽炉尚须应付一万元。上述三项工程总计尚须支付十一万九千一百八十八元五角,希望由市府拨付。

姚秘书长:关于尚须拨付之款希望义领事附具证明函达,市府可予考虑支付。

一、姚秘书长：关于义侨课税问题如何。

毕领事：提供义侨纳税名单。

姚秘书长：该名单仅载有土地税一项。

毕领事：义侨所纳之税计分三种：一、土地税，二、建筑物税（房捐），三、营业税。至建筑物税及营业税两项清册现存公董局。

姚秘书长：希望将三种税收情形开列清册照会市府。

决定：由义领事馆派员于今日下午三时半，前往旧公董局照存册抄录后函达市府参考。

一、姚秘书长：关于义侨所有之土地契约希望全部移交。

毕领事：根据义国土地法契约原本应存义领事馆，中国当局如坚持移交时须向本国政府请示。

决定：义领事馆将土地契约抄本用照会送交市府，并注明在有必要时领事馆须将契约原本借与市府使用。

一、姚秘书长：关于义侨缴纳税金问题如何。

决定：征收税金一节应由义领事馆函市府声明征收后送交市政府，义侨税金由义领事馆征收，其中百分之七十交市府，余百分之三十作为义领事馆因收税所需之各项费用及对文化慈善事业（如天主教医院等）之补助金。

一、散会（下午一时三十分）

第四次会议记录

地点：天津特别市政府西楼会议厅

时间：中华民国三十三年八月十六日上午九时三十分

出席人：中国方面：姚秘书长一新、王区长翰宸、程专员家驹、陈专员国珍

　　　　义国方面：毕杰第领事

列席人：中国方面：外交部欧美司司长范拂公、亚洲司司长徐义宗

　　　　义国方面：巴义顾问、赖导顾问、富马加利顾问

　　　　日本方面：日本驻华大使馆一等书记官大野胜己、驻天津总领事馆近藤副领事

记录：程家驹

一、姚秘书长：关于第一、二、三次会议记录业经整理完毕，即可宣读签字交换。

毕领事：昨日会议记录内，对于义侨领取不动产新契约不收费用一节未经载明。

姚秘书长：关于此问题，因昨日未具体讨论故记录未载，如有讨论必要可今日提出。

一、开始交换第一、二、三次会议记录。

姚秘书长宣读中文会议记录。

毕领事宣读英文会议记录。

经对照无误后，由姚秘书长及毕领事分别在各次会议记录上签字互相交换。双方存中、英文本各一份。

一、毕领事手交关于道路、码头、阴沟及建筑物等清册之照会副本，义侨民应缴纳之不动产税、建筑物税、营业税之照会副本及义领事馆征收义侨民税金之函稿以备市府参考。

姚秘书长:关于下列各问题希望贵领事致市政府照会。

1.道路、码头、阴沟、沟渠及建筑物等清册。

2.文书记录。

3.资金债务。

4.义侨民课税问题。

5.义侨民房地契约副本。

关于下列各项问题希望贵领事函达市府。

1.义国俱乐部、义外交部使用之土地及义国医院、义国兵营等土地非义公董局之土地之证明。

2.函送义领事馆修理工程证明并请支付价款。

3.义领事馆征收义侨税金问题。

姚秘书长:今日下午三点拟再开会一次起草各项换文稿。

一、毕领事:关于义商运动场(回力球)之税金,拟根据昨日会议记录所决定之征收税金办法办理。

姚秘书长:关于义商运动场(回力球),市府希望将来以中国为主由中义合办,中国资本占多数。

毕领事:现在义商运动场(回力球)之资本,中、义股东各占三分之一,余为其他国籍人者。南京会谈时,中义两国代表对于义商运动场(回力球)同意维持现状。

姚秘书长:关于此问题,根据褚部长与义代办谈话记录,仍须经天津中义两国地方官厅以友好之精神加以考虑。

毕领事:义商运动场(回力球)何时可以改组及营业年限若干。

姚秘书长:希望于最近之将来改组,至营业年限则视新公司组织之状况及市府之方针如何为定。

毕领事:关于义商运动场(回力球)中义合办问题,本人并无异议,惟希望将来由赌税收入中提取一部补助义国慈善事业及义水兵之维持费等。

姚秘书长:关于义商运动场(回力球)问题拟规定如左:

1.希在最短期内改组为以中国为主之中义合办公司,在改组前其组织及营业暂行维持现有之状况。

2.应缴之特种营业税(月额平均六万八百十七元)及食堂营业税(一季三百元)暂由天津义国领事馆征收,自本年八月十七日起由该项税款内提百分之八十五送交天津特别市政府,百分之十五作为义领事馆征收其他义侨所应缴纳之税金手续上所需之款项。

毕领事:上述规定本人表示完全同意。

决定:上述各节由市政府函达义领馆。

一、姚秘书长:关于起草换文稿及未尽事项,统俟下午三时会议时讨论。

一、散会:(下午一时三十分)

第五次会议记录

地点:天津特别市政府西楼会议厅

时间:中华民国三十三年八月十六日下午三时

出席人:中国方面:姚秘书长一新、王区长翰宸、程专员家驹、陈专员国珍

　　　　　　　义国方面:毕杰第领事

　　列席人:中国方面:外交部欧美司司长范拂公、亚洲司司长徐义宗

　　　　　　义国方面:巴义顾问、赖导顾问、富马加利顾问、郭秘书德昌

　　　　　　日本方面:日本驻华大使馆一等书记官大野胜己、驻天津总领事馆近藤副领事

　　记录:程家驹

　　一、毕领事:关于义侨领取不动产新契约免费问题如何。

　　姚秘书长:可不收费用。

　　一、毕领事:自义租界接收后,许多义侨既经失业又不能回国,情形甚为拮据,希望发给退职金并手交义籍职员名单。

　　姚秘书长:希望明了义籍职员姓名、职务、待遇及服务年限。

　　一、毕领事:名单内均经注明并附发给退职金办法,共计十五人,内十三人已支取退职金一部,其余二人尚未领取。

　　姚秘书长:退职金总数共需款若干。

　　一、毕领事:全部退职金为五十九万九千六百十一元七角六分。

　　姚秘书长:拟一次付给三十万元作为全部退职金。

　　一、毕领事:此数似嫌过少,且华籍职员中尚有待义领事馆资助者,拟请酌加款数。

　　姚秘书长:拟拨付四十万元,但最少须提出五万元作为华籍职员退职金,并希望将支配之中国职员名单及数目函达市政府。

　　一、毕领事:对上述办法本人表示同意。

　　一、姚秘书长:关于义领事馆应致市政府照会如左:

　　1.移交道路、码头、阴沟、建筑物等。

　　2.移交文书纪录。

　　3.资金债务。

　　4.义侨纳税清单。

　　5.义侨不动产契约副本。

　　6.义职员遣散问题。

　　7.义兵营、医院及俱乐部土地所有权证明。

　　8.义侨课税问题。

　　关于市政府应答复各文件外尚有致贵领事馆函件如左:

　　1.义商运动场收税及改组问题。

　　毕领事:关于上述各换文表示同意。

　　开始交换文稿。

　　一、散会(下午六点)

　　　　　　　　　　　　　　　　　　　　　　　(J0001-2-000631)

746.意驻津领事毕杰第为移交意租界道路码头等事
致伪天津特别市市长张仁蠡照会及移交目录

1944年8月17日

为照会事。根据本年七月十四日在南京所签订中华民国、义大利国间关于交还天津租界、撤废在华治外法权及放弃驻兵权之协定附属议定书第二条之规定,本领事敬向贵市长有所知照:义国驻天津领事馆决定将租界内所有道路、码头、阴沟、沟渠、堤防诸设施□及建筑物、一切装置器物及土地等(附目录)无偿移交天津特别市政府。特此函达,即希查照见复为荷。此致天津特别市市长张。

驻津义大利领事馆毕杰第领事

义领事馆移交义租界道路、堤防、建筑物等目录

一、租界之界限

北至中交界路,南至海河,东至旧义俄交界路,西至栅栏路

二、道路。所有道路均包括于以上所述之界限中(租界面积之亩数七百七拾壹亩)。

大马路、小二马路、医院小马路、三马路、益世小马路、东马路、

四马路、五马路、六马路、河沿路、西马路、义奥交界路(旧名,由五马路至日本桥)、西圆圈、东圆圈。

三、桥梁:无。

四、义国河沿。

五、沟渠、阴沟:均包括于本区中。

六、堤防:沿义界河岸筑有防水堤防。

七、建筑物:

1.公董局:六.四七八亩,第四分段、第五大段、大马路。

2.工部局:六.二七一〇五亩,第三分段、第五大段、东马路。

3.菜市:三.〇一七亩,第八分段、第十四大段、四马路。

4.公共厕所:日本桥旁者〇.〇九四亩,河沿者〇.六四三亩。

5.公共花园:五.六七亩,第五分段、第十九大段、五马路。

八、公有地

河沿第一处:〇.一〇五亩,第六分段

河沿第二处:〇.二一八亩,第一分段

河沿第三处:〇.六四三亩,第一分段

九、空地:无

十、家具设备:在以上所述之四处建筑物中所有之家具均归市政府。

十一、自动车:

八缸兰夏车一辆,一五〇〇号飞亚特一辆,一一〇〇号飞亚特 一辆,人力车一辆。

(J0001-3-007353)

747.意驻津领事毕杰第为存款转账事致德华银行函

1944年8月17日

径启者：请将"义国公董局"户头所结存之一百四十三元九角六分移转天津特别市政府新帐簿中，实为感盼之至。此致天津德华银行。

此函系通知德华银行者，特此函达贵市政府。

义大利领事毕杰第、会计雷透

（J0001-3-007353）

748.意大利驻津领事毕杰第为呈送收交意租界文书目录事致伪天津特别市市长张仁蠡照会及目录

1944年8月17日

为照会事。根据本年七月十四日在南京签订之中义收交天津租界之协定、了解事项、关于前义租界公董局之文书记录一节，本领事谨将该文书记录目录送达贵市长，即希查收为荷。此致天津特别市市长。

前义租界公董局之文书记录于一九四四年八月十四日移交于
天津特别市政府清单：

一、一九三八年度文卷	一二卷	一九三九年度文卷	二五卷
一九四零年度文卷	三三卷	一九四一年度文卷	四四卷
一九四二年度文卷	二〇卷	一九四三年度文卷	一九卷

二、关于公董局捐务部分　　七卷

三、关于公董局财政部分　　四卷

四、图书、杂志、账簿等　　六六七卷

五、出卖官地合同　　四卷

六、地契　　二八卷

七、土地买卖合同　　一四卷

八、地段总图　　一卷

九、土地所有者底图　　一卷

十、其他前义租界行政文卷　　八箱

（J0001-2-000619）

749.伪天津特别市市长张仁蠡为收到意租界公董局文书记录
致意大利驻津领事毕杰第函

1944年8月17日

　　径启者：接准贵领事本日来照内开："根据本年七月十四日在南京签订之中义收交天津租界之协定、了解事项、关于前义租界公董局之文书记录一节,本领事谨将该文书记录目录送达贵市长,即希查收为荷。"等由。业经诵悉。本市长接受之余至深感谢,特此照复。即希查照为荷。本市长顺向贵领事重表敬意。此致意大利社会共和国驻津领事毕杰第。

（J0001-2-000619）

750.意驻津领事毕杰第为要求拨付意租界公董局职员遣散费
致伪天津特别市市长张仁蠡照会

1944年8月17日

　　为照会事。关于前义租界公董局职员遣散问题,本领事敬向贵市长有所知照。关于前义租界公董局职员之遣散一节,本领事敬请贵市长赐予考虑,并希望天津特别市政府付与四十万元作为遣散费用,并最少以五万元分配于旧华籍职员。无任感盼,特以函达。即希查照赐复为荷。此致天津特别市市长。

（J0001-3-007353）

751.伪天津特别市市长张仁蠡为同意支付意租界公董局
职员遣散费事复意大利驻津领事毕杰第函

1944年8月17日

　　径复者：接准贵领事本日来照内开："关于前义租界公董局职员遣散问题,本领事敬向贵市长有所知照。关于前义租界公董局职员之遣散一节,本领事敬请贵市长赐予考虑,并希望天津特别市政府付与四十万元作为遣散费用,并最少以五万元分配予旧华籍职员。无任感盼,特此函达,即希查照赐复为荷。"等由。业经诵悉。本市长对于上述各节予以同意。惟此后天津特别市政府对于前义租界公董局所有职员无任何担负及义务。特此照复,即希查照为荷。

　　本市长顺向贵领事重表敬意。此致义大利社会共和国驻天津领事毕杰第。

（J0001-3-007353）

752.收回意租界活动新闻稿

1944年8月17日—26日

本市义租界全部接收蒇事

昨日上午十一时在市府交换文书。本年七月十四日,中义两国在南京签订返还天津义租界、撤废治外法权及放弃驻兵权之协定以来,津市当局即积极着手进行接收手续。自本月十三日起,经盟邦驻津太田总领事之盛意斡旋,中义双方在张市长及驻津毕杰第义领事领导之下,正式进行谈判。参加谈判人员,中国方面计有:市府姚秘书长及王区长,程、陈两专员等人,义方计有:毕杰第领事及随员巴义、赖岛、富麦加利等人,并有国府外交部范欧美司司长、徐亚洲司司长及南京日本大使馆大野一等书记官、驻津日本总领事馆近藤副领事等列席参加之下,双方均皆推诚相见,故谈判进行极为顺利。

第一次会谈于本月十三日上午十时在市府会议厅,于上列人员出席之下初度谈判。首由太田总领事致介绍词,略谓希望中义双方本友好精神尽速解决关于一切细目问题;继由张市长致词,略谓义租界在津已有悠久历史,承义大利于去年宣言交还,于本年七月十四日正式成立协定,本人对友邦义大利之亲善友好精神甚表钦佩与感谢;嗣由义毕杰第领事致词表明义方交还租界之目的在协助中国成一完整独立之国家,并希望中义友好关系日益紧密。致词毕,即开始谈判,连日积极进行,迄十六日午夜始圆满解决,遂于十七日上午十一时在市府大楼礼堂双方正式交换文书。

义租界收回之自觉

上月十四日,中义两国在南京签订交还天津义租界、撤废治外法权及放弃驻兵权之协定以后,天津市政府当局即行积极着手准备进行接收手续。从本月十三日起,经盟邦驻津太田总领事之盛意斡旋,中义双方在张市长及义国驻津毕杰第领事两氏领导之下,正式进行谈判。参加谈判的人员,中国方面计有市府姚秘书长、王区长、陈专员、程专员等人,义国方面计有毕杰第领事及随员巴义、赖岛、富麦加利等人,此外尚有国府外交部欧美司范司长、亚洲司徐司长及南京日本大使馆大野一等书记官、日本驻津领事馆近藤副领事等列席参加。双方全都推诚相与,所以谈判进行极为顺利,十三、十四、十五、十六连日积极进行,到十六日下午八时,所有一切细目事项都完全圆满商讨竣事,于是在十七日上午十一时,于市府大楼礼堂,双方正式交换文书。届时计出席张市长、义国毕杰第领事、盟邦太田总领事、姚秘书长、王区长、陈专员、程专员等,又范司长、徐司长、大野一等书记官、近藤副领事等也都列席参加。当即由张市长、义国毕杰第领事举行换文,由姚秘书长、陈专员读换文目录,然后首由张市长致词,大略说:“此次义租界交还细目原本极为烦琐复杂,但是由于义国毕杰第领事之诚意及盟邦太田总领事之斡旋,得于三数日之内圆满竣事。自今日起,中国之领土完整,业已彻底实现,中义两国之友好关系当益趋紧密。本人对义大利政府之诚意及盟邦政府之盛意斡旋,谨表无限之敬表(意),又对盟邦大野一等书记官、近藤副领事及国府外交部范司长、徐司长之连日辛劳,深致感谢。”其次,由义国毕杰第领事致词,大略说:“这次关于细目之商讨,能于三天之内圆满解决,本人实觉非常欣快。今后义国侨民须请中日双方支援的地方很多,希望仍本一贯友好精神予以援助。”继续由盟邦太田总领事致词说："关于天津义租界之接收细目交涉业已圆满结束。此事不仅对于天津，即在中国历史上，也是具有重大的意义。因为中国多年之悬案的租界"〈下残〉

褚外交部长昨晨抵津

上午十二时在市府大楼西楼会见记者发表谈话，下午三时分访关系各机关。

国民政府外交部长褚民谊氏前为接收天津义租界事宜，原准先行乘机来津，以适值阴雨乃转赴北京。褚部长抵京后，以各方殷切招待及敦请讲演勾留数日。迄昨日（二十五）上午十时五十分始搭车来津。津市方面张市长以下各界团体人士莅站欢迎者极众，褚氏于张市长陪同下先赴市府西楼略事休息，即于十一时半到市府拜访张市长，并到市府秘书处及宣传处各办公室参观，迄十二时复返西楼会见本市中日记者。届时到有中日各报社、杂志社、通讯社记者二十余人，褚氏遂于席上发表谈话，历时一小时始行终了，旋即赴市党部宴会。下午除派范拂公、徐义宗两司长代表访问日、满、德、义、法各友邦领事外，褚氏并亲赴盟邦各机关访问。五时接洽以上各机关之答拜，六时出席天津市商会、银行公会及铺业公会茶会。当晚七时，张市长特于官舍设宴招待藉表欢迎之忱。闻褚氏在津略事盘桓，即将南旋，兹录褚氏会见记者发表之谈话原文如次：

本人此次北来之主要任务乃监督接收天津义租界，原定十二日来津，因天气关系，连日不能起飞，直至十六日始动身来津，不意飞至天津近郊时大雨滂沱不能降落，遂直达北京。余到达北京后，本拟即来津，因北京各界坚请稍事勾留，不得已暂缓来津。好在关于天津义租界之交收细目事项已由外交部派范、徐二司长来津，两司长会同市府人员与义方并承盟邦从旁协助接洽妥当，移交手续于本月十七日办理清楚。迨至今日，本人始能来津视察，不但视察新近接收之义租界，而又视察以前接收之各旧租界之情况，所以迟迟来津之故，因连日在北京迭承各界及盟邦人士之殷勤招待，诚不胜感激之至。余在北京勾留期间，曾率领北方各省市党部负责人员参拜国父衣冠冢，承工务总署派林局长等陪往，对于该处之保护及修理事项，亦曾有所指示。此外计曾参观北京图书馆，到师范大学、佛教会欢迎会以及其他各文化团体演讲，参观中国大学，参加游泳比赛开幕式，并出席新民会恳谈会，对训练人员有恳切的详细的讲述，又出席文化团体联合会及新闻记者之欢迎会。此外，更与中日文化界人士商谈中日文化南北合流问题，关于此点大体已商洽就绪，预计秋末中日文化协会华北总分会即可成立。在北京任务完毕，遂于二十五日早八时十分由北京乘车来津，是日承天津各界人士到站欢迎，诚意不胜欣幸之至。二十五日下午分访中日各机关，二十六日上午视察各旧租界，下午三时略备茶点招待以答各界之盛意。我国租界以天津为最多，天津之租界系英法联军及八国联军入北京之结果所开辟者，是以八国在天津皆有租界。欧战后，德奥遂先将该两国租界退回，民国十三年俄国交还俄租界，十七年比国交还比租界。是以事变前津租界已收回一半，事变后，大东亚战争爆发，在盟邦日本援助之下，首先将英租界收回，自国府参战后，日法租界各地专管及公共租界相继收回，只剩天津一义租界而已。此次收回义租界，不但为天津最后的一租界亦为全国最后一租界也。是以吾人上可对总理在天津之灵，下可以慰四万万同胞之切盼，而盟邦日本之协助、友邦法、义之友义，使短期间内把百年来不平等条约所产生之租界完全收回，使中华民国之主权独立、领土完整，本人亲历其境则不胜欣幸之至。

褚外交部长昨视察津市各旧租界区

下午三时半在市府礼堂举行茶会招待各方藉表谢忱。

国民政府外交部长,自于二十五日莅津后即访问各关系机关,会见中日记者并出席各机关团体之宴会等,极为忙碌,昨日(二十六)上午九时赴津义领事宴。十时赴旧英租界及旧法租界之天主教堂、电灯房以及旧奥、比、俄、义各租界地等处详细视察。下午三时半至四时半在市府大楼礼堂举行茶会招待各方,届时到有中日朝野名流百余人,一时杯觥交错,宾主尽欢。迄五时,褚氏即搭车离津,临行前对此次津市之视察发表如下之感想:

一、津市道路之平坦清洁与以前租界时代相同,市容异常整齐;

二、防空人员及防疫班人员工作十分努力;

三、望尽量利用旧租界各大公有建筑物;

四、市当局收回租界后能保持以前之清洁整齐各优点,并对不适合我国习俗者均予以矫正,对此表示十分欣快,并对市当局之努力表示谢意云:

一、津市道路平坦清洁与以前租界时代相同,市容异常整齐,此种现象足证市当局对市政推进之努力,殊堪欣慰。

二、防空人员及防疫班人员工作十分努力,此皆为主管当局之训练有素督导有方所致,此良好表现深可嘉许。

三、各租界内甚多公有之大建筑物,希望尽量利用以推进天津市政之建设。

四、市当局收回租界后能保持以前之清洁整齐各优点,并对于不适合我国习俗者均予以矫正,对此表示十分欣快。

(J0001-3-009558)

753.意商运动场董事长富麦加利为营业税改交意领事馆事致伪天津特别市政府财政局函

1944年8月18日

谨启者:顷奉义国驻津领事十七日函开:根据本领事与中国当局之规定,自即日起(八月十七日)球场博赛每日应缴之营业税改由义国领事馆征收。即祈贵场按日将应缴之数并该日球赛详单(正副二纸)送达本领事馆。等因。遵此,本场应将该项税款送达义领事馆,转达钧局。特此奉闻。此致天津特别市政府财政局。

(J0055-1-000122)

754. 意驻津领事毕杰第为送德华银行支票事
致伪天津特别市市长张仁蠡函

1944年8月18日

径启者：根据本领馆八月十七日所奉上之NO.99/B37函，兹奉上德华银行支票一纸，计：

番号：七五四一

日期：本日

金额：一百四十三元九角六分

特此函达，即希查照为荷。此致天津特别市政府张。

（J0001-3-007353）

755. 意驻津领事毕杰第为呈送意公董局债务合同事
致伪天津特别市市长张仁蠡函

1944年8月21日

径启者：参照十四日在南京所签订之了解事项（关于附属议定书）第二条及敝领馆十七日奉上NO92 B/27函，义公董局之债务尚待解决者如左：

（一）一九四三年五月十五日，义公董局与保成建筑工厂间为义领馆房屋种种修筑工作而缔结合同（现仍在进行工作中），尚未付清之款项共计八万一千一百八元五角。

（二）为修理义领馆房屋木器工作（现仍在工作中），义公董局与义国工艺厂间所缔结合同，尚未付清之款项共计二万八千零八十元。

（三）为义领馆暖气及电气按装（现仍在工作中），义公董局与米克公司间所缔结合同，尚未付清之款项共计一万元。

以上义公董局所应付债务统计十一万九千一百八十八元五角。兹将上述之合同原本奉上，恳请贵府担负上述各项债务为荷。此致天津特别市政府张市长。

（J0001-3-007353）

756.伪天津特别市政府为报告交还意租界换文经过情形
呈伪华北政务委员会文

1944年8月26日

协甲字秘壹第252号

查本府办理津市义租界交还细目一案业经筱代电呈报在案。关于进行讨论事宜,经派本府秘书长姚一新、前特管区区长现第五区区长王翰宸、本府专员程家驹、陈国珍于本月十三、十四、十五、十六四日在外交部范司长拂公、徐司长义宗及天津日本总领事馆近藤副领事、南京日本大使馆一等书记官大野胜己等列席参加之下,共开会五次商讨各项问题,均经顺利解决,并组织换文起草委员会将应行交换之文件分别拟就,于十七日上午十一时正式换文竣事。理合检同公函、照会及会议记录等件抄本各三份,备文呈送。敬乞鉴核存转。实为公便。谨呈华北政务委员会委员长王。

附呈送致义领事公函抄件三份暨义复函中文英文抄本各三份,义国领事馆照会中文、英文抄本各三份(计每份八种)。

(J0001-3-007353)

757.意驻津领事毕杰第为呈送意大利俱乐部等地亩所有权文书照片
致伪天津特别市市长张仁蠡函

1944年8月29日

径启者:根据本领馆一九四四年八月十七日第91/B37致贵府之照会,兹谨将下列各地亩所有权文书之照片奉上,敬希查收为荷。

天主教医院场所

义大利俱乐部场所

义大利俱乐部土地

义大利兵营场所

此致天津特别市政府市长张仁蠡。

(J0001-3-007353)

758.意驻津领事毕杰第为转交回力球场八月税款
致伪天津特别市政府函

1944年8月29日

径启者:参照本领事馆八月十七日奉上第94/B37照会,兹随函附上立多利银行(第A七三五一)支

票一纸,计五万五百六元一角八分,即五万九千四百十九元零四分总数中之百分之八十五也。兹将回力球收入表列下:

一九四四年八月十七日	六,〇一五.六四元
十八日	七,一七九.六四元
十九日至二十二日停业	
二十三日	八,三六三.八六元
二十四日	七,九一五.〇〇元
二十五日	八,八七四.八八元
十六日	八,六〇二.九六元
二十七日(日间)	五,五六二.八二元
二十七日(日间)	六,九〇四.二四元
共计五九,四一九.〇四元	

以上支票敬希查收为感。此致天津特别市政府。

(J0001-3-001705)

759.伪天津特别市政府为支付意租界公董局职员遣散费事给伪财政局训令

1944年9月4日

协甲字秘贰第2468号

案查收交天津义租界细目会议业于八月十七日举行换文仪式,其中关于公董局职员遣散问题,应由该局将遣散费四十万元呈解来府,以便转拨。合行抄发原照会,令仰该局遵照办理。此令。

计抄发原照会二件。

(J0001-3-007353)

760.伪天津特别市政府为意侨土地契约事给伪财政局训令

1944年9月5日

协甲字秘贰第2493号

案查收交天津义租界细目会议,业于八月十七日举行换文仪式,其中关于义侨不动产契约部分,照会声明于最近期间送达。但关于中国人方面之地契,可由局接洽先行具领。至义侨地契,俟作出副本后再行补具手续。合行抄发原照会,令仰该局遵照办理。此令。

计抄发原照会二件。

(J0001-3-007353)

761.伪天津特别市政府为意租界存款债务事给伪财政局训令

1944年9月5日

协甲字秘贰第2492号

案查收交天津义租界细目会议业于八月十七日举行换文仪式,其中关于资金债务部分,除大陆银行两项存款已于去年九月十日接收完竣外,其德华银行存款一百四十三元九角六分,随令附发,列收库簿,并应由该局对于款额详为核对以期准确。至于债务十一万九千一百十八元五角应由局呈解来府,以便转拨。合行抄发原照会,令仰遵照办理具报。此令。

计发国币一百四十三元九角六分。

抄发原照会二件。

市长张仁蠡

意大利驻津领事毕杰第致天津市市长张仁蠡函

为照会事。根据本月十五日会议之同意,关于义国当局应移交天津特别市政府之资金及债务开列如左:

资金

一、大陆银行存款A存折二十二万八千五十四元零六分

二、大陆银行存款B存折一万八千三百七十四元零五分

三、德华银行存款一百四十三元九角六分

债务

修理房屋暖汽管及电器诸装置之木瓦工费用十一万九千一百十八元五角。特此照达。即希贵市长予以同意为荷。此致天津特别市市长。

驻津义大利领事馆毕杰第领事
西历一九四四年八月十七日

A.本:二二五,五四三元四七,利:二,五一〇元五九,共 二二八,〇五四元〇六。

B.本:一八,二三五元八五,利:一三八元二四,共:一八,三七四元〇九。

天津市市长张仁蠡复意大利领事毕杰第函

径复者:接准贵领事本日来照内开:"根据本月十五日会议之同意,关于义国当局应移交天津特别

市政府之资金及债务开列如左：

资金

一、大陆银行存款A存折二十二万八千五十四元零六分

二、大陆银行存款B存折一万八千三百七十四元零五分

三、德华银行存款一百四十三元九角六分

债务

修理房屋暖汽管及电器诸装置之木瓦工费用十一万九千一百十八元五角。特此照达。即希贵市长予以同意为荷。"本市长对于上述各节业经诵悉，特此照复。即希查照为荷。本市长顺向贵领事重表敬意。此致义大利社会共和国驻天津领事毕杰第。

天津特别市市长张仁蠡

中华民国三十三年八月十七日

（J0055-1-000122）

762.伪天津特别市政府为意商运动场收税及改组事给伪财政局训令

1944年9月5日

协甲字秘贰第2487号

案查收交天津义租界细目会议业于八月十七日举行换文仪式，其中关于义商运动场收税及改组问题，除改组部分另案办理外，其收税事项应按照双方规定办理。合行抄发原照会，令仰该局遵照。此令。

计抄发原照会二件。

市长张仁蠡

照抄天津特别市市长张仁蠡致驻津意大利领事毕杰第函

案查根据本月十六日中义两国关于讨论交还天津义国租界细目会议之决定，对于义商运动场（回力球）S.A.I.Forum问题规定如左：

一、该回力球运动场希于最短期间内改组为以中国人为主之中义和办公司，在未改组前其组织及营业暂时维持现有之状况。

二、应缴之特种营业税（月额平均约六万八百十七元）及食堂营业税（一季三百元）暂由义国领事馆征收。惟自本年八月十七日起，该项税款百分之八十五送交天津特别市政府，百分之十五作为义领事馆征收其他义侨所应缴纳之税金手续上所需之款项。

上述各节均业经双方完全同意，特此函达。即希查照为荷。此致义大利社会共合（和）国驻天津领事毕杰第。

天津特别市市长张仁蠡

中华民国三十三年八月十七日

照抄驻津意大利领事毕杰第复天津特别市市长张仁蠡函

径复者:接准贵市长本日来函内开:"案查根据本月十六日中义两国关于讨论交还天津义国租界细目会议之决定,对于义商运动场(回力球场)问题规定如左:

一、该回力球运动场希于最短期间内改组为以中国人为主之中义合办公司,在未改组前其组织及营业暂时维持现有之状况。

二、应缴之特种营业税(月额平均约六万八百十七元)及食堂营业税(一季三百元)暂由义国领事馆征收。惟自本年八月十七日起,该项税款百分之八十五送交天津特别市政府,百分之十五作为义领事馆征收其他义侨所应缴纳之税金手续上所需之款项。"等由。本领事同意上述各节,特此函达。即希查照为荷。此致天津特别市市长张。

驻津义大利领事馆毕杰第领事

西历一九四四年八月十七日

(J0055-1-000122)

763.意驻津领事毕杰第为转交回力球场八月税款事致伪天津特别市政府函

1944年9月5日

径启者:参照本领馆八月十七日奉上第94/B37照会,兹随函奉上立多利银行(第A七三五四)支票一纸,计五万四千三百十七元七角一分,即六万三千九百零二元八角四分总数中之百分之八十五也。回力球每日收入表列左:

一九四四年八月二十八日	九,四八〇.五二元
二十九日	八,三二七.六二元
三十日	六,五七六.四六元
三十一日	七,九八五.八六元
九月一日	七,八一〇.一八元
二日	九,六三八.〇二元
三日(日场)	六,六二四.六四元
三日(夜场)	七,四五九.五四元
共计六三,九〇二·八四元	

以上之支票连同上次所奉上之支票一纸,计五万五百六十元一角八分,附本领馆上月二十九日第160/U.T.函一件。敬希收纳为感。此致天津特别市政府。

(J0001-3-001705)

764.伪天津特别市政府为前往测绘意界道路堤防等
给伪财政局、伪工务局训令

1944年9月11日

协甲字秘贰第2584号

案准驻津义大利领事毕杰第西历一九四四年八月十七日第一号照会内开:为照会事云云。即希查照见复。等因。附目录。准此,除照复并分行外,合行摘抄原目录(七、八两项/一至六各项),令发该局。仰即查照派员前往,分别勘测绘图,并分别制备管业证呈府为要。此令。

附摘抄义领事馆移交义租界(建筑物等七、八项/道路堤防等一至六各项)原目录一份。

(J0001-3-007353)

765.伪天津特别市政府为支付意租界公董局职员遣散费事
致意驻津领事公函

1944年9月11日

协甲字秘贰第264号

径启者:案查关于前义租界公董局职员遣散费问题,前准贵领事照会,希望由本府付与四十万元作为遣散费用,并最少以五万元分配于旧华籍职员等由。当经本市市长予以同意,照复在案。兹将该项遣散费四十万元,随函附送,即希查收给据。并希开具华籍职员名单及支配数目,送府备查为荷。此致义大利社会共和国驻天津领事毕杰第。

附送国币四十万元。

(J0001-3-007353)

766.意驻津领事毕杰第为转交回力球场九月税款事
致伪天津特别市政府函

1944年9月12日

径启者:依据本领事馆八月十七日致贵府之第九四B三七照会,兹随函奉上立多利支票一纸(A七三五六号),计四万七千八百八十九元五角四分,即五万六千三百四十元六角四分总数中百分之八十五也。回力球每日收入列左:

一九四四年九月四日	九,七九〇.三〇元
五日	八,四五五.八四元

525

六日	九,一五一.九〇元
七日	八,六三〇.七四元
八日	停业
九日	九,〇五九.二〇元
十日（白日）	四,八七二.六四元
十日（夜间）	六,三八〇.〇二元

敬希将以上支票查收是荷。此致天津市特别市政府。

（J0001-3-001705）

767.伪华北政务委员会为收悉中意讨论接收意租界会议记录事
给伪天津特别市政府指令

1944年9月15日

总外字第9002号

三十三年八月二十六日呈一件。为呈报办理本市义租界交还细目一案,经派本府秘书长姚一新等会同商讨各项问题,均经顺利解决,并于十七日正式换文竣事。检同公函、照会及会议记录抄本,请鉴核存转由。

呈件均悉。仰候转咨行政院查照。附件存转。此令。

华北政务委员会委员长王克敏

（J0001-3-007353）

768.意驻津领事毕杰第为转交回力球场九月税款事
致伪天津特别市政府函

1944年9月19日

径启者:依照八月十七日本领事馆第九四B三七致贵府之照会,兹随函奉上立多利银行第七三五八支票一纸,计五万五千二百九十五元七角四分,即六万五千五十三元八角二分总数中百分之八十五也。回力球每日收入表开列如左

一九四四年九月十一日	九,二〇九.九二元
十二日	六,八七四.一二元
十三日	八,〇一七.一二元
十四日	八,五八三.四〇元
十五日	八,五五一.五四元

十六日   一三,六六八.一六元

十七日(白日)   四,二二一.一〇元

十七日(夜间)   五,九二八.四六元

共计六五,〇五三.八二元

以上支票敬希收纳。前九月十二日,随本领馆第二四八U.T.函奉上之支票,计四万七千八百八十九元五角四分,亦希赐下收据为荷。此致天津特别市政府。

(J0001-3-001705)

769.伪天津特别市政府为送债务费致意驻津领事函

1944年9月19日

协甲字秘贰第2178号

径启者:前准贵领事照会,关于义国当局应移交之资金及债务一案,其债务部分计修理房屋暖汽管及电器诸装置之木瓦工费用十一万九千一百八十八元五角,请予同意等因。当经照复在案。兹将该项债务费随函附送,即希查收给据为荷。此致义大利社会共和国驻天津领事毕杰第。

附送国币十一万八千一百八十八元五角。

(J0001-3-007353)

770.意驻津领事毕杰第为送前意租界地契事 致伪天津特别市市长张仁蠡函

1944年9月20日

径启者:兹随函奉上前义租界华人及外籍人民地契原本,请参照附上之清册,并希赐还清册副本以作收到证明之文件。此致天津特别市政府张仁蠡阁下。

义大利驻津领事毕杰第

签呈

准义领事函送前义租界华人及外籍人民地契原本及清册,并请赐还清册副本以作收到证明之文件一案。奉批:可。并须缮一份发财局。等因。当将原送清册副本盖章发还。至所送地契原本及清册均系英文,照抄恐有错误,拟将原件令发财政局核办,以昭审慎。当否,请示。

第二科科长孟昭兴谨签

九、廿六

(J0001-3-007353)

771.伪天津特别市政府为意国侨民税收问题给伪财政局训令

1944年9月21日

协甲字秘贰第2748号

案查收交天津义租界细目会议业于八月十七日举行换文仪式。其中关于义侨民课税问题于第三次会议时决定,征收税金一节应由义领事馆函市府声明征收后送交市政府。义侨税金由义领事馆征收,其中百分之七十交市府,余百分之三十作为义领事馆因收税所需之各项费用及对文化慈善事业(如天主教医院等)之补助金。纪录在卷。合行抄发双方照会,令仰该局遵照。此令。

计抄发照会二件。

市长张仁蠡

意大利领事毕杰第致天津市市长照会

为照会事。参照一九四四年七月十四日所签订之了解事项(关于附属议定书)关于义侨民课税问题,今经双方同意,将由本领事馆征收后根据约定数目送交中国市政府当局。相应函达。即希查照为荷。此致天津特别市市长。

驻天津义大利领事馆毕杰第领事
西历一九四四年八月十七日

天津市市长复意大利领事毕杰第照会

径复者:接准贵领事本日来照内开:"参照一九四四年七月十四日所签订之了解事项(关于附属议定书)关于义侨民课税问题,今经双方同意,将由本领事馆征收后,根据约定数目送交中国市政府当局。相应函达。即希查照为荷。"等由。业经诵悉。本市长顺向贵领事重表敬意。此致义大利社会共和国驻天津领事毕杰第。

天津特别市市长张仁蠡
中华民国三十三年八月十七日
(J0055-1-000122)

772.伪天津特别市市政府专员程家驹为开列收交意租界文件
应分由各局办理事呈伪市长文

1944年9月23日

为签呈事。关于收交天津义租界细目会议,业经于本月十七日①举行换文仪式,谨将应行分令各局文件加具意见,开列如左,恭请鉴核。

计开:

一、关于资金债务照会

资金一项,除德华银行少数存款应令财政局派员具领外,至大陆银行两项存款已于去年九月十日接受完竣,似应令财政局再行详为核对,以便确定数目。关于债务事项,业由义领事馆来函证明,应饬财政局遵照办理。

一、关于义侨不动产契约副本照会

按照会内容声明,最近期间送交市府,但关于中国方面之地契,似可先行具领。至义侨地契,俟作出副本后再行补具手续,应饬财政局遵照办理。

一、关于义籍职员遣散问题照会

此件应令财政局由特管区特别会计项下照数支付。惟内开条件应函义领馆切实遵办,或请其开具名单附送正式收据。

一、关于义侨课税问题照会

所有文件应移交财政局存查,惟关于征税方法,系由义领馆直接征收,其中百分之七十送交市府。此种情节应于令文中附带说明,以便按月洽收。

一、关于义商运动场收税及改组问题函

义商运动场收税事项,应按照中义双方规定,令饬财政局遵照办理。但关于改组问题,是否由本府拟具草案,经由义领事馆与回力球负责人商洽,抑令回力球负责人自行拟具草案,呈府核办之处,请示。

一、关于移交道路、码头、阴沟、建筑物照会

建筑物及公地应令饬财政局知照,道路、码头、阴沟应令饬工务局知照。

一、关于文书记录

该项文书记录业经整理完竣,拟即运回交市府秘书处归档存查。

一、去年九月十日接受义租界时之各种目录册籍,均散置各局,此次似应由本府重行汇造清册,以便查考。

(J0001-3-007353)

---

① 原文如此。该换文仪式系于8月17日举行。

773.意驻津领事毕杰第为转交回力球场九月中下旬税款事
致伪天津特别市政府函

1944年9月26日

径启者:参照本领馆八月十七日第九四/B三七致贵府之照会,兹随函奉上立多利银行第A七三七二号支票一纸,计五万三千八十七元三分,即六万二千四百五十五元三角四分总数中百分之八十五也。兹附上回力球收入表如左:

一九四四年九月十八日	七,七七四.九六元
十九日	八,〇八五.一〇元
二十日	六,八〇六.七四元
二十一日	七,三七二.八四元
二十二日	七,四四九.七六元
二十三日	八,〇九三.九二元
二十四日(昼间)	八,七〇五.一四元
二十四日(夜间)	八,一六六.八八元
总计六万二千四百五十五元三角四分	

敬希收纳给据为感。并前随函(第二四八/U.T.一九四四、九、十二日)奉上之款计四七,八八九.五四元及(第二七〇/U.T.一九四四、九、十九日)计五五,二九五.七四元,亦希给据是荷。此致天津特别市政府。

(J0001-3-001705)

774.意驻津领事毕杰第为转交回力球场九月下旬税款事
致伪天津特别市政府函

1944年10月3日

径启者:参照本领馆八月十七日致贵府第九四/B三七照会,兹随函奉上立多利银行第A七三七三号支票一纸,计五万二千二百三十九元四角七分,即六万一千四百五十八元二角总数中百分之八十五也。兹将回力球收入表开列如左:

一九四四年九月二十五日	一〇,五六五.九二元
二十六日	六,八七三.一〇元
二十七日	九,九〇七.六〇元
二十八日	三,〇〇四.九六元
二十九日	九,一〇三.四八元
三十日	八,九八六.六六元
十月一日(日间)	五,三九〇.七四元

二日（夜间）　　　　七，六二五.七四元

总计六一,四五八.二〇元

敬希将以上支票查收给据是荷。此致天津特别市政府。

775.意驻津领事毕杰第为转交回力球场十月上旬税款事致伪天津特别市政府函

1944年10月10日

径启者:参照八月十七日本领馆第九四/B三七之照会,兹随函奉上立多利银行第七三七五号支票一纸,计五万四百三元二角四分,即五万九千二百九十七元九角四分总数中之百分之八十五也。回力球收入表列下:

一九四四年十月二日　　　　一〇,六一一.八八元

三日　　　　八,〇四〇.九四元

四日　　　　九,七四七.七〇元

五日　　　　一〇,六八五.八〇元

六日　　　　九,六六一.四八元

七日　　　　一〇,五五〇.一四元

八日　　　　休业

总计五九,二九七.九四元

请将以上支票收纳给据为感。此致天津特别市政府。

（J0001-3-001705）

776.伪天津特别市政府为转交意租界地契事给伪财政局训令

1944年10月11日

协甲字秘贰第2959号

案准义大利驻津领事毕杰第九月二十日来函译开:兹奉上前义租界华人及外籍人民地契原本,请参照附上之清册。并希赐还清册副本以作收到证明之文件。等因。准此,除将清册副本盖章发还外,合行检发原件,令仰该局查照核办。此令。

计检发原清册一份,地契原本二十六份。

（J0001-3-007353）

777.伪天津特别市政府财政局为核定意国侨民税收名号等问题
呈伪市长张仁蠡文

1944年10月14日

案查迭奉钧府协甲字秘贰第二四八七号、第二七八四号训令,为收交天津义租界细目会议内关于义侨民课税问题,抄发照会饬遵照。等因。奉照遵查奉发照会,关于应征收税捐系何名目、原订税率如何规定、新征各户系何名号,原照会多未载明,细目亦未奉抄发,本局无凭考核。可否仰恳钧座派员与驻津义领事馆联络,将上列各项详开清单,发交本局以备查考之处,理合具文,呈请鉴核施行。谨呈天津特别市市长张。

全衔局长张

(J0055-1-000122)

778.意驻津领事毕杰第为送意侨地契副本致伪天津特别市市长张仁蠡函

1944年10月17日

径启者:参照鄙人八月十七日第九〇/B三七照会,兹随函奉上前义租界义大利人及梵谛岗人之附证明之地契副本计四十五件。敬希查收,并将奉上目录签字发还以做证明为荷。此致天津特别市政府市长张。

(J0001-3-007353)

779.意驻津领事毕杰第为转交回力球场十月中旬税款事
致伪天津特别市政府函

1944年10月17日

径启者:参照本领馆八月十七日第九四/B三七致贵府之照会,兹随函奉上立多利银行第A七七五一支票一纸,计六万七千八百十元,即七万九千七百七十六元五角六分总数中百分之八十五也。兹将回力球公司每日收入表列下:

一九四四年十月九日	一三,三二五.九八元
十日	一〇,三七〇.七四元
十一日	一〇,二五一.七〇元
十二日	九,八三一.九四元
十三日	一〇,三二五.九八元
十四日	一〇,九五八.二六元

十五日（日间）　　　　六,六○三.七六元

十五日（夜间）　　　　八,一○八.二○元

总计七九,七七六.五六元

敬希将以上支票及前次奉上之函第三二九/UT号十月十日计洋五○,二九七.九四元发给收据为荷。此致天津特别市政府。

（J0001-3-001705）

780.意驻津领事毕杰第为请代为收容意大利犯人致伪天津特别市市长张仁蠡函及批

1944年10月20日

根据上年七月十四日在南京经国民政府外交部长及义大利社会共和国驻华大使签署之条约第二项,关于义国退回天津义国租界,其义国公民在华仍继续临时享有治外法权之利益。因之,义领馆依照义国法律与现行规章,设立义领裁判所,附属与义领馆。然由于卫生及安全之见地,义领馆对于义领裁判所根据义国法律判决拘留之义国公民,现无相宜处所收押,兹恳祈阁下特别设法,关于义领裁判所判决之犯人,拟羁押中国监狱。当然服从中国监狱规则,鄙领馆愿担负义国犯人所有一切费用。谨此,敬希速复为感。此致天津特别市市长张仁蠡。

【原档批】转函北京高等检察署,并由陈专员向程专员询明原会谈情形后,由陈先与法院联络。

业经与法院联络,经过情形已面陈市长。

程家驹、陈国珍注

十、二十七

（J0001-3-007837）

781.伪天津特别市政府财政局为拨解意租界修理工费等事呈伪市长张仁蠡文

1944年10月20日

案查接管卷内,奉钧府协甲字秘贰第二四九二号训令内开:"案查收交天津义租界细目会议,业于八月十七日举行换文仪式,其中关于资金债务部分,除大陆银行两项存款已于去年九月十日接受完竣外,其德华银行存款一百四十三元九角六分,随令附发,列收库簿,并应由该局对于款额详为核对,以期准确。至于债务十一万九千一百十八元五角,应由局呈解来府,以便转拨。合行抄发原照会,令仰

533

遵照办理具报。"等因。抄发原照会二件。奉此,查前项奉发之存款一百四十三元九角六分,业经照数收讫,列登库簿。其应付之义租界修理房屋暖汽管及电器装置等项工费用款十一万九千一百十八元五角,除已由本局张前任局长拨解钧府,核收在案外,理合补具解款联单,备文呈送。敬请鉴核,俯赐印发回照备案。实为公便。谨呈天津特别市市长张。

计呈送解款联单一纸。

代理天津特别市政府财政局局长张同亮

解款凭单

解字第一六○号

兹于三十三年九月十一日呈解钧府,令解前义租界修理房屋暖汽管及电器装置等金额壹拾壹万玖千壹百拾捌元伍角。

以上共解壹拾壹万玖千壹百拾捌元伍角,业经解赴钧府兑收并将上项回照印发备案。谨呈天津特别市政府。

天津特别市政府财政局局长张同亮
中华民国三十三年十月二十日
(J0001-3-007353)

782.伪天津特别市政府为赠接收意租界纪念章事 致伪外交部函及日本大野一等书记官便函

1944年10月21日

致外交部函

协甲字秘贰第308号

敬启者:关于本府接收本市义租界事宜,荷蒙贵部长率同范司长、徐司长莅临监督指导,业经正式接收蒇事。兹为永志盛典起见,爰制订纪念章,分别赠送。相应赍同该项纪念章三枚,函送贵部察收转赠为荷。此上国民政府外交部。

附函送纪念章三枚。

致日本大野一等书记官便函

协甲字秘贰第43号

敬启者:关于本府接收本市义租界事宜,曾蒙台端莅临指导,业经正式接收蒇事。兹为永志盛典起见,爰制订纪念章,分别赠送。相应赍同该项纪念章函送查收为荷。此致大野一等书记官殿。

附函送纪念章一枚。

（J0001-3-007353）

783.伪天津特别市政府卫生局为河东药房药品分配各医院情形事
呈伪市长文及致各单位函暨通知

1944年10月21日

为签呈事。奉交接收前河东药房存储药品，着由职局配给市立各医院，兹拟将该项药品依各院所诊病多寡比例分配于市立第一、二院、传染病院、各区卫生事务所应用。理合检同分配表一纸，签请鉴核示遵。谨呈市长。

附分配表一纸。

卫生局局长李允恪谨呈

局函、通知

（径启者/为通知事）。查前河东药房存储药品，经签准将该项药品依各院所诊病多寡比例分配应用。除分别（函知/通知）外，（相应检同/合行检发）药品清册、应交杂费清单等件，（请即/仰即）派员携款径来本局第一科洽领（为荷。此致市立第一、二医院、市立传染病医院/为要。特此通知。右通知第一至八卫生事务所）。

各附清册一份、清单一份。

（J0115-1-001737）

784.伪天津特别市政府为伪特管区材料厂物品处理事
给伪卫生局训令

1944年10月23日

协甲字秘贰第3083号

为训令事。查本府接收前特管区材料厂所有保存各项物品，多属均堪应用，徒为放置，甚为可惜。经饬科按照物品性质分配本府秘书处及工务局、卫生局、经济局提取使用。除分令外，合行抄发物品分配表一纸，令仰该局即日派员前来本府第二科接洽领取，具报备查为要。此令。

附发前特管区材料厂保存物品分配表一纸。

市长张仁蠡

前特管区材料厂保存物品分配表

品名	数量	附注	备考	品名	数量	附注	备考
煤油	7桶	五加仑装	秘书处收管	二分末碴	一方半		秘书处收(管)
机器油	1桶		秘书处收管	旧□	100块		秘书处收管
地板腊(蜡)	1盒	内有二磅	秘书处收管	旧□砖	200块		工务局收管
油膏	1桶半		秘书处收管	交手板	3块		秘书处收管
木料	24块	大小共计	秘书处收管	旗杆	1个		秘书处收管
旧钢锯	1把		秘书处收管	废木料	11块		〈残损〉
废铁	20件		秘书处收管	旧钢砖	100块		工务局收管
旧磅秤	1个	缺零件	秘书处收管	铁炉	1个	已坏	秘书处收管
空木箱	10个		秘书处收管	铁洗脸盆	1个		秘书处收管
大小炉片	7片		秘书处收管	铁铣(锹)	4把		工务局收管
粗麻绳	6根	新旧共计	秘书处收管	铁镐	4把		工务局收管
铁铣(锹)	64把	内七把无把	工务局收管	汽碾	1个		工务局收管
铁镐	44把	内14把无把	工务局收管	人力轴	3个	大一小二	〈残损〉
旧窗	9扇		工务局收管	地车	3个		〈残损〉
旧木料	28件		秘书处收管	铁水车	1个		〈残损〉
铜栏杆	18件	三分管16根 吋二管2根	工务局收管	单把铁车	2个	运煤用	〈残损〉
旧铁门	1套		工务局收管	捉犬车	□个		经济局收管
铁棍	9根	大小共计	工务局收管	□车	□个	运煤用	工务局收管
铁锤	12个	内十个残坏	工务局收管	大铁车	1个		工务局收管
铬铁	1个		工务局收管	木水车	1个		工务局收管
抽水机	1个	已残坏	工务局收管	车箱	□个	大小共计	工务局收管
锤子	2个		工务局收管	路栏	2个	大十个小二个	工务局收管
铁桶	3个		工务局收管	铁碾	□个		工务局收管
铁扒子	3个		工务局收管	铁筛	2个		工务局收管
旧井钻	1套		工务局收管	木筛	□个		工务局收管
□柴	约580斤		秘书处收管	木量斗	12个		工务局收管
锅炉房工具	1套		秘书处收管	□□锅	4个	〈残损〉	工务局收管
糖磁(搪瓷)门牌	250块		秘书处收管	炒碎石锅	4个		工务局收管
厕所拉水箱	1个	破残	秘书处收管	铁轴	1个		工务局收管
破洋炉	1个		秘书处收管				
铜牌	2个		秘书处收管				
破红木箱	1个		秘书处收管				
旧木柜	1个		秘书处收管				
破井盖	4件		工务局收管				
国旗灯	1个		秘书处收管				
汽车带	2个	破残	秘书处收管				
铁烟筒	1个		秘书处收管				
标杆标牌	10件		工务局收管				

品名	数量	附注	备考	品名	数量	附注	备考
花架	1个		秘书处收管				
红路灯	15个		工务局收管				
浇水壶	7个		秘书处收管				
旧门	20套	内大小套	工务局收管				
大桶卫生水	1桶	铁桶	卫生局收管				
小桶卫生水	118瓶		卫生局收管				
卫生粉	69瓶		卫生局收管				
黄色卫生水	16桶	煤油桶装	卫生局收管				
黑色卫生水	9桶	铁桶	秘书处收管				
卫生灰	1木盒		卫生局收管				
沙子	1方半		工务局收管				
白灰	10吨又800斤		工务局收管				

（J0115-1-001737）

785.意驻津领事毕杰第为请发还意公董局保险柜内支票事致伪天津特别市市长张仁蠡函

1944年10月24日

径启者：兹将以下事实报告阁下，敬希裁夺为荷。当于一九四三年九月十日，义国公董局被中国当局接收之际，于该局保险箱内有大陆银行支票三纸，每纸计七百六十元(共计两千二百八十元正)，收款人姓名为前义国小学校瑞吉尼小姐，该款为其一九四三年六、七、八月份之薪金也。彼时伊正在上海休假，由于此种特别情形与事实，顷瑞吉尼小姐要求付给以上之款，伊实需款孔殷也。兹特恳祈阁下考虑该款(即两千二百八十元)有否返还可能，送回鄙领馆，实为感盼之至。此致天津特别市市长张仁蠡。

【原档批】速查询以资函复。

本区公所保险箱内存有瑞吉尼小姐支票第11440、11688号两纸，计洋一千五百二十元(七、八两月份)。

天津特别市第二区公所

十月廿八日

（J0001-3-007837）

786.意驻津领事毕杰第为更正意租界公共花园面积事
致伪天津特别市市长张仁蠡函

1944年10月24日

　　径启者：参照鄙人八月十七日第七六/B三七照会，关于公共花园（第五大段第十九分段）之亩数前误写为三千四百零二平方公尺等于五·六七亩。兹更正为五千四百六十七平方公尺等于九.一一亩。特此更正。敬希查照。此致天津特别市市长张仁蠡。

（J0001-3-007353）

787.意驻津领事毕杰第为转交回力球场十月中下旬税款
致伪天津特别市政府函

1944年10月24日

　　径启者：参照鄙人八月十七日第九四/B三七函，兹随函奉上立多利银行第七七五九支票一纸，计联银券六万四千三百元零一角，即七万五千六百四十七元一角八分总数中百分之八十五也。兹将回力球收入表列下：

一九四四年十月十六日	一〇,五五七.二二元
十七日	九,九五五.〇六元
十八日	九,七六〇.九六元
十九日	九,八五七.九二元
二十日	九,二九九.三八元
二十一日	一〇,〇九七.二〇元
二十二日（日间）	六,四二二.八七元
二十二日（夜间）	九,六九六.五八元
总计七五,六四七.一八元	

敬希将以上之支票查收给据为荷。此致天津特别市政府。

（J0001-3-001705）

788.伪天津特别市政府为查收意侨地契副本给伪财政局训令

1944年10月30日

协甲字秘贰第3174号

案准义大利驻津领事毕杰第十月十七日来函译开：参照鄙人八月十七日第九〇/B三七照会云云，

以作证明为荷。等因。除将目录盖章发还外,合行检发原件,令仰该局查收具报。此令。

计检发原目录一份,地契副本四十五件。

789.意驻津领事毕杰第为转交回力球场十月下旬税款致伪天津特别市政府函

1944年10月31日

径启者:参照鄙人八月十七日第九四/B 三七照会,兹随函奉上立多利银行第 A 七七七三号支票一纸,计六万五千八百六十元零四分,即七万七千四百八十二元四角总数中百分之八十五也。兹将回力球每日收入表列左:

一九四四年十月二十三日	一一,〇五七.三八元
二十四日	一〇,六九六.四八元
二十五日	一〇,六一五.四二元
二十六日	一〇,二九六.一〇元
二十七日	九,七八三.八二元
二十八日	一〇,六八八.九二元
二十九日(日间)	六,一四一.二二元
总计七七,四八二.四〇元	

敬希将以上支票查收给据是荷。此致天津特别市政府。

790.伪天津特别市政府为河东药房账目清册事给前伪特管区公所指令

1944年11月1日

协甲字卫壹第56号

呈一件。为呈报河东药房收支数目造具清册连同单据簿,请备案由。

呈暨附件均悉,查核相符,应准备案。附件存。此令。

791.伪天津特别市政府为代为收押意大利犯人等事
致伪河北高等检察署函

1944年11月2日

协甲字秘壹第322号

　　查本市义国租界业经本府接收竣事在案。兹准义大利驻津领事毕杰第函称："根据去年七月十四日在南京经国民政府外交部长及义大利社会共和国驻华大使签署之条约第二项,关于义国退回天津义国租界云云。谨此,敬希速复为感。"等因。准此,事关司法,相应函请查照办理见复为荷。此致河北高等检察署。

（J0001-3-007837）

792.伪天津特别市政府财政局为前意租界公董局职员遣散费已拨解事
呈伪市长张仁蠡文

1944年11月2日

审字第97号

　　案查接管卷内,奉钧府协甲字秘贰第二四六八号训令,饬解天津义租界公董局职员遣散费四十万元。等因。附抄发原照会二份。奉此,查前项职员遣散费四十万元,业经本局张前任照数拨解钧府,核收在案。理合补具解款联单一纸,备文呈送。敬请鉴核,指令印发回照备案。谨呈天津特别市市长张。

　　计呈送解款联单一纸。

天津特别市政府财政局局长张同亮

解款凭单

解字第四〇二号

　　兹于三十三年九月七日呈解钧府,令解天津义租界公董局职员遣散费金额四十万元。

　　以上共解四十万元,业经解赴钧府兑收,并祈将上项回照印发备案。谨呈天津特别市政府。

天津特别市政府财政局局长张同亮

（J0001-3-007353）

793.伪天津特别市政府为前意租界修理工费事给伪财政局指令

1944年11月3日

协甲字秘贰第4654号

三十三年十月二十日呈一件。为呈报奉发前义租界移交德华银行存款一百四十三元九角六分，业经照收，并呈解前义租界修理房屋暖气管及电器装置等项用款拾壹万玖千壹百拾捌元伍角，请核收赐照由。

呈件均悉。据解前义租界修理房屋暖气管及电器装置等项费用款十一万九千一百十八元五角，业经饬科核明兑收，准予印发回照。仰即查收。此令。

计发回照一联。

(J0001-3-007353)

794.伪天津特别市政府秘书处第一科为调查意公董局保险柜内存单事
呈伪市长文

1944年11月4日

查第二区公所接收前义国公董局保险柜内存前义国小学校瑞吉尼小姐所存大陆银行支票二纸，业经遵谕将该支票二纸提出。惟查前义国公董局所存各类款项业由本府全部接收，此支票二纸每纸七百六十元，共为一千五百二十元，是否由府照付，理合签请钧示。

附原函签呈各一件，支票二纸。

第一科科长曲万疆谨签

为签呈事。奉派赴第二区公所调查接收前义国公董局保险柜内存前义国小学校瑞吉尼小姐所存大陆银行支票三纸（每纸七百六十元）。等因。遵即前往该区会同总务组组长阮钟奇将该保险柜启视，详查内仅有译名瑞吉尼名存大陆银行第一一四四零号及一一六八八号存款证两纸，系七、八两月份者，每纸洋确为七百六十元，但并无六月份存条。奉派前因，理合将调查情形报请鉴核。

天津特别市政府第一科科员陈树桐谨呈

十月二十八日

(J0001-3-007837)

795.伪外交部为函谢赠送接收意租界纪念章
致伪天津特别市政府公函

1944年11月6日

总字第206号

顷准贵市政府函送接收天津市义租界纪念章三枚,嘱察收分赠等由。准此,除分赠外,相应函谢。即希查照为荷。此致天津特别市政府。

部长褚民谊

（J0001-3-007353）

796.伪天津特别市政府财政局地政科为旧意租界房地税契事呈伪局长文

1944年11月8日

为签请事。查本局奉令接办旧义租界房地税契事务,前经签准派员实地调查房地价格,以便拟定三十四年度税契适当之标准,现正积极遵办中。惟查该区中国人不动产业户声请转移过户者,急于期待进行税契以固产权。本局为顾及税收之计,实亦未便久延,致使中断。兹经详筹拟议,订定临时标准地价表,并拟参照旧兴亚一、三两区办理契税税率办法成案,先行办理中国人民买典过户案件,以裕收入。一俟三十四年度标准价呈准施行后,此项临时办法即行取销。所拟是否可行,理合检同呈稿及布告稿连同临时标准地价表,一并签请鉴核示遵。谨呈局长张。

地政科科长宋毓琪谨签

【原档批】如拟,并分别呈府,俟备案核准后再行布告。

十一、十

（401206800-J0055）

797.伪天津特别市政府秘书处、伪财政局第二区征收所
为报告回力球场缴纳税款事呈伪市长张仁蠡文

1944年11月10日

财字第1749号

呈为呈复事。本年十一月一日奉钧谕开:派调查室李主任会同财政局人员共往回力球场查看收缴税款情形,并通知顾问。又奉财政局长张谕开:派第二区征收所陈所长会同前往。各等因。奉此,

职等遵即向饭野顾问联络,订于十一月四日午后八时赴回力球场查看收缴税款情形。届时饭野顾问及夏目辅佐官均经前往。当向该场董事长富麦加利(美国人)、副董事长张英华、职员沈志元等述明查看情形,嘱其开具由本年四月起至十月止,每月售票收入数目、缴纳报效金数目以及报效金定率,并此外有无其他捐税等情。饭野顾问复饬其开具每月支出数目清单。当由该董事长等开具每月营业收入及缴纳税费一览表,并缴纳报效金定率单。据表内所载,每月收入四、五、六、八各月份各收四百余万元,七、九两月份各收五百余万元,十月份则收六百一十二万余元,所纳之报效金(表内系列为营业税)按照定率应纳之数,每月约二十余万元,十月份则为三十二万七千余元。至缴纳统税局之印花税,系按照每月收入数,以百分之四计算。所有该场每月支出数目,缘详细科目当晚未能缮出,当订于数日后再行列送清单。复据该董事长富麦加利面称,如需查看账簿,随时均可前来查阅。等语。兹据开送该场由本年四月起至十月止,每月支出数目清单暨董事顾问名单前来。理合检同所开表单各件具文呈复,恭请鉴核。再查第二区征收所接收旧特管区营业捐底册内载,该场三十二年第四期营业捐(即铺捐)三百元,已于三十二年十月二十日交讫。又接收该特管区房地捐底册内载,该回力球场三十二年全年房地捐四千二百十三元三角九分,已在旧义工部局纳讫。其三十三年度房地捐及清洁费一万一千七百九十一元六角,经财政局于本年八月核定通知后,尚未缴纳。合并声明。谨呈市长张。

计呈送回力球场每月收入及缴纳税费一览表一纸。

报效金定率单一纸。

每月支出数目单一纸。

董事顾问名单一纸。

天津特别市政府秘书处调查室主任李潮

财政局第二区征收所所长陈任民 谨呈

月份	营业总数	交财政局 营业税	交统税局 印花税	
四月份	$4,425,067.--	226,729.02	188,531.08	(印花税按百分之四)
五月份	4,273,537.--	216,462.22	188,092.76	
六月份	4,743,524.--	245,836.44	207,078.08	
七月份	5,184,582.--	272,299.92	221,996.40	
八月份	4,177,865.--	217,945.42	160,848.--	
九月份	5,043,315.--	263,823,90	219,628.76	
十月份	6,127,158.--	327,679.48	263,101.20	
	$33,975,048.--	1,770,776.40	1,449,276.28	

献金赛在外　　　　献金赛在内

董事顾问名单

名誉董事长(Hon.Chairman):孟少臣(Men Shao Chen)

董事长(Chairman):富麦加利(V.Fumagalli)

副董事长(Vice-Chairman):张英华(Chiang Ying Hwa)

董事兼经理(Man.Director):拉侨(L.Riggio)

董事(Director):约利加(西)(T.Jauregui)

董事(Director):白尔地(A.Baldi)

董事(Director):沈长庚(Z.K.Sung)

董事(Director):维幼拉(L.Viola)

董事(Director):格兰地(F.Grandi)

董事(Director):周澜澄(已故)(Chow Lanshin)(deceased)

顾问(Advisors):杨豹灵(Yang Pao Ling)

张嘏臣(Chiang Koo Chen)

王一民(Y.M.Wong)

阿古斯蒂尼(A.Agostini)

每月支出数目单

账目	四月	五月	六月	七月	八月	九月	十月
营业税	226,729.02	216,462.22	245,836.44	272,299.92	217,945.42	263,823.90	327,679.48
专利用金	66,376.11	64,123.12	71,152.95	77,768.80	62,668.04	75,649.80	80,503.30
董事会杂项开支	70,279.25	54,519.23	75,476.76	115,040.00	106,149.03	117,164.10	173,202.80
宣传交际	14,828.00	15,853.00	10,434.10	10,375.10	10,161.34	18,704.70	11,976.18
请愿警费	534.00	1,195.00	595.00	595.00	595.00	1,595.00	595.00
职员薪给	79,956.00	82,329.87	87,670.36	99,970.98	109,457.35	126,639.50	128,838.50
球员薪给	317,286.76	269,665.18	263,986.60	280,505.00	225,332.36	365,832.66	444,979.04
委员月费	28,000.00	17,500.00	17,500.00	16,000.00	16,000.00	16,000.00	16,000.00
顾问月费	7,000.00	5,500.00	5,500.00	5,500.00	5,500.00	5,500.00	5,500.00
会计师费	500.00	500.00	500.00	500.00	500.00	500.00	500.00
职工人寿保险	846.67	832.67	826.67	767.66	760.66	760.67	760.67
球场材料用费	1,168.80	1,270.20	811.60	1,611.90	2,384.80	8,965.65	3,430.95
制鞋部用费	1,471.74	2,257.20	2,754.55	2,785.50	3,619.77	4,129.25	5,124.52
广告	6,647.20	5,187.20	4,713.20	4,733.20	3,795.20	4,378.20	5,598.20
修缮费	8,513.89	8,447.27	15,746.51	7,653.33	24,990.47	12,292.90	11,796.74
印刷费	31,525.34	27,645.65	11,964.90	21,530.90	19,699.20	30,669.50	30,708.00
兑零贴水	240.00	240.00	240.00	240.00	280.00	260.00	300.00
电灯自来水	6,812.90	7,212.59	10,408.60	9,158.50	6,683.05	5,846.60	5,647.50
邮电	147.92	304.19	546.69	119.70	215.10	218.00	749.00
保险费	1,010.00	1,010.00	1,010.00	1,010.00	1,010.00	1,010.00	874.62
房地捐准备	355.05	355.05	710.10	2,485.35	970.34	742.64	742.64
法律顾问费	83.33	583.34	583.34	583.33	583.33	583.33	583.33
上海办事处经常费	2,134.65	1,453.82	1,575.61		2,675.97	1,907.91	4,368.06
电话	123.50	709.00		344.00	344.00	344.00	1,184.00
煤炭	23,280.00	5,320.00	4,600.00				
水			4,455.00	24,615.00	14,355.00	1,120.00	
旅费		1,777.90			3,660.00	4,972.00	
捐助		5,700.00	5,000.00	11,000.00		5,250.00	
义务救济	50,000.00	50,000.00	40,000.00	40,000.00	50,000.00	50,000.00	50,000.00

账目	四月	五月	六月	七月	八月	九月	十月
房租							107,337.64
经常用费	4,665.52	6,318.60	16,847.07	9,599.82	3,655.02	20,161.39	6,110.95
职工酬金准备	10,000.00	5,000.00	10,000.00	6,439.04	5,000.00		
外欠呆疑账账准备			10,000.00				
球员返国旅费准备					9,000.00		
小计①	960,515.65	859,252.30	921,446.05	1023,232.03	907,988.45	1145,021.70	1425,091.12
献金	66,396.20	124,832.00	95,694.16	80,562.16	99,955.62	207,635.30	112,357.90
印花税	188,531.08	188,092.76	207,078.08	221,996.40	160,848.00	219,628.76	263,101.20
义拆救济预支						200,000.00	100,000.00
总计②	1215,442.93	1172,177.10	1224,218.29	1325,790.59	1168,792.07	1772,285.76	1900,550.22

（J0001-3-001705）

① 原档表格此栏数据无名称，此系编者添加。

② 原档表格此栏数据无名称，此系编者添加。

798.意驻津领事毕杰第为转交回力球场十至十一月上旬税款事
致伪天津特别市政府函

1944年11月7日

径启者:参照八月十七日本领事馆第九四/B三七号函,兹随函附上立多利银行第八一〇二号支票一纸,计七万三千五百七十三元六角八分,即系八万六千五百五十七元二角八分总数中之百分之八十五也。并将回力球收入列表如左:

一九四一年十月三十日	一一,九七〇.四〇元
三十一日	一〇,四四八.五二元
十一月一日	一一,二六五.三四元
二日	九,八二一.八〇元
三日	一〇,三六四.四四元
四日	一七,一〇五.八六元
五日(早场)	六,七七二.八四元
五日(晚场)	八,七六八.〇八元
总计	八六,五五七.二八元

请将以上支票收纳,并将本领事馆于十月三十一日第五〇五号函所附送之六万五千八百六十元零四分一并给据为荷。此致天津特别市政府。

【原档注】附支票计洋七万三千五百七十三元六角八分。二科已收讫。

第一科收发股

十一月八日

(J0001-3-001705)

799.伪天津特别市政府为意国公董局保险柜存支票事
致意驻津领事毕杰第函

1944年11月13日

协甲字秘贰第334号

案准贵领事函,以本府接收前义国公董局保险柜内存有前义国小学校瑞吉尼小姐所存大陆银行一九四三年六、七、八三月份支票三纸(每纸七百六十元)请查照返还。等因。准此,当经派员至第二区公所会同启视该保险柜,经详查内仅有译名瑞吉尼名存七、八两月份大陆银行第一一四四零号及第一一六八八号存款证两份,每纸洋为七百六十元。准函前因,自应照办,除将该存款证检出存府备查外,相应检同国币一千五百二十元,送请查收,转给祗领,并希掣据,以凭归账为荷。此致义大利驻津领事毕杰第。

附国币一千五百二十元正。

（J0001-3-007837）

800.意驻津领事毕杰第为转交回力球场十一月上中旬税款事致伪天津特别市政府函

1944年11月14日

径启者:参照八月十七日本领事馆第94/B37号函,兹送上立多利银行支票一纸(N.A 八一○四),计联银券七万二千八百七十三元一角六分,此款系回力球总收入八万五千七百三十三元一角四分之百分之八十五。并将收入列表如左:

一九四四年十一月六日	一二,七一六.四四元
七日	一二,七一六.七四元
八日	停赛
九日	一二,九六二.九八元
十日	一二,○三○.四六元
十一日	二○,九四五.三二元
十二日日场	五,六二六.三○元
夜场	八,七三四.九○元

即请将附上之支票查收给据为荷。此致天津特别市政府。

【原档注】附支票一纸,计洋七万二千八百七十三元一角六分。二科收讫。收据已交义领事馆来差带回。

第一科收发股

十一月十六日

（J0001-3-001705）

801.伪天津特别市政府财政局为旧意租界不动产估价及税契等事呈伪市长张仁蠡文

1944年11月14日

地字第122号

案奉钧府协甲字秘贰第二九五九号训令,检发旧义租界华人及外籍人民地契原本二十六份、原清册一份,令仰查照核办。等因。奉此,查该区关于中外人民不动产土地估价,向无一定标准,本局奉令接办该区房地税契事务,势须先行订定适当之标准,俾资依据,现经派员切实调查房地实价情形,以便制定三十四年度税契标准价。惟查该旧义租界自交还后,所有中国人不动产业户,声请转移过户者,急于期待进行税契,以固产权。本局为顾及税收计,实亦未便久延,致使中断,影响收入。兹经详审考虑,兼筹并顾,由本年十一月起,拟议按照本局征收地捐在原纳地捐额所增一培(倍)半之成数,再行增加二倍,以作暂时地价之标准。例如原捐额九千八百元,本局征收地捐所增一倍半之成数为二万四千五百元,再行增加二倍为七万三千五百元,即临时标准地价。至房屋估价及税率,并拟参照旧兴亚一、三两区办理契税税率办法成案,先行办理中国人民买典过户案件,一俟拟具三十四年度房地标准价呈准施行后,此项暂时办法即行取销,以资补救而裕税收。除布告周知外,理合照录拟定临时标准地价表及布告草稿一份,备文呈请鉴核备案。谨呈天津特别市张市长。

附呈送临时标准地价表一份、布告抄稿一份。

代理天津特别市政府财政局局长张同亮

天津特别市政府财政局布告稿

案查,本局奉令办理旧义租界关于中外人民不动产买典过户事件,规定暂参照旧兴亚一、三两区办法为原则,先行办理中国人之房地税契过户案件,以固产权。一俟呈准核定三十四年度房地标准价实行后,此项暂行办法即行取消。除呈报市政府备案外,兹将契税税率及暂行各项办事手续,择要开列于后,仰该区内中国人不动产业户一体遵照办理为要! 此布。

计开:

一、契税税率:中国人买契照契价百分之六.六;中国人典契照契价百分之三.三。

二、登记费:中国人转移登记照契价千分之三;中国人普通登记(原户名无转移性质)照契价千分之一。

三、制图费:中国人转移登记制图费,房地价不满一千者一元、一千元以上不满五千元者二元、五千元以上不满一万元者四元、一万元以上不满五万元者六元、五万元以上不满十万元者十二元、十万元以上者二十元。中国人普通登记制图费按照上列转移登记制图费各数减半收费,惟一万元以上不满五万元者四元。

四、纸价:中国人买典官契纸每份五角;中国人登记证、户地图纸价每户六角。

五、补税并补税房契:中国人不动产凡在旧义租界未交还以前,已在旧义领事馆注册,而尚未税契者,于转移或登记时,一律补税,其税率照契价百分之六.六并补税房契,其税率照契价百分之六。

六、凡声请过户案件,由业户向本局领取空白声请查测书,填妥后来局定期勘丈。

七、届至勘丈日期,业户先时到局领同测绘人员实地丈量,邀同四邻到场指界画押,以便绘图报告核价。

八、业户接到准购领官纸通知后,应到本局照价购买,逐栏详填,连同根契等件投递来局并掣给收契收据。

九、不动产契价,在三十四年度正式标准价未呈准施行前,本年暂由本局拟定临时标准核定税额,临时标准另定文。

十、凡业户接到本局发给纳税通知后,应赴指定银行照纳,掣给临时收据,再行来局换取正式印收。

十一、本局将税契、登记、注册一切手续办理完成后,即行通知具领。

十二、业户如有未尽明了者,可向本局地政科问事处询问,随时解答。

天津特别市政府财政局旧义租界临时标准地价表

旧义租界临时标准地价表							
区	段号	地点	坐落地点	原纳地捐额	本局征收地捐额	新标准价	备考
二	2/1	一段全部	大马路	领事署			(1)地点段号根据原义租界图段号
二	2/1	二段一号	东马路	九千八百元	二万四千五百元	七万三千五百元	(2)本表标准价系根据原有捐额加一倍半再加二倍
二	2/3	二段二号	小马路	一万一千九百元	二万九千七百五十元	八万九千二百五十元	(3)同旧特三区一段为六万元
二	2/3	二段三号	大马路小马路	一万五千四百元	三万八千五百元	十一万五千五百元	
二	2/4	二段四号		一万五千四百元	三万八千五百元	十一万五千五百元	
二	2/5	二段五号	东马路	一万一千九百元	二万九千七百五十元	八万九千二百五十元	
二	2/6	二段六号	东马路	一万一千九百元	二万九千七百五十元	七万三千五百元(八万九千二百五十元)	
二	2/7	二段七号	东马路	九千八百元	二万四千五百元	七万三千五百元	
二	2/8	二段八号	东马路	九千八百元	二万四千五百元	七万三千五百元	
二	2/9	三段一号	西马路	一万一千九百元	二万九千七百五十元	八万九千二百五十元	
二	2/10	三段二号	西马路	一万一千九百元	二万九千七百五十元	八万九千二百五十元	
二	2/11	三段三号	西马路	一万一千九百元	二万九千七百五十元	八万九千二百五十元	
二	2/12	三段四号	西马路	九千八百元	二万四千五百元	七万三千五百元	
二	2/13	三段五号	大马路	一万五千四百元	三万八千五百元	十一万五千五百元	
二	2/14	三段六号	大马路	一万五千四百元	三万八千五百元	十一万五千五百元	

旧义租界临时标准地价表							
区	段号	地点	坐落地点	原纳地捐额	本局征收地捐额	新标准价	备考
二	2/15	三段七号		一万一千九百元	二万九千七百五十元	八万九千二百五十元	
二	2/16	四段一号	大马路	九千八百元	二万四千五百元	七万三千五百元	
二	2/17	四段二号	大马路	九千八百元	二万四千五百元	七万三千五百元	
二	2/18	四段三号	西交界路	九千八百元	二万四千五百元	七万三千五百元	旧特二大安街西面为五万四千元
二	2/19	四段四号	西交界路	九千八百元	二万四千五百元	七万三千五百元	
二	2/20	四段五号	西交界路	九千八百元	二万四千五百元	七万三千五百元	
二	2/21	四段六号		九千八百元	二万四千五百元	七万三千五百元	
二	2/22	四段七号	大马路	一万五千四百元	三万八千五百元	十一万五千五百元	
二	2/23	四段八号	西交界路	一万五千四百元	三万八千五百元	十一万五千五百元	
二	2/24	四段九号	大马路	一万五千四百元	三万八千五百元	十一万五千五百元	
二	2/25	四段十号	西交界路、大马路	一万五千四百元	三万八千五百元	十一万五千五百元	
二	2/26	四段十一号		一万五千四百元	三万八千五百元	八万九千二百五十元（十一万五千五百元）	
二	2/27	四段十二号		一万一千九百元	二万九千七百五十元	八万九千二百五十元	
二	2/28	五段一号		一万三千三百元	三万三千二百五十元	九万九千七百五十元	
二	2/29	五段二号		一万两千六百元	三万一千五百元	九万四千五百元	
二	2/30	六段一号	大马路	一万五千四百元	三万八千五百元	十一万五千五百元	
二	2/31	六段二号	大马路	一万五千四百元	三万八千五百元	十一万五千五百元	
二	2/32	六段三、四号	大马路	一万五千四百元	三万八千五百元	十一万五千五百元	
二	2/33	六段五号	小马路	一万两千六百元	三万一千五百元	九万四千五百元	

区	段号	地点	坐落地点	原纳地捐额	本局征收地捐额	新标准价	备考
二	2/34	六段六号	小马路	一万一千二百元	二万八千元	八万四千元	
二	2/35	六段七号	东马路	一万两千六百元	三万一千五百元	九万四千五百元	
二	2/36	七段一号		一万五千四百元	三万八千五百元	十一万五千五百元	
二	2/37	七段二号		一万五千四百元	三万八千五百元	十一万五千五百元	
二	2/38	七段三号		一万五千四百元	三万八千五百元	十一万五千五百元	
二	2/39	七段四号		一万五千四百元	三万八千五百元	十一万五千五百元	
二	2/40	七段五号		一万五千四百元	三万八千五百元	十一万五千五百元	
二	2/41	七段六号		一万五千四百元	三万八千五百元	十一万五千五百元	
二	2/42	七段七号		一万五千四百元	三万八千五百元	十一万五千五百元	
二	2/43	八段一号	小马路	一万两千六百元	三万一千五百元	九万四千五百元	
二	2/44	八段二号	小马路	一万一千二百元	二万八千元	八万四千元	
二	2/45	八段三号	小马路	一万一千二百元	二万八千元	八万四千元	
二	2/46	八段四号	小马路	一万一千二百元	二万八千元	八万四千元	
二	2/47	八段五号	小马路	一万一千二百元	二万八千元	八万四千元	
二	2/48	八段六号	小马路	一万一千二百元	二万八千元	八万四千元	
二	2/49	八段七号	小马路	九千八百元	二万四千五百元	七万两千五百元(七万三千五百元)	
二	2/50	八段八号	小马路	一万一千二百元	二万八千元	八万四千元	
二	2/51	八段九号	小马路	九万四千五百元	九万四千五百元	九万四千五百元	
二	2/52	八段十号	西马路	九万四千五百元	九万四千五百元	九万四千五百元	
二	2/53	八段十一号	西马路	一万四千元	三万五千元	十万五千元	

旧义租界临时标准地价表							
区	段号	地点	坐落地点	原纳地捐额	本局征收地捐额	新标准价	备考
二	2 / 54	八段十二号	西马路	一万一千九百元	二万九千七百五十元	八万九千二百五十元	
二	2 / 55	八段十三号	西马路	一万一千九百元	二万九千七百五十元	八万九千二百五十元	
二	2 / 56	八段十四号	西马路	一万一千九百元	二万九千七百五十元	八万九千二百五十元	
二	2 / 57	八段十五号	西马路	一万一千九百元	二万九千七百五十元	八万九千二百五十元	
二	2 / 58	八段十六号	西马路	一万四千元	三万五千元	十万五千元	
二	2 / 59	九段一号	二马路、西马路、三号小马路	一万四千元	三万五千元	十万五千元	
二	2 / 60	九段二号	二马路	一万四千元	三万五千元	十万五千元	
二	2 / 61	九段三号	二马路	一万四千元	三万五千元	十万五千元	
二	2 / 62	九段四号	三号小马路	一万两千六百元	三万一千五百元	九万四千五百元	
二	2 / 63	十段一号	东马路	一万四千元	三万五千元	十万五千元	
二	2 / 64	十一段一号	二马路	一万四千元	三万五千元	十万五千元	
二	2 / 65	十一段二号	二马路	一万一千九百元	二万九千七百五十元	八万九千二百五十元	
二	2 / 66	十一段三号	二马路	一万一千九百元	二万九千七百五十元	八万九千二百五十元	
二	2 / 67	十一段四号	二马路	一万一千九百元	二万九千七百五十元	八万九千二百五十元	
二	2 / 68	十一段五号	二马路	一万一千九百元	二万九千七百五十元	八万九千二百五十元	
二	2 / 69	十一段六号	二马路	一万四千元	三万五千元	十万五千元	
二	2 / 70	十一段七号	西马路	一万两千六百元	三万一千五百元	九万四千五百元	二
二	2 / 71	十一段八号	西马路	一万四千元	三万五千元	十万五千元	
二	2 / 72	十一段九号	二马路	一万四千元	三万五千元	十万五千元	
二	2 / 73	十一段十号	二马路	一万四千元	三万五千元	十万五千元	

旧义租界临时标准地价表							
区	段 号	地点	坐落地点	原纳地捐额	本局征收地捐额	新标准价	备考
二	2 / 74	十一段十一号	二马路	一万四千元	三万五千元	十万五千元	
二	2 / 75	十一段十二号	二马路	一万四千元	三万五千元	十万五千元	
二	2 / 76	十一段十三号	东马路	一万一千二百元	二万八千元	八万四千元	
二	2 / 77	十一段十四号	西马路	一万两千六百元	三万一千五百元	九万四千五百元	
二	2 / 78	十一段十五号	二马路	九千八百元	二万四千五百元	七万三千五百元	
二	2 / 79	十二段一号	二马路	一万四千元	三万五千元	十万五千元	
二	2 / 80	十二段二号	二马路	一万一千九百元	二万九千七百五十元	八万九千二百五十元	
二	2 / 81	十二段三号	二马路	一万两千六百元	三万一千五百元	九万四千五百元	
二	2 / 82	十二段四号	西马路	一万一千九百元	二万九千七百五十元	八万九千二百五十元	
二	2 / 83	十二段五号	三马路	九千八百元	二万四千五百元	七万三千五百元	
二	2 / 84	十二段六号	西交界路	一万一千九百元	二万九千七百五十元	八万九千二百五十元	
二	2 / 85	十二段七号	西交界路	一万一千九百元	二万九千七百五十元	八万九千二百五十元	
二	2 / 86	十二段八号	三马路	一万四千元	三万五千元	十万五千元	
二	2 / 87	十二段九号	三马路	九千八百元	二万四千五百元	七万三千五百元	
二	2 / 88	十二段十号	三马路	一万四千元	三万五千元	十万五千元	
二	2 / 89	十二段十一号	西马路	一万两千六百元	三万一千五百元	九万四千五百元	
二	2 / 90	十二段十二号	西马路	一万两千六百元	三万一千五百元	九万四千五百元	
二	2 / 91	十二段十三号	西马路	一万两千六百元	三万一千五百元	九万四千五百元	
二	2 / 92	十二段十四号	三马路	九千八百元	二万四千五百元	七万三千五百元	
二	2 / 93	十二段十五号	三马路	一万四千元	三万五千元	十万五千元	

旧义租界临时标准地价表

区	段号	地点	坐落地点	原纳地捐额	本局征收地捐额	新标准价	备考
二	94 / 2	十二段十六号	西马路	一万四千元	三万五千元	十万五千元	
二	95 / 2	十二段十七号	西马路	一万一千九百元	二万九千七百五十元	八万九千二百五十元	
二	96 / 2	十二段十八号	西马路	一万一千九百元	二万九千七百五十元	八万九千二百五十元	
二	97 / 2	十二段十九号	西马路	一万一千九百元	二万九千七百五十元	八万九千二百五十元	
二	98 / 2	十三段一号	三马路、东马路	一万四千元	三万五千元	十万五千元	
二	99 / 2	十三段二号	东马路	一万零五百元	两万六千二百五十元	七万八千七百五十元	
二	100 / 2	十三段三号	东马路	一万零五百元	两万六千二百五十元	七万八千七百五十元	
二	101 / 2	十三段四号	五马路	一万两千六百元	三万一千五百元	九万四千五百元	
二	102 / 2	十三段五号	五马路	一万零五百元	两万六千二百五十元	七万八千七百五十元	
二	103 / 2	十三段六号	五马路	一万两千六百元	三万一千五百元	九万四千五百元	
二	104 / 2	十三段七号	东交界路	一万零五百元	两万六千二百五十元	七万八千七百五十元	
二	105 / 2	十三段八号	东交界路	一万零五百元	两万六千二百五十元	七万八千七百五十元	
二	106 / 2	十三段九号		一万四千元	三万五千元	十万五千元	
二	107 / 2	十三段十号	东马路	一万零五百元	两万六千二百五十元	七万八千七百五十元	
二	108 / 2	十三段十一号	东马路	一万零五百元	两万六千二百五十元	七万八千七百五十元	
二	109 / 2	十三段十二号	东马路	一万零五百元	两万六千二百五十元	七万八千七百五十元	
二	110 / 2	十三段十三号	东马路	一万零五百元	两万六千二百五十元	七万八千七百五十元	
二	111 / 2	十三段十四号	东马路	一万零五百元	两万六千二百五十元	七万八千七百五十元	
二	112 / 2	十四段一号	东马路	一万四千元	三万五千元	十万五千元	
二	113 / 2	十四段二号	三马路	一万四千元	三万五千元	十万五千元	

旧义租界临时标准地价表							
区	段号	地点	坐落地点	原纳地捐额	本局征收地捐额	新标准价	备考
二	2/114	十四段三号	三马路	一万四千元	三万五千元	十万五千元	
二	2/115	十四段四号	四马路	一万零五百元	两万六千二百五十元	七万八千七百五十元	
二	2/116	十四段五号	三马路	一万四千元	三万五千元	十万五千元	
二	2/117	十四段六号	三马路	一万四千元	三万五千元	十万五千元	
二	2/118	十五段一号	三马路	一万四千元	三万五千元	十万五千元	
二	2/119	十五段二号	四马路	一万四千元	三万五千元	八万九千二百五十元（十万五千元）	
二	2/120	十五段三号	四马路	一万一千九百元	二万九千七百五十元	七万八千七百五十元（八万九千二百五十元）	
二	2/121	十五段四号	四马路	一万零五百元	两万六千二百五十元	七万八千七百五十元	
二	2/122	十五段五号	四马路	一万四千元	三万五千元	十万五千元	
二	2/123	十五段六号	三马路后街	一万四千元	三万五千元	十万五千元	
二	2/124	十六段一号	四马路	一万两千六百元	三万一千五百元	九万四千五百元	
二	2/125	十六段二号	西马路	一万四千元	三万五千元	十万五千元	
二	2/126	十六段三号	西马路	一万四千元	三万五千元	十万五千元	
二	2/127	十六段四号	西马路	一万零五百元	两万六千二百五十元	七万八千七百五十元	
二	2/128	十六段五号	五马路	一万四千元	三万五千元	十万五千元	
二	2/129	十六段六号	五马路	一万两千六百元	三万一千五百元	九万四千五百元	
二	2/130	十六段七号	五马路	一万两千六百元	三万一千五百元	九万四千五百元	
二	2/131	十七段一号	西马路	一万四千元	三万五千元	十万五千元	
二	2/132	十七段二号	四马路	一万一千二百元	二万八千元	八万四千元	
二	2/133	十七段三号	五马路	一万四千元	三万五千元	十万五千元	

区	段号	地点	坐落地点	原纳地捐额	本局征收地捐额	新标准价	备考
二	2/134	十七段四号	五马路	一万四千元	三万五千元	十万五千元	
二	2/135	十七段五号	五马路	一万零五百元	两万六千二百五十元	七万八千七百五十元	
二	2/136	十七段六号	西马路	一万四千元	三万五千元	十万五千元	
二	2/137	十七段七号	五马路	一万一千二百元	二万八千元	八万四千元	
二	2/128	十七段八号	四马路	一万一千九百元	二万九千七百五十元	八万九千二百五十元	
二	2/139	十七段九号	五马路	九千八百元	二万五千四百元（二万四千五百元）	七万三千五百元	
二	2/140	十七段十号	五马路	一万一千二百元	二万八千元	八万四千元	
二	2/141	十七段十一号	五马路	九千八百元	二万五千四百元（二万四千五百元）	七万三千五百元	
二	2/142	十七段十二号	西马路	一万两千六百元	三万一千五百元	九万四千五百元	
二	2/143	十七段十三号	五马路	五千八百元	一万四千五百元	四万三千五百元	
二	2/144	十七段十四号	五马路	五千八百元	一万四千五百元	四万三千五百元	
二	2/145	十七段十五号	五马路	五千八百元	一万四千五百元	四万三千五百元	
二	2/146	十八段一号	东马路	一万两千六百元	三万一千五百元	九万四千五百元	
二	2/147	十八段二号A	东马路、五马路	一万两千六百元	三万一千五百元	九万四千五百元	
二	2/148	十八段三号	东马路	一万两千六百元	三万一千五百元	九万四千五百元	
二	2/149	十八段四号	六马路	一万两千六百元	三万一千五百元	九万四千五百元	
二	2/150	十八段五号	六马路	一万两千六百元	三万一千五百元	九万四千五百元	
二	2/151	十八段七号	五马路	一万两千六百元	三万一千五百元	九万四千五百元	
二	2/152	十八段六号	五马路	一万两千六百元	三万一千五百元	九万四千五百元	
二	2/153	十八段二号B	东马路、五马路	一万两千六百元	三万一千五百元	九万四千五百元	

旧义租界临时标准地价表

<table>
<tr><td colspan="8" align="center">旧义租界临时标准地价表</td></tr>
<tr><td>区</td><td>段
号</td><td>地点</td><td>坐落地点</td><td>原纳地捐额</td><td>本局征收地捐额</td><td>新标准价</td><td>备考</td></tr>
<tr><td>二</td><td>154
2</td><td>十九段一号</td><td>五马路</td><td>一万两千六百元</td><td>三万一千五百元</td><td>九万四千五百元</td><td></td></tr>
<tr><td>二</td><td>155
2</td><td>十九段二号</td><td>六马路</td><td>一万一千九百元</td><td>二万九千七百五十元</td><td>八万九千二百五十元</td><td></td></tr>
<tr><td>二</td><td>156
2</td><td>十九段三号</td><td>东马路</td><td>一万两千六百元</td><td>三万一千五百元</td><td>九万四千五百元</td><td></td></tr>
<tr><td>二</td><td>157
2</td><td>十九段四号</td><td>东马路</td><td>一万一千九百元</td><td>二万九千七百五十元</td><td>八万九千二百五十元</td><td></td></tr>
<tr><td>二</td><td>158
2</td><td>十九段五号</td><td>五马路</td><td></td><td></td><td></td><td>公园</td></tr>
<tr><td>二</td><td>159
2</td><td>十九段六号</td><td>六马路</td><td>一万一千九百元</td><td>二万九千七百五十元</td><td>八万九千二百五十元</td><td></td></tr>
<tr><td>二</td><td>160
2</td><td>十九段七号</td><td>西马路</td><td>一万两千六百元</td><td>三万一千五百元</td><td>九万四千五百元</td><td></td></tr>
<tr><td>二</td><td>161
2</td><td>十九段八号</td><td>西马路</td><td>一万两千六百元</td><td>三万一千五百元</td><td>九万四千五百元</td><td></td></tr>
<tr><td>二</td><td>162
2</td><td>十九段九号</td><td>六马路</td><td>一万一千九百元</td><td>二万九千七百五十元</td><td>八万九千二百五十元</td><td></td></tr>
<tr><td>二</td><td>163
2</td><td>十九段十号</td><td>六马路</td><td>一万一千九百元</td><td>二万九千七百五十元</td><td>八万九千二百五十元</td><td></td></tr>
<tr><td>二</td><td>164
2</td><td>十九段十一号</td><td>六马路</td><td>一万零五百元</td><td>两万六千二百五十元</td><td>七万八千七百五十元</td><td></td></tr>
<tr><td>二</td><td>165
2</td><td>十九段十二号</td><td>六马路</td><td>一万零五百元</td><td>两万六千二百五十元</td><td>七万八千七百五十元</td><td></td></tr>
<tr><td>二</td><td>166
2</td><td>十九段十三号</td><td></td><td>一万零五百元</td><td>两万六千二百五十元</td><td>七万八千七百五十元</td><td></td></tr>
<tr><td>二</td><td>167
2</td><td>十九段十四号</td><td></td><td>一万零五百元</td><td>两万六千二百五十元</td><td>七万八千七百五十元</td><td></td></tr>
<tr><td>二</td><td>168
2</td><td>十九段十五号</td><td></td><td>一万零五百元</td><td>两万六千二百五十元</td><td>七万八千七百五十元</td><td></td></tr>
<tr><td>二</td><td>169
2</td><td>十九段十六号</td><td></td><td>一万零五百元</td><td>两万六千二百五十元</td><td>七万八千七百五十元</td><td></td></tr>
<tr><td>二</td><td>170
2</td><td>二十段一号</td><td>五马路</td><td>一万四千元</td><td>三万五千元</td><td>十万五千元</td><td></td></tr>
<tr><td>二</td><td>171
2</td><td>二十段二号</td><td>五马路</td><td>一万一千九百元</td><td>二万九千七百五十元</td><td>八万九千二百五十元</td><td></td></tr>
<tr><td>二</td><td>172
2</td><td>二十段三号</td><td>五马路</td><td>一万一千两百元</td><td>两万八千元</td><td>八万四千元</td><td></td></tr>
<tr><td>二</td><td>173
2</td><td>二十段四号</td><td>五马路</td><td>九千八百元</td><td>二万五千四百元</td><td>七万三千五百元</td><td></td></tr>
</table>

				旧义租界临时标准地价表			
区	段号	地点	坐落地点	原纳地捐额	本局征收地捐额	新标准价	备考
二	2/174	二十段五号	五马路	一万一千两百元	两万八千元	八万四千元	
二	2/175	二十段六号	五马路	九千八百元	二万五千四百元	七万三千五百元	
二	2/176	二十段七号	五马路	九千八百元	二万五千四百元	七万三千五百元	
二	2/177	二十段八号	五马路	一万两千六百元	三万一千五百元	九万四千五百元	
二	2/178	二十段九号	交界路	一万一千九百元	二万九千七百五十元	八万九千二百五十元	
二	2/179	二十段十号	交界路	一万一千九百元	二万九千七百五十元	八万九千二百五十元	
二	2/180	二十段十一号	六马路	一万两千六百元	三万一千五百元	九万四千五百元	
二	2/181	二十段十二号	六马路	一万一千两百元	两万八千元	八万四千元	
二	2/182	二十段十三号	六马路	九千八百元	二万五千四百元	七万三千五百元	
二	2/183	二十段十四号	六马路				市100小学校不收捐盐业地
二	2/184	二十段十五号	六马路	一万两千六百元	三万一千五百元	九万四千五百元	
二	2/185	二十段十六号	西马路	一万两千六百元	三万一千五百元	九万四千五百元	
二	2/186	二十段十七号	五马路	一万零五百元	两万六千二百五十元	七万八千七百五十元	
二	2/187	二十段十八号	五马路	一万四千元	三万五千元	十万五千元	
二	2/188	二十段十九号	五马路	九千八百元	二万五千四百元	七万三千五百元	
二	2/189	二十段二十号	五马路	一万一千两百元	两万八千元	八万四千元	
二	2/190	二十段二十一号	五马路	九千八百元	二万五千四百元	七万三千五百元	
二	2/191	二十段二十二号	六马路	一万一千两百元	两万八千元	八万四千元	
二	2/192	二十段二十三号	六马路	一万一千两百元	两万八千元	八万四千元	
二	2/193	二十段二十四号	六马路	一万一千两百元	两万八千元	八万四千元	

			旧义租界临时标准地价表					
区	段号	段	地点	坐落地点	原纳地捐额	本局征收地捐额	新标准价	备考
二	194	2	二十段二十五号	六马路	九千八百元	二万五千四百元	七万三千五百元	
二	195	2	二十段二十六号	六马路	九千八百元	二万五千四百元	七万三千五百元	
二	196	2	二十段二十七号	六马路	九千八百元	二万五千四百元	七万三千五百元	
二	197	2	二十段二十八号	五马路	九千八百元	二万五千四百元	七万三千五百元	
二	198	2	二十段二十九号	五马路	九千八百元	二万五千四百元	七万三千五百元	
二	199	2	二十段三十号	六马路	九千八百元	二万五千四百元	七万三千五百元	
二	200	2	二十段三十一号	五马路	一万两千六百元	三万一千五百元	九万四千五百元	
二	201	2	二十段三十二号	六马路	一万两千六百元	三万一千五百元	九万四千五百元	
二	202	2	二十段三十三号	六马路	九千八百元	二万五千四百元	七万三千五百元	
二	203	2	二十一段一号	河沿路	一万两千六百元	三万一千五百元	九万四千五百元	
二	204	2	二十一段二号	六马路	一万一千两百元	两万八千元	八万四千元	
二	205	2	二十一段三号	六马路	一万一千两百元	两万八千元	八万四千元	
二	206	2	二十一段四号	东马路	一万三千三百元	三万三千二百五十元	九万九千七百五十元	
二	207	2	二十一段五号	河沿路	一万一千九百元	二万九千七百五十元	八万九千二百五十元	
二	208	2	二十一段六号	六马路	一万一千两百元	两万八千元	八万四千元	
二	209	2	二十一段七号	六马路	一万三千三百元	三万三千二百五十元	九万九千七百五十元	
二	210	2	二十一段八号	河沿路	一万一千九百元	二万九千七百五十元	八万九千二百五十元	
二	211	2	二十一段九号	河沿路	一万一千九百元	二万九千七百五十元	八万九千二百五十元	
二	212	2	二十二段一号		一万三千三百元	三万三千二百五十元	九万九千七百五十元	
二	213	2	二十二段二号		一万三千三百元	三万三千二百五十元	九万九千七百五十元	

区	段号	地点	坐落地点	原纳地捐额	本局征收地捐额	新标准价	备考
二	2/214	二十二段三号		一万一千两百元	两万八千元	八万四千元	
二	2/215	二十二段四号		一万一千九百元	二万九千七百五十元	八万九千二百五十元	
二	2/216	二十二段五号		一万三千三百元	三万三千二百五十元	九万九千七百五十元	
二	2/217	二十二段六号		一万三千三百元	三万三千二百五十元	九万九千七百五十元	
二	2/218	二十二段七号		一万一千两百元	两万八千元	八万四千元	
二	2/219	二十二段八号		一万三千三百元	三万三千二百五十元	九万九千七百五十元	
二	2/220	二十三段一号		一万三千三百元	三万三千二百五十元	九万九千七百五十元	
二	2/221	二十三段二号		一万一千九百元	二万九千七百五十元	八万九千二百五十元	
二	2/222	二十三段三号		一万三千三百元	三万三千二百五十元	九万九千七百五十元	
二	2/223	二十三段四号		一万三千三百元	三万三千二百五十元	九万九千七百五十元	
二	2/224	二十三段五号		一万一千两百元	两万八千元	八万四千元	
二	2/225	二十三段六号		一万两千六百元	三万一千五百元	九万四千五百元	
二	2/226	二十三段七号		一万三千三百元	三万三千二百五十元	九万九千七百五十元	
二	2/227	二十四段一号	河沿路	一万五千四百元	三万八千五百元	十一万五千五百元	对河归兴三第一段为十万元、归兴一山口街为四万三千元
二	2/228	外一段一号	河沿马路	一万三千四百四十元	三万三千六百元	十万零八百元	
二	2/229	外一段二号	河沿马路	一万三千四百四十元	三万三千六百元	十万零八百元	
二	2/230	外一段三号	河沿马路	一万三千四百四十元	三万三千六百元	十万零八百元	
二	2/231	外一段四号	河沿马路	一万三千四百四十元	三万三千六百元	十万零八百元	
二	2/232	外一段五号	河沿马路	一万三千四百四十元	三万三千六百元	十万零八百元	

旧义租界临时标准地价表

区	段号	地点	坐落地点	原纳地捐额	本局征收地捐额	新标准价	备考
二	2/233	外一段五A号	河沿马路	一万三千四百四十元	三万三千六百元	十万零八百元	
二	2/234	外一段六号	河沿马路	一万三千四百四十元	三万三千六百元	十万零八百元	
二	2/235	外二段一号	河沿路	一万三千四百四十元	三万三千六百元	十万零八百元	
二	2/236	外二段二号	河沿路	一万三千四百四十元	三万三千六百元	十万零八百元	
二	2/237	外二段三号	河沿路	一万三千四百四十元	三万三千六百元	十万零八百元	
二	2/238	外二段四号	河沿路	一万三千四百四十元	三万三千六百元	十万零八百元	
二	2/239	外二段五号	河沿路	一万三千四百四十元	三万三千六百元	十万零八百元	
二	2/240	外二段六号	河沿路	一万三千四百四十元	三万三千六百元	十万零八百元	
二	2/241	外二段七号	河沿路	一万三千四百四十元	三万三千六百元	十万零八百元	
二	2/242	外三段一号	河沿路	一万三千四百四十元	三万三千六百元	十万零八百元	
二	2/243	外三段二号	河沿路	一万三千四百四十元	三万三千六百元	十万零八百元	
二	2/244	外三段三号	河沿路				官产
二	2/245	外三段四号	河沿路	一万三千四百四十元	三万三千六百元	十万零八百元	
二	2/246	外三段五号	河沿路	一万三千四百四十元	三万三千六百元	十万零八百元	
二	2/247	外四段一号	南东马路	一万三千四百四十元	三万三千六百元	十万零八百元	
二	2/248	外四段二号	河沿马路	一万三千四百四十元	三万三千六百元	十万零八百元	
二	2/249	外四段三号	河沿马路	一万三千四百四十元	三万三千六百元	十万零八百元	
二	2/250	外四段四号	河沿马路	一万三千四百四十元	三万三千六百元	十万零八百元	同一段一号计七万两千五百元
二	2/251	外四段五号	河沿马路	一万三千四百四十元	三万三千六百元	十万零八百元	

旧义租界临时标准地价表

(J0001-3-007837)

802.伪天津特别市政府为核收前意租界公董局职员遣散费事
给伪财政局指令

1944年11月16日

协甲字秘贰第4814号

三十三年十一月二日呈一件。为呈解天津义租界公董局职员遣散费肆拾万元,请核收赐照由。呈件均悉。据解天津义租界遣散费肆拾万元,业经饬科核明兑收,准予印发回照,仰即查收。此令。计发回照一联。

(J0001-3-007353)

803.伪天津特别市政府为前意租界公董局保险柜存支票事
给伪财政局训令

1944年11月18日

协甲字秘壹第3411号

案准义大利驻津领事毕杰第函开:以本府接收前义大利公董局保险柜内存有前义国小学校瑞吉尼所存大陆银行一九四三年六、七、八三月份支票三张(每张七百六十元),请查照返还。等因。准此,当经派员至第二区公所会同启视该保险柜,经详查内仅有译名瑞吉尼名存七、八两月份大陆银行第一一四四零号及第一一六八八号存款证两份,每纸洋为七百六十元。准函前因。合行将该项存款证二纸随令附发,存局备查。并讯将该款一千五百二十元提出呈解来府,以凭转复为要。此令。

附发大陆银行第一一四四零号及第一一六八八号存款证两份。

(J0001-3-007837)

804.意驻津领事毕杰第为转交回力球场十一月中旬税款事
致伪天津特别市政府函

1944年11月21日

径启者:参照本领事馆八月十七日第94/B37号函,兹送上立多利银行支票一纸(N.A.八一○六),计联银券一万五千九百六十八元八角三分,此款系回力球总收入一万八千七百八十六元八角六分之百分之八十五。并将收入列表如左:

一九四四年十一月十三日　　　停赛

　　　　　　十四日　　　停赛

十五日	停赛
十六日	停赛
十七日	停赛
十八日	停赛
十九日	六,六九八.四四元
二十日	一二,〇八八.四二元

即请将附上之支票查收给据为荷。此致天津特别市政府。

【原档注】附支票一纸计洋一万五千九百六十八元八角三分。第二科收讫。收据已交义领事馆来差带回。

第一科收发股

（J0001-3-001705）

805.伪天津特别市政府为提解前意租界公董局保险柜支票事给伪财政局训令

1944年11月21日

协甲字秘贰第3411号

案准义大利驻津领事毕杰第函开：以本府接收前义大利公董局保险柜内存有前义国小学校瑞吉尼所存大陆银行一九四三年六、七、八三月份支票三张（每张七百六十元），请查照返还。等因。准此，当经派员至第二区公所，会同启视该保险柜。经详查，内谨（仅）有译名瑞吉尼名存七、八两月份大陆银行第一一四四零号及第一一六八八号存款证两份，每纸洋为七百六十元。准函前因。合行将该项存款证二纸随令附发，存局备查。并迅将该款一千五百二十元呈解来府，以凭转复为要。此令。

附发大陆银行第一一四四零号及第一一六八八号存款证两份。

市长张仁蠡

财政局拟办说明单

奉交下关于前意国市政局支付瑞给（吉）尼教员七、八两月份薪金支票二只（纸）及该意领事署支付命令二纸，遵即向前意工部局部捐务处长联络。据云，该教员两个月薪金，每月原支八百元，除献该国国防金每月四十元外，下转一千五百二十元。确因该教员请假赴申数月，及至回津后正值意租界接收，未得领收故也。云云。谨此说明。

十二、四

（J0055-1-000122）

806.伪天津特别市财政局为接收原意租界居民地契等事呈伪市长张仁蠡文

1944年11月21日

地字第151号

案奉钧府本年十月十一日协甲字秘贰第二九五九号训令内开:"案准义大利领事毕杰第九月二十日来函译开:兹奉上前义租界华人及外籍人民地契原本,请参照附上之清册,并希赐还清册副本以作收到证明文件。等因。准此,除将清册副本盖章发还外,合行检发原件令仰该局查照核办。此令。"等因。计检发原清册一份,地契原本二十六份。奉此,正遵办间,复奉钧府本年十月三十一日协甲字秘贰第三一七四号训令内开:"案准义大利驻津领事毕杰第十月十七日来函译开:参照鄙人八月十七日第九零一B三七照会,兹随函奉上前义租界意大利人及梵谛冈人之附证明之地契副本计四十五件,敬希查收。并将奉上目录签字发还以作证明为荷。等因。除将目录盖章发还外,合行检发原件令仰该局查收具报。此令。"各等因。计检发原目录一份,地契副本四十五件。奉此,遵经将先后奉发之地契及原清册目录等件,点收清楚,妥为保管。惟查该项地契原本,除载有业户姓名及地基亩数外,尚载明另外有合同一种,此项合同尚未经义领事署一并移交。本局为办理该区税契事务,应行审查地价及印鉴等项手续,至为需要,拟请钧府转函义大利驻津领事署,迅将该区地契合同移送转发,以凭查核办理。所有先后奉发旧义租界中外人民之地契等件及拟请转函补送合同各缘由,是否有当,理合备文呈请鉴核指令祗遵。谨呈天津特别市张市长。

代理天津特别市政府财政局局长张同亮

(J0001-3-007837)

807.伪河北高等检察署为代收押意大利犯人事
复伪天津特别市政府函

1944年11月25日

第二四〇〇号

案准贵政府本年十一月四日第三二二号公函,以准义大利领事毕杰第函,以该领馆对于该国人犯无相宜处所收押,拟羁押中国监狱,请特予设法,嘱查照办理见复等由。准此,查事关国际委托,本署无权处理,已备文转呈司法行政部华北事务署核示在案。一俟奉令再行函达,准函前由,相应函复查照为荷。此致天津特别市政府。

检察长李宝瑞

(J0001-3-007837)

808.意驻津领事毕杰第为转交回力球场十一月下旬税款事致伪天津特别市政府函

1944年11月28日

　　径启者:参照八月十七日本领事馆第97/37号函,兹送上立多利银行(N.A.八一二一)支票一纸,计联银券八万三千六百零七元三角七分,此款系回力球总收入九万八千三百六十一元六角二分之百分之八十五,即请查收给据为荷。此致天津特别市政府。

　　逐日收入清单为左:
一九四四年十一月二十日　　一四,一六二.二六元
　　　　　　二十一日　　一四,〇三四.二二元
　　　　　　二十二日　　一三,八八〇.二六元
　　　　　　二十三日　　一〇,〇七〇.五六元
　　　　　　二十四日　　一三,三七八.〇四元
　　　　　　二十五日　　一四,四二一.三四元
　　　　　　二十六日　　一〇,二六四.三〇元(日场)
　　　　　　　　　　　　八,二五〇.六四元(夜场)

(J0001-3-001705)

809.伪天津特别市政府卫生局刘恩铭为奉令至特管区材料厂领取卫生物品事呈伪局长文

1944年11月29日

　　为呈报事。窃职奉派会同市政府高科员前往旧特管区材料厂领收大卫生水一桶,小卫生水一一二瓶,卫生粉六九瓶,黄色卫生水一二桶(原一六桶,因锈漏损失折合一二桶),卫生灰一〇磅(木盒内残存)。谨将领收各项材料呈报。恭请鉴核。

(J0115-1-001737)

810.伪天津特别市政府为补送旧意租界地契合同事给伪财政局训令及致意驻津领事函

1944年12月2日

给财政局训令

协甲字秘贰第5182号

三十三年十一月廿二日呈一件。为先后奉发旧义租界中外人民之地契等件,拟请转函义领事馆补送合同,以凭查核由。

呈悉,仰候据情转函义领事查照办理。此令。

致意领事函

协甲字秘贰第348号

案查前准贵领事九月二十日函送前义租界华人及外籍人民地契原本廿六份,及十月十七日函送义大利人及梵谛岗人地契副本四十五件,当经令发财政局查照核办。兹据该局呈称,查该项地契原本,除载有业户姓名及地基亩数外,尚载明另外有合同一种,云云。迅将该项地契合同移送转发,以凭查核办理。等情。据此,除指令外,相应函请查照办理为荷。此致义大利社会共和国驻津领事毕杰第。

(J0001-3-007837)

811.伪天津特别市政府为准意租界地价表等备案事给伪财政局指令

1944年12月4日

协甲字秘贰第5201号

三十三年十一月十四日呈一件。为拟定旧义租界标准地价及不动产税契税率与办事手续,抄录标准地价表及布告,请鉴核备案由。

呈件均悉。查核所拟尚属妥适,应准备案。件存。此令。

(J0001-3-007837)

812.伪天津特别市政府卫生局为领到特管区材料厂卫生物品事呈伪市长文

1944年12月4日

健字第1609号

为呈报事。案奉钧府协甲字秘贰第三零八三号训令,略以本府接收前特管区材料厂保存各项物品,仰即日派员前来本府第二科接洽领取,具报备查为要。等因。奉此,遵即派员前往洽领。兹据报称,领到大卫生水一桶,小卫生水一百十二瓶,卫生粉六十九瓶,黄色卫生水十二桶,卫生灰十磅。等情。经查点相符,除将该项物品保存备用外,理合将办理情形报请鉴核。谨呈市长。

卫生局局长李

(J0115-1-001737)

813.意驻津领事毕杰第为转交回力球场十一月下旬至十二月上旬税款事致伪天津特别市政府函

1944年12月5日

径启者:参照本领馆八月十七日第94/B37号函,兹送上立多利银行支票一纸(N.A.八一二二),计联银八万二千三百六十五元六角八分,此款系回力球总收入九万六千九百元零八角之百分之八十五,即请查收。再,十一月二十八日曾送上支票一纸,计联银八万三千六百零七元三角七分,请一并给据为荷。此致天津特别市政府。

逐日收入列表于左:

一九四四年十一月二十七日	一四,五四九.五六元
二十八日	一三,二六二.九二元
二十九日	一三,四六五.九六元
三十日	一二,三三六.七六元
十二月一日	一〇,〇七五.三六元
二日	一二,九三四.七八元
三日日场	七,八三八.二六元
夜场	一二,四三七.二〇元
以上共计	九六,九〇〇.八〇元

【原档注】附支票一纸,计洋八万二千三百六十五元六角八分。二科收讫。收据交义领事馆来差带回。

第一科收发股

十二月六日

(J0001-3-001705)

814.意驻津领事毕杰第为转交回力球场十二月上旬税款事
致伪天津特别市政府函

1944年12月12日

径启者:参照八月十七日本领事馆第94/B37号函,兹送上立多利银行支票一纸,计国币七万四千三百三十五元九角,此款系回力球总收入八万七千四百五十四元之百分之八十五,即请查收给据为荷。此致天津特别市政府。

逐日收入列表于左:

一九四四年十二月四日	一四,四八五.〇六元
五日	九,五一六.二八元
六日	一一,二三一.〇八元
七日	一一,八三四.五〇元
八日	停赛
九日	一五,〇〇七.一八元
十日日场	一一,六二八.六四元
夜场	一三,七五一.二六元
以上共计	七,四五四.〇〇元

【原档注】附支票一纸,计洋七万四千三百三十五元九角整。第二科收讫。收据已交义领事馆来差带回。

第一科收发股
十二月十二日
(J0001-3-001705)

815.伪天津特别市政府财政局为支付意侨遗留薪金事呈伪市政府文

1944年12月18日

案奉钧府协甲字秘壹第三四二号训令内开:"案准义大利,云云。以凭转复为要。"等因。附发大陆银行第一一四四号及第一一六八八号存款证两份。奉此,查前项奉发之义租界市政局支付瑞吉尼教员七、八两月份薪金支票二纸及义领事署支付书等件。据询大陆银行,此项支票已无存款,无法再予支付。后经派员向前义工部局捐务处联络,据云该教员瑞吉尼七、八两月薪金,每月原支八百元,除每月应扣缴国防献金四十元外,其每月实领之七百六十元,两月共计一千五百二十元。前以该教员请假赴申,致未领取。等语。查义租界现已交还,所有关于该租界款项,业由前特管区移交本局接收在案。至该瑞吉尼应领之薪金究应如何拨付以清积案之处,职局未敢擅专,理合具文呈请。敬祈鉴核示遵。实为公便。谨呈天津特别市市长张。

全衔张

（J0055-1-000122）

816.意驻津领事毕杰第为转交回力球场十二月中旬税款事
致伪天津特别市政府函

1944年12月19日

径启者：参照本领事馆八月十七日第九四B三七号函，兹送上立多利银行支票一纸（N八三〇二），计联银券八万一千八百六十三元五角，该款系回力球总收入九万六千三百十元之百分之八十五，即请查收给据为荷。此致天津特别市政府。

逐日收入列左：

一九四四年十二月十一日	一五,五〇六.六八元
十二日	一三,七四九.六四元
十三日	一三,四九三·二〇元
十四日	一二,六三一.七二元
十五日	一二,六二一.七〇元
十六日	一六,七三三.六二元
十七日日场	一一,五七三.四四元
十七日夜场	停赛
以上共计	九六,三一〇.〇〇元

【原档注】附支票一纸，计洋八万一千八百六十三元五角整。第二科收讫。收据交义领事馆来差带还。

第一科收发股

十二月廿日

（J0001-3-001705）

817.意驻津领事毕杰第为转交回力球场十二月下旬税款事
致伪天津特别市政府函

1944年12月27日

径启者：参照八月十七日本领事馆第九十四B三十七号函，兹附送立多利银行八三一四号支票一纸,计联银券十一万二千六百七十二元三角一分,此数系回力球总收入十三万二千五百五十五元六角六分之百分之八十五,即请将该款查收给据为荷。此致天津特别市政府。

逐日收入列单于左:

一九四四年十二月十八日	一六,四九六.〇二元
十九日	一三,一八四.七四元
二十日	一四,八六七.五六元
二十一日	一六,〇一一.五二元
二十二日	一三,三〇二.六四元
二十三日	一四,九九八.九〇元
二十四日日场	一四,一三〇.五二元
夜场	一四,四〇七.九〇元
二十五日	一五,一五五.八六元

【原档注】附支票一纸,计洋十一万二千六百七十二元三角一分。第二科收讫。收据交义领事馆来差带还。

第一科收发股
十二月二十八日
(J0001-3-001705)

818.意驻津领事为意租界职员遣散费事致伪天津特别市市长张仁蠡函

1945年1月4日

财字第1899号

节译义国领事馆十二月二十八日来函

市长阁下:

径启者:遵照本年八月间交还天津义租界时之协定,中国委员曾送来联银券计四十万元,内三十五万元作为意籍职员遣散费,五万元作为华籍职员遣散费。中国委员并要求对于华籍职员之分配清册,兹将分配清册随函附上,并将剩余国币四十五元随函附上,即希查照为荷。

附联券四十五元。

天津特别市旧义租界工部局全体华捕遣散费分配清册

数号	姓名	到差年月日	服务年限	原应得数	按百分之五十四应得数	备考
6	蔡霭堂	一九二一年一月十日	二十三年	一千元	五百四十元	蔡霭堂
8	于鉴栓	一九二零年九月十八日	二十三年	一千元	五百四十元	于鉴栓
13	回文华	一九一五年七月一日	二十八年	一千二百元	六百四十元	回文华
15	萧宪舟	一九一六年十二月十日	二十七年	一千零七十三元	五百七十九元四角二分	萧宪舟
18	李树华	一九一九年六月十六日	二十四年	九百四十九元	五百一十二元四角六分	李树华
19	安学礼	一九一九年七月十九日	二十四年	九百二十三元	四百九十八元四角二分	安学礼
20	刘殿元	一九一九年八月六日	二十四年	九百二十三元	四百九十八元四角二分	刘殿元
21	杨海山	一九一九年十二月一日	二十四年	九百二十三元	四百九十八元四角二分	杨海山
23	于忠和	一九二零年二月二十八日	二十四年	九百二十三元	四百九十八元四角二分	于忠和
24	解基树	一九二零年五月六日	二十三年	八百八十七元五角	四百七十九元二角五分	解基树
27	韩景泉	一九二零年十一月十二日	二十三年	八百八十七元五角	四百七十九元二角五分	韩景泉
30	石宝琳	一九二一年九月六日	二十二年	九百六十元	四百一十八元四角	石宝琳
31	田森林	一九二一年十一月八日	二十二年	八百五十二元	四百六十元零八分	田森林
32	王树堂	一九二二年一月五日	二十二年	八百五十二元	四百六十元零八分	王树堂
33	廖广廉	一九二二年一月二十六日	二十一年	八百一十六元五角	四百四十元九角一分	廖广廉
34	郭文斌	一九二二年六月十八日	二十一年	八百一十六元五角	四百四十元九角一分	郭文斌
37	赵永胜	一九二三年四月六日	二十年	七百五十九元	四百零九元八角六分	赵永胜
43	孙胜文	一九二三年十一月十九日	二十年	七百四十八元	四百零三元九角二分	孙胜文
45	吴国栋	一九二四年一月一日	二十年	一千一百七十七元	六百三十五元五角八分	吴国栋
48	霍东瀛	一九二四年三月一日	十九年	八百零八元五角	四百三十六元五角九分	霍东瀛
53	赵佩元	一九二四年七月八日	十九年	七百一十四元	三百八十五元五角六分	赵佩元
55	管荣禄	一九二四年九月十六日	十九年	八百零八元五角	四百三十六元五角九分	管荣禄
56	李文祉	一九二四年十月二十一日	十九年	八百零八元五角	四百三十六元五角九分	李文祉
59	王庆云	一九二五年三月九日	十八年	六百八十元	三百六十七元二角	王庆云
61	王文生	一九二五年五月十七日	十八年	六百八十元	三百六十七元二角	王文生
62	孙鸿奎	一九二五年六月二十日	十八年	六百六十元	三百五十六元	孙鸿奎
63	穆瑞清	一九二五年七月一日	十八年	六百五十元	四百零五元	穆瑞清
64	黄瑞麟	一九二五年八月十五日	十八年	六百五十元	四百零五元	黄瑞麟
65	郭士珍	一九二五年八月十八日	十八年	六百六十元	三百五十六元四角	郭士珍
68	王玉成	一九二五年十一月十二日	十八年	七百五十元	四百零五元	王玉成
69	陈恒升	一九二五年十二月十一日	十八年	六百三十元	三百四十元二角	陈恒升
71	郑兰坡	一九二六年一月一日	十八年	七百五十元	四百零五元	郑兰坡
74	洪振铎	一九二六年一月一日	十八年	一千一百七十元	六百三十一元八角	洪振铎
78	萧锦文	一九二六年七月十日	十七年	六百二十七元	三百三十八元五角八分	萧锦文
82	葛长泰	一九一九年十二月十七日	二十四年	一千四百零四元	七百五十八元一角六分	葛长泰
83	刘树堂	一九二零年六月二十二日	二十三年	一千元	五百四十元	刘树堂
85	尹凤岐	一九二三年二月十三日	二十一年	八百六十二元五角	四百六十五元七角五分	尹凤岐
90	张宝亭	一九二六年三月七日	十七年	七百零三元	三百七十九元六角二分	张宝亭
95	周德明	一九二七年一月一日	十七年	五百九十八元五角	三百二十三元一角八分	周德明
96	宋文仲	一九二七年一月一日	十七年	五百九十八元五角	三百二十三元一角八分	宋文仲
98	王锡林	一九二七年一月一日	十七年	五百九十八元五角	三百二十三元一角八分	王锡林
100	杜国良	一九二七年一月一日	十七年	七百零三元	三百七十九元六角二分	杜国良
101	陈宝山	一九二七年一月一日	十七年	六百六十五元	三百五十九元一角	陈宝山

数号	姓名	到差年月日	服务年限	原应得数	按百分之五十四应得数	备考
103	高汉臣	一九二七年一月十四日	十六年	五百九十四元	三百二十元七角六分	高汉臣
106	郭家田	一九二七年十月一日	十六年	六百九十三元	三百七十四元二角二分	郭家田
107	丁少卿	一九二八年三月一日	十五年	五百三十五元五角	二百八十九元一角七分	丁少卿
109	赵廷禄	一九二八年七月十七日	十五年	五百三十五元五角	二百八十九元一角七分	赵廷禄
110	李恒起	一九二八年八月十日	十五年	五百三十五元五角	二百八十九元一角七分	李恒起
114	刘振廷	一九二九年十月三日	十四年	五百二十元	二百八十七元八角	刘振廷
115	王子喆	一九二九年十月九日	十四年	五百三十六元	二百八十九元四角四分	王子喆
116	郭伯良	一九二九年十月二十九日	十四年	四百八十元	二百五十九元二角	郭伯良
117	韩景林	一九二九年十一月二十二日	十四年	四百八十元	二百五十九元二角	韩景林
120	刘文圃	一九三零年三月十七日	十三年	四百七十二元五角	二百五十四元八角八分	刘文圃
121	陈林清	一九三零年四月十日	十三年	四百五十元	二百四十三元	陈林清
122	刘树元	一九三零年六月二日	十三年	五百三十二元五角	二百八十七元五角五分	刘树元
125	刘璧臣	一九三零年十月九日	十三年	四百五十元	二百四十三元	刘璧臣
127	张宝国	一九三零年十月二十二日	十三年	四百五十元	二百四十三元	张宝国
128	郭士安	一九三一年二月二日	十三年	四百五十元	二百四十三元	郭士安
130	吴恩承	一九三一年二月二日	十三年	四百二十元	二百二十六元八角	吴恩承
131	佟瑞清	一九三一年七月五日	十二年	四百二十元	二百二十六元八角	佟瑞清
133	邵大年	一九三一年七月五日	十二年	四百零六元	二百十九元二角	邵大年
134	刘连波	一九三一年七月五日	十二年	四百零六元	二百十九元二角	刘连波
136	李士荣	一九三一年七月十六日	十二年	五百三十二元	二百八十七元二角八分	李士荣
137	王钰锟	一九三一年七月二十五日	十二年	四百二十七元	二百三十五元五角七分	王钰锟
138	李金铭	一九三一年七月二十五日	十二年	四百二十七元	二百三十五元五角七分	李金铭
139	萧古和	一九三一年七月二十七日	十二年	四百零六元	二百十九元二角	萧古和
140	赵秉文	一九三一年十二月七日	十二年	四百零六元	二百十九元二角	赵秉文
141	穆成富	一九三一年十二月七日	十二年	四百零六元	二百十九元二角	穆成富
142	寇泽民	一九三一年十二月七日	十二年	四百二十七元	二百三十五元五角七分	寇泽民
147	孙绍棠	一九三二年一月一日	十二年	四百零六元	二百十九元二角	孙绍棠
148	龙再兴	一九三二年一月一日	十二年	四百二十七元	二百三十五元五角七分	龙再兴
149	强凤山	一九三二年一月一日	十二年	四百二十七元	二百三十五元五角七分	强凤山
150	石荣增 徐自钦	一九三二年一月一日	十二年	四百九十元	二百六十四元六角	石荣增 徐自钦
151	邱连第	一九三二年一月一日	十二年	四百零六元	二百十九元二角	邱连第
152	于会文	一九三二年一月一日	十二年	四百零六元	二百十九元二角	于会文
153	牛金波	一九三二年一月十五日	十二年	四百零六元	二百十九元二角	牛金波
154	张兴林	一九三二年一月十五日	十二年	四百零六元	二百十九元二角	张兴林
156	孙汉臣	一九三二年一月十三日	十二年	五百三十二元	二百八十七元二角八分	孙汉臣
157	赵文通	一九三二年九月二十三年	十一年	三百七十七元	二百零三元五角八分	赵文通
159	林树森	一九三三年一月三日	十一年	三百九十六元五角	三百一十三元八角四分	林树森
160	张仲三	一九三二年一月十五日	十二年	四百八十元	二百四十一元九角二分	张仲三
161	杨树亭	一九三三年三月一日	十一年	三百九十六元五角	二百一十三元八角四份	杨树亭
162	马吉永	一九三三年三月一日	十年	三百六十六元	一百九十七元六角四分	马吉永
164	王起发	一九三三年三月一日	十年	三百四十八元	一百八十七元九角二分	王起发
165	徐自钦	一九三三年三月七日	十年	三百六十六元	一百九十七元六角四分	徐自钦
166	李梦樵	一九三三年三月十五日	十年	四百五十六元	二百四十六元二角四分	李梦樵

数号	姓名	到差年月日	服务年限	原应得数	按百分之五十四应得数	备考
169	谢云生	一九三三年三月十六日	十年	三百四十八元	一百八十七元九角二分	谢云生
174	张国麟	一九三三年十二月七日	十年	三百八十四元	二百零七元三角六分	张国麟
177	张岐山	一九三四年三月一日	九年	三百三十元	一百七十八元二角一分	张岐山
178	赵俊山	一九三四年六月一日	九年	三百三十元	一百七十八元二角一分	赵俊山
179	孙富荣	一九三四年九月一日	九年	三百三十五元五角	一百八十一元一角二分	孙富荣
181	刘金章	一九三三年三月二十一日	十年	三百七十八元	二百零四元一角二分	刘金章
182	朱文炳	一九三四年九月一日	九年	三百一十三元五角	一百六十九元二角九分	朱文炳
183	王文斌	一九三四年九月一日	九年	三百三十元	一百七十八元二角	王文斌
184	时鸿举	一九三四年九月一日	九年	三百七十九元五角	二百零四元六角六分	时鸿举
185	安春贵	一九三四年九月一日	九年	三百七十九元五角	二百零四元六角六分	安春贵
186	杨开达	一九三四年九月一日	九年	三百一十三元五角	一百六十九元零二分	杨开达
187	赵子青	一九三四年九月一日	九年	三百七十九元五角	二百零四元六角六分	赵子青
189	纪汉章	一九三四年九月一日	九年	四百零一元五角	二百一十六元八角一分	纪汉章
190	王殿臣	一九三四年八月一日	八年	三百九十五元	二百一十三元三角	王殿臣
191	周德山	一九三五年十一月一日	八年	二百九十五元	一百五十九元三角	周德山
193	张润生	一九三五年十一月三十日	八年	一千一百二十元	六百零四元八角	张润生
194	戴金奎	一九三六年七月一日	七年	二百六十一元	一百四十元九角四分	戴金奎
195	孙家鳌	一九三六年七月一日	七年	二百六十一元	一百四十元九角四分	孙家鳌
196	杜国祥	一九三六年七月一日	七年	二百六十一元	一百四十元九角四分	杜国祥
198	张桂瑾	一九三七年一月一日	七年	二百四十七元五角	一百三十三元六角五分	张桂瑾
199	张华樵	一九三七年一月一日	七年	二百六十一元	一百四十元九角四分	张华樵
201	张 辉	一九三七年一月一日	七年	二百四十七元五角	一百三十三元六角五分	张 辉
202	刘璧泉	一九三七年一月一日	七年	二百六十一元	一百四十元九角四分	刘璧泉
203	苗文汉	一九三七年一月一日	七年	二百六十一元	一百四十元九角四分	苗文汉
204	鲍世林	一九三七年一月一日	七年	二百四十七元五角	一百三十三元六角五分	鲍世林
205	施有政	一九三七年一月一日	七年	二百一十元五角	一百六十七元六角七分	施有政
206	崔良杰	一九三七年一月一日	七年	二百六十一元	一百四十元九角四分	崔良杰
208	吴国樑	一九三七年一月一日	七年	三百二十八元五角	一百七十七元一角二分	吴国樑
209	胡耀亭	一九三七年五月一日	六年	二百二十元	一百一十八元八角	胡耀亭
211	陈凤藻	一九三七年五月一日	六年	二百三十二元	一百二十五元二角八分	陈凤藻
212	王玉堃	一九三七年五月一日	六年	二百三十二元	一百二十五元二角八分	王玉堃
213	郭焕亭	一九三七年五月一日	六年	二百三十二元	一百二十五元二角八分	郭焕亭
216	田质甫	一九三七年六月十一日	六年	二百四十四元	一百三十一元七角六分	田质甫
217	李文珍	一九三七年十一月一日	六年	二百四十四元	一百三十一元七角六分	李文珍
218	梁廷俊	一九三七年十一月七日	六年	二百三十六元	一百二十七元四角四分	梁廷俊
219	李国臣	一九三七年八月一日	六年	三百八十八元	二百零九元五角二分	李国臣
220	赵秉奎	一九三八年一月一日	六年	二百二十元	一百一十八元八角	赵秉奎
221	赵永福	一九三八年一月一日	六年	二百三十二元	一百二十五元二角八分	赵永福
222	陈汉宾	一九三八年一月一日	六年	二百二十元	一百一十八元八角	陈汉宾
223	郭殿弼	一九三八年一月一日	六年	二百二十元	一百一十八元八角	郭殿弼
224	李士奎	一九三八年一月一日	六年	二百三十二元	一百二十五元二角八分	李士奎
226	米子祥	一九三八年一月一日	六年	二百二十元	一百一十八元八角	米子祥
227	牛兆祺	一九三八年一月一日	六年	二百三十二元	一百二十五元二角八分	牛兆祺
228	王沛臣	一九三八年一月一日	六年	二百三十二元	一百二十五元二角八分	王沛臣

数号	姓名	到差年月日	服务年限	原应得数	按百分之五十四应得数	备考
229	王金柱	一九三八年一月一日	六年	二百二十元	一百一十八元八角	王金柱
230	韦殿荣	一九三八年一月一日	六年	二百二十元	一百一十八元八角	韦殿荣
231	吴海瀛	一九三八年一月一日	六年	二百二十元	一百一十八元八角	吴海瀛
232	高润田	一九三七年一月一日	六年	二百九十二元	一百五十七元二角八分	高润田
233	马云起	一九三八年四月一日	五年	二百零三元	一百零九元六角二分	马云起
234	陈金荣	一九三八年四月一日	五年	一百九十二元五角	一百零三元九角五分	陈金荣
235	张广有	一九三八年六月一日	五年	一百八十九元	一百零二元零六分	张广有
236	李佩芝	一九三八年六月一日	五年	一百八十九元	一百零二元零六分	李佩芝
237	满鸿年	一九三八年六月一日	五年	一百八十九元	一百零二元零六分	满鸿年
238	马奎元	一九三八年八月十五日	五年	一百八十九元	一百零二元零六分	马奎元
239	张宝田	一九三九年一月一日	五年	一百八十九元	一百零二元零六分	张宝田
242	周鸿儒	一九三九年一月一日	五年	一百八十九元	一百零二元零六分	周鸿儒
243	卜恩权	一九三九年一月一日	五年	一百八十九元	一百零二元零六分	卜恩权
244	许文元	一九三九年一月一日	五年	一百八十九元	一百零二元零六分	许文元
245	石俊山	一九三九年一月一日	五年	一百九十九元五角	一百零七元七角三分	石俊山
246	王惠生	一九三九年三月一日	四年	一百六十二元	八十七元四角八分	王惠生
247	许焕章	一九三九年三月一日	四年	一百六十二元	八十七元四角八分	许焕章
248	张凤林	一九三九年三月一日	四年	一百六十二元	八十七元四角八分	张凤林
250	陈宝贤	一九三九年四月一日	四年	一百六十二元	八十七元四角八分	陈宝贤
251	穆祥明	一九三九年七月一日	四年	一百六十二元	八十七元四角八分	穆祥明
252	米文峪	一九三九年七月一日	四年	一百八十三元	九十八元八角二分	米文峪
253	郭文彬	一九三九年九月一日	四年	一百六十二元	八十七元四角八分	郭文彬
255	王少林	一九三九年十月一日	四年	一百六十二元	八十七元四角八分	王少林
256	刘鸿文	一九三九年五月五日	四年	三百零三元	一百六十三元六角二分	刘鸿文
257	刘秀昆	一九三九年五月一日	四年	三百零三元	一百六十三元六角二分	刘秀昆
258	李宝发	一九三八年一月一日	六年	二百二十八元	一百二十三元一角二分	李宝发
261	刘玉书	一九三九年三月一日	四年	一百六十二元	八十七元四角八分	刘玉书
262	周宝贵	一九三八年二月一日	六年	二百八十四元	一百五十三元三角六分	周宝贵
263	郭维纲	一九三八年二月一日	六年	二百三十六元	一百二十七元四角四分	郭维纲
264	韩宝华	一九三八年一月一日	六年	二百二十元	一百一十八元八角	韩宝华
265	于凤林	一九三八年四月一日	五年	一百八十九元	一百零二元零六分	于凤林
266	董西园	一九三八年十一月一日	五年	一百八十九元	一百零二元零六分	董西园
267	刘绍清	一九三八年一月一日	六年	二百四十八元	一百三十三元九角二分	刘绍清
268	张文通	一九三八年一月一日	六年	二百四十八元	一百三十三元九角二分	张文通
269	王金铭	一九四零年四月一日	三年	一百三十五元	七十二元九角	王金铭
271	许恩第	一九四零年八月一日	三年	一百三十五元	七十二元九角	许恩第
272	李雨田	一九四零年十月一日	三年	一百四十五元	七十八元三角	李雨田
273	穆瑞华	一九四零年七月一日	三年	一百三十五元	七十二元九角	穆瑞华
274	王万成	一九四零年七月一日	三年	一百四十二元五角	七十六元九角五分	王万成
275	杨永泰	一九四零年七月一日	三年	一百三十五元	七十二元九角	杨永泰
276	王树槐	一九四零年七月一日	三年	一百三十五元	七十二元九角	王树槐
278	赵景山	一九四零年十一月一日	三年	一百三十五元	七十二元九角	赵景山
279	王鸿升	一九四零年十一月十五日	三年	一百四十二元五角	七十六元九角五分	王鸿升
280	张士傑	一九四零年十一月十五日	三年	一百三十五元	七十二元九角	张士傑

数号	姓名	到差年月日	服务年限	原应得数	按百分之五十四应得数	备考
284	徐子书	一九四一年一月一日	三年	一百四十元	七十五元六角	徐子书
285	李森亭	一九四一年一月一日	三年	一百三十五元	七十二元九角	李森亭
286	梁国楝	一九四一年一月一日	三年	一百四十二元五角	七十六元九角五分	梁国楝
287	周献堂	一九四一年一月一日	三年	一百三十五元	七十二元九角	周献堂
289	刘鸿林	一九四二年一月一日	二年	一百零八元	五十八元三角二分	刘鸿林
290	古 廉	一九四一年一月十五日	二年	一百零八元	五十八元三角二分	古 廉
291	门世铭	一九四一年十月一日	二年	一百零八元	五十八元三角二分	门世铭
292	池凤焘	一九四一年十月一日	二年	一百零八元	五十八元三角二分	池凤焘
294	刘蓝柱	一九四二年八月一日	一年	八十四元	四十五元三角六分	刘蓝柱
295	赵邑尘	一九四二年八月一日	一年	八十一元	四十三元七角四分	赵邑尘
	郭德昌	一九一七年五月一日	二十六年	七千四百七十六元	四千零三十七元零四分	郭德昌
	郭 英	一九二九年四月二日	十四年	一千八百七十二元	一千零十元八角八分	郭 英
	孟繁恭	一九四零年五月一日	三年	三百二十五元	一百七十五元五角	孟繁恭
	郑仰元	一九四一年二月一日	三年	三百元	一百六十二元	郑仰元
	史文通	一九三三年十月一日	八年	二百七十元	一百四十五元八角	史文通
	张佩卿	一九四零年三月一日	三年	一百三十二元五角	七十一元五角五分	张佩卿
	王锦章	一九二五年十一月一日	十八年	八百九十元	四百八十六元六角	王锦章
	韩宝山	一九二七年二月一日	十七年	五百一十三元	二百七十七元零二分	韩宝山
	张宝山	一九四三年四月二十日	一年	七十六元五角	四十一元三角一分	张宝山
	李忠信	一九四三年五月一日	一年	七十六元五角	四十一元三角一分	李忠信
	董省三	一九三五年一月一日	九年	一千五百四十元	八百三十一元六角	董省三

名 称	应 得 钱 数	备 考
华捕	一百八十四名,共得洋四万二千三百七十六元二角三分	
捐务处	六名,共得洋五千六百零二元七角七分	
市政局	四名,共得洋八百四十元二角四分	
领事馆	一名,得洋八百三十一元六角	董省三
杂费	洋三百四十九元一角六分	
共计洋五万元。		

王洪泉	刘文耕	田宝金	周克敏
赵秉璋	陈正颜	李子科	刘桂攀
李化周	杨兴儒	李子扬	蔡树清
杨佐卿	孟宪斌	葛焕如	
以上十五名虽在工部局服务有年而蓄金册内未列,是否尚能补发。特此注明。			

(J0001-3-007837)

819. 意驻津领事毕杰第为转交回力球场十二月下旬至一月上旬税款事
致伪天津特别市政府函

1945年1月4日

径启者：参照本领事馆八月十七日第九十四B三十七号函,兹送上立多利银行第NA一〇三五五号支票一纸,计联银券十一万八千三百九十六元五角五分,此款系回力球总收入十三万九千二百九十元零六分之百分之八十五,即请查收给据为荷。此致天津特别市政府。

逐日收入列表于左：

一九四四年十二月二十六日	一四,三九八.四八元
二十七日	二四,三六八.七四元
二十八日	八,二〇六.五四元
二十九日	一五,四六九.七二元
三十日	一六,一八九.八四元
三十一日日场	一二,九七七.〇二元
夜场	一四,九二四.五〇元
一九四五年一月一日	一七,二四三.六八元
二日	一五,五一一.五四元
以上共计	一三九,二九〇.〇六元

【原档注】支票一纸,计洋十一万八千三百九十六元五角五分,已由二科收讫。收条交义领事馆原差带回。

第一科收发股

一月五日

（J0001-3-001705）

820. 伪天津特别市政府财政局为前意租界公董局保险柜支票
如何拨付事呈伪市长

1945年1月6日

审字第4号

案奉钧府协甲字秘壹第三四一一号训令内开："案准义大利驻津领事毕杰第函开,以本府接收前义大利公董局保险柜内存有前义国小学校瑞吉尼所存大陆银行一九四三年六、七、八三月份支票三张（每张七百六十元）请查照返还。等因。准此,当经派员至第二区公所会同启视保险柜,经详查内仅有译名瑞吉尼名存七、八两份大陆银行第一一四四零号及第一一六八八号存款证两份,每纸洋为七百六十元。准函前因,合行将该项存款证二纸随令附发,存局备查,并迅将该款一千五百二十元呈解来府,以凭转复为要。"等因。附发大陆银行第一一四四零号及第一一六八八号存款证两份。奉此,查前项奉发之义租界市政局支付瑞吉尼教员七、八两月份薪金支票二纸及义领事署支付书等件,据询大陆银行,此项支票已无存款,无法再予支付。经派员向前义工部局捐务处联络,据云,该教员瑞吉尼七、八两月薪金每月原支八百元,除每月应扣缴国防献金四十元外,其每月实领之七百六十元,两月共计一千五百二十元,前以该教员请假赴申致未领取等语。查义租界现已交还,所有关于该租界款项业由前特管区移交本局接收在案,至该瑞吉尼应领之薪金究应如何拨付,以清积案之处,职局未敢擅专,理合具文呈请。敬祈鉴核示遵,实为公便。谨呈天津特别市市长。

天津特别市政府财政局代理局长张同亮

(J0001-3-007837)

821.伪河北高等检察署为意大利犯人寄押天津监狱事致伪天津特别市政府函

1945年1月9日

第62号

案查前准贵政府上年十一月四日第三二二号公函,以准义大利领事毕杰第函,以该领馆对于该国人犯无相宜处所收押,拟羁押中国监狱,请特予设法,嘱查照办理见复。等由。准此,当以事关国际委托,本署无权处理,呈请核示,并函复在案。兹奉司法行政部华北事务署三十三年十二月三十日天字第四八七号指令,以查义国领事馆所请将该国人犯寄禁中国监狱执行一节,经核尚属可行。即由天津监狱另辟外寄人犯收容室代为执行。除该监因收容此项人犯所增一切费用由该国领事馆负担,人犯在监应令遵守监狱规则外,于送监执行时并应译送判决书,记明罪名、刑期及其他必要事项,以便存查。又应声明监狱遇有必要情形,随时得将此项寄禁人犯送还或不予收容。仰即函达天津市政府转行查照,并饬天津监狱遵照,仍将办理情形及收禁或释放人犯按月列表专案具报。等因。奉此,除令饬河北天津监狱遵照外,相应函达,即希查照办理为荷。此致天津特别市政府。

检察长李宝瑞

(J0001-3-007837)

822.伪天津特别市政府为送接收意租界遣散费余款事致意驻津领事馆函

1945年1月15日

协乙字秘贰第10号

案准贵领事馆函开:遵照本年八月间交还天津义租界时之协定,中国委员曾送来联银券计四十万元云云,并将剩余国币四十五元随函附上。等因。准此,查该项结余款原送四十六元,实际按照原送清册核收四十五元三角六分,计结余六角四分。相应检同收据一纸、余款六角四分,函达查照为荷。此致义国领事馆。

附余款六角四分、收据一纸。

（J0001-3-007837）

823.伪天津特别市政府为意公董局保险柜支票拨付办法给伪财政局指令

1945年1月22日

协乙字秘壹第375号

呈一件。为奉令呈解前义国租界小学教员瑞吉尼所存七、八两月份薪金一案,查该项薪金支票已无存款,究应如何拨付之处,请鉴核示遵由。

呈悉。查前义国公董局所存各类款项,既已由该局接收列入市库,此项瑞吉尼应领之薪金一千五百二十元,自可由市库拨付,仰即遵照前令迅速呈解。此令。

（J0001-3-007837）

824.伪天津特别市政府为代押意大利犯人办理事致意驻津领事函

1945年1月27日

协乙字秘壹第26号

案查前经贵领事上年十月二十日函,以根据去年七月十四日在南京云云。谨此,敬希速复等由。当经转函河北高等检察署查照办理去后,兹经函复略称,事关国际委托,本署无权处理,经呈奉司法行政部华北事务署三十三年十二月三十日天字第四八七号指令云云。除饬令河北天津监狱遵照外,相应函达,即希查照办理。等由。准此,相应函复,即希查照办理为荷。此致义大利社会共和国驻津领事毕杰第。

（J0001-3-007837）

825.意驻津领事毕杰第为感谢代押意国犯人事
致伪天津特别市市长张仁蠡函

1945年2月5日

径启者：接准贵市府本年一月二十七日大函得悉，华北政务委员会业经接受敝领事馆之申请关于义国人民被敝领事馆所判罪者，承蒙允许收容于中国监狱内，并得悉政委会已训令各关系当局矣。政委会所指示之一切手续，敝领事馆自当遵办。对于贵市长之热心协力，本领事无任感荷，并希转谢政委会为荷。此上张市长。

（J0001-3-007837）

826.外交部为瑞典代为保护意大利在华利益事致天津市政府函

1945年10月15日

欧84字第8317号

顷准瑞典驻华公使馆本年八月二十七日备忘录，以瑞典政府接受义大利政府之请求，拟于义国新任驻华大使未抵任前，暂时非正式代为保护义大利在华利益。如荷俞允，即请转知南京、北平、上海等地各有关军政机关。等由。本部业经同意，除分行外，相应函达，即希查照为荷。此致天津市政府。

（J0002-2-001737）

827.行政院为密令调查意大利在津资产给天津市政府电

1945年10月16日

天津市政府（龙密）：此次伦敦会议曾讨论，联合国取得义国政府（使领馆房产除外）或人民在联合国管辖权下之资产，作为赔偿之用。仰秘密调查，径报外交部为要。行政院酉删六印。

（J0002-2-001737）

828.天津市政府为调查意大利在津资产给警察局密令

1945年10月19日

乙字秘第62号

案奉行政院酉删六密电内开:此次伦敦会议曾讨论联合国取得义国政府(使领馆房屋除外)或人民在联合国管辖权下之资产,作为赔偿之用。仰秘密调查,径报外交部为要。等因。合行令仰该局遵照分令所属秘密查照汇报来府,以凭转报。此令。

(J0002-2-001737)

829.天津市政府为询有关意大利在华利益和在津资产如何办理事致外交部电

1945年11月4日

重庆外交部王部长勋鉴:05179密。案准欧84字第8317号公函,以瑞典代为保护义大利在华利益,业经同意。等因。查本府此案前奉行政院酉删六电饬,密查义国政府(使领馆房产除外)或义国人民在联合国管辖权下之资产作为赔偿之用,径报外交部。等因。业经令行警察局密查,尚未据复。准函前因,究应如何办理,敬请核示。天津市长张、副市长杜。戌支印。

(J0002-2-001737)

830.天津市政府为调查意大利在津资产事呈行政院密代电

1945年12月26日

第100号

重庆,行政院院长宋钧鉴、外交部王部长勋鉴:奉行政院酉删六电饬,秘密调查义政府(使领馆房屋除外)或人民之资产,径报外交部、贵部。等因。正饬密查间,准外交部、贵部电,由沈顾问觐鼎密译转知,关于义国公私财产处理办法正在钧院、行政院统筹核议中,在颁布以前先密查告知。等因。遵经、当经饬据警察局将调查义政府及其侨民所有资产汇订成册密报到府,复查无异,除径报外交部、电行政院外,谨电复闻、特抄同调查表电请查照。再,警察局原送报部调查表、原表所列资产,仅系不动产,其动产应否调查。又关于义国公私财产处理办法如已经议定,并请赐发、检发,以资依据。天津市市长张、副市长杜叩。亥宥秘印。

附调查表一份。

(J0002-2-001737)

831.外交部为意政府及侨民在津资产处理办法致天津市政府代电

1946年1月11日

欧35(00385)号

　　天津市政府公鉴：关于查报义政府及侨民在津资产一案，民国三十四年亥宥秘印代电及附件均诵悉。查接收租界及北平使馆界办法暨租界及使馆界官有资产与官有义务债务清理委员会组织规程，业经行政院于卅四年十一月廿四日公布施行，并经通令在案。天津义国公私财产之处理，自应遵照上项办法第七条之规定，所有属于义政府资产，由主管机关接收管理。义侨私有财产则按照同盟国或中立国人民所有资产办理。义政府财产，包括动产与不动产在内，既应由我方接管，请仍继续澈查。再，前义领馆土地、房屋及家具等并请查报，以便本部派员接收。准电前由，相应检同接收租界及北平使馆界办法暨租界及使馆界官有资产与官有义务债务清理委员会组织规程各一份，电请查照办理并见复为荷。外交部。

(J0002-2-001737)

832.天津市政府为继续彻查意国政府财产造册具报事给警察局训令

1946年1月25日

丙秘字第404号

　　案查前饬据该局调查义政府及侨民在津资产一案，业经分别转报在案。兹准外交部欧35零零三八五号代电开："三十四年亥宥秘代电及附件均诵悉。查接收租界及北平使馆界办法暨租界及使馆界官有资产与官有义务债务清理委员会组织规程云云。电请查照办理并见复为荷。"等因。应即分别照办。查接收租界及北平使馆界办法暨租界及使馆界官有资产与官有义务债务清理委员会组织规程，业经本府于上年十二月十六日以乙字秘第九六三号令知在案。兹准前因，合亟令仰该局迅将义政府之动产继续澈查，按动产所在地分造财产目录二份送府，以凭存转。

　　再，前义领馆及日德使领馆所有一切房屋、器具、档案等，曾函党政接收委员会查明接收，并于上年十一月二十八日以乙字秘第一八零号令知该局。现党政接收委员会已办结束，上项查办情形迄亦未准该会函复，即由该局查照前令，迅将义领馆土地、房屋、家具、档案等查明，分别造册送核。再，续查日德使领馆应报各项分案册报，以凭转复为要。此令。

(J0002-2-001737)

833.天津市政府为彻查意政府在津财产事复外交部代电

1946年1月25日

丙秘字第86号

重庆外交部王部长勋鉴：准欧35零零三八五号代电，嘱将义政府之动产仍继续澈查，又前义领馆土地房屋及家具等并嘱查报。等因。除饬警察局分别澈查外，特先复请查照。天津市长张，副市长杜。子有秘印。

（J0002-2-001737）

834.行政院为意民众在华动产处理办法事给天津市政府指令

1946年2月23日

节陆第05428号

三十四年十二月二十六日亥宥秘代电，为关于义人动产部分应否调查并请颁发义国公私财产处理办法由。

代电悉。关于义人动产应否调查一节，依照"接收租界及北平使馆界办法"第七条之规定，所有属于义政府资产，应由主管机关接收管理，义侨私有财产则按照同盟国或中立国人民所有资产办理。义政府资产既应由我接管，是其动产自应仍予调查，至义侨私人动产不在接管之内，可不再调查。又处理义国公私财产前经本院制颁义大利在华人民及财产暂行处理办法，兹复酌加修正。除另文通饬遵照外，仰即遵照办理。此令。

（J0002-2-001737）

835.天津市政府为调查意政府动产迅速造报给警察局训令

1946年3月12日

丙秘字第1290号

案查前据该局查报义政府及侨民在津资产一案，业经分别转报并准外交部代电嘱续查义领馆土地、房屋及家具等动产。等因。于一月廿五日以丙秘字第四零四号训令饬遵在案，尚未据报。兹复奉行政院指令节开："依照'接收租界及北平使馆界办法'第七条之规定，所有属于义政府资产，应由主管机关接收管理，其动产亦应一并调查，仰即遵照办理。"等因。奉此，合再令仰该局仍遵丙秘字四零四号前令,迅速调查造报,勿再久延。此令。

(J0002-2-001737)

836.外交部为调查意在津公产事给天津市政府代电

1946年4月2日

欧35(04677)号

天津市政府公鉴:关于调查义政府动产一案,本年一月廿五日子有秘代电诵悉。查义方在津财产,除房产已准贵府民卅四年十二月廿六日亥宥秘电送调查表一份外,尚有码头、兵营、堡垒、船只、无线电设备与其他公有财产,特电请连同义动产一并迅予查明见复为荷。外交部。(欧)

(J0002-2-001737)

837.天津市政府警察局为请示意政府在津财产如何办理事呈市政府文

1946年4月8日

政三字第1909号

案奉钧府丙秘字第四零四号训令,饬将义政府之动产继续澈查,按动产所在地,分造财产目录二份,并将义领馆土地、房屋、家具、档案等查明,分别造册送核。再续查日德使领馆应报各项,分案册报凭转。等因。奉此,正遵办间,复奉钧府丙秘字第一二九零号训令,案同前因,遵经派员并函知瑞典领事馆分别查复去后。兹据派员报告:"经往瑞典领事馆联络调查,据驻津代理领事安士嘟答称,关于义国政府及领馆一切财产问题,本人曾受义领事安是娄替之嘱,不负答复之责,该案应请由贵国外交部直接与义领事接洽办理。"等语。并准瑞典领事馆函复,及饬据本局第二分局呈报,均同前情。复准瑞领馆函称,义领事行将来津等语。奉令前因,除日德前领馆财产事项另案查报外,所有以上调查情形,应如何办理之处,理合先行报请鉴核示遵。谨呈市长张、副市长杜。

天津市政府警察局局长李汉元
天津市政府警察局副局长毛文佐
(J0002-2-001737)

838.天津市政府为调查意政府在津财产事给警察局训令

1946年4月10日

丙秘字第2044号

案准外交部四月二日欧04677代电开：关于调查义国政府动产一案云云（来文），一并迅予查明见复为荷。等因。查前据该局造送义国政府及其侨民在津所有资产调查表，业经以亥宥秘电送部，嗣准部代电嘱续查义领馆土地、房屋及家具等动产，经以子有秘电先行电复，并以丙秘字404号令饬局遵办。旋奉行政院令，同前因。复以丙秘字1290号令局各在案。兹准前因，合行令仰该局遵照先今迭令办理，具报凭转。此令。

（J0002-2-001737）

839.天津市政府为调查意驻津领事馆财产事致外交部函及给警察局指令

1946年4月12日

致外交部函

丙秘字第929号

案查关于调查天津义国领事馆各种财产一案，迭准贵部代电，均经令饬警察局查明造报在案。兹据复称：遵经派员并函到瑞典领事馆分别查复去后，据报告："经往瑞典领事馆连络调查，据驻津代理领事安士嗽答称，关于义国政府及领馆一切财产问题，本人曾受义领事安是娄替之嘱，不负答复之责，该案应请由贵国外交部直接与义领事接洽办理。等语。"该瑞领并函复同前情，复函告义领事行将来津等语。应如何办理请示遵。等情。查贵部欧34字8317号公函，载有瑞典政府接受大利政府之请求，代为保护义大利在华利益，业经予以同意一节，此次瑞领拒绝调查，似非无因。究应如何办理，除指令外，相应函达，希即查核见复，以便办理为荷。此致外交部。

给警察局指令

丙秘字第2487号

呈一件。为报告调查义政府动产及义领馆财产一案，请示遵由。呈悉。业经函达外交部核复，仰即转照。此令。

（J0002-2-001737）

840.外交部为速报意大利在津官产事致天津市政府电

1946年4月26日

天津市政府:欧(35)字第(4677)号代电计达。○密。义官产情形,包括码头、兵营、堡垒等,迄未准复。又查贵府三十四年亥宥秘代电抄送义政府及侨民资产调查表所列公有资产,其经管人均系教堂,究竟此项资产所有权属于义政府或义国教会,兹因不日讨论对义和约,亟待明瞭,希于电到五日内一并查明电复。外交部欧敬印。

(J0002-2-001737)

841.天津市政府为速报意大利在津官产事给市政府外事处、警察局密令及复外交部电

1946年4月27日

给市政府外事处、警察局密令

丙秘字第2467号

案查前据警察局、该局查报,义政府及侨民在津资产一案,业经分别转报,嗣又先后准奉外交部代电暨行政院指令,饬对义政府不动产继续澈查,并续查义领馆土地、房屋及家具等动产。当经先后以丙秘字第四○四号暨第一二九○号训令警察局、该局迅速查报各在案。尚未据报。顷准外交部欧敬电开:"欧(35)字第(4677)号代电计达。○密义。官产情形云云。希于电函五日内一并查明电复。"等因。准此,查欧(35)字第(4677)号代电本府并未收到。除先电复并分令警察局、外事处外,今亟令仰该处、局遵照将(一)义官产码头、兵营、堡垒等;(二)该警察局上年十二月十九日政一字第九三五呈报义政府及侨民资产调查表所列公有资产其经管人均系教堂者,其所有权究竟属于义政府抑属教堂;(三)义政府之动产及义领馆之一切资产三项,务即查照前今各令,火速会同警察局、外事处于令到三日内澈查表报凭复勿延。切切。此令。

复外交部电

重庆外交部王部长勋鉴:欧敬电嘱查报义官产一案悉。正饬依限分别澈查中,惟欧(35)字第(4677)号代电,迄未收到。原件祈从速补发,俾资依据。特先电复。天津市长张、副市长杜。卯宥秘印。

(J0002-2-001737)

842.天津市政府外事处为报告调查意政府在津官产事呈市政府文

1946年5月3日

　　案奉钧府丙秘字第二四六七号密令略开:关于查报义政府及侨民在津资产一案,令饬遵照将"(一)义官产码头、兵营、堡垒等;(二)该警察局上年十二月十九日政一字第九三五呈报义政府及侨民资产调查表所列公有资产其经管人均系教堂者,其所有权究竟属于义政府抑属教堂;(三)义政府之动产及义领馆之一切资产三项,务即查照前今各令,火速会同警察局于令到三日内澈查表报凭复勿延。"等因。奉此,遵经会同警察局派员查询,据复遵即前往代理义国权益之瑞典驻津领事馆调查,据代理领事严士顿称:(一)关于义官产码头、兵营、堡垒、电台一项,该领事仅能大略告以在津义官产有四处:(1)前义领事馆(大马路),现经美军第一师团派克少将占用;(2)前义工部局(领事馆对面),现经美军第一师团占用并有电台之设备;(3)前义兵营,房屋设备可容四百人,现经美军第一师团占用;(4)前义公会(五马路),现经美军占用。以上各项究占地亩若干、建有房舍若干、共有陈设家具若干,该领事称彼无底案可供查询。又称,义政府在津并无船只、堡垒等设备。(二)关(于)第二项派查事件,据严士顿称,该项资产如其经管人系教堂,则其所有权亦属于教堂;(三)关于义政府之动产及义领馆之一切资产,严士顿称彼已受义政府之托,不负任何答复责任。又称关于义政府及侨民资产、领事馆资产、档案、家具等清单文件,皆经本领事去年十月间封于义领事馆内,现本人并无此种清单文件可供考查。最后告以现中国政府亟欲明了义政府在津资产,请多予协助调查,据答称彼实无力协助,义领事Tallarigo将于五月中旬来津,一切唯待义领事办理。等语。上述各情,理合报请鉴核。等情。据此,奉令前因,理合签请鉴核转复。谨呈市长张、副市长杜。

暂代外事处处长杨豹灵

(J0002-2-001737)

843.天津市政府警察局为会同报告调查意政府在津资产事呈市政府文

1946年5月6日

政三字第2469号

　　案查关于奉令调查义政府之动产,及义领馆土地、房屋、家具、档案等项一案,因义领事现未在津,而驻津瑞典代理领事安士顿曾受义领事安是娄替之嘱,不负答复责任,故职局无从侦查,应请外交部直接与义领事接洽办理。以上情形,业经职局呈报,并奉钧府丙秘字第二四八七号指令,函达外交部核复在案。职局嗣奉钧府丙秘字第二○四四号训令,案同前因,并饬查义方在津码头、兵营、堡垒、船只、无线电设备及其他公有财产等项。正遵办间,复奉钧府丙秘字第二四六七号密令,饬会同澈查前案表报凭复。各等因。奉此,遵经会同派员调查,据报:"经往瑞典驻津领事馆调查,询据代理领事安士顿作简略答复如次:(一)关于义官产码头、兵营、堡垒、电台一项,该领事仅能就大体告以在津义官产有四处:(1)前义领事馆(大马路)现经美军第一师团派克少将占用;(2)前义工部局(领事馆对面)现

587

经美军第一师团占用并有电台(天线等)之设备;(3)前义兵营房屋设备可容四百人,现经美军第一师团占用;(4)前义公会(五马路)现经美军占用。以上各项究占地亩若干、建有房舍若干、有陈设家具若干,该领事因无底案,无法查询。又船只及堡垒等,查在津义政府并无此设备。(二)关于'上年十二月十九日政一字第九三五号所呈报义政府及侨民资产调查表所列公有资产,其经管人均系教堂者,其所有权究竟属于义政府,抑属于教堂'一项,据瑞典领事安士顿称:'该项资产,如系教堂人经管,则其所有权亦属于教堂。'(三)关于义政府之动产及义领馆房屋、家具、档案等项,本领事曾受义政府之托,不负任何答复责任。并称各项详细清单表件等皆经本领事于去年十月间查封于义领事馆内,现本人并无此种底案,须俟义领事馆将来启封时,方可明了一切。再,义领事TALLARIGO将于五月中旬来津办理该项交代事务,所有一切清单表件,届时均可索阅。等语。所有上述各情,理合报请鉴核。"等情前来。复查无异。奉令前因,理合据情会衔呈报鉴核。再本件系由职警察局主稿,合并陈明。谨呈市长张、副市长杜。

天津市政府暂代外事处处长杨豹灵

天津市政府警察局局长李汉元

天津市政府警察局副局长毛文佐

(J0002-2-001737)

844.天津市政府为调查意政府在津官产事致南京外交部代电及给警察局、外事处等指令

1946年5月9日

致南京外交部代电

丙秘字第534号

南京外交部公鉴:关于调查义国政府在天津所有官产、公有财产并其各项动产一案,迭准贵部欧35(04677)号代电,四月欧敬电并欧35(00385)号代电,均经令饬警察局及外事处会查,并即经于四月十二日以丙秘字929号函报调查经过情形及叩宥电复各在案。兹据本府外事处签称,遵经会同警察局派员前往云云(来文),理合报请鉴核等情,特以奉闻。天津市政府。辰佳秘印。

给警察局、外事处等指令

丙秘字第3343号

呈一件。呈报调查义国政府在津官产及其他动产情形由。

呈悉。案经转复外交部,仰即知照。此令

(J0002-2-001737)

845.天津市政府外事处为报告意大利在华北权益已移交办理事
呈市政府文

1946年6月3日

案准瑞典领事 V.R.W.ENGSTROM 函称,义大利在华北之权益,由即日起已由本人移交与义国大使馆秘书 B.P.Tallarigo 君办理,请查照。等由。准此,理合签请鉴核备案。谨呈市长张、副市长杜。

暂代外事处处长杨豹灵

(J0002-2-001737)

846.外交部为成立租界清理委员会事致天津市政府电

1946年6月4日

天津市政府:○密战争结束已久,各地租界官有资产、义务、债务亟待早日清理,贵市租界清理委员会应请赳日成立并电知本部,以便转请有关使馆推荐顾问进行工作。尚希见复为荷。外交部条先印。

(J0002-2-001737)

847.天津市政府为成立租界清理委员会事复外交部电

1946年6月4日

南京外交部王部长勋鉴:7364密条先电敬悉。本市租界清理委员会委员业经遴选,于辰漾日呈院请派,并函达贵部在案。俟奉派定即组织成立,复请查照。天津市长张、副市长杜。已支秘印。

(J0002-2-001737)

848.天津市政府为请示在津意民众私产处理办法事呈行政院长代电

1946年6月28日

丙秘机字第1号

南京行政院院长宋钧鉴:查奉颁接收租界及北平使馆界办法第七条略载:"在天津义租界及其他租界暨北平使馆界内,属于义大利人民所有之资产,应按照同盟国或中立国人民所有之资产办理。"等语。惟查在天津义大利人民有法西斯彩色者，其当年对我国家或人民之敌对行为，与德日两国人民毫无轩轾。此时对其所有之资产，如按照同盟国或中立国人民资产办理，未免宽纵，可否稍稍变通，对于此项义大利人民之资产，仍按照敌伪产业处理办法办理。以昭平允之处，谨请电示遵行。天津市长张、副市长杜。叩巳俭秘印。

（J0002-2-001737）

849.外交部为速开列意在津官产清单致天津市政府密电

1946年7月23日

限即刻到。天津市政府辰佳秘代电悉。〇密。天津义官产包括动产，仍希尽速详查开列清单寄部。外交部欧养印。

（J0002-2-001737）

850.天津市政府为调查意国官产事给警察局、外事处训令

1946年7月27日

丙秘壹字4404号

案查调查义国官产一案，前于五月初旬据该局、处会同外事处、警察局查复，业经代电转复外交部在案。兹准外交部七月欧养密电开："辰佳秘代电悉。天津义官产包括动产，仍希尽速详查开列清单寄部。"等因。准此，仍应由该局、处会同办理。除分令外，仰即遵照。此令。

（J0002-2-001737）

851.外交部为询意大利公会性质事致天津市政府代电

1946年7月27日

欧35第0438号

天津市政府公鉴：贵府辰佳秘代电所称前义公会性质如何，希查复为荷。外交部（欧）。

（J0002-2-001737）

852.天津市政府为调查意公会性质事给警察局训令

1946年8月5日

丙秘字第4572号

查调查意大利在津官产一案,前据该局会同外事处以政三字第2469号呈呈报到府,当即转报外交部各在卷。兹准外交部欧(35)0438号代电开:"贵府辰佳秘代电所称前义公会性质如何,希查复为荷。"等因。准此,合行令仰该局尅日查复,以凭转报。此令。

(J0002-2-001737)

853.天津市政府警察局为报告意大利公会性质事呈市长等文

1946年8月10日

外一字第4631号

案奉钧府丙秘字第四五七二号训令:以"准外交部电询前义公会性质,饬速查报,以便转复。"等因。奉此,遵经派员调查去后,兹据报称:"奉派调查前义公会性质,遵即前往义国领事馆详询。经该馆职员衣脱路(ITOLO)君述称:于一九四三年义国降服后,津义领馆由当时日军之支持与保护下,依然进行领事事务,迨至日本降服(一九四五年八月)乃改组为公会,其性质则为与诸方面连络及办理以前领馆善后事宜。此公会成立仅一月之久,即并归天津瑞典领事馆,由该馆领事ENGSTROM管理,复于本年五月三十一日由义大使馆驻津办事处秘书TALLARIGO接管一切事务。等语。理合将调查经过情形签报鉴核。"等情。据此,理合据情呈复,仰乞鉴核。谨呈市长张、副市长杜。

天津市政府警察局局长李汉元
天津市政府警察局副局长毛文佐

(J0002-2-001737)

854.外交部为速查意大利在津公私财产事致天津市政府电

1946年8月14日

限即刻到。天津市政府调查义大利在华资产案,欧午养电计达。义公私财产究有若干、估计价值几何、其中已扣留者若干,请于电到三日内查明电复,以便电达巴黎和会我国代表团应用。外交部欧未元印。

(J0002-2-001737)

855.天津市政府为调查意大利在津公私财产事给外事处长、警察局长训令

1946年8月14日

丙秘机字4820号

令外事处杨处长、警察局李局长

案准外交部欧未元电开:"义公私财产究有若干、估计价值几何、其中已扣留者若干,请于电到三日内查明电复,以便电达巴黎和会我国代表团。"等因。准此,应由外事处会同警察局依限办理。除分令外,合亟令仰遵照,剋期具报,以凭转复。切切。此令。

(J0002-2-001737)

856.天津市政府为报告意大利公会性质事致外交部代电及给警察局指令

1946年8月17日

致外交部代电

丙秘字第1008号

南京外交部公鉴:欧电诵悉。嘱查复前义公会性质,兹令据警察局报称,据派员调查称,遵往义领馆详询,据该馆职员衣脱路(ITOLO)称,一九四三年义国降服后,津义领馆由日军保护,依然进行领事事务,迨日本降服乃改组为公会,其性质则为与各方面联络并办理领馆善后事宜。后由瑞典领事(Engstrom)管理,本年五月卅一日由义大利使馆驻津办事处秘书(Tallarigo)接管。等情。理合签请鉴核。等情到府。特电复请查照。天津市政府未條秘印。

给警察局指令

丙秘字第6966号

呈一件。为奉令以准外交部电询前义公会性质,饬速查报凭复等因。经派员查明,呈复核转由。呈悉。已转报外交部。仰即知照。此令。

(J0002-2-001737)

857.行政院秘书处为意大利在津私人资产处理办法事
致天津市政府公函

1946年8月24日

节京陆字第9974号

贵市政府民国三十五年六月二十八日丙秘机字第一号代电,为对于有法西斯色彩之义大利人民资产可否依照敌伪产业处理,请核示一案,经本院交据外交部议复,奉院长谕:"照议复意见办理。"相应抄同原件函达查照。此致天津市政府。

计抄送原函一件。

秘书长蒋梦麟

抄原函

案准贵处本月十八日礼京字第14307号交议案通知单,以天津市政府电,为对于有法西斯色彩之义大利人民资产可否照敌伪处理案,奉谕:"交外交部迅即核复。"相应通知。等由。抄附原电一份到部。查我国与义大利现已恢复外交关系,义大利人民所有之资产自应依照接收租界及北平使馆界办法第七条之规定,按照同盟国或中立国人民所有之资产处理。惟义大利法西斯党员如经查确有与敌伪合作或有违反我国利益者,自应依法处理,其财产亦应候审判终结后依法处置,似不能视为一般敌伪产业。相应函请查照转陈为荷。此致行政院秘书处。

(J0002-2-001737)

858.天津市政府外事处、警察局为呈报意国在津官产清册事呈市长等文

1946年8月31日

外一字第5045号

案奉钧府丙秘壹字第四四零四号训令内开:"案查调查义国官产一案,前于五月初旬,据该局会同外事处查复,业经代电转复外交部在案。兹准外交部七月欧养密电开:辰佳秘代电悉。天津义官产包括动产,仍希尽速详查开列清单寄部。等因。准此,仍应由该局处会同办理。除分令外,仰即遵照此令。"等因。奉此,遵经会同派员赴义国大使馆驻津办事处询查去后,嗣据会呈该处开列义国官产清册二份前来。理合抄同是项清册二份,会衔呈复鉴核。谨呈市长张、副市长杜。

附呈义国在津官产清册二份(略)

天津市政府暂代外事处处长杨豹灵
天津市政府警察局局长李汉元

(J0002-2-001737)

859.为呈送意国在津官产清册事致南京外交部代电 及给警察局、市政府外事处指令

1946年9月10日

致南京外交部代电

丙秘字第1133号

南京外交部王部长勋鉴:七月欧养电敬悉。嘱查报天津义官产一节,兹令据本府警察局、外事处会同派员赴义国大使馆驻津办事处查询,取具该处开列义国官产清册二份,呈送前来。相应检送清册一份,希查照为荷。天津市长张、副市长杜。申灰秘印。

附义国在津官产清册一份。

给警察局、市政府外事处指令

丙秘字第7814号

呈一件。为奉令会查义国在津官产等因,抄同清册二份,呈复鉴核由。

呈暨清册均悉。已分别存转,仰即知照。此令。

(J0002-2-001737)

860.天津市政府为意在津私人资产处理办法 给警察局、市政府外事处密训令

1946年9月13日

丙秘字第5485号

查旧租界内有法西斯彩色之义大利人民资产可否按照敌伪产业处理,以昭平允一案,曾以已俭秘代电电请行政院核示。兹准行政院秘书处节京陆字第9974号函开:"贵市政府民国三十五年六月二十八日丙秘机字第一号代电,为对于有法西斯云云。相应抄同原件函达查照。"等因。计抄送原函一件。准此,除分行外,合行抄发原函,令仰知照。此令。

附抄发原函一件。

(J0002-2-001737)

861. 天津市政府秘书处为调查意国在津资产事拟办签呈单

1946年9月26日

询据警察局原调查人面称："义产繁多,一时不易估价,即估计亦难正确,且此中有的房子属于义人,而地皮属于国人,或房子属于国人,地皮租自义人。"等语。除面告来人继续估价以备续报外,因此件公事稽延已久,未便再等,拟即先将此表送外交部,并于文内说明一时不易估价情形。是否有当,理合签请鉴核。

职田广成谨签

谨按外交部调查义国财产,以便电达巴黎和会我国代表团,似与赔偿有关。其原电"估计价值几何"似关重要。查警局各项清册均未估价。是否即照原稿转部? 抑或先饬补估再转之处? 敬请秘书长鉴核。

职孙希榘谨签

九、廿四

(J0002-2-001737)

862. 天津市政府为呈送意国在津官私资产清册事
致外交部代电及给警察局、市政府外事处等指令

1946年9月30日

致外交部代电

丙秘字第1221号

南京外交部王部长勋鉴:未元电敬悉。兹令据本府警察局会同外事处将本市义国公私产业详细册报到府。至此项产业价值若干,一时不易估计,仍在饬属核办中。相应检送原清册一份,希查照为荷。天津市长张、副市长杜。申卅秘印。

附义国官私产业清册一份。

给警察局、市政府外事处等指令

丙秘字第8571号

呈一件。为奉令会同查报义大利资产等因,检同义国官私产业等表会衔呈复核转由。

呈表均悉。已转报外交部。至此项产业价值几何,仍仰预估,以备续报! 此令。

(J0002-2-001737)

863.天津市政府外事处为转呈意驻津领馆秘书函呈市政府文

1946年11月7日

丙外字第651号

案查关于调查义大利在津公私财产一案,前经呈奉钧府丙秘字第八五七一号指令内开:"呈表均悉。已转报外交部,至此项产业价值几何,仰仍预估,以备续报! 此令。"等因。遵经函准义国领事馆秘书戴礼葛函复译开:"接准第六百二十三号大函,特将义国政府在津产业清单附奉,延迟之处尚希鉴原。惟请注意者:(一)因处此不动产市况不定状况下,此时实无法对该项产业作一估计;(二)现时此项产业内绝无义国机关居住。当本公署恢复办公时,此项产业已被美国军事机关所居,本公署只可临时设于二个小型公寓中。惟可能时,本公署冀能即速迁回旧义领事馆(二区旧大马路一号)办公;(三)义侨俱乐部之产业已列入义国政府产业表内,惟无论如何该产业在事实上应作为私人产业,因该俱乐部向系一私人俱乐部而遵奉官方指示而已。乃以出资者之愿望,而以义国政府管理局之名义登记;(四)在附单内,对属于工部局所有之产业已包括在内,而事实上已入贵国官方之手。"等由。附产业清单一份。准此,奉令前因,理合抄同原清单呈复鉴核转报。谨呈市长张、副市长杜。

附呈抄义国政府在津产业清单二份。

暂代外事处处长杨豹灵

第一科科长高朗夫

(J0002-2-001737)

864.天津市政府为对意在津公私财产进行估价事给外事处指令

1946年11月19日

勇秘贰字543号

呈一件。为呈复调查义大利在津公私财产一案,业经函准义国领事馆函复,抄同原清单请鉴核转报由.

呈暨附件悉。仰会同警察局依照单列产业,径行估计价值,呈候核转。附件存。此令。

(J0002-2-001737)

865.天津市政府外事处为意侨在津资产难以估价事呈市长签呈单

1946年12月3日

案奉本年十一月十九日勇秘二字第五四三号指令略开:"据呈送义国政府在津产业清单等情,仰会同警察局依照单列产业径行估价呈候核转。"等因。奉此,遵经派□□张光泰径赴警局联络估价事宜。兹据该员签报略称,伊与警局王裕国所长□□结果,咸以义侨在津产业多为住房、教堂、俱乐部等房地不动产,设不明建筑工程,不谙器材价格,难以草率从事,免铸成错。等语。查关于房地产估价问题,诚非专门人材所能办理。此案拟请交地、财两局,由职处与警局协同进行。必要时并须另请工程师专家协助,以免错误。可否之处,理合签请钧示。

职新闻处处长兼外事处处长梁宝和谨签

（J0002-2-001737）

866.天津市政府秘书处科长李郁林为拟请天津市前英法意租界官有资产与官有义务债务清理委员会办理意国公私资产估价事签呈单

1946年12月6日

查此案系于本年八月间,准外交部电请调查义国公私产业及价值,并嘱于三日内查复,以便转电巴黎和会。业将警察局查报产业清册于九月三十日电复查照,并声叙一时不易估价在案。迄今两月有余,未准续催。惟为预备外部需要,拟抄同产业清册,函请天津市前英法义租界官有资产与官有义务债务清理委员会查核办理。当否,签请钧示。

（J0002-2-001737）

867.天津市政府为意国在津公私资产估价事致前英法意租界官有资产与官有义务债务清理委员会公函

1946年12月12日

勇秘贰字第283号

案查前准外交部电,以义国公私产业究有若干,估计价值几何,请查明电复,以便转电巴黎和会一案。经令据警察局呈送产业清册,并声明价值一时不能估计等情,业经先行电复在案。案关租界财产,相应抄同产业清册,函请查照核估造册,以凭核转为荷。此致天津市前英法义租界官有资产与官有义务债务清理委员会。

附抄送义国官私产业清册一份。

（J0002-2-001737）

868.天津市前英法意租界官有资产与官有义务债务清理委员会
为核估意国在津资产价值事复市政府公函

1946年12月21日

理字第24号

案准贵府勇秘贰字第二八三号公函内开:"前准外交部电:以义国公私产业究有若干、价值几何,请查明电复,以便转电巴黎和会一案。案关租界财产,相应抄同产业清册,函请查照。核估见复,以凭核转。"等因。准此,查估计产业系专门技术任务,本会未设有此项人员。又查本市房地产价值现正由财政、地政两局调查估计,无论中外公私房地产业均须由该两局分别估价为征收捐税之标准。此项义国公私产价若由本会估计,不第另须添用人员,且难免与该两局所估有所出入,似不若仍由财政、地政两局估计,俾昭划一。为迅速计,拟请贵府转饬财政、地政两局提前核估造册,呈复核转,或径函本会知照。准函前因,相应函复,即希查照办理为荷。此致天津市政府。

主任委员杜建时

(J0002-2-001737)

869.天津市政府为核估意国在津公私资产价值给财政局、地政局训令

1946年12月27日

勇秘贰字第1206号

案查前准外交部电:以义国在津公私产业究有若干、估计价值几何,请查明电复,以便转电巴黎和会一案。经令据警察局呈送产业清册并声明价值一时不易估计。等情。业经先行电复在案。关于该项财产估计价值,应由该局会同地政、财政两局办理。除分令外,合行抄发产业清册,令仰遵照分别核估造册,呈报备转,并分送天津市前英法义租界官有资产与官有义务债务清理委员会一份备查。此案着由该局、财政局主办。此令。

附抄发义国官私产业清册一份。(略)

(J0002-2-001737)

870.天津市政府为意侨私产可否自由移转事呈行政院文

1946年10月28日

丙地字第二五〇号

地政局案呈:据市民曲尧田呈,拟购义侨乔治那达里所有坐落本市旧义租界B字一大段内之A字

五分段私有房地。惟以系属义侨产业,有无敌性以及能否移转,呈请核示前来。至该义侨之私有产业,能否自由处分,法无明文规定。请附赐解释,俾便遵办。等情。据此,理合呈请鉴核示遵。谨呈行政院院长宋。

全衔市长张、副市长杜

（J0002-2-001737）

871.行政院秘书处为意侨资产按同盟国人民资产处理事致天津市政府公函

1946年12月11日

节京陆字第23005号

贵市政府卅五年十月廿八日丙地字第二五〇号呈,为市民曲尧田拟购义侨房地请核示一案。经本院交据外交部议复,奉谕"照议复意见办理"。相应抄同原件,函达查照。此致天津市政府。

计抄送外交部原函一件。

秘书长蒋梦麟

抄原函

准贵处本年十一月十八日礼京字第四一九四号通知,以天津市政府呈有市民曲尧田拟购义侨房地请核示一案,嘱本部核复等由。查义大利在华人民及财产暂行处理办法第七条暨接收租界及北平使馆界办法第七条之规定,对义大利人民所有资产应按照同盟国人民所有资产办理。该天津市民曲尧田呈拟购义侨侨治那达里之房地一节,事属可行。准通知。等由。相应复请查照转呈为荷。

（J0002-2-001737）

872.天津市前英法意租界官有资产与官有义务债务清理委员会为意租界政府财产接收办法事致天津市政府公函

1946年12月14日

理字第19号

前准贵市政府移来地政局呈文一件,内称:"案准意大利使馆本年八月一日函,以关于本市第二区一部(旧意租界)界内意大利政府之产权登记问题应如何办理,请查照赐复。等由。附送财产状况一览表一纸。准此,查关于意大利政府公有资产,依照执行收回法权各约须知第四节第二项之规定(天津义租界内凡属于租界所有之资产与义大利政府所有之资产应一律由我接收),应即由我接收。惟究由中央政府接收抑由地方政府接收并无明文规定,现在究已由何机关接收,本局亦无从知悉。理合照录译函及财产状况一览表各一纸,一并陈请鉴核示遵。"附呈录函一纸、财产状况一览表一纸。等因。移请审议到会。查奉颁接收租界及北平使馆界办法第七条载:"在天津义租界及其他租界暨北平使馆界内所有属于义大利政府之资产应由主管机关接收管理。"又查同办法第四条第三项载明,接收租界内资产以当地市政府为主管机关。当经提由本会第十五次委员会议决,将原送财产表内列第一、二两项(即义大利领事馆、义国营盘)函请市政府与处理局洽商接管等语记录在卷。相应照抄函表各一份,函请查核办理见复,以凭汇案清理为荷。此致天津市政府。

附录意使馆致地政局函一纸、财产状况一览表一纸。

主任委员杜建时

意大利使馆致天津市政府地政局公函

径启者:依照中意协约关于旧意租界内意大利之产权登记问题,相应检同旧意租界内意大利政府财产状况一览表一纸,敬希查收。如何处理,祈赐指示为荷。此致天津市政府地政局局长吴。

意大利使馆秘书搭拉瑞构
西历一九四六年八月一日
民国三十五年八月一日

意大利政府财产状况一览表

业主姓名	地段/地号	亩数	合同字号	定着物情形	面积
意大利外交部	一/一	一五.七二八	cc字九一号	两层瓦顶砖楼房一所及两层小楼房一所(意大利领事馆) 砖瓦平房一所 砖瓦平房一所	面积相等于一一二间大房与十八间小房.面积相当于四间大房、三间小房.面积相当于八间大房、一间小房
意大利海军部	五/六	六.八六五	ac字二〇二号	(意国营盘) 三层瓦顶砖楼房一所 三层小楼房一所	面积相当于一八一间大房、二八间小房
意大利政府行政部	六/十八	四.六七〇	ac字二七四号	二层瓦顶砖楼房一所(意大利俱乐部)	面积相当于八三间大房、八间小房
意大利政府行政部	六/二十一	四.五一三	cp字一〇一号	地租用以维持意大利俱乐部(地上空着物系租赁人建筑)	

意大利领事馆签字
(J0002-2-001737)

873.天津市政府为接管意租界政府财产事致前英法意租界官有资产与官有义务债务清理委员会及敌伪产业处理局函

1946年12月24日

致租界清理委员会函

勇秘贰字第383号

案准贵会本年十二月十三日理字第十九号函："以关于旧义租界内义大利政府之产权请与处理局洽商接管。"等由。附抄件。准此,自应照办。除函处理局洽商接管办法,一俟得复再行函达外,相应先行复请查照为荷。此致天津市前英法义租界官有资产与官有义务债务清理委员会。

致敌伪产业处理局函

勇秘贰字第383号

案准天津市前英法义租界官有资产与官有义务债务清理委员会本年十二月十三日理字第十九号函开："前准贵市政府移来地政局呈一件,内称案准意大利使馆函,以关于本市第二区一部云云。洽商接管。等语。记录在卷。照抄函表,函请查核办理见复,以凭汇案清理。"等由。附录意使馆致地政局函一纸、财产状况一览表一纸。准此,该项产业照接收租界及北平使馆界办法,应由本府接管。兹准前函。惟是否会同贵局接管,抑由本府自行接管,自应函商贵局,以昭慎重。除函复外,相应抄附原件,函请查核见复,以便会办为荷。此致河北平津区敌伪产业处理局。

附抄送原件二纸。

(J0002-2-001737)

874.天津市政府为准市民购买意侨房地事给地政局训令

1946年12月28日

勇秘贰字第1197号

案查关于市民曲尧田呈,拟购买义侨乔治那达里坐落本市旧义租界B字一大段内之A字五分段私有房地一案,当以义侨私有产业能否自由处分,法无明文规定,业经转请核实在案。兹准行政院秘书处本年十二月十一日节京陆字第二三〇五号公函开："贵市政府卅五年十月廿八日丙地字第二五〇号呈,为市民曲尧田拟购义侨房地请核示一案,经本院交据外交部议复,奉谕'照议复意见办理'。相应抄同原件,函达查照。"等因。准此,合行抄发外交部原函一件,令仰知照,并转饬原具呈人曲尧田知照。此令。

抄发外交部原函一件。

875.河北平津区敌伪产业处理局为接收意租界财产事复天津市政府函

1947年1月14日

平三处字第32436号

案准贵府三十五年十二月廿四日勇秘贰字第三八三号函:为准天津市前英法义租界官有资产与官有义务债务清理委员会函,以旧意租界产业议决由贵府会同本局接管,嘱查照见复,以便会办。等由。附抄意使馆函及财产状况表各一纸。准此,自应照办。除令知本局天津办公处就近会同贵府洽办外,相应函复即希查照为荷。此致天津市政府。

局长孙越崎

876.天津市财政局财务股为报告核估意国在津公私财产价值事呈局长李金洲文

1947年1月20日

前奉市政府令,会同地政局核估义人在津公私财产一案,经函准地政局派估价专员刘宗泉代表会商前往,经职会同就对于该项财产价值核估方法暨遇有册列情形不明应如何办理各项问题予以讨论,并经决议纪录在卷。先由地政局依照决议予以估计,列表函造过局,再由本局主稿呈府,理合检同纪录一份一并签请鉴核备查。谨呈科长孙、局长李。

附呈:地政、财政两局会商核估义国在津财产纪录一份。

地政、财政两局会商核估义国在津财产纪录

一、时间:一月二十日上午十时

二、地点:财政局财务股

三、出席人:刘宗泉、张子浩

四、讨论事项

1.义国在津公私财产价值应采取何种方法估计案。决议:

（1）根据地政局法令标准价,按各该起亩数及建物情形分别核算之;

（2）如其中有产权分割移转情形,而其购置人为中国人时核算产值时应予扣除。

2.来册所列义国公私产业有情况不明,应如何办理案。决议:

(1)由地政、财政两局会同派员实地查明具报后再行依据前项决议办理;

(2)原册列各起亩数如与地政局存案地籍册不符时,应以地政局底册为准。

(J0056-1-003146)

877.天津市政府为与河北平津区敌伪产业处理局会同接收意租界政府财产事致前英法意租界官有资产与官有义务债务清理委员会函及给财政局训令

1947年1月27日

致租界清理委员会函

勇秘贰字第643号

案查前准贵会理字第十九号函:为旧义租界内义大利政府之产权请与处理局洽商接管一案,业经抄同原件,转函查核并函复在案。兹准处理局平三处字第三二四三六号函复:关于会同接管旧义租界产业,已令本局天津办公处就近会同洽办等由。准此,除令财政局会同处理局津处洽接外,相应函达查照为荷。此致天津前英法义租界官有资产与官有义务债务清理委员会。

给财政局训令

勇秘贰字第1743号

案查前准天津市前英法义租界清理委员会函:为旧义租界内义大利政府之资产,请由本府与处理局洽商接管一案,兹转准处理局函复:已令本局天津办公处就近会同洽办。等由。准此,除分行外,合行抄发原件,令仰该局会同处理局津处与租界清理委员会洽商接管具报为要。此令。

附抄发租界清理委员会原函及附件。

(J0002-2-001737)

878.天津市财政局为接管意租界政府财产事呈市政府文

1947年2月17日

财三字第193号

案奉钧府本年一月二十七日勇秘贰字第一七四三号训令开:略以接准租界清委会函请会同处理局接管义大利政府产业一案,抄同原件,饬令会同处理局津处洽办具报。等由。附抄件。奉此,遵经与处理局专员许会群洽商同意,交由本局接管,并告以俟请示核准后即函知本局前往接收。除俟该局

603

来函后再行办理,及将接收情形另案报核外,理合先将洽办情形备文呈复,敬乞鉴核。谨呈市长杜、副市长张。

天津市政府财政局局长李金洲

（J0002-2-001737）

879.天津市政府为接收意租界政府财产事给财政局指令

1947年2月24日

本年二月十七日呈一件。为接管义大利政府产业一案,经与处理局洽办情形先行报请鉴核由。呈悉。仍仰将洽办接收情形随时具报为要。此令。

（J0002-2-001737）

880.河北平津区敌伪产业处理局为会同办理接收意政府财产事致天津市政府函

1947年3月4日

局三处 36678 号

案准贵府勇秘贰字三八三号函,以准天津市前英法义租界官有资产与官有义务债务清理委员会函,以旧意租界产业议决由本府会同处理局洽商接管。请查核见复,以便会办。等由。抄附意使馆函及财产状况表各一纸。准此,查过去英、法两租界既均由贵府接管,本案事同一律,应由本局派员与中信局天津分局及贵府会同接收造册暂行保管。除函中信局天津分局知照外,相应复请查照会同办理,并希见复为荷。此致天津市政府。

局长张子奇

（J0002-2-001737）

881.天津市政府为接收意租界政府产业办法
致前英法意租界官有资产与官有义务债务清理委员会、
河北平津区敌伪产业处理局函及给财政局训令

1947年3月11日

致租界清理委员会函

勇秘贰字第1010号

案查前准贵会理字第十九号函:为旧义租界内义大利政府之产权请与处理局洽商接管一案,经函准处理局函复,业经令饬财政局洽接并函达查照在案。兹复准处理局局三处字第36678号函略开:"查过去英、法两租界既均由贵府接收,本案事同一律,应由本局派员与中信局天津分局及贵府会同接收造册暂行保管。请查照会同办理见复。"等因。准此,除令饬财政局会同中信局天津分局及处理局洽接并函复外,相应函请查照为荷。此致天津前英法义租界官有资产与官有义务债务清理委员会。

致敌伪产业处理局函

勇秘贰字第1010号

案准贵局本年三月四日局三处字第36678号公函略开:旧义租界产业应由本局派员与中信局津局及贵府会同接收造册暂行保管。请查照会同办理见复。等由。准此,查本案前准贵局局三处字第32436号复函:关于本案接收,请就近会同本局天津办公处洽办。等由。业经令饬财政局径洽办理在案。兹准前由,除再饬财政局径洽办理并函复天津市前英法义租界清理委员会查照外,相应复请查照为荷。此致河北平津区敌伪产业处理局。

给财政局训令

勇秘贰字第2676号

案查前准租界清理委员会函,以义大利政府产权请与处理局洽商接管一案,业经饬据该局呈报洽接经过并指令在卷。兹复准处理局局三处字第36678号公函略开:"查过去英、法两租界既均由贵府接管,本案事同一律,应由本局派员与中信局天津分局及贵府会同接收造册暂行保管。请查照会同办理见复。"等因。准此,除函复外,合再令仰该局迅即径洽接管具报为要。此令。

(J0002-2-001737)

882.中央信托局天津分局为接收意租界官产办法事致天津市政府函

1947年4月8日

津处接(卅六)字第1926号

案准河北平津区敌伪产业处理局局三处字第三六六七八号及第三八七八八号先后来函,略以关于接收旧义租界官有产业一案,应由该局与本局会同贵府接收造册,由贵府暂行保管,经派定该局专门委员金舞侯会同办理。至接收日期,嘱先与贵府洽定并查照办理见复。各等由。自应照办,相应函请查照,即将会同接收日期及所派人员姓名预为确定后惠予见示,以便通知处理局届时派员会同办理为荷。此致天津市政府。

中央信托局天津分局经理恽思

(J0002-2-001739)

883.天津市政府为接收意租界官产事给财政局训令 及致中央信托局天津分局函

1947年4月14日

给财政局训令

案准中央信托局天津分局本年四月八日津处接(卅六)字第一九二六号函:"以准处理局函,关于接收旧义租界官有产业,应由该局与本局会同贵府接收造册暂行保管。经派定该局专门委员金舞侯会同办理。至接收日期,嘱先与贵府洽定。等由。请查照将会同接收日期及所派人员姓名预为确定见示,以便通知处理局届时派员会同办理。"等由。查此案前准租界清委会函,业以勇秘贰字第二六七六号训令该局径洽接管具报在案。准函前由,除函复外,合亟令仰该局遵照前令各令迅速拟定接收日期,派员办理,仍将办理情形具报备核。此令。

致中央信托局天津分局函

案准贵局本年四月八日津处接(卅六)字第一九二六号函:"以关于会接旧义租界官有产业一案,请将会办日期及所派人员姓名见示,以便转知处理局届时派员会同办理。"等由。查此案前准本市前英法义租界官有资产与官有义务债务清理委员会函知,即经分函处理局并令本府财政局径洽接管在案。准函前由,除再令饬财政局拟定接收日期,派员径洽办理外,相应函复,即希查照为荷。此致中央信托局天津分局。

(J0002-2-001739)

884.外交部驻平津特派员公署为意租界河沿地接收办法事
致天津市政府函

1947年4月14日

条租(36)字2355号

案查关于三月十八日天津市前租界清理委员会第廿次委员会议所讨论旧义租界内沿河土地一案,当经本署遵议,检将该次会议记录全份呈部核示去后,顷奉本部四月八日欧三六第七一五〇号复电前来,内开:"关于清理旧义租界事,本年三月廿七日条租字第二一五九号代电及附件均悉。所称前义租界河沿地,依照接收租界及北平使馆界办法第四条一项规定,可由天津市政府分别前往接收,交由清理委员会清理,仰即知照为要。"等由。奉此,除分函津租界清委会外,相应随函抄附该办法第四条第一项条文一份,即希查照为荷。此致天津市政府。

附件:抄附接收租界及北平使馆界办法第四条第一项条文一份。

特派员:季泽晋

接收租界及北平使馆界办法(前略)

第四条(略)

第一项:原为租界或北平使馆界所公有之资产,应点明注册对照物品之数量及其状况,先行接管,其债务关系留待清理委员会清理。

(J0002-2-001739)

885.天津市政府财政局为具报会同接收意租界官产情形事呈市长等文

1947年4月18日

财三字第478号

案查关于接管义大利政府产业一案,所有本局与处理局洽办情形,经于本月十七日以财三字第一九三号呈奉钧府二月二十四日勇秘贰字第三八六二号指令,饬仍将洽办接收情形随时具报。等因。奉此,正遵办间,复奉钧府三月十一日勇秘贰字第二六七六号训令,略以准处理局函略开:查过去英法两租界既均由贵府接管,本案视同一律,应由本局派员与中信局天津分局及贵府会同接收造册,暂行保管。请查照会同办理。等由。饬即径洽接管具报。等因。奉此,遵饬市产股股长史干卿前往洽办。据报:"奉派会同中信、处理两局接收义大利房屋、营盘。业于本月十四日会同处理局人员刘梓农、中信局人员严华文前往河东建国路义使馆及营盘等地接收。嗣以该房地均由美军占用,又向美军司令部接洽,由该部军需官曼德接见。据称,该项房地均系直接由义使馆租用,并有合同为证,未便移交,请向义使馆交涉等语。经与处理、中信两局商定,拟请饬外事处向义方交涉,并转知美军来局办理租佃手续,以符法例。"等情。据此,经核无异,理合据情呈请鉴核。由外事处迅向义方交涉,并转知美军司令部来局办理租佃手续。实为公便。谨呈市长杜、副市长张。

天津市政府财政局局长李金洲

（J0002-2-001739）

886.天津市政府为接收意租界河沿地给财政局训令
暨致前英法意租界官有资产与官有义务债务清理委员会函

1947年4月22日

案准外交部驻平津特派员公署卅六年四月十四日条租（36）字第二三五五号函开："案查关于三月十八日天津市前租界清理委员会第廿次委员会议所讨论旧义租界内河沿土地一案,当经检附该次会议记录呈奉本部。复电:'所称前义租界河沿地,依照接收租界及北平使馆界办法第四条一项规定,可由天津市政府分别前往接收,交由清理委员会清理。仰即知照。'等因。抄附该项办法第四条第一项条文,请查照。"等由。准此,除（函清理委员会查照/令饬财政局遵行洽明地点分别接收）外,（合行抄发/相应照抄）原附件,（令仰该局遵照径向该会洽明地点,分别接收具报。此令/函请贵会查照为荷。此致天津市前英法义租界官有资产与官有义务债务清理委员会）。

附抄接收租界及北平使馆界办法第四条第一项条文一份。

（J0002-2-001739）

887.天津市前英法意租界官有资产与官有义务债务清理委员会
为接收意租界河沿地办法致天津市政府公函

1947年4月22日

清字第32号

案准外交部驻平津特派员公署条租（36）字第二三五六号公函内开:案查关于三月十八日贵会第二十次委员会议所讨论有关旧义租界内河沿土地一案,当经本署遵议检将该次会议记录全份呈部核示去后,顷奉本部四月八日欧（三六）字第七一五〇号复电前来,内开,"关于清理旧义租界事,本年三月廿七日条租字第二一五九号代电及附件均悉。所称前义租界河沿地,依照接收租界及北平使馆界办法第四条一项规定,可由天津市政府分别前往接收,交由清理委员会清理,仰即知照为要。"等因。奉此,相应随函附送该办法第四条第一项条文一份。即希查照。等由。准此,相应抄附条文一份,送请查照办理为荷。此致天津市政府。

附抄接收租界及北平使馆界办法第四条第一项条文一份。

主任委员杜建时、委员张子奇

接收租界及北平使馆界办法

（前略）

第四条（略）

第一项：原为租界或北平使馆界所公有之资产，应点明注册对照物品之数量及其状况，先行接管，其债务关系留待清理委员会清理。

（J0002-2-001739）

888. 天津市财政局为派员接管意租界管产事呈市长等文

1947年4月23日

财三字第508号

案奉均府四月十四日义秘贰字第一○五八号训令，略以准中信局函请，将接管义租界官产日期及所派人员见示，饬迅洽办具报。等因。奉此，遵查本案已于本月十四日派由市产股股长史干卿会同处理、中信两局人员刘梓农等前往义使馆接收。惟以该房地等均由美军占用，于本月十八日以财三字第四七八号专案呈请，由外事处迅向义方交涉，并转知该军部来局办理租佃手续。奉令前因，理合报请鉴核。谨呈市长杜、副市长张。

天津市政府财政局局长李金洲

（J0002-2-001739）

889. 天津市政府为意租界官产接管办法事给财政局指令及致前英法意租界官有资产与官有资产与官有义务债务清理委员会函

1947年4月24日

给财政局指令

呈一件。为前义租界官产现由美军占用拟请饬外事处交涉，并转知美军来局办理租佃手续。请鉴核由

呈悉，仰候转函前英法义租界官有资产与官有义务债务清理委员会查照交涉见复。再行饬知。此令。

致租界清理委员会函

案查前准贵会理字第十九号函:"以本市前义租界内义大利政府之产权,请与处理局洽商接管一案,曾经函准处理局函复,由该局及中信局会同办理。即经转令财政局径洽会同接管,并以勇秘贰字第一○一○号函达查照各在案。前据财政局呈称:(上略)遵饬市产股股长史干卿前往洽办。据报,于本月十四日会同处理局派员刘梓农云云。请向义使馆交涉等语。经与处理、中信两局商定,拟请向义方交涉并转知美军来局办理租佃手续,以符法例。"等情。除指令外,相应函达,即希查照。向义使馆交涉移交,以便接管,并请见复为荷。此致天津市前英法义租界官有资产与官有义务债务清理委员会。

(J0002-2-001739)

890.天津市政府为接收意租界河沿地事给财政局训令

1947年5月5日

义秘贰字第2507号

案准天津市前英法义租界官有资产与官有义务债务清理委员会本年四月二十二日清字第三二号函开:"案准外交部驻平津特派员公署条租(36)字第二三五六号公函内开:案查关于三月十八日贵会第二十次委员会议所讨论有关旧义租界内河沿土地一案云云。送请查照办理。"等由。附抄接收租界及北平使馆界办法第四条第一项条文一份。准此,合行抄发,令仰该局遵照径洽接收具报为要。此令。

附抄发原条文一份。

(J0002-2-001739)

891.天津市政府财政局为接收意租界河沿地洽接情形呈市长等文

1947年5月15日

财三字第616号

案奉均府五月五日义秘贰字第二五○七号训令,以准租界清委会函请接收前义租界河沿土地,检发原送条文一份,饬即径洽接收具报。等因。附发原条文一份。奉此,遵查本案前于四月二十二日接奉均府义秘贰字第一六八一号训令:为欲明瞭该项土地面积及使用状况起见,曾函请租界清委会造册送局在案。奉令前因,复经派员催。据该会负责人称,正在赶造移交清册中,拟俟清册造送过局,即行洽接。理合先行报请鉴察。谨呈市长杜、副市长张。

天津市政府财政局局长李金洲

(J0002-2-001739)

892.外交部驻平津特派员公署为美军撤出意驻津领事馆
应予发还事致天津市政府函

1947年5月17日

欧义(36)字第2649号

案奉本部五月五日礼36字第9203号代电开:"准义大利使馆四月二十八日第569号节略,以据大使馆驻天津办事处报称,原占据旧义大利驻天津领事馆之美国人员将于数星期内离津。该领事处以目下之房屋不宜工作,拟于美国人员去后迁入办公,请予协助。等由。查意大利在津领事馆馆址应予发还,仰即遵办。并将办理情形报部为要。"等因。奉此,除分函外,相应函达,即希查照为荷。此致天津市政府。

特派员季泽晋

【原档注】查义国领事馆本府尚未接收,系于美军撤出后临时派警看管。兹外交部既认为应予发还,拟函复特派员公署前往接收转交。当否请示。

(J0002-2-001739)

893.天津市政府为发还意驻津领事馆事复外交部驻平津特派员公署函

1947年5月19日

义秘贰字第3733号

案准贵公署本年五月十七日欧义(36)字第二六四七号函,以奉外交部代电,义大利在津领事馆馆址,应予发还,请查照。等由。查关于意大利在津领事馆馆址,本府尚未接收,应请贵公署径行接收发还。相应函复,即希查照办理见复为荷。此致外交部驻平津特派员公署。

(J0002-2-001739)

894.外交部驻平津特派员公署为发还意驻津领馆事
致天津市政府函

1947年5月22日

欧义(36)字第2717号

案准贵府本月十九日义秘贰字第三七三三号公函,为发还津义领事馆馆址,本署已遵照部令协助该义驻津代表办理接管竣事矣。准函前由,相应复请查照为荷。此致天津市政府。

特派员季泽晋

(J0002-2-001739)

895.天津市政府警察局为将意大利驻津领事馆移交意方事呈市长等文

1947年5月26日

外二字第3001号

案准外交部驻平津特派员公署欧义(36)字第二六四九号公函内开:"案奉本部五月五日礼36字第9203号代电开:'准义大利大使馆四月二十八日第569号节略,以据大使馆驻天津办事处报称,原占据旧义大利驻天津领事馆之美国人员将于数星期内离津。该办事处以目下之房屋不宜工作,拟于美国人员去后迁入办公,请予协助。等由。查义大利在津领事馆址应予发还,仰即遵办。并将办理情形报部为要。'等因。奉此,除分函外,相应函达,即希查照为荷。"等由。并奉钧府王秘书伯麟电传,奉谕饬由本局派员协助义国大使馆代表接收前义国驻津领事馆。等因。遵于本月十九日由本局外事科派员会同该管分局及外交特派员公署,将前义国领事馆房屋移交义国大使馆代表负责,并由义国大使馆补具公函。理合将经过情形抄同原函具文呈报鉴核。谨呈市长杜、副市长张。

附呈抄函一件。

天津市政府警察局局长李汉元
代理天津市政府警察局副局长齐庆斌

(J0002-2-001739)

896.天津市政府为呈悉意国代表接收前驻津领馆事给警察局指令

1947年6月3日

本年五月二十六日外二字第3001号呈一件。为将协助义国大使馆代表接收前义国驻津领事馆情形呈报鉴核由。

呈暨附件均悉。附件存。此令。

(J0002-2-001739)

897.天津市政府公用局为具报接收意国球房交涉情形呈市长等文

1947年6月7日

用秘(36)字第1519号

案奉钧长手谕,以义国球房饬由本局接收,并准钧府秘书处五月二十九日函送租界清理委员会原函,嘱依据进行各等因。遵派本局秘书田文启于五月二十九日上午,前往与美军Msgt.Osborne W.H.接洽。据称,该处房产与义方立有租约,必须照约履行,订于本日下午二时半移交义方,不能直接交于中国政府等语。是日下午,复会同警察第二分局冯组长,率警士二人及处局周专员乃森、清理委员会梁秘书治曜到场。少顷,义大使馆驻津办事处秘书Paslo Tallarigo亦偕员到达。据义人称,并未奉到将该房屋交与中国政府之命令,并称已商得外交部季特派员同意,在美军交出十五日后再作定夺。等语。我方坚持主张接收,双方争持不下。忽美军传来消息,以存留家具尚未移出,须至三十一日始能洽办移交手续,因此双方交涉暂行中止。

于五月三十一日,复派秘书田文启前往交涉接收事宜,适义方负责人Tallarigo因事赴平,乃有义人Spatafora代表出席。惟彼对此不甚明了不能负责,于是该房钥匙仍由美军保管。至六月二日,复派该秘书及本局科长李劢会同清理委员会梁秘书治曜到场,义方负责人Tallarigo同我外事处职员周明钧及美军Msgt.Osborne W.H.亦陆续到达,开始谈判。该义方负责人当场声称,此项房产应否交与中国政府接收,业经电请南京义使馆转电义国政府请示,自五月二十九日起,以十五天为限,倘逾期不获复电,该房即由中国政府接管等语。当经双方认可,惟在此十五日内该房应如何保管,双方意见未趋一致。经缜密商讨,议定折衷办法如下:(一)该房门窗暂由义方加封条。在此十五日内双方不得入内,外置二人看守,经费由义方负担;(二)该房全部钥匙暂由我外事处负责保管。但该项钥匙装于信封,由义方加盖火印,以资信守,双方均已同意。一俟义方接获复电再为进行交涉。除俟到期再行派员前往继续交涉外,理合先行呈报鉴核。谨呈市长杜、副市长张。

天津市政府公用局局长张锡羊

(J0002-2-001739)

898.天津市政府为接收意国球房交涉事给公用局指令

1947年6月14日

义秘贰字第5482号

本年六月七日呈一件。奉谕接收义国球房一案呈报鉴核由。

呈悉。该局所呈议定折衷办法当属可行,应准照办。仍将续行交涉情形随时报夺。此令。

(J0002-2-001739)

899.意使馆秘书为接收意国球房事致天津市长函(译文)

1947年6月17日

义大使馆驻津秘书:1、闻市府已决定接收义国球房;2、余适接南京大使馆通知,谓中国政府承认旧义国球房为义政府所有;3、贵府未接行政院命令前,请加以考虑,以免误会。

(J0002-2-001739)

900.天津市政府第二科科长张桐轩为意国球房接收办法事呈市长文

1947年6月19日

查关于前义租界内第十八地段第六号义国球房(即义国俱乐部),前准租界清理委员会来函,以认定此产为义政府所有,应由我政府接收管理,将来义国方面能提出私人所有证明时再行核议。等由。业经令饬公用局长接收据报,议定自五月二十九日起十五日内请南京义大使训示,逾期不复即由我政府接收,并经议定保管折衷办法指令照准在案。至关于义租界义国政府资产,依照接收租界办法第七条前半段规定"应由主管机关接收管理"。兹核义大使馆驻津秘书来函第二条谓:中国政府承认旧义国球房为义政府所有一节,本府尚未接获此项命令。在未奉行政院指示准由义政府保留以前,似仍应依照公用局长与义领馆所议办法交涉接收,并拟函复该驻津秘书查照。当否,签请钧示。

(J0002-2-001739)

901.天津市政府公用局为会同接收意国球房经过事呈市长等文

1947年6月21日

用秘(36)第1648号

查本局奉令接收义国球房一案,前以双方意见未趋一致,当经拟订折衷办法两项。呈奉钧府义秘贰字第五四八二号指令准予照办,饬将续行交涉情形随时报夺。等因。奉此,兹于六月十二日派本局秘书田文启前往义大使馆驻津办事处面晤 Mr.Tallarigo,询其对于交接该球房事已否奉到义政府指示,据答尚未奉到复文,但要求我方缓期接收,俟回文到津再行遵办,并谓已商得外交部季特派员同意,因此接收事宜又告搁浅。惟近来据闻某军事机关有拟进占该球房情事,复以义方久无正式消息,长此延宕深恐发生枝节,遂于六月十八日陈明副市长会同清理委员会梁秘书治曜、警察局外事科科员王雨霖、巡官刘汉章及外事处职员项济中将该球房会同接收竣事,当即转交天津市工商机关联谊会占用,该会即日开始办公。除将图书馆全部书籍由三方会同加封外,所有各项家具,经造具清册一式三份,由本局及警察局、外事处分别存查,以昭郑重。理合抄同清册具文呈报鉴核。谨呈市长杜、副市长张。

附呈清册一份。

天津市政府公用局局长张锡羊

公用局会同警察局及外事处接收前义大利俱乐部清册

编号	品名	单位	数量	存置地
公用局会同警察局及外事处接收前义大利俱乐部清册(共三页)				
编号	品名	单位	数量	存置地
1	玻璃面阅书台	个	1	图书馆
2	书柜(内有书籍封存)	个	1	图书馆
3、4	玻璃书架(内有书籍封存)	个	2	图书馆
5	书架	个	1	图书馆
6	五斗文件柜	个	1	图书馆
7	带像镜框	个	1	图书馆
8-15	绒面椅子	个	8	图书馆
16	绒面扶手椅	个	1	图书馆
17、18	靠墙立柜(内有书籍封存)	架	2	饭厅
19、20	写字台(带屉)	个	2	饭厅
21、22	椅子	把	2	饭厅
23	磅秤	台	1	厨房
24、25	小型冰箱	个	2	厨房
26	白碗柜	架	1	厨房
27	铜沿方桌	个	1	厨房
28	大白冰箱	个	1	厨房
29	长条桌	个	1	厨房
30-33	小椅子	个	4	厨房
34	木桌	个	1	厨房
35	小型小桌	个	1	厨房
36-37	椅子	把	2	厨房
38	木桌	个	1	厨房
39、40	绿油方桌	个	2	球房
41	斜面桌	个	1	球房
42、43	椅子	把	2	球房
44、45	斜面架	架	2	球房
46、47	长凳	条	2	球房
	木球	个	13	
	标棒	个	22	
48	打包电冰箱	台	1	楼下仓库
49、50	酒吧小圆凳	台	2	楼下仓库
	破台布	条	26	楼下仓库
	待者破白上衣	件	29	楼下仓库
	黄色油漆	加仑	1	楼下仓库
	双股电线	小盘	1	楼下仓库
51、52	破台球案	台	2	台球房

53	木壁柜	个	1	台球房
54	壹屉桌	个	1	台球房
55	壁悬小球柜(内台球三个)	个	1	台球房
56、57	壁悬台球计分器	个	2	台球房
58-68	破台球杆	支	11	台球房
69	小黑板	块	1	台球房
	玻璃地图板	块	4	台球房
70	小木衣柜	个	1	楼下宿舍
71	小铁床	架	1	楼下宿舍
72	铜管腿玻璃桌	个	1	楼下宿舍
73	铜管玻璃茶几	个	1	楼下宿舍
74-76	椅子	把	3	楼下宿舍
77	小玻璃壁悬柜	个	1	楼下宿舍
	大小纱窗纱门	块	44	
78	MOUTRIE钢琴	座	1	跳舞厅
[79-105]	钢管帆布几	支	27	跳舞厅
106-108	钢管腿玻璃桌	个	3	跳舞厅
109-112	小方茶几	支	4	跳舞厅
113	破漆布椅	支	1	跳舞厅
114-204	日本式小木椅	支	91	跳舞厅
205	布面长凳	条	1	跳舞厅
206	玻璃面长桌	个	1	跳舞厅
207-208	长凳	条	2	跳舞厅
209-213	钢管方桌	个	5	跳舞厅
214-239	方木桌	个	26	跳舞厅
240-262	长方木桌	个	23	跳舞厅
263	小方木桌	个	1	跳舞厅
264-337	布面小木椅	支	74	跳舞厅
338-341	斜面音乐架	架	4	跳舞厅
342-345	破布面小椅	个	4	跳舞厅
346-347	绒面沙发	座	2	跳舞厅
348-349	破木条椅	条	2	网球场
350	小型电钟	个	1	入门大厅
351	揭示板	块	1	入门大厅
352-353	酒柜	台	2	酒吧
354-355	柜台	台	2	酒吧
356	小玻璃壁悬橱	个	1	酒吧
357-358	壁画	块	2	酒吧
359-360	酒吧钢腿凳	支	2	酒吧

以上家具大小计三百六十件

厨房零星用具共五百一十三件(另详)

接收机关:公用局(田文启签署)

会同机关:警察局(王雨霖签署)(刘汉章盖章)
外事处(项济中签署)

中华民国三十六年六月十八日
(J0002-2-001739)

902.天津市政府警察局为具报协助公用局接收意国俱乐部事呈市长等文

1947年6月23日

外二字第3460号

案于本月十七日准公用局田秘书来局,为接收第二区自由道前义国俱乐部,请本局外事科派员协助。等由。当经派员协同办理去后,嗣据报称:"奉派协助市政府公用局接收第二区自由道前义国俱乐部,遵即会同公用局秘书田启文、外事处科员项济中于六月十八日晨九时到达该处,当经会同将家具、用具等物查点清楚交公用局保管,计大小家具三百六十件'又厨房用具五百一十三件',由三机关会同造成清册三份,由各单位所派人员签署,各存壹份。其图书馆中原存西洋书数百余册,因多系义文书籍,于普通华人为用甚少,职等已与公用局田秘书及外事处项科员会衔将该数百册西书悉数封存于图书馆壁柜中。谨将经过情形报请鉴核。"等情前来。理合抄同清册一份,具文呈报鉴核。谨呈市长杜、副市长张。

附呈清册一份。

天津市政府警察局局长李汉元
代理天津市政府警察局副局长齐庆斌
(J0002-2-001739)

903.天津市政府为意国在津公私产业价值清册事
给地政局、财政局指令

1947年6月26日

义秘贰字第6168号

会呈一件。为奉令核估义国在津公私产业价值一案,除遵令函送租界清委会一份备查外,检同各册呈请备转由。

呈册均悉,仰候核转。册存。此令。

(J0002-2-001739)

904.天津市政府为接收意国球房事致意大利使馆驻津秘书函

1947年6月28日

处字第295号

　　顷准贵秘书来函,关于本府进行接收义国球房一案业已阅悉。查该球房产业,本府前准天津市前英法义租界官有资产与官有义务债务清理委员会来函,谓该产于民国廿五年因义政府对于俱乐部开始资助经费,此产契证遂改义政府名义。本会派员前往义国驻津领事馆查阅契证,据称所有契据均不在天津无法提示。等语。爰经决议,应认定此产为义政府所有,并由我政府接收管理,将来义国方面能提出私人所有证明时,当再核议。除呈报行政院外,函请查照先行接收管理。等由。当经本府依据令饬公用局长进行接收,据报业与贵国代表商竣,此项房产应否交与中国政府接收,业经电请南京义使馆,转电义政府请示,自五月廿九日起以十五天为限,倘逾期不获电复,该房即由中国政府接管,业经双方认可。在此十五日该房如何保管,并经议定折衷办法两条。等语。业据报府在案。惟似未奉敝国政府指示该产准由贵国保留命令,自应赓续进行。除令公用局遵照办理外,相应函复查照为荷。此致义国大使馆驻津秘书。

(J0002-2-001739)

905.天津市政府为接收意大利俱乐部事给财政局训令及给公用局指令

1947年7月5日

义秘贰字第6957号

给财政局训令

　　案查前准天津市前英法义租界官有资产与官有义务债务清理委员会函请接收前义租界官有资产与义大利政府产业一案,业经抄表令饬该局分别接收在案。惟查旧义租界官有资产内义国球房(即义国俱乐部)及第二十一地段达孚公司地皮两项,前准租界清理委员会函请先行接收保管,当经饬由公用局接收。兹据该局呈报,于六月十八日会同警察局及外事处将该球房接收竣事,当即转交天津市工商机关联谊会使用。除将该房内图书馆全部书籍由三方会同加封外,检同接收清册,请鉴核等情到府。除指令外,合行抄附原接收清册令仰该局知照。此令。
　　附抄发公用局接收前义大利俱乐部清册一份。

给公用局指令

　　卅六年六月廿一日呈一件。为呈报接收义国球房于六月十八日接收竣事,抄同清册请鉴核由。
　　呈册均悉。查关于接收前义租界官有资产,已令财政局接收。据呈前情,除抄册令饬财政局知照外,仰并知照。册存。此令。

906.天津市政府为接收意租界官有资产事复前英法意租界官有资产与官有义务债务清理委员会函及给财政局、警察局训令

1947年7月7日

复租界清理委员会函

义秘贰字第7095号

案准贵会本年六月十九日清字第四三号公函,以本市前义租界官有资产与义大利政府所有产业业经查明,应由我国分别接收,检送报告书一份、资产表三份,请查照办理。等由。准此,除令财政局遵照办理并令警察局协助外,相应函复,即希查照为荷。此致天津市前英法义(租界)官有资产与官有义务债务清理委员会。

给财政局、警察局训令

案准天津市前英法意租界官有资产与官有义务债务清理委员会本年二月十九日清字第四三号函开:"查本市前义租界官有资产云云。合并声明。"等由。附送报告书一份、资产表三份。准此,自应分别接收。除令警察局协助办理、令财政局负责会同办理外,合亟抄发报告书、资产表,令仰该局遵照分别接收,仍将接收情形随时具报核夺。再,此次所发表列租界官有资产与前随义秘贰字第五六七一号训令所发表内不合者,应以此表为准并仰知照。此令。

附抄发报告书一份、资产表三份。

907.中央信托局天津分局为接收前意领馆事复天津市政府函

1947年7月8日

案准义秘贰字第一〇五八号大函祗悉。查关于接管旧义租界官产一案,前经派员会同敌伪产业处理局调查组刘梓农及财政局市产股股长史幹卿前往洽办。据报第二区建国道二号旧义领事馆房屋现为美军住用。洽据美军负责人称,关于接收该项房产事宜应径向美军总司令部洽办。经复洽据该部负责人门德(Mr.Mundy)称,该房屋系美军总司令部由义领事馆驻津负责人借用,双方订有合同,美军撤退时房屋仍交还该馆。等语。因未能接收等情。嗣准来函,因再派员洽据处理局专门委员金舞

侯及科长张习之称,美军既拒绝移交,应俟撤退后再行接收。兹以美军撤退经洽询财政局史股长称,已将未能接收情形转呈贵府核示。又洽据金委员以该项官产并非敌产,处理局正在研讨办法中,俟有正式规定始能办理。各等语。相应将洽接该项官产情形复请查照为荷。[此致]天津市政府。

中央信托局天津分局经理恽思

(J0002-2-001739)

908.天津市政府为意租界领馆已接收发还事复中央信托局天津分局函及给财政局训令

1947年7月18日

复中央信托局天津分局函

义秘贰字第7948号

案准贵局本年七月八日津普接字第三三五〇号函复洽接旧义租界义领馆官产经过情形请查照。等由。查关于义领馆产业,前准外交部驻平津特派员公署欧义(36)字第二六四七号函,以奉部电义大利在津领事馆馆址应予发还,函请查照。等由。业已函复,请由外交部驻平津特派员公署接收发还在案。除令财政局知照外,相应函复查照为荷。此致中央信托局天津分局。

给财政局训令

案查前以关于接收旧义租界义领事馆一案,曾经迭令该局遵办暨函中信局会同办理并据呈报在案。查该领事馆产业前准外交部驻平津特派员公署欧义字第二六四七号函,以奉部电义大利在津领事馆馆址应予发还,请查照。等由。业已函复请其径行接收发还在案。除函中央信托局天津分局外,合行令仰该局知照。此令。

(J0002-2-001739)

909.天津市前英法意租界官有资产与官有义务债务清理委员会为接收意大利俱乐部事致天津市政府函

1947年7月24日

清字第59号

案准外交部驻平津特派员公署欧义字三一三三号函开:案查关于接收前天津义大利俱乐部一案,顷奉外交部七月三日欧三十六字第一三九〇〇号代电开,查发还义政府官产案现正由中义双方洽商中,在未解决以前,天津义俱乐部自仍应依照接收租界及北平使馆界办法之规定,暂由天津市政府接管。特电复知照。等因。奉此,相应函达查照。等由。准此,除函复外,相应函请查照办理为荷。此致天津市政府。

主任委员杜建时、委员张子奇

（J0002-2-001739）

910.天津市政府为接收意大利俱乐部事给财政局训令

1947年7月30日

义秘贰字第8839号

案准天津市前英法义租界官有资产与官有义务债务清理委员会函开:"案准外交部驻平津特派员公署欧义字三一三三号函开云云。相应函请查照办理。"等由。查前义国俱乐部业经公用局接收后转交天津市工商机关联谊会使用,并令行该局办理借用手续在案。准函前由,合行令仰该局知照。此令。

（J0002-2-001739）

911.天津市地政局为意租界战时售出土地如何处理事呈市长等文

1947年8月7日

地登审字第二三三七号

案准天津市前英法义租界官有资产与官有义务债务清理委员会本年六月廿六日清字第五十号公函,以前英、法两租界官产应由我国接管者,除英、法顾问持有异议产权未能决定外,大部分已清理完竣。其义租界官产在三十年十二月八日我国对义宣战后,义租界当局出售之地亩,一律无效,应自买主手中收回,业经呈请行政院准予核备在案。嘱查照。等由。附前义租界出售无效应予收回地产等表七份。准此,查本局办理土地登记地权审查,系依照业户所持契证并遵照土地法及其他有关法令办理。凡业户声请土地登记,核验所呈契证无讹,依法公告两个月,公告期满无人提出异议者,即予颁发土地所有权状,产权即为确定。经核该会函内表列应予收回权利各宗土地,除尚未登记者一宗、已据声请登记尚未发状者十宗,应即予以停止进行登记外,其寿丰面粉公司等户中国人声请登记之土地计八宗,业经本局在未准清理委员会来函之前,先后发给土地所有权状各在案。该项业经发状各号土地是否应予收回,追缴土地所有权状,该项应予收回各宗土地是否由本市公产主管机关办理接收手续,未敢擅专,理合缮造收回权利各宗土地表一份,备文呈请鉴核示遵。谨呈市长杜、副市长张。

附呈收回权利各宗土地表一份。

天津市政府地政局局长吴惠和

收回权利各宗土地表

登记户名	地号	收件号	登记情形	登记日期	备考
寿丰面粉公司	241、243	154、155	公告期满，发给权状	卅五、八、卅一	卅六、三、廿八日发
同和兴	234	176	公告期满，发给权状	卅五、九、一八	卅六、三、廿二发
李敬九	236	130	公告期满，发给权状	卅五、八、廿日	卅六、一、一八发
李涤尘	237	111	公告期满，发给权状	卅五、八、一七	卅六、二、一三发
兴隆木行	235	93	公告期满，发给权状	卅五、八、一二	卅六、二、廿一发
张景山	254	95	公告期满，发给权状	卅五、八、一二	卅六、五、一七发
孟敬亭	251	121	公告期满，发给权状	卅五、八、廿日	卅六、三、一五发
米玉琳	238	17	未发状	卅五、七、一六	未发
张永元	248	64	未发状	卅五、七、廿九	未发
金虎岑等	249	613	未发状	卅五、十一、廿六	未发
张玉山	247	62	未发状	卅五、七、廿九	未发
克鲁西纳	256	222	义侨权利不予承认，专案呈候处理	卅五、十、八	候示
嘉利	245	65	义侨权利不予承认，专案呈候处理	卅五、七、廿九	候示
鲁为吉米那	244	335	义侨权利不予承认，专案呈候处理	卅五、七、卅一	候示
包内梯	255	168	义侨权利不予承认，专案呈候处理	卅五、九、十三	候示
威尔地诺	253	108	义侨权利不予承认，专案呈候处理	卅五、八、十七	候示
乔治	252	190	义侨权利不予承认，专案呈候处理	卅五、九、廿一	候示
	246		尚未登记		

天津市前义租界出售无效应予收回地产一览表

买主姓名	地段	门牌号数	亩数	出售日期	备考
寿丰面粉公司	BD/56、Bm/3	廿九号卅七号	五.八六八	一九四二年一月二十日	二货厂廿九号至卅五号 一货厂卅五号卅七号又卅三号系工程□
同和兴	BⅣ/4	一号	二.〇一三	一九四二年二月十三日	一.八一一市亩
米玉霖	BⅣ/1、2	五号至七号	五.二五六	一九四二年二月十三日	一.八七四市亩
嘉西那	BⅠ/1、2	八十三号至八十九	〇.六九八	一九四二年二月十四日	〇.六二八市亩
德和木厂	BⅣ/3	三号	三.三七〇	一九四二年二月廿六日	三.〇三三市亩
皮特利	BⅡ/3	五十三号至五十七	〇.四〇二	一九四二年三月三日	〇.一九一市亩
齐阿拉	BⅡ/4A	四十一号至四十七	〇.七〇〇	一九四二年三月廿六日	四十五号至四十七号系见西尼卖□人,现住交通部钢铁配电厂汽车库

买主姓名	地段	门牌号数	亩数	出售日期	备考
贝西尼	BⅡ/44B	三十九号	一.九九三	一九四二年三月廿六日	现住义和仓库货栈
福源染厂泰记	BⅡ/2	六十一号	一.二五〇	一九四二年四月二日	
包尼悌	BⅠ/3、4	七十三至八十一	一.九三三	一九四二年三月廿六日	
求是斋堂	BⅠ/6	六十三号至六十五	〇.四五七	一九四二年五月五日	现住文兴和米厂
威尔泰	BⅠ/5	六十九号	〇.五七二	一九四二年六月五日	现开爱普买饭店
基奥基	BⅠ/5A	六十七号	〇.二五〇	一九四二年六月五日	

抄一份发地政局

（J0002-2-001739）

912. 天津市前英法意租界官有资产与官有义务债务清理委员会为转知行政院核准接收意国俱乐部案致天津市政府公函

1947年8月10日

清字第32号

　　查本市前义租界内义国俱乐部房屋家具系义国政府所有,应由我政府接收,嗣因义方不允,当即据情呈请行政院核示在案。兹奉(卅)六七外字第二八一五四号代电内开:清字第四号代电悉。关于请示接收义国俱乐部,义方坚持不允,应如何处理一案。经饬外交部核办,据称该义国俱乐部已于六月十七日由天津市政府单独派员接管,核与接收租界及北平使馆界办法第七条之规定相符,特电知照。等因。奉此,相应函达查照为荷。此致天津市政府。

主任委员杜建时

（J0002-2-001739）

913. 天津市政府为接收意国俱乐部事给财政局训令

1947年8月12日

义秘贰字第9990号

　　案准天津市英法义租界官有资产与官有义务债务清理委员会函开:"查本市前义租界内义国俱乐部房屋家具云云。相应函达查照。"等由。准此,合行令仰该局知照。此令。

（J0002-2-001739）

914.天津市政府警察局为前意租界工部局被军方占据事
请交涉拨还事呈市长文

1947年8月13日

总四字第6377号

案据第二分局报称,查民生路五号旧义工部局局址,美军撤退时本局奉命接收,迁入办公。遵经会同外事处李处长、处理局王秘书前往,当时有新二军武装士兵数十名亦到达该处布置岗位强行占据,一再交涉,不准接收。旋该处驻守士兵尚未全部撤出,野战医院又行迁入,经与交涉,据称系奉司令部命令,并非本院擅自行动。等语。本月初,该处又有一五一师四五三团步炮连士兵百余名迁入占住。查该处原为本分局旧址,因美军占用,遂迁驻现址,刻下美军撤退,当然仍需归还。且本局现址卫生局一再催促索还,亟需迁腾。拟请转呈市府向新二军交涉拨还。等情。据此,理合备文报请鉴核。俯赐转函新二军迅予拨还,实为公便。谨呈市长杜。

天津市政府警察局局长李汉元

(J0002-2-001739)

915.天津市政府为收回意租界出售无效土地权状事
给地政局指令及给财政局训令

1947年8月18日

义秘贰字第10278号

给地政局指令

呈一件。为旧义租界官产在卅年十二月八日以后出售地亩一律无效应予收回一案,本局对已发给所有权状各宗土地应否追回权状,及自买主收回权利后应否交本市公产主管机关办理接收,请核示由。

呈件均悉。查关于前义租界出售无效应予收回地产,前准天津市前英法义租界官有资产与官有义务债务清理委员会函请一并接收,业经令行财政局接收具报,并令警察局协助办理在案。据呈前情,所有该项已来登记暨前已发给土地所有权状各号土地,均仰停止登记并追回所有权状一律收回,并仰于收回后交由财政局办理接收手续。除令财政局知照外,仰即遵照办理。再查来表所列应行收回土地十九宗,与前准租界清委会函送表列为十三宗数目不符。合行抄发原表,令仰遵照,查明不符情形具报核办。表存。此令。

附抄发表一份。

财政局训令

案据地政局呈称:"案准天津市前英法义租界官有资产与官有义务债务清理委员会本年六月廿六日清字第五十号函,以前英法两租界云云。办理接收手续。缮造收回权利各宗土地表一份请核示。"等情。附呈表一份。据此,查此案前准租界清委会函,业经令饬该局接收在案。据呈前情,除指令应予一律收回并追缴所有权状,暨俟收回后交由该局办理接收手续外,合行抄发原表,令仰该局知照。此令。

附抄发原表一份。

(J0002-2-001739)

916.天津市政府为交涉腾让前意租界工部局事致保定绥靖公署上官副主任代电及给警察局指令

1947年8月22日

致保定绥靖公署上官副主任代电

义秘贰字第10692号

保定绥靖公署天津指挥所副主任上官钧鉴:案查前准津沧绥靖区指挥部陆军第二军司令部函,以美军原驻前意租界第二、三、四号兵舍,于美军撤退后暂由本部特务团接驻。等由。业以卅义秘贰字第6528号代电报请核示在案。复查该前意租界二、三、四兵舍内之第二区民生路旧意国工部局房屋,原为本市警察局第二分局旧址。当美军来津之始进驻上项房地,当令该分局临时借用市立第一医院一部房屋暂作办公地址,俟美军撤退后再为迁回。兹因市立第一医院扩充床位,一再呈请转饬迁腾,而该局原址又为陆军第二军特务团占驻,无法复员,迭据警察局呈请转饬洽迁让等情。据此,拟请钧所转饬设法移让,俾便应用。如何办理敬候示遵。天津市市长杜叩。未养义秘贰印。

给警察局指令

本年八月十三日总四字第6377号呈一件。为旧义工部局美军撤退后被新二军占住恳请转函交涉拨还由。

呈悉。查前准第二军司令部函达驻用旧义国兵营及工部局房舍一案,业经电请保定绥靖公署天津指挥所核示在案,迄未奉复。据呈再请,除再电请天津指挥所转知,设法移让,一俟奉复再行传知外,仰即知照。此令。

原签呈

查第二区民生路五号旧义国工部局局址,前准陆军第二军司令部函,以该部特务团尚乏驻地,经于美军撤离后暂行接驻。等语。业经电报保定绥署天津指挥所上官副主任请示在案，迄未奉复。据呈前情，可否转函第二军司令部商请腾让，俾资迁用之处，签请钧示。

科长张桐轩谨签

八月十六日

（J0002-2-001739）

917.外交部驻平津特派员公署为转知中意换文规定事
致天津市政府函

1947年8月29日

欧义（36）字第三六三〇号

案奉外交部条第一二五号电开："七月卅日中义换文规定，我国承认义政府详陈下列财产之权利：（甲）沪、津、汉领事馆房屋土地；（乙）沪、津俱乐部房屋土地及附属物；（丙）平前使馆原址内房屋（兵营除外）。希转知平津市政府。"等因。奉此，除分函外，相应函达，即希查照为荷。此致天津市政府。

特派员季泽晋

（J0002-2-001739）

918.外交部长王世杰为制止收回意方在津财产事
致天津市长杜建时密电

1947年8月29日

天津市杜市长勋鉴：〇密。顷据义大使面称，以据报平津清委会顷奉行政院指令，准其将津市义方财产及对义宣战后义方出卖之土地概行收回，并以该项指令招贴津市各街衢，请本部协助制止。等由。查自最近中义换文签订后，我应将平津义国俱乐部交还义方，至其北平使馆及天津领馆，根据和约我尤不应侵占，此事业经行政院核准有案。特电请迅予查明事先真相，予以制止，并电复为荷。王世杰。欧条未俭未印。

（J0002-2-001739）

919.外交部为检寄中意关于处理在津意国官私产业的换文致天津市政府代电

1947年9月2日

条(36)181号

天津市政府公鉴：我国与义大利曾于本年七月卅日在罗马签订关于处理在津义国若干官产及义侨产业换文一种。兹随代电检寄该项换文英文原文及中文译文抄件各一份，即请查收备考为荷。外交部。条。

中义关于处理在津义国若干官产及义侨产业换文译文

一、义大利外交部部长致中国驻义大使照会

本部长曾于本年五月十三日与贵大使就关于义大利政府及国民在中国所持有之若干产权之问题举行商谈。在此次谈话进程中，双方曾获致下列了解：

（一）中国政府依照其所施行之法律规章，承认义大利政府关于下列财产之权利：

（甲）上海、天津及汉口义大利领事馆之房屋及土地；

（乙）上海及天津义大利俱乐部之房屋及土地及其附属物；及

（丙）北平前义大利大使馆原址之内之房屋（前兵营除外）；

（二）中国政府同意在北平前使馆界内，前义大利使馆房屋所在之该部分划与义大利政府之土地，义大利政府仅为公务上之目的，得予使用。

（三）中国政府对义大利国民关于其在中国所持有之产权，将给予现在或将来所给予一同盟国或中立国国民之待遇。

上述了解，如荷阁下证实，本部长至深感幸。本部长顺向贵大使表示敬意。此致中华民国驻义大利共和国特命全权大使于焌吉阁下。

史佛卓（签字）

公历一千九百四十七年七月卅日于罗马

二、中国驻义大使致义大利外交部部长照会

顷准贵部长本日照会内开："查本部长曾于本年五月十三日与贵大使就关于义大利政府及国民在中国所持有之若干产权之问题举行商谈。在此次谈话过程中，双方曾获致下列了解：（三项条款内容同前文。此处略）"等由。本大使对于贵部长来照所述之了解，愿予证实。

本大使顺向贵部长表示敬意。此致义大利共和国外交部部长史佛卓伯爵阁下。

于焌吉（签字）

中华民国三十六年七月卅日于罗马

（J0002-2-001739）

920.行政院为停止接收意大利政府资产事给天津市政府密电

1947年9月4日

天津市政府:○密。关于义大利政府在华之资产,应即停止接收,其已接收者应予发还,不再适用接收租界及北平使馆界办法办理。特电遵照。行政院。申江七外印。

(J0002-2-001739)

921.天津市政府财政局为收回后意租界售出无效土地如何处理事呈市长等文

1947年9月6日

财三字第1093号

案查前奉钧府本年七月七日义秘贰字第七〇九五号训令略开:"案准天津市前英法意租界官有资产与官有义务债务清理委员会函开:查本市前意租界官有资产应由我国政府接收,其在我国对意宣战后出售之地皮一律无效,应自买主手中收回。至意政府所有产业,应由我国政府接收管理。经拟具报告书呈奉行政院核准备案在案。相应抄录报告书分列资产表,请查照办理等由。合亟抄发原件,令仰分别接收,随时具报。"等因。附抄发原表一份。奉此,自应遵办。遵与警察局联络接收。惟查前意租界官产,其在我国对意宣战后出售之地皮,自买主手中收回一节,业经布告周知,并通知各买主遵照各在案,但该项土地收回后,应如何处理,抑或按照公产租佃办法放租之处,未敢擅专,理合具文呈请鉴核示遵。谨呈市长杜、副市长张。

天津市政府财政局局长李金洲

(J0002-2-001739)

922.外交部驻平津特派员公署为意大利大使即将北上从速交还意国俱乐部等事致天津市政府函

1947年9月8日

欧义(36)第3685号

案奉外交部第128号电开:"义大利大使日内携眷北上,据云在津拟住义俱乐部,在平拟住旧义公使馆。按中义最近换文,两处均应交还义方,盼即洽有关机关从速交还并予照拂。"等因。奉此,除分函有关机关,相应函达,即希查照办理见复为荷。此致天津市政府。

特派员季泽晋

(J0002-2-001739)

923.天津市政府为询接收意国政府产业等情究应如何办理
致前英法意租界官有资产与官有义务债务清理委员会函

1947年9月8日

义秘贰字第11817号

案准外交部王部长欧条末俭未电开:"顷据义大使面称,以据报平津清委会顷奉行政院指令云云。并电复为荷。"等由。准此,查本府接收义国俱乐部及进行收回对义宣战后义方出卖之土地等事项,系准贵会函知转令财政局办理。准电前由,究系如何情形,相应函请查案见示,以凭转复为荷。此致天津市前英法义租界官有资产与官有义务债务清理委员会。

(J0002-2-001739)

924.天津市政府第二科科长张桐轩为拟发还意国俱乐部办法呈市长文

1947年9月9日

查关于外交部电开,与义大利签订处理在华义国官产及义侨产业换文内之天津义领馆及天津义大利俱乐部两项,除义领馆一项于原驻美军撤退后即经外交部特派员协助径行发还外,其义国俱乐部一项,前经饬由公用局张局长接收后拨借与工商联谊会。准电前由并奉行政院电饬发还,拟令财政局遵令发还,并饬该局转函工商联谊会知照。当否,签请钧示。

(J0002-2-001739)

925.天津市政府为转知中意换文规定事致清委会函
暨给财政局训令

1947年9月9日

案准外交部驻平津特派员公署卅六年八月二十九日欧义(36)字第三六三〇号函开:"案奉外交部条第一二五号电开:'七月卅日中义换文规定我国承认义政府详陈下列财产之权利:(甲)沪、津、汉领事馆房屋土地;(乙)沪、津俱乐部房屋土地及附属物;(丙)平使馆原址内房屋(兵营除外)。希转知平津市政府。'等因。奉此,除分函外,相应函达,即希查照。"等由。除分(函天津市前英法义租界清理委员会/令财政局)外,(合行令仰该局知照。此令/相应函达即希查照为荷。此致天津市前英法义租界官有资产与官有义务债务清理委员会)。

(J0002-2-001739)

926.外交部驻平津特派员公署为抄发中意关于处理在华意国官私产业换文致天津市政府函

1947年9月10日

欧义(36)第3701号

案奉外交部条三十六字第一八一七一号代电,随同颁发中义关于处理在华义国若干官产及义侨产业换文到署。相应抄同该换文中文译文抄件一份,请查照备考为荷。此致天津市政府。

特派员季泽晋

(J0002-2-001739)

927.天津市政府地政局为具报意租界已售出地产追回权状事呈市长文

1947年9月11日

案奉钧府本年八月十八日义秘贰字第一〇二七八号指令,略以关于前义租界出售无效应予收回地产,业经令行财政局接收具报,并令警察局协助办理,所有已未登记暨已发状各宗土地,饬予停止登记,并追回权状。又呈表所列应行收回土地十九宗,与准租界清委会函送表列十三宗数目不符,查明具报等因。附发抄表一份。奉此,遵查前义租界出卖无效应收回权利各宗土地,附表所列户名,系原始购买义领事出卖之土地业户,因其中一部分业户业经转卖或裁卖,故原表所列宗数与现有土地宗数确有不符。奉令前因,除将出售无效各宗土地,一律停止登记,其已颁发土地所有权状各宗土地,分别通知各户饬予缴回权状外,理合造具前义租界出售无效应予收回地产地号对照表一份,备文呈请鉴核。谨呈市长杜。

附呈:前义租界出售无效应予收回地产地号对照表一份。

天津市政府地政局局长吴惠和

前义租界出售无效应予收回地产新旧段号地号对照表

旧业主	旧地号	面积	新业主	新地号	面积
寿丰面粉公司	BD/56、Bm/3	原亩五.八六八 市亩五.二八三	寿丰面粉公司	241、243	五.二八三市亩
同和兴	BIV/4	原亩二.〇一三 市亩一.八一一	同和兴	234	一.八一一市亩
米玉霖	BIV/1、2	原亩五.二五六 市亩四.七三二	李敬九	236	一.八七四市亩
			李涤尘	237	二.〇一三市亩
			米玉琳	238	〇.八四五市亩
嘉西那	BI/1、2	原亩〇.六九八 市亩〇.六二八	克鲁西纳	256	〇.六二八市亩

德和木厂	BⅣ/3	原亩三.三七〇 市亩三.〇三三	兴隆木行	235	三.〇三三市亩
皮特利	BⅡ/3	原亩〇.四〇二 市亩〇.三六二	张玉山	247	〇.一九一市亩
			张永元	248	〇.一七一市亩
齐阿拉	BⅡ/4A	原亩〇.七〇〇 市亩〇.六三〇	嘉利	245	〇.六三〇市亩
贝西尼	BⅡ/44B	原亩一.九九三 市亩一.七九四	鲁为吉米那	244	〇.九九二市亩
			未据声请登记	246	〇.八〇二市亩
福源染厂泰记	BⅡ/2	原亩一.二五〇 市亩一.一二五	金虎岑等	249	一.一二五市亩
包尼悌	BⅠ/3、4	原亩一.九三三 市亩一.七四〇	张景山	254	〇.九〇〇市亩
			包内悌	255	〇.八四〇市亩
求是斋堂	BⅠ/6	原亩〇.四五七 市亩〇.四一一	孟敬亭	251	〇.四一一市亩
威尔泰	BⅠ/5	原亩〇.五七二 市亩〇.五一五	威尔地诺	253	〇.五一五市亩
基奥基	BⅠ/5A	原亩〇.二五〇 市亩〇.二二五	乔治	252	〇.二二五市亩

（J0002-2-001739）

928.天津市政府为意租界战时出售土地收回后处理办法致前英法意租界官有资产与官有义务债务清理委员会函及给财政局指令

1947年9月12日

致租界清理委员会函

义秘贰字第12096号

案查前准贵会函请接收前义租界官有资产及义大利政府产业一案,业经令饬财政局负责会同警察局遵照办理,并以义秘字第七〇九五号函复在案。兹据财政局呈略称:遵与警察局联络接收,惟查前义租界官产,其在我国对义宣战后出售之地皮,自买主手中收回一节,业经布告周知并通知各买主遵照在案。但该项土地收回后,应如何处理,抑或按照公产租佃办法放租,请核示。等情前来。除指令外,相应函请查核见复,以便饬遵为荷。此致天津市前英法义租界官有资产与官有义务债务清理委员会。

给财政局指令

三十六年九月六日财三字第一〇九三号呈一件。为收回前义租界在我国对义政府宣战后出售之地皮,应否按公产出租,请核示由。

呈悉。仰候转函租界清理委员会核复后,再行饬遵。此令。

(J0002-2-001739)

929.天津市政府为交还意在津财产事分别给财政局、警察局等训令及致前英法意租界官有资产与官有义务债务清理委员会、外交部驻平津特派员公署函及致行政院、外交部代电及致天津市工商联谊会便函

1947年9月13日

给财政局、外事处、公用局训令

义秘贰字第 12257 号

案查前准外交部驻平津特派员公署电知我国承认义国政府在津财产权利两项(1.天津领事馆,2.天津俱乐部)一案,业经令饬(该局/财政局/财政局)遵照,并分函租界清理委员会查照各在案。兹奉行政院申江七外电开:"关于义大利政府在华之资产,应即停止接收,至已接收者,应予发还,不再适用接收租界及北平使馆界办法办理。"等因。并准外交部条(36)18171号代电开:我国与义大利曾于本年七月卅日在罗马签订关于处理在华义国若干官产及义侨产业换文一种,兹随代电检寄该项换文英文原文及中文译文抄件各一份,请查收备考。等由。又准外交部驻平津特派员公署欧义(36)3701号函同前由。复准该公署欧义36字第3685号函开:"案奉外交部第128号电开:义大利大使日内携眷北上,据云在津拟住义俱乐部,在平拟住旧义大使馆。按中义最近换文,两处均应交还义方,盼即洽有关机关从速交还并予照拂。等因。奉此,除分函各有关机关外,函请查照办理见复。"等由。自应照办。查关于接收义租界官有资产与义大利政府产业,前经令由该局、财政局、财政局负责办理。惟查上列天津义领事馆,业于原驻美军撤退后,经外交部特派员公署协助径行发还,至天津义大利俱乐部(即义国球房)一处,系经令饬(公用局/公用局/该局)先行接收,并据呈报转交天津市工商机关联谊会使用,及令饬知照各在案。奉准前函电各因,除分令外事处及公用局知照并径函工商联谊会/分令财政局及公用局知照并径函工商联谊会/饬财政局会同外事处径洽工商联谊会迁让交还,暨分别电复外,合行抄复原中文译文,令仰该局遵照会同外事处径洽工商联谊会迁让交还具报为要/该处遵照会同财政局径洽工商联谊会迁让交还具报为要/该局知照。此令。

附抄发原中文译文一份。

致清理委员会公函

案查前准外交部驻平津特派员公署电,以我国承认义政府在津财产权利两项(1、天津领事馆,2、天津俱乐部)一案,业经令饬财政局遵照并函达在案。兹奉行政院申江七外电开:"关于义大利政府在华之资产,应即停止接收,至已接收者,应予发还,不再适用接收租界及北平使馆界办法办理。"等因。并准外交部条(36)18171号代电开:"我国与义大利曾于本年七月三十日在罗马签订关于处理在华义国若干官产及义侨产业换文一种,兹随代电检寄该项换文英文原文及中文译文抄件各一份,请查收备考。"等由。又准外交部驻平津特派员公署欧义(36)3701号函同前由:自应遵办。除令饬财政局遵照办理,并分别电复外,相应抄附原中文译文,函请查照为荷。此致天津市前英法义租界官有资产与官有义务债务清理委员会。

附抄送原中文译文一件。

致行政院代电

行政院院长张钧鉴:申江七外电奉悉。并准外交部条(36)18171代电,检送我国与义大利签订关于处理在华义国若干官产及义侨产业换文一种,电达查照。等由。查该换文内列:"我国承认义政府在津财产权利两项:(甲)天津领事馆之房屋及土地;(乙)天津义大利俱乐部之房屋及土地及其附属物。"等语。查天津义国领事馆仅经美军一度占用,前于该军撤退后,业经外交部驻平津特派员协助交还。至天津义国俱乐部原亦由美军驻用,前准天津前英法义租界官有资产与官有义务债务清理委员会函请接收,业经令饬本府财政局于美军撤退后接收,并电请备案在案。奉电前因,除令饬财政局遵照发还并分电外交部外,谨电复请鉴核。天津市市长杜叩。申元义秘贰印。

致外交部代电

外交部公鉴:条(36)18171号代电敬悉。并奉行政院申江七外电开:关于义大利政府在华之资产应即停止接收,其已接收者应予发还,不再适用接收租界及北平使馆界办法办理。等因。又准贵部驻平津特派员公署函,以奉贵部第128号电,以义大利大使日内携眷北上,据云在津拟住义俱乐部,盼即从速交还,转请查照办理。等由。自应遵办。查天津义国领事馆仅前由美军一度占用,于美军撤退后业经贵部驻平津特派员协助交还。至天津义大利俱乐部,前准天津前英法义租界官有资产与官有义务债务清理委员会函请接收,业经令饬财政局接收并电达在案。奉准前电各因,除令饬财政局会同外事处遵照发还并电复行政院外,特电复查照。天津市政府。申元义秘贰印。

致外交部驻平津特派员公署公函

案准贵署卅六年九月八日欧义(36)3685号函,以奉外交部电,以义大利大使日内携眷北上,据云在津拟住俱乐部,应即从速交还,转请查照办理。又准贵署三十六年九月九日欧义(36)3701号函,检送中义关于处理在华义国若干官产及义侨产业换文中文译文一份,请查照各等由。并准外交部代电检送上项中义换文到府。复奉行政院申江七外电开:"关于义大利政府在华之资产,应即停止接收,至已接收者,应予发还,不再适用接收租界及北平使馆界办法办理。"等因。自应遵办。除令饬财政局会同外事处遵照发还并分别电复外,相应复请查照为荷。此致外交部驻平津特派员公署。

给警察局训令

案奉行政院申江七外电开:"关于义大利政府在华之资产,应即停止接收,至已接收者,应予发还,不再适用接收租界及北平使馆界办法办理。"等因。并准外交部条(36)18171号代电,检送中义关于处理在华义国若干官产及义侨产业换文,内列:"我国承认义政府在津财产权利两项(甲)天津领事馆,(乙)天津义大利俱乐部。"等语。查关于接收义租界官有资产与义大利政府产业,前经令饬财政局负责接收,并令饬该局协助办理在案。奉准前电各因,除令饬财政局会同外事处并分别电复遵照交还外,合行令仰该局知照。此令。

致天津市工商联谊会便函

案查前准外交部驻平津特派员公署电知,我国承认义政府在津财产权利两项(1、天津领事馆;2、天津义大利俱乐部)一案,业经令饬财政局遵照在案。兹复准该公署欧义(36)3685号函,以奉外交部电,以义大利大使日内携眷北上,在津拟住义俱乐部,应即从速交还,转请查照办理。等由。自应照办。除令饬财政局会同外事处遵照办理径洽交还外,相应函达查照腾让,以便交还为荷。此致天津市工商联谊会。

(J0002-2-001739)

930.天津市前英法意租界官有资产与官有义务债务清理委员会为意国俱乐部及战时售出土地接收事致天津市政府函

1947年9月17日

清字第80号

案准贵府义秘贰字第一一八一七号函开,准外交部电请查明接收义国俱乐部及收回对义宣战后义方出卖土地情形一案,究系如何情形,嘱查案见示,以凭转复。等因。准此,查奉颁接收租界暨北平使馆界办法第七条规定,在天津义租界及其他租界暨北平使馆界内所有属于意大利政府之资产,应由主管机关接收管理(下略)等语。义国俱乐部为义国政府产业,故本会第二十次委员会议决定由我国接收管理。又同法第二条第四项规定,天津义租界之收回,根据三十年十二月八日中国对义宣战时废止两国一切条约之声明办理。等语。本会清理前义租界资产时,曾经派员赴驻津义领事馆查阅有关案卷。据该馆代办抄交各项资产说明单内,有历年陆续售出河沿(现名复兴道)地皮单一纸,计自三十年十二月八日以后售出者十余段。此项出售系在我国声明废约之后,故经本会第二十次会议决议,一律认为无效,经由外交部驻平津特派员公署将会议录呈外交部核示。奉到三十六年四月八日欧三六字第七一五〇号复电略开:所称前义租界河沿地,依照接收租界及北平使馆界办法第四条一项规定,可由天津市政府分别前往接收,交由清理委员会清理。等因。转行来会。本会根据决议案,拟具清理前义租界官有资产义务债务第一次报告书,呈请行政院核示,并已奉到本年五月十九日从辰字第一八七八四号代电内开:三十六年四月十日清字第四号呈件均悉。所呈清理前义租界官有资产义务债务事项第一次报告书,核无不合,准予备案,特电知照。等因。奉此,遵于本年六月十九日,检同报告书一份、资产表三份,函请贵府查照接收各在案。兹准前因,除原函所称以该项指令招贴街衢一节,非本会所办,无从奉复外,相应将本案经过情形复请查照办理为荷。此致天津市政府。

主任委员杜建时

市政府外事处致秘书处签呈

按租界清理委员会来函原意,义国所售出之沿河地皮十余段,业经我国声明无效,本府应接收无疑。惟义国俱乐部,按函中原意亦应由本府接管,而今按两国协议又须交还义国,为处理审慎起见,对该沿河地段,再度函询清楚,似属必要。但应请再参阅义秘贰字第一二二五七号训令。此致秘二科。

九、二十三

(J0002-2-001739)

931.天津市政府为意租界售出无效土地处理办法事给财政局训令及给地政局指令

1947年9月19日

给财政局训令

义秘贰字第12600号

案查前据地政局呈报,对于已发所有权状之各种前义租界出售无效土地,应否收回及追回所有权状,并自买主收回后,应否由本市公产机关办理接收,请核示一案,业经指复,应一律收回,交由该局办理接收手续,并于本年八月十八日以义秘贰字第一〇二七八号令饬知照在案。兹据该地政局呈报,旧义租界出售官产,均已停止登记,并通知已发状各户缴回权状,及前表所列与清委会表列不符情形,检同对照表,请鉴核。等情前来。除指令外,合行抄发原呈及附表,令仰该局知照。此令。

附抄发原呈一份,新旧段地号对照表一份。

给地政局指令

三十六年九月十一日地登审字第二六九二号呈一件。以呈复旧义租界出售官产均已停止登记,并通知已发状各户缴回权状,及前表所列与清委会表列不符情形,检同对照表请鉴核由。

呈件均悉。仰候转令财政局知照。附件存。此令。

(J0002-2-001739)

932.天津市前英法意租界官有资产与官有义务债务清理委员会为意租界出售无效土地收回后处理办法致天津市政府函

1947年10月2日

清字第81号

案准贵府义秘贰字第一二○九六号公函略开,据财政局呈,以收回前义租界在我国对义政府宣战后出售之地皮,应否按照公产出租,嘱查核见复。等因。准此,查该项土地收回后应如何处理,请查照接收租界及北平使馆界办法办理。相应函复,即希查照为荷。此致天津市政府。

主任委员杜建时

(J0002-2-001739)

933.天津市政府为意租界意方官产接收发还事致外交部代电及给财政局训令

1947年10月7日

致外交部代电

义秘贰字第14054号

外交部公鉴:前准贵部欧条未俭未电,以据义大使称,平津清委会奉行政院指令,准将津市义方财产及对义宣战后义方出卖之土地,概行收回,并以该项指令招贴津市街衢,请查明事先真相予以制止并电复。等由。经转函租界清委会查复,略称,关于接收津市义方财产及收回对义宣战后义方出卖土地,均系依照奉颁接收租界暨北平使馆界办法办理,并经由外交部驻平津特派员公署将会议录呈外交部,奉到本年四月八日欧三六字第七一五○号复电,照准暨呈奉行政院本年五月九日从辰字第一八七八四号代电,核准备案办理。各等由。至天津义领馆前于美军腾出后,即经贵部特派员交还。义国俱乐部产业前曾一度接收,亦经发还。其义方出卖无效土地,现仍在财政局进行接收中,是否有以行政院指令招贴街衢情事,除令财政局查明制止外,相应抄附租界清委会原函,电请查照核转为荷。天津

636

市政府。酉霁义秘贰印。附抄原函一件。

给财政局训令

案准外交部欧条未俭电开："顷据义大使面称,以据报平津清委会顷奉行政院指令,准其将津市义方财产及对义宣战后义方出卖之土地概行收回,并以该项指令招贴津市各街衢,请本部协助制止。等由。查自最近中义换文签订后,我应将平津俱乐部交还义方,至其北平使馆、天津领馆,根据和约我尤不应侵占,此事业经行政院核准有案。特电请迅予查明事先真相,予以制止并电复为荷。"等由。除函准租界清委会查明情形函复到府经已抄函电复外,关于以该项指令招贴街衢一节,是否属实,合行令仰该局查明制止为要。此令。

(J0002-2-001739)

934.天津市政府为意租界出售无效土地收回后处理办法
给财政局训令

1947年10月9日

案查前据该局呈,以收回前意租界在我国对意政府宣战后出售之地皮,应否按公产出租请核示一案,曾经转函租界清委会查核见复,并以义秘贰字第一二〇九六号指令知照在案。兹准该会本年十月二日清字第八一号复函："以该项土地收回后应如何处理,请查照接收租界及北平使馆界办法办理。"等由到府。关于收回前项地皮之处理办法,自应依照原办法第七条及第九条之规定,于接收完毕后呈候行政院核办。仰即知照。此令。

(J0002-2-001739)

935.天津市政府财政局为交还意国俱乐部事呈市长杜建时文

1947年10月11日

财三字第1232号

案奉钧府九月十三日义秘贰字第一二二五七号训令,略开："案查前准外交部驻平津特派员公署电知,我国承认义政府在津财产权利两项(1.天津领事馆;2.天津俱乐部)一案,业经令饬该局遵照在案。兹奉行政院申江七外电开:关于义大利政府在华之资产,应即停止接收,其已接收者应予发还。等因。查上列天津义领事馆,业于美军撤退后发还。至天津义俱乐部,系经令饬公用局接收转交天津市工商机关联谊会使用及令饬知照在案。奉电前因,除分令外事处及公用局知照,并函工商联谊会外,仰该局遵照会同外事处径洽工商联谊会交还具报。"等因。奉此,遵经饬据派员办理报称:关于奉令交还天津义大利俱乐部一案,遵于十月六、七两日会同公用局、警察局办理完竣。所有俱乐部原有家具,由工商联谊会与使馆签订移交书;另有美军剩余家具,运由公用局保管,分别造具清册,检呈鉴核。等语。理合抄同原册呈请鉴核备查。谨呈市长杜。

附抄呈交还义使馆家具清册一份、公用局保管家具清册一份。

天津市政府财政局局长李金洲

前义大利俱乐部内交还义使馆家具清册

编号	品名	数量	编号	品名	数量
1	玻璃面阅书柜	1	21-22	椅子	2
2	书柜(内有书籍封存)	1	24-25	小型冰箱	2
3、4	玻璃书架(内有书籍封存)	2	26	白碗柜	1
5	书架	1	27	铜沿方桌	1
6	五斗文件柜	1	28	大白水箱	1
7	带像镜框	1	39-40	绿油方桌	2
8-15	绒面椅子	8	41	斜面桌	1
16	绒面扶手椅子	1	43	椅子	1
17-18	靠墙立柜(封书)	2	44-45	斜面架	2
20	写字台(带屉)	1	46-47	长凳	2
	木球	14	109-112	小方茶几	4
	标棒	22	113	破漆布椅子	1
48	打包电水箱	1	206	玻璃面长桌	1
49-50	酒吧小圆凳	2	207-208	长凳	2
51-52	破台球案	2	209-213	钢管方桌	5
54	一屉桌	1	346-347	绒面沙发	2
58-68	破台球杆	11	357-358	壁画	2
	玻璃地图板	5	359-360	酒吧钢腿凳	2
72	钢管玻璃桌	1	53	木壁柜	1
73	钢管玻璃几	1	55	壁悬小球柜(内球三个)	1
78	钢琴	1	56-57	壁悬台球计分器	2
106-108	钢管腿玻璃桌	3	69	小黑板	1
77	小玻璃壁悬柜	1	356	小玻璃壁悬橱	1
79-105	钢管帆布几	27		盘子(大小)	141
348-349	破木条凳	2		酒杯	40
352-353	酒柜	2		香槟杯	15
354-355	柜台	2			

警察局方文锐、王雨霖,财政局刘成勋,公用局田文启

前义大利俱乐部内美军剩余家具存运清册(抄件)

编号	品名	数量	编号	品名	数量
19	写字台(带屉)	1		侍者破上衣	29
23	磅秤	1		黄色油漆	1加仑
29	长条桌	1		双股电线	1小盘

编号	品名	数量	编号	品名	数量
30-33	小椅子	4	70	小木衣柜	1
34	木桌	1	71	小铁床	1
35	小型木桌	1	74-76	椅子	3
36、37	椅子	2		大小纱窗纱门	44
38	木桌	1	205	布面长凳	1
42	椅子	1	214-239	方木桌	26
	破台布	26	240-262	长方木桌	23
263	小方木桌	1	350	小型电钟	1
264-337	布面小木椅	74	351	揭示板	1
338-341	斜面音乐架	4	114-204	日本式小木椅	91
342-345	破布面小椅	4		厨房零星用具	318

警察局方文锐、王雨霖

财政局刘成勋

公用局田文启

（J0002-2-001739）

936.天津市政府财政局为意租界官有资产接收事呈市长杜建时文

1947年10月11日

财三字第1231号

　　案查前奉钧府七月七日义秘贰字第七〇九五号训令，关于接收前意租界官有资产一案，遵经与警察局联络办理。其应由我国政府接收，我国对意宣战后前意租界出售之地皮，一律收回之官产，业将办理情形，经于九月六日以财三字第一〇九三号呈报钧府在案。至于前意租界所有之官产，按照令发表内所列，已分别接收竣事。除将意国政府所有产业（领事馆及俱乐部）交还意国领事馆使用外，理合造具接收清册一份，备文呈请鉴核。谨呈市长杜。

　　附呈接收清册一份。

天津市政府财政局局长李金洲

天津市财政局接收前义租界官有资产清册

原有名称及现在名称	市政局	工部局	义兵营	菜市	花园	河沿空地	厕所	抽水房	义国收地
坐落地点及门牌号数	建国道南五经路西至民生路十九号	建国道南五经路西三号、五号	光明道北民族路东	民族路东光复道二十七号	自由道南	复兴道南胜利路西	复兴道南胜利路西	复兴道南民族路东35	六区哈内路
房屋类别	楼房	楼房	楼房	平房厂棚	平房	无	平房	平房	
房屋间数	五十四	四十六	四十一	十九、二十五	三	无	三	一	
占地面积及契号 面积	五.八三一亩	五.六四五亩		二.七一五亩	八.六五一亩	〇.一九六亩	〇.〇七〇亩	〇.五七九亩	一.四七〇亩
占地面积及契号 契号									
有无附着物	卫生设备电灯电线	同前	同前	同前	卫生设备电灯电线游戏器具树木水池	无	电灯电线	抽水机器	树木石碑
有无家具	无	无	无	无	无	无	无	无	无
接收日期	无	无	无					无	无
现在使用机关	第二军野战医院	第一五七师四七〇团第一营	第二七零一九部队	财政局收租公用局管理	工务局	财政局	卫生局		天主教堂
备考						已由财政局放租	胜利桥南一间桥北二间管理人刘庆良占住一间	外有小棚五间小屋二间由工务局工头张遇春占用	

(J0002-2-001739)

937.天津市政府警察局为报告交还意大利俱乐部情形呈市长杜建时文

1947年10月11日

外二字第7293号

案奉钧府义秘贰字第一二二五七号训令,为天津义国俱乐部应予发还饬知照等因。遵查天津义国俱乐部前经本局奉令协助公用局接收并呈报在案。兹奉前因,经即派员协助公用局交还义国领事馆去后,兹据报称:"奉派赴前义国俱乐部,协助本市公用局、工商机关联谊会对义国大使馆天津办事处交换事宜,遵即前往。当眼同公用局秘书田文启、财政局科员刘成勋、工商机关联谊会职员董继馨等人将家具点验清楚。义方持有家具单一纸,希望照单点交,惟其外有若干不在义方家具单之内者。据义方云,美军剩余物品已经美军认可交付义方,遂要求无条件接收。惟其中若干物品显系日人当日手造之物而系美军抵达后向市政府物资供应局借用者,故公用局与工商机关联谊会佥谓是系我国政府接收之敌伪物资,现应交还市府。而美军当日仅系借用,无权处置,以故双方颇有争执。结果双方议妥,其不在义方家具单之物品,先由公用局运出,由义大使馆向国府交涉,如我政府认可,再行运回交与义方。遂将全部家具划分二部,一部照义方家具单已经点交清楚,另部由公用局运走保存。造具家具单各一份,合计项目件数与原接收单据相符。除其由义方接收部分由义方负责人签有收据交公用局收执外,谨将点交及运走之家具单各一份,并将经过情形报请鉴核。"等情前来。除交接清册另由公用局专案呈报外,理合将协助办理情形呈报鉴核。谨呈市长杜。

天津市政府警察局局长李汉元

(J0002-2-001739)

938.天津市政府公用局为具报交还意大利俱乐部经过事呈市长等文

1947年10月13日

用一(36)字第2955号

案奉钧府义秘贰字第一二二五七号训令,以天津义大利俱乐部(即义国球房)已由工商机关联谊会使用,应遵照中义两国最近换文,将该俱乐部迁让交还。等因。奉此,自应遵照。经派本局秘书田文启会同外事处及财警两局办理交还事宜去后,兹据该员签称:"遵即会同财政局刘成勋、警察局方文锐、王雨霖、外事处刘福英于十月六日与义大利代办Tallarigo商讨交还手续。当以该俱乐部内尚存有美军及敌伪剩余物品甚多,为分别清楚起见,经要求义方出示其原始家具清册(即美义双方所签订之交接清册),经核对后发现大量桌椅均不在其清册之内,义方亦承认其为册外物品,并为美军及敌伪所剩余者。惟义方坚持不得由我方接收,应归义方所有,以补偿其损失。经长时间之争辩,结果规定办法如下,(一)按其原始清册内之物品尽数交还;(二)其在该原始清册以外之物品暂运公用局代为保管,听候裁定。以上两项办法,业经双方认可,共同签字。除册外物品令造清册,运交本局封存外,所有应行交还物品,业经完全移交清楚,检同清册请鉴核。"等情。据此,理合检同原清册具文呈报鉴核备案。谨呈市长杜、副市长张。

附呈交还清册及剩余物品清册各一份。

天津市政府公用局局长张锡羊

交还义俱乐部家具清册

原编号	品名	单位	数量
1	玻璃面阅书台	个	1
2	书柜(内有书籍封存)	个	1
3、4	玻璃书架(内有书籍封存)	个	2
5	书架	个	1
6	五斗文件柜	个	1
7	带镜像框	个	1
8-15	绒面椅子	个	8
16	绒面扶手椅	个	1
17、18	靠墙立柜(内有书籍封存)	架	2
20	写字台(带屉)	个	1
21、22	椅子	把	2
24、25	小型冰箱	个	2
26	白碗柜	架	1
27	铜沿方桌	个	1
28	大白冰箱	个	1
39、40	绿油方桌	个	2
41	斜面桌	个	1
43	椅子	把	1
44、45	斜面架	架	2
46、47	长凳	条	2
	木球	个	14(原13后又寻1)
	标棒	个	22
48	打包电冰箱	台	1
49、50	酒吧小圆凳	台	2
51、52	破台球案	台	2
53	木壁柜	个	1
54	一屉桌	个	1
55	壁悬小球柜(内台球三个)	个	1
56、57	壁悬台球计分器	个	2
58-68	破台球杆	双	11
69	小黑板	块	1
	玻璃地图板	块	5(原4后又寻1)
72	钢管腿玻璃桌	个	1
73	钢管腿玻璃茶几	个	1
77	小玻璃壁悬柜	个	1
78	钢琴(MOUTRIE)	座	1
79-105	钢管帆布几	双	27
106-108	钢管腿玻璃桌	个	3

原编号	品名	单位	数量
109、112	小方茶几	支	4
113	破漆布椅	支	1
206	玻璃面长桌	个	1
8、207	长凳	条	2
209、213	钢管方桌	个	5
346、347	绒面沙发	座	2
348、349	破木条椅	条	2
352、353	酒柜	台	2
354、355	柜台	台	2
356	小玻璃壁悬橱	个	1
357、358	壁画	块	2
359、360	酒吧钢腿凳	支	2
	盘子(大、小)	块	140
	酒杯、香槟杯	个、个	40、15

监交人:警察局方文锐、王雨霖

财政局刘成勋

公用局田文启

三十六年十月六日

美军剩余物品清册(运往公用局保存)

原编号	品名	单位	数量
19	写字台(带屉)	个	1
23	磅砰	台	1
29	长条桌	个	1
3、30	小椅子	个	4
34	木桌	个	1
35	小型小桌	个	1
36—37	椅子	把	2
38	木桌	个	1
42	椅子	把	1
	破台布	条	26
	侍者破上衣	件	29
	黄色油漆	加仑	1
	双股电线	小盘	1
70	小木衣柜	个	1
71	小铁床	架	1
6、74	椅子	把	3
	大小纱窗纱门	块	44
205	布面长凳	条	1
114、204	日本式小木椅	个	91
214、239	方木桌	个	26
240、262	长方木桌	个	23

原编号	品名	单位	数量
263	小方木桌	个	1
264、337	布面小木椅	支	74
338、341	斜面音乐架	架	4
342、345	破布面小椅	个	4
350	小型电钟	个	1
351	揭示板	块	1
	厨房零星用具	件	318

监交人：警察局方文锐、王雨霖

财政局刘成勋

公用局田文启

三十六年十月六日

（J0002-2-001739）

939.天津市政府财政局为具报接收意方官有资产情形事呈市长杜建时文

1947年10月16日

财三字第1244号

案奉钧府本年十月七日义秘贰字第一四〇五四号训令内开："案准外交部欧條未俭电开：'顷据义大使面称，以据报平津清委会顷奉行政院指令，准其将津市义方财产及对义宣战后义方出卖之土地概行收回并以该项指令招贴津市各街衢，请本部协助制止。等由。查自最近中义换文签订后，我应将平津俱乐部交还义方，至其北平使馆、天津领馆，根据和约我尤不应侵占。此事业经行政院核准有案，特电请迅予查明事先真相，予以制止并电复为荷。'等由。除函准租界清查会查明情形函复到府，经已抄函电复外，关于该项指令招贴街衢一节是否属实，合行令仰该局查明制止为要。此令。"等因。奉此，遵查关于接收前义租界官有资产一案，曾奉钧府本年七月七日义秘贰字第七〇九五号训令抄发报告书、资产表等件，令由警察局协助办理具报核夺。等因。当经遵照将奉发资产表所列前义租界官有资产市政局、菜市、义国坟地等八处，由我政府接收管理，并将领事馆、义国俱乐部等处遵令交还义方使用。其宣战后出售之地皮一律无效，令自买主手中收回，曾于本年八月二十二日由本局依令出示布告，并分别通知各买主知照，业于本年九月六日以财三字第一〇九三号呈报钧府核备，并于出售地皮收回后应如何处理，请予示遵各在案。奉令前因，理合将本市接收义国官有产业处理经过情形再行综合具报，恭请鉴核。至令开以行政院指令招贴街衢一节，经查本局并未奉有上项指令暨为该项之处理案件。合并陈明。谨呈市长杜。

天津市政府财政局局长李金洲

（J0002-2-001739）

940.天津市政府为交还意大利俱乐部等事
给财政局指令及致行政院、外交部代电

1947年10月18日

给财政局指令

义秘贰字第14851号

呈一件。奉令会同公用局等交还义国俱乐部一案,抄同清册呈请鉴核备查由。

呈暨附件均悉。仰候转报行政院暨外交部,惟查册列木球与前报清册所列多一枚,又玻璃地图板多一块,又钢管帆布几多二十六个,又厨房用具多一件,因何前后不符,仍仰查明报核为要。附件存。此令。

致行政院、外交部代电

(行政院院长张钧鉴/外交部公鉴):案查前(奉钧院电令/准贵部电嘱),将义国领事馆、义国俱乐部从速发还一案,业将(义领馆交还及遵办/义领馆交还及办理各)情形,以申元义秘贰代电(具报/奉复)在案。兹据财政局呈,以关于奉令交还义国俱乐部,遵于十月六、七两日会同公用局、警察局办理完竣。所有俱乐部原有家具,由工商联谊会与使馆签订移交书,交由义方点收。至另有美军剩余借用家具,运由公用局保管,造具清册呈请鉴核。等情。除电外交部/电呈行政院,并将原册存查外,(谨电呈鉴核备案。天津市市长杜叩。酉巧义秘贰印/相应电请查照为荷。天津市政府。酉巧义秘贰印)。

(J0002-2-001739)

941.天津市政府为收回意租界出售无效土地事给财政局指令

1947年10月18日

义秘贰字第14862号

呈一件。呈为前义租界官有资产已接收竣事,检同接收清册请鉴核由。

呈暨清册均悉。仰再依式补造二份呈候分别存转。至关于租界清委会前次函送,应行接收之华南达孚公司所租地皮及前义租界出售无效应行收回之寿丰面粉公司等十三户土地,仍仰迅速收回,分别依式造具清册各三份,呈府核转为要。册存。此令。

(J0002-2-001739)

942.天津市政府财政局为补造接收意租界出售土地清册事呈市长杜建时文

1947年12月30日

财三字第1554号

案查关于接收前义租界处分无效土地一案,兹奉钧府十二月十九日义秘贰字第一九四零五号指令内开:"呈册均悉,查核尚符。惟清册三份不敷存转,仰再依式补造二份呈候分别汇转。再此项收回土地现使用人是否呈准租用,并即查照,呈复再夺。"等因。奉此,遵将该项接收清册补造竣事。至此项收回土地现使用人是否呈准租用一节,曾于九月六日以财三字一零九三号呈请指示处理办法并经奉钧府九月十二日义秘贰字第一二零九六号指令,候转函租界清理委员会核复后再行饬遵。等因。迄未蒙示。奉令前因,理合检同补造接收清册二份备文呈请鉴核。谨呈市长杜。

附呈接收清册二份。

天津市政府财政局局长李金洲

天津市房捐征收细则修正草案

第一条:本细则依照房捐条例第十三条之规定订定之;

第二条:本市征收房捐悉依本细则之规定办理;

第三条:本市区域内之房屋在未依土地法征收土地改良税以前,均得征收房捐,其征收范围及免征标准由市政府提经市参议会决议后,呈请行政院核准之;

第四条:房捐向房屋所有人征收之,其设有典权者,向典权人征收之;

第五条:房捐捐率(以另表规定之)由市政府依法拟订,提经市参议会议决后另行公布之并报请财政部备案;

第六条:房捐于每年四月、十月分两期征收之;

第七条:出租房屋应征捐额以其租约所载之租金及押租利息合并计算,其以实物为押租者按实值估定之,前项押租利息应参照本市银行定期存款利息计算;

第八条:自用房屋应征捐额依房主自报房屋现值核算;

第九条:房主申报租金或房屋现值征收机关认为不实时,得派员查勘予以估定,如有争执得交由房屋评价委员会评定之;

第十条:出租房屋租金数额应由出租人自出租之日起十日内填具申请书据实申报,如嗣后租金续有增减或新订租约时亦同;

第十一条:自住房屋现值每年应由房主于征收机关规定期限内填具申请书申报之,其新迁入者应自居住之日起十日内申报;

第十二条:房主以所有房屋一部自用其余出租者,应分别申报办理;

第十三条:抵押或典当之房屋,如系典当或抵押权人自用者得照房主自用规定办理,但典当抵押之价额比较现值为低者应以其房屋现值为准,不得照典当或抵押价额计算,如系出租仍照出租规定办理；

第十四条：房屋所有权或典权移转时，原所有人或典权人应缴清房捐方准过户；

第十五条：凡转租之房屋，其转租租金超过原租金者，其超过部分应纳房捐由转租人负担交纳，其申报计算纳捐等办法统照出租规定办理；

第十六条：出租或转租之房屋应纳房捐，得由承租房客代缴抵付房租，但第十五条规定应纳之房捐向转租人征收之；

第十七条：为救济房荒，本市得征收空房捐，其办法另定之；

第十八条：房捐逾征收期限延宕不缴者，依左列情形分别加收滞纳金，逾期三个月以上者，征收机关并得移请法院追缴之。一、逾限一月者照所欠捐额加征滞纳金十分之二；二、逾限二月者照所欠捐额加征滞纳金十分之五；三、逾限三月以上者照所欠捐额加征滞纳金一倍。

第十九条：房产所有权人或其典权人隐匿房产不报或以不正当方法希图短漏捐额者，除责令补缴应纳捐额外，并照短缴捐额处以三倍以下之罚锾，转租人隐匿不报或短漏捐额时亦同；

第二十条：本细则规定之罚锾由法院以裁定行之，对于前项裁定得于五日内抗告，但不得再抗告；

第二十一条：本细则所称征收机关为市政府财政局；

第二十二条：本细则由市政府送请财政部备案后公布施行。

（J0002-2-001738）

943.外交部驻平津特派员公署为密商意侨在前意租界购置土地处理办法致天津市政府函

1948年9月25日

侨(37)字第6219号

顷奉外交部卅七年九月二十日外三十七条二字第二二二六八号代电，为关于在我对义宣战后，天津义侨自前义租界所购产业处置问题，饬密洽贵府办理。等因。查本案前经于七月二十九日以侨三十七字第五九〇七号代电函达在卷。奉电前因，相应随函抄附外交部二二二六八号代电一纸，敬希查照办理见复为荷。此致天津市政府。

特派员季泽晋

外交部三十七年九月二十日外(37)条二22268号代电

驻平津特派员公署：密。关于在我对义宣战后天津义侨自前义租界所购产之处置问题，本年七月七日第16040号代电计达，顷准义大使来部谈称，天津市政当局已允将该项产业租与原承购人使用，该使对此颇表感谢。惟义侨深虑一经签认租约，则在法律上不啻放弃所有权人地位，故颇踌躇。并谓此案从法理方面立论义方实另具理由，即依对义和约规定，义前租界当局应于该和约生效后失其存在，是前义租界当局于我对义宣战后合约生效前所为法律行为，自应仍属有效。惟鉴于中国政府对本案所为决定实亦具有政治理由，且义大利法西斯政权倾覆以后，中国对义襄助甚多，故不愿提出异议。

647

然向承购人解释究属不无困难,拟请行文天津市政当局,请其将时限放宽,俾使向原承购人从容劝导。等语。查该使所持法理见解尚不无相当理由,今既愿不争,我方似可于其他方面予以便利。其所请放宽时限一节,希即密洽津市府办理,并将洽办情形具报为要。外交部条。

（J0002-2-001738）

奥租界

944. 天津道张莲芬、候补道钱镠为在津设立奥租界事 禀北洋大臣李鸿章文

光绪二十七年五月十三日（1901年6月28日）

　　敬再禀者：义国租界以上，奥国亦立有界牌，正与河西闸口相对，向北过盐关厅、东浮桥、杂粮店街、三叉河口，折向东北，前抵海河，后抵铁路，界内有盐坨地八条，此外一片民房，约计住户三五万家。且杂粮店街为屯积粮石之所，关系津郡民食，其地为富商所居，瓦房栉比，较之义界，其势更为难办。前奥员出示，令民间呈契查验，并派人挨户开录房间数目，民间颇为惊惶，却未呈验契据。意既开先，奥必踵后。理合将大概情形附呈中堂察核。肃禀，载颂钧祺，伏乞垂鉴。

　　谨又禀。

（W0001-A-0013-047-001623）

945. 北洋大臣李鸿章为在津设立奥租界事 致天津道张莲芬、候补道钱镠札文

光绪二十七年五月二十八日（1901年7月13日）

　　为札饬事。五月二十六日准奥国驻京大臣齐照称：适闻于前数日特派委员赴津办理新租界事宜，是以本大臣深愿提及，奥国亦同他国，将去冬暂管地段作为租界，设立领事官。细译派委赴津之意，即可知深愿办理此事，所以本大臣首先提明，亦深冀视敝国与他国一律优待。因请示如何大概办法，或由照会本大臣办理大纲，抑或特派委员商办，均无不可。兹将去岁在津暂管地段四至列后，南至义国新界，北至北河，西至北河，东至铁路。等因。到本阁爵大臣。准此。查向来办理租界，皆由欲租之国将需用租界情由先向本省大宪商允后，再勘觅寥廓之区。自某处起至某处止，询明有无干碍本国官民廨舍、产业、坟墓及外国人公私房产，乃可议办。开明地段四至里数，丈尺，备文请租。由本省大宪派员履勘，欲租之国亦派员同往，绘定一图，详注有碍无碍，禀候核定。如无干碍即可应允，如有干碍，则另觅他地，如有碍有不碍，则剔出有碍者不入界内，择无碍者应允出租。即如义国此次请租之界，经委天津张道、候补钱道前往查明，所商地段窒碍多端，业经商令别觅妥协地方另行勘议在案。

　　兹准前因，除照复外，合行札饬，札到该道等即便查照。俟齐大臣派员到日，或另觅地段，或就暂管界内之寥廓无碍地方划为租界，照章绘图贴说，详晰会议禀复。此札。

（W0001-A-0013-047-001623）

946.直隶候补道钱鑅为在津设立奥租界事致天津道张莲芬咨文

光绪二十七年六月初一日（1901年7月16日）

为咨会事。本年五月三十日奉北洋大臣李札饬：五月二十六日准奥国驻京大臣齐照称，云云，至详晰会议禀复。此札。等因。奉此，相应咨会贵道，请烦查照，会同办理。须至咨者，一咨天津道张。

（W0001-A-0013-047-001623）

947.北洋大臣袁世凯为在津设立奥租界事
致天津道张莲芬、候补道钱鑅札文

光绪二十八年二月十九日（1902年3月28日）

为札饬事。准奥国全权大臣齐文称：光绪二十七年五月二十六日本大臣曾照会庆亲王、李文忠公，因前年奥国占据天津南至义国新界，北至北河，西至北河，东至铁路地段作为租界，商议了结。旋于二十八日准李文忠公文复，天津租界之事已派道员办理，俟贵大臣派员到津后会同商办。彼时本国政府尚未派出领事赴津，兼之北京公事甚忙，未克由本署派员前往。现由本国政府已派出贝瑙尔作为驻扎天津奥斯马加国领事官，业经由外务部知照贵大臣在案。是以请贵大臣将现派办理租界事宜之员是何衔名照复，以便该领事贝瑙尔会同商办，应请将贝瑙尔衔名知照该委员，并祈嘱令该委员速为办理，以副贵大臣与本大臣面谈时应允之雅意也。等因，到本大臣。准此，查前阁爵大臣李于贵国租界曾派天津张道莲芬、候补钱道鑅作为租界委员会议在案。查唐道绍仪现任津海关道，租界是其专责，曾经本大臣派委该道会商比国、义国租界事宜，贵国租界事同一律，自应仍由唐道会同原派张道、钱道与贝领事会商办理。除照复外，合行札饬，札到该道，即便遵照。俟贝领事绘图贴说，详细踏勘，会商办理禀复。此札。

（W0001-A-0013-047-001623）

948.直隶候补道钱鑅为在津设立奥租界事致天津道张莲芬咨文

光绪二十八年二月二十三日（1902年4月1日）

为咨会事。光绪二十八年二月二十二日奉署北洋大臣袁札开：准奥国全权大臣齐文称，光绪二十七年五月二十六日云云，至即便遵照。俟贝领事绘图贴说，详细踏勘，会商办理禀复。此札。等因。奉此，理合咨会贵道，请烦查照办理施行。须至咨者，一咨天津道张。

（W0001-A-0013-047-001623）

949.津海关道唐绍仪为在津设立奥租界事
致天津道张莲芬、候补道钱鎓咨文

光绪二十八年二月二十七日（1902年4月5日）

为咨会事。光绪二十八年二月二十一日，蒙署理北洋大臣袁札开：为札饬事，准奥国全权大臣齐文称，光绪二十七年五月二十六日，本大臣曾照会庆亲王、李文忠公，因前年奥国占据天津南至义国新界，北至北河，西至北河，东至铁路地段作为租界，商议了结。旋于二十八日准李文忠公文复：天津租界之事已派道员办理，俟贵大臣派员到津后会同商办。彼时本国政府尚未派出领事赴津，兼之北京公事甚忙，未克由本署派员前往，现由本国政府已派出贝瑠尔作为驻扎天津奥斯马加国领事官，业经由外务部知照贵大臣在案。是以请贵大臣将现派办理租界事宜之员是何衔名照复，以便该领事贝瑠尔会同商办，应请将贝瑠尔衔名知照该委员，并祈嘱令该委员速为办理，以副贵大臣与本大臣面谈特应允之雅意也。等因，到本大臣。准此，查前阁爵大臣李于贵国租界曾派天津张道莲芬、候补钱道鎓作为租界委员会议在案。查唐道绍仪现任津海关道，租界是其专责，曾经本大臣派委该道会商比国、义国租界事宜，贵国租界事同一律，自应仍由唐道会同原派张道、钱道与贝领事会商办理。除照复外，合行札饬，札到该道，即便遵照。俟贝领事绘图贴说，详细踏勘，会商办理禀复。此札。等因。蒙此，相应咨会贵道，请烦查照会商办理施行。须至咨者，右咨办理天津租界事宜天津道张、候补道钱。

（W0001-A-0013-047-001623）

950.善举公所董事张恩瑞为施馍厂充公事禀海关道文

光绪二十八年八月二十八日（1902年9月29日）

办理洋药善举公所董事、都司衔张恩瑞谨禀。

大人阁下：

敬禀者：窃职董经理善举公所内，管有东延生社施馍厂一所，坐落河东奥界内。前因奥署出示，拟将善地、官地、庙地一概充公收租等情，曾经禀明关道宪在案。适值道宪因病请假期内，未蒙批示如何办理。不意又于二十三日，有厂内西院租主公和靛局来信，据云奥署派有查捐四人丈量园中房屋，并云洋人即日来看，意在起租，询问职董如何办理等语。接阅之下，不胜惶恐，当即具禀道宪请示。次日，由署原禀缴回，据云事关紧急，不能停办，刻下关宪不能办公，即命职董速为转禀租界局大人办理。因思厂乃道署施馍之用地，乃众商集善所施，久为关署所辖，今乃命职董转禀大人台前，故不惮冒昧，恩请可否照会奥国，此馍厂之地实非官地可比，以免充公而保善举之处，实为大德无既矣。肃此具禀。恭请钧安，伏乞垂鉴。职董恩瑞谨禀。

（W0001-A-0013-047-001623）

951.直隶通商事务兼管海防兵备道唐绍仪为保留施馍厂致奥驻津领事官函

光绪二十八年八月(1902年9月—10月)

径启者:河东施馍厂为延生社内施放馍饼之所,始于华历同治丙寅年,由绅商赵湧等公议劝捐集成其事,置买民房六十八间。三十年来,四境贫民颇多依赖,厂中经费无多,因将西院房屋一所租与公和靛行,每年收得租价贴补施馍。此系绅商善举,并非官产,租出之屋亦为施馍所需,实无归官之项。近闻贵领事派人查验靛行所住房屋,有令纳税之语,绅民闻信惊异万分,纷纷禀请前来。敝道等查延生社施馍厂捐助有年,专为拯济贫民而设,并非官地可比。贵国政教昌风,崇尚礼义,凡有救济等事极为讲求,自应照旧存留以维善举。用为公函奉告,即祈贵领事查明,饬令停止查验纳税,并免充公。仍祈酌夺示复为要。泐此奉布,祗颂台祺。

【原档批】抄底作函。致唐道台阅后再行缮发,唐道台回信缓办。

东延生社碑文

津郡西关外有延生社,创自前人,法至善也。自杨氏经理,尤为周备,实惠济贫。岁丙寅仲春,同郡有赵生湧、吴生士恭,勇于为善,念阖郡城关乡,烟户数十万家,济贫之举,恐西关一社,难以普被。乃请余议,以河东增设一社以推广之,其志可嘉。因商之天津观察使文洁溪并洋药厘捐局员、绅商,愈称曰善。公议于洋药厘捐官收耗羡项下,每箱拨出银二钱,商收局费项下,每箱拨出银四钱作为公捐。每年约可得二、三千两之数,以备施馍之用。更有乐善绅商捐资于河东元帝庙东,置买民房一所,计六十八间,其契纸由县加印呈送本署存案。惟愿在社司事同仁,乐善不倦,共襄义举,则余之所望也。勉之慎之。

同治庚午孟秋立

太子少保、头品顶戴、兵部侍郎、通商大臣崇厚志于津门节署之忠信堂

布政使衔督办天津洋药厘捐局、前署天津河间兵备道、加四级纪录十次文廉

道衔直隶天津府正堂 恩福

运同衔候补县正堂 程锦云

知州用调署天津府天津县正堂 徐本衡

同知衔候补县正堂 严长生

运同衔候补县正堂 达崇阿

洋药厘捐局董事、义丰号 吴士恭

司事宋永裕、于棠、李春元

德盛号 范振成　　义盛成 刘荫

长裕号 任长泰　　义森号 黄国安

鸿顺号 王恩庆　　聚合号 刘登科

恩泰瑞　赵恩荣　　全益号　郑东来
义升德　桑固本

（W0001-A-0013-047-001623）

952.河东施馍厂看厂司事杨承谟为奥租界当局派纳房税事禀奥租界工部局文

光绪二十八年九月初三日（1902年10月4日）

河东施馍厂看厂司事、候选从九杨承谟谨禀大人钧座：

敬禀者：窃谟素承恩养已十有六年，庚子之变，临难未敢惜命，闭门自守。嗣闻洋人凡遇官所、衙门非驻即拆，不得不设法保护。大厅五间已为教民窦姓占去，其厢房适有难民借居，不令空旷，遂免拆毁。而仓房、磨房、厨房仍被洋人将后墙拆去，通至东邻后院。所幸大厅及两厢大门、号房等屋门窗尚未损失。又本厂后院一所，前经厘局租与靛行居住，亦无损失。惟是自庚子之夏至今秋，二年有余，谟之工食无处支领，七月二十八日曾在厘局缪总办处递禀。现今奥国租界衙门委人将本厂房屋查验丈量，每月派纳房税，所有寄居难民均派纳租，靛行仓、磨房所用之屋，尚未传派。谟看厂有年，惟事关租界，不敢阻拦，亦不敢忍隐。为此叩禀局宪大人电鉴施行。

（W0001-A-0013-047-001623）

953.天津知县唐则瑀为奥租界竹竿铺不得越入华界售卖等事谕知告示

光绪三十年三月十四日（1904年4月29日）

钦加五品衔、赏戴花翎特用军民府署理天津县正堂，加一级军功加一级纪录二次唐，为出示晓谕事。照得县属杉槁、竹竿铺元泰等号商人禀称，以山玉成等家开设在奥国租界，不应官差，仍在中国地面售销槁竿。伊等独任差务，难以支持，恳请分清界限严禁售卖。如有再往华界出售槁竿情事，由该号等查拿禀究，以昭平允，求出示。等情。据此，本县查该山玉成等号，既因开设奥国租界不愿供应官差，自应划清界趾（址），以免向隅。合亟出示严禁。为此，示仰县属杉槁铺元泰等号及山玉成等家商人一体知悉，嗣后凡买卖杉槁生意，该山玉成等家只准在奥国租界以内销售，不得远及界外中国地面，倘敢不遵，仍在界外行销，应准该元泰等号见货抽收行用，以资津贴而杜取巧。令各凛遵毋违。特示。

右谕知悉。

光绪三十年三月十四日告示

实贴杉槁、竹货铺办公差处

（J0128-3-000512）

655

954.天津县知县为照旧章办理应差事给奥租界竹竿铺等商谕知告示

光绪三十二年三月初十日(1906年4月3日)

天津县正堂奉谕竹竿铺等知悉:案查该铺向系供应各署及本县衙门搭盖凉暖等项棚差,并过往差使,一切均照旧制,自应仍按关章办理。合行谕饬,谕到该竹竿铺等,立即遵照旧章办理毋违。特谕。

(J0128-3-000512)

955.竹商永盛号等为控奥租界竹商林庆春抗不应差 禀天津商务总会文及批

光绪三十三年二月二十三日(1907年4月5日)

具禀:竹商永盛号、福长裕、元泰号、勤慎兴、源丰号、泰昌恒等为公允未昭,代差受累,公同叩恳宪恩做主,逾格保护而救商艰事。

窃商等缘买卖代差,平买平卖,并无经纪牙行,遵循旧规,公同应差。如有新来竹货售卖者,随同适商等一体支差。此系定章,由来已久。兹于二月十九日,有春记字号"林庆春"新来竹货一船,抗不应差。商等在天津县禀控,蒙县尊断令,仍遵照前任县尊唐立案告示,仅准在外国租界销卖,不得远及界外中国地面;倘敢不遵,仍卖界外之货,准商等禀控,一同应差。不料春记坚对,请准伊号卖外客,京、通、保府皆可,等语。伏思商等与春记一样生意,亦由轮船运津,所来之货亦存外国租界,天津所卖无几,仰恃京、通外客销售。夫京、通者,即是中国地面,彼此事出一律,若不从此以判皂白,未免倚轻倚重,何以俾勉将来。况且有督宪批谕,杉槁、竹竿铺向须应差,只因设在奥界,藉词不办,人皆取巧效尤,于差务殊多窒碍,仰天津县查明妥办。等因在案。如令春记准伊销售外客,不同一律应差,试问商等独任差务,不但难以支持,又何昭公允。似此情形,谅邀洞鉴。商等昼夜筹思,恳乞转请保护商艰,秉公查明妥办。

【原档批】候据情并抄示函请县尊核兹,以维公理而保商业,仍俟县谕饬遵。

(J0128-3-000512)

956.天津商务总会为奥租界竹商抗不应差事致天津知县函

光绪三十三年二月二十三日(1907年4月5日)

敬启者:案据竹商福长裕、永盛号、元泰号、勤慎兴、源丰号、泰昌恒等禀称,窃商等云云,并前县尊唐告示一通。等情前来。敝会复查,该商应差有年,既系联名禀请,谅系实情。相应函请父台大人查明前卷,迅速核断,以维商业。函此。敬请升安。

　　附呈照录告示一纸。

　　总理天津商务总会王

　　协理天津商务总会宁

收　照

收到商务总会公文一角、信函一件,此照。

天津南段巡警总局

（J0128-3-000512）

957.天津知县章师程为奥租界竹货铺大兴号等抗不应差事致天津商务总会函

光绪三十三年五月初四日（1907年6月14日）

　　敬启者:案据杉槁铺永盛号、天义成、元泰号,竹货铺福长裕、源丰号等,禀控新来竹货铺大兴号、杉槁铺顺馀号将货存放招商码头及招商局对河等处,抗不应差,请查封传讯。等情。当经差传集讯,两造供词各执谕饬。遵照光绪三十一年唐前任示谕,邀同中伙妥为调处去后。兹据永盛号等,复以顺馀号不服理处,大兴号影射不见,等情,禀请传讯前来。查杉槁、竹竿差务攸关,无论来货安放何处,如在中国地面销售,应令一律当差。现在大兴等号究竟有无取巧情弊,除禀批示外,用特专函奉布,希即查明,秉公理处,以免缠讼而重差务。仍请将查理情形见复为荷。专此。祗请升安,鹄候玉覆。不具。

（J0128-3-000512）

958.浙江会馆为奥租界竹木铺购买宁波竹竿被扣押事致天津商务总会王竹林函及回复

光绪三十三年五月初九日（1907年6月19日）

　　竹林尊兄大人阁下:连日未晤,伏维台候,曼福定如颂私。敬启者,有敝同乡宁波大兴竹行,今年二月间,与天津奥界内三和竹木铺彼此通信,核计价值。于三月下旬由轮船装运竹竿一千余支来津,先将提单寄交三和。不料四月廿四日大兴派伙来津算账,见所来之竹堆积码头,询之三和,则云:有本地福长裕、元泰、源丰、泰昌恒、勤慎兴、永盛等六家藉差呈控,强压不准起货。查天津中国地面另(零)售铺家原有上差之例,至开设租界即不应差。况敝同乡系批售与租界内行家之客人,更无应差之例。际此烈日晒曝,竹皆开裂。天津为通商口岸,东西洋商人尚要招徕,岂有自己本国南边商人反被强压之理。今贵地六家竹木行如此欺凌远商,当亦贵商会所应秉公评议者也。闻福长裕等号先函贵商会开议,弟当偕敝同乡商人前来,用敢先行奉闻,转求台驾速临贵商会,公同评论。如该铺等再不讲理,应请贵商会移送县署,提案严惩,以儆垄断欺客之咎。此事关乎敝省商业之公事,弟即系敝同乡商家代表人,不能不将情形奉告,便祈察核是荷。肃此。敬请台安。

　　　毛竹　　一千一百三十支

　　　竹片　　一百八十二捆

　　　扫把支　十二件

　　　篙子　　一百五十捆

　　周洛积德、任海县跑合人

　　讯据周、任口供,大兴号若来货自行在市上零发,令随众上差,若卖与他号应由买主上差。此次大兴之货卖与恒发周、任,据称恒发情愿照议津贴。既有买主上差,大兴应毋庸议,以昭公平。

二月一日　会董高、李、胡

(J0128-3-000512)

959.杉槁铺元泰等为恳请南来槁货在津售卖禀天津商务总会文及批

光绪三十三年五月二十六日(1907年7月6日)

　　具禀:杉槁铺元泰、天益成、永盛等,今有南帮万发盛由南运津红皮槁六百根,缘该号初来此货,不知津地供应官差,特烦友人向应差三家商议,将该货均售与应差之家,以后该号不来此货。倘以后再来此货,若不卖与应差之家,该号遂同一并应差。恐无考察,特此立案,叩恳商务总会宪大人恩准。上禀。

　　【原档批】姑准备查。二十六日。

(J0128-3-000512)

960.竹货铺永盛号等为裕生永抗不应差事禀天津商务总会文及批

光绪三十四年三月初六日(1908年4月6日)

　　具禀:天津竹货铺均在商会,永盛号、福长裕、元泰号、勤慎兴、源丰号、泰昌恒等为禀恳恩准照会天津县尊传案事。

　　窃商等系买卖代差历有年所,供应各署(署)凉暖等棚,以及过往一切行差,商等出资均未贻误,有县尊案卷可查。兹因裕生永即前和春号,于光绪三十年四月间贩卖竹扫把三百捆,抗不应差一案,蒙前任县尊唐断,令和春号即今之裕生永,除津贴行差钱文外,具有永不再来竹扫把甘结可稽。不料伊号倚仗更改字号,又来竹扫把数万把。前在县禀明尚在船上,商等向伊理问官差一节,据伊云再议。等语。商等现今查明已卸在怡和码头,即于二月二十八日公同赴县禀明在案,至今尚未蒙批查此案。商等实为公差起见,倘裕生永即前和春号,已将竹扫把卖出或者影射他处,那时商等无法可施。思之再四,惟有叩乞天津商务总会宪大人,俯准作主,保护商业,照会天津县尊,速传集讯断,令一律支差,方照公允。实为公便施行。谨禀。

【原档批】候据情函请天津县查照传案核断以昭公允,此批。

三月初六日

(J0128-3-000512)

961.天津商务总会为调查竹商裕生永抗不应差情事
致天津知县张寿龄函

光绪三十四年三月初六日(1908年4月6日)

敬启者:现据天津竹货铺商人永盛号、福长裕、元泰号、勤慎兴、源丰号、泰昌恒等禀称,窃商等云云谨禀。等情。查永盛等号因裕生永运津竹扫把应否酌给官差津贴,既据该商禀明,贵署有案,相应据情函请台端查照,传案核对,以昭公允。用特奉布,敬请升安。

总理天津商务总会王、协理天津商务总会宁

(J0128-3-000512)

962.天津知县张寿龄为办理竹商裕生永抗不应差事
复天津商务总会函

光绪三十四年三月初六日(1908年4月6日)

敬复者:昨奉惠翰,俱悉一切。查裕生永贩售竹货,前经商人永盛号等六家来县具禀,业经批准饬差查理,一俟查复,只要该铺实有贩买竹货属实,自当秉公核办。肃复。顺请筹安,惟照不宣。

名另具

(J0128-3-000512)

963.竹货铺永盛号等商为裕生永号抗不应差案已调解解决
呈请销案事禀天津商务总会文及批

光绪三十四年三月二十日(1908年4月20日)

具禀:天津竹货铺均在商会,永盛号、福长裕、元泰号、勤慎兴、源丰号、泰昌恒等,为禀请俯准销案事。

窃商等于三月初六日禀,恳宪恩照会天津县尊,速传裕生永即前之和春号私贩竹扫,抗不应差等情一案。即蒙县尊赏票差查属实后,旋有米商杨小林等说合了事。据云裕生永即和春号情愿认罚本年凉棚差一份,价钱一百一十八吊八百八十六文,呈缴天津县尊案下津贴之用。嗣后该号如再来竹扫,随同商等一律应差。除已蒙县尊批准销案外,商等理合禀明。为此,公同叩乞天津商务总会宪大人,俯准销案施行。谨禀。

【原档批】既经杨筱林调处允协,应准销案。

廿一日

(J0128-3-000512)

964.杉槁铺永盛号等商为奥租界竹商不应公差华界商号难应新差
等情禀天津商务总会文及批

宣统元年三月初十日(1909年4月29日)

具禀:天津杉槁铺永盛号、天义成、元泰号、公裕存,竹货铺福长裕、永盛号、元泰号、勤慎兴、源丰号、泰昌恒等,均在商务会,

为禀明事。窃商等系买卖代差,已历多年,所有各署凉暖棚以及过往行差,商等供应,均未贻误。查向章,凡至凉棚差出,杉槁铺每号应摊差钱一百四十五吊,竹货铺应摊差钱一百一十八吊八百八十六文外,尚不敷钱,由县筹办,有卷可查。日昨旋蒙邑尊在县面谕,令商等供应臬宪行署凉棚公差,商等曾经面禀回明一切,有则不敢求免,无则曷敢新添。况现今街市困难,生意异常萧索,商等皆勉强支持摊钱供应,焉敢抗违旧章。伏思商等来货进口报税,卖货出口起单,房有房捐,铺有铺捐,种种花费,几欲歇业。奈缘欠外欠内多年交易巨款难清,因此势难收市。且有设在各国租界杉槁铺、竹货铺甚伙,伊等因不供应官差,减价乱卖,商等于是影响大受,赔累难堪,万分无奈。于光绪二十九年六月十八日,商等公同禀恳督宪,俯准作主,体恤商累。蒙批:杉槁行向须应差,若因设在奥界藉词不办,人皆取巧效尤,于差务殊多窒碍,仰天津县查明妥办。等谕。复蒙前任县尊唐定案,其有者不去而无者不添,供应至今,未曾贻误。兹则复出臬宪凉棚新差,商等再四筹思,碍难供应中,不敢迟延,诚恐有误公务,咎将谁归?似此进退维谷之际,商等不得已之苦衷,惟有据实禀明,公同叩恳天津商务总会宪大人,俯准作主,移请邑尊法外设法,体恤商艰,照旧供应而免新差,实为公德两便。上禀。

【原档批】候据情函请县尊查照体恤,仍俟禀到回示饬遵。

三月十一日
(J0128-3-000512)

965.天津商务总会为杉槁铺永盛号等恳请免予供差致天津知县胡商彝函

宣统元年三月十一日(1909年4月30日)

致天津县正堂函

敬启者:现据天津杉槁铺永盛号、天义成、元泰号、公裕存,竹货铺福长裕、永盛号、元泰号、勤慎兴、源丰号、泰昌恒等,联名禀称,窃商等云云,等情。查杉槁、竹货各商原系买卖代差,现值臬宪行署凉棚公差,原无可诿卸,但市面萧条,商情艰窘,可否免其供应以示体恤之处。用特书函禀请台端俯查核办,敬候示复,饬遵是荷。专此。敬请升安。

总理天津商务总会王、协理天津商务总会宁
(J0128-3-000512)

966.河东各水会为统计意奥租界水会事呈天津商务总会文

宣统三年十月(1911年11月—12月)

河东各会

谨将河东奥、义两租界水会十四处住址、首事、董事姓名开呈鉴核。计开:

同善西局	首事黄恩承	十字街
	董事傅祥起	
天一水局	首事吴春圃	粮店街
	董事赵奎第	
天一东局	首事徐恩仲	西方庵
	董事张起龙	
天安水局	首事李珍	于家厂
	董事蓝庆春	
涌泉首局	首事阎起发	地藏庵
	董事朱长清	
涌济水局	首事赵清泉	官汛
	董事王春甫	

盐坨首局	首事孙瑞发	棋盘街东
	董事周文兴	
盐坨上局	首事胡凤鸣	过街阁东
	董事高星元	
盐坨中局	首事牛起元	大栅栏口
	董事陈国庆	
盐坨北局	首事刘恩荣	盐关口下
	董事商起发	
盐坨东局	首事沈竹林	郭家庄
	董事刘连璧	
盐坨六局	首事齐永安	祖师庙内
	董事刘文滨	
盐坨西局	首事萧长庆	上冰窖
	董事王阶平	
盐坨助水会	首事宋墨林	过街阁内
	董事宋万清	

(J0128-3-002547)

967.天津华界和各租界内水会名单和地址

宣统三年十月(1911年11月—12月)

华 界

寿安水局	估衣街
	有家具,无会所
胜济三局	北门外
	会所、家具全无
胜济十局	西头火神庙
	会所、家具全无
四门接水	文昌宫
	有家具,新立会所
西天安会	皇姑庵
	有会所,有家具,总未出会
从善水局	古楼北
	无会所,无家具
同善北局	水梯子
	无会所,有家具

奥　界

天一水局	三圣庵
	会所、家具俱全（全有）
涌泉水局	小盐店
	家具全
涌济水局	关汛
	有家具，无会所
天安水局	于家厂
	会所、家具俱全（全有）
天一东局	西方庵后
	会所、家具俱全（全有）
同善西局	十字街
	会所、家具俱全（全有）
盐坨北局	东浮桥
	无会所
盐坨西局	上冰窖
	会所、家具俱全（全有）
盐坨上局	过街阁
	会所、家具俱全（全有）

义　界

盐坨中局	大栅栏
	会所、家具俱全（全有）
盐坨首局	黄龙庙
	会所、家具俱全（全有）
新出助善水局	在过街阁内
	无会所，有小院一条，有水筲、揣激

日本界

胜水总局	闸口下大街
	有会所，家具不全
胜水首局	闸口
	无会所，有激子一面存在西局
胜水西局	闸口西
	会所、家具俱全（全有）

胜水中局	芦庄子
	无会所,无家具
胜水五局	无会所,无家具,有筲板片
胜水东局	芦庄子
	无会所,有挠钩

俄　界

盐坨六局	在河东祖师庙浮居
	新做水筲十付(副),无有会所
盐坨东局	在郭袜庄子
	无会所,有激子一面在街坊收存

以上均经亲查明确。

(J0128-3-002547)

968.天津水会局为复查各水会事呈天津商务总会文

宣统三年十月(1911年11月—12月)

谨将复查实有各水会开呈钧鉴。计开:

永善首局、永善西局、公善首局、公善水局、永安水局、普安水局、天泉水局、井泉水局、天泽水局、上善首局、公善东局、泽济首局、泽济上局、泽济中局、泽济西局、保方防险、护方防险、同善水局、同善六局、同善上局、同善东局、同善七局、同善八局、涌泽水局、上善北局、聚善水局、静安北局、义善水局、聚津水局、众善水局、丙安水局、保安水局、上善总局、分府助水、保郡水局、郡安首局、卫安水局、同安水局、郡安西局、胜济一局、胜济四局、逢源水局、清安水局、普济水局、胜济十一局、聚胜水局、胜济六局、卫普二局、沼济水局、同议助水、庚济水局、公议助水、公议挠钩、北寿安水局、南寿安水局。

以上华界五十五会。

天一水局、涌泉水局、天安水局、天一东局、同善西局、盐坨西局、盐坨上局、涌济水局、助善水局、盐坨中局、盐坨首局、胜水西局。

以上租界十二会。

二共六十七会。

(J0128-3-002547)

969.奥意租界水会代表为调查全市水会事致天津商务总会会长王竹林等函

宣统三年十月（1911年11月—12月）

竹翁、星翁二位乡先生大人电鉴：

敬启者：昨为水会民团代表一节已经公造贵商会面求，当即允准随谕认真调查，并谕代注清册，送呈钧览。等因。代表等当日遵即调查，随饬转知众水会各具首董并地址前来，业同代注十四处水会清册一份附函，另呈钧鉴，以便核办。谨将昨日所查各会情形开清于后。计查得盐坨东局伍善界限，原由火神庙至李公楼并郭家庄等处，该会所庚子被焚，所有火神庙、李公楼等处地方已划俄界。该处居民伍善均迁郭家庄居住，该东局会所已在郭家庄安设。又查得盐坨六局伍善界限原由药王庙至文殊庵并小圣庙及祖师庙、黄家台等处，其会所亦经庚子被焚，其地址划分俄、义两界。原有伍善义界居多，而俄界伍善居民均迁义界，而该会所仍设盐坨祖师庙内。又查得盐坨首局会所，庚子亦随被焚，所有家具彼时均行运出，地址划在义界。该处伍善居民原在义界，会所仍设棋盘街南黄隆店。又查得奥界东浮桥下盐坨北局确非停止不出，委因光绪三十二年，奥国拆用地址，家具运存奥署，候给地址再行照出，延搁至昨。地址择准仍在东浮桥下白影壁，奥署已将所有家具发出，以防火患。以上四会所有调查情形据实报告，其应列水团与否，敬请钧裁。其余奥、义两界水会十处，均属照常成立，所有水会家具齐整，伍善仍居未动，除此无可报告，合并复陈。仍恳鼎力吹嘘，速为开办，俾伍善贫民得受赈抚而治安以可保卫，则均感厚泽无已也。谨此，敬候赐谕，顺请公安不一。

奥、义两租界水会代表周镜舫、张辅臣、阎华庭、刘琴轩公顿。

附呈水会清册手折一纸。

（J0128-3-002547）

970.大德恒等商为控奥租界和兴质铺抗债隐匿情事
呈天津商务总会请议书及批

1915年4月9日

请议书

请议人

姓氏：大德恒郭霭堂、大盛川闫良臣

籍贯：

住所：

年龄：

职业：

今将请议理由具列于左：

呈具说帖：商号大德恒、大盛川为私兑铺产，抗债隐匿，恳请追偿，以恤商艰而儆刁风事。

窃奥租界和兴质铺与商号等,共交贷款有年。于前清宣统三年闰六月起,三期共借过大德恒津公砝平银八千两,西公砝平银二千两,均言明四兑月本利清还。及至到期,本利未曾清还,嗣经一再催还,一味支吾,迨至辛亥冬月,始催收过西公砝平银五百两,壬子冬月又催收过津公砝平银五百两,癸丑二、九两月共催收过津公砝平银一千两,甲寅三、九两月共催收过津公砝平银一千两,历年利银分两未付齐。此除收净欠津公砝平银五千五百两、西公砝平银一千五百两,又欠津公砝平利银二千七百七十三两八钱,又欠西公砝平利银六百一十六两零五分。又借大盛川津公砝平银三千五百两,又欠利银五十七两四钱五分。日期、数目详开花单二纸粘贴于左。该号所欠各款虽属屡经催索,延不交还,忽于旧历本月十九日,闻得经该号掌张品三将该号架货家倨(具)出兑与祥泰当,重行营业。事前并未知照,事后又无还债之议,竟尔私行出兑,有意坑骗,行为已露,商号等不得已前趋催索欠款。而该号副号掌孙向花言及,该号东姚星五专因此事业已到津,一二日必亲身到各号,报告出脱铺产并还款项。迄今姚星五亦未晤面,商号等不得已今日前趋该号关照,不料该号同人今早具行隐匿,已将招牌下去,门口粘贴"益泰当旧历三月初二日开市"红条一纸。该东伙私兑铺产、容心坑骗更属铁证。此种行为不惟商号等痛恨,旁观者切齿,即津埠乃为南北通商要地,亦不容有此刁徒居心害众之风。

弟思贵会有保护商务之责,用特呈具说帖前来,恳请贵会体恤商艰,迅速传集该东姚星五、号掌张品三、孙向花到会,严追偿还而儆刁风,实为德便。所具说帖是实。右呈总、副会长先生公鉴。

【原档批】候片约姚星五等到会核议,粘单附。

四月九号

(J0128-3-003997)

971.外交部特派直隶交涉公署为奥租界和兴当铺被控欠债隐匿案致天津商务总会函

1915年4月24日

四年直字第四十七号

径启者:现准驻津奥领事舜贝德复称:接准来函,以准天津商务总会函称:大德恒、大盛川帖称:奥界和兴质铺欠有债银若干两,现查该铺长张品三将该铺家具兑与祥泰当,重新营业,无还债之意,应请转致本租界工部局,将受业人祥泰当传饬,暂勿交款接收,俟和兴当债务证明。等因。本领事当即饬本租界工部局遵照办理。兹据该工部局详称,查此事和兴当已于本月十二日改名为益泰当在案,该当长于今日下午传至本局,声称所有兑当价银早经交清。并所谓外出之张品三现仍住中国地河北北洋官医院旁胡同内。等语。理合据情禀复。等因。据此,相应函复查照,转知天津商务总会是荷。此复。等因。准此,相应函达贵会,请烦查照。此致天津商务总会。

和兴当

有借票辛亥年闰六月初六日	取借本化宝银三千两（言定四[兑]月还按月九厘息津公砝平）	齐原借日算至今年二月二十日	利银一千二百二十七两六钱（津公砝平）
有借票辛亥年七月十一日	取借本化宝银二千两（言定四[兑]月还按月九厘息西砝平）	齐原借日算至今年二月二十日	利银七百九十七两四钱（西公砝平）
有借票辛亥年八月十五日	取借本化宝银五千两（言定四[兑]月还按月九厘息西砝平）	齐原借日算至今年二月二十日	利银一千九百四十二两五钱（津公砝平）
辛亥年冬月十一日	收过本化宝银五百两（西公砝平）	齐原收日算至今年二月二十日	利银一百八十一两三钱五分（西公砝平）
壬子年冬月十五日	收过本化宝银五百两（津公砝平）	齐原收日算至今年二月二十日	利银一百二十六两七钱五分（津公砝平）
癸丑年二月二十一日	收过本化宝银五百两（津公砝平）	齐原收日算至今年二月二十日	利银一百一十二两三钱五分（津公砝平）
癸丑年九月二十五日	收过本化宝银五百两（津公砝平）	齐原收日算至今年二月二十日	利银八十两零二钱五分（津公砝平）
甲寅年三月二十五日	收过本化宝银五百两（津公砝平）	齐原收日算至今年二月二十日	利银五十三两二钱五分（津公砝平）
甲寅年九月十二日	收过本化宝银五百两（津公砝平）	齐原收日算至今年二月二十日	利银二十三两七钱（津公砝平）

以上除收净欠

津公砝平利银二千七百七十三两八钱

津公砝平本银五千五百两整

西公砝平本银一千五百两整

西公砝平利银六百一十六两零五分

大德恒开

和兴当

有借票甲寅年十二月初三日	取借本化宝银二千两（津公砝平）	齐原借日算至今年二月二十日	利银四十六两二钱（津公砝平）
有借票今年正月二十五日	取借本化宝银一千五百两（津公砝平）	齐原借日算至今年二月二十日	利银十一两二钱五分（津公砝平）

以上共欠

津公砝平本化宝银三千五百两整

667

津公砝平利化宝银五十七两四钱五分

大盛川开

（J0128-3-003997）

972.天津商务总会为奥租界和兴当欠债隐匿案致直隶交涉公署函

1915年4月9日

　　敬启者：现据票庄董事大德恒、大盛川帖称，窃奥租界云云，是等情。当由敝会传议，该东掌均已外出。惟查和兴当兑与祥泰当，更改字号益泰当，本系私相授受，并未报明有债权之人，意图勒掯。今该东掌既已外出，无从核议，应请贵公署即日转致奥国工部局，将受业人祥泰当传饬，暂勿交款接收。俟和兴当债务证后，再由敝会函请贵公署转致办理。是为至荷。此致直隶交涉公署。

总理天津商务总会叶、协理天津商务总会卞

（J0128-3-003997）

比租界

973.外务部为在津设立比租界事呈皇太后慈禧、皇帝光绪文及批

光绪二十七年十一月初五日（1901年12月15日）

谨奏，为遵旨议奏事。光绪二十七年九月二十三日，准军机处抄交大学士直隶总督李奏，议定天津比国租界合同，请旨允准，以便画押盖印一折。

奉朱批：外务部议奏单并发，钦此。

查原折内称，据比利时国使臣姚士登照称，天津为各国通商口岸，比国向无租界，拟在北河左岸、俄国租界以下有地一段，作为本国租界。经派天津道张莲芬等与比国领事嘎斯德会议，查勘所立四至，作地四千余亩，包有小孙庄、大直沽庄二处，因与小民生计有碍，坚令划出，另拨前画（划）临河地一区，以为掉换。该领事以地不敷用为词，久未定议。嗣与该公使姚士登画（划）议，始允不占多地。商定界址，东西一千一百六十八密达①，合中国七百零一弓；南北四百五十密达〈下残〉，尚有一地在大直沽庄〈下残〉，合中国一百八十弓。议明日后商务兴旺准其购用，计该国租界五百余亩，允给地价四万五千两，较天津俄国租界地价已属从优。会订合同十二条，尚于民情无碍。合无仰恳天恩俯准，将比国租界议定合同画押盖印，以便交换。等因。臣等查天津为通商口岸，英、法、俄、德、日本各国均已订立租界。此次比国使臣请给租界，自因承办卢汉铁路②以后，来华商民渐多，欲期扩充贸易，不得不一体酌给，以昭睦谊。现经北洋大臣派员与该国领事划定界址，磋商地价，每亩给银之数既较俄界为优，且以上中下地分别等差，自无偏颇之虑。臣等复就原议合同详加察核，如由租界委员会同绅衿酌定价值、按户发给，暨租界内概不索取捐费，每年照章交纳租费及租界拿犯知照领事官办理等款，与议定各国租界章程大致相符。其余亦参酌地方情形，预防流弊，所议均尚妥协，应请照准。如蒙俞允，臣部即行文署理北洋大臣袁世凯，转饬该员等遵照办理，彼此画押盖印，以便互换。所有臣等遵议缘由，谨缮折具陈，伏乞皇太后、皇上圣鉴。谨奏。

光绪二十七年十一月初五日，钦奉朱批：依议。钦此。

（W0001-A-0002-008-001163）

974.北洋大臣袁世凯为在津设立比租界事致津海关道唐绍仪札文

光绪二十七年十二月初一日（1902年1月10日）

为札饬事。十一月十六日准外务部咨开：光绪二十七年十月二十八日，本部拜发天津比国租界遵旨议奏一折，于本年十一月十二日递回原折，钦奉朱批：依议，钦此。相应恭录谕旨，抄录原奏，咨行贵署大臣钦遵办理可也。等因。到本署大臣。准此，除分行外，合行札饬。札到该道即便遵照办理。具

---

① 英文 meter 音译，即长度单位"米"。
② 卢汉铁路，即京汉铁路。

报。此札。

　　计抄单。

975.津海关道唐绍仪为在津设立比租界事
致天津道张莲芬、候补道钱镕咨文

光绪二十七年十二月初四日（1902年1月13日）

　　为咨会事。光绪二十七年十二月初一日,蒙署理北洋大臣袁札开:十一月十六日准外务部咨开,光绪二十七年十月二十八日本部拜发天津比国租界遵旨议奏一折云云。此札。计抄单。等因。蒙此,除分咨外,相应抄单咨会贵道,请烦查照办理,见复施行。

　　计粘抄单。咨办理天津各国租界天津道张、办理天津各国租界直隶候补道钱。

　　院札外务部咨本部议复天津比国租界一折,并奉朱批由。

976.津海关道唐绍仪、天津道张莲芬、候补道钱镕为与比驻津领事
订立租界合同、会勘地界事呈北洋大臣袁世凯禀文及袁世凯批

光绪二十七年十二月二十五日（1902年2月3日）

　　敬禀者:窃职道等于十二月初二日接奉宪札,以天津新开比国租界,经外务部议准复奏,光绪二十七年十一月初五日钦奉朱批:依议,钦此。札饬职道等,即便遵照办理具报。等因。奉此,职道等当即会同比领事嘎德斯查照原订合同,添列十二、十三两条,声明奉旨日期及界内地亩数目,定于十二月二十八日画押盖印,交换分执。该领事因欲请假回国,催请从速购买地亩。职道等查现届春令,农事将兴,自应先时将地购买,早日给价,使民别图生计。所有四至以内地亩,必须会同本地绅士,分别花户,逐细丈量,定出等第,给发价值。职道镕现拟派令县丞职衔王元恺督率弓丈手即为开丈,惟事甚琐屑,应于该租界内设一公所,作为办公之地。俄租界内所用人役势难兼顾,弓丈手等必须另雇。统计薪工局用,查照俄国前领经费章程,每月须银一百十二两,另具清折,呈请电核饬发,即于正月起支应用。比界事无甚纠葛,数月即可完竣。事毕应即停支所有比国租界现拟开办并请饬发经费缘由。理合禀请宪台察核批示祗遵。肃禀。敬请钧安,伏乞垂鉴。职道谨禀。

　　计呈清折一折。一禀北洋大臣袁。

北洋大臣袁世凯批

光绪二十八年正月二十四日（1902年3月3日）

禀折均悉。该道等在津会办比国租界事甚烦琐,拟于租界内设立公所,援照办理俄国租界请领经费章程,每月需银一百十二两,自正月起支,应准照办。候行北洋支应局按月照数发给具报。此缴。

（W0001-A-0002-008-001163）

977.津海关道唐绍仪为在津设立比租界及请给经费事致天津道张莲芬、候补道钱镠咨文

光绪二十八年正月二十六日（1902年3月5日）

为咨会事。光绪二十八年正月二十四日,蒙署理北洋大臣袁批,据本道会同贵道会禀开办比国租界,并请给经费,恳乞批示缘由。蒙批:禀折均悉。该道等在津会办比国租界云云,此缴。等因。蒙此,相应录批,咨会贵道,请烦查照,兹行咨办理天津租界事务天津道张、直隶候补道钱。

院批,办理天津租界事务钱道台等,会禀开办比国租界,并请给经费,恳乞批示由。

（W0001-A-0002-008-001163）

978.津海关道唐绍仪、天津道张莲芬、候补道钱镠为比租界设立公所、划定界地事呈北洋大臣袁世凯禀文及袁世凯批

光绪二十八年二月二十日（1902年3月29日）

敬禀者:光绪二十八年正月二十四日,蒙宪台批,据职道等会禀办理比国租界,事甚烦琐,拟于租界内设立公所,援照俄国租界经费章程,每月需银一百十二两,自正月起支,应准照办。候行北洋支应局按月照数发给具报。此缴。等因。蒙此,遵查比国租界,前经职道等与比国领事嘎德斯丈划界址,订立合同十三条,禀请前爵阁督宪李奏准,已将合同交换,分执存案。嗣因嘎领事拟请假回国,当经会商赶办,出示晓谕。兹奉前因,遵于正月二十五日,在大直沽设立比国租界公所一处,员司人等往返查丈,先已奔走多日,即于正月分起支经费。职道镠不时前往该处,督同员司按照划定比国租界之地,分户逐细丈量。一面会同职道绍仪、莲芬,与比国署领事道志,遇事妥商,认真经理。一俟地亩丈定,契约收齐,即行分别等第,发给价值,总期和睦邻邦,无伤民事,以仰副宪台慎重交涉,勤政爱民之至意。除俟事竣详细汇报外,所有奉批设立比国租界公所日期及开办缘由,理合禀请宫保查核。肃此,具禀。恭请崇安,伏乞垂鉴。职道谨禀。一禀北洋大臣袁。

北洋大臣袁世凯批

清光绪二十八年三月初五日(1902年4月12日)

据禀已悉。仰即妥慎经理,事竣详细禀报。缴。

(W0001-A-0002-008-001163)

979.津海关道唐绍仪为奉批比租界设立公所日期事
咨天津道张莲芬、候补道钱镠

光绪二十八年三月初八日(1902年4月15日)

为咨会事。光绪二十八年三月初五日,蒙署理北洋大臣袁批,据贵道会同敝道禀,为奉批设立比国租界公所开办日期缘由。蒙批:据禀已悉,仰即妥慎经理,事竣详细禀报。缴。等因。蒙此,相应录批咨会。为此合咨贵道,请烦查照施行。咨办理天津租界事务天津道张、直隶候补道钱。

院批,办理天津租界事务钱道等会禀设立比国租界公所开办日期由。

(W0001-A-0002-008-001163)

980.比国驻津领事嘎德斯为比租界应交地租事致海关道唐绍仪函

光绪二十九年正月十二日(1903年2月9日)

敬启者:案查敝国租界应交地租银两,本领事已函复贵道查照饬知。然租界内尚有未尽之事,本领事当遵与贵道商议,所有本租界内外地租银两,敝意俟界事酌议后一并交付。是本领事拟定一最近日期前往贵署拜谒贵道,未知何日何时得以接见。敬启酌示,以便届时趋诣。此颂升祺,并候赐复。

(W0001-A-0002-008-001163)

981.比国驻津领事嘎德斯为比租界内治疫医院迁移芥园事
致津海关道唐绍仪函

光绪二十九年二月初二日(1903年2月28日)

径启者:昨接惠函敬悉。右营医院房屋现已一律腾出,其所设之治疫医院移住芥园新房子。

咨明各领事,遇有病疫之人,即送新房子珍(诊)治。等因。奉此,本领事自当查照办理,顺此,复颂升祺。

(W0001-A-0002-008-001163)

982.比国驻津领事嘎德斯为已饬知在塘沽租住比国商民速交契据事致津海关道唐绍仪函

光绪二十九二月年二十七日(1903年3月25日)

敬复者:昨接来函具悉。本领事已饬知本国商民一体遵照。如已在塘沽地方租有地亩,速将契据送交塘沽清丈局勘明领照,以便报业。等情。应函复贵道查照。此颂升祺。

(W0001-A-0002-008-001163)

983.比国驻津领事嘎德斯为比租界及界外之地事致海关道唐绍仪函

光绪二十九年二月二十七日(1903年3月25日)

敬启者:昨晤畅快。所有商谈敝国租界并界外之地事宜,贵道曾面告本领事,再行酌议,以定办法。今本领事慎候尊示,未知如何酌办,念念。按照旧日所订立合同,已奉谕旨允准在案。其第九条内载明,中国国家应谕知各地户,以此三百密达之地,不准卖与别国洋人执业,以便比国用地时不致有碍。此固足见界外所划定之地,中国国家断不能准民间卖给别国,惟比国而已。贵道照此酌办极易,本领事深望所有未尽之事,彼此和衷商办,不日之内可完公事矣。此颂升祺。

(W0001-A-0002-008-001163)

984.比国驻津领事嘎德斯为比租界地价事致津海关道唐绍仪函

光绪二十九年三月十五日(1903年4月12日)

敬启者:现有敝国界内种天成号韩姓地众园户禀到,所有韩姓地价内应拨给粪土地价[①]。前蒙租界总局钱道断定,言明每亩地价银内抽给二十六两正,订于三月初五日发银。到三月初五日,园价仍未发给,恳请函致津海关道唐大人发给。粪土地价均按四成支领,俾得佃等另租地种菜养生。等情。准此,本领事应函请贵道每亩粪土地价是否按四成支领,即日发给佃户,俾得彼等有以养生。再者,敝

[①] 也称粪土钱。按天津俗例,凡地经出卖,原租用的佃户亦分得地价四到五成,名为粪土钱。

国界内所有地价银两,业经去年发完,交钱道台收存矣。专此,顺颂升祺。

（W0001-A-0002-008-001163）

985.津海关道唐绍仪为比租界地价事复比国驻津领事嘎德斯函

光绪二十九年三月十七日（1903年4月14日）

敬复者:接准来函,以贵国租界内种天成号韩姓地众园户,应领粪土地价银两,是否按四成支领,即日发给佃户,俾得养生。等因。查此项银两系由钱道台经手,刻赴日本游观博览商会,究应发给该佃户粪土银两若干,本道无从查明。除俟钱道台回津后,即行查明发给外,相应函复,即希贵领事查照饬知为荷。顺颂升祺。

（W0001-A-0002-008-001163）

986.比国驻津领事嘎德斯为比租界地价事致津海关道唐绍仪函

光绪二十九年三月二十一日（1903年4月18日）

敬启者:案查本国租界内种天成号韩姓地之园户禀称,拨给粪土地价等情,业经本领事于本月十五日函请贵道查照行知租界委员,按前定之四成支领章程,由韩姓地价内抽给分拨。等情在案。延至今日尚未见贵道惠复,是使本领事无以对诸民人也。兹有启者,本领署接有各衙署来文信札等件,应裁答之件未尝有一日迟误之也。今若贵道署之迟误公事,置若罔闻者,本领事自莅津以来未之见也。本领事查有数件商请贵道之函尚未见惠复,殊甚不解。诚然如此,是使人至无可如何地步,毋怪本领事去都述说一切也。即此,顺颂升祺,并候赐复。

（W0001-A-0002-008-001163）

987.海关道唐绍仪为比租界及界外之地不准租与别国洋人执业事
致天津县札文

光绪二十九年三月二十二日（1903年4月19日）

为札饬事。现准驻津比国嘎领事函称,所有商谈敝国租界并界外之地事宜,贵道曾面告本领事再行酌议云云,可完公事矣。等因。准此,查比国在河东地方设立租界,订立合同,载明此三百密达之地,不准卖与别国洋人执业,并抄录合同,札饬该县查照在案。兹准前因,合行札饬,札到该县即便遵照办理毋违。此札。

札天津县。

札饬比国租界外地不准租与别国洋人执业由。

（W0001-A-0002-008-001163）

988.津海关道唐绍仪为比租界地价事复比国驻津领事嘎德斯函

光绪二十九年三月二十二日（1903年4月19日）

敬复者:接展来函。以贵国租界内种天成号韩姓地之园户,拨给粪土地价,于本月十五日,函请行知租界委员,按前定之四成支领章程,由韩姓地价内抽给分拨,至今未见复函。此外,尚有数件商请贵道之函,尚未见惠复。等因。查此事本月十五日接准来函,当因系钱道台经手,究应发给若干,本道无从查明,业于本月二十一日函复,俟钱道台回津后,再行查明发给在案。兹准前因,复查正月十二日,接准来函一件,系应交地租一事,已饬知天津县遵照,其租界未尽之事,本道以事先无暇,未及订期面商,仍拟续行商订,业经先行饬县遵照前函办理。又二月初一日,接到来函一件,系复医院移芥园一事。二月二十二日接准来函一件,系复洋商在塘沽租地契据交清丈局勘明领照一事。以上二事,皆系存案备查之件,无从核办。又二月二十七日,接到来函一件,系贵国租界并界外之地,不准租与别国洋人一事,查贵国设立租界,业经订立合同,自应按照合同办理,复经饬令天津县照办。又三月初七日,接准来函一件,系贵国租界按照各国章程,于本月初八日开办一事,业经函致巡警局查照办理,本道处并无迟误,置若罔闻。除本月二十日贵领事来函一件,本道当另行办理函复外,尚不知有何事遗漏,无从查悉,相应查案函复,即希贵领事查照为荷。顺颂升祺。

（W0001-A-0002-008-001163）

989.比国驻津领事嘎德斯为比租界界外地事致致海关道唐绍仪函

光绪二十九年三月二十八日（1903年4月25日）

敬启者:昨晤畅快。所商办本国界外地亩,贵道面告本领事以袁宫保之意,先为购办,从界外之地取道直至铁路。其余之事,另行商酌续办。等语。除禀呈本国驻京钦差核准外,相应函复,即希贵道查照为荷。顺颂升祺。

（W0001-A-0002-008-001163）

990.天津市政府为筹付接收比租界工部局市债款项给财政局训令

1930年10月23日

天津市政府训令字第188号

案准外交部存字第七七号函开:关于接收天津比国租界一案,前据接收委员会呈称,比工部局所负市债津平银九万三千八百二十六两四钱八分,天津市政府财政困难,无力担任偿付全部,拟请中央接济半数。等情。当经本部呈奉行政院指令照准,并于上年九月二十日函达贵市政府查照在案。兹据比使面称,交还天津比租界协定批准书,不日即可寄到,订期互换。等语。所有偿付此项市债之款,除中央允准接济之半数,业由本部咨请财政部筹拨外,相应函请查照,预为筹备,以便如期拨付为荷。等因。准此,除函复外,合行令仰该局即便遵照,预为筹备,并将筹备情形先行呈复核夺。此令。

臧启芳

(J0054-1-001658)

991.天津市政府为偿还接收比租界市债从速筹款给财政局训令

1930年11月2日

天津市政府训令字第294号

为训令事。前准外交部函称,关于接收天津比国租界一案,现据比使面称,交还天津比租界协定批准书,不日即可寄到,订期互换,函请预筹半数款项,以便如期拨付。等因到府。业经令饬该局预为筹备,具报在案。查此案上年八月间准内政部咨称,奉行政院令,以据外交部呈,经指令照准他日将天津比国租界收回,后由天津市政府接管。继准外交部函称,关于接收天津比国租界一案,缘比工部局所负市债,截至八月三十一日签定协定之日止,共计本利津平银九万三千八百二十六两四钱八分,经双方委员议定,由我国如数偿还。此项市债,应归天津市政府担任偿付。惟以市府财政困难,碍难担任全数,恳由中央接济半数。经部呈奉行政院指令照准,又签定所附声明书内规定,应自协定发生效力之日起六个月内偿还比国政府。各等因。兹查比租界收回之期为日不远,除关于接管问题已拟定另案办理外,所有偿还比款一节,应由该局照案妥速筹定,俾赴事机。合再令仰遵照前令,令饬从速筹款,以免延误。仍将筹备情形随时报核。此令。

臧启芳

(J0054-1-001658)

992.天津特别市财政局为报偿还比租界市债筹款办法呈市长臧启芳文

1930年11月7日

呈为呈请示遵事。案奉钧府第一八八号训令内开:案准外交部存字第七七号函开,云云,合行令仰该局即便遵照,预为筹备,并将筹备情形先行呈复核夺。此令。等因。奉此,查本市财政前编十九年度预算时,收支勉强相抵,迨预算成立以后,又复奉令筹拨公安局新编保安六队之经常、临时各费,全年约共十一万四千余元,农工军警医院全年经费二万元。并由皮毛牙税项下拨充义务教育费及南开大学补助等费,全年十四万元。又于晋军退却时,奉令拨发各项临时费三十余万元,统计超过岁出预算,约在七十万元左右。以致本市财政枯竭万分。奉令筹拨前项市债,案关国体,自应尽先筹备,以维信用。查该款除奉行政院令,准由中央接济半数外,本市尚应筹拨银四万六千九百十三两二钱四分,约合银元六万七千余元。此项巨款,既不在原编预算之内,筹措自属匪易。兹于无可如何之中,谨拟移缓救急之办法,暂向本市各银行息借七万元,以资应付。即以棉业牙税收入作抵,分期十二个月归还。至此项借款还本付息办法,拟俟奉令照准后,再行派员与银行团商洽进行,另行呈报。所有奉令筹备偿还比租界市债拟议办法,是否有当,理合备文呈请鉴核训示祗遵。谨呈天津市市长臧。

(J0054-1-001658)

993.天津特别市财政局为报告偿还比租界市债筹款情形
呈市长臧启芳文

1930年11月10日

呈为呈复事。案奉钧府第二九四号训令内开:前准外交部函称云云,合再令仰遵照前令,令饬从速筹款,以免延误。仍将筹备情形随时报核。此令。等因。奉此,查本市财政入不敷出,本属万分支绌,但此项市债载在接收比租界协定书内,案关国家信用,自不得不勉力筹备,以符功令。职局前奉钧府第一八八号训令后,已将本市财政支绌拟向银行界商借七万元以资应付,并将拟以棉业牙税作抵分期偿还大致情形,备文呈复在案。奉令前因,除借款办法,应俟奉准进行后随时具报外,理合先行呈复,敬请鉴核,并案示遵。谨呈天津市市长臧。

(J0054-1-001658)

994.天津市政府为偿还比租界市债筹款办法给财政局指令

1930年11月14日

天津市政府指令字第397号

为呈复奉令筹拨接收比租界本市应偿比工部局市债一案，拟向银行团息借七万元，即以棉业牙税作抵，以资应付。请鉴核示遵由。

呈悉。应候提交市政会议，一俟公决，再行饬遵，仰即知照。此令。

臧启芳

（J0054-1-001658）

995.天津市政府为拟定比租界偿债办法俟会表决给财政局指令

1930年11月15日

天津市政府指令字第405号

呈复筹备偿还比租界市债一案，已将筹拟暂向银行借款应付情形呈报在案，请并案核办由。

呈悉。查此案前据该局呈，拟以棉业牙税作抵，暂向银行团商借七万元，以资应付。等情。业经提交市政会议，并先指令知照在案，一俟公同表决，再行另令饬遵，仰即知照。此令。

臧启芳

（J0054-1-001658）

996.天津市财政局为偿还比租界市债拟向银行借款事致天津银行公会公函

1930年11月19日

径启者：案查敝局前奉市政府第一八八号训令内开，案准外交部存字第七七号函开，云云。等因。准此，除函复外，合行令仰该局即便遵照预为筹备，并将筹备情形先行呈复核夺。此令。等因。奉此，查前项应偿债款，除呈奉行政院令准由中央接济半数外，本市尚应筹拨银四万六千九百十三两二钱四分，约合银元六万七千余元。当以市库支绌，不易筹措，曾经备文呈复市政府，拟请暂向银行团息借七万元，以资应付，并奉指令提交市政会议公决。等因。现查此案业经第七十八次市政会议原则通过在案，自应积极进行，俾克按期交付。除一切借款手续应俟当面接洽外，相应函达贵会，即希查照转商各银行函复过局，以便定期接洽办理。至纫公谊。此致天津银行公会会长下。

（J0054-1-001658）

997.天津银行公会为询问偿还比租界市债借款抵押品事复财政局函

1930年11月20日

　　径复者:准贵局来函,以关于接收天津比国租界应偿债款,除呈奉行政院令,准由中央接济半数外,本市尚应筹拨银四万六千九百十三两二钱四分,约合银元六万七千余元,拟向银行团息借七万元,以资应付。嘱即转商各银行函复过局。等因。查银行借款,照章须有相当抵押,前项借款贵局拟以何项为抵款或押品,应请明示,以便敝公会召集各银行开会洽商。准函前因,相应函复,即请察照示复为荷。此致天津市财政局。

(J0054-1-001658)

998.天津市政府为议定偿还比租界市债借款办法给财政局训令

1930年11月21日

天津市政府训令字第485号

　　前据该局呈,为遵令筹拨接收比租界本市应偿比工部局市债,拟以棉业牙税作抵,向银行团息借七万元,以资应付。等情。当经指令在案,现经本府第八十七次市政会议议决,原则通过,暂不公布。等因。合亟令仰该局遵照办理可也。此令。

臧启芳

(J0054-1-001658)

999.天津市财政局为函告偿还比租界市债借款抵押办法复银行公会函

1930年11月25日

　　径复者:案准贵公会函开,以准敝局前请转商各银行息借七万元,以备接收天津比租界应偿债款一案。查银行借款,照章须有相当抵押。前项借款,贵局拟以何项为抵款或押品,应请明示,以便敝公会召集各银行开会洽商。准函前因,相应函复,即请察照示复。等因。查前项借款,原议拟以本局应征棉业牙税作抵,业经呈报市政府,提交市政会议原则通过在案。兹承函询,自应仍照原议办理,即以棉商公会十九年度后半年应纳之棉业牙税七万元作为还本抵款,所有前项借款息金由敝局随时另行拨付。准函前因,相应函复贵公会,即希查照,积极进行,仍将商洽情形见复是荷。此致天津银行公会。

(J0054-1-001658)

1000.天津银行公会为询问比租界偿债借款抵押品有何保障复财政局函

1930年11月29日

敬复者:准贵局第一四零号函,以前商接收天津比租界借款七万元,拟即以棉商公会十九年度后半年应纳之牙税七万元作为还本抵款,其息金由贵局随时另行拨付,嘱即转商各银行见复。等因。当经敝公会召集各银行公同洽商,佥以此项棉业牙税,未知每年所收总数若干,十九年度后半年是否为二十年上半年;此半年内该项棉业牙税能否收足七万元,不致短少;如向银行抵押借款,能否由各银行迳(径)代收款,抑对于银行方面能予以若何保障。以上各节,来函均未示及,应向贵局询明后,再行洽商。等因。用特转达,即请查明示复,以便敝公会再行开会洽商为荷。此致天津市财政局。

(J0054-1-001658)

1001.代拟天津市市长臧启芳为拨付接收比租界市债款项致南京外交部电文

1930年12月26日

南京外交部钧鉴:收还比租界负债,天津市应拟半数银46913.24两,(1005申行化银46679.84两,1051.5)合规元49083.85两。如数由中国银行照汇清点收讫复。天津市市长臧叩。

河北省银行借款数目单

津公砝46913.24两,(1005伸(申)行化银,46679.84两,1051.5)合规元49083.85两;此数系外交部之数,由中行电汇南京。行化银46679.84两6分875,合洋元67897.95万元;此数付借款。天津市政府、财政局合上河北省银行条。

(J0054-1-001658)

1002.天津市政府为从速办妥筹集比租界债款事给财政局密令

1930年12月26日

天津市政府密令字第55号

案准外交部外密晧电开:据比国使馆代表面称,《交还天津比租界协定批准书》,现已寄到,不日即可正式通知定期交还租界。等语。所有关于接收各事宜,拟请先为筹备,主持办理。至该租界市债既经约定由我国偿还,自应早为清付,以昭国信。贵市政府担任此款半数,计津平银四万六千九百十三两二钱四分,务请迅予如数汇交本部,以凭拨付,并希电复为荷。等因。准此,查此案本府担任偿付之半数款项,前准财政部函请预为筹备。等因。业经一再令据该局拟具筹付办法,提经市政会议通过,指令遵照办理在案。准电前因,合亟密令该局,仰即遵照,迅速办妥,如数呈解来府,以凭汇拨。此令。

臧启芳

(J0054-1-001658)

1003.天津特别市财政局为办理银行借款偿付比租界债款事呈市政府文

1930年12月29日

呈为呈请备案事。窃查前奉钧令,关于筹拨接收天津比租界本市应偿比款一案,饬即从速筹定,俾赴事机。等因。遵查,接收天津比国租界,应偿债款共计津平银九万三千八百二十六两四钱八分,除由中央接济半数外,本市尚应筹拨银四万六千九百十三两二钱四分。兹因财政困难,筹措维艰,当由钧府及职局会同河北省银行总行,于本年十二月二十六日,三方订立合同,以本市棉花牙税作抵,息借河北省银行总行现洋六万七千八百九十七元九角五分,此款折合津公砝银四万六千九百十三两二钱四分,以1005申行化银四万六千六百七十九两八钱四分,按1051.5合规元四万九千零八十三两八千五分,已于本月二十六日,如数交由天津中国银行电汇,外交部核收。谨将代拟电稿及河北省银行交来以银合洋数目单,各抄一份,呈请鉴核。至前项借款合同,本系立有三份,除职局及河北省银行总行各执一份外,其余合同一份,理合具文呈缴,并乞钧府查收备案。谨呈护理天津市市长臧。

计呈送:河北省银行总行借款合同一份、电稿一纸、清单一纸。

立借款契约人:天津市市政府、天津市财政局

今因收回天津比租界需款,特与河北省银行总行以本市棉花牙税全年税收十四万元为担保,向贵行押借大洋六万九千元。双方同意订立左列各项,以资遵守,立此为证。

一、借款金额:现洋六万七千八百九十七元九角五分。

二、担保品:天津市全年棉花牙税税收,此项税收所有收项,应交存河北省银行作为往来存款,照年利三厘给息,此项存数至少应留每期应还本息之数,不得支尽。

三、借款利息:月利八厘,按照每期结欠数目计息。

四、偿还期限:自订约借款日起,两个月后分十期交还,每月一期,还本洋六千九百元,利息若干。至民国二十年十二月二十六日,本利还清。

五、此项借款在未还清以前,无论何任市长、财政局长,均负履行借约之责。

六、此项借约应由市政府、财政局双方会印,备具三份,交市政府、财政局、河北省银行各执一份。

七、河北省银行得随时向财政局调阅此项税收帐册。

八、本契约自签字日生效实行。

天津市市长臧启芳

天津市财政局局长刘亥年

河北省银行总办荆有岩

(J0054-1-001658)

1004.天津市财政局为补送接收比租界债款联单呈市政府文

1931年1月7日

呈为补送解款联单,仰祈鉴核印发回照备案事。案奉钧府第五五号密令内开:案准外交部外密皓电开云云,合亟密令该局,仰即遵照,迅速办妥,如数呈解来府,以凭汇拨。等因。奉此,遵查收回天津比国租界,本市应偿比款半数,计津平银四万六千九百十三两二钱四分,合规元银四万九千八十三两八钱五分,折合银元六万七千八百九十七元九角五分。当因财政困难,已秉承钧府在河北省银行总行照数借贷,并于十九年十二月二十六日交由河北省银行,特托天津中国银行电汇外交部核收,业经具文呈报,并将借款合同等件呈缴在案。兹奉前因,理合补具解款联单,连同河北省银行解款水单,一并备文呈送,敬请钧府核收,印发回照备案。谨呈护理天津市市长臧。

计呈解:本市应偿比款津平银四万六千九百十三两二钱四分,合洋六万七千八百九十七元九角五分,计河北省银行总行水单一纸,解款联单一纸。

(J0054-1-001658)

1005.天津市财政局为函告接收比租界债务借款经过情形致河北省银行总行公函

1931年1月7日

径启者:案奉市政府训令,关于筹拨接收天津比租界本市应偿比款一案,饬即从速筹定,俾赴事机。等因。查接收天津比国租界,本市应偿比款半数,计津平银四万六千九百十三两二钱四分,按照贵行交来市价清单,合规元银四万九千零八十三两八钱五分,折合银元六万七千八百九十七元九角五分。此款当以本市棉花牙税作抵,于十九年十二月二十六日,商承贵行如数借贷,交由贵行转托中国银行,电汇外交部接收。并由市政府及敝局会同贵行,三方订立借款合同,各执一份,以资遵守。除将此案经过情形,呈报市政府备案外,相应函请查照为荷。此致河北省银行总行。

(J0054-1-001658)

1006.天津市政府为准将偿还比租界债款合同备案给财政局指令

1931年1月10日

天津市政府指令字第100号

呈报汇解接收比租界本市应偿比款数目日期,并呈缴合同一份,请查收备案由。

比租界

呈暨合同等件均悉。应准如呈备案。合同、电稿清单均存。此令。

臧启芳

（J0054-1-001658）

1007.天津市政府为外交部收到偿还比租界市债款项给财政局训令

1931年1月12日

天津市政府训令字第94号

案查该局呈报,代汇接收比租界市债数目日期一案,当经指令,准予备案在案。兹准外交部世电略开:偿付比租界市债一款,现已如数收到。等因。准此,合行令仰该局知照。此令。

臧启芳

（J0054-1-001658）

1008.天津市政府为接收比租界典礼时间等给财政局训令

1931年1月12日

天津市政府训令字第100号

案准外交部蒸电内开:交收比租界,本部已与比使约定本月十五日上午举行。本日,奉国府令,派贵市长为接收专员,特此电达,希查照。等因。准此,除届期举行接收,并分别呈电函令外,合行令仰该局一体知照。此令。

臧启芳

（J0054-1-001658）

1009.天津市政府为接收比租界典礼要求等给财政局训令

1931年1月13日

天津市政府训令字第111号

案查接收天津比租界一案,昨准外交部蒸电,约定于本月十五日上午十时举行交收。等因。当经拟具庆祝典礼三项:

(一)市属各机关、各学校于是日放假一日;

(二)本市各界悬旗一日,以表庆祝;

(三)市属各机关、各学校,各就内部开庆祝会。

呈请河北省政府鉴核在案。兹奉指令:呈悉。准如所拟办理。除分行外,仰即知照。此令。等因。奉此,除分行外,合行令仰该局即便遵照,并饬所属一体遵照。此令。

臧启芳
(J0054-1-001658)

1010.天津特别市国民党党务整理委员会为派员参加收回比租界典礼致财政局公函

1931年1月14日

中字第十七号

径启者:本月十五日下午二时,本会召集各界在大礼堂举行收回比租界庆祝大会。除分别函令外,相应函达,即希届时派遣代表五人参加为荷。此致财政局。

(J0054-1-001658)

1011.天津市政府为准予印发偿还比租界市债联单回照给财政局指令

1931年1月14日

天津市政府指令字第149号

呈一件。为补送汇解外交部偿还比款联单,请印发回照备案由。

据呈,偿还比款业已由局转托银行电汇外交部核收,回照准予印发。仰即查收备案,水单存。此令。

附发回照一纸。

臧启芳

解款回照

财字第十四号

天津市财政局今将二十年一月经解本市应偿比款金额六万七千八百九十七元九角五分,以上共解六万七千八百九十七元九角五分,派员管解赴市政府,兑收清楚,理合备具回照。附请核明签印,掣交解款人携回备案。

天津市财政局局长刘亥年
中华民国二十年一月
(J0054-1-001658)

1012.天津市政府为拆用比租界工部局建筑材料事给财政局密令

1931年1月16日

天津市政府密令字第5号

案准外交部公函第九一号内开:查前比租界工部局系建筑于比公司所有地产之上,当签订收回比租界协定时,曾经双方代表换文声明,将此项建筑于协定发生效力之日起一年以内,由我方拆让,所有材料作为我国建筑新局所之用。相应将此项换文照抄一份,函送贵市政府,即希查照密存为荷。除函复并将换文密存查考外,合行密令该局知照。此令。

臧启芳

(J0054-1-001658)

1013.天津市政府为抄发中比关于交还比租界协定给财政局训令

1931年1月16日

天津市政府训令字第130号

案准外交部公函第九二号内开:查民国十八年八月三十一日签订之收回天津比租界协定,前经本部呈奉国民政府批准在案。兹据比国使馆代表面称,此项协定本国政府已经批准,请定期通知,以便交还租界。等语。除与比使约定本月十五日互换批准书,并同时接收租界外,相应将此项协定照抄一份,函达贵市政府,即希查照为荷。附中法英文协定一份。准此,除函复外,合行照抄中文协定,令仰该局知照。此令。

附抄发《中比间关于比国交还天津比国租界协定》一份。

臧启芳

中比间关于比国交还天津比国租界协定

比利时王国政府今为增进中比间固有之睦谊起见,愿自动将由一九零二年二月六日(光绪二十七年十二月二十八日)《中比专约》所取得之天津比国租界,无抵偿交还中华民国国民政府。因此,

大中华民国国民政府主席特派外交部条约委员会顾问凌冰、内政部土地司科长赵光庭、全权公使律师黄宗法、天津特别第一区主任陈鸿鑫;

大比利时国王特派驻华公使馆参议、男爵纪佑穆。

两方全权代表业经互相校阅全权证书,均属妥善,议定各条于左:

第一条 比国政府于本协定发生效力之日,将由一九零二年二月六日(光绪二十七年十二月二十八日)《中比专约》所取得之天津比国租界之行政,移交中华民国国民政府,该项专约及有关系之合同即失其效力。

第二条 该租界之比国临时工部局于本协定发生效力之日,即行撤消。所有比国行政之案卷、簿册及其他一切文件,立即移交中华民国国民政府。此项移交完全解除临时工部局对于行政上之责任。

第三条 自本协定发生效力之日起,天津旧比国租界完全受中国法律章程之支配保护,并照缴一切中国现行税捐。

第四条 所有此(比)国租界公产,如河岸码头、道路、铁道,连同所占地面,包括Q字b段地面,如附图所载,以及比国工部局所有之机器、工具、家具、警装等件,如附单所列,连同用工部局名义存放银行之现款,均于本协定发生效力之日,交与中华民国国民政府。

第五条 专办天津比国租界公司之名义及章程,应按照现状更改之。本协定第六条之规定,对于该公司亦适用之。

第六条 比国领事馆所发比租界内私人地产之契据及凭单,应于本协定发生效力之日起一个月内,呈缴中国主管官厅换领永租凭单,按亩缴纳注册费银一元,中国主管官厅应在一个月内发给新凭单。

第七条 本协定应于最短期内批准之,自两国政府互相通知,业经批准之日起,即发生效力。

第八条 本协定以中、法、英三文各缮两份,遇有解释不同时,以英文为准。兹特由两方全权代表签字盖章,以昭信守。

中华民国十八年八月三十一日

西历一九二九年八月三十一日

订于天津

凌冰 印

赵光庭 印

黄宗法 印

陈鸿鑫 印

Guillaume 印

附件一 换文

大中华民国国民政府代表为照会事。关于本日签订之协定第三条所载,特为声明:旧比国租界内之有建筑及无建筑之地亩,地税应将现征数目维持至中华民国国民政府颁布普通地税新法律之日为止。相应照会贵代表查照为荷。须至照会者,右照会大比利时王国全权代表纪。

凌冰 赵光庭 黄宗法 陈鸿鑫

中华民国十八年八月三十一日

大比利时王国全权代表为照复事。按准本日来照内开:关于本日签订之协定第三条所载,特为声明:旧比国租界内之有建筑及无建筑之地亩,地税应将现征数目维持之至中华民国国民政府颁布普通地税新法律之日为止。等因。业经阅悉。本国政府对此完全同意。相应照复,即希查照。须至照会者,右照会大中华民国国民政府全权代表黄、凌、赵、陈。

西历一九二九年八月三十一日

附件二　声明书

天津旧比国租界内输送电力之建设,即大小电力之木杆、电线、改电机及器具,以及私家接引线及电表,系由天津电车电灯公司得比国租界临时工部局之同意而设置者,系属该公司独有之产业。又天津电车电灯公司在旧比国租界内得继续供给电流,但扩充电线之时,应先得地方主管官厅之核准。特此声明。

> 凌冰　赵光庭　黄宗法　陈鸿鑫
> Guillaume

附件三　声明书

今议定,如闽广义园能满意,证明曾在其地产上取地一段,以为建筑一号路之用,则可在S字地段内,于该义园地产之左近给与一面积相等之地段并不收价。然,如此项证据不能成立,则该义园之要求即认为不合。特此声明。

> 凌冰　赵光庭　黄宗法　陈鸿鑫
> Guillaume

附件四　声明书

前比国租界工部局所负债务津平银九万三千八百二十六两四钱八分,中国政府于本日所签订关于交还上述租界协定发生效力之日起六个月内,偿还比国政府。特此声明。

> 凌冰　赵光庭　黄宗法　陈鸿鑫
> Guillaume
> （J0054-1-001658）

1014.天津市政府为筹借偿还比租界债务款项不敷给财政局训令

1931年1月20日

天津市政府训令字第161号

案准外交部函开:径启者:"准贵府汇来接收天津比租界偿付市公债之半数规元,四万九千零八十三两八钱五分,业经照收转付,惟查当日议定,系付津平行化银四万六千九百十三两二钱四分。此次贵府汇来规元,应合洋六万七千九百元八角八分,而行化银四万六千九百十三两二钱四分,应合洋六万八千七百九十二元零二分,计不敷洋八百九十一元一角四分。除由本部先行垫付外,相应检具中国银行水单,函达贵府,即希查照拨还,以凭归垫。至纫公谊。等因。准此,除饬科将款如数拨付来员携回外,兹将银行汇水单令发该局查照,仰即将上项之款迅速解府。"归垫勿延。此令。

附发汇水单一纸。

臧启芳

汇上海行化银四万六千九百十三两二钱四分,按今日行市1060与722875,合洋六万八千七百九十二元〇二分,以天津汇来规元四万九千〇八十三元八钱五分,本按今日行市722875,合洋六万七千九百元八角八分,相抵外应找洋八百九十乙(一)元一角四分,两讫。此致外交部台核。

外交部总务司会计科
南京中国银行水单
二十年一月七日
(J0054-1-001658)

1015.天津市财政局为呈解接收比租界偿还债款不敷事呈市长臧启芳文

1931年1月24日

呈为遵令呈解事。案奉钧府训令第一六一号内开:案准外交部函开:径启者,云云。迅速解府。归垫勿延。此令。并奉发汇水单一纸。等因。奉此,职局遵将接收天津比租界偿还市公债之半数不敷洋八百九十一元一角四分,如数措齐,理合缮具解款联单,备文呈解。仰乞鉴核饬收归垫,印发回照备案。谨呈护理天津市市长臧。

计呈解:接收天津比租界偿还市公债之半数不敷洋八百九十一元一角四分,解款联单一纸。

(J0054-1-001658)

1016.天津市政府为印发补缴比租界债款回照给财政局指令

1931年2月2日

津市政府指令字第240号

一件。呈解接收天津比租界偿还市公债之半数不敷洋八百九十一元一角四分,请核收归垫由。

据呈解接收天津比租界偿还市公债之半数不敷洋八百九十一元一角四分,业经饬科如数核收归垫,回照印发。仰即查收备案,此令。

附发回照一纸。

臧启芳

解款回照

财字第二十三号

天津市财政局今将二十年一月经解接收天津比租界偿还市债之半数不敷洋金额八百九十一元一角四分,以上共解八百九十一元一角四分,派员管解赴市政府,兑收清楚,理合备具回照,附请核明签印,掣交解款人携回备案。

天津市财政局局长刘亥年

中华民国二十年一月

（J0054-1-001658）

1017.天津市政府为将接收比租界典礼各项费用迅予解款给财政局训令

1931年2月6日

天津市政府训令字第433号

案查本府奉令接收比租界所有庆祝扎彩以及招待外交部长等各项费用,计共洋一千五百另(零)六元另(零)四分。兹饬科造具预计各书,连同单据一并令发该局查照。仰即将上项洋一千五百另六元另四分迅予解府,以资归垫。此令。

附发预算书一本,计算书四本,单据簿一本。

臧启芳

（J0054-1-001658）

1018.天津市财政局为拨交接收比租界典礼各项费用呈市长臧启芳文

1931年2月11日

呈为呈解事。案奉钧府第四三三号训令内开:案查本府奉令接收比租界云云,以资归垫。此令。等因。并奉发预算书、单据簿等件。奉此,遵将前项垫款洋一千五百六元四分,如数措齐,理合缮具解款联单,具文呈请钧府核收归垫,俯赐印发回照备案。谨呈护理天津市市长臧。

计呈解:钧府接收比租界垫用各款洋一千五百六元四分解款联单一纸。

（J0054-1-001658）

1019.天津市政府为收到接收比租界典礼垫款附发回照给财政局指令

1931年2月18日

天津市政府指令字第566号

一件。为呈解钧府接收比租界垫用各款,请核收归垫,印发回照备案由。

据呈解接收比租界本府垫用各款洋一千五百六元四分,业经饬科如数核收归垫,回照印发。仰即查收备案。此令。

附发回照一纸。

臧启芳

解款回照

财字第三十号

天津市财政局今将二十年二月__旬经解接收比租界垫用各款,金额一千五百六元四分。以上共解一千五百六元四分,派员管解赴市政府,兑收清楚,理合备具回照,附请核明签印,擎交解款人携回备案。

天津市财政局局长刘亥年

中华民国二十年二月

(J0054-1-001658)

1020.天津市政府为已收讫补缴偿还比租界市债款项给财政局训令

1931年2月21日

天津市政府训令字第612号

案准外交部函开:径复者:准四六号函开:以前汇解接收天津比租界偿付市债款项,计规元合洋尚不敷洋八百九十一元一角四分,检同银行汇水单,函嘱查照拨还。等因。准此,除将上项不敷之款如数拨交来员携回外,相应函复。即希查照见复。等由。查前汇规元折合不敷款洋拨交数目,核案相符,已照收讫。相应函复查照。等由。准此,合行令仰该局知照。此令。

臧启芳

(J0054-1-001658)

1021.天津市政府为接收比租界后管理办法给财政局训令

1931年3月11日

天津市政府训令字第917号

案奉陆海空军副司令张支机电开:津市比国租界前经接收完竣,应将该租界全部定名为特别第四区。该区管理事务应规定此后完全由特别第三区署兼管,无庸专设管理机关,以期节省。希饬遵照办理。等因。奉此,除分别电复呈报,并令公安局转饬遵照办理及分行外,合行令仰该局即便知照。此令。

臧启芳

(J0054-1-001658)

1022.天津市财政局为收回比租界管理办法给屠宰税、鸡鸭卵牙税征收所令

1931年3月17日

为令知事。案奉市政府第九一七号训令内开:案奉陆海空军副司令张支机电开:云云,除分别电复呈报,并令公安局转饬遵照办理及分行外,合行令仰该局即便知照。此令。等因。奉此,除分行外,合亟令仰该所一体知照。此令。

(J0054-1-001658)

1023.天津市财政局为拨还河北省银行比租界债务借款第一期本息呈市长张学铭文

1931年4月2日

呈为呈报事。窃查收回天津比租界本市应偿比款一案,曾于十九年十二月二十六日,在河北省银行总行息借大洋六万七千八百九十七元九角五分,当由钧府及职局会同该行三方订明。自订约借款日起两个月后,分十期交还,每月一期,按月八厘生息,并经缮具合同,各执一份,以资遵守在案。兹查本年三月二十六日,为归还第一期借款本息之期,所有应还河北省银行总行借款全数十分之一本金,洋六千七百八十九元七角九分,又自十九年十二月二十六日起至二十年三月二十六日止,共三个月,借款利息洋一千六百二十九元五角五分,共计洋八千四百十九元三角四分,已于三月三十日如数发交该行收讫。除取具收据存查外,理合将该行水单一纸备文呈送。敬请鉴核备案。谨呈天津市市长张。

计呈送:河北省银行总行水单一纸。

收 条

今收到尊处应还第一期借款本息，洋八千四百十九元三角四分。此致天津市财政局台照。

中华民国二十年三月三十日 河北省银行总行具

收条附卷备查。

水单照抄一份，存局备查。

水 单

尊借款67897.95元，由十九年十二月廿六日至二十年三月二十六日止，共三个月，息洋1629.55元，应还第一次本洋6789.79元，共洋8419.34元，此上。（以上照数收讫。）天津市财政局台照。

中华民国二十年三月卅日 河北省银行总行具

天津市政府为拨还河北省银行比租界债务借款第一期准予备案给财政局指令

1931年4月10日

天津市政府指令字第169号

呈一件。呈报拨还河北省银行总行借款第一期应还本息数目、日期，请鉴核备案由。

呈单均悉。准予备案。单存。此令。

张学铭

（J0054-1-001658）

1024. 河北省银行为催还比租界债务借款第二期致天津市财政局函

1931年4月26日

径启者：查贵局前借敝行洋六万七千八百九十七元九角五分，截至四月二十六日止，应还第二期本洋六千七百八十九元七角九分，息洋四百八十八元八角六分，共计本息洋七千二百七十八元六角五分。即希贵局查照，希即开具敝行支票，如数拨还，以清手续为荷。此致天津市财政局。

（J0054-1-001658）

1025.天津市财政局第二科为从速核发河北省银行比租界债务借款第二期还款呈局长文

1931年4月27日

敬呈者:查上年本市接收比租界应还比工部局市债款,除中央担任半数外,净解外交部本市应摊半数,计洋六万八千七百八十九元零九分,内有十九年十二月二十六日以本市棉业牙税向河北省银行抵借大洋六万七千八百九十七元九角五分,月息八厘,自二十年三月二十六日起,分十期偿还(合同在卷)。除本年三月二十六日已经照案付还第一期债本洋六千七百八十九元七角九分,又三个月息款洋一千六百二十九元五角五分外,兹届四月二十六日应还第二期债款本息之时,准该行开送水单一纸,内列第二期债本洋六千七百八十九元七角九分,又一个月息款洋四百八十八元八角六分,共计七千二百七十八元六角五分。职等覆核该行水单所列数目,均与原案相符,理合签明缘由,检同原卷呈请局长鉴核。俯赐饬发,以维信用。再此项还款已逾定期,拟请从速核办,以免另加复利,合并陈明。

附呈:原卷一宗、水单一纸。

第二科出纳股主任:王念慈谨签

审核股主任:邢福萃

【原档批】应否呈请市府? 如不必呈请,即速发。

二十八日

(J0054-1-001658)

1026.天津市财政局为拨还河北省银行比租界债务借款第二期本息呈市长张学铭文

1931年5月8日

呈为呈报事。案查接管卷内,收回天津比租界本市应偿比款一案,曾于十九年十二月二十六日在河北省银行总行,息借大洋六万七千八百九十七元九角五分。当由钧府及职局会同该行三方订立合同,注明自订约借款日起两个月后,分十期交还,每月一期,按月八厘生息。所有第一期应还该行借款本息,业经刘前局长如数拨还,并将水单呈送在案。兹届四月分第二期拨还本息之期,所有应还河北省银行总行借款,本金洋六千七百八十九元七角九分,利息洋四百八十八元八角六分,共计本息洋七千二百七十八元六角五分,业于四月三十日如数发交该行收讫。除取具收据存查外,理合检同该行水单一纸,备文呈送,敬请鉴核备案。谨呈天津市市长张。

计呈送:水单一纸。

收　条

今收到天津市财政局应还第二期借款本息,洋七千二百七十八元六角五分。

中华民国二十年四月廿九日 河北省银行总行具

水单照录一份,附卷备查。

水 单

尊借款洋67896.95元,分十期归还,应还第二次本洋6789.69元,息洋488.86元,共本息洋七千二百七十八元六角五分。此致财政局台照。

中华民国二十年四月廿六日具

天津市政府为河北省银行比租界债务借款第二期还款准予备案给财政局指令

1931年5月12日

天津市政府指令字第545号

为呈报拨还河北省银行总行第二期本息数目,并送水单,请鉴核备案由。

呈悉。准予备案单存。此令。

张学铭

(J0054-1-001658)

1027.河北省银行为催还比租界债务借款第三期致天津市财政局函

1931年5月25日

径启者:查贵局借用敝行洋六万七千八百九十七元九角五分,结至本月二十六日止,应还第三期本洋六千七百八十九元七角九分,又利息洋四百三十四元五角五分,共计本息洋七千二百二十四元三角四分。相应函达,即希贵局查照,填给支票,以清手续为荷。此致天津市财政局。

(J0054-1-001658)

1028.天津市财政局为拨还河北省银行比租界债务第三次借款呈市长张学铭文

1931年5月31日

呈为呈报事。案查收回天津比租界本市应偿比款一案,曾于十九年十二月二十六日,在河北省银行总行息借大洋六万七千八百九十七元九角五分。当由钧府及本局会同该行三方订立合同,注明自订约借款日起两个月后,分十期交还,每月一期,按月八厘生息。所有本年四月分第二期应还该行借款本息,业经如数拨还,并将水单呈送在案。兹届五月分第三期拨还本息之期,所有应还河北省银行总行借款,本金洋六千七百八十九元七角九分,利息洋四百三十四元五角五分,共计本息洋七千二百二十四元三角四分,业于五月二十八日,如数发交该行收讫。除取具收据存查外,理合检同该行水单一纸,备文呈送,敬请鉴核备案。谨呈天津市市长张。

计呈送:水单一纸。

临时收据

今收到天津市财政局应还第三次借款本息,洋七千二百二十四元三角四分。

中华民国二十年五月二十八日 河北省银行总行具

水单照录一份,附卷备查。

水 单

尊处借款67897.95元,由四月二十六日起至五月二十六日止一个月,按月息八厘,应得息洋434.55元,加应还第三次本洋6789.79元。此致天津市财政局台照。

河北省银行总行(单)

五月廿八日

天津市政府为河北省银行比租界债务第三期借款还款准予备案 给财政局指令

1931年6月8日

字第790号

一件。呈报拨还河北省银行总行第三期本息数目,并呈送水单,请鉴核备案由。

呈单均悉。准予备案。单存。此令。

张学铭

(J0054-1-001658)

1029.河北省银行为催还比租界债务借款第四期致天津市财政局函

1931年6月25日

径启者：查贵局前借敝行洋六万七千八百九十七元九角五分，截至六月二十六日止，应还第四期本洋六千七百八十九元七角九分，又息洋三百八十元零二角三分，共计本息洋七千一百七十元零零二分。相应函达，即希贵局填给支票，如数拨还，以清款目为荷。此致天津市财政局。

（J0054-1-001658）

1030.天津市财政局为拨还河北省银行比租界债务借款第四期
呈市长张学铭文

1931年7月2日

呈为呈报事。案查收回天津比租界本市应偿比款一案，曾于十九年十二月二十六日，在河北省银行总行息借大洋六万七千八百九十七元九角五分，当由钧府及本局会同该行三方订立合同，注明自订约借款之日起，两个月后，分十期交还，每月一期，按月八厘生息。所有本年五月分第三期应还该行借款本息，业经如数拨还，并将水单呈送在案。兹届六月分第四期拨还本息之期，并据该行开具水单，函催前来。所有第四期应还河北省银行总行借款，本金洋六千七百八十九元七角九分，利息洋三百八十元二角三分，共计本息洋七千一百七十元二分，业于六月二十六日，如数发交该行收讫。除取具收据存查外，理合检同该行水单一纸，备文呈送，敬请鉴核备案。谨呈天津市市长张。

计呈送：水单一纸。

临时收据

今收到天津市财政局应还第四期借款本息，洋七千一百七十元另另二分。

中华民国二十年六月二十六日　河北省银行总行具

水单照抄一份，附卷备查。

水　单

尊借款洋六万七千八百九十七元九角五分，截至六月二十八日止，应还第四期本洋六千七百八十九元七角九分，又利息洋三百八十元另二角三分，共计本息洋七千一百七十元另另二分。此致天津市财政局台照。

中华民国二十年六月二十五日

天津市政府为缴还河北省银行第四期比租界借款准予备案
给财政局指令

1931年7月8日

天津市政府指令字第1346号

呈一件。为呈报拨付河北省银行总行第四期应还借款本息数目,并送水单,请鉴核备案由。呈单均悉。准予备案。单存。此令。

张学铭

(J0054-1-001658)

1031.河北省银行为催还比租界债务借款第五期致天津市财政局函

1931年7月25日

径启者:查贵局借用敝行洋六万七千八百九十七元九角,截至七月二十六日止,应还第五期本洋六千七百八十九元七角九分,又利息洋三百二十五元九角一分,共计本息洋七千一百一十五元七角。相应函请贵局查照,希即填给支票,如数拨还,以清款目为荷。此致天津市财政局。

(J0054-1-001658)

1032.天津市政府为拨还河北省银行比租界债务借款第五期
呈市政府文

1931年7月30日

呈为呈报事。案查收回天津比租界本市应偿比款一案,曾于十九年十二月二十六日在河北省银行总行息借大洋六万七千八百九十七元九角五分,当由钧府及本局会同该行三方订立合同,注明自订约借款之日起两个月后,分十期交还,每月一期,按月八厘生息。所有本年六月分第四期应还借款本息,业经如数拨还,并将水单呈送在案。兹届七月份第五期拨还本息之期,并据该行开具水单,函催前来。所有第五期应还该行借款,本金洋六千七百八十九元七角九分,利息洋三百二十五元九角一分,共计洋七千一百十五元七角,业于七月二十八日如数发交该行收讫。除取具收据存查外,理合检同河北省银行总行水单一纸,备文呈送,敬请鉴核备案。谨呈天津市市长张。

计呈送:水单一纸。

临时收据

今收到贵局应还第五期本息,洋七千一百十五元七角正。此致天津市财政局台照。

中华民国二十年七月廿六日 河北省银行总行具

天津市政府为拨还河北省银行第五期比租界借款准予备案给财政局指令

1931年8月6日

字第1853号

呈一件。为呈报拨付河北省银行总行第五期应还借款本息数目,并送水单一纸,请鉴核备案由。呈悉。准予备案。单存。此令。

张学铭

(J0054-1-001658)

1033.河北省为催还第六期比租界债务借款致天津市财政局函

1931年8月24日

径启者:查贵局前借敝行款项,截至本月二十六日止,应还第六期本洋六千七百八十九元七角九分,又息洋二百七十一元五角九分,共计本息洋七千零六十一元三角八分。相应函达,即希贵局开给支票,如数拨还,以清款目为荷。此致天津市财政局。

河北省银行总行启

(J0054-1-001658)

1034.天津市财政局为拨还河北省银行比租界债务借款第六期呈市政府文

1931年9月1日

呈为呈报事。案查收回天津比租界本市应偿比款一案,曾于十九年十二月二十六日在河北省银行总行息借大洋六万七千八百九十七元九角五分。当由钧府及本局会同该行三方订立合同,注明自订约借款之日起两个月后,分十期交还,每月一期,按月八厘生息。所有本年七月分第五期应还借款本息,业经如数拨还,并将水单呈送在案。兹届八月分第六期拨还本息之期,并据该行开具水单,函催前来。所有第六期应还该行借款,本金洋六千七百八十九元七角九分,利息洋二百七十一元五角九分,共计洋七千零六十一元三角八分,业于八月二十八日如数发交该行收讫。除取具收据存查外,理合检同河北省银行总行水单一纸,备文呈送,敬请鉴核备案。谨呈天津市市长张。

计呈送:水单一纸。

临时收据

今收到贵局应还第六次借款本息,洋七千另六十一元三角八分。此致天津市财政局台照。

中华民国二十年八月廿六日 河北省银行总行具

天津市政府为拨还河北省银行借款第六期准予备案
给财政局指令

1931年9月8日

天津市政府指令字第1430号

呈一件。为呈报拨付河北省银行总行第六期应还借款本息数目,并送水单一纸,请鉴核备案由。呈单均悉。准予备案。单存。此令。

张学铭

（J0054-1-001658）

1035.河北省银行为催还第七次比租界债务借款致天津市财政局函

1931年9月24日

径启者:查贵局前借敝行款项,截至本月二十六日止,已届第七次应还本息之期,计本洋六千七百八十九元七角九分,又息洋二百一十七元二角七分,共计本息洋七千零零七元零六分。相应函达,即希查照,填给支票,如数拨还,以清款目为荷。此致天津市财政局。

（J0054-1-001658）

1036.天津市财政局为拨还河北省银行比租界债务借款第七期
呈市政府文

1931年10月5日

呈为呈报事。案查收回天津比租界本市应偿比款一案,曾于十九年十二月二十六日在河北省银行总行息借大洋六万七千八百九十七元九角五分,当由钧府及本局会同该行三方订立合同,注明自订约借款之日起两个月后,分十期交还,每月一期,按月八厘生息。所有本年八月分第六期应还借款本息,业经如数拨还,并将水单呈送在案。兹届九月分第七期拨还本息之期,并据该行开具水单,函催前来。所有第七期应还该行借款,本金洋六千七百八十九元七角九分,利息洋二百十七元二角七分,共计洋七千零零七元零六分,业于九月二十九日,如数拨交该行收讫。除取具收据存查外,理合检同河北省银行总行水单一纸,备文呈送,敬请鉴核备案。谨呈天津市市长张。

计呈送:水单一纸。

临时收据

今收到天津市财政局应还第七次借款本息,洋七千另另七元另六分(内本6789.79,息217.27)。

中华民国二十年九月廿九日 河北省银行总行具

天津市政府为拨还河北省银行第七期借款准予备案
给财政局指令

1931年10月10日

天津市政府指令字第1909号

呈一件。为呈报拨付河北省银行总行第七期应还借款本息数目,并送水单一纸,敬请鉴核备案由。呈悉。准予备案。单存。此令。

张学铭

(J0054-1-001658)

1037.河北省银行为催还比租界债务借款第八期致天津市财政局函

1931年10月24日

径启者:查贵局前借敝行款项,截至本月二十六日止,又届第八次还本付息之期,计应还本洋六千七百八十九元七角九分,又息洋一百六十二元九角五分,共计本息洋六千九百五十二元七角四分。相应函达，即希贵局查照，填给支票，如数拨还，以清款目为荷。此致天津市财政局。

（J0054-1-001658）

1038.天津市财政局为拨还河北省银行第八次比租界债务借款
呈市政府文

1931年11月3日

呈为呈报事。案查收回天津比租界本市应偿比款一案，曾于十九年十二月二十六日在河北省银行总行息借大洋六万七千八百九十七元九角五分。当由钧府及本局会同该行三方订立合同，注明自订约借款之日起两个月后，分十期交还，每月一期，按月八厘生息。所有本年九月分第七期应还借款本息，业经如数拨还，并将水单呈送在案。兹届十月分第八期拨还本息之期，并据该行开具水单，函催前来。所有第八期应还该行借款，本金洋六千七百八十九元七角九分，利息洋一百六十二元九角五分，共计洋六千九百五十二元七角四分，业于十月三十日，如数拨交该行收讫。除取具收据存查外，理合检同河北省银行总行水单一纸，备文呈送，敬请鉴核备案。谨呈天津市市长张。

计呈送：水单一纸。

临时收据

今收到天津市财政局应还借款第八次，本洋六千七百八十九元七角九分，息洋一百六十二元九角五分，共洋六千九百五十二元七角四分。

中华民国二十年十月廿七日 河北省银行总行具

水 单

尊借款洋67897.95万元，应还第八次本洋6789.79千元，息洋162.95百元 共洋6952.74千元 此致天津市财政局台照。

中华民国二十年十月廿四日 河北省银行总行具

天津市政府为拨还河北省银行借款第八期准予备案
给财政局指令

1931年11月17日

天津市政府指令字第2425号

呈一件。为呈报拨付河北省银行总行第八期应还借款本息数目，并送水单一纸，敬请鉴核备案由。

呈悉。准予备案。单存。此令。

张学铭

（J0054-1-001658）

1039.河北省银行为催还比租界债务借款第九期还款
致天津市财政局函

1931年11月25日

径启者:案查十一月二十六日为尊欠第九次还付本息之期,计应还本洋六千七百八十九元七角九分,息洋一百零八元六角四分,共计洋六千八百九十八元四角三分。相应函达贵局,即请查照,如数拨下,以便转账是荷。此致天津市财政局。

（J0054-1-001658）

1040.天津市财政局为拨还河北省银行第九期借款呈市政府文

1931年12月3日

呈为呈报事。案查收回天津比租界本市应偿比款一案,曾于十九年十二月二十六日在河北省银行总行息借洋六万七千八百九十七元九角五分。当由钧府及本局会同该行三方订立合同,注明自订约借款之日起两个月后,分十期交还,每月一期,按月八厘生息。所有本年十月分第八期应还借款本息,业经如数拨还,并将水单呈送在案。兹届十一月分第九期偿还本息之期,并据该行开具水单,函催前来。所有第九期应还该行借款,本金洋六千七百八十九元七角九分,利息洋一百零八元六角四分,共计洋六千八百九十八元四角三分,业于十二月二日,如数拨交该行收讫。除取具收据存查外,理合检同河北省银行总行水单一纸,备文呈报,敬请鉴核备案。谨呈天津市市长张。

计呈送:水单一纸。

临时收据

今收到天津市财政局应还第九次本洋六千七百八十九元七角九分,息洋一百另八元六角四分。

中华民国二十年十二月一日 河北省银行总行具

水 单

尊借款洋67897.95元,应还第九次本洋6789.79元,息洋108.64元,共计本息洋6898.43元。此致天津市财政局台照。

河北省银行总行

十一月廿六日

天津市政府为拨还河北省银行借款第九期准予备案
给财政局指令

1931年12月10日

天津市政府指令字第2713号

呈一件。为呈报拨付河北省银行总行第九期应还借款本息数目,并送水单一纸,敬请鉴核备案由。

呈单均悉。准予备案。单存。此令。

张学铭

（J0054-1-001658）

1041.河北省银行为催还比租界债务借款第十期致财政局函

1931年12月23日

径启者:查贵局前借敝行款项洋六万七千八百九十七元九角五分,现届第十次还本付息之期,计本洋六千七百八十九元八角四分,息洋五十四元三角二分,共计本息洋六千八百四十四元一角六分。相应函达,即希贵局查照,开具支票,如数拨还,以清款目为荷。此致天津市财政局。

（J0054-1-001658）

1042.天津市财政局为拨还河北省银行借款第十期呈市政府文

1931年12月31日

呈为呈报事。案查收回天津比租界本市应偿比款一案,曾于民国十九年十二月二十六日在河北省银行总行息借洋六万七千八百九十七元九角五分。当由钧府及本局会同该行三方订立合同,注明自订约借款之日起两个月后,每月一期,分十期交还,按月八厘生息。所有本年十一月分第九期应还借款本息,业经如数拨还,并将水单呈送在案。兹届十二月分第十期还本付息之期,并据该行开具水单,函催前来。所有第十期应还该行借款,本金洋六千七百八十九元八角四分,利息洋五十四元三角二分,共计洋六千八百四十四元一角六分,业于二十年十二月二十九日,照数拨交该行收讫。除取具收据存查外,理合检同河北省银行总行水单一纸,备文呈报,敬请鉴核备案。

705

再,此项借款应还本息,至本期止,业已全数偿清,合并声明。谨呈天津市政府。

计呈送:水单一纸。

临时收据

今收到尊借款应还第十次,本洋六千七百八十九元八角四分,息洋五十四元三角二分。天津市财政局台照。

中华民国二十年十二月廿六日　河北省银行总行具

水　单

尊借款洋67897.95元,应还第十次本洋6789.84元,息洋54.32元,共洋6844.16元,此致天津市财政局台照。

中华民国廿年十二月廿六日具

天津市政府为缴还河北省银行借款第十期还款准予备案给财政局指令

1932年1月8日

天津市政府指令字第90号

呈一件。为呈报拨付河北省银行总行第十期应还借款本息数目、日期,敬请鉴核备案由。呈单均悉。准予备案。单存。此令。

代理市长周龙光

(J0054-1-001658)

ISBN 978-7-201-18384-8

定价:1080.00元